Howard Phillips Lovecraft

Chronik des Cthulhu-Mythos II

Besuchen Sie das Haus der Fantastik im Internet:

www.Festa-Verlag.de

H. P. LOVECRAFT
CHRONIK DES CTHULHU-MYTHOS

Band II

Mit einem Vorwort und Erläuterungen
von Marco Frenschkowski

FESTA

Originalausgabe
3. Auflage März 2025

Titelbild, Rückseitenbild und Illustration Seite 7:
Paul Mudie Buchrückenbild: Viktor Kvant

Unsere Produkte wurden im Rahmen der Verordnung zur allgemeinen Produktsicherheit (General Product Safety Regulation) einer Risikoanalyse unterzogen und erfüllen gemäß Artikel 5 der GPSR die Anforderungen an sichere Produkte.
Ihr Ansprechpartner: shop@festa-verlag.de
Hersteller:
Festa Verlag GmbH
Justus-von-Liebig-Straße 10
04451 Borsdorf

ISBN 978-3-86552-145-3

INHALT

Paul Mudie '08

Vorwort

Mit Band II unserer Sammlung der »Cthulhu-Mythos«-Geschichten des amerikanischen Meisters unheimlicher Literatur H. P. Lovecraft (1890–1937) erreichen wir den Höhepunkt seines literarischen Schaffens, mit vielen jener Erzählungen, die den literarischen Ruhm des Schriftstellers bis heute lebendig erhalten haben. Lovecraft weiß jetzt, was er sagen will, und wie er es sagen will. Er hat die Edgar Allan Poe- und Lord Dunsany-Imitationen seiner Jugend überwunden und seine eigene Sprache gefunden. Mit einer Mischung aus Präzision, evokativer und visionärer Vorstellungskraft, einem sicheren Blick für das Erschreckende und Unheimliche, das Fantastische und Imaginative, schafft er Erzählungen, die längst zu Klassikern der modernen amerikanischen Literatur geworden sind.

In einem deutschsprachigen Kontext muss dieser amerikanische Hintergrund mitgehört werden, um Lovecraft nicht zu karikieren. Lovecraft starb nach einem Leben, das er bis auf zwei Jahre in New York in seinem heimischen Providence, Rhode Island zugebracht hatte, einer alten Hafenstadt mit einem für die USA sehr ausgeprägten Geschichtsbewusstsein. Ein Einsiedler war er entgegen früher Legende keineswegs; er hatte eine Familie, ein soziales Umfeld und zahlreiche Freunde, auch wenn er mit vielen nur Briefkontakt pflegen konnte – aber mehr aus finanziellen als anderen Gründen. Einige Zeit lang war er verheiratet und er wollte durchaus als Autor bekannt sein und gelesen werden.

Sein Leben lang war er bestrebt, als distinguierter Gentleman britischer Abstammung wahrgenommen zu werden, zu dessen breiten Interessen eben auch das Grausige, das Monströse und Abgründige gehörten – neben Literatur und den Naturwissenschaften, Geschichte und Mythologie, Architektur und Astronomie. Dieses Leben eines unabhängigen Gentlemans hat er in gewissem Maße tatsächlich geführt – um den Preis äußerer Armut und radikaler Hingabe an seine schriftstellerische Arbeit. An die Stelle eines bürgerlichen Brotberufs tritt ein Leben der entfesselten Vorstellungskraft. Seine Fantasie destilliert aus seinem geliebten Neuengland das Unheimliche und Monströse heraus und gestaltet es zu Erzählungen von fiebriger Intensität, die sich mit einer erstaunlichen Präzision der Visualisierung verbindet. Dabei hat er immer genau jene Geschichten geschrieben, die er schreiben wollte: Kompromisse gegenüber einem wie auch immer beschaffenen Publikumsgeschmack waren ihm ein Abscheu. Daher ist sein Erzählen immer in hohem Maße authentisch und bei aller Kuriosität der Themen und manchen literarischen

Insider-Jokes doch keineswegs ein austauschbares literarisches Spiel. Lovecrafts Imagination stellt sich großen Themen (der Mensch im Kosmos, der Verfall der Zivilisation, Identitätsdiffusion und Identitätssuche), auch wenn dies im überraschenden Medium der Horrorgeschichte geschieht. Er hat dezidiert eine eigen Philosophie und Ästhetik und will auch als zivilisationskritischer Denker gehört werden, auch wenn er diese Gedanken in die Geschichte nichtmenschlicher Kulturen verpackt.

Die ungeheure Vorstellungskraft seiner Prosa wirkt unmittelbar bis heute, aber viele soziale, kulturelle und wissenschaftliche Rahmenbedingungen seiner Texte haben sich stärker verändert, als es dem deutschen Leser vielleicht auf Anhieb bewusst wird. Die Freude am Lesen der folgenden Texte, die schiere Faszination angesichts der Fremdheit der lovecraftschen Welten hängt ganz wesentlich davon ab, sich auf das neuenglische bzw. amerikanische Ambiente der 1920er, 1930er Jahre einzulassen. Es hilft, sich auf einer Karte und alten Bildern ein Gefühl für dieses Ambiente zu verschaffen. Lovecrafts Erzählungen leben ja gerade aus einem Kontrast zwischen der präzisen Schilderung des realen Neuengland und dem suggestiven Einbruch des Fremden, des ganz Anderen, des Monströsen.

Sind Lovecrafts Mythosgeschichten aber nicht einfach doch nur »Monsterstories«? Nun, ein Monster mündet immer dann nach einiger Zeit in narrative Langeweile, wenn seine einzige Bedeutung die Bedrohung unserer physischen Existenz ist. Lovecrafts fremde Wesen sind von ganz anderer Art. Ihre Bedrohlichkeit ist nicht einfach eine »Gefährlichkeit«. Lovecrafts Aliens greifen nach unserer Identität: Und das macht ihre Faszination und ihr Grauen aus. Sie tun dies in zweifacher Weise: Einmal, indem sie die Geschichte der Menschheit auf der Erde zu einer Episode zusammenschrumpfen lassen. Lovecrafts monströse Wesen in diesem Sinn sind narzisstische Kränkungen: Glück und Erfolg der Menschen haben im Kosmos keine Bedeutung. Es ist immer ein wenig »Wind aus den Weiten des Alls« in Lovecrafts Erzählungen. Cthulhu und Yog-Sothoth spiegeln hierin Lovecrafts eigene Philosophie.

Dies ist jedoch nur eine Seite der Sache. Wie es in ›The Shadow Over Innsmouth‹ wohl am deutlichsten wird, geht es auch um den veränderten Blick, den Leserinnen und Leser auf sich selbst gewinnen. Die verstörende Frage »Wer bin ich?«, wie sie der namenlose Ich-Erzähler in ›The Shadow Over Innsmouth‹ zu spüren bekommt, überträgt sich auf die Lesenden. In anderen Erzählungen liegt dieses Thema nicht so deutlich zutage, aber es ist immer vorhanden. Lovecrafts Protagonisten sind oft, aber nicht immer, vereinzelte, einsame Menschen, weniger durch ihr Naturell, sondern eher durch das Wissen, das ihnen oft zufällig zuteil geworden ist. Ihr Wissen um die dunkle Seite des Universums trennt sie von ihren Mitmenschen. Es gelingt Lovecraft mit erheblichem erzählerischem Raffinement, diesen Blickwinkel einzufangen und literarisch zu gestalten.

Es sollte dennoch deutlich gesagt werden, dass die folgenden Erzählungen mit ihrem mythischen Szenario nur einen Teil von Lovecrafts Erzählwerk ausmachen. Zusammen mit Band I liegen die Mythosgeschichten Lovecrafts im eigentlichen Sinn hier nun gesammelt und mit kommentierenden Einführungen versehen in zwei Bänden vor. Sie sind zwar wie gesagt nur ein Teil des Prosawerkes Lovecrafts (um von seinen Gedichten, Theaterstücken und Essays zu schweigen), aber ohne Frage der Teil, der bis heute am meisten fasziniert. Die einführenden Essays sind überarbeitete und verbesserte Fassungen des Kommentarteils der *Gesammelten Werke* Lovecrafts, die seit 1999 im Verlag Edition Phantasia erscheinen (bisher 13 Bände; vollständige kommentierte Ausgabe aller Schriften Lovecrafts).

Das Unheimliche bei Lovecraft ist ein intelligentes Vergnügen, es sucht Leser und Leserinnen, die den vielfachen Vernetzungen der Erzählungen, den zahllosen Insider-Jokes, den Anspielungen auf klassische und literarische Mythen nachspüren. Das Spiel der fantastischen Entgrenzung der Wirklichkeit wird bei Lovecraft zu einer Evokation des Fremden im Kosmos und in uns selbst. Das ist keine kleine Sache, und trotz des augenzwinkernden Humors in den vielen Anspielungen Lovecrafts (den Lesende oft erst nach mehrmaliger Lektüre des Gesamtwerkes wahrnehmen) bringt er etwas zur Sprache, was tiefere Töne anspricht. Lovecrafts leidenschaftliche Neugier (sichtbar etwa in der obsessiven Suche von Robert Blake in ›The Haunter of the Dark‹), sein Interesse an den Wissenschaften, an der Geschichte (vor allem der britischen und antiken), an Mythologien und Folklore, an Kulten und Religionen, am Kosmos als Ganzen, lebt eben auch in seinen Geschichten, so fantastisch sie sein mögen. Und gar nicht so selten springt dieser Funke auf Leserinnen und Leser über.

Marco Frenschkowski   Leipzig, den 20. Mai 2011

Berge des Wahnsinns
At the Mountains of Madness

›At the Mountains of Madness‹ (geschrieben Februar/März 1931) war Lovecrafts dritter und letzter Roman, nach dem Fantasy-Roman ›The Dream-Quest of Unknown Kadath‹ (1927) und dem großen historischen Horrorroman ›The Case of Charles Dexter Ward‹ (geschrieben ebenfalls 1927). In gewisser Hinsicht ist ›At the Mountains of Madness‹ Lovecrafts einziger wirklich zum Zweck der Publikation verfasster und geplanter Roman, da sowohl die idiosynkratische und mäandrierende Fantasyerzählung ›Dream-Quest of Unknown Kadath‹ wie auch ›The Case of Charles Dexter Ward‹ zu Lebzeiten Lovecrafts nicht publiziert wurden, und Lovecraft dazu auch keine besonderen Anstrengungen übernahm. Am Erscheinen von ›At the Mountains of Madness‹ lag ihm dagegen viel. Der Titel entstammt offenbar einer Passagen aus der Erzählung ›The Hashish Man‹ (in ›A Dreamer's Tales‹, London 1910) von Lord Dunsany (»And we came at last to those ivory hills that are named the Mountains of Madness ...«), obwohl Lovecraft das meines Wissens nicht explizit sagt.

Die gewaltige Evokation der antarktischen Eiswüste als eines Ortes von vorzeitlichem Grauen verfehlt auch heute ihre Wirkung nicht. Manche Liebhaber des Genres halten ›At the Mountains of Madness‹ für Lovecrafts besten Text, dessen schiere visionäre Intensität ein Panorama der Erdgeschichte zeichnet, vor dem die Menschheitsgeschichte zu einer bloßen Episode zusammenschrumpft. Natürlich ist es eine verfremdete Erdgeschichte, in der unerwartete Schrecken lauern, aber sie wird eng an alles angebunden, was zu Lovecrafts Lebzeiten über die tatsächliche geologische und paläontologische Geschichte der Erde bekannt war. Die Horrormotive früherer Erzählungen sind hier in einen Science Fiction-Rahmen integriert; dazu später.

Lovecraft hatte sich schon ab etwa 1900 intensiv für die Antarktis interessiert und war über den jeweils letzten Stand ihrer Erschließung immer bestens im Bilde. 1899 hatte der Norweger Carsten Egebert Borchgrevink als erster ein dauerhaftes Lager auf antarktischem Festland errichtet; 1901–1904 folgten dann die deutsche »Gauß-Expedition« und die britische »Discovery-Expedition« (mit R. F. Scott). Am 14.12.1911 und am 18.1.1912 hatten dann Roald Amundsen und Robert F. Scott den Südpol erreicht. Lovecraft füllte Anfang des Jahrhunderts diverse Schulhefte mit Nacherzählungen der großen Antarktisexpeditionen des 19. Jahrhunderts.

Das Erreichen des Südpols war dabei eine Leidenschaft, die ihre Wurzeln noch im 18. Jahrhundert hatte (Captain James Cook war daran 1772–74 gescheitert), und Engländer und Amerikaner haben später gleichermaßen um dieses Ziel gekämpft. Eine Kenntnis der großen Expeditionen (Charles Wilkes, James Clark Ross, Robert F. Scott etc.) setzt Lovecraft bei seinen Lesern als selbstverständlich voraus. 1928–1930 waren die Jahre der ersten Antarktisexpedition von Richard Evelyn Byrd (1888–1957), der durch seinen Nordpolarflug 1926 bereits weltberühmt geworden war; es folgten in späteren Jahren weitere Antarktisexpeditionen. Vielleicht war diese Expedition der unmittelbare Auslöser der Erzählung Lovecrafts (in der ja wie bei Byrd Flugzeuge eine große Rolle spielen).

Es ist nicht unwichtig, dass ›At the Mountains of Madness‹ eine Expedition schildert: Ausführlich werden Vorbereitung, Finanzierung, wissenschaftliche Organisation, technische Ausrüstung, Zusammensetzung des Mannschaft etc. berichtet. Lovecraft hatte ganz offensichtlich alles gelesen, was er über solche Themen in die Finger bekommen konnte. (Ähnlich steht in seiner Kurzgeschichte ›Facts Concerning the Late Arthur Jermyn and His Family‹ von 1920 eine Afrikaexpedition – wenn auch des 18. Jahrhunderts – mit grausigen Konsequenzen im Hintergrund, aber Lovecrafts Leidenschaft für Details war seit diesem frühen Text noch enorm gewachsen).

Die Forschungsreise wird zur Metapher des suchenden, fragenden, die Vergangenheit durchforstenden Geistes in seiner Konfrontation mit dem Unbekannten. Sicher drückt sich darin auch Lovecrafts Sehnsucht aus, doch einmal Teil eines akademischen Establishments zu sein, das solche Expeditionen ausführen kann – ein Wunsch, der durch sein Unvermögen, eine Collegeausbildung zu absolvieren, unmöglich gemacht wurde; Lovecraft bewegte sich aber Zeit seines Lebens im Umfeld der Brown University, besuchte zahlreiche ihrer öffentlichen Vorträge und lebte zuletzt in einem Haus als Mieter, das der Universität gehörte, nur wenige Schritte von ihren Bibliotheken entfernt. Man kann diese Suche auch als eine Art Bewusstseinserweiterung verstehen, natürlich nicht in einem esoterischen Sinn, bei dem es um Lebensgewinn geht, sondern gerade umgekehrt im verstörenden Sinn der unheimlichen Fantastik, die den Menschen aus seinen gewohnten Bahnen herausreißt. Diese Suche beginnt für den Erzähler William Dyer nicht erst in der Antarktis: Das *Necronomicon* ist ihm nicht fremd.

›At the Mountains of Madness‹ gewinnt aus den symbolischen Tiefendimensionen der Landschaft und der Expedition auch menschliche Qualität und Größe: Hier ist von Gelehrten die Rede, die wirklich wissen wollen, deren Leben sich ganz um ein solches Wissenwollen dreht. Lake und Atwood nehmen dabei ein böses Ende, der Student Danforth wird verrückt, und der Erzähler William Dyer (die volle Namensform nur in der Novelle ›The Shadow Out of Time‹) bleibt auch seelisch nicht unbeschädigt. Das ist die Wirkung wahren Wissens in Lovecrafts Universum. Man beachte auch, dass Lovecraft sich durchaus recht gut in die praktischen Schwierigkeiten der Arbeit in einem Expeditionsteam hineindenken konnte; der Realismus der Erzählung ist in dieser Hinsicht erstaunlich. Aber natürlich steht im Hintergrund immer einer weitere und größere Suche. Der suchende Geist findet in der Vergangenheit nicht nur seine eigenen Wurzeln, sondern auch das, was seine Existenz bedroht und in seiner Gültigkeit in Frage stellt: Das ist ein steter Grundgedanke von Lovecrafts Erzählwerk.

Begonnen wurde der Roman am 24. Februar 1931, abgeschlossen am 22. März desselben Jahres (wie oft, hat Lovecraft die Daten auf seinem Manuskript notiert). Wenn Lovecraft einen Plot klar entwickelt hatte, konnte er sehr schnell arbeiten. Das Abtippen des langen Textes mit der Schreibmaschine (Lovecraft schrieb grundsätzlich zuerst mit der Hand) schob er einige Zeit vor sich her und beendete diese von ihm extrem verabscheute mechanische Arbeit am 1. Mai. Am nächsten Tag gönnte er sich dann einen verdienten Urlaub und fuhr in einer 36-stündigen Busfahrt in den Süden der USA, über Washington, Richmond und andere Städte nach Charleston, das er schon einmal im Vorjahr besucht hatte und über das er dann auch einen langen Reisebericht zu Papier brachte.

Dem Genre nach ist ›At the Mountains of Madness‹ Science Fiction; in der Sorgfalt der biologischen, geologischen und technischen Details sogar »Hard Science Fiction«. Diese Entwicklung fort vom atmosphärischen Horror zur visionären, wenn auch nicht weniger »schrecklichen« SF ist eine Grundtendenz im späteren Werk unseres Schriftstellers etwa ab Ende der 20er-Jahre.

Die Zwischenstellung zwischen zwei Genres hat die Erzählungen dann leider schwer verkäuflich gemacht. Längst war die Zeitschrift *Weird Tales* (die seit 1923 existierte) Lovecrafts Hauptabsatzmarkt geworden, aber ihr Herausgeber Farnsworth Wright lehnte den Text Mitte Juni 1931 als zu lang, zu handlungsarm und kaum für mehrere Ausgaben teilbar ab. Dies war ein schwerer Schlag für Lovecraft. Fast zur gleichen Zeit lehnte dann auch der angesehene Verlag G. P. Putnam's Sons einen Auswahlband mit seinen Kurzgeschichten ab, der schon in greifbare Nähe gerückt schien. Einige ältere Texte, die Lovecraft im April 1931 an Harry Bates, den Herausgeber von *Strange Tales* (als neues Zeitschriftenprojekt damals in der Planungsphase), geschickt hatte, wurden dort ebenfalls nicht angenommen. Lovecraft war ganz im Gegensatz zu der stoisch-ästhetizistischen Attitüde, die er an Tag legte, außerordentlich verletzbar und hat sich diese drei Ablehnungen in kurzer Zeit sehr zu Herzen genommen. Er war darin sicher kein Profi; Autoren wie August Derleth oder Robert E. Howard haben ihre Texte in solchen Fällen einfach an die nächste Zeitschrift geschickt bzw. später wieder neu bei *Weird Tales* eingereicht (Derleth bis zu zehnmal, wie es das Gerücht will). Lovecraft war dazu nicht imstande. Eine im Juni angefangene Erzählung konnte er nicht weiterschreiben, als die Nachricht der Ablehnung bei ihm eintraf (sie ist verschollen), und lange Monate war sein kreatives Talent wie gelähmt (zumal auch Lovecrafts Freunde mit ›At the Mountains of Madness‹ offenbar wenig anfangen konnten). Erst November/Dezember 1931 versuchte er sich wieder an einem größeren Projekt, ›The Shadow over Innsmouth‹ (später in diesem Band).

Was die Publikation von ›At the Mountains of Madness‹ betraf, so ergab sich erst September 1935 etwas: Ein junger Literaturagent namens Julius Schwartz (1915–2004) hatte Kontakt zu dem Herausgeber von *Astounding Science Fiction*, F. Orline Tremaine, der diese später legendäre Zeitschrift seit ihrer Übernahme durch Street and Smith Publications Mitte 1933 zusammen mit Desmond Hall zur wichtigsten Stimme für amerikanische Science Fiction gemacht hatte (John Campbell wurde erst im Mai 1938 Herausgeber, als der Ruf von *Astounding* schon gefestigt war). Schwartz fragte Lovecraft nach einem Text, einigte sich rasch mit Tremaine (der den Roman offenbar gar nicht gelesen hatte, sondern Schwartz und Lovecrafts literarischen Fähigkeiten vertraute), und es kam zu einem Vertragsabschluss über 350 Dollar, von denen Schwartz 35 Dollar als Agentenprämie erhielt. Auch 315 Dollar waren für Lovecraft (der seine wöchentlichen Ausgaben durch eiserne Sparsamkeit auf 15 Dollar heruntergeschraubt hatte und sich seit 1928 keinen neuen Anzug mehr hatte leisten können) eine beträchtliche Menge Geld, zumal Tremaine kurz darauf auch ›The Shadow Out of Time‹ für 280 Dollar kaufte. Das zusammen war die größte Summe, die Lovecraft jemals verdient hat. Um sein kreatives Selbstbewusstsein aufzubauen, war es freilich zu spät. ›At the Mountains of Madness‹ erschien in einem Umfeld von Science-Fiction-Erzählungen in *Astounding Stories* 16, 6–17, 2 in drei Teilen (Februar, März und April 1936), genau ein Jahr vor Lovecrafts frühem Tod.

Blicken wir noch auf einige Details des Romans. Lovecraft hat es geliebt, seine Texte nicht nur mit seinen eigenen Erzählungen, sondern auch mit denen der großen Klassiker unheimlicher Literatur vielfach zu verzahnen.

Den Namen des Ich-Erzählers unseres Romans, William Dyer, erfahren wir zum Beispiel nur aus ›The Shadow Out of Time‹. Wir sind dem zweiten Stilmittel schon in ›The Dunwich Horror‹ begegnet, wo es vor allem um direkte und explizite Berührungen mit Arthur Machen ging. In ›At the Mountain of Madness‹ ist es nun Edgar Allan Poe (1809–1849), dessen melancholisches, visionäres Angesicht immer wieder zwischen den Zeilen hindurchscheint. Lovecraft hatte Poe schon als Kind gelesen und ihn seitdem für Amerikas bedeutendsten Autor gehalten, wobei man nicht nur an die Kurzgeschichten denken darf, sondern vor allem an die Lyrik und in geringerem Maße auch an Poes zahlreiche in Deutschland nur wenig bekannte Essays. In einem Brief an Bernard Austin Dwyer vom 3. März 1927, in dem er viel über seine frühen kindlichen Interessen mitteilt, schreibt Lovecraft: »Dann traf mich wie ein Blitz EDGAR ALLAN POE! Das war mein Absturz, und im Alter von acht Jahren sah ich, wie sich das blaue Firmament von Argos und Sizilien durch die miasmatischen Ausdünstungen des Grabes verdunkelte!«

Im gleichen Jahr (1898) versuchte Lovecraft bereits, Poes Prosastil nachzuahmen, nachdem er zuvor ganz in einer Welt klassischer englischer Lyrik und arabischer und antiker Folklore und Mythologie gelebt hatte. Edgar Allan Poe und Alexander Pope blieben die beiden von Lovecraft am meisten verehrten Schriftsteller, obwohl zeitweise der Einfluss Dunsanys auf sein tatsächliches Werk größer war. In ›At the Mountains of Madness‹ wird Poe eine unübertroffene, wenn auch durchaus dezente Reverenz erwiesen. Lovecraft ist kein Anfänger mehr und er ahmt nicht mehr nach. Aber er erlaubt sich Anspielungen, intertextuelle Referenzen, die den Leser mit hineinnehmen in die gleiche literarische Binnenwelt, in der auch Lovecraft selbst gelebt hat. Schon zu Beginn, anlässlich der ersten Schilderung der antarktischen Berge, kommen den Betrachtern der Miskatonic-Expedition Poes Zeilen über den Berg Yaanek in den Sinn, wie sie sich in dem Gedicht ›Ulalume‹ von 1847 finden, das Poe aus einer Grundidee von Elizabeth Oakes Smith heraus entwickelt hatte. Dass Poes Berg »Yaanek« tatsächlich Mount Erebus sein muss, wie Lovecraft argumentiert, ist ganz richtig; in der Arktis waren zu Poes Lebzeiten keine Vulkane bekannt, während Mount Erebus 1840 entdeckt worden war. Poe hatte sich ja wie Lovecraft brennend für die Erforschung der Antarktis interessiert. Wie Poe auf den Namen »Yaanek« kommt, ist bis heute nicht bekannt; immerhin wird Lovecraft in der wissenschaftlichen Poe-Literatur als Entdecker der wahren Identität des Berges aufgeführt, etwa in dem zur Zeit umfassendsten Kommentar zu Poes Gedichten von Thomas Ollive Mabbott. Mehrfach wird Poes Roman *Arthur Gordon Pym* (Lovecraft kürzt den Buchtitel ab) genannt, sodass ›At the Mountains of Madness‹ nicht nur zu einem Prätext, sondern in gewisser Hinsicht zu einer Hommage, ja fast zu einer Art Fortführung von Poes Roman wird. An eine eigentliche Fortsetzung der Handlung – wie sie Jules Verne in *Le Sphinx des Glaces* (zuerst: *Magasin d'Education et de Récreation*, 1. Januar – 15. Dezember 1897) versucht hatte – ist aber nicht zu denken. Vor allem ist es das rätselhafte »Tekeli-li!«, das bei Lovecraft zum Fragment einer verschollenen Sprache wird, zu einem letzten Nachhall der Pfeiftöne, welche die Alten Wesen von sich gaben, nachgeäfft von denen, die erst ihre Sklaven waren und dann ihr Untergang wurden. (Tatsächlich ist »Tekeli; or The Siege of Montgatz« der Name eines Theaterstückes, in dem Poes Mutter Eliza Poe öfters auftrat, aber das wird Lovecraft vielleicht gar nicht gewusst haben). Diese Art, einzelne Bausteine aus Poe zu verfremden, hat einen besonderen ästhetischen Reiz, zumal Lovecraft Poe noch einmal mystifiziert, indem suggeriert wird, dieser habe Zugang zu einer besonderen, okkulten Quelle über die Antarktis gehabt. Poe ist mit den Worten »Reynolds! Reynolds! Lord help my poor Soul« auf den Lippen am 7. Oktober 1849 gestorben, aber ob er damit wirklich den berühmten Antarktis-Forscher Jeremiah N. Reynolds (1799–1858) gemeint hat, ist wohl eher fraglich.

Eine auffällige intertextuelle Vernetzung liegt auch mit der Novelle ›The Whisperer in Darkness‹ vor, dessen Protagonist als der »so unheimlich gelehrte Volkskundler Wilmarth« zitiert wird (»that unpleasantly erudite folklorist« im Original). Die Krustazeen vom Yuggoth tauchen beiläufig in der Gesamtvision der Erdgeschichte auf, die sich vor dem Auge des Lesers aufrollt. Nur in einem einzigen Text hat Lovecraft noch weiter ausholend eine ganze Geschichte der Erde in Vergangenheit und Zukunft entfaltet (›The Shadow Out of Time‹).

Wer ›At the Mountains of Madness‹ liest, wird kaum der Versuchung widerstehen können, die Lokalitäten auf einer Landkarte nachzuschlagen. Wichtiger ist eine gute Kenntnis der Erdgeschichte, wobei Lovecrafts Datierung der paläontologischen Epochen nicht ganz den heute üblichen entspricht (doch sind die Abweichungen für die Handlung unerheblich). Auffällig ist gerade hier Lovecrafts immenses Bemühen um absolute naturwissenschaftliche Präzision. Alfred Wegeners Kontinentalverschiebung spielt eine entscheidende Rolle, daneben auch die (damals) neuesten Ergebnisse der Paläozoologie, Paläobotanik und Ingenieurwissenschaft. Kaum je in der fantastischen Literatur (tatsächlich fällt mir kein wirklich vergleichbares Beispiel ein) sind die Monster einer Erzählung mit solchem anatomischem Detail, mit einer solchen Exaktheit des Seziertisches beschrieben worden. Diese Obsesssion sowohl in Sachen Präzision als auch in Sachen Suggestion ist ja schon bei früheren Erzählungen Lovecrafts zu beobachten, etwa in ›Pickman's Model‹ (1926). Sie ist ein Grundkennzeichen der Lovecraftschen Ästhetik. Selbst Admiral Richard Byrds Entdeckung während der genannten Expedition 1928–1930, dass die Antarktis nicht aus drei, sondern nur aus einer einzigen Landmasse besteht, wird in die Handlung eingebaut. Byrd hatte am 29. November 1929 als erster Mensch den Südpol in einem Flugzeug überquert. Der McMurdo-Sound (wo die »Miskatonic Antarctic Expedition« ihren Landeplatz hat) befindet sich gegenüber der Ross'schen Eisbarriere, nicht weit entfernt von der Stelle, wo Byrd sein erstes Lager aufgeschlagen hatte.

›At the Mountains of Madness‹ ist die Vision der Geschichte einer ganzen Zivilisation, von ihren mythischen Wurzeln über die Zeit ihrer kulturellen Blüte, durch ihre Jahre (Jahrmillionen!) des Konflikts und der Kriege bis zu ihrem Verfall und ihrer schließlichen Vernichtung durch ihre eigenen leichtsinnig geschaffenen Sklaven, die amorphen Shoggothen. Aus einer Horrorgeschichte wird hier nicht nur Science Fiction, sondern vielmehr Kulturkritik, eine Spenglersche Schau auf das »Ganze« kultureller Entwicklung. Aus anfänglichem Abscheu vor den Alten Wesen wächst Sympathie und Identifikation; dies ist eine der wenigen Passagen, wo Lovecraft immens pathetisch wird (»Was immer sie waren ... sie waren Menschen«). Man beachte auch das kleine, feine Detail, dass die Vorfahren der Menschen in unserem Roman von den Alten Wesen als Nahrungsergänzung und Spielzeug (eine Art äffische Unterhalter) geschaffen wurden: Auch hier hat sich eine Schöpfung der Alten Wesen verselbstständigt.

Vieles wäre interpretationswürdig: Die Geschlechtslosigkeit der Alten Wesen (die sich pflanzlich vermehren) hält ihre Kultur von allen jenen Komplikationen frei, welche nach Lovecrafts Auffassung der menschlichen nur geschadet haben ... In einer früheren Phase ihrer Geschichte (auf einem anderen Planeten) haben sie eine Phase technischer Zivilisation mit zahlreichen Maschinen durchlaufen, sich davon aber als einer ästhetisch unbefriedigenden Existenzweise wieder abgewandt: Die Alten Wesen sind hier ganz Träger von Lovecrafts eigenen kulturellen Idealen (wie das dann in ›The Shadow Out of Time‹ noch deutlicher wird). Lovecraft war tief davon überzeugt, dass Technik keine kulturelle Errungenschaft ist, sondern allenfalls das Leben bequemer macht. Wissenschaft und Kunst füllen das Leben der Alten Wesen in den Jahren der Blüte ihrer Zivilisation: Und das ist Lovecrafts eigenes Kulturideal.

In der theosophischen Tradition (mit der sich Lovecraft in ›The Call of Cthulhu‹ intensiv auseinandergesetzt hatte) ist der Nordpol »heiliges

Land«, auf dem einst die frühesten Bewohner unseres Planeten gelebt haben, der Südpol dagegen »böses« Territorium, Ort eines nie näher beschriebenen Schreckens (darauf kann hier nicht näher eingegangen werden). Lovecrafts Kenntnis der theosophischen Literatur war nicht sehr tiefgehend. Die mythologiegeschichtlichen Anspielungen treten in ›At the Mountains of Madness‹ jedoch eher in den Hintergrund. Immerhin gibt es an einer Stelle eine lange Liste verschollener mythologischer Länder: »Atlantis und Lemuria, Commorium und Uzuldaroum und Olathoë im Land Lomar (...), Valusia, R'lyeh, Ib im Lande Mnar und die Namenlose Stadt in Arabia Deserta«. Lovecraft spielt hier auf das Erzählwerk seines Freundes und Schriftstellerkollegen Clark Ashton Smith an, dessen Fantasie Commorium und Uzuldaroum entsprungen sind und der auch über Atlantis, Lemuria und Valusia ganze Zyklen von Erzählungen verfasst hat. Smiths »Tsathoggua« wird öfters erwähnt. R'lyeh, Ib, Olathoë und die Namenlose Stadt sind Lovecrafts eigene Schöpfungen aus früheren Erzählungen. Auch das *Necronomicon* taucht wieder auf, ein wenig versatzstückhaft (warum hat der Paläontologe Lake es gelesen?), denn eine wirkliche Funktion hat es hier nicht.

»Etwas beklemmend Roerichartiges« lag über den Bergen des Wahnsinns mit ihren (zuerst natürlich nicht als solchen erkannten) Gebäuderesten. Nicholas Roerich (1874–1947) ist in der Tat eine weitere wesentliche Inspiration unseres Textes (sechsmal wird er genannt). Der russische Maler – ein früher Lehrer Chagalls – war Ende 1920 (im Gefolge der Revolution) von Russland in die USA geflohen und fand in New York breite Aufmerksamkeit. Roerich war nicht nur Maler, sondern auch Bühnenbildner, Schriftsteller, Okkultist, Weltreisender und energisch am Thema Verständigung der Völker und Kulturen interessiert. Anfang 1929 war er wegen dieses Einsatzes offiziell von der Universität Paris für den Friedensnobelpreis vorgeschlagen worden (den dann aber F. B. Kellogg erhielt). Mehrere Expeditionen führten ihn nach Zentralasien, von wo er Kultgegenstände, Bücher und vor allem Anregungen für seine Kunst mitbrachte. Während er in frühen Jahren eher Themen aus russischer Folklore dargestellt hat, ist sein reifes Werk völlig beherrscht von einer übermächtigen Faszination durch die Berge und Glaubenswelten Zentralasiens. Die schneebedeckten Berge des Himalaja, die Götter und Legenden Tibets sind sein Thema, in immer neuen Variationen, in der Darstellung räumlicher Weite, mit einer starken Aufmerksamkeit für die Farben und Eindrücke des Himmels und der Landschaft. Roerich ist Symbolist und Landschaftsmaler; seine spirituellen Wurzeln liegen ganz in der religiösen Welt Tibets und Nordindiens, als deren Botschafter er sich sah. Dabei ist seine Sichtweise diejenige der klassischen

Theosophie; seine Frau war die russische Übersetzerin von Helena Petrovna Blavatskys *Secret Doctrine*. Seine zahlreichen Bücher (die Lovecraft aber wohl nicht gelesen hatte) sind voll der merkwürdigsten Legenden über Tibet. Lovecraft scheint Roerich nie persönlich kennengelernt zu haben, aber im Mai 1930 besuchte er zum ersten Mal mit Frank Belknap Long das Roerich-Museum in New York, welches diesem schon zu Lebzeiten an der Ecke 103rd Street und Riverside Drive eingerichtet worden war. Dieses Museum befindet sich heute 317 West 107th. Street und ist in der Tat ein New Yorker Geheimtip. (Seit 1993 gibt es auch in Moskau ein sehenswertes Roerich-Museum).

Lovecrafts letzter Brief (den er nicht mehr zu Ende schreiben konnte, als er ins Krankenhaus eingeliefert wurde und der nach seinem Tod auf seinem Schreibtisch gefunden wurde) an seinen alten Freund und Weggefährten James F. Morton (datiert: »Der alte Hügel, März 1937«) endet mit einer Evokation Roerichs: »Besser als die Surrealisten ist der gute alte Nick Roerich, dessen Hütte an der Ecke Riverside Drive und 103. Straße eines meiner Heiligtümer in der Peststadt ist. Etwas in seiner Art, mit Perspektive und Atmosphäre umzugehen, suggeriert mir andere Dimensionen und fremde Arten des Seins – oder zumindest den Zugang zu solchen. Solche fantastischen bearbeiteten Felsen in einsamen wüsten Gebirgszügen – jene ominösen, zerklüfteten Felsgipfel, die wirkten, als könnten sie einen ansehen – und vor allem jene merkwürdigen würfelförmigen Gebäude, die da an Steilabhängen haften und sich hin zu den verbotenen nadelspitzen Berggipfeln hinaufziehen!«.

Dies sind tatsächlich, abgesehen von ein paar Notizen im Krankenhaus, die letzten Worte, die Lovecraft zu Papier gebracht hat. Die Begegnung mit Roerichs Kunst war für den Schriftsteller offenbar eine genuine mystische Erfahrung. Mehrere Bildbände erlauben dem Interessiertem auch ohne Reise zu den Museen, Roerichs bemerkenswerte Kunst kennenzulernen. Diese ist nicht unheimlich, sehr wohl aber voll subtiler Suggestion.

In einem anderen Brief (vom 31. Oktober 1936 an E. Hoffmann Price) erklärt Lovecraft, warum er keine Horrorgeschichten im heimeligen Süden der USA ansiedeln könne: »... denn für mich verbindet sich nur das Kalte in höchstem Maße mit dem Bösen, Schrecklichen, und mit dem Tod. (...) Der Norden (und die Antarktis) mit seiner quälenden Kälte und seinen langen Nächten schreitenden Todes sind für mich die Epitome all dessen, was dem Menschen und dem Leben feindlich ist ...« Die arktische Kälte wird zur Metapher für einen lebensfeindlichen Kosmos, in dem Kultur, Kunst und Wissenschaft (als das, was das Leben lebenswert macht – nach Lovecraft) nur begrenzt überleben können.

Die Geschichte des englischen Textes von ›At the Mountains of Madness‹ ist verwickelt und kann hier nicht beschrieben werden. Der Erstdruck war vom Herausgeber bearbeitet und um etwa 1000 Worte gekürzt worden, die in späteren Ausgaben dann teilweise wieder eingefügt worden sind. Die Fachliteratur zu unserem Text ist sehr reich.

Dem fiktionalen Wortlaut nach will ›At the Mountains of Madness‹ abschrecken bzw. vor einer weiteren Erforschung der Antarktis warnen. Natürlich ist der tatsächliche Effekt genau gegenteilig. Der Schrecken wird verschluckt von Faszination und Neugier. »Es wäre tragisch, ließe sich jemand ausgerechnet durch die Warnung, die ihn abschrecken soll, in jenes Todes- und Schreckensreich locken«. Das ist ein Satz von eigentümlicher Ambivalenz, der zugleich symbolisch für die ganze »dunkle Fantastik« stehen kann. Gesetzt der Fall, dies wäre ein authentischer Bericht – wer ließe sich davon abhalten, sobald als möglich Nachforschungen anzustellen? Die »Warnung« ist hier ein Mittel, unsere Neugier anzustacheln. Was einmal einer großartigen Zivilisation den Untergang bereitet hat, lauert noch heute. Es sind die versklavten Kräfte einer unzügelbaren Natur, die uns nicht weniger bedrohen. Lovecrafts letzter Roman ist also im Kern Zivilisationskritik. Ob er darin Plausibilität erreicht, ist an dieser Stelle nicht zu diskutieren.

Berge des Wahnsinns

I

Ich muss mein Schweigen brechen, weil Männer der Wissenschaft sich geweigert haben, meinem Rat zu folgen, ohne das Nötige zu wissen. Nur mit größtem Widerwillen lege ich die Gründe dar, aus denen ich mich gegen die geplante Invasion der Antarktis stelle – gegen die damit einhergehende Fossilienjagd und das übermäßige Anbohren und Abschmelzen der uralten Eiskappen. Und ich zögere umso mehr, als meine Warnung auf taube Ohren stoßen könnte.

Unvermeidlich werden Zweifel an den Tatsachen aufkommen, die ich enthüllen werde; doch ließe ich all das aus, was fantastisch und unglaubhaft erscheinen wird, so bliebe nichts mehr übrig. Die bislang zurückgehaltenen Fotografien, gewöhnliche Aufnahmen wie auch Luftbilder, werden zu meinen Gunsten sprechen, denn sie sind erschreckend deutlich und aussagekräftig. Gleichwohl wird man ihre Echtheit anfechten, wenn man bedenkt, was geschickte Fälschung alles zu erreichen vermag. Ganz sicher wird man die Tuschezeichnungen als offensichtlichen Betrug brandmarken, ungeachtet ihrer sonderbaren Technik, die Kunstsachverständigen auffällt und Anlass zum Grübeln geben sollte.

Letzten Endes muss ich mich auf die Urteilskraft und das Renommee der wenigen führenden Köpfe der Wissenschaft verlassen, deren Denken einerseits unabhängig genug ist, um mein Beweismaterial anhand seiner schrecklichen Überzeugungskraft und auch im Lichte gewisser urzeitlicher und überaus erstaunlicher Sagenkreise zu beurteilen; und die andererseits genügend Einfluss besitzen, um die Zunft der Wissenschaftler generell von jedem übereilten und allzu ehrgeizigen Forschungsvorhaben im Reich jener Berge des Wahnsinns abzuhalten. Es ist ein Unglück, dass vergleichsweise unbekannte Männer wie ich selbst und meine Kollegen, die nur mit einer kleinen Universität in Verbindung stehen, wenig Aussicht haben, wirkungsvoll Gehör zu finden, wenn es um Angelegenheiten äußerst bizarrer oder umstrittener Natur geht.

Zu unseren Ungunsten spricht zudem, dass wir genau genommen keine Spezialisten auf jenen Fachgebieten sind, um die es letztendlich geht. Meine Aufgabe als Geologe und Leiter der Expedition der Miscatonic University bestand ausschließlich in der Gewinnung tiefer Gesteins- und Bodenproben aus verschiedenen Teilen des antarktischen Kontinents, unterstützt durch den bemerkenswerten Bohrer, den Professor Frank H. Pabodie aus unserem Fachbereich für Ingenieurwesen entwickelt hatte. Ich hegte keineswegs den Wunsch, Pionierarbeit auf anderem Gebiet als diesem zu leisten. Allerdings hoffte ich, dass der Einsatz dieses neuartigen technischen Gerätes an verschiedenen Punkten entlang bereits zuvor erforschten Routen Material zutage fördern würde, die herkömmlichen Methoden bisher unerreichbar blieben.

Pabodies Bohrgerät war, wie die Öffentlichkeit bereits aus unseren Berichten weiß, einzigartig und revolutionär, da es leicht und tragbar war und das gewöhnliche artesische Bohrverfahren dergestalt mit dem Prinzip des kleineren runden Gesteinsbohrers verband, dass man sich in kurzer Zeit durch Schichten wechselnder Härte vorarbeiten konnte. Der stählerne Bohrkopf, das Gelenkbohrgestänge, der Benzinmotor, der zerlegbare hölzerne Bohrturm, die Sprengausrüstung, die Seile, der Schneckenbohrer zum Auswurf des Bohrschutts sowie die Rohrteilstücke für Bohrlöcher von zwölf Zentimetern Durchmesser und bis zu dreihundert Metern Tiefe bedeuteten mit allem notwendigen Zubehör keine größere Last als drei mit jeweils sieben Hunden bespannte Schlitten befördern konnten. Erreicht wurde dies durch die ausgeklügelte Aluminiumlegierung, aus der die meisten der Metallteile gefertigt waren. Vier große Dornier-Flugzeuge, konstruiert eigens für die enormen Flughöhen, die im antarktischen Hochland notwendig sind, und ausgestattet mit zusätzlichen, von Pabodie ersonnenen Treibstoffwärme- und Schnellstart-Vorrichtungen, konnten unsere gesamte Expedition von einem Basislager am Rande der großen Packeisgrenze zu verschiedenen geeigneten Punkten im Binnenland befördern, und von dort aus würde uns ein ausreichendes Kontingent an Schlittenhunden weiterbringen.

Wir beabsichtigten, ein so großes Terrain zu erschließen, wie es uns ein ganzer antarktischer Sommer gestatten würde – oder, falls unbedingt nötig, auch ein längerer Zeitraum. Hauptsächlich wollten wir in den Gebirgszügen und im Tafelland südlich des Ross-Meeres arbeiten; Regionen, die in unterschiedlichem Ausmaß von Shackleton, Amundsen, Scott und Byrd erforscht worden waren. Mittels häufiger Stützpunktwechsel mithilfe der Flugzeuge und über genügend große Entfernungen hinweg, um geologisch von Belang zu sein, erwarteten wir, dem Boden eine nie dagewesene Menge an Material abzugewinnen – vor allem den präkambrischen Formationen, die bis dahin nur eine karge Auswahl antarktischer Proben hergegeben hatten. Ebenso wollten wir eine größtmögliche Vielfalt an Proben aus den oberen fossilienhaltigen Gesteinslagen holen, da die Urgeschichte des Lebens in diesem unwirtlichen Reich des Eises und des Todes von höchster Bedeutung für die Kenntnis der Erdvergangenheit ist. Dass der antarktische Kontinent einstmals eine gemäßigte und sogar tropische Klimazone war, mit einer reichen Pflanzen- und Tierwelt, von der nur die Flechten, Meerestiere, Arachniden und Pinguine des Nordrandes überdauert haben, ist allgemein bekannt. Wir hatten die Hoffnung, dieses Wissen erweitern, spezifizieren und vertiefen zu können. Sollte eine einfache Bohrung Hinweise auf Fossilien ergeben, wollten wir das Loch durch Sprengung vergrößern, um Proben von geeigneter Größe und Beschaffenheit zu erhalten.

Unsere Bohrungen, deren Tiefe jeweils davon abhing, welche Hinweise die oberen Gesteins- oder Bodenschichten hergaben, sollten sich auf freie oder annähernd freiliegende Stellen beschränken – wobei es sich unweigerlich um Gebirgshänge und -kämme handeln musste, da die tieferen Landebenen unter einer bis zu eineinhalb Kilometer dicken, massiven Eisdecke liegen. Wir hatten zu wenig Zeit, um uns durch starke Schichten bloßen Eises hindurchzubohren, obwohl Pabodie eine Methode ersonnen hatte, die vorsah, Kupferelektroden in eine Vielzahl dicht nebeneinandergesetzter Bohrlöcher zu versenken und begrenzte Eismengen mittels elektrischen Stroms aus einem benzinbetriebenen Dynamo wegzuschmelzen. Ebendiese Methode – die wir auf einer Expedition wie der unseren nur versuchsweise anwenden konnten – gedenkt die geplante Starkweather-Moore-Expedition einzusetzen, ungeachtet der Warnungen, die ich seit unserer Rückkehr aus der Antarktis erhoben habe.

Die Öffentlichkeit kennt die Einzelheiten der Miskatonic-Expedition durch unsere regelmäßigen Funkberichte an den *Arkham Advertiser* und an Associated Press sowie durch später erschienene Zeitungsbeiträge von Pabodie und mir. Unsere Mannschaft zählte vier Angestellte der Universität – Pabodie, Lake vom Fachbereich Biologie, den Physiker Atwood, der zugleich Meteorologe war, und mich, den Vertreter der Geologie und offiziellen Expeditionsleiter – außerdem sechzehn Hilfskräfte: sieben graduierte Studenten der Miskatonic University sowie neun qualifizierte Mechaniker. Von diesen Sechzehn waren zwölf ausgebildete Piloten, die bis auf zwei von ihnen zudem hervorragende Funker waren. Acht von ihnen beherrschten die Navigation mittels Kompass und Sextant, was auch für Pabodie, Atwood und mich galt. Darüber hinaus waren selbstverständlich unsere beiden Schiffe – ehemalige Walfänger, deren Holzrümpfe für Fahrten ins Eismeer verstärkt und die zusätzlich mit dampfgetriebenen Hilfsmotoren ausgestattet worden waren – vollzählig bemannt.

Die Nathaniel-Derby-Pickman-Stiftung, unterstützt durch einige wenige Sonderzuwendungen, finanzierte die Expedition; daher waren unsere Vorbereitungen überaus gründlich, wenn sie auch wenig öffentliches Interesse erhielten. Die Hunde, die Schlitten, die Maschinen, das Lagerzubehör und unsere in Einzelteile zerlegten fünf Flugzeuge wurden in Boston übergeben, und dort belud man auch unsere Schiffe. Wir waren glänzend ausgerüstet für unser besonderes Vorhaben, und in allen Belangen des Nachschubs, Proviants, Transports und Lagerbaus profitierten wir von den hervorragenden Erfahrungen zahlreicher und überaus brillanter Vorgänger aus jüngster Zeit. Gerade die ungewöhnlich große Zahl und Berühmtheit dieser Vorgänger bewirkten, dass unsere eigene Expedition – groß angelegt wie sie war – in der weiten Welt so wenig Beachtung fand.

Wie die Zeitungen berichteten, stachen wir am 2. September 1930 vom Bostoner Hafen aus in See, segelten gemächlich die Küste hinab und durch den Panamakanal, legten in Samoa und Hobart, Tasmanien, an, wo wir letzte Vorräte aufnahmen. Kein Mitglied unserer Expedition war je zuvor in polaren Gefilden gewesen, daher verließen wir uns ganz auf unsere Schiffsführer – J. B. Douglas, der die Brigg *Arkham* befehligte und das

Oberkommando über unsere Zweier-Flotte besaß, sowie Georg Thorfinnssen, den Kapitän der Bark *Miskatonic* – beides altgediente Waljäger in antarktischen Gewässern.

Je weiter wir den bewohnten Teil der Welt hinter uns ließen, desto tiefer sank im Norden die Sonne und desto länger stand sie mit jedem Tag über dem Horizont. Auf etwa 62° südlicher Breite sichteten wir unsere ersten Eisberge – tafelförmige Objekte mit lotrechten Seitenflächen –, und kurz bevor wir den Polarkreis erreichten, den wir am 20. Oktober unter Begehung der entsprechenden wunderlichen Seemannsbräuche überquerten, plagten wir uns beträchtlich mit einem Eisfeld. Die sinkenden Temperaturen machten mir nach unserer langen Reise durch die Tropen sehr zu schaffen, doch angesichts der weit schlimmeren Unbilden, die uns noch bevorstanden, versuchte ich mich dagegen abzuhärten. Häufig wurde ich von den seltsamen atmosphärischen Erscheinungen in Bann gezogen; unter anderem einer verblüffend lebensechten Luftspiegelung – der ersten, die ich je erblickte –, wobei ferne Bergformationen sich in die Zinnen unvorstellbarer kosmischer Schlösser verwandelten.

Wir bahnten uns den Weg durch das Eis, das zum Glück weder weitflächig noch dicht gepackt war, bis wir bei 67° südlicher Breite, 175° nördlicher Länge wieder offene Gewässer erreichten. Am Morgen des 26. Oktober schimmerte im Süden ein starker Landblink auf, und noch vor der Mittagsstunde erfasste uns alle eine prickelnde Erregung, als wir eine gewaltige, hoch aufragende und schneegekrönte Bergkette sahen, die sich vor uns ausbreitete und bald über unser gesamtes Blickfeld erstreckte. Endlich waren wir einem Außenposten des großen unbekannten Kontinents und seiner geheimnisvollen Welt eisigen Todes begegnet. Offenbar handelte es sich bei diesen Gipfeln um die von Ross entdeckten Admirality-Berge, und unsere Aufgabe bestand nun darin, Kap Adare zu umrunden und entlang der Ostküste von Victoria-Land bis zur Position unseres geplanten Stützpunkts zu segeln, der auf 77° 9' südlicher Breite am Ufer des McMurdo-Sunds, zu Füßen des Vulkanes Erebus, errichtet werden sollte.

Der letzte Teil der Reise war eindrucksvoll und beflügelte die Fantasie. Mächtige kahle Gipfel türmten sich geheimnisvoll drohend ohne Unterbrechung im Westen auf, während die tief stehende nördliche Mittagssonne oder die noch niedrigere, den Horizont streifende südliche Mitternachtssonne ihre diesigen roten Strahlen über die weißen Schneefelder ergossen, über bläuliche Eisflächen und Wasserrinnen und über die schwarzen Flecken nackter Granithänge. Um die öden Bergkämme fegten in Abständen wütende Stöße des furchtbaren antarktischen Windes, in dessen Heulen ich zuweilen vage Andeutungen eines wilden, halb wahrnehmbaren melodischen Pfeifens mit einem großen Tonumfang heraushörte und das mir aus irgendeiner unterbewussten Erinnerung heraus beunruhigend und irgendwie sogar furchterregend vorkam. Etwas an dieser Szenerie gemahnte mich an die seltsamen und verstörenden asiatischen Gemälde von Nicholas Roerich und an die noch seltsameren und noch verstörenderen Beschreibungen der von bösen Sagen umrankten Hochebene von Leng, die in dem gefürchteten *Necronomicon* des wahnsinnigen Arabers Abdul Alhazred enthalten sind. Ich sollte es noch bereuen, jemals einen Blick in dieses monströse Buch aus der Universitätsbibliothek geworfen zu haben.

Am 7. November, der westliche Gebirgszug war zeitweise außer Sicht geraten, passierten wir die Franklin-Insel, und am folgenden Tag erblickten wir vor uns auf der Ross-Insel die Kegel des Mount Erebus und des Mount Terror, und dahinter die lang gezogenen Kämme der Parry-Berge. Gen Osten erstreckte sich jetzt die niedrige, weiße Linie der großen Eisbarriere, die senkrecht bis zu einer Höhe von sechzig Metern emporstrebte, gleich den Felsklippen von Quebec, und das Ende der Seefahrt in südlicher Richtung markierte. Nachmittags liefen wir in den McMurdo-Sund ein und ankerten vor der Küste leeseits des rauchenden Mount Erebus. Der von Schlacke bedeckte Gipfel ragte gut dreitausendfünfhundert Meter vor dem östlichen Firmament auf wie ein japanischer Holzschnitt des heiligen Fudschijama, während dahinter die weiße, geisterhafte Erhebung des Mount Terror emporwuchs, fast dreitausend Meter hoch und heute als Vulkan erloschen.

In Abständen stieß Erebus Rauchschwaden aus, und einer der Studenten – ein brillanter junger Bursche namens Danforth – wies auf lavaartige Krusten an dem schneebedeckten Abhang hin und bemerkte, dass dieser Berg, der 1840 entdeckt worden war, zweifellos Edgar Allan Poes dichterische Einbildung inspiriert habe, als jener sieben Jahre später schrieb:

... die Laven, die ruhelos fließen
Den Yaneek hinab in schwefligen Strömen
Und die in die Eiswelt des Pols sich ergießen –
Die ächzen, während sie dem Berg Yaneek entströmen,
Um sich am nördlichen Pol zu ergießen.

Danforth war ein großer Liebhaber bizarrer Literatur und sprach viel über Poe. Ich interessierte mich selbst dafür, weil Poes einzige lange Erzählung – der verstörende und rätselhafte *Arthur Gordon Pym* – teilweise in der Antarktis spielt.

Auf der öden Küste und der hochragenden Eisbarriere im Hintergrund kreischten Myriaden grotesker Pinguine und schlugen mit ihren Stummelflügeln, während sich im Wasser fette Seehunde tummelten, die umherschwammen oder über große Schollen langsam treibenden Eises robbten.

Mit Hilfe kleiner Boote gelang es uns kurz nach Mitternacht am Morgen des 9. November unter schwierigen Bedingungen, auf der Ross-Insel an Land zu gehen. Dabei spannten wir von jedem der beiden Schiffe ein Tau und trafen Vorbereitungen, um mittels einer Behelfskonstruktion aus Hosenbojen Vorräte und Ausrüstungen überzusetzen.

Unsere ersten Schritte auf antarktischem Boden wurden von erregenden und vielfältigen Empfindungen begleitet, obwohl uns an genau dieser Stelle bereits die Expeditionen von Scott und Shackleton vorausgegangen waren. Unser Lager auf der Eisküste unter dem Vulkanhang sollte nur vorläufig sein, das Hauptquartier sollte an Bord der *Arkham* bleiben. Wir brachten alle unsere Bohrgeräte an Land, ebenso die Hunde, Schlitten, Zelte, Proviantkisten und Treibstoffvorräte, die Anlage für die Schmelzversuche, die Kameras für normale Aufnahmen und für Luftbilder, die Flugzeugteile und anderes Ausrüstungsmaterial, einschließlich drei kleine, tragbare Funkgeräte – zusätzlich zu jenen in den Flugzeugen –, die in der Lage waren, die Verbindung zur Funkzentrale auf der *Arkham* von jedem Teil des antarktischen Kontinents zu halten, den wir erreichen würden. Die große Funkanlage des Schiffes, die unseren Kontakt zur

Außenwelt gewährleistete, sollte Pressemitteilungen an die leistungsstarke Sende- und Empfangsstation des *Arkham Advertiser* auf Kingsport Head in Massachusetts durchgeben. Wir hofften, unsere Arbeit in einem einzigen antarktischen Sommer abschließen zu können; doch falls sich dies nicht bewerkstelligen ließ, würden wir auf der *Arkham* überwintern und noch vor dem Zufrieren des Seewegs die *Miskatonic* nach Norden senden, um Vorräte für einen weiteren Sommer zu beschaffen.

Ich brauche nicht zu wiederholen, was über unsere ersten Arbeitsschritte bereits in den Zeitungen stand: unsere Besteigung des Mount Erebus; unsere erfolgreichen Mineralbohrungen an verschiedenen Punkten der Ross-Insel und die einzigartige Schnelligkeit, mit der Pabodies Erfindung dabei selbst massive Felsschichten überwand; die Erprobung der kleinen Schmelzausrüstung; unsere gefahrvolle Ersteigung der großen Eisbarriere mitsamt Schlitten und Vorräten – und schließlich die Montage fünf großer Flugzeuge im Lager auf der Barriere. Der Gesundheitszustand unserer an Land operierenden Gruppe – zwanzig Mann und fünfundfünfzig Alaska-Schlittenhunde – war gut, allerdings hatten wir bis dahin natürlich auch noch keine wirklich vernichtenden Temperaturen oder Sturmwinde erlebt. Die meiste Zeit zeigte das Thermometer Temperaturen zwischen -18° und -5° an, und solche Kältegrade waren wir von den Wintern in Neuengland gewöhnt. Das Lager auf der Barriere war auf mittlere Dauer angelegt und sollte als Nachschubdepot für Treibstoff, Proviant, Dynamit und anderen Bedarf dienen.

Vier unserer Flugzeuge genügten, um die eigentliche Forschungsausrüstung zu befördern, sodass wir die fünfte Maschine mit einem Piloten und zwei Mann aus der Schiffsbesatzung beim Depot zurückließen, damit man uns von der *Arkham* aus erreichen konnte, falls unsere Erkundungsflugzeuge alle verloren gingen. Später, wenn nicht mehr jede dieser Maschinen für den Transport unserer Gerätschaften benötigt wurden, wollten wir eine oder zwei davon für ständige Pendelflüge zwischen diesem Depot und einem dauerhaften Basislager auf dem neun- bis zwölfhundert Kilometer weiter südlich gelegenen großen Tafelland jenseits des Beardmore-Gletschers abstellen. Trotz der fast einmütigen Berichte über schreckliche Winde und Stürme, die von dem Plateau herabwehten, entschlossen wir uns, zugunsten von Wirtschaftlichkeit und Effizienz das Risiko einzugehen und keine Zwischendepots anzulegen.

Unsere Funkberichte zeugten von dem atemberaubenden, vierstündigen Nonstop-Flug unserer Staffel über hohes Schelfeis am 21. November. Im Westen ragten gewaltige Gipfel auf und die unermessliche Stille hallte vom Brummen unserer Motoren wider. Der Wind machte uns kaum zu schaffen, und die Funkkompasse brachten uns sicher durch das einzige dichte Nebelfeld, das wir durchflogen. Als sich zwischen dem 83. und 84. Breitengrad vor uns eine riesige Erhebung drohend auftürmte, wussten wir, dass wir den Beardmore-Gletscher erreicht hatten, den größten Talgletscher der Welt, und dass das eisbedeckte Meer nun einer unregelmäßigen, gebirgigen Küstenlinie wich. Schließlich drangen wir vollends in die weiße, seit Ewigkeiten tote Welt des äußersten Südens ein. Gerade als wir uns dessen bewusst wurden, sahen wir weitab im Osten den Gipfel des Mount Nansen zu seiner Höhe von fast fünftausend Metern aufragen.

Die erfolgreiche Errichtung des südlichen Stützpunktes oberhalb des Gletschers auf 86° 7' südlicher Breite und 174° 23' östlicher Länge sowie die ungeheuer schnellen und ergiebigen Bohrungen und Sprengungen an verschiedenen Punkten, zu denen uns unsere Schlittenfahrten und kurzen Erkundungsflüge führten, gehören bereits der Geschichte an; ebenso die schwierige und triumphale Besteigung des Mount Nansen durch Pabodie und zwei der Studenten – Gedney und Carroll – vom 13. bis 15. Dezember. Wir befanden uns knapp dreitausend Meter über dem Meeresspiegel, und als Probebohrungen an bestimmten Punkten nur vier Meter unter der Schnee- und Eisoberfläche auf festen Untergrund stießen, machten wir ausgiebigen Gebrauch von der kleinen Schmelzvorrichtung und brachten Bohrer und Dynamit an zahlreichen Stellen zum Einsatz, wo kein früherer Forscher es auch nur erträumt hätte, Mineralproben zu gewinnen. Die präkambrischen Granite und Beacon-Sandsteine, die wir auf diese Weise fanden, bestärkten uns im Glauben, dass dieses Tafelland homogen war mit der westwärts sich ausdehnenden Hauptmasse des Kontinents, sich jedoch von dessen östlichen Teilen unterhalb Südamerikas leicht unterschied – welche wir zu jenem Zeitpunkt für einen eigenständigen, kleineren Kontinent hielten, getrennt vom größeren durch eine Eisbrücke zwischen dem Ross-Meer und dem Weddell-Meer, eine Hypothese, die Byrd inzwischen allerdings widerlegt hat.

In manchen der Sandsteine, die wir durch Bohrungen sondiert und anschließend hervorgesprengt und ausgemeißelt hatten, entdeckten wir einige hochinteressante Spuren und Überreste von Fossilien; vornehmlich Farne, Algen, Trilobiten, Seelilien und molluske Formen wie zum Beispiel Lingulata und Gastropoda – denen im Zusammenhang mit der Urgeschichte dieses Gebiets allesamt beträchtliche Bedeutung zukam. Außerdem fanden wir einen sonderbaren dreieckigen, gekritzten Abdruck, dessen Durchmesser an der breitesten Stelle etwa dreißig Zentimeter betrug und den Lake aus drei verschiedenen, einem tiefen Sprengloch entnommenen Schieferbruchstücken zusammensetzte. Diese Bruchstücke stammten von einer Fundstelle, die westlich, in der Nähe des Queen-Alexandra-Gebirges, lag. Aus biologischer Sicht schien Lake ihre sonderbare Struktur außerordentlich rätselhaft und spannend zu finden, obwohl sie sich für meinen Geologenblick nicht wesentlich von den Riffelungen unterschied, die in Sedimentgesteinen recht häufig vorkommen. Da Schiefer nichts anderes ist als eine metamorphe Formation, die aus der Zusammenpressung einer Sedimentschicht hervorgeht, und da der dabei entstehende Druck seltsame Verzerrungen bei sämtlichen darin eingelagerten Strukturen hervorruft, war ich nicht besonders verwundert angesichts dieses Abdrucks.

Am 6. Januar 1931 überflogen Pabodie, Daniels, alle sechs Studenten, vier Mechaniker und ich selbst in zwei unserer großen Flugzeuge den Südpol, wobei uns ein plötzlicher Höhenwind, der sich glücklicherweise nicht zu einem richtigen Sturm auswuchs, zum Niedergehen zwang. Es war, wie die Zeitungen es nannten, einer von mehreren Erkundungsflügen, die dem Versuch dienten, neue Landschaftsmerkmale in Gebieten auszukundschaften, wohin frühere Entdecker nicht vorgedrungen waren. Unsere anfänglichen Flüge verliefen in dieser Hinsicht enttäuschend, wenngleich sie uns mit einigen großartigen Eindrücken von den überaus fantastischen und trügerischen Luftspiegelungen der Polargebiete belohnten, auf die wir während unserer Seereise bereits einen kleinen Vorgeschmack erhalten hatten. Weit entfernte Berge schwebten am Himmel wie verzauberte Städte und oft verschwamm die ganze weiße Welt unter dem magischen Schein der tief stehenden Mitternachtssonne zu einem goldenen, silbernen und scharlachroten Land dunsanianischer Träume und abenteuerlicher Verheißung. An bewölkten Tagen wurde das Fliegen ausgesprochen schwierig, weil dann allzu leicht der schneebedeckte Boden und der verschneite Himmel zu einer einzigen mystisch gleißenden Leere verschmolzen, in der keine sichtbare Horizontlinie beides voneinander trennte.

Endlich beschlossen wir, unseren ursprünglichen Plan durchzuführen und mit unseren vier Erkundungsmaschinen achthundert Kilometer weit nach Osten zu fliegen und ein neues Nebenlager an einer Stelle zu errichten, die auf dem kleineren Teilkontinent lag – davon gingen wir damals irrtümlich noch aus. Dort gewonnene geologische Proben würden zu Vergleichszwecken nützlich sein. Unser guter Gesundheitszustand hielt an – Limonensaft glich unsere einseitige Ernährung mit Konservenkost und Pökelfleisch hinreichend aus und dank Temperaturen, die -10° selten unterschritten, konnten wir meistens auf die dicksten Pelze verzichten. Jetzt herrschte Hochsommer, und wenn wir zügig und umsichtig vorgingen, mochte es uns gelingen, die Arbeiten bis zum März abzuschließen und um eine ermüdende Überwinterung während der langen antarktischen Nacht herumzukommen. Mehrfach brachen von Westen her wütende Sturmwinde über uns herein, doch überstanden wir sie unbeschadet, dank Atwoods Geschick, aus schweren Schneeblöcken behelfsmäßige Flugzeugunterstände und Windbrecher zu errichten und die wichtigsten Lagergebäude mit Schnee zu verstärken. Dass wir bisher so viel Glück und Erfolg gehabt hatten, war fast schon unheimlich.

Die Außenwelt war natürlich über unsere Forschungen unterrichtet und erfuhr auch von Lakes befremdlichem und hartnäckigem Beharren auf einer Exkursion in westlicher – oder eher nordwestlicher – Richtung, ehe wir endgültig in das neue Basislager umziehen würden. Anscheinend hatte er lange, und mit halsstarriger Kühnheit, über jenen dreieckigen, gekritzten Abdruck im Schiefer nachgegrübelt und dabei in Bezug auf dessen Beschaffenheit und erdgeschichtlichen Zeitraum gewisse Unstimmigkeiten hineingelesen, die seine Neugier aufs Höchste anstachelten und den Wunsch in ihm weckten, weitere Bohrungen und Sprengungen im Gebiet jener westwärts verlaufenden Formation vorzunehmen, zu der die zutage geförderten Bruchstücke offensichtlich gehörten. Er war der merkwürdig festen Überzeugung, dass der Abdruck von irgendeinem massigen, unbekannten und absolut unklassifizierbaren Organismus mit einem erstaunlich hohen Evolutionsgrad stammte, obzwar das Gestein, das ihn beherbergt hatte, einem so unendlich alten Erdzeitalter angehörte – dem Kambrium, wenn nicht sogar Präkambrium –, dass nicht nur das Vorhandensein hochentwickelten, sondern überhaupt alles Lebens oberhalb des Stadiums der Einzeller oder bestenfalls der Trilobiten mit großer Wahrscheinlichkeit ausgeschlossen war. Diese Bruchstücke samt ihrem rätselhaften Abdruck mussten zwischen 500 Millionen und einer Milliarde Jahre alt sein.

II

Die Öffentlichkeit reagierte mit Interesse und Fantasie auf unsere Funkberichte über Lakes Abflug nach Nordwesten in Gefilde, die bisher nie eines Menschen Fuß berührt oder menschliche Vorstellung ermessen hatten. Seine abenteuerlichen Hoffnungen auf eine Umschreibung der gesamten biologischen und geologischen Wissenschaften ließen wir dabei unerwähnt. Seine vorausgegangene Schlittenexpedition zu Testbohrzwecken, die er mit Pabodie und fünf anderen vom 11. bis zum 18. Januar unternahm, hatte mehr und mehr des urzeitlichen Schiefers zutage gefördert – leider wurde die Reise vom Verlust zweier Schlittenhunde überschattet, die bei der Überquerung einer der großen Druckwulste im Eis ums Leben kamen – und die einzigartige Fülle offenkundig fossiler Spuren in dieser unvorstellbar alten geologischen Schicht erweckte sogar mein Interesse. Dennoch, diese Abdrücke stammten von sehr primitiven Lebensformen und hatten wenig Rätselhaftes an sich, bis auf die Tatsache, dass überhaupt Spuren von Leben in Gesteinsschichten vorkamen, die derart ins Präkambrium zu verweisen schienen.

Ich vermochte daher, noch immer keinen vernünftigen Sinn in Lakes Forderung nach einer Unterbrechung unseres auf Zeitersparnis ausgerichteten Programms zu erkennen – einer Unterbrechung, die den Einsatz sämtlicher vier Flugzeuge, vieler Männer und der gesamten technischen Ausrüstung der Expedition erforderte.

Letztendlich unterband ich das Vorhaben nicht, entschied mich jedoch selbst gegen die Teilnahme an dem nordwestlichen Vorstoß, so ungern Lake auch auf mein geologisches Fachwissen verzichtete. Während er unterwegs war, wollte ich mit Pabodie und fünf Männern im Lager bleiben und abschließende Vorkehrungen für dessen Verlegung nach Osten treffen. Zur Vorbereitung dieser Verlegung war eines der Flugzeuge im Einsatz gewesen, um vom McMurdo-Sund einen reichlichen Treibstoffvorrat heranzuschaffen; doch dies konnte vorübergehend unterbrochen werden. Ich behielt einen Schlitten und neun Hunde für uns zurück, da es unklug gewesen wäre, in einer völlig unbewohnten Welt äonenalten Todes auch nur zeitweilig ohne Beförderungsmöglichkeit zu bleiben.

Lakes Sonderexpedition ins Unbekannte gab, wie man sich erinnern wird, mithilfe der Kurzwellensender an Bord der Flugzeuge ihre eigenen Berichte durch; diese wurden von unserem Funkgerät im Südlager und gleichzeitig von der *Arkham* am McMurdo-Sund aufgefangen, die sie anschließend an die Außenwelt weitergab. Lakes Mannschaft flog am 22. Januar um vier Uhr morgens los, und nur zwei Stunden später erreichte uns der erste Funkbericht, in dem Lake mitteilte, an einer knapp fünfhundert Kilometer von uns entfernten Stelle zwischengelandet zu sein und damit begonnen zu haben, in bescheidenem Umfang Eis abzuschmelzen und Bohrungen vorzunehmen. Sechs Stunden später meldete eine zweite und überaus erregte Funkbotschaft, man habe in emsiger, fieberhafter Arbeit einen Schacht von geringer Tiefe gebohrt und ausgesprengt und sei als Krönung des Ganzen auf Schieferbruchstücke gestoßen, die fast ebensolche rätselhaften Abdrücke aufwiesen wie jener erste Fund.

Drei Stunden später meldete ein kurzer Funkspruch, dass die Flugzeuge inmitten eines heftigen, beißenden Sturmes erneut starten würden. Als ich mit einem Protest gegen weitere

Waghalsigkeiten antwortete, erwiderte Lake knapp, dass seine neuen Proben jedes Risiko rechtfertigten. Mir wurde klar, dass seine Erregung ihn bis zur Meuterei treiben würde und dass ich nichts unternehmen konnte, um diese leichtsinnige Gefährdung unserer Expedition zu verhindern. Zugleich war es erschreckend, sich vorzustellen, wie Lake tiefer und tiefer in jene trügerische und unheilvolle weiße Unendlichkeit der Stürme und unergründeten Geheimnisse vordrang, die sich beinahe zweitausendfünfhundert Kilometer weit bis zum halb bekannten, halb vermuteten Küstenstreifen von Queen-Mary- und Knox-Land erstreckte.

Dann, nach vielleicht weiteren eineinhalb Stunden, erreichte uns jene doppelt aufgeregte Meldung aus Lakes in der Luft befindlicher Maschine, die meine Vorbehalte fast ins Gegenteil verkehrte und mich wünschen ließ, ich hätte mich ihm angeschlossen:

»22.05 Uhr. Unterwegs. Schneesturm überstanden, voraus Gebirgskette gesichtet, höher als alle bisher entdeckten. Vielleicht so hoch wie der Himalaja, die Plateauhöhe einberechnet. Vermutlich auf Breite 76° 15', Länge 113° 10' Ost. Reicht zu beiden Seiten so weit man blicken kann. Glauben zwei rauchende Bergkegel zu erkennen. Alle Gipfel schwarz und schneefrei. Von dorther wehender Sturm behindert Navigation.«

Ab jetzt hockten Pabodie, die Männer und ich mit angehaltenem Atem neben dem Funkempfänger. Der Gedanke an diesen titanischen, über tausend Kilometer entfernten Gebirgswall erregte unsere ganze Abenteuerlust; und wir waren begeistert, dass unserer Expedition, wenn schon nicht uns persönlich, diese Entdeckung zu verdanken war.

Nach einer halben Stunde meldete sich Lake erneut:

»Moultons Maschine zu Landung auf Plateau im Vorgebirge gezwungen, aber niemand verletzt und Reparatur vielleicht möglich. Werden wichtigste Ladung für Rückflug oder nötigenfalls Weiterflug auf übrige drei Maschinen verteilen, augenblicklich jedoch keine größeren

Flüge vonnöten. Gebirge übertrifft alles Vorstellbare. Werde in Carrolls Maschine ohne allen Ballast auf Erkundungsflug gehen.
Könnt euch so etwas einfach nicht vorstellen. Höchste Gipfel müssen zehntausend Meter übertreffen. Everest aus dem Rennen. Atwood will Höhe mit Winkelmesser ermitteln, während Carroll und ich aufsteigen. Vermutlich im Irrtum bezüglich Kegeln, denn Formationen anscheinend geschichtet. Vielleicht präkambrischer Schiefer vermischt mit anderen Schichten. Gipfelumrisse seltsam – regelmäßige Ansammlungen von Quadern an höchsten Spitzen. Fantastisch anzusehen im rotgoldenen Licht der tief stehenden Sonne. Wie geheimnisvolles Traumland oder Tor zu verbotener Welt nie erschauter Wunder. Wünschte, ihr wäret hier, um mit eigenen Augen zu sehen.«

Obwohl es eigentlich Schlafenszeit war, dachte nicht einer von uns Zuhörern auch nur einen Moment lang daran, sich hinzulegen. Ganz ähnlich musste es sich am McMurdo-Sund verhalten, wo das Nachschubdepot und die *Arkham* Lakes Mitteilungen ebenfalls auffingen, denn Kapitän Douglas funkte allseits Glückwünsche zu der bedeutenden Entdeckung und Sherman, der Funker des Depots, schloss sich ihm an. Natürlich kam uns der Flugzeugschaden ungelegen, doch hofften wir, dass er sich leicht würde beheben lassen.

Dann, es war gegen 23.00 Uhr, traf Lakes nächster Funkspruch ein:

»Befinde mich mit Carroll über den höchsten Vorbergen. Scheuen bei diesem Wetter die richtig hohen Gipfel, nehmen sie uns aber später vor. Höhe zu gewinnen ist furchtbar mühsam und hier oben zu fliegen schwierig, aber lohnend. Hauptgebirgszug ziemlich kompakt, daher unmöglich, zu sehen, was dahinter liegt. Höchste Gipfel übertreffen Himalaja, wirken sehr eigentümlich. Gebirgskamm sieht nach präkambrischem Schiefer aus, mit deutlichen Spuren zahlreicher anderer aufgeworfener Schichten. Lag falsch bezüglich Vulkantätigkeit. Erstreckt sich zu beiden Seiten weiter als das Auge reicht. Oberhalb von

etwa sechstausendfünfhundert Metern von Winden schneefrei gefegt.
Seltsame Gebilde an Hängen der höchsten Berge. Große, flache, quadratische Blöcke mit vollkommen senkrechten Seitenflächen und rechtwinklige Verläufe niedriger, lotrechter Mauern, ähnlich den an steilen Bergflanken klebenden alten asiatischen Burgen in Roerichs Gemälden. Von Weitem sehr eindrucksvoll. Flogen nah an einige heran, und Carroll glaubt, sie bestehen aus kleineren Einzelstücken, aber das sind wohl eher Verwitterungsspuren. Kanten meist abgebröckelt und rundgeschliffen, so als seien sie über Millionen von Jahren Stürmen und klimatischen Veränderungen ausgesetzt gewesen.
Teile davon, vor allem die oberen Abschnitte, scheinen aus hellerem Gestein als alle sichtbaren Schichten der eigentlichen Berghänge, daher augenscheinlich kristallinen Ursprungs. Dichtes Anfliegen offenbart zahlreiche Höhleneingänge, manche ungewöhnlich regelmäßig geformt, viereckig oder halbkreisförmig. Ihr müsst kommen und das erforschen. Glaube, Mauer direkt auf einer der Bergspitzen gesehen zu haben. Höhe scheint mindestens neun- bis zehntausend Meter zu betragen. Bin selbst auf sechstausenddreihundert Metern in höllischer, schneidender Kälte. Wind heult und pfeift durch Pässe und um Höhleneingänge, aber Fliegen bislang ohne Gefahr.«

Lake hielt uns noch eine weitere halbe Stunde lang unter einem Trommelfeuer seiner Eindrücke und teilte uns mit, dass er beabsichtige, einen der Gipfel zu Fuß zu ersteigen. Ich antwortete, ich würde zu ihm stoßen, sobald er ein Flugzeug schicken könne, und dass Pabodie und ich einen geeigneten Plan zur Treibstoffversorgung ausarbeiten – wo und wie wir angesichts der veränderten Expeditionsziele unsere Benzindepots anlegen sollten. Lakes Bohrungen wie auch seine Flugeinsätze würden einen großen Treibstoffvorrat für das Lager erforderlich machen, das er am Fuße der Berge aufschlagen wollte; und es war durchaus möglich, dass der Flug nach Osten gar nicht mehr stattfinden würde, zumindest nicht in diesem Sommer. Ich funkte in dieser Angelegenheit Kapitän Douglas an und bat ihn, mit dem einzelnen Hundegespann, das wir dort zurückgelassen hatten, so viel Treibstoff wie möglich aus den Schiffen auf die Eisbarriere zu bringen. Wir mussten auch eine direkte Luftbrücke über das unbekannte Gebiet zwischen Lakes Standort und dem McMurdo-Sund schaffen.

Später funkte Lake mich an, um mitzuteilen, dass er sich entschlossen habe, das Lager dort zu belassen, wo Moultons Flugzeug notgelandet war und wo dessen Reparatur bereits voranschritt. Die Eisdecke sei sehr dünn und ließe hie und da dunklen Untergrund durchscheinen, und er wolle vor Ort einige Bohrungen und Sprengungen ansetzen, ehe er irgendwelche Schlittenxpeditionen oder Bergbesteigungen in Angriff nehme. Er sprach von der unbeschreiblichen Erhabenheit der ganzen Szenerie und davon, welch eigentümliche Empfindungen es auslöse, sich im Windschatten riesiger, schweigender Gipfel zu befinden, deren Kämme emporragten wie eine himmelstürmende Mauer am Ende der Welt.

Atwoods Winkelmessungen hatten die Höhe der fünf mächtigsten Bergzinnen auf neuntausend bis zehntausendfünfhundert Meter berechnet. Die Schneefreiheit der höheren Lagen versetzte Lake ganz offenkundig in Sorge, denn sie sprach für das gelegentliche Aufkommen ungeheurer Orkane, deren Wut alles übertraf, was wir bisher kennengelernt hatten. Sein Lager lag wenig mehr als acht Kilometer vom Fuße der höheren, steil aufragenden Vorberge entfernt. Ich spürte geradezu einen Anflug unterbewusster Angst in seinen Worten – hinweggefunkt über eine mehr als tausend Kilometer weite Leere aus Eis –, als er darauf drängte, wir alle sollten uns beeilen, damit wir die fremdartige, neu entdeckte Gegend baldigst verlassen könnten. Jetzt wolle er sich erstmal schlafen legen, nach einem langen Tag geradezu beispiellos rastloser, antrengender und ergebnisreicher Arbeit.

Am Morgen führte ich eine Funkkonferenz mit Lake und Kapitän Douglas an ihren so weit voneinander entfernten Standorten. Wir beschlossen, dass eine von Lakes Maschinen zu meinem Lager fliegen sollte, um Pabodie, die fünf Männer und mich abzuholen und darüber hinaus so viel Treibstoff wie möglich mitzunehmen. Die Frage, was mit dem verbleibenden Treibstoff geschehen sollte, konnte nach unserer Entscheidung über einen östlichen Vorstoß auch noch in einigen Tagen entschieden werden, da Lakes Vorräte erst einmal ausreichten zur Beheizung des Lagers und für die Bohrungen. Letztlich würden die Vorräte des alten Südlagers neu aufgefüllt werden müssen, doch falls wir die Ostexpedition verschoben, würden wir es vor dem nächsten Sommer nicht mehr benötigen, außerdem musste Lake in der Zwischenzeit ein Flugzeug schicken, um eine direkte Luftlinien-Route zwischen seinen neu entdeckten Bergen und dem McMurdo-Sund zu finden.

Pabodie und ich trafen Vorbereitungen, um unser Lager für kürzere Zeit – oder falls nötig, auch für länger – dicht zu machen, je nachdem, worauf es hinauslief: Falls wir in der Antarktis überwinterten, würden wir wahrscheinlich direkt von Lakes Lager zur *Arkham* fliegen, ohne an diesen Ort zurückzukehren. Einige unserer kegelförmigen Zelte waren mit Blöcken aus Pressschnee befestigt worden, und wir beschlossen nun, diese Arbeiten zu Ende zu bringen und einen dauerhaften Stützpunkt zu schaffen. Da die Expedition reichlich über Zelte verfügte, hatte Lake in dieser Hinsicht alles dabei, was sein Lager benötigte, selbst wenn wir dazukamen. Ich funkte Lake, dass Pabodie und ich nach einem weiteren Arbeitstag und einer Nacht des Schlafs für den Flug nach Nordwesten bereit sein würden.

Allerdings gingen unsere Arbeiten von 16.00 Uhr an nur noch recht schleppend voran, denn um diese Zeit begann Lake in höchster Erregung, ganz außerordentliche Beobachtungen durchzugeben. Sein Arbeitstag hatte enttäuschend begonnen, denn ein Erkundungsflug über die größtenteils von Schnee freigeblasenen Felsflächen bewies das völlige Fehlen jener archäischen, urzeitlichen Schichten, nach denen er Ausschau hielt und die einen so wesentlichen Anteil der gigantischen Gipfel ausmachten, die sich in verlockender Nähe vom Lager auftürmten. Bei den meisten Gesteinsarten, die er ausmachte, handelte es sich offenbar um Sandstein aus dem Jura und der Kreidezeit sowie Schiefer aus dem Perm und dem Trias, stellenweise unterbrochen von glänzenden schwarzen Ausbissen, die auf harte, schiefrige Kohle schließen ließen. Dies wirkte ziemlich entmutigend auf Lake, für den alles davon abhing, Proben zutage zu fördern, die mehr als 500 Millionen Jahre älter waren. Er erkannte, dass, wollte er die azoische Schieferader wiederfinden, in der er die rätselhaften Abdrücke entdeckt hatte, eine lange Schlittenfahrt von diesem Vorgebirge bis zu den steilen Hängen der gigantischen Berge unvermeidlich sein würde.

Dennoch hatte er sich entschlossen, im Rahmen des allgemeinen Expeditionsprogramms an Ort und Stelle einige Bohrungen durchzuführen; daher ließ er den Bohrturm aufrichten und teilte fünf Mann zu seiner Bedienung ein, während der Rest das Lager fertig aufschlug und die Reparatur des beschädigten Flugzeuges fortsetzte. Die erste Probebohrung galt dem weichsten Gestein, das zu sehen war – ein Sandstein in einigen hundert Metern Entfernung vom Lager –, und der Bohrer kam auch ohne größere Sprenghilfe bestens voran. Ungefähr drei Stunden später, nach der ersten wirklich starken Sprengung im Laufe dieser Arbeiten, erschollen die Rufe der Bohrmannschaft, und der junge Gedney – der als Vorabeiter diente – kam mit der spektakulären Neuigkeit ins Lager gestürmt.

Sie waren auf eine Höhle gestoßen. Zu Beginn der Bohrung war der Sandstein einer kreidezeitlichen Kalksteinader gewichen, die lauter winzige fossile Cephalopoden, Korallen, Echiniden und Spiriferen enthielt sowie gelegentliche Spuren von Urgesteins-Schwämmen und Knochen von Meereswirbeltieren – letztere vermutlich von Knochenfischen, Haien und Ganoiden. Dies allein war schon bedeutsam genug, handelte es sich doch um den ersten Fund von Wirbeltierfossilien im Verlauf unserer Expedition; doch als der Bohrkopf kurz darauf aus der Kalksteinschicht scheinbar ins Leere durchbrach, bemächtigte sich eine neue, noch weit stärkere Aufregung der Männer. Eine größere Sprengung offenbarte dann das unterirdische Geheimnis; und nun gähnte den beflissenen Forschern durch eine ausgezackte Öffnung von etwa eineinhalb Metern Durchmesser eine niedrige Kalkstein-Höhlung entgegen, die vor über 50 Millionen Jahren vom tropfenden Grundwasser einer erloschenen Tropenwelt ausgewaschen worden war.

Die Aushöhlung war höchstens zwei oder drei Meter tief, erstreckte sich jedoch endlos weit in alle Richtungen und führte frische, schwach bewegte Luft, die darauf hindeutete, dass es sich um ein ausgedehntes unterirdisches Höhlensystem handelte. Decke und Boden waren gespickt mit großen Stalaktiten und Stalagmiten, von denen einige zu Säulen zusammengewachsen waren, doch wichtiger als alles andere war die enorme Ansammlung von Schalen und Knochen, die stellenweise fast den Durchgang verstopften. Herabgeschwemmt aus unbekannten Dschungeln mesozoischer Baumfarne und Schwämme sowie aus Wäldern tertiärer Zykadeen, Fächerpalmen und primitiver Angiospermen, enthielt dieses beinerne Sammelsurium Vertreter einer größeren Anzahl kreidezeitlicher, eozäner und sonstiger Tierarten als selbst der beste Paläontologe in einem ganzen Jahr hätte sichten oder klassifizieren können. Mollusken, Panzer von Krustentieren, Fische, Amphibien, Reptilien, Vögel und frühe Säuger – groß und klein, bekannt und unbekannt. Kein Wunder, dass Gedney laut rufend ins Lager zurückrannte, und kein Wunder auch, dass jeder seine Arbeit liegen ließ und Hals über Kopf durch die schneidende Kälte zu der Stelle stürmte, wo der hohe Bohrturm ein neu entdecktes Tor zu Geheimnissen des Erdinneren und entschwundener Äonen markierte.

Nachdem Lake seine erste unbezähmbare Neugier befriedigt hatte, kritzelte er eine Nachricht in sein Notizbuch und schickte den jungen Moulton zurück ins Lager, damit er sie über Funk weitergab. Dies war die erste Kunde von der Entdeckung, die mich erreichte, und sie berichtete über die Identifizierung früher Muscheln, Knochen von Ganoiden und Placoiden, Überresten von Labyrinthodonten und Thecodonten, großen mesosaurischen Schädelfragmenten, Dinosaurierwirbeln und -panzerplatten, Zähnen und Flügelknochen von Pterodactylen, Überresten von Archäopteryges, Haifischzähnen aus dem Miozän, Schädeln primitiver Vogelarten und sonstigem Gebein urzeitlicher Säugetiere wie Paläotherien, Xiphodonten, Eohippi, Oreodonten und Titanotherien. Jüngere Organismen wie Mastodonten, Elefanten, echte Kamele, Rotwild oder Huftiere waren nicht vertreten. Dies veranlasste Lake zu der Schlussfolgerung, dass die jüngsten Ablagerungen aus dem Oligozän stammten und dass die ausgehöhlte Schicht sich seit mindestens 30 Millionen Jahren in ihrem gegenwärtigen ausgetrockneten, toten und unzugänglichen Zustand befinden musste.

Andererseits war das Vorherrschen sehr früher Lebensformen sehr befremdlich. Obzwar die Kalksteinformation fraglos zwischen Jura- und Kreidezeit und keinen Deut früher entstanden war, was so typische darin eingelagerte Fossilien wie Kieselschwämme eindeutig bewiesen, stammten die losen Überreste in dem Hohlraum zu einem überraschend hohen Anteil von Organismen, die bislang als kennzeichnend für weit ältere Zeitabschnitte galten – darunter sogar rudimentäre Fische, Mollusken und Korallen, die bis zurück ins Silur oder Ordovizium datierten. Die unvermeidliche Schlussfolgerung daraus lautete, dass in diesem Teil der Erde ein einzigartiger Fortbestand des Lebens von vor 300 Millionen Jahren bis hin zu jenem vor lediglich 30 Millionen Jahren geherrscht haben musste. Wie weit dieser Fortbestand über das Oligozän hinaus angedauert hatte, als der Hohlraum von der Außenwelt abgeschnitten worden war, entzog sich natürlich jeder Mutmaßung. Auf alle Fälle musste die vernichtende Eiszeit des Pleistozäns vor gut 500.000 Jahren – die Spanne nur eines Tages, verglichen mit dem Alter dieser Höhle – das Ende all der frühzeitlichen Lebensformen bedeutet haben, denen es in einem begrenzten Gebiet gelungen war, die normale Daseinsfrist ihrer Spezies zu überdauern.

Lake ließ es nicht bei dieser ersten Nachricht bewenden, er schrieb eine weitere Meldung, die er durch den Schnee ins Lager bringen ließ, bevor Moulton zurückkehrte. Danach kam Moulton nicht mehr vom Funkgerät in einem der Flugzeuge weg; vielmehr musste er mir – und ebenso der *Arkham* zur Übermittlung an die Außenwelt – die ständigen Ergänzungen durchgeben, die Lake ihm durch eine Reihe von Boten zutragen ließ.

Wer die Zeitungsberichte verfolgt hat, wird sich an das Aufsehen unter den Wissenschaftlern erinnern, das diese nachmittäglichen Berichte auslösten – Berichte, die schließlich, nach all den Jahren, zu der Zusammenstellung ebenjener Starkweather-Moore-Expedition führten, die ich so verzweifelt von ihren Vorhaben abzubringen versuche.

Am besten gebe ich die Berichte in Lakes Wortlaut wieder, so wie er sie abfasste und unser Lagerfunker McTighe sie aus den Bleistift-Stenogrammen übertrug:

> »Fowler macht Entdeckung von äußerster Wichtigkeit in ausgesprengten Sandstein- und Kalksteinfragmenten. Verschiedene deutlich sichtbare, gekritzte dreieckige

Abdrücke gleich jenen im azoischen Schiefer, die beweisen, dass Verursacher von vor über 600 Millionen Jahren fast bis zur ausgehenden Jurazeit überlebte, fast ohne morphologische Veränderungen und Abnahme von Durchschnittsgröße, dabei Abdrücke aus Jura anscheinend primitiver oder artfremder als ältere, so weit überhaupt feststellbar. Bitte Tragweite der Entdeckung gegenüber Presse betonen. Wird für Biologie bedeuten, was Einstein für Mathematik und Physik bedeutet hat. Ergänzt meine bisherige Arbeit und erweitert Schlussfolgerungen.
Scheint anzudeuten, was ich schon vermutete – Erde sah vollständigen Kreislauf oder ganze Kreisläufe organischen Lebens noch vor dem uns bekannten, der mit azoischen Zellen beginnt. War vor mindestens einer Milliarde Jahren bereits hoch entwickelt und spezialisiert, als Planet jung und noch kurz zuvor unbewohnbar für sämtliche Lebensformen oder gewöhnliche protoplasmatische Strukturen. Fragt sich, wo, wann und wie Entwicklung erfolgte.«

»Später. Untersuchen Skelettfragmente großer Land- und Meeressaurier sowie primitiver Säuger, entdecken einzigartige Verwundungen oder Verletzungen an bestimmten Knochenstellen, die sich keinem bekannten Raubtier oder Fleischfresser egal welcher Erdepoche zuordnen lassen. Zwei Varianten – gerade, tiefe Löcher und offenkundige Hackspuren. Ein oder zwei Fälle sauber durchtrennter Knochen. Nicht viele Untersuchungsobjekte betroffen. Lasse Taschenlampen aus dem Lager holen. Werden unterirdisches Suchgebiet durch Abschlagen von Tropfgestein erweitern.«

»Noch später. Haben eigentümliches Specksteinbruchstück entdeckt, Durchmesser etwa fünfzehn, Dicke etwa vier Zentimeter, gänzlich verschieden von allen sichtbaren Gesteinsformationen der Umgebung – grünlich, aber ohne Anhaltspunkte, um es erdgeschichtlich einzuordnen. Sonderbar glatt und regelmäßig. Form wie fünfzackiger Stern mit abgebrochenen Spitzen und weiteren Bruchspuren an Innenwinkeln und in Oberflächenmitte. Kleine, glatte Vertiefung mittig in gegenüberliegender, unbeschädigter Oberfläche. Macht sehr neugierig betreffs Herkunft und Zustandekommen. Vermutlich absonderliches Zufallsresultat von Wassereinwirkung. Carroll glaubt, mit Vergrößerungsglas weitere Merkmale von geologischer Bedeutung zu erkennen. Ansammlungen kleiner Punkte in regelmäßiger Anordnung. Hunde werden unruhig bei unserer Arbeit, scheinen Speckstein zu verabscheuen. Müssen rauskriegen, ob irgendein eigentümlicher Geruch vorhanden. Melde mich wieder, sobald Mills mit Lampe zurück und wir unterirdisch weitermachen.«

»22.15 Uhr. Beachtliche Entdeckung. Orrendorf und Watkins, mit Lampe in der Höhle, fanden um 21.45 Uhr ungeheures, fassförmiges Fossil völlig unbekannter Art; vermutlich pflanzlich, falls nicht übergroßer Vertreter unbekannter Meeres-Hohltiere. Gewebe offenkundig von Mineralsalzen konserviert. Zäh wie Leder, aber stellenweise noch erstaunlich flexibel. Spuren abgebrochener Körperteile an Enden und ringsum. Knapp zwei Meter von einem Ende zum anderen, gut ein Meter mittlerer Umfang, an jedem Ende verjüngt auf vierzig Zentimeter. Wie Fass mit fünf gewölbten Wülsten anstatt Dauben. Seitliche Bruchstellen, als hätten dort dünne Stängel gesessen, entlang Gürtellinie um Mitte dieser Wölbungen. In Rillen zwischen den Wölbungen entspringen seltsame Auswüchse – Kämme oder Flügel, die sich fächerartig aufklappen und ausbreiten lassen. Alle stark beschädigt bis auf einen, der ausgefaltet Spannweite von über zwei Metern erreicht. Anordnung gemahnt an gewisse Monstergeschöpfe in vorzeitlichen Mythen, besonders sagenhafte Ältere Wesen aus *Necronomicon.*
Schwingen scheinen membranartig, gespannt auf Stützgeflecht aus drüsenartigen Röhren. Anscheinend winzige Öffnungen in Röhren an Flügelspitzen. Körperenden verrunzelt, geben keinen Hinweis auf Innenleben oder

darauf, was dort abgebrochen ist. Müssen sezieren, wenn zurück im Lager. Immer noch unklar, ob pflanzlich oder tierisch. Viele Merkmale offenkundig von geradezu unglaublicher Primitivität. Alle Mann im Einsatz, um Tropfsteine zu beseitigen und weitere Exemplare zu suchen. Noch mehr zerkratzte Knochen gefunden, müssen aber warten. Ärger mit den Hunden. Können das neue Fundstück nicht ertragen und würden es wahrscheinlich in Stücke reißen, wenn wir es nicht von ihnen fernhielten.«

»23.30 Uhr. Achtung, Dyer, Pabodie, Douglas. Angelegenheit von höchster – möchte sagen herausragender – Bedeutung. *Arkham* muss sofort an Hauptstation auf Kingsport Head durchgeben. Das seltsame fassartige Lebewesen hat die Abdrücke im Gestein verursacht. Mills, Boudreau und Fowler entdecken Ansammlung von dreizehn weiteren Exemplaren an unterirdischer Stelle zwölf Meter von Öffnung entfernt. Dazwischen merkwürdig abgerundete und sonderbar geformte Specksteinfragmente, kleiner als das zuvor entdeckte – sternförmig, aber keine Bruchstellen außer an einigen der Spitzen.
Acht der organischen Wesen anscheinend vollständig erhalten, mit sämtlichen Fortsätzen. Haben alle heraufgeholt, die Hunde in sichere Entfernung gebracht. Sie können die Dinger nicht ausstehen. Bitte genau auf Beschreibung achten und zur Bestätigung wiederholen. Zeitungen müssen das richtig wiedergeben.
Gesamtlänge der Objekte 2,5 m. 1,8 m langer, in fünf Längswölbungen unterteilter Tonnenrumpf, mittlerer Durchmesser 1 m, Enddurchmesser jeweils 40 cm. Dunkelgrau, flexibel und unglaublich widerstandsfähig. 2,0 m breite Membranschwingen derselben Farbe, bei Auffindung eingefaltet, entspringen Furchen zwischen Wölbungen. Stützgerüst der Schwingen drüsen- oder röhrenartig, von hellerem Grau, mit Öffnungen an Flügelspitzen. Ausgespreizte Schwingen weisen gezackten Rand auf. Entlang mittlerer Umfangslinie des Rumpfs, an zentralem Scheitelpunkt jeder der fünf vertikalen, daubenartigen Wölbungen, sitzt jeweils einer von insgesamt

fünf hellgrauen, beweglichen Stängeln oder Tentakeln, bei Auffindung eng an Rumpf anliegend, jedoch ausstreckbar bis zu einer Länge von fast 1 m. Ähneln Armen eines primitiven Crinoiden. Die einzelnen Stängel von 7 cm Durchmesser verzweigen nach 15 cm in fünf einzelne Stängel, von denen wiederum jeder nach 20 cm in kleine, verjüngende Tentakel oder Ranken aussprießt, sodass jeder Stängel oder Arm insgesamt fünfundzwanzig Tentakel besitzt.

An der Rumpf-Oberseite stumpfer, knolliger Hals von hellerem Grau, mit kiemenartigen Merkmalen, trägt eine Art gelblichen Kopf in der Form eines fünfarmigen Seesterns, bedeckt von knapp 1 m langen, drahtigen Wimpern in verschiedenen Regenbogenfarben.

Kopf groß und gedunsen, guter halber Meter von Spitze zu Spitze, aus jeder Spitze ragen jeweils 7 cm lange, biegbare, gelbliche Röhren hervor. Spalt in genauer Mitte von Oberseite vermutlich Atemöffnung. Am Ende jeder Röhre kugelförmige Verdickung, die beim Zurückziehen einer gelblichen Membran glasige Murmel mit roter Iris enthüllt, offenbar ein Auge.

Fünf etwas längere, rötliche Röhren entwachsen den Innenwinkeln des seesternförmigen Kopfes und enden in beutelartigen Schwellungen gleicher Farbe, die sich unter Druck zu glockenähnlichen Öffnungen von 5 cm Maximaldurchmesser und gespickt mit scharfen, weißen, zahnartigen Auswüchsen auftun – vermutlich Mäuler. All diese Röhren, Wimpern und Spitzen des Seestern-Kopfes bei Auffinden eng anliegend; Röhren und Spitzen dicht an knolligen Hals und Rumpf geschmiegt. Erstaunlich flexibel trotz enormer Zähigkeit.

An unterem Ende des Rumpfes befinden sich grobe, dabei anders funktionierende Gegenstücke des Kopfes und seiner Extremitäten. Knolliger, hellgrauer Pseudohals ohne Kiemenanzeichen trägt grünliches, fünfzackiges Seesterngebilde.

Zähe, muskulöse Arme, 1,2 m lang und sich von 18 cm Umfang am Wurzelpunkt bis auf gut 6 cm am äußersten Ende verjüngend. An jedem Ende sitzt Spitze eines grünlichen, von fünf Adern unterteilten Dreiecks, 20 cm lang und am breiten Ende 15 cm von Kante zu Kante. Dies ist das Paddel, die Flosse oder der Pseudofuß, dessen Abdrücke sich ebenso in einer Milliarde altem wie in 60 bis 50 Millionen Jahre altem Gestein finden.

Aus Innenwinkeln des Seesterngebildes ragen 60 cm lange rötliche Röhren, die sich von 7,5 cm Durchmesser am Ausgangspunkt auf 2,5 cm an der Spitze verjüngen. Öffnungen an Spitzen. All diese Teile unendlich zäh und ledrig, aber äußerst flexibel. 1,2 m lange Arme mit Paddeln dienten zweifellos irgendeiner Art der Fortbewegung, im Wasser oder sonstwo. Werden sie bewegt, geben sie Anzeichen von überkräftig ausgebildeter Muskulatur zu erkennen. Sämtliche dieser Fortsätze bei Auffindung eng an Pseudonacken und Rumpfende gefaltet, in spiegelverkehrter Entsprechung zu den Fortsätzen des gegenüberliegenden Endes.

Ob dem Tier- oder dem Pflanzenreich zugehörig, noch nicht endgültig entscheidbar, doch wahrscheinlich eher Tier. Womöglich Vertreter einer unfassbar hohen Evolutionsstufe der Hohltiere ohne Rückbildung bestimmter primitiver Merkmale. Ähnlichkeiten zu Stachelhäutern trotz vereinzelter gegenteiliger Merkmale unverkennbar.

Die flügelartigen Extremitäten verwirren an einem mutmaßlichen Meeresbewohner, könnten aber einen Nutzen für die Fortbewegung im Wasser gehabt haben. Die körperliche Symmetrie ist seltsam pflanzentypisch, erinnert eher an das generelle Oben und Unten der pflanzlichen Struktur als an das Vorne und Hinten der tierischen Anatomie. Sagenhaft früher Evolutionszeitpunkt, noch vor den einfachsten bisher bekannten azoischen Protozoen, führt alle Vermutungen über den Ursprung ad absurdum.

Vollständig erhaltene Exemplare gemahnen auf so unheimliche Weise an gewisse Kreaturen aus uralten Mythen, dass Gedanke an urzeitliche Verbreitung außerhalb der Antarktis unvermeidlich. Dyer und Pabodie haben *Necronomicon* gelesen und darauf basierende albtraumhafte Gemälde von Clark Ashton Smith gesehen

und werden mich verstehen, wenn ich von Älteren Wesen spreche, die angeblich alles Leben auf Erden zum Scherz oder durch ein Missgeschick erschaffen haben. Forscher waren stets der Ansicht, diese Vorstellung gehe ursprünglich auf morbide Fantasiebeschreibungen über uralte tropische Hohltiere zurück. Übereinstimmungen auch mit prähistorischen Sagengestalten, von denen Wilmarth gesprochen hat – Umfeld des Cthulhu-Kults etc.
Weites Feld für Forschungen eröffnet. Fundstücke vermutlich aus oberer Kreidezeit oder frühem Eozän, nach umliegenden Fossilien zu urteilen. Stark von Tropfsteinen überwachsen. Harte Arbeit, sie da rauszuhämmern, doch Widerstandsfähigkeit verhinderte Beschädigung. Erhaltungszustand märchenhaft, offenbar dank Kalksteineinwirkung. Bisher keine weiteren gefunden, werden Suche aber später wieder aufnehmen. Müssen zunächst sehen, wie wir vierzehn große Exemplare ins Lager schaffen, ohne die Hunde zu nehmen, die wie rasend bellen und nicht an sie herangelassen werden dürfen.
Zu neunt – drei Mann bleiben zurück und bewachen die Hunde – sollten wir mit den drei Schlitten halbwegs klar kommen, trotz widrigen Winds. Müssen Flugroute mit McMurdo-Sund einrichten und mit Verfrachtung der Funde beginnen.
Bevor wir uns Ruhe gönnen, muss ich aber noch eines dieser Dinger sezieren. Wünschte, ein richtiges Labor hier zu haben. Dyer sollte sich in Grund und Boden schämen, dass er meinen Erkundungsflug gen Westen zu verhindern suchte. Erst die höchsten Berge der Welt, und dann dies. Wenn Letzteres nicht der Höhepunkt der Expedition ist, was dann? Als Wissenschaftler sind wir gemachte Männer. Gratulation, Pabodie, zu dem Bohrer, der die Höhle aufgetan hat. Würde *Arkham* jetzt bitte Beschreibung wiederholen?«

Was beim Eintreffen dieses Berichts in Pabodie und mir vorging, ist fast nicht zu beschreiben, und unsere Gefährten waren kaum weniger aus dem Häuschen als wir. McTighe, der eilends ein paar Höhepunkte des Berichtes für uns wiedergegeben hatte, während sie aus dem brummenden Empfangsgerät strömten, übertrug nun die komplette Nachricht aus seinem Stenogramm, sobald Lakes Funker die Verbindung beendet hatte. Alle waren sich über die epochale Bedeutung der Entdeckung einig, und ich übermittelte Lake meine Glückwünsche, nachdem der Funker der *Arkham* die Abschnitte mit den morphologischen Beschreibungen wunschgemäß wiederholt hatte; meinem Beispiel folgte Sherman an seiner Funkanlage im Depot am McMurdo-Sund ebenso wie Kapitän Douglas von der *Arkham*. Später fügte ich als Expeditionsleiter einige weitere Bemerkungen hinzu und ließ sie über die *Arkham* an die Außenwelt weitergeben. An Schlaf war bei all der Aufregung natürlich nicht zu denken; ich war nur von dem Wunsch besessen, so schnell wie möglich in Lakes Lager zu gelangen. Dementsprechend enttäuscht war ich, als er meldete, ein aufkommender Gebirgssturm unterbinde vorerst jeden Flugzeugstart.

Doch bereits nach eineinhalb Stunden wurde die Enttäuschung von neu erwachtem Interesse verdrängt. Lake nahm seine Berichterstattung wieder auf und unterrichtete uns von der erfolgreichen Beförderung der vierzehn großen Fundstücke ins Lager. Die Schlitten hatten sich nur unter Mühen ziehen lassen, denn die Objekte wogen unerwartet schwer; doch die neun Mann hatten den Transport sehr gut bewältigt. Nun errichteten einige der Männer in sicherer Entfernung vom Lager unverzüglich einen Schneeverhau, der die Hunde aufnehmen sollte, um die Fütterung zu erleichtern. Die Gebilde wurden in Lagernähe auf dem harten Schnee abgelegt, ausgenommen ein Exemplar, an dem Lake einen behelfsmäßigen Sektionsversuch vornahm.

Diese Sektion bereitete anscheinend unerwartet große Schwierigkeiten, denn trotz der Wärme eines Benzinofens im eigens aufgestellten Laborzelt verlor das trügerisch flexible Gewebe des herangezogenen Exemplars – ein kräftiges und gut erhaltenes – nichts von seiner Zähigkeit, die jene von Leder übertraf. Lake war ratlos, wie er die nötigen Schnitte vornehmen sollte, ohne dabei so viel Gewalt anzuwenden, dass die anatomischen Feinheiten litten, die er freilegen wollte. Zwar verfügte er noch über sieben weitere vollständig erhaltene Exemplare; doch das waren zu wenige, um sie fahrlässig zu verschwenden, sofern nicht die Höhle bei späterer Gelegenheit einen unbegrenzen Vorrat davon preisgab. Also brachte er das betreffende Exemplar wieder hinaus und schaffte stattdessen eines herbei, das, wenn es auch Überreste der Seestern-Gebilde an beiden Enden aufwies, übel zerquetscht und entlang einer der großen Rumpffurchen teilweise aufgerissen war.

Die Sektionsbefunde, die uns schleunigst zugefunkt wurden, waren dann allerdings verblüffend und erregend. So etwas wie Feinarbeit oder Präzision war unmöglich mit Instrumenten, die sich kaum fähig zeigten, das abnormale Gewebe zu durchtrennen, doch das wenige, das dabei herauskam, versetzte uns in bestürztes Staunen. Die biologische Wissenschaft auf ihrem aktuellen Stand musste völlig neu bewertet werden, denn dieses Ding war aus keiner der Forschung bekannten Form des Zellwachstums hervorgegangen. Eine Mineralisierung hatte kaum stattgefunden und trotz eines Alters von vielleicht 40 Millionen Jahren waren die inneren Organe vollkommen intakt. Diese lederartige, jeglichem Verfall trotzende und beinahe unzerstörbare Beschaffenheit war eine grundlegende Eigenschaft der Organisationsform dieses Wesens und verwies auf einen Evolutionszyklus der Klasse der Wirbellosen im Paläogen, der unseren Vorstellungshorizont bei Weitem überstieg. Anfangs fand Lake nur trockene Innereien, doch als die auftauende Wirkung der Wärme im Zelt einsetzte, trat an der unverletzten Seite des Dinges ein organisches Sekret auf, das einen beißenden, widerwärtigen Geruch verströmte. Es war kein Blut, sondern eine zähe, dunkelgrüne Flüssigkeit, die offenbar dessen Aufgaben besaß. Als Lake mit seiner Arbeit so weit gekommen war, sperrte man alle 37 Hunde in den noch immer unfertigen Verhau, wo sie sogar in dieser Entfernung wütend bellten und tobten, als der scharfe Gestank sich ausbreitete.

Die provisorische Sektion ergab keine Hinweise auf irgendeine Einordnung des seltsamen Wesens, ganz im Gegenteil, sie ließ seine Natur nur noch rätselhafter erscheinen. Alle Vermutungen über die äußeren Gliedmaßen erwiesen sich als zutreffend, und aufgrund dessen konnte man nicht länger daran zweifeln, es mit einer tierischen Lebensform zu tun zu haben; doch wies sein Körperinneres so viele pflanzliche Merkmale auf, dass Lake mit seiner Weisheit am Ende war. Das Geschöpf besaß einen Blutkreislauf, eine Verdauung und eine Ausscheidung, die über die rötlichen Röhren seines seesternförmigen Fußendes erfolgte. Der erste Augenschein ließ vermuten, dass sein Atmungsapparat eher Sauerstoff als Kohlendioxid umsetzte; und es gab eigentümliche Hinweise auf Luftkammern und das Vermögen, die Luftaufnahme von der äußeren Körperöffnung auf mindestens zwei weitere voll ausgebildete Atmungssysteme umzustellen – Kiemen und Poren. Offenbar war es amphibisch und darüber hinaus wahrscheinlich angepasst an lange, luftlose Überbrückungszeiträume. Vorhandene Sprechorgane schienen mit den Hauptatmungsvorrichtungen in Verbindung zu stehen, doch wiesen sie Anomalien auf, die sich nicht unmittelbar erklären ließen. Artikuliertes Sprechen im Sinne von Silbenformung schien auf diese Art kaum vorstellbar, doch kreative Pfeiflaute mit großem Tonumfang ließen sich mit hoher Wahrscheinlichkeit erzeugen. Diese Muskulatur war geradezu überentwickelt.

Das Nervensystem war derartig komplex und hoch entwickelt, dass es Lake förmlich die Sprache verschlug. Obwohl in mancher Hinsicht außerordentlich primitiv und urtümlich, verfügte das Ding über ein Arsenal von Gangliengeflechten und Nervensträngen, das auf eine unendlich fortgeschrittene Spezialisierung hindeutete. Sein fünflappiges Gehirn war überraschend hoch entwickelt, und es gab Hinweise auf Organe zum Empfang äußerer Sinneseindrücke, die zum Teil über die drahtigen Wimpern am Kopf aufgenommen wurden, wobei Aspekte mitwirkten, die allen übrigen irdischen Organismen fremd sind. Vermutlich besaß das Geschöpf mehr als fünf Sinne, sodass seine Lebensgewohnheiten sich aus keiner bekannten Tierreich-Analogie herleiten lassen. In seiner urzeitlichen Welt muss es, wie Lake glaubte, ein Geschöpf von überragender Sinnesschärfe und mit hoch spezialisierten Arbeitsaufgaben gewesen sein – ganz ähnlich den heutigen Ameisen oder Bienen. Es vermehrte sich wie die pflanzlichen Kryptogamen, insbesondere die *Pteridophyta,* durch Sporenkapseln an den Flügelspitzen und erwuchs offenbar aus einem Thallus oder Prothallium.

Dem Organismus bei diesem Stand der Dinge einen wissenschaftlichen Namen zu geben, wäre schlicht albern gewesen. Es sah aus wie ein Hohltier, war jedoch ganz klar mehr als das. Es war teilweise pflanzlich, wies aber drei Viertel der wesentlichen

Merkmale tierischer Anatomie auf. Dass es ursprünglich dem Meer entstammte, ließen seine symmetrische Form und andere Kennzeichen stark vermuten; doch gab es keine sicheren Erkenntnisse über das Ausmaß seiner späteren Anpassung an andere Lebensräume. Die Flügel immerhin wiesen nachhaltig auf eine Eroberung des Luftraums hin. Wie es seine ungeheuer hohe Entwicklung auf einer eben erst entstandenen Erde in so kurzer Zeit durchlaufen konnte, um sogar Abdrücke in azoischem Gestein zu hinterlassen, ging so weit über jedes Begriffsvermögen hinaus, dass Lake uns launig die urzeitlichen Sagen über die Großen Alten Wesen in Erinnerung rief, die von den Sternen herabdrangen, um das irdische Leben zum Scherz oder aus Versehen auszubrüten; und ebenso die abenteuerlichen Geschichten über kosmische Gebirgsbewohner aus dem All, die ein auf Volkskunde spezialisierter Kollege vom Fachbereich für Englisch an der Miskatonic University zum Besten zu geben pflegte.

Natürlich zog Lake die Möglichkeit in Betracht, dass die präkambrischen Abdrücke von einem weniger weit entwickelten Vorfahren des Geschöpfes stammten, verwarf aber diese allzu wohlfeile Theorie sehr schnell, als er sich die höher entwickelten anatomischen Merkmale der älteren Fossilien vergegenwärtigte. Denn es waren eher die jüngeren Exemplare, die Anzeichen von Degeneration zeigten statt Merkmalen eines fortgeschrittenen Evolutionsstadiums. Die Größe der rudimentären Füße hatte abgenommen und die gesamte Morphologie schien vergröbert und vereinfacht. Darüber hinaus bewiesen die eben untersuchten Nerven und Organe einzigartige Anzeichen der Rückentwicklung aus komplexeren Erscheinungsformen. Der Anteil zurückgebildeter und verkümmerter Segmente war überraschend hoch. Alles in allem konnte wenig als geklärt betrachtet werden; und Lake griff auf die Mythologie zurück, um seinen Funden einen provisorischen Namen zu geben – er nannte sie scherzhaft ›Die Alten Wesen‹.

Etwa um 2.30 Uhr beschloss Lake, die weitere Arbeit aufzuschieben und ein wenig Schlaf zu finden, deckte den sezierten Organismus mit einer Plane ab, trat aus dem Laborzelt und begutachtete die unversehrten Exemplare mit noch größerem Interesse als bisher. Unter der beharrlichen antarktischen Sonne war ihr Gewebe bereits ein wenig weicher geworden, sodass die

Spitzen der Seestern-Köpfe und die Röhren zweier oder dreier von ihnen sich leicht zu entfalten begannen; doch Lake ging nicht davon aus, dass bei der herrschenden Lufttemperatur von etwa -15° irgendeine unmittelbare Gefahr der Zersetzung bestand. Allerdings schob er sämtliche unsezierten Exemplare dicht aneinander und warf ein Reservezelt darüber, um sie vor der direkten Sonneneinwirkung zu schützen. Dies würde wohl auch dazu beitragen, eine mögliche Geruchsbildung von den Hunden abzuschirmen – allmählich wurde deren aggressive Unruhe zum echten Problem, trotz der verhältnismäßig großen Entfernung vom Lager und der immer höheren Schneewälle, die eine wachsende Anzahl der Männer eilig um die Hundeunterkunft errichtete. Lake musste die Ecken der Zeltplane mit großen Schneebrocken beschweren, um sie gegen die immer heftigeren Windböen zu sichern, denn die titanischen Berge schienen einen wütenden Orkan herabschicken zu wollen. Die anfänglichen Befürchtungen bezüglich möglicher antarktischer Sturmwinde meldeten sich wieder zurück, und unter Atwoods Aufsicht wurden die Zelte, der neue Hundepferch und die simplen Flugzeugunterstände zur Bergseite hin mit Schneemauern befestigt. Die Unterstände für die Flugzeuge, die nur ab und zu um einige harte Schneeblöcke ergänzt worden waren, besaßen noch längst nicht die erforderliche Höhe; und schließlich zog Lake alle Männer von weniger dringlichen Aufgaben ab, damit sie diese Arbeit beschleunigten.

Es war 4.00 Uhr vorbei, als Lake schließlich das Ende seiner Funkübertragungen ankündigte und uns allen riet, uns schlafen zu legen, wie auch seine Männer und er selbst es tun würden, sobald die Schutzwälle noch ein wenig höher gezogen wären. Er führte mit Pabodie noch eine freundschaftliche Unterhaltung per Funk und wiederholte sein Lob über die wirklich ausgezeichneten Bohrvorrichtungen, die seine Entdeckung erst möglich gemacht hätten. Auch Atwood übermittelte Grüße und Anerkennung. Ich sprach Lake nochmals meine wärmsten Glückwünsche aus und räumte ein, dass er mit seinem Vorstoß nach Norden recht gehabt hatte; sodann kamen wir alle überein, um 10.00 Uhr wieder in Funkkontakt miteinander zu treten. Falls der Sturm dann ausgestanden sei, würde Lake ein Flugzeug schicken, um unsere Mannschaft abzuholen. Bevor ich mich hinlegte, sandte ich noch eine letzte Nachricht an die *Arkham* mit der Anweisung, die Neuigkeiten für die Außenwelt ein wenig abzuschwächen, da die volle Wahrheit geeignet schien, eine Woge des Unglaubens auszulösen, noch ehe wir weitere Beweise vorlegen konnten.

III

Ich vermute, dass keiner von uns an jenem Morgen sehr tief oder lange schlief. Dafür sorgten die Aufregung über Lakes Entdeckung wie auch der zunehmend wütender tobende Wind. So entsetzlich blies der Sturm selbst bei uns, dass wir uns unwillkürlich fragten, um wie vieles schlimmer es in Lakes Lager sein musste, direkt unterhalb der gewaltigen, unbekannten Gipfel, die ihn gebaren. McTighe erwachte um 10.00 Uhr und versuchte wie vereinbart, Verbindung mit Lake aufzunehmen, doch irgendein elektrischer Störfaktor in der aufgepeitschten Luft Richtung Westen verhinderte offenbar das Zustandkommen eines Funkkontakts. Immerhin drangen wir zur *Arkham* durch, und Douglas berichtete mir, dass auch er vergeblich versuche, Lake zu erreichen. Vom Sturm hatte er nichts gewusst, denn am McMurdo-Sund regte sich der Wind kaum, trotz seines anhaltenden Wütens an unserem Standort.

Den ganzen Tag über horchten wir besorgt auf eingehende Funksignale und riefen Lake immer wieder von Neuem, doch erfolglos. Gegen Mittag brauste ein Weststurm von orkanhafter Wut heran, sodass wir schon um unser Lager bangten. Doch schließlich erstarb er und frischte nur um 14.00 Uhr ein letztes Mal wesentlich abgeschwächt auf. Nach 15.00 Uhr war es beinahe windstill, und wir verdoppelten unsere Anstrengungen, Lake per Funk zu erreichen. Angesichts der vier Flugzeuge, die er hatte, deren jedes mit einer vorzüglichen Kurzwellenanlage ausgestattet war, konnten wir uns einfach kein herkömmliches Unglück vorstellen, das imstande gewesen wäre, sämtliche Funkgeräte auf einmal lahmzulegen. Dessen ungeachtet hielt die bleierne Stille an – wenn wir daran dachten, welch entfesselte Gewalt der Sturm in Lakes Region entwickelt haben musste, drängten sich uns die schrecklichsten Befürchtungen auf.

Gegen 18.00 Uhr waren unsere Befürchtungen fast schon zur Gewissheit geworden, und nach einer Funkbesprechung mit Douglas und Thorfinnson beschloss ich, der Sache auf den Grund zu gehen. Das fünfte Flugzeug, das wir mit Sherman und zwei Seeleuten beim Nachschubdepot am McMurdo-Sund zurückgelassen hatten, war gut in Schuss und sofort startklar, und nun schien genau der Notfall eingetreten zu sein, für den wir es vorgesehen hatten. Ich funkte Sherman an und trug ihm auf, mit dem Flugzeug und den beiden Seeleuten so schnell wie möglich zu uns ins Südlager zu kommen, zumal jetzt bestes Flugwetter herrschte. Dann besprachen wir innerhalb des Lagers die Zusammenstellung der erforderlichen Suchmannschaft und entschieden, dass wir jeden Mann aufbieten würden, ebenso den Schlitten und die Hunde, die ich dabehalten hatte. Sogar eine derartig schwere Nutzlast würde das große Flugzeug nicht überfordern, das wie die anderen vier nach unseren besonderen Vorgaben für die Beförderung schweren Geräts konstruiert worden war. Zwischendurch versuchte ich immer wieder, mit Lake in Funkkontakt zu treten, doch ohne Erfolg.

Sherman stieg mit den Seeleuten Gunnarsson und Larsen um 19.30 Uhr auf und meldete mehrfach von unterwegs einen ruhigen Flug. Sie erreichten unser Lager um Mitternacht und sofort besprachen wir alle den nächsten Schritt. Es war ein riskantes Unterfangen, ohne eine Reihe von Zwischenlandestationen in einer einzigen Maschine die Antarktis zu überfliegen, doch niemand schreckte vor etwas zurück, das eine schiere Notwendigkeit zu sein schien. Nachdem wir mit dem Beladen des Flugzeugs begonnen hatten, begaben wir uns um 2.00 Uhr kurz zur Ruhe, standen jedoch schon vier Stunden später wieder auf den Beinen, packten und brachten die Beladearbeiten zum Abschluss.

Um 7.15 Uhr am 25. Januar traten wir unseren Flug nach Nordwesten an, mit McTighe als Piloten, zehn Mann, sieben Hunden, einem Schlitten, Nahrungs- und Treibstoffvorräten und weiterer Ausrüstung einschließlich des Bordfunkgerätes. Die Luft war klar, ziemlich ruhig und von relativ milder Temperatur, und wir erwarteten sehr wenige Schwierigkeiten bis zum Erreichen jenes Breiten- und Längengrades, die Lake als Position seines Lagers angegeben hatte. Viel mehr Angst machte uns das, was wir am Ende unserer Reise vorfinden – oder nicht vorfinden – mochten, denn Stille war nach wie vor die einzige Antwort auf alle Funkrufe, die wir an Lakes Lager aufgaben.

Jede Einzelheit jenes Viereinhalbstunden-Fluges ist unauslöschlich in mein Gedächtnis gebrannt, weil er einen Scheidepunkt in meinem Leben markiert. Er führte dazu, dass ich im Alter von vierundfünfzig Jahren den Frieden und das innere Gleichgewicht verlor, derer sich der gesunde menschliche Geist dank seiner gewohnten Auffassung von den Naturerscheinungen und Naturgesetzen erfreut. Von nun an sollten wir zehn Männer – vor allem jedoch der Student Danforth und ich – uns einer abscheulich erweiterten Welt verborgen lauernder Schrecken gegenübersehen, die nichts mehr aus unseren Seelen zu tilgen vermag und die mit der restlichen Menschheit zu teilen wir nicht wagen würden, so uns denn eine Wahl bliebe. Die Zeitungen haben die Meldungen gedruckt, die wir von unterwegs funkten und worin wir von unserem langen Flug berichteten, von unseren zwei Kämpfen gegen tückische, heftige Höhenstürme, von dem kurzen Blick auf die durchbrochene Eisfläche, wo Lake drei Tage zuvor und auf halbem Weg nach Norden seinen Schacht in den Boden getrieben hatte, und ebenso von unserer Sichtung einer Anzahl jener seltsamen, flockigen Schneezylinder, von denen schon Amundsen und Byrd berichtet haben und die im Wind über endlose Kilometer vereister Plateaus hinwegrollen. Irgendwann gelangten wir an einen Punkt, an dem unsere Empfindungen sich nicht mehr in Worte fassen ließen, die der Presse verständlich gewesen wären, und letztlich auch an einen Punkt, an dem wir uns eine absolute Nachrichtenzensur auferlegen mussten.

Larsen, der Matrose, erspähte als Erster die gezackte Linie hexenhütiger Kegel und Bergzinnen vor uns, und als er rief, stürzten alle an die Fenster der geräumigen Flugzeugkabine. Trotz unserer Geschwindigkeit wurden sie nur sehr langsam größer; dies verriet uns, dass sie unendlich weit entfernt sein mussten und sichtbar überhaupt nur wegen ihrer außergewöhnlichen Höhe. Stück für Stück jedoch wuchsen sie drohend in den westlichen Himmel empor. Wir machten verschiedene kahle, öde, schwärzliche Gipfel aus und erlebten einen überirdischen Anblick, heraufbeschworen durch das rötliche antarktische

Licht vor dem erregenden Hintergrund irisierender Wolken aus Eisstaub. Dem ganzen Schauspiel wohnte eine beharrliche, allbeherrschende Verheißung gewaltigen Geheimnisses und möglicher Offenbarung inne. Es war, als seien diese starren, albtraumartigen Spitztürme die Pfeiler eines schrecklichen Tores zu verbotenen Traumsphären und chaotischen Gräben ferner Zeiten und Räume und unentdeckter Dimensionen. Ich konnte mich des Gefühls nicht erwehren, dass es sich um etwas Böses handelte – Berge des Wahnsinns, deren entfernteste Hänge über einen letzten, fluchbeladenen Abgrund hinausblickten. Jener brodelnde, matt leuchtende Wolkenhintergrund barg unsagbare Andeutungen einer vagen, ätherischen *Jenseitigkeit,* die alle irdischen Größenverhältnisse hinter sich ließ; er gemahnte auf grauenhafte Weise an die äußerste Ferne, Abgeschiedenheit, Einsamkeit und äonenalte Todesstarre dieser unberührten, unerforschten Welt des Südens.

Der junge Danforth war es, der unsere Aufmerksamkeit auf die eigentümlich regelmäßigen Umrisse der höheren Gebirgszacken lenkte – Umrisse so regelmäßig wie jene Überreste perfekter Kuben, die Lake schon an den Gipfeln hatte kleben sehen. Sie rechtfertigten tatsächlich seinen Vergleich mit den entrückten Andeutungen urzeitlicher Tempelruinen auf umwölkten asiatischen Bergzinnen, die Roerich so subtil und sonderbar gemalt hat. Es lag in der Tat etwas unabweisbar Roerich-haftes über diesem unirdischen Kontinent geheimnisvoller Bergwelten. Ich hatte es schon im Oktober gespürt, als wir Victoria-Land erstmals sichteten, und ich spürte es jetzt wieder. Außerdem überkam mich das beklemmende Gefühl, Anklänge an urzeitliche Sagen zu erkennen; und wie verstörend glich doch dieses Reich des Todes der von bösen Sagen umrankten Hochebene von Leng aus den uralten Schriften. Mythenforscher haben Leng in Zentralasien angesiedelt; doch das Erbgedächtnis des Menschen – oder seiner Vorläufer – reicht weit zurück, und es mag wohl sein, dass bestimmte Geschichten aus Ländern und Bergen und Tempeln des Schreckens überliefert wurden, die älter sind als Asien und älter als jede Menschenwelt, von der wir wissen. Einige unerschrockene Mystiker haben einen vorpleistozänen Ursprung der fragmentarischen *Pnakotischen Manuskripte* angedeutet und die Vermutung geäußert, dass die Jünger von Tsathoggua für die Menschheit ebenso fremdartig gewesen sein könnten wie Tsathoggua selbst. Leng, wo auch immer in Raum oder Zeit es dräuen mochte, war kein Ort, an dem oder nahe dem ich gerne weilen wollte, noch fand ich Gefallen an der Nähe zu einer Welt, die irgendwann derartig zweifelhafte und vorzeitliche Monstrositäten hervorgebracht hatte wie die erst kürzlich von Lake erwähnten. In jenem Augenblick bereute ich, jemals das gefürchtete *Necronomicon* gelesen und mich an der Universität so häufig mit dem beunruhigend gelehrten Volkskundler Wilmarth unterhalten zu haben.

Diese Stimmung trug fraglos dazu bei, dass die bizarre Luftspiegelung, die aus dem immer schillernderen Zenit über uns hereinbrach, als wir uns den Bergen näherten und allmählich die wellenförmigen Aufwerfungen der Vorgebirge ausmachen konnten, so stark auf mich wirkte. Ich hatte während der vergangenen Wochen Dutzende polarer Luftspiegelungen gesehen, von denen einige ebenso unheimlich und fantastisch real wirkten wie die jetzige; doch diese besaß eine gänzlich neue und düstere Note bedrohlicher Symbolkraft, und ich erschauderte, als das brodelnde Labyrinth mythischer Mauern und Türme und Minarette in den wirbelnden Eisnebeln über unseren Köpfen bedrohliche Gestalt gewann.

Wir sahen eine zyklopische Stadt in keiner dem Menschen oder der menschlichen Vorstellung bekannten Bauweise, mit gewaltigen Anhäufungen nachtschwarzer Gemäuer, die monströse Verhöhnungen aller geometrischen Regeln darstellten. Wir erblickten Kegelstümpfe, zuweilen terrassenförmig angelegt oder mit seitlichen Kehlungen versehen und überragt von hohen, zylindrischen Säulen, die hie und da knollenartige Ausbuchtungen besaßen und häufig von Lagen schmaler, gezahnter Scheiben gekrönt waren; ebenso seltsame, überhängende, plateauartige Gebilde, die an Stapelungen zahlreicher rechtwinkliger Tafeln oder kreisförmiger Platten oder fünfstrahliger Sterne gemahnten, wobei die jeweils höheren über die unteren hinausragten. Wir sahen zusammengesetzte Kegel und Pyramiden, die entweder frei standen oder Zylinder oder Kuben oder niedrigere Kegelstümpfe und Pyramiden krönten, und manchmal auch nadelförmige Türme in sonderbaren Fünfergruppen. All diese Fiebertraum-Gebilde schienen durch röhrenartige Brücken miteinander verbunden, die sich in verschiedenen, schwindelerregenden Höhen vom einen zum anderen spannten, und das augenscheinliche Ausmaß des Ganzen wirkte in seiner schieren Riesenhaftigkeit furchterregend und bedrückend. Dem allgemeinen Typus nach unterschied sich die Luftspiegelung kaum von den bizarreren Fata Morganen, die anno 1820 von dem Polarforscher und Walfänger Scoresby beobachtet und zeichnerisch dokumentiert worden waren, doch jetzt, zu dieser Zeit, an diesem Ort und angesichts der düsteren, unbekannten Bergzinnen, die gewaltig vor uns aufragten, dazu im Bewusstsein von Lakes eigentümlichen Urwelt-Funden und der Besorgnis einer mutmaßlichen Katastrophe, der unsere Expeditionsmannschaft zum Opfer gefallen sein könnte, schienen wir alle ein Menetekel unterschwelliger Bösartigkeit und unendlich schrecklicher Vorbedeutung in jenem Trugbild zu erkennen.

Ich war erleichtert, als die Luftspiegelung sich aufzulösen begann, wenngleich dabei die verschiedenen albtraumhaften Türme und Kegel vorübergehend verzerrte Umrisse annahmen, die sogar noch schrecklicher anmuteten. Als die ganze Illusion in schillernde Wirbel zerfiel, richteten wir unsere Blicke wieder erdwärts und erkannten, dass unser Flugziel nah sein musste. Vor uns stiegen die unbekannten Berge in schwindelnde Höhen empor gleich einer furchterregenden Phalanx aus Riesen, und ihre eigentümlichen, regelmäßigen Auswüchse ließen sich auch ohne Fernglas mit überraschender Deutlichkeit erkennen. Wir überflogen nun die niedrigsten Vorberge und konnten inmitten all der Schnee- und Eisfelder und der nackten Felsflächen ihres Hauptplateaus zwei dunklere Flecken ausmachen, die wir für Lakes Lager und Bohrstelle hielten. Die höheren Vorberge wuchsen in einer Entfernung von acht bis zehn Kilometern zu einer Gebirgskette empor, die sich fast überdeutlich gegen den dahinter aufragenden, furchterweckenden Kamm von Gipfeln abzeichnete, die an Höhe sogar den Himalaja übertrafen. Schließlich leitete Ropes – der Student, der McTighe am Steuer abgelöst hatte – den Landeanflug auf den linken der beiden dunklen Flecken ein, dessen Größe ihn als Lakes Lager auswies. Während das Flugzeug tiefer sank, setzte McTighe den letzten unzensierten Funkbericht ab, den die Welt von unserer Expedition empfangen sollte.

Natürlich kennt jeder die kurzen und unbefriedigenden Berichte über den Rest unseres Antarktisaufenthaltes. Einige Stunden nach unserer Landung funkten wir eine abgemilderte Darstellung über die Tragödie, die wir vorgefunden haben, und gaben widerwillig bekannt, dass die gesamte Lake-Gruppe den furchtbaren Sturm des vorangegangenen Tages oder der Nacht davor nicht überlebt hatte. Elf Tote identifiziert, der junge Gedney vermisst. Man zeigte sich nachsichtig über den schwammigen und nicht sehr ausführlichen Bericht, denn man führte ihn auf den Schock zurück, den das traurige Ereignis uns wohl versetzt haben musste, und man glaubte uns, als wir erklärten, die grässliche Gewalt des Sturms hätte alle elf Leichen derart zugerichtet, dass eine Heimführung nicht mehr infrage käme. Ich halte mir zugute, dass wir trotz unserer Trauer, der äußersten Verstörung und des Grauens, das unsere Seelen ergriffen hatte, in keinem Punkt sonderlich von der Wahrheit abwichen. Die ungeheuerliche Bedeutung liegt in dem, was wir nicht zu offenbaren wagten; was ich auch jetzt nicht offenbaren würde, zwänge mich nicht die Notwendigkeit dazu, andere von namenlosen Schrecken fernzuhalten.

Es stimmt, der Orkan wütete mit entsetzlicher Verheerung. Ob ihn alle hätten überleben können – auch ohne jene andere Sache –, ist doch sehr zweifelhaft. Der Sturm muss, tobend Eispartikel vor sich hertreibend, alles übertroffen haben, was unsere Expedition bisher erlebt hatte. Einer der Flugzeugunterstände – die Schutzmaßnahmen scheinen alle in einem viel zu unfertigen und untauglichen Stadium verblieben zu sein – war geradezu pulverisiert worden, und der Bohrturm an der entfernten Bohrstelle lag restlos zertrümmert in Stücken. Das ungeschützte Metall der Flugzeuge und der Bohrgeräte war geradezu auf Hochglanz geschmirgelt und zwei der kleinen Zelte waren trotz der Schneewälle dem Erdboden gleichgemacht. Holzflächen, die der Wut des Sturms unmittelbar ausgesetzt gewesen waren, wiesen Löcher auf und waren ihres Anstrichs beraubt und sämtliche Spuren im Schnee waren restlos ausgelöscht. Es stimmt auch, dass wir keines der vorzeitlichen biologischen Objekte in einem Zustand vorfanden, der gestattet hätte, es als Ganzes zu befördern. Wir klaubten einige Mineralien aus einem riesigen, eingestürzten Haufen, darunter etliche der grünlichen Specksteinbruchstücke, deren fünf seltsam gerundete Spitzen und verwaschene Punktmuster so viele zweifelhafte Vergleiche herausforderten; ebenso einige fossile Knochen, darunter die charakteristischsten der so merkwürdig beschädigten Stücke.

Keiner der Hunde hatte überlebt, ihr hastig in Lagernähe errichteter Schneeverhau war fast völlig zerstört. Das konnte der Sturm angerichtet haben, wenngleich der größere Einbruch auf der dem Lager zugewandten Seite, die im Windschatten gelegen hatte, eher auf eine Selbstbefreiung der wild gewordenen Tiere hindeutete. Alle drei Schlitten fehlten, und wir legten uns die Erklärung zurecht, dass der Sturm sie ins Nirgendwo mitgerissen hatte. Die Bohr- und Schmelzvorrichtungen an der Bohrstelle waren zu sehr beschädigt, um eine Bergung zu rechtfertigen, daher benutzten wir die Trümmer, um jenes vage verstörende Tor in die Vergangenheit zuzuschütten, das Lake aufgesprengt hatte. Die beiden meistramponierten Flugzeuge ließen wir ebenfalls im Lager zurück, da unsere übrig gebliebene Mannschaft insgesamt nur noch über vier ausgebildete Piloten verfügte – Sherman, Danforth, McTighe und Ropes –, und überdies Danforths Nervenkostüm derart zerrüttet war, dass er kein Flugzeug führen konnte. Wir nahmen jedes Buch, jedes Teil der wissenschaftlichen Ausrüstung und andere Dinge mit, die wir fanden, aber auf unerklärliche Weise war vieles fortgeweht worden. Die Reservezelte und die Pelzbekleidungen waren entweder verschwunden oder völlig zerfetzt.

Gegen 16.00 Uhr, nach ausgedehnten Suchflügen, gaben wir die Suche nach Gedney auf und funkten unsere scheu-zurückhaltende Nachricht an die *Arkham*, die sie an die Außenwelt weiterleite; und ich glaube, wir taten gut daran, sie so ruhig und harmlos klingen zu lassen, wie wir es tatsächlich zuwege brachten. Fast alles, was wir an Aufregung eingestanden, betraf unsere Hunde, deren rasende Unruhe in der Nähe der biologischen Gebilde aufgrund der Berichte des armen Lake keine Überraschung bedeutete. Wir erwähnten allerdings nicht, glaube ich, dass sie dieselbe Unruhe zeigten, wenn sie im Umkreis der eigenartigen grünlichen Specksteine und einiger anderer Gegenstände auf dem verwüsteten Areal herumschnüffelten – dazu gehörten wissenschaftliche Instrumente,

Flugzeuge und technische Geräte im Lager wie auch an der Bohrstelle, deren Einzelteile gelockert, bewegt und auf sonstige Weise von einem einzigartig neugierigen Sturm untersucht worden waren.

Bezüglich der vierzehn biologischen Gebilde äußerten wir uns aus gerechtfertigten Gründen nur vage. Wir erklärten nur, dass die, die wir fanden, stark beschädigt seien, jedoch sei noch genug von ihnen übrig, um Lakes Beschreibung voll und ganz zu bestätigen. Es war nicht leicht, unsere persönlichen Empfindungen dabei zu verdrängen – und wir schwiegen über ihre Anzahl und den genauen Zustand, in dem sich die vorhandenen Exemplare befanden. Wir waren mittlerweile übereingekommen, nichts verlauten zu lassen, was irgendwie auf Anzeichen einer Geisteskrankheit unter Lakes Männern deutete, obwohl es uns unstreitig wie Wahnsinn vorkam, sechs verstümmelte Ungeheuer aufrecht stehend in beinahe drei Meter hohen Schneegräbern pietätvoll bestattet zu finden – unter fünfzackigen Hügeln, in die Lochmuster eingedrückt waren, die genau den Punktanordnungen auf den sonderbaren grünlichen Specksteinen entsprachen. Die anderen acht unversehrten Exemplare, von denen Lake gesprochen hatte, waren anscheinend allesamt fortgeweht worden.

Uns lag auch an der Wahrung des öffentlichen Seelenfriedens; daher erzählten Danforth und ich wenig von dem furchtbaren Flug über die Berge, den wir am nächsten Tag unternahmen. Es war klar, das nur ein konsequent von Ballast befreites Flugzeug Aussicht hatte, einen Gebirgszug von solcher Höhe zu überfliegen, wodurch sich die Teilnahme an diesem Erkundungsflug gnädigerweise auf uns beide beschränkte. Bei unserer Rückkehr um 1.00 Uhr in der Nacht war Danforth der Hysterie nahe, beherrschte sich jedoch bewundernswert. Es bedurfte keiner Überredungskunst, ihm das Versprechen abzunehmen, niemandem die Skizzen und die übrigen Dinge zu zeigen, die wir in unseren Taschen mitgebracht hatten und den anderen nicht mehr zu verraten als offiziell bekanntzugeben wir vereinbart hatten. Die Filme aus unserer Kamera hielten wir für eine spätere heimliche Entwicklung zurück; daher wird ein Teil der folgenden Geschichte für Pabodie, McTighe, Ropes, Sherman und die übrigen ebenso neu sein wie für die restliche Welt. Tatsächlich sind Danforths Lippen sogar noch stärker versiegelt als meine;

denn er hat etwas gesehen – oder glaubt es gesehen zu haben –, das er sogar mir verschweigt.

Wie jedermann weiß, enthielt unser Bericht eine Darstellung unseres beschwerlichen Aufstiegs mit dem Flugzeug – wir bestätigten Lakes Ansicht, dass die mächtigen Gipfel aus azoischem Schiefer und anderen sehr alten gefältelten Schichten bestanden und dass sie sich spätestens seit der ausgehenden Jurazeit nicht mehr verändert hatten, machten einige unverfängliche Anmerkungen zu der Regelmäßigkeit der würfel- und bollwerkartigen Gebilde, die an den Gipfeln hafteten, äußerten unsere Vermutung, dass die Höhlenöffnungen auf zersetzte Kalksteinadern hinwiesen und dass einige Abhänge und Pässe das Ersteigen und Überqueren der gesamten Gebirgskette durch erfahrene Bergsteiger zu erlauben schienen, und berichteten, dass die geheimnisvolle andere Seite jenseits der Berge eine enorm ausgedehnte Hochebene offenbarte, so uralt und beständig wie die Berge selbst – mehr als sechstausend Meter hoch gelegen, voller grotesker Felsformationen, die aus einer dünnen Gletscherschicht ragten, und von den jähen Klüften der höchsten Bergzinnen durch einen Übergang aus niedrigen, langsam ansteigenden Vorbergen getrennt.

Diese Angaben entsprechen bis dahin in jeder Beziehung der Wahrheit, und sie stellten die Männer im Lager vollauf zufrieden. Wir führten unsere sechzehnstündige Abwesenheit – ein längerer Zeitraum als unser veranschlagtes Pensum samt Flug, Landung, Terrainerkundung und dem Sammeln von Gesteinsproben hätte in Anspruch nehmen dürfen – auf eine angeblich lang anhaltende Gegenwindphase zurück und berichteten wahrheitsgetreu über unsere Landung auf dem jenseitigen Vorgebirge. Zum Glück klang unser Bericht so plausibel und nüchtern, dass sich niemand verleitet sah, den Flug zu wiederholen. Hätten es welche versuchen wollen, so hätte ich meine ganze Überredungskunst eingesetzt, um die Männer daran zu hindern – und der Himmel weiß, was Danforth getan hätte.

Während unserer Abwesenheit hatten Pabodie, Sherman, Ropes, McTighe und Williamson fieberhaft an zweien von Lakes am besten erhaltenen Flugzeugen geschraubt und sie wieder flugtauglich gemacht, trotz der völlig unerklärlichen Beschädigungen einiger wichtiger Funktionsteile. Wir beschlossen, alle

Flugzeuge am nächsten Morgen zu beladen und so schnell wie möglich zu unserem alten Lager aufzubrechen. Wenngleich es einen Umweg bedeutete, war es doch der sicherste Weg, dem McMurdo-Sund näher zu kommen; denn die ganz und gar unbekannten Weiten des seit Äonen erstarrten Kontinents im Direktflug zu überqueren, hätte zu viele zusätzliche Risiken mit sich gebracht. Angesichts der tragischen Verringerung unserer Mannschaft und der Zerstörung der Bohrausrüstung waren weitere Forschungsarbeiten kaum noch durchführbar. Die Unsicherheit und die Schrecken um uns herum – über die wir nichts sagten – weckten in uns nur den einen Wunsch, dieser südlichen Welt der Abgeschiedenheit und des brütenden Irrsinns schnellstmöglich zu entfliehen.

Wie der Öffentlichkeit bekannt ist, kehrten wir ohne weitere Katastrophen zurück in die besiedelte Welt. Alle Flugzeuge erreichten am Abend des folgenden Tages – dem 27. Januar – nach einem zügigen Nonstop-Flug das alte Lager; und am 28. schafften wir die Strecke bis zum McMurdo-Sund in zwei Etappen. Die kurze Unterbrechung war durch einen Schaden am Leitwerk in einem heftigen Sturm über dem Schelfeis notwendig geworden, nachdem wir das große Plateau hinter uns gelassen hatten. Nach weiteren fünf Tagen durchbrachen die *Arkham* und die *Miskatonic*, mit allen Mann und der gesamten Ausrüstung an Bord, das dicker werdende Feldeis und bahnten sich einen Weg durch das Ross-Meer, während im Westen die höhnischen Gipfel von Victoria-Land in einen unruhigen antarktischen Himmel hineinwuchsen und das Wehklagen des Windes zu einem melodischen Pfeifen in allen Tonlagen verzerrten, das mich bis auf die Knochen erschauern ließ. Kaum zwei Wochen später ließen wir die letzten Ausläufer des Polargebiets hinter uns und dankten dem Himmel, dass wir einem gespenstischen, fluchbeladenen Reich entronnen waren, wo Leben und Tod, Raum und Zeit in unvordenklichen Epochen dunkle, blasphemische Bündnisse geschlossen haben, noch ehe auf der kaum erkalteten Kruste des Planeten erstmals Materie zuckte und schwamm.

Seit unserer Rückkehr haben wir alle uns konsequent bemüht, die weitere Erforschung der Antarktis zu verhindern, und dabei gewisse Zweifel und Befürchtungen in seltener Eintracht standhaft für uns behalten. Sogar der junge, von einem Nervenzusammenbruch gezeichnete Danforth wankte nicht und plauderte vor seinen Ärzten nicht aus – wie ich bereits sagte, gibt es etwas, von dem er glaubt, es als Einziger gesehen zu haben und worüber er noch nicht einmal mit mir sprechen will, obgleich ich der Ansicht bin, dass es seinem psychischen Zustand zugute käme, ränge er sich dazu durch. Es könnte vieles erklären und lindern, obwohl es vielleicht nicht mehr war als die trügerische Nachwirkung eines vorangegangenen Schocks. Dies jedenfalls ist der Eindruck, der sich mir nach Danforths gelegentlichen unzurechnungsfähigen Momenten aufdrängt, in denen er mir unzusammenhängende Dinge zuflüstert – Dinge, die er heftig von sich weist, sobald er wieder Herr seiner selbst ist.

Es wird beträchtliche Anstrengungen erfordern, andere von dem großen weißen Süden fernzuhalten, und manche unserer Bemühungen könnten unserem Anliegen sogar unmittelbar schaden, indem sie Aufsehen und Neugier erregen. Wie uns von Anfang an hätte klar sein müssen, stirbt die menschliche Neugier nicht aus, und die von uns bekannt gegebenen Entdeckungen könnten ausreichen, andere anzuregen, sich jener lange währenden Jagd nach dem Unbekannten zu verschreiben. Lakes Berichte über die biologischen Monstrositäten hatten unter Naturforschern und Paläontologen stärkstes Aufsehen erregt, obwohl wir umsichtig genug gewesen waren, die abgetrennten Körperteile nicht zu zeigen, die wir von den bestatteten Exemplaren mitgebracht hatten, ebenso wenig wie die Fotografien von ihnen im Zustand ihrer Auffindung. Wir hüteten uns auch, die rätselhafteren der zernagten Knochen und die grünlichen Specksteine zu zeigen; und Danforth und ich halten eisern jene Fotos zurück, die wir auf dem gigantischen Plateau hinter dem Gebirgszug geknipst haben, ebenso die zerknitterten Zeichnungen, die wir glattstrichen, voller Entsetzen betrachteten und in unsere Taschen steckten.

Doch nun bereitet sich diese Starkweather-Moore-Expedition vor, und zwar mit einer Gründlichkeit, die die Möglichkeiten unserer eigenen Ausstattung weit übertrifft. Falls niemand sie daran hindert, werden diese Leute bis zum innersten Kern der Antarktis vorstoßen und schmelzen und bohren, bis sie das zutage fördern, von dem wir wissen, dass es das Ende der Welt herbeiführen könnte. Deshalb muss ich nun doch alle Zurückhaltung aufgeben – sogar bezüglich jenes letzten, namenlosen Etwas jenseits der Berge des Wahnsinns.

IV

Nur äußerst zögernd und widerstrebend kehre ich in Gedanken zu Lakes Lager und zu dem zurück, was wir dort wirklich vorfanden – wie auch zu jenem anderen Ding jenseits der Berge des Wahnsinns. Ich bin ständig versucht, die Einzelheiten zu umgehen und es bei bloßen Andeutungen statt der Tatsachen und unausweichlichen Schlussfolgerungen zu belassen. Ich hoffe, bereits genug mitgeteilt zu haben, um nur kurz bei dem Übrigen verweilen zu müssen – ich meine das Grauen, das uns im Lager erwartete. Ich habe über die vom Sturm verwüstete Umgebung berichtet, die zerstörten Schutzwälle, die ramponierten Geräte, die Erregung unserer Hunde, das Fehlen der Schlitten und anderer Gegenstände, den Tod der Männer und Hunde, Gedneys Unauffindbarkeit und die sechs auf irrsinnige Art bestatteten biologischen Wesen, deren Gewebe trotz ihrer organischen Verletzungen so sonderbar gut erhalten war und die aus einer Welt stammten, die seit vierzig Millionen Jahren nicht mehr existierte. Ich weiß nicht mehr, ob ich erwähnte, dass wir bei der Überprüfung der Hundekadaver ein Tier vermissten. Anfangs dachten wir uns nicht viel dabei ... Eigentlich waren Danforth und ich die Einzigen, die sich überhaupt Gedanken darüber machten.

Die wesentlichen Dinge, die ich bisher verschwiegen habe, beziehen sich auf die Leichen und auf bestimmte subtile Aspekte, die geeignet oder auch nicht geeignet sind, eine abscheuliche und unfassbare sachliche Erklärung für das offensichtliche Chaos zu liefern. Damals versuchte ich, die Gedanken der Männer von diesen Aspekten abzulenken; war es doch um so vieles einfacher – so weitaus normaler –, alles auf einen Ausbruch von Wahnsinn unter einigen von Lakes Leuten zurückzuführen. Nach Lage der Dinge musste dieser dämonische Gebirgssturm vollkommen ausgereicht haben, um jeden Menschen an diesem Brennpunkt aller Verlassenheit und aller Geheimnisse auf Erden mit Wahnsinn zu schlagen.

Der Gipfel des Abnormen war natürlich der Zustand der Leichen – von Menschen wie auch Hunden. Sie hatten alle irgendeinen grauenvollen Kampf durchgemacht und waren auf höllische und ziemlich unerklärliche Weise zerrissen und verstümmelt worden. Soweit wir es beurteilen konnten, war der Tod in allen Fällen durch Erwürgen oder Zerfleischen eingetreten. Augenscheinlich muss es mit den Hunden angefangen haben, denn der Zustand ihres nachlässig gebauten Verhaus wies Anzeichen eines gewaltsamen Ausbruchs von innen heraus auf. Wegen des Abscheus der Tiere gegen jene höllischen urzeitlichen Organismen war er in einiger Entfernung vom Lager errichtet worden, doch diese Vorkehrung schien vergeblich gewesen zu sein. Sich selbst überlassen in jenem fürchterlichen Sturm, hinter schwachen und zu niedrigen Schneewällen, mussten die Huskys außer Rand und Band geraten sein – ob wegen des Sturmes oder aufgrund eines schleichenden, immer stärker werdenden Geruchs, den die Nachtmahr-Wesen verströmten, vermag niemand zu sagen.

Doch was auch immer sich abgespielt hat, es war überaus grauenvoll und widerlich. Vielleicht sollte ich alle Empfindsamkeit ablegen und endlich über das Schlimmste berichten – allerdings betone ich entschieden, dass ich aufgrund der Beobachtungen von Danforth und mir zu dem unbezweifelbaren Schluss komme, dass der zu jenem Zeitpunkt verschollene Gedney nicht für die vorgefundenen furchtbaren Gräuel verantwortlich sein kann. Ich habe gesagt, die Leichen seien fürchterlich zerfleischt gewesen. Nun muss ich ergänzen, dass einige davon auf die absonderlichste, kaltblütigste und unmenschlichste Weise aufgeschlitzt und ausgeweidet worden waren. Das war bei den Hunden wie auch bei den Menschen so. Aus allen gutgenährten Körpern waren die größten Fleischpartien herausgeschnitten und entfernt worden, so als sei ein gewissenhafter Metzger zu Werke gegangen. Seltsamerweise war rings um die Überreste Salz verstreut – es stammte aus den geplünderten Proviantkisten in den Flugzeugen –, was die grässlichsten Gedankengänge heraufbeschwor. Das Ganze hatte sich in einem der behelfsmäßigen Flugzeugunterstände abgespielt, aus dem das Flugzeug herausgezerrt worden war, und Windböen hatten danach alle Spuren verwischt, die zu einer schlüssigen Erklärung hätten führen können. Verstreute Kleiderfetzen, den Toten brutal von den verstümmelten Leibern gerissen, boten auch keinerlei Aufschluss. Es ist sinnlos, die kaum sichtbaren Spuren im Schnee in einem windgeschützen Winkel der zerstörten Einfriedung zu erwähnen – denn diese Abdrücke hatten nicht das Mindeste mit menschlichen Fußspuren gemein, sondern erinnerten unverkennbar an die fossiler Abdrücke, die der bedauernswerte Lake während der zurückliegenden Wochen erwähnt hatte. Man musste seine Fantasie zügeln, im Schatten dieser alles überragenden Berge des Wahnsinns.

Am Schluss stellte sich wie gesagt heraus, dass Gedney und einer der Hunde fehlten. Wir hatten zuvor noch zwei Hunde und zwei weitere Männer vermisst, bis wir nach der Untersuchung der monströsen Gräber zu jenem grauenerregenden Unterstand kamen und das nur wenig in Mitleidenschaft gezogene Sezierzelt betraten, in dem wir eine Entdeckung machten. Es war nicht mehr in dem Zustand, in dem Lake es verlassen hatte, denn die zugedeckten Überreste des vorzeitlichen Ungetüms waren von dem behelfsmäßigen Tisch entfernt worden. Im Grunde hatten wir bereits erkannt gehabt, dass es sich bei einem von den sechs unvollständigen Geschöpfen, die wir auf so irrsinnige Weise bestattet vorgefunden hatten – nämlich dasjenige, das einen besonders üblen Geruch verströmte – um das zusammengetragene Sektionsmaterial jenes Lebewesens gehandelt haben muss, das Lake zu analysieren versucht hatte. Auf dem Labortisch und rings um ihn herum lagen jedoch andere Dinge verstreut, und wir brauchten nicht lange, um zu erkennen, dass es sich bei diesen Dingen um die sorgfältig, allerdings auch einfallsreich und laienhaft sezierten Körperteile eines Mannes und eines Hundes handelte. Um die Gefühle möglicher Hinterbliebener zu schonen, verschweige ich den Namen des Mannes. Lakes Sektionsbesteck fehlte, doch gab es Anhaltspunkte dafür, dass die Instrumente gewissenhaft gereinigt worden waren. Der Benzinofen war ebenfalls verschwunden, doch rings um die Stelle, wo er gestanden hatte, fanden wir eine sonderbare Ansammlung abgeriebener Zündhölzer. Wir begruben die menschlichen Leichenteile neben den übrigen zehn Männern, die Überreste des Hundes hingegen zusammen mit den anderen fünfunddreißig Tieren. Was es mit den bizarren

Schmierflecken auf dem Labortisch und dem Haufen wüst durchgeblätterter illustrierter Bücher daneben auf sich hatte, darüber grübelten wir in unserer Verwirrung nicht nach.

Dies waren die grausigsten Entdeckungen, die wir im Lager machten, doch andere Dinge erschreckten uns nicht weniger. Das Verschwinden von Gedney, eines Hundes, der acht unversehrten fremdartigen Lebewesen, der drei Schlitten, bestimmter Instrumente, illustrierter technischer und wissenschaftlicher Bücher, Schreibutensilien, Taschenlampen und Batterien, von Proviant und Treibstoff, Heizgeräten, Ersatzzelten, Pelzbekleidung und so fort entzog sich bedingungslos jedem vernünftigen Erklärungsversuch. Dasselbe galt für die rätselhaften Tintenspritzer auf einigen Papierbögen und die Anhaltspunkte für ein befremdliches Hantieren und Herumpfuschen fremder Hände an den Flugzeugen und dem übrigen technischen Gerät sowohl im Lager wie an der Bohrstelle. Die Hunde scheuten vor diesen eigentümlich in Unordnung gebrachten Geräten zurück.

Zu erwähnen wäre noch die geplünderte Speisekammer, das Verschwinden einiger Lebensmittel und der unheimliche, aber irgendwie auch drollige Haufen von Konservendosen, die alle auf erstaunlichste Art und an den unmöglichsten Stellen geöffnet worden waren. Die Menge verstreuter, ungebrauchter, zerknickter und abgebrannter Zündhölzer gab ein weiteres kleines Rätsel auf – ebenso wie die zwei, drei herumliegenden Zeltplanen und Pelzanzüge, die merkwürdig zerrissen waren, fast so, als seien sie unbeholfen in irgendeiner unvorstellbaren Weise anprobiert worden. Die Misshandlungen an den Menschenleichen und den Hundekadavern und die verrückte Bestattung der beschädigten urzeitlichen Kreaturen ergänzten nur zu gut diese augenscheinlich geisteskranke Zerstörungswut. Um auf eine Wiederholung solcher Geschehnisse vorbereitet zu sein, fotografierten wir die wahnsinnige Verwüstung des Lagers gewissenhaft; und wir werden diese Aufnahmen natürlich zur Untermauerung unserer Proteste gegen den Aufbruch der geplanten Starkweather-Moore-Expedition benutzen.

Nach der Entdeckung der Leichen im Unterstand fotografierten wir zunächst die verrückte Reihe der Gräber mit den fünfzackigen Schneehügeln und öffneten sie. Die Ähnlichkeit dieser monströsen Hügel und ihrer Punktmuster mit der

Beschreibung, die der beklagenswerte Lake von den seltsamen grünlichen Specksteinen abgegeben hatte, konnten wir nicht übersehen; und als wir in dem großen Berg von Gesteinsproben auf einige der Specksteine stießen, war diese Ähnlichkeit in der Tat markant. Ihre Form, das muss ich noch erwähnen, erinnerte an die seesternförmigen Köpfe der urzeitlichen Wesen – und so kamen wir zu dem Schluss, dass diese Wahrnehmung eine mächtige Wirkung auf die überreizten Gemüter von Lakes erschöpfter Mannschaft ausgeübt haben musste.

Denn Wahnsinn – Gedney betreffend, als den einzigen möglichen Überlebenden – war die spontan von allen akzeptierte Erklärung, dem offen Ausgesprochenen nach zu schließen; aber ich bin nicht so naiv, zu verleugnen, dass wohl in jedem von uns abenteuerliche Vermutungen gärten, die keiner unbefangen aussprach, um nicht selbst als geisteskrank zu gelten.

Sherman, Pabodie und McTighe unternahmen am Nachmittag einen ausgiebigen Erkundungsflug über das angrenzende Terrain und suchten dabei den Horizont mit Ferngläsern nach Gedney und den vermissten Gegenständen ab; jedoch erfolglos. Die drei berichteten, dass der gigantische Gebirgszug sich nach beiden Seiten ins Endlose erstreckte, ohne jede Veränderung in Höhe und Aussehen. Allerdings waren auf einigen der Bergkuppen die regelmäßigen Würfel- und Mauergebilde wuchtiger und stachen deutlicher ab, was die fantastischen Ähnlichkeiten mit den von Roerich gemalten asiatischen Bergruinen noch verstärkte. Die rätselhaften Höhlenöffnungen in den schwarzen, schneefreien Gipfelwänden verteilten sich in etwa gleichmäßig, jedenfalls so weit sich der Gebirgszug überblicken ließ.

Trotz des übermächtigen Grauens hatten wir uns so viel wissenschaftlichen Ehrgeiz und Abenteuergeist bewahrt, dass uns das unerforschte Reich jenseits dieser geheimnisvollen Berge immer noch anlockte. Wie aus unseren zurückhaltenden Berichten hervorgeht, legten wir uns nach diesem Tag der Schrecken und der Rätsel um Mitternacht schlafen – nicht ohne den zögerlichen Plan gefasst zu haben, gleich am nächsten Morgen in einer von allem verzichtbaren Ballast befreiten Maschine eine oder mehrere Flüge über die Gebirgskette hinweg durchzuführen, ausgerüstet mit einer Spezialkamera für Luftaufnahmen und geologischem Gerät. Danforth und ich waren ausersehen worden, den ersten Versuch zu unternehmen, und wir standen um 7.00 Uhr auf, damit wir früh losfliegen konnten; allerdings verzögerten heftige Winde – wie in unserem kurzen Bericht an die Außenwelt erwähnt – den Start bis fast 9.00 Uhr.

Ich habe bereits die abgemilderte Darstellung unserer Erlebnisse wiederholt, die wir nach unserer Rückkehr sechzehn Stunden später den Männern im Lager auftischten und auch an die Außenwelt funkten. Es ist nun meine grässliche Pflicht, diese Aussage zu vervollständigen, indem ich ihre gnädigen Lücken durch Hinweise darauf ausfülle, was wir wirklich in jener verborgenen Welt jenseits der Berge sahen – Hinweise auf jene Enthüllungen, die Danforth letztlich in den Nervenzusammenbruch stürzten. Ich wünschte, er würde genauso offen über das Ding sprechen, von dem er glaubt, er allein habe es gesehen – auch wenn es sich vermutlich nur um eine nervöse Sinnestäuschung handelte – und das vielleicht der letzte Auslöser für seinen jetzigen Zustand war. Doch er weigert sich standhaft. So kann ich also nur sein späteres, unzusammenhängend geflüstertes Gestammel über das wiederholen, was ihn schrill aufkreischen ließ, als unsere Maschine auf dem Rückflug durch den hohen, von Wind gepeitschten Gebirgspass jagte, nach jenem absoluten Schock, den wir alle beide erlitten hatten. Dies soll dann mein letztes Wort sein. Falls die unmissverständlichen Hinweise auf das Überdauern uralter Schrecken in meinen Enthüllungen nicht genügen sollten, um andere davon abzuhalten, sich neugierig in die tiefste Antarktis zu wagen – oder zumindest davon, gar zu tief unter der Oberfläche dieser äußersten Einöde verbotener Geheimnisse und unmenschlicher, seit Äonen verfluchter Abgeschiedenheit zu rühren –, dann trifft mich keine Schuld an unvorhersehbaren und vermutlich monströsen Gräueln.

Danforth und ich berechneten anhand eines Sextanten und der Notizen, die Pabodie während seines nachmittäglichen Rundflugs angefertigt hatte, dass der niedrigste zugängliche Pass der Gebirgskette etwas weiter rechts von uns lag, noch in Sichtweite des Lagers und zwischen siebentausend und siebentausendfünfhundert Metern über dem Meeresspiegel. Ihn steuerten wir zunächst an, als wir in der von Ballast befreiten Maschine zu unserem Erkundungsflug abhoben. Das Lager selbst befand sich gut dreitausendsechshundert Meter über dem Meer auf

Vorbergen, die von einem hoch gelegenen Kontinentalplateau aufragten; daher war der tatsächliche Höhenunterschied, den es zu überwinden galt, weniger groß als man vermuten könnte. Trotzdem spürten wir, während wir aufstiegen, sehr deutlich die immer dünner werdende Luft und die immense Kälte; denn wegen der schlechten Sichtverhältnisse mussten wir mit offenen Kabinenfenstern fliegen. Natürlich trugen wir unsere dickste Pelzbekleidung.

Als wir uns den drohenden Gipfeln näherten – dunkel und unheimlich erhoben sie sich über den von Gletscherspalten durchzogenen Schneefeldern –, gewahrten wir immer mehr der seltsam regelmäßigen Gebilde, die an den Berghängen klebten; und wieder fühlten wir uns an die merkwürdigen asiatischen Gemälde Nicholas Roerichs erinnert. Die uralten und windzernarbten Gesteinsformationen bestätigten Lakes Funkberichte in jeder Hinsicht und bewiesen, dass diese Kämme seit einem unglaublich frühen Erdzeitalter unverändert emporragten – womöglich schon seit über fünfzig Millionen Jahren. Um wie vieles höher sie einst gewesen waren, ließ sich nicht abschätzen; doch wies alles an dieser seltsamen Region auf unergründliche atmosphärische Einflüsse hin, die den natürlichen Veränderungen entgegenwirkten und anscheinend die gewöhnlichen, klimatisch bedingten Verwitterungsprozesse von Felsgestein hemmten.

Doch am meisten faszinierten und irritierten uns die Anhäufungen von regelmäßigen Würfeln, Schutzwällen und Höhleneingängen an den Berghängen. Ich betrachtete sie mit dem Fernglas und fotografierte sie, während Danforth das Flugzeug steuerte; zuweilen auch löste ich ihn ab – obzwar ich als Pilot ein absoluter Amateur bin –, und überließ ihm den Feldstecher. Wir konnten deutlich erkennen, dass diese Gebilde großenteils aus hellem, azoischem Quarzit bestanden, die keiner an weiten Abschnitten des Massivs sonst sichtbar auftretenden Gesteinsart glich; und dass ihre Regelmäßigkeit außerordentlicher und unheimlicher war als es der bedauernswerte Lake hatte durchklingen lassen.

Wie er berichtet hatte, waren ihre Kanten unter den widrigen Witterungseinflüssen unvorstellbar langer Zeiten bröckelig und rund geworden; doch ihre unnatürliche Festigkeit und ihr widerstandsfähiges Material hatten sie vor der Zersetzung bewahrt. Viele Bauten, vor allem die dicht mit den Hängen verbundenen, schienen aus demselben Material zu bestehen wie die Felsoberfläche ihrer Umgebung. Das Ganze wirkte wie die Ruinen von Machu Picchu in den Anden oder die urzeitlichen Grundmauern von Kisch, die 1929 von der Expedition des Oxford-Field-Museums ausgegraben worden waren. Ab und zu glaubten Danforth und auch ich, erkennen zu können, dass die Gebilde aus *einzelnen, zyklopischen Blöcken* bestünden, was mit Carrolls Beobachtung während des Erkundungsfluges mit Lake übereinstimmte. Welche Erklärung all dies an einem solchen Ort finden könnte, ging schlicht über mein Begriffsvermögen, und ich fühlte mich als Geologe seltsam überfordert. Vulkanisches Erstarrungsgestein ist oftmals seltsam regelmäßig geformt – wie der berühmte Damm der Riesen in Irland –, doch dieser gewaltige Gebirgszug war, soweit es seine sichtbare Struktur betraf, keinesfalls vulkanisch, auch wenn Lake zu Beginn meinte, einen rauchenden Kegel gesehen zu haben.

Die sonderbaren Höhleneingänge, in deren Nähe die seltsamen Gebilde zahlreicher schienen, stellten ein weiteres, obgleich kleineres Rätsel dar, denn auch sie besaßen eine auffallende Regelmäßigkeit. Sie waren, wie Lake schon gemeldet hatte, meist nahezu quadratisch oder halbkreisförmig, so als seien die natürlichen Öffnungen von Geisterhand gleichförmig gestaltet worden. Ihre große Anzahl und ihre weite Verbreitung waren erstaunlich und ließen vermuten, das gesamte Gebiet sei bienenstockartig durchwoben von Tunneln, die ihre Entstehung dem Zerfall von Kalksteinadern verdankten. Wir erhaschten naturgemäß keine tiefen Einblicke in diese Höhlen, doch immerhin erkannten wir, dass sie offenbar keine Tropfsteine enthielten. In der unmittelbaren Umgebung der Höhlenöffnungen schienen die Bergwände besonders glatt und ebenmäßig zu sein und Danforth glaubte, dass die kleinen, verwitterungsbedingten Risse und Vertiefungen sich zu ungewöhnlichen Mustern fügten. Noch ganz unter dem Eindruck der vorgefundenen rätselhaften Schrecken im Lager, deutete er an, dass diese Vertiefungen verblüffend an die gepunkteten Muster auf den grünlichen Urzeit-Specksteinen erinnerten, die sich so abscheulich auf jenen irrsinnigen

Schneehügeln über den sechs begrabenen Ungetümen wiederholt hatten.

Wir gewannen allmählich an Höhe beim Überfliegen der mächtigen Vorberge und steuerten den relativ niedrigen Pass an. Als er herankam, schauten wir gelegentlich nach unten auf den eis- und schneebedeckten Landweg und fragten uns, ob wir diesen Vorstoß mit den einfacheren Mitteln vergangener Tage ebenfalls hätten wagen können. Erstaunt erkannten wir, dass das Terrain keineswegs unwegsam war; trotz der Spalten und sonstiger Hindernisse hätte es die Schlitten eines Scott, eines Shackleton oder eines Amundsen schwerlich aufgehalten. Einige der Gletscher schienen bemerkenswert geradlinig zu vom Wind freigelegten Pässen hinaufzuführen, und als wir den von uns auserkorenen Pass erreichten, erkannten wir, dass er keine Ausnahme bildete.

Unser Gefühl gespannter Erwartung, als wir im Begriff standen, um die Bergkuppe zu fliegen und erstmals einen Blick in eine nie betretene Welt zu tun, lässt sich kaum in Worte fassen, obwohl wir keinen Grund zu der Annahme hatten, dass die Gefilde jenseits des Gebirgszuges sich grundlegend von denen unterscheiden würden, die wir bereits gesehen und durchmessen hatten. Dieses Bollwerk aus Felshängen und das leuchtende Himmelsmeer, das lockend über ihren Zinnen aufschien, wurde umschlungen von einer Aura böser Geheimnisse, die so unbestimmt und wenig greifbar war, dass bloße Worte diesen Eindruck nicht wiedergeben können. Weit eher spielten vage psychologische Symbolik und feinsinnige Gedankenverknüpfungen eine Rolle – etwas aus exotischen Gedichten und Gemälden, oder aus uralten Legenden, die in gemiedenen und verbotenen Bücher lauern. Selbst im Geheul des Windes wehte eine unterschwellige Andeutung bewusster Böswilligkeit; und eine Sekunde lang hatte es den Anschein, als berge sein vielstimmiges Klagen ein bizarres, melodiöses Pfeifen mit großem Tonumfang, während der Wind in die allgegenwärtigen, widerhallenden Höhleneingänge hineinfegte und wieder daraus hervorstürze. In diesem Geräusch lag ein unergründlicher erinnerungsträchtiger Abscheu, der ebenso undefinierbar war wie alle anderen unserer düsteren Eindrücke.

Nach einem langsamen Aufstieg zeigte unser Höhenmesser

jetzt 7190 Meter an und wir hatten die Schneegrenze des Gebirges endgültig unter uns gelassen. Hier oben gab es nur dunkle, nackte Felsabstürze und die ersten Ausläufer grob gefurchter Gletscher – doch jene faszinierenden Würfel und Wälle, jene widerhallenden Höhlenöffnungen verliehen der Szenerie etwas drohend Unnatürliches, Fantastisches und Traumgleiches. Als ich an dem endlosen Kamm aus hohen Bergzacken entlangschaute, glaubte ich, den vom armen Lake erwähnten einzigen Gipfel zu erkennen, den mitten auf der Spitze eine Mauer krönte. Ein sonderbarer antarktischer Dunstschleier verbarg sie zum größten Teil – ein Dunst, der Lake vielleicht zu seiner anfänglichen Vermutung vulkanischer Tätigkeit verleitet hatte. Der Pass öffnete sich direkt vor uns, glatt und windgepeitscht zwischen seinen beiden zackengekrönten, finster aufragenden Durchgangspfeilern aus Fels. Dahinter dehnte sich ein Himmel, brodelnd vor wirbelndem Dunstgebräu und erleuchtet von einer tiefstehenden Polarsonne – der Himmel jenes geheimnisvollen, fernen Reiches, von dem wir spürten, dass noch kein menschliches Auge es je zuvor erschaut hatte.

Nur noch ein paar Meter höher und wir würden dieses Reich sehen. Danforth und ich konnten uns inmitten des heulenden, pfeifenden Sturms, der über den Pass fegte, und wegen des ungedämpften Lärms der Motoren, nur schreiend verständigen, doch wir tauschten vieldeutige Blicke aus. Und dann, als wir diese letzten wenigen Meter überwunden hatten, starrten wir endlich über die Felseinkerbung hinweg auf die Offenbarung ungeahnter Geheimnisse einer vorzeitlichen und unfassbar fremdartigen Welt.

V

Ich glaube, wir schrien beide gleichzeitig auf, als wir den Pass durchflogen hatten und sahen, was dahinter lag. Überwältigt von Ehrfurcht, Staunen und Grauen zweifelten wir an unseren Sinnen. Natürlich mussten wir tief in unserem Unterbewusstsein nach irgendeiner natürlichen Erklärung gesucht haben, um im ersten Moment bei klarem Verstand zu bleiben. Vermutlich dachten wir an solche Dinge wie die grotesk verwitterten Steine im Garten der Götter in Colorado oder die fantastisch symmetrischen, vom Wind zernagten Felsen in der Wüste von Arizona. Vielleicht vermeinten wir zuerst sogar, erneut eine Fata Morgana gleich jener zu sehen, die sich uns zuvor bei der ersten Sichtung der Berge des Wahnsinns dargeboten hatte. Wir mussten uns einfach an derartige normale Erklärungen klammern, als unsere Blicke über die grenzenlose, sturmzerfurchte Hochebene schweiften und das beinah endlose Labyrinth riesiger, regelmäßiger und in geometrischer Harmonie gefügter Steinmassen erfassten, deren bröckelnde und ausgehöhlte Spitzen aus einer Eisdecke emporragten, deren Dicke nur zwölf oder fünfzehn Meter und an manchen Stellen sogar noch sichtlich weniger betrug.

Die Wirkung dieses ungeheuerlichen Anblicks war unbeschreiblich, denn schon beim ersten Hinsehen trat die teuflische Verletzung der bekannten Naturgesetze offen zutage. Hier, auf einem uralten Tafelland in nicht weniger als sechstausend Metern Höhe und unter Klimabedingungen, die seit einem vormenschlichen, mindestens fünfhunderttausend Jahre zurückliegenden Zeitalter für alles Leben tödlich waren, erstreckte sich soweit das Auge sah ein Gewirr regelmäßig angeordneter Steine – nur die Hoffnung, bei Verstand zu bleiben, führte dies nicht auf irgendetwas anderes als geplante und künstliche Urheberschaft zurück. Bis zu diesem Augenblick hatten wir, jedenfalls bei allen ernstlichen Erklärungsversuchen, jede Theorie verworfen, die die Würfelgebilde und Felswälle an den Bergflanken auf einen nicht-natürlichen Ursprung zurückführten. Wie sollte es auch anders sein, da doch der Mensch selbst kaum das Stadium der großen Affen hinter sich gelassen haben konnte, als diese Region der bis in unsere Zeit andauernden ewigen Herrschaft eisigen Todes anheimfiel?

Doch jetzt war die Macht der Vernunft unwiderruflich erschüttert, denn dieser zyklopische Irrgarten quadratischer, gewölbter und abgewinkelter Felsblöcke besaß Merkmale, die jede tröstliche Selbsttäuschung ausschlossen. Vor uns erhob sich zweifellos jene blasphemische Stadt aus der Luftspiegelung, die zur nackten und unbestreitbaren Wirklichkeit geworden war. Also hatte jenes verdammte Omen doch eine reale Grundlage gehabt – eine glatte Schicht aus Eisstaub hatte die oberen Luftschichten durchzogen und das Spiegelbild dieser Steinreste war gemäß den einfachen Gesetzen der Lichtbrechung über die Berge hinwegprojiziert worden. Natürlich war das Phänomen verzerrt und übertrieben dargestellt worden, mit Details, die in Wahrheit fehlten; doch jetzt, als wir diese Wahrheit vor uns sahen, hielten wir sie für noch grauenvoller und bedrohlicher als ihre ferne Nachbildung.

Allein die unfassbare Massivität dieser gewaltigen Türme und Mauern aus Stein hatten das schreckliche Gewirr vor dem völligen Verfall im Laufe der vielen Hunderttausende – vielleicht Millionen – von Jahren bewahrt, während derer es umtost von den Sturmwinden eines kahlen Hochlandes vor sich hinbrütete. »Corona Mundi ... Dach der Welt ...« Alle möglichen fantastischen Phrasen drängten über unsere Lippen, als wir benommen auf das unglaubliche Schauspiel hinabblickten. Wieder dachte ich an die unheimlichen Urzeit-Mythen, die mich so beharrlich heimsuchten, seitdem ich diese tote antarktische Welt erstmals gesehen hatte – an die dämonische Hochebene von Leng, an die Mi-Go, den abscheulichen Schneemenschen des Himalaja, an die *Pnakotischen Manuskripte* mit ihren Andeutungen aus vormenschlichen Tagen, an den Cthulhu-Kult, an das *Necronomicon* und an die hyperboreischen Legenden vom gestaltlosen Tsathoggua und dem schlimmer als formlosen Sternengezücht, das diesem Halbwesen zugeschrieben wird.

Das Steingewirr dehnte sich endlose Kilometer weit, ohne sich merklich zu lichten; ja, wir erkannten überhaupt keine Auflockerung, als wir es in beiden Richtungen entlang der niedrigen, allmählich ansteigenden Vorberge, die es von dem eigentlichen Gebirgszug trennten, bestaunten, abgesehen von einer Lücke auf der linken Seite des Passes, durch den wir gekommen waren. Wir waren nur zufällig auf einen kleinen Teil von etwas gestoßen, dessen eigentliche Ausdehnung sich gar nicht ermessen ließ. In den Vorbergen sahen wir nur wenige der grotesken Steingebilde, die jene grässliche Stadt mit den nun schon vertrauten Würfelbauten und Mauern verbanden – sie stellten offenkundig ihre Gebirgsvorposten dar. Diese Würfel und Mauern waren, ebenso wie die sonderbaren Höhleneingänge, hier auf der inneren Seite des Gebirgszuges ebenso zahlreich wie auf der äußeren.

Das unbeschreibliche Steinlabyrinth bestand größtenteils aus Mauern, die zwischen drei und fünfzig Meter über die Eisdecke emporragten und zwischen eineinhalb und drei Meter dick waren. Es setzte sich hauptsächlich aus gewaltigen, dunklen Blöcken urzeitlichen Schiefers und Sandsteins zusammen – Blöcke, die nicht selten 1,2 x 2 x 2,5 m groß waren –, obwohl es stellenweise auch aus einem massiven, unebenen Felsgrund präkambrischen Schiefers herausgehauen schien. Die Gebäude waren ganz unterschiedlich groß, es gab unzählige untereinander vernetzte Gebilde enormen Ausmaßes ebenso wie kleinere, einzelne Bauten. Die meisten waren kegelförmig, pyramidenförmig oder terrassenförmig angelegt, doch gab es auch zahlreiche Zylinder, Würfel, Würfelgruppen und andere rechtwinklige Gebilde sowie einige verstreute, sonderbare Gebäude mit wechselnden Winkeln, deren fünfzackiger Grundriss grob an moderne Festungen erinnerte. Die Erbauer hatten reichen und sachkundigen Gebrauch vom Prinzip des Bogens gemacht, und in der Blütezeit der Stadt hatten wahrscheinlich auch Kuppeln existiert.

Das gesamte Gewirr war enorm verwittert, und die Eisoberfläche, aus der die Türme aufragten, übersät mit herabgefallenen Steinblöcken und uralten Trümmerresten. Wo die Eisdecke durchsichtig war, konnten wir die unteren Abschnitte der riesigen Bauwerke erkennen, und wir sahen die vom Eis konservierten Steinbrücken, die die unterschiedlichen Türme in wechselnden Entfernungen vom Boden miteinander verbanden. An den Mauern oberhalb der Eisschicht erspähten wir Bruchstellen, die vom einstigen Vorhandensein weiterer, höher gelegener Brücken derselben Art kündeten. Bei näherem Hinsehen bemerkten wir zahlreiche ziemlich große Fenster. Einige davon waren mit Läden aus einem versteinerten Material verschlossen, das einstmals Holz gewesen sein musste, doch die meisten waren dunkle, bedrohlich gähnende Löcher.

Viele der Ruinen waren längst ihrer Dächer beraubt und ihre unebenmäßigen Oberkanten hatte der Wind rundgeschliffen; andere hingegen, die eine deutlichere Kegel- oder Pyramidenform aufwiesen oder im schützenden Schatten benachbarter, höherer Bauwerke standen, besaßen trotz der allgegenwärtigen Verwitterungs- und Verfallsspuren noch eine intakte Silhouette.

Auch mit dem Fernglas war es uns nur schwer möglich, einige Details näher in Augenschein zu nehmen, bei denen es sich anscheinend um Reliefornamente auf horizontalen Friesen handelte – Verzierungen, zu denen auch jene seltsamen Punktmusterungen gehörten, deren Vorhandensein auf den urzeitlichen Specksteinen nun eine sehr viel weiter reichende Bedeutung gewann.

Vielerorts waren von den Gebäuden nur noch Trümmerhaufen übrig und aufgrund unterschiedlicher geologischer Ursachen tiefe Furchen in die Eisdecke gegraben. An anderen Stellen war das Mauerwerk bis auf die Eisoberfläche abgetragen. Eine breite Schneise, die vom Inneren des Plateaus bis zu einer Kluft in den Vorbergen etwa eineinhalb Kilometer links von dem Pass verlief, den wir überquert hatten, war ganz frei von Bauwerken. Möglicherweise, überlegten wir, handelte es sich hierbei um den Verlauf eines großen Flusses, der zur Zeit des Tertiärs – vor Millionen von Jahren – durch die Stadt geströmt war und sich in irgendeinen mächtigen unterirdischen Abgrund der großen Gebirgskette ergossen hatte. Kein Zweifel, dies war mehr als sonst irgendetwas eine Region der Höhlen, der Abgründe und der unterirdischen Geheimnisse, die sich jeder Ergründung durch den Mensch entzogen.

Erinnere ich mich heute an unsere Empfindungen und an unsere Benommenheit beim Anblick dieses ungeheuerlichen Relikts aus einer vermutlich vormenschlichen Epoche, kann ich nur darüber staunen, dass wir unser seelisches Gleichgewicht bewahrten. Natürlich war uns klar, dass irgendetwas – die Zeitrechnung, die wissenschaftlichen Theorien oder auch unser eigener Verstand – erbärmlich aus den Fugen geraten war. Dennoch behielten wir genügend Fassung, um das Flugzeug zu steuern, zahlreiche recht genaue Beobachtungen anzustellen und eine Serie sorgfältiger Fotografien zu machen, die uns und der übrigen Welt jetzt vielleicht einen unschätzbaren Dienst erweisen werden. Mir mag meine eingefleischte wissenschaftliche Einstellung geholfen haben; denn über meiner Verstörung und der unbestimmten Furcht stand eine brennende Neugier, tiefer in dieses urzeitliche Geheimnis einzudringen – um zu erfahren, welche Lebewesen diese unermesslich riesige Stätte einst erbaut und darin gelebt hatten und in welcher Beziehung zu der restlichen Welt ihrer Zeit eine solch einzigartige Fülle von Leben gestanden haben könnte.

Denn dieser Ort konnte keine gewöhnliche Stadt sein – er musste den ursprünglichen Kern und Mittelpunkt irgendeines urzeitlichen und unfassbaren Kapitels der Erdgeschichte gebildet haben, der nur in den dunkelsten und verzerrtesten Mythen vagen Widerhall findet und vom Chaos der Erdwehen verschlungen wurde, lange bevor irgendeine uns bekannte Menschenrasse aus dem Affenstadium herauswatschelte. Hier erstreckte sich eine paläogene Megalopolis, im Vergleich zu der die legendären Reiche Atlantis und Lemuria, Commorium und Uzuldaroum sowie Olathoë im Lande Lomar erst gestern existierten – noch nicht einmal vorgestern; eine Megalopolis, ebenbürtig solch umwisperten vormenschlichen Blasphemien wie Valusia, R'lyeh, Ib im Lande Mnar oder der Stadt ohne Namen in der arabischen Wüste. Als wir diese Anhäufung titanischer Türme überflogen, streifte meine Fantasie bisweilen alle Fesseln ab und durchschweifte haltlos Welten verstiegenster Vermutungen – wobei sie sogar Verbindungen zwischen dieser vergessenen Welt und meinen wildesten Träumen im Zusammenhang mit den irrwitzigen Gräueln im Lager knüpfte.

Um das Flugzeug möglichst leicht zu halten, hatten wir es nicht vollgetankt, daher mussten wir bei unseren Erkundungen ab jetzt Umsicht walten lassen. Aber auch so überflogen wir noch eine enorme Fläche, nachdem wir auf eine Höhe heruntergegangen waren, wo der Wind fast keine Wirkung mehr hatte. Der Gebirgszug schien grenzenlos zu sein, und ebenso endlos säumte die furchteinflößende Steinstadt seine inneren Vorberge. Nach achtzig Flugkilometern zeigte sich keine Veränderung an dem Labyrinth aus Fels und Mauerwerk, das sich wie ein Leichnam aus dem ewigen Eis emporkrallte. Dennoch gab es einige überaus fesselnde Besonderheiten; etwa die behauenen Felsen in der Schlucht, wo ein breiter Fluss einst die Vorberge durchschnitten hatte, kurz bevor er sich innerhalb des großen Gebirgszugs in die Tiefe ergoss. Wo der Fluss in den Berg eintrat, waren die Felsen kühn zu zyklopischen Türmen behauen worden; und etwas an deren zerfurchter, fässerartiger Form weckte seltsam vage, hassvolle und verstörende Erinnerungen in Danforth und mir.

Wir überflogen auch mehrere sternförmige Lücken, augenscheinlich öffentliche Plätze, und erkannten vereinzelte hügelige Unebenheiten des Geländes. Steil aufragende Erhebungen waren meist zu einem verschachtelten Steinbauwerk ausgehöhlt worden; doch wir entdeckten mindestens zwei Ausnahmen. Eine davon war zu stark verwittert, um erkennen zu lassen, was diese Anhöhe einst gekrönt hatte, die andere hingegen trug noch immer ein fantastisches kegelförmiges Standbild, das aus dem gewachsenen Fels herausgemeißelt war und grob an solche Objekte erinnerte wie das weithin bekannte Schlangengrab im alten Tal von Petra.

Als wir von den Bergen abdrehten und Kurs auf das Landesinnere nahmen, entdeckten wir, dass die Stadt gar nicht so breit war, obwohl sie sich längs der Gebirgskette ewig hinzuziehen schien. Nach ungefähr fünfzig Kilometern lichteten sich die grotesken Steinbauten allmählich und nach weiteren fünfzehn Kilometern erreichten wir eine nahezu unberührte Einöde ohne Anzeichen künstlichen Schaffens. Der weitere Flussverlauf außerhalb der Stadt ließ sich anhand einer breiten, vertieften Linie verfolgen, während das Land zerklüfteter wurde und sanft anstieg, bis es sich gen Westen im Dunst verlor.

Wir hatten noch kein einziges Mal zur Landung angesetzt, doch schien es undenkbar, dass wir dem Plateau den Rücken kehrten, ohne den Versuch unternommen zu haben, in eines der monströsen Bauwerke vorzudringen. Wir beschlossen daher, eine flache Stelle in den Vorbergen nahe unserem Pass zu suchen, dort zu landen und einen Erkundungsmarsch anzutreten. Wenngleich diese sanften Hänge teilweise mit Ruinentrümmern übersät waren, erblicken wir im Tiefflug zahlreiche geeignete Landeplätze. Wir wählten den dem Pass nächstgelegenen aus, da wir anschließend über die große Bergkette ins Lager zurückfliegen wollten, und setzten gegen 12.30 Uhr auf einem glatten, harten Schneefeld auf, das ganz frei von Hindernissen war und später einen raschen und problemlosen Start sicherstellen würde.

Es schien unnötig, die Maschine für die kurze Zeit unserer Abwesenheit mit einem Schneewall zu sichern, zumal der Landeplatz erfreulicherweise unterhalb der starken Höhenwinde lag. Daher achteten wir nur darauf, dass die Schneekufen sicher standen und die empfindlicheren Teile der Mechanik gegen die Kälte geschützt waren. Für unseren Fußmarsch entledigten wir uns der schweren Fliegerpelze und stellten eine leichte Ausrüstung zusammen, bestehend aus einem Taschenkompass, einer Handkamera, leichtem Proviant, dicken Notizbüchern, einem Geologenhammer und -meißel, Sammeltaschen für wissenschaftliche Proben, einem Kletterseil, starken Taschenlampen nebst Reservebatterien; diese Ausstattung hatten wir im Flugzeug mitgeführt, damit wir im Falle einer Landung in der Lage waren, auch vom Boden aus fotografische Aufnahmen zu machen, Zeichnungen und Geländeskizzen anzufertigen und aus irgendeiner schneefreien Bergwand, einem bloßliegenden Felsenabschnitt oder einer Gebirgshöhle Gesteinsproben zu gewinnen. Zum Glück besaßen wir genug Papier, das wir zerreißen konnten, um damit unseren Weg nach dem alten Prinzip der ›Schnitzeljagd‹ zu kennzeichnen, falls wir in irgendwelche labyrinthischen Innenräume vordringen sollten. Ursprünglich hatten wir die Papierreste für den Fall mitgenommen, dass wir ein Höhlensystem entdeckten, dessen Luft ruhig genug war, um diese einfache und zeitsparende Methode anzuwenden, statt aufwändig Wegmarkierungen in Felswände zu meißeln.

Als wir über den verharschten Schnee vorsichtig zu dem gewaltigen Steinlabyrinth hinabmarschierten, das sich drohend vor dem schillernden Westhimmel auftürmte, erfüllte uns ein fast ebenso starkes Gefühl unheilvoller Zauberei wie vier Stunden zuvor, als wir den Gebirgspass angeflogen hatten. Natürlich kannten wir nun schon den Anblick des unfassbaren Geheimnisses, das von der Gebirgsbarriere gehütet worden war. Dennoch, die Aussicht, tatsächlich den Fuß in diese vorzeitlichen Mauern zu setzen, die denkende Wesen vor vielleicht Millionen von Jahren errichtet hatten – noch ehe irgendeine bekannte Menschenrasse gelebt haben konnte –, raubte uns in ihrer Vorahnung kosmischer Anomalie noch immer den Atem.

Wenngleich die dünne Luft in dieser immensen Höhe jede körperliche Anstrengung erschwerte, fühlten Danforth und ich uns ausgesprochen gut und fast jeder Aufgabe gewachsen, die sich stellen mochte. Wenige Schritte brachten uns zu einer formlosen Ruine, die bis auf den schneebedeckten Erdboden hinunter abgetragen war, während fünfzig oder achtzig Meter weiter vorn ein mächtiges, dachloses Bollwerk aufragte, dessen gewaltige, fünfzackige Grundform noch gut erhalten war und bis zu einer unregelmäßigen Höhe von dreieinhalb bis vier Metern emporwuchs. Auf diesen Bau gingen wir zu; und als wir dann tatsächlich seine verwitterten zyklopischen Blöcke mit den Händen berührten, spürten wir, dass wir eine beispiellose und beinahe blasphemische Verbindung zu vergessenen Zeitaltern geknüpft hatten, die unserer Spezies eigentlich verwehrt sind.

Dieses Bollwerk, von sternförmigem Grundriss und einem Durchmesser, der von Spitze zu Spitze vielleicht hundert Meter betrug, war aus verschieden großen Blöcken jurassischen Sandsteins gefügt, deren Maße im Schnitt 2 x 2,5 m betrugen. Gut einen Meter über der Eisdecke gab es eine Reihe überwölbter Öffnungen oder Bogenfenster, etwa 1,20 m breit und 1,50 m hoch, die sich in regelmäßigen Abständen zwischen den Spitzen und den Innenwinkeln der sternförmigen Außenmauer verteilten. Als wir durch diese Öffnungen spähten, sahen wir, dass die Außenmauern sehr dick waren, etwa 1,50 m, und dass keine inneren Trennwände überdauert hatten. Die Mauerinnenseite wies Reste von Verzierungen und Reliefs auf – wie wir es bereits vermutet hatten, als wir in geringer Höhe über diese und andere Ruinen hinweggeflogen waren. Obwohl das Gebäude einst untere Teile besessen haben musste, waren sie spurlos unter der tiefen Schnee- und Eisschicht begraben.

Wir kletterten durch eines der Fenster und versuchten erfolglos, die von der Zeit fast ausgelöschten Mauerreliefs zu deuten. Den gefrorenen Boden ließen wir jedoch unangetastet – während unseres Orientierungsfluges hatten wir nämlich gesehen, dass viele Gebäude weniger im Eis versunken waren als dieses, und in den Bauwerken, die noch ein Dach besaßen, würden wir vielleicht sogar vollkommen eisfreie Innenräume vorfinden, die bis zur eigentlichen Grundebene hinabführen mochten. Bevor wir das Gebäude verließen, fotografierten wir es gewissenhaft und inspizierten in fassungslosem Staunen sein zyklopisches, mörtelloses Mauerwerk. Wir bedauerten, dass Pabodie nicht anwesend war, denn sein technisches Wissen hätte uns sicherlich geholfen, eine Erklärung dafür zu finden, wie solche titanischen Steinblöcke in jenem unendlich fernen Zeitalter, in dem die Stadt und ihre Ausläufer erbaut worden waren, überhaupt hatten bearbeitet werden können.

Der etwa achthundert Meter weite Marsch zur eigentlichen Stadt hinab, untermalt vom ohnmächtigen, wütenden Heulen des Höhenwinds zwischen den gewaltigen Gipfeln im Hintergrund, ist etwas, dessen kleinste Einzelheit für immer in mein Gedächtnis eingegraben bleiben wird. Nur in fantastischen Albträumen könnten menschliche Geschöpfe außer Danforth und mir sich solche optischen Effekte ausmalen. Zwischen uns und den brodelnden Nebeln des Westens lag jenes ungeheuerliche Wirrwarr dunkler Steintürme, deren bizarre und unglaubliche Formen uns aus jedem Blickwinkel von Neuem den Atem raubten. Es war eine Fata Morgana aus massivem Stein, und besäßen wir nicht die Fotografien, ich würde bis heute daran zweifeln, dass so etwas überhaupt möglich ist. Der Aufbau der Mauern entsprach der des Bollwerks, das wir untersucht hatten; doch die abenteuerlichen Formen, zu denen sich dieses Mauerwerk in der Stadt selbst fügte, entzogen sich jeder Beschreibung.

Selbst die Fotos geben kaum die unendliche Vielfalt dieser Stadt wieder, ihre sonderbare Grandiosität und unsagbar groteske Fremdartigkeit. Da gab es geometrische Formen, für die selbst ein Euklid kaum einen Namen gefunden hätte – Kegel in allen Stadien der Unregelmäßigkeit und Abflachung, fehlproportionierte Terrassen manigfachster Art, Rundtürme mit knollenartigen Ausbeulungen, Gruppen zerbrochener Säulen und fünfzackige oder fünfhöckrige Gebilde von wahnwitziger Absurdität. Als wir näher kamen, konnten wir an einzelnen, durchsichtigen Stellen durch die Eisdecke hinabblicken und einige der röhrenförmigen Steinbrücken ausmachen, die die verrückt verstreuten Bauten in unterschiedlichen Höhen miteinander verbanden. Reguläre Straßen gab es anscheinend nicht, die einzige breite, offene Schneise befand sich etwa eineinhalb Kilometer weiter links, wo einst zweifellos der urzeitliche Fluss durch die Stadt bis ins Gebirge geströmt war.

Mit unseren Ferngläsern ließ sich erkennen, dass die horizontalen Friese an den Außenseiten der Mauern mit ihren nahezu ausgelöschten Bildwerken und Punktmustern sehr häufig vorkamen, und wir konnten uns halbwegs vorstellen, wie die Stadt einstmals ausgesehen haben musste – obschon die meisten Dächer und Turmspitzen ja nicht mehr existierten. Es musste sich um ein komplexes Gewirr verschlungener Durchgänge und Gassen gehandelt haben, tiefen Schluchten ähnlich, die manchmal wegen der überhängenden Mauern und der weiter oben verlaufenden Brücken eher an Tunnel erinnerten. So wie die Ruinenstadt sich jetzt unter uns ausdehnte, hob sie sich wie ein düsteres Hirngespinst vor den Nebeln des Westens ab, deren nördliche Ausläufer die rötlichen Strahlen der tiefstehenden, antarktischen Frühnachmittagssonne nur mühsam durchdrangen – und als diese Sonne einen Augenblick lang hinter dichteren Nebeln verschwand und die Szenerie vorübergehend in Schatten getaucht wurde, erfasste uns ein derart subtiles Gefühl der Bedrohung, dass ich dafür niemals Worte finden werde. Selbst das schwache Heulen und Pfeifen des kalten Windes in den mächtigen Gebirgspässen hinter uns klang plötzlich wilder und zielbewusst böse. Die letzte Etappe unseres Abstiegs zur Stadt führte steil hinab, und eine freiliegende Felskante an der Stelle, wo die Böschung begann, ließ uns vermuten, dass hier einmal eine künstlich angelegte Terrasse gewesen war. Wir nahmen an, dass unter der Eisdecke eine Treppe oder etwas Vergleichbares verborgen lag.

Als wir schließlich in der Stadt selbst ankamen, über herabgefallenes Mauerwerk kletterten und vor der beklemmenden Nähe und unglaublichen Höhe der allgegenwärtigen, bröckelnden und löchrigen Mauern erschauderten, ergriffen uns abermals so starke Empfindungen, dass ich noch immer über unsere Selbstbeherrschung staunen muss.

Danforth war sichtlich nervös und äußerte einige ekelhafte Überlegungen über die Gräuel im Lager – was mir besonders missfiel, denn angesichts zahlreicher Merkmale dieser ungesunden Überreste aus albtraumhafter Vorzeit drängten sich einige seiner Schlussfolgerungen auch mir geradezu auf. Danforths Vermutungen wirkten sich auf seine Fantasie aus; denn an einer Stelle – wo eine schuttbedeckte Gasse scharf abbog – beharrte er darauf, schwache Spuren auf dem Boden zu erkennen, die ihm ganz und gar nicht gefielen; etwas später blieb er plötzlich stehen, um einem schwachen, eingebildeten Geräusch aus unbestimmbarer Richtung zu lauschen – einem gedämpften, melodischen Pfeifen, wie er erklärte, nicht unähnlich dem des Windes in den Gebirgshöhlen, und doch irgendwie unheilvoll anders. Das unaufhörlich wiederkehrende Motiv der fünfzackigen Sterne in der Architektur ringsum und in den wenigen noch erkennbaren Mauerdekorationen strahlte eine düstere Macht aus, der wir uns nicht entziehen konnten, und verlieh uns einen Anflug unterbewusster und doch schrecklicher Klarheit in Bezug auf die urzeitlichen Wesen, die diesen unheiligen Ort erbaut und bewohnt hatten.

In uns waren trotz alledem Wissensdurst und Abenteuerlust noch nicht gänzlich erloschen, und so schlugen wir nahezu mechanisch Proben sämtlicher Gesteinsarten ab, die in den Gemäuern vorkamen. Wir wollten eine möglichst vollständige Sammlung haben, um bessere Rückschlüsse auf das Alter dieser Stätte ziehen zu können. Kein Bestandteil der großen Außenmauern schien aus einer späteren Periode als dem ausgehenden Jura oder der beginnenden Kreidezeit zu stammen, noch war in der ganzen Umgebung auch nur ein einziger Steinbrocken zu finden, der aus jüngerer Zeit als dem Pliozän datierte. Kein Zweifel, wir wandelten hier inmitten eines Todes, dessen Herrschaft seit mindestens fünfhunderttausend Jahren anhielt, wahrscheinlich sogar schon länger.

Während wir im Zwielicht der Schatten riesiger Steinmonumente durch diesen Irrgarten vorrückten, blieben wir vor allen zugänglichen Maueröffnungen stehen, um die Innenräume zu begutachten und Zutrittsmöglichkeiten ausfindig zu machen. Einige Öffnungen lagen oberhalb unserer Reichweite, andere hingegen führten lediglich in eisgefüllte Ruinen, die ebenso abgedacht und leer waren wie das Bollwerk auf dem Hügel. Ein Raum, obwohl weit und einladend, führte lediglich in einen offenbar bodenlosen Schlund ohne eine sichtbare Abstiegsmöglichkeit.

Hin und wieder ergab sich die Gelegenheit, das versteinerte Holz eines erhalten gebliebenen Fensterladens zu untersuchen, und wir waren beeindruckt von dem sagenhaften Alter, das sich aus den immer noch erkennbaren Maserungen ablesen ließ. Dieses Holz stammte von mesozoischen Gymnospermen und Koniferen – insbesondere kreidezeitlichen Palmfarnen – sowie von Fächerpalmen und frühen Angiospermen fraglos tertiärer

Herkunft. Auch hier fanden wir nichts, was sich eindeutig einer späteren Periode als dem Pliozän zuordnen ließ. Diese Läden – deren Kanten Spuren eigentümlicher und längst entschwundener Scharniere aufwiesen – waren in unterschiedlicher Weise angebracht, einige befanden sich auf der inneren, andere auf der äußeren Seite der tiefen Leibungen. Sie schienen sich in ihrer Position verklemmt zu haben, wodurch sie das Wegrosten ihrer einstigen und vermutlich metallischen Verankerungen überstanden hatten.

Nach einer Weile stießen wir auf eine ganze Reihe von Fenstern – sie befanden sich in den Ausbuchtungen eines riesigen fünfeckigen Kegels mit unversehrter Spitze –, die in einen geräumigen, gut erhaltenen Raum mit Steinfußboden führten. Die Fenster lagen aber so hoch über dem Boden, dass wir ein Seil brauchten, um hinabzugelangen. Wir hatten zwar ein Seil bei uns, doch wollten wir uns diesen über sechs Meter tiefen Abstieg nicht ohne zwingenden Anlass zumuten – schon gar nicht in der dünnen Luft dieses Hochplateaus, die das Herz doch sehr anstrengte. Dieser gewaltige Raum war vermutlich so etwas wie eine Halle oder Versammlungsstätte gewesen, und die Lichtkegel unserer Lampen erfassten deutliche, unterschiedliche und bei näherer Betrachtung womöglich erschreckende Reliefskulpturen, die sich als breite, horizontale Friese an den Wänden entlangzogen, unterbrochen von ebenso breiten Streifen mit konventionellem Schmuckwerk. Wir merkten uns diesen Ort, um vielleicht doch noch hinabzusteigen, sofern wir keinen leichter zugänglichen Innenraum mehr entdeckten.

Aber wir fanden schließlich genau so eine Öffnung wie wir sie uns gewünscht hatten: ein überwölbter Einlass von etwa 1,80 m Breite und 3 m Höhe, ehemals der Beginn einer hohen Brücke, die ungefähr 1,5 m oberhalb der jetzigen Eisdecke eine Gasse überspannt hatte. Dieser Zugang lag natürlich auf einer Ebene mit dem oberen Stockwerk, und in diesem Fall war der Zwischenboden noch erhalten. Das solchermaßen zugängliche Bauwerk bestand aus einigen rechteckigen Terrassen, die nach Westen blickten. Auf der gegenüberliegenden Seite der Gasse stand ein baufälliges, zylinderförmiges Gebäude ohne Fenster mit einer sonderbaren Ausbeulung etwa 3 m oberhalb des Torbogens. Der andere Zugang gähnte in der Mauer des Bauwerkes – drinnen war es stockfinster, er öffnete sich anscheinend in einen Schlund bodenloser Tiefe.

Angehäufter Schutt vereinfachte das Betreten des großen Gebäudes zu unserer Linken, und dennoch zögerten wir einen Augenblick, die lang ersehnte Gelegenheit zu nutzen – denn obwohl wir bereits ein gutes Stück in diese Ruinenlandschaft urzeitlichen Geheimnisses vorgedrungen waren, mussten wir neuen Mut sammeln, um tatsächlich den Fuß in ein vollständig erhaltenes Bauwerk einer sagenhaften uralten Welt zu setzen, über deren Natur wir immer deutlichere und immer schrecklichere Gewissheit gewannen. Schließlich fassten wir uns doch ein Herz und kletterten über den Schuttberg zu der klaffenden Öffnung empor. Der Raum, der sich dahinter erstreckte, hatte Wände aus großen Schieferplatten und führte in einen langen, hohen Korridor mit friesgeschmückten Wänden.

Als wir die zahlreichen Torbögen in den Wänden des Ganges sahen und erkannten, welch verzweigtes Labyrinth aus Zimmerfluchten uns dahinter vermutlich erwartete, beschlossen wir, dass wir nun unseren Weg wie bei der ›Schnitzeljagd‹ markieren mussten. Bisher hatten uns die Kompasse und häufiges Zurückblicken auf den zwischen den Türmen sichtbaren, gewaltigen Gebirgszug ausgereicht, um die Orientierung nicht zu verlieren; nun jedoch mussten wir uns mit der zusätzlichen Orientierungsmethode behelfen. Also zerrissen wir unser überschüssiges Papier zu Fetzen von geeigneter Größe, stopften diese in eine der Sammeltaschen, die Danforth trug, und wollten sie so sparsam verwenden wie es ein sicheres Zurechtfinden gestattete. Dies würde uns wahrscheinlich davor bewahren, uns zu verirren, da innerhalb des Bauwerks keine nennenswerte Zugluft herrschte. Falls sie doch entstehen sollte oder falls unser Vorrat an Papierschnitzeln nicht reichte, konnten wir natürlich immer noch auf die zeitraubende Methode des Einmeißelns von Wegmarkierungen zurückgreifen.

Wie ausgedehnt die Innenräume, die uns nun offen standen, wirklich waren, ließ sich noch nicht sagen. Die engen und zahlreichen Verbindungen zwischen den einzelnen Gebäuden ließen vermuten, dass wir unterhalb der Eisdecke über Brücken von einem ins andere gelangen konnten, außer dort, wo

Mauereinstürze und geologische Spalten uns behinderten, denn in den massiven Bauten selbst schien sich nur wenig Eis gebildet zu haben.

Nahezu durch alle klaren Eisschichten hatten wir gesehen, dass die darunter befindlichen Fenster durch Läden dicht verschlossen waren, so als sei die komplette Stadt in diesem Zustand aufgegeben und anschließend ihre unteren Abschnitte vom Eis für alle Ewigkeit wie in weißen Bernstein eingegossen worden. Es drängte sich wirklich der sonderbare Eindruck auf, dass diese Stätte in dunkler Vorzeit absichtlich verriegelt und verlassen worden war, statt Opfer einer plötzlichen Katastrophe oder des allmählichen Verfalls geworden zu sein. Hatte die unbekannte Bevölkerung das Kommen des Eises vorhergesehen und war *en masse* ausgezogen, um sich eine weniger bedrohte Bleibe zu suchen? Die genauen physiografischen Eigenschaften der Eisdecke in diesem Gebiet mussten zu einem späteren Zeitpunkt geklärt werden. Ganz offenkundig war sie nicht durch eine zerstörerische Gletscherdrift entstanden. Vielleicht war sie unter dem Druck angesammelter Schneemassen hervorgegangen, vielleicht auch infolge einer Überschwemmung, weil der Fluss über die Ufer trat oder weil in der großen Gebirgskette ein alter Gletscherdamm brach. In Bezug auf diesen Ort waren der Fantasie wirklich keine Grenzen gesetzt.

VI

Es wäre allzu umständlich, wollte ich ausführlich und der Reihe nach über unseren Streifzug durch das höhlenartige, seit ewigen Zeiten tote Wabenlabyrinth vorzeitlicher Mauern berichten – jenen stillen Hort uralter Geheimnisse, der nach zahllosen Zeitaltern nun zum ersten Mal von menschlichen Schritten widerhallte –, besonders, weil vieles der nun folgenden Enthüllungen sich alleine aus der Betrachtung der allgegenwärtigen Reliefs auf den Mauern ergab. Unsere Fotos von diesem Wandschmuck werden viel zur Glaubwürdigkeit dessen beitragen, was wir nun der Welt preisgeben, und es ist bedauerlich, dass wir nur über einen begrenzten Vorrat an Filmen verfügten. Nachdem diese alle verbraucht waren, mussten wir uns mit einfachen Bleistiftskizzen einiger besonders hervorstechender Darstellungen begnügen.

Das Gebäude, in das wir uns Einlass verschafft hatten, war sehr groß und gewährte uns einen imposanten Eindruck von der Architektur jener namenlosen vergangenen Epoche. Die Innenwände waren zwar weniger massiv als die Außenmauern, jedoch in den unteren Geschossen vorzüglich erhalten. Das gesamte Innere war labyrinthartig verschachtelt und sonderbarerweise wechselte immer wieder die Höhe der Fußböden. Zweifellos hätten wir uns ohne unsere Spur aus Papierschnipseln gleich zu Beginn hoffnungslos verirrt.

Wir wollten die baufälligeren oberen Abschnitte zuerst erkunden und stiegen daher gut dreißig Meter in dem steinernen Irrgarten empor, bis zu den höchstgelegenen Kammern, die schneebedeckt und verfallen unter dem Polarhimmel lagen. Für den Aufstieg nutzten wir die steilen, quergeriffelten Steinrampen, die es hier überall statt Treppen gab. Wir stießen auf Räume in allen denkbaren Formen und Abmessungen, von fünfzackigen Sternen über Dreiecke bis hin zu vollkommenen Würfeln. Verallgemeinernd könnte man sagen, dass sie im Durchschnitt eine Grundfläche von 9 x 9 m und eine Höhe von etwa 6 m besaßen, doch viele Kammern waren auch größer.

Nachdem wir die oberen Abschnitte eingehend erforscht hatten, stiegen wir, Stockwerk um Stockwerk, in die eisumhüllten Teile hinab, wo wir bald erkannten, dass wir tatsächlich in einem fortlaufenden Irrgarten miteinander verbundener Räume und Durchgänge unterwegs waren, dessen Ausdehnung vermutlich weit über die Grenzen dieses einen Gebäudes hinausging. Die zyklopische Wucht und Gewaltigkeit von allem, das uns rings umgab, wirkte mit der Zeit eigenartig bedrückend; und vage spürten wir etwas zutiefst Menschenfeindliches in all den Silhouetten, Ausmaßen, Verzierungen und baulichen Feinheiten des blasphemisch alten Mauerwerks. Durch das, was die Reliefdarstellungen enthüllten, offenbarte sich uns schon bald, dass diese ungeheure Stadt viele Millionen Jahre alt war.

Noch sind uns die Konstruktionsprinzipien, die der widernatürlichen Baustatik dieser gewaltigen Steinmassen zugrunde lagen, ein Rätsel, aber ganz offensichtlich nahm das Prinzip des Bogens eine wichtige Funktion ein. Die Räume, die wir durchstreiften, enthielten keinerlei bewegliche Gegenstände, ein Umstand, der uns in der Auffassung bestärkte, dass die Stadt gezielt verlassen worden war. Das wichtigste dekorative Element bestand in den fast allgegenwärtigen figürlichen Darstellungen auf den Mauern, meist in Gestalt fortlaufender horizontaler Friese von einem Meter Breite, welche vom Boden bis zur Decke mit gleich breiten, arabesk gemusterten Friesen abwechselten. Zwar gab es Abweichungen von dieser Regel, doch herrschte sie bei Weitem vor. Häufig waren in diese Friese Reihen mit eigentümlich angeordneten Punktmustern in glatte Zierrahmen eingelassen.

Die bildhauerische Technik, das sahen wir sofort, war vollendet und in ästhetischer Hinsicht bis zum höchsten Grad zivilisierter Meisterschaft entwickelt, wenngleich jedes Detail ihre völlige Fremdartigkeit gegenüber allen bekannten künstlerischen Traditionen der menschlichen Rasse bewies. Was die Anmut der Ausführung betrifft, so kommt kein plastisches Werk, das ich jemals sah, ihr darin auch nur nahe. Die winzigsten Einzelheiten pflanzlichen und tierischen Lebens waren trotz des kühnen Maßstabs der Nachbildungen mit verblüffender Lebendigkeit bis ins Kleinste herausgearbeitet; zugleich stellten die abstrakten Ornamente wahre Wunder an Kunstfertigkeit dar. Die Arabesken verrieten eine tiefe Kenntnis mathematischer Gesetze und bestanden aus sonderbar symmetrischen Krümmungen und Winkeln, die immer auf der Zahl Fünf basierten. Die Bilderfriese folgten einer überaus strengen Formvorschrift und offenbarten eine eigentümliche Behandlung der Perspektive, besaßen dabei jedoch eine künstlerische Kraft, die uns ungeachtet der trennenden Abgründe gewaltiger Zeitalter tief bewegte. Ihr Stil basierte auf einer einzigartigen Vermischung von dreidimensionaler und zweidimensionaler Skizzierung und verriet einen analytischen Verstand, der weit über allen bekannten früheren Menschenrassen stand. Es ist zwecklos, diese Kunst mit irgendetwas aus den Beständen unserer Museen zu vergleichen. Wer unsere Fotografien sieht, wird eine Entsprechung wahrscheinlich am ehesten in einigen grotesken Entwürfen der kühnsten Futuristen entdecken.

Die verschnörkelten Steinmetzarbeiten bestanden fast immer aus eingravierten Linien, deren Tiefe auf unverwitterten Mauern zwischen zweieinhalb und fünf Zentimetern schwankte.

Wo Rahmen mit Punktmustern eingebettet waren – offensichtlich Inschriften in einer unbekannten urzeitlichen Sprache und einem ebensolchen Alphabet – lag die glatte Oberfläche ungefähr vier Zentimeter tief und die Tiefe der Punkte betrug vielleicht fünf Zentimeter. Die Bilderfriese waren versenkte Flachreliefs, deren Hintergrund um etwa fünf Zentimeter gegenüber der eigentlichen Maueroberfläche zurücktrat. Stellenweise waren noch Spuren einer einstigen Farbgebung erkennbar, aber meistens hatten die ungezählten Zeitalter sämtliche Pigmente, die vielleicht aufgetragen gewesen waren, zersetzt und abgelöst.

Je länger man die fabelhafte künstlerische Technik studierte, desto mehr Bewunderung nötigten einem diese Arbeiten ab. Neben der streng geschulten Ausarbeitung konnte man die minutiöse und genaue Beobachtungsgabe und bildnerische Begabung ihrer Schöpfer erahnen; ja, die Gestaltung selbst diente dazu, die Essenz und wesentliche Eigenart jedes abgebildeten Gegenstandes zu versinnbildlichen und hervorzuheben. Neben diesen offenkundigen Leistungen spürten wir weitere, die im Verborgenen lagen und sich unserer Wahrnehmungsfähigkeit entzogen. Einige kaum merkliche Feinheiten hier und da bargen eine vage Andeutung auf unterschwellige Symbole, die Reize auslösten, die, hätten wir nur einen anderen geistigen und seelischen Horizont und stärkere Sinnesorgane besessen, uns eine tiefe und überwältigende Bedeutung offenbart hätten.

Offenbar gaben die Reliefs das Leben zur Zeit der versunkenen Epoche wieder und wiesen einen hohen Anteil überlieferter Motive auf. Gerade das auffällige Geschichtsbewusstsein der urzeitlichen Rasse – ein glücklicher Umstand, der uns durch Zufall nun wunderbar zugute kam – machte die Bildhauerarbeiten so enorm aufschlussreich für uns und bewirkte, dass wir ihrer Ablichtung und Beschreibung absoluten Vorrang einräumten. In einigen Räumen wich die künstlerische Ausschmückung vom üblichen Schema ab und beinhaltete Landkarten, astronomische Skizzen und weitere wissenschaftliche Darstellungen in einem vergrößerten Maßstab – dies lieferte uns eine schlichte und grässliche Bestätigung der Schlussfolgerungen, die wir schon aus den Bilderfriesen und dem Wandschmuck gezogen hatten. Wenn ich andeute, was in all dem offenbar wurde, kann ich nur hoffen, dass mein Bericht im Kreise derer, die mir überhaupt Glauben schenken, nicht eine Neugier weckt, die größer ist als die gesunde Vorsicht. Es wäre tragisch, ließen sich Menschen ausgerechnet von dieser Warnung in jenes Reich des Todes und des Grauens locken, die sie von dort fernhalten soll.

Unterbrochen wurden diese dekorierten Wände von hohen Fenstern und massiven, 3,60 m hohen Türöffnungen, zuweilen waren sogar noch die versteinerten Bretter – kunstvoll geschnitzt und geschliffen – der Läden und Türflügel erhalten geblieben. Alle metallischen Befestigungsvorrichtungen waren längst verrottet, aber einige Türen saßen noch in ihren Rahmen und mussten von uns gewaltsam aus dem Weg gerückt werden, als wir von Raum zu Raum vordrangen. Hie und da hatten sich Fensterrahmen erhalten, in denen seltsame durchsichtige Scheiben steckten – meist von ovaler Form –, aber wir fanden nur wenige davon. Häufiger dagegen stießen wir auf sehr große Wandnischen, die meistens leer waren, hin und wieder aber auch bizarre gemeißelte Objekte aus grünlichem Speckstein enthielten, die entweder zerbrochen oder als wohl zu minderwertig angesehen worden waren, um sie mitzunehmen. Andere Öffnungen in den Wänden hingen zweifellos mit einstigen technischen Anlagen zusammen – Heizung, Beleuchtung und so fort –, wie zahlreiche der Reliefdarstellungen verdeutlichten. Die Decken waren fast immer unverziert, gelegentlich allerdings ausgekleidet mit grünen Specksteinen oder sonstigen Kacheln, wovon die meisten jedoch längst herabgefallen waren. Teilweise waren auch die Böden mit derartigen Kacheln gefliest, in aller Regel jedoch bestanden sie aus einfachen Steinplatten.

Wie schon gesagt, gab es keine Möbel oder sonstige beweglichen Gegenstände; doch die Reliefs vermittelten eine klare Vorstellung von den eigenartigen Geräten, mit denen diese gruftartigen, widerhallenden Kammern einst angefüllt gewesen waren. Oberhalb der Eisdecke übersäten Schutt, Trümmer und Geröll die Fußböden, doch weiter unten wurde es sauberer. In einigen der tiefer gelegenen Räume und Korridore fand sich wenig mehr als sandiger Staub und uralte Verkrustungen, während andere Winkel den unheimlichen Eindruck erweckten, als seien sie eben erst makellos rein gefegt worden. Dort, wo in den unteren Räumen die Wände gerissen oder eingebrochen waren, lagen natürlich ebenso viele Trümmer herum wie in den oberen. Ein zentraler Innenhof – wie bei anderen Bauwerken, die wir aus der Luft gesehen hatten – bewahrte die nach innen liegenden Kammern vor völliger Finsternis; wir mussten in den oberen Räumen also nur selten unsere Taschenlampen einschalten, außer zur Ausleuchtung interessanter bildhauerischer Details. Unterhalb der Eisdecke verdichtete sich allerdings das Zwielicht und in zahlreichen Abschnitten des verschachtelten Erdgeschosses herrschte nahezu vollkommene Schwärze.

Um auch nur einen ungefähren Begriff davon zu erlangen, welche Gedanken und Empfindungen uns bewegten, als wir in jenes seit Äonen stumme nichtmenschliche Mauerlabyrinth vordrangen, muss man sich ein hoffnungslos verwirrendes Chaos flüchtiger Stimmungen, Erinnerungen und Eindrücke vorstellen. Fast jeder empfindsame Mensch wäre alleine durch das entsetzliche Alter und die tödliche Schwermut dieses Ortes seelisch erdrückt worden – doch wir hatten ja erst vor Kurzem die unerklärlichen Gräuel im Lager gesehen und rings um uns herum offenbarten uns die fürchterlichen Mauerreliefs mehr und mehr.

In dem Augenblick, als wir auf einen vollkommen erhaltenen Reliefabschnitt trafen, der keine mehrdeutige Interpretation mehr zuließ, reichte ein kurzer Blick, um uns die grässliche Wahrheit zu enthüllen; eine Wahrheit, die Danforth und ich – es zu leugnen wäre naiv – unabhängig voneinander schon zuvor erahnt hatten, obwohl jeder von uns sich gehütet hatte, sie gegenüber dem anderen auch nur anzudeuten. Jetzt konnte kein barmherziger Zweifel mehr bezüglich der Natur jener Wesen bestehen, die diese monströse, tote Stadt vor Millionen von Jahren erbaut und bewohnt hatten, als die Vorfahren des Menschen noch primitive urzeitliche Säuger gewesen waren und gewaltige Dinosaurier die tropischen Steppen Europas und Asiens durchstreiften.

Bisher hatten wir uns an andere, verzweifelte Erklärungen geklammert und uns – jeder für sich – eingeredet, dass sich hinter der Allgegenwart des fünfzackigen Sternmotivs lediglich irgendeine kulturelle oder religiöse Verklärung der primitiven Wesen verbarg, in deren Gestalt das Merkmal der Fünfzackigkeit so anschaulich verkörpert war – so wie die ornamentalen Motive des minoischen Kretas den heiligen Stier verklärten, die des alten Ägyptens den Skarabäus, die des antiken Roms den Wolf und den Adler und die verschiedener wilder Eingeborenenstämme irgendein erwähltes Totemtier. Doch diese letzte Ausflucht war uns nun genommen worden, und wir waren gezwungen, uns endgültig der verstandzermalmenden Erkenntnis zu stellen, die der Leser dieser Zeilen fraglos schon lange vorhergeahnt hat. Sogar jetzt noch ertrage ich es kaum, es schwarz auf weiß niederzuschreiben, doch wird dies vielleicht auch gar nicht nötig sein.

Die Wesen, die einst zur Zeit der Dinosaurier innerhalb dieser furchtbaren Mauern gelebt und sich vermehrt hatten, waren keine Dinosaurier, sondern etwas weitaus Schlimmeres gewesen. Dinosaurier waren nichts weiter als neue und beinah hirnlose Geschöpfe – die Erbauer der Stadt jedoch waren weise und alt und sie hatten gewisse Spuren im heißen Gestein hinterlassen, die gut und gern eine Milliarde Jahre vor der Saurierepoche entstanden waren – Gestein, das erstarrt war, bevor jedes Leben auf Erden das Stadium formbarer Zellzusammenschlüsse erreicht hatte, noch ehe echtes Leben auf Erden überhaupt existiert hatte. Sie waren die Erschaffer und Versklaver dieses Lebens gewesen und zweifellos der reale Ursprung jener teuflischen Vorzeitmythen, auf die Quellen wie die *Pnakotischen Manuskripte* und das *Necronomicon* so ängstlich verweisen.

Ich spreche von den ›Großen Alten‹. Wesen die, als die Erde noch jung war, von den Sternen herabgekommen sind – Kreaturen, deren Körper durch außerirdische Evolution geformt wurden und deren Macht alles übertraf, was unser Planet jemals hervorgebracht hat. Wenn ich daran denke, dass Danforth und ich noch einen Tag zuvor mit eigenen Augen Überreste ihrer im Laufe von Jahrtausenden versteinerten Körper gesehen haben – und dass der bedauernswerte Lake und seine Gefährten sie in voller Größe sahen …

Natürlich ist es mir unmöglich, der Reihe nach zu berichten, wann wir welche Puzzleteile jenes Wissens zusammenklaubten, das wir nun von jenem monströsen Kapitel vormenschlichen Lebens besitzen.

Nach dem ersten Schock durch diese Offenbarung mussten

wir eine Weile ausruhen, um die Fassung wiederzuerlangen. Erst um 15.00 Uhr konnten wir unseren eigentlichen, systematischen Erkundungsgang fortsetzen.

Die Reliefs in dem Bauwerk, das wir zuerst betreten hatten, waren verhältnismäßig jung – vielleicht zwei Millionen Jahre alt, nach geologischen, biologischen und astronomischen Gesichtspunkten zu urteilten – und verkörperten eine Kunst, die dekadent zu nennen wäre, verglichen mit den Darstellungen, die wir entdeckten, als wir über Brücken unterhalb der Eisdecke in noch ältere Bauten vorstießen. Ein aus dem gewachsenen Fels gehauenes Bauwerk ließ sich auf vierzig, möglicherweise sogar fünfzig Millionen Jahre zurückdatieren – ins frühe Eozän oder die späte Kreidezeit. Hier fanden wir Reliefs von einer Kunstfertigkeit, die – abgesehen von einer einzigen schrecklichen Ausnahme – alles in den Schatten stellte, was uns bislang begegnet war. Dies war, darin sind Danforth und ich uns einig, das älteste Wohngebäude, das wir durchquerten.

Ohne die Beweiskraft der Blitzlichtaufnahmen, die in Kürze veröffentlicht werden sollen, würde ich gar nicht erst über meine Funde und Folgerungen berichten, aus Angst, als Wahnsinniger in einer Zelle zu landen. Natürlich können die immens frühen Darstellungen jener bruchstückhaften Geschichte – über das vorirdische Leben der sternenköpfigen Wesen auf anderen Planeten, in anderen Galaxien und in anderen Universen – bequem als fantastisches Sagengut dieser Wesen selbst aufgefasst werden; aber diese Arbeiten beinhalten mitunter Skizzen und Diagramme, die den jüngsten Erkenntnissen der Mathematik und Astrophysik so unheimlich nahekommen, dass ich kaum weiß, was ich davon halten soll. Mögen andere darüber urteilen, sobald sie die Fotografien zu sehen kriegen, die ich veröffentlichen werde.

Natürlich erzählte keine der Abbildungen, die wir uns ansahen, mehr als nur einen kleinen Teil aus einer zusammenhängenden Geschichte, und ebenso wenig verstanden wir, diese Teile auch nur ansatzweise in der richtigen Reihenfolge zu ordnen. Einige der großen Räume bildeten abgeschlossene Einheiten künstlerischer Ausgestaltung, in anderen Fällen hingegen zog sich eine fortlaufende Chronik über eine ganze Flucht von Kammern und Korridoren hin. Die wertvollsten Karten und Diagramme schmückten die Wände eines fürchterlichen Schachts, der sogar noch unterhalb der einstigen Erdoberfläche lag – eine quadratische Höhle von vielleicht dreißig Metern Kantenlänge und zwanzig Metern Tiefe, die mit größter Wahrscheinlichkeit einmal als eine Art Bildungszentrum gedient hatte. Es gab zahlreiche imposante thematische Wiederholungen in unterschiedlichen Räumen und Gebäuden, da bestimmte Ereignisse und bestimmte Abschnitte ihrer Rassengeschichte offenbar bei einigen Künstlern besonders beliebt gewesen waren. Mitunter halfen uns auch voneinander abweichende Versionen desselben Themas, strittige Punkte zu klären und Lücken zu schließen.

Ich staune noch heute darüber, dass es uns in der kurzen Zeit, die uns zur Verfügung stand, gelang, derartig viel herauszufinden. Natürlich besitzen wir nach wie vor nur den allergröbsten Überblick – und vieles davon ergab sich erst später aus einer sorgfältigen Auswertung der Fotos und Skizzen. Vielleicht hat ja erst diese Auswertung – die dadurch neu belebten Erinnerungen und vagen Eindrücke im Zusammenwirken mit Danforths Sensibilität und der Schock über das, was er zuletzt angeblich gesehen haben will und das er selbst mir nicht einmal enthüllen will – zu seinem jetzigen Nervenzusammenbruch geführt. Aber es musste sein, denn wir könnten ohne möglichst umfangreiches Beweismaterial unsere Warnung nicht vernünftig vorbringen, und die Warnung selbst ist unerlässlich. Gewisse schleichende Einflüsse in jener unbekannten antarktischen Welt, in der es keine Zeit gibt und fremdartige Naturgesetze herrschen, machen es zur Pflicht, jede weitere Erforschung zu verhindern.

VII

Alles, was wir bisher auf den Reliefs entschlüsselt haben, wird noch in einem offiziellen Bericht der Miskatonic University erscheinen. Ich will hier nur kurz die entscheidenden Punkte umreißen. Mag es sich um Mythen handeln oder nicht, die Reliefbilder erzählten von der Ankunft jener sternenhäuptigen Wesen aus kosmischen Weiten auf der noch unfertigen, unbelebten Erde – von ihrer Ankunft sowie von der Ankunft zahlreicher weiterer außerirdischer Geschöpfe, die zu gewissen

Zeiten durch das All reisen. Sie schienen in der Lage, auf ihren gewaltigen Membranschwingen den interstellaren Äther zu durchqueren – was auf sonderbare Weise mit einigen eigenartigen Sagen aus der Bergwelt übereinstimmt, die mir vor langer Zeit von einem auf Altertumsforschung spezialisierten Kollegen erzählt wurden. Diese Wesen hatten lange Zeit im Meer gelebt, fantastische Städte erbaut und furchtbare Kriege gegen namenlose Gegner geführt, wobei sie sich komplizierter Kampfwerkzeuge bedienten, deren Wirkung auf unbekannten Methoden der Energienutzung beruhte. Offenkundig gingen ihre wissenschaftlichen und technischen Kenntnisse weit über die der heutigen Menschheit hinaus, obwohl sie dieses Wissen nur dann voll nutzten, falls es sich nicht vermeiden ließ. Aus einigen der Abbildungen ging hervor, dass die Wesen auf anderen Planeten bereits ein technologisch hoch entwickeltes Stadium durchlaufen, dieses aber bewusst wieder aufgegeben hatten, weil ihnen die Auswirkungen emotional unbefriedigend erschienen waren. Durch ihren außerordentlich zähen Organismus und ihre geringen natürlichen Bedürfnisse waren sie in einzigartiger Weise dafür gerüstet, ohne besondere, künstlich geschaffene Hilfsmittel in großer Höhe leben zu können, sogar ohne Kleidung, außer zum gelegentlichen Schutz vor den Elementen.

Noch im Meer lebend, hatten sie erstmals irdisches Leben erschaffen – anfangs zur eigenen Ernährung, später mit anderen Absichten –, und zwar aus vorhandenen Stoffen mit ihnen lange vertrauten Methoden. Später, nach der Austilgung verschiedener kosmischer Feinde, folgten aufwendigere Experimente. Sie hatten dergleichen schon auf anderen Planeten durchgeführt und nicht nur notwendige Nahrung hergestellt, sondern auch gewisse vielzellige Klumpen aus Protoplasma, die unter Hypnose ihr Gewebe kurzfristig zu allen möglichen Gliedmaßen formen konnten und deshalb ideale Sklaven zur Erledigung der schweren Arbeiten der Gemeinschaft abgaben. Fraglos meinte Abdul Alhazred jene Gallertklumpen, von denen er in seinem schrecklichen *Necronomicon* als den »Schoggothen« raunte, obwohl selbst dieser wahnsinnige Araber keinen Hinweis darauf gab, dass sie einst auch auf der Erde existierten, außer in den Träumen derer, die ein bestimmtes alkaloidhaltiges Kraut zerkaut hatten. Als die sternenköpfigen Großen Alten auf unserem Planeten ihre simplen, essbaren Schoggothen hergestellt und einen reichen Vorrat von ihnen angelegt hatten, ließen sie zu, dass sich andere Zellgruppen zu tierischen und pflanzlichen Lebensformen für die unterschiedlichsten Verwendungsarten entwickelten, beseitigten aber alle, die ihnen nicht behagten.

Mithilfe der Schoggothen, die durch Ausdehnung ihrer Masse zum Heben ungeheurer Lasten fähig waren, wuchsen die kleinen, niedrigen Städte im Meer zu gewaltigen und eindrucksvollen Steinlabyrinthen heran, nicht unähnlich denen, die später auf dem Festland entstanden. In der Tat hatten die höchst anpassungsfähigen Großen Alten in anderen Teilen des Universums häufig an Land gelebt und zahlreiche ihrer Bautechniken vermutlich durch Überlieferung bewahrt.

Als wir die Architektur all dieser auf den Reliefs dargestellten paläozoischen Städte und jener Stadt studierten, durch deren seit Endlosigkeiten tote Korridore wir im selben Augenblick gingen, versetzte uns eine sonderbare Übereinstimmung in Erregung, die wir bislang nicht zu erklären versucht haben, auch nicht uns selbst gegenüber. Die Dächer der Gebäude, die in der uns real umgebenden Stadt natürlich schon vor vielen Zeitaltern zu formlosen Ruinen zerfallen waren, waren in den Abbildungen gut erkennbar, und zwar in Gestalt gewaltiger Mengen nadelförmiger Turmspitzen, zierlicher Kreuzblumen auf den Spitzen von Kegeln und Pyramiden sowie Schichten dünner, waagerecht gezahnter Scheiben als Abschluss zylindrischer Pfeiler. All dies hatten wir genau so in der ungeheuren, unheilvollen Fata Morgana gesehen, das Abbild einer toten Stadt, die schon seit Tausenden und Zehntausenden von Jahren keine solchen Dächer mehr besaß; in jener Fata Morgana, die sich jenseits der unerforschten Berge des Wahnsinns unheildräuend vor unseren ahnungslosen Augen abgezeichnet hatte, als wir uns erstmals dem Unglückslager des bedauernswerten Lake näherten.

Über das Leben der Großen Alten, sowohl im Meer wie auch nach ihrem teilweisen Überwechseln aufs Festland, ließen sich Bände füllen. Diejenigen, die in seichteren Gewässern blieben, gebrauchten weiterhin die Augen an den Enden ihrer fünf wichtigsten Kopftentakel und sie übten die Künste der Steinbearbeitung und des Schreibens weiter auf ihre gewohnte Weise aus – geschrieben wurde mit Griffeln auf wasserfesten Wachsflächen. Jene hingegen, die es in die Tiefen des Ozeans zog, benutzen zwar einen sonderbaren phosphoreszierenden Organismus zur Lichterzeugung, ergänzten aber darüber hinaus ihr Sehvermögen durch rätselhafte Zusatzsinne, die ihren Sitz in den regenbogenfarbenen Wimpern an ihren Köpfen hatten – Sinnesorgane, die alle Großen Alten in Notfällen vom Licht unabhängig machten. Ihre Technik des Schreibens und der Steinbearbeitung durchlief während des Abstiegs in die Meerestiefen eine eigenartige Wandlung und schloss schließlich bestimmte chemische Verfahren zur Oberflächenbeschichtung ein – vermutlich zur Erzielung von Phosphoreszenz –, über die uns die Basreliefs keinen weiteren Aufschluss zu geben vermochten. Diese Wesen bewegten sich im Meer teils durch Schwimmen fort – dazu dienten ihre seitlichen, haarsternartigen Arme –, teils durch schwanzflossenartige Bewegungen ihrer unteren Tentakelreihe mit den halb ausgebildeten Füßen. Manchmal stießen sie schnell aufwärts, indem sie zwei oder mehrere Paare ihrer fächerartig zusammenfaltbaren Schwingen benutzten. An Land gingen sie kurze Strecken auf ihren rudimentären Füßen, aber um hoch in die Luft aufzusteigen oder weite Entfernungen zurückzulegen, gebrauchten sie ihre Schwingen. Die zahlreichen dünnen Tentakel, zu denen die haarsternartigen Arme sich filigran verästelten, waren sehr beweglich und kräftig und besaßen herausragende feinmotorische Fähigkeiten – daraus folgten äußerste Geschicklichkeit und Gewandtheit in der Ausführung künstlerischer oder sonstiger Arbeiten.

Die Widerstandsfähigkeit der Kreaturen war geradezu unglaublich. Selbst der furchtbare Druck auf dem tiefsten Meeresgrund konnte ihnen offenbar nichts anhaben. Nur sehr wenige von ihnen schienen jemals zu sterben, außer durch Gewalteinwirkung, und sie legten nur wenige, kleine Begräbnisstätten an. Die Gedanken, die in Danforth und mir geweckt wurden, als wir aus den Reliefs herauslasen, dass sie ihre Toten aufrecht stehend unter fünfeckigen, mit Inschriften versehenen Hügeln bestatteten, ließ uns um unsere Fassung ringen.

Die Wesen vermehrten sich durch Sporenbildung – vergleichbar den pflanzlichen Pteridophyten, wie Lake richtig vermutet hatte –, doch dank ihrer sagenhaften Zähigkeit und Langlebigkeit, wodurch es keinen Nachwuchsbedarf gab, förderten sie die Entwicklung von Prothallien nicht groß, außer wenn es neue Gebiete zu besiedeln galt. Die Jungen reiften schnell heran und genossen eine Ausbildung, die augenscheinlich alles übertraf, was wir uns vorstellen können. Das intellektuelle und ästhetische Leben war hoch entwickelt und brachte sehr beständige Sitten und Gebräuche hervor, die ich in meiner demnächst erscheinenden Monografie genauer beschreiben werde. Diese unterschieden sich ein wenig zwischen den Meeres- und den Landbewohnern, besaßen aber immer die gleichen Grundlagen und Grundzüge.

Obgleich sie wie Pflanzen in der Lage waren, sich von anorganischen Substanzen zu ernähren, bevorzugten sie bei Weitem organische und vor allem tierische Kost. Unter Wasser verzehrten sie die Meerestiere einfach roh, an Land jedoch kochten sie ihre Nahrung. Sie jagten Wild und züchteten Herden von Vieh als Fleischlieferanten – die Schlachtung erfolgte mit scharfen Waffen, deren sonderbare Spuren unsere Expedition an einigen versteinerten Knochen festgestellt hatte. Sie waren erstaunlich widerstandsfähig gegenüber allen gewöhnlichen Temperaturen und konnten im Normalzustand bei Wassertemperaturen bis zum Gefrierpunkt leben. Als jedoch die große Eiszeit des Pleistozäns einsetzte – vor nahezu einer Million Jahren –, mussten die Landbewohner zu besonderen Maßnahmen greifen, beispielsweise zu künstlicher Beheizung – bis die tödliche Kälte sie am Ende wohl doch wieder zurück ins Meer trieb. Für ihre prähistorischen Flüge durch den Weltraum, so besagte die Legende, absorbierten sie bestimmte Chemikalien und wurden dadurch nahezu unabhängig von Nahrung, Atmung und Temperaturbedingungen – doch zur Zeit der großen Eiszeit war das Wissen um diese Methode bereits verloren gegangen. Ohnehin hätten sie diesen künstlichen Zustand der Unempfindlichkeit nicht endlos fortsetzen können, ohne Schaden dabei zu nehmen.

Da sie halb pflanzlich und ungeschlechtlich waren, bestand bei den Großen Alten keine biologische Basis zur Bildung einer Familie wie bei Säugetieren, aber sie gründeten vermutlich große Haushalte, um Raum auszunutzen, und pflegten – wie wir aus den abgebildeten Aktivitäten der Mitglieder der Wohngemeinschaften schlossen – einen gleich gesinnten geistigen Umgang. In ihren Wohnräumen ordneten sie alles Interieur in der Mitte ihrer geräumigen Gemächer an, damit die Wände zur dekorativen Ausgestaltung frei blieben. Die Landbewohner nutzten vermutlich elektrochemische Prozesse zur Beleuchtung. Sowohl auf dem Land wie auch unter Wasser gebrauchten sie sonderbare Tische, Stühle und Kanapees, die zylindrischen Gestellen glichen – denn sie ruhten und schliefen aufrecht mit angelegten Tentakeln –, außerdem Regale für die durch Scharniere verbundenen, gepunkteten Tafeln, die ihre Bücher darstellten.

Ihre Staatsform war offenbar kompliziert und wahrscheinlich sozialistisch, doch konnten wir darüber aus den Abbildungen keine Gewissheit gewinnen. Es fand ein reger Handel statt, innerhalb eines Ortes wie auch zwischen unterschiedlichen Städten – als Zahlungsmittel dienten kleine, flache, fünfeckige Steine mit Inschriften. Vermutlich handelte es sich bei den kleineren der grünlichen Specksteine, die unsere Expedition gefunden hatte, um Einheiten dieser Währung. Obwohl sie sich kulturell hauptsächlich in den Städten betätigten, betrieben sie auch ein wenig Ackerbau und eine umfangreiche Viehzucht. Sie betrieben auch Bergbau und, allerdings nur in geringem Umfang, echtes Handwerk. Sie reisten oft, doch Umsiedlungen kamen offenbar verhältnismäßig selten vor, ausgenommen die gewaltigen Kolonisationszüge, mittels derer die Rasse sich ausbreitete. Sie verzichteten bei der individuellen Fortbewegung auf Hilfsmittel, da die eigenen körperlichen Eigenschaften der Großen Alten wohl genügte, um auf dem Land, im Wasser und in der Luft gleichermaßen schnell vorwärts zu kommen. Schwere Gewichte wurden allerdings durch Lasttiere transportiert – im Meer von Schoggothen, und später während des Lebens auf dem Festland von einer wunderlichen Menagerie primitiver Wirbeltiere.

Diese Wirbeltiere waren, ebenso wie eine Vielzahl weiterer Lebensformen – tierisch und pflanzlich, wasser-, land- oder luftbewohnend –, die Erzeugnisse einer neugierigen Erforschung lebender Zellgebilde, die von den Großen Alten erschaffen worden waren, dann jedoch ihrer Kontrolle zu entfliehen vermochten. Da sie der dominanten Spezies nicht in die Quere kamen, war ihnen eine ungehinderte Entwicklung erlaubt worden. Lästige Lebensformen wurden allerdings bedenkenlos ausgemerzt. Auf einem der letzten und zerfallensten Reliefs fiel uns ein watschelndes, primitives Säugetier besonders ins Auge, das von den Landbewohnern teils als Schlachtvieh, teils als lustiger Spaßmacher gehalten wurde – seine affenartigen und menschlichen Ansätze waren nicht zu übersehen. Bei der Errichtung der Städte an Land wurden die riesigen Steinblöcke der hohen Türme meist von Pterodactylen mit gewaltigen Flügeln in die Lüfte gehoben, die einer Art angehörten, die der Paläontologie bisher unbekannt war.

Die Zähigkeit, mit der die Großen Alten verschiedene geologische Umwälzungen und Zuckungen der Erdkruste überstanden, ist verwunderlich. Obwohl anscheinend nur wenige oder gar keine ihrer frühen Städte über das azoische Zeitalter hinaus erhalten blieben, gab es keinen Bruch in ihrer kulturellen Entwicklung, noch in ihrer Geschichtsschreibung. Das erste Mal müssen sie im südlichen Eismeer auf unserem Planeten gelandet sein, wahrscheinlich schon kurz nachdem die Materie, aus der der Mond besteht, dem benachbarten Südpazifik entrissen worden war. Einer der in Stein gehauenen Karten zufolge stand zu jener Zeit der gesamte Erdball unter Wasser und die Steinstädte hatten sich von der Antarktis her im Laufe der Äonen immer weiter ausgebreitet. Eine andere Karte zeigt eine riesige trockene Landmasse um den Südpol herum, auf der offenkundig einige der Wesen versuchsweise Siedlungen errichteten, obwohl sie ihre Zentren auf den nahen Meeresgrund bauten. Spätere Karten, auf denen zu sehen ist, wie die Landmasse zerbricht und auseinanderdriftet und einzelne ihrer abgelösten Teile nach Norden wandern, bestätigen in verblüffender Weise die Theorien der Kontinentalverschiebung, die in jüngster Zeit von Taylor, Wegener und Joly aufgestellt wurden.

Mit dem Emportauchen neuen Landes im Südpazifik begann eine Ära umwälzender Ereignisse. Einige der Meeresstädte wurden restlos zerstört, aber das war noch nicht das Schlimmste: Eine andere Rasse – eine Rasse von Landlebewesen mit der Gestalt von Tintenfischen, bei denen es sich vermutlich um die sagenumwobene vormenschliche Rotte des Cthulhu handelte – drang schon bald aus den grenzenlosen Weiten des Weltalls herab und entfesselte einen grausamen Krieg. In dessen Verlauf wurden die Großen Alten zeitweise ganz ins Meer zurückgetrieben, was für die zunehmende Besiedelung des Landes ein abruptes Ende bedeutete.

Später wurde Frieden geschlossen, und die unbesiedelten Landgebiete erhielt das Cthulhu-Gezücht, während die Großen Alten das Meer und die alten Landgebiete behielten. Auf dem Land wurden neue Städte gegründet – die größte davon in der Antarktis, denn dieses Gebiet ihrer erstmaligen Ankunft war für sie heilig. Nun blieb die Antarktis, wie zuvor, das Zentrum der Zivilisation der Großen Alten, und alle Städte, die das Gezücht des Cthulhu dort erbaut hatte, wurden ausradiert.

Aber plötzlich versanken die Küsten des Pazifiks wieder im Meer und die abscheuliche steinerne Stadt R'lyeh und alle kosmischen Krakenwesen wurden mit in die Tiefe gerissen, sodass die Alten Wesen wieder alleine auf dem Planeten herrschten, abgesehen von einer einzigen schattenhaften Furcht, über die sie nicht sprechen wollten. Lange Zeit danach bedeckten ihre Städte alle Länder und Meeresböden des Planeten wie ein Netz – daher werde ich in meiner demnächst erscheinenden Monografie empfehlen, dass ein Team von Archäologen mit den von Pabodie entwickelten Geräten systematische Bohrungen in einigen, weit auseinanderliegenden Regionen vornehmen.

Durch die Zeitalter hinweg wechselten die Großen Alten immer öfter aus dem Wasser aufs Land – eine Entwicklung, die durch das Auftauchen neuer Landmassen noch gefördert wurde, obgleich der Ozean niemals völlig aufgegeben wurde. Eine weitere Ursache für diesen Übergang aufs Land waren neu aufgetretene Schwierigkeiten bei der Züchtung und Haltung der Schoggothen, von denen ein erfolgreiches Leben unter Wasser abhing. Im Lauf der Zeiten war, wie die Reliefs betrübt bekannten, die Kunst, neues Leben aus anorganischer Materie zu erschaffen, verloren gegangen, sodass die Großen Alten sich damit begnügen mussten, bereits bestehende Lebensformen umzugestalten. Die auf dem Land gebräuchlichen großen Reptilien erwiesen sich als überaus gefügig; die Schoggothen des Meeres jedoch, die sich durch Selbstteilung vermehrten, hatten einen gefährlichen Grad unbeabsichtigt entstandener Intelligenz erlangt und stellten zeitweilig ein gewaltiges Problem dar.

Sie waren immer durch hypnotische Befehle der Großen Alten

kontrolliert worden und hatten ihre zähe, formbare Körpermasse vorübergehend in unterschiedliche Glieder und Organe umgebildet; nun jedoch übten sie ihre Fähigkeiten, sich selbst umzugestalten, zuweilen eigenmächtig aus und nahmen verschiedene Formen an, die sie aus früheren hypnotischen Befehlen kannten. Sie hatten, so schien es, ein halb stabiles Gehirn entwickelt, dessen unabhängiger und gelegentlich widerspenstiger Wille die Wünsche der Großen Alten widerspiegelte, ohne jedoch diesen zu befolgen. Die Darstellungen dieser Schoggothen erfüllten Danforth und mich mit Grauen und Ekel – es waren formlose Gebilde aus einem zähen Gallert, die wie eine Kugel aus zusammengeklebten Blasen aussahen und einen Durchmesser von etwa viereinhalb Metern besaßen. Allerdings veränderten sich ihre Gestalt und Größe fortwährend – sie entwickelten vorübergehende Ausstülpungen oder bildeten in Nachahmung ihrer Gebieter entweder spontan oder auf hypnotischen Befehl deutliche Seh-, Hör- oder Sprechorgane aus.

Etwa in der Mitte des permischen Zeitalters, vor vielleicht hundertundfünfzig Millionen Jahren, wurden die Schoggothen besonders aufsässig, und die im Meer lebenden Alten Wesen führten einen regelrechten Unterwerfungskrieg gegen sie. Bildliche Darstellungen dieses Krieges und der geköpften und schleimbedeckten Opfer, die nach einem Schoggothenangriff zurückblieben, waren trotz des dazwischenliegenden Abgrunds ungezählter Zeitalter ungemein grauenvoll. Die Großen Alten setzten eigenartige Waffen gegen die rebellierenden Gebilde ein, die deren molekulare und atomare Struktur auflösten, und trugen letztendlich einen vollständigen Sieg davon. Anschließend zeigten die Reliefs eine Ära, in der die Schoggothen von bewaffneten Großen Alten abgerichtet und unterdrückt wurden, ganz so wie die wilden Pferde im Wilden Westen von den Cowboys gezähmt werden. Obwohl die Schoggothen während ihres Aufstandes gezeigt hatten, dass sie die Fähigkeit besaßen, auch außerhalb des Wassers zu leben, wurde diese Entwicklung nicht gefördert – denn ihr Nutzen an Land hätte kaum die Schwierigkeiten aufgewogen, die ihre Beherrschung bereitete.

Während der Jura-Periode sahen die Großen Alten sich einer erneuten Bedrohung in Gestalt einer weiteren Invasion aus dem Weltall ausgesetzt – diesmal von halb pilzartigen, halb krebsförmigen Geschöpfen – Geschöpfen, die zweifelsohne mit jenen übereinstimmen, die in einigen Berglegenden des Nordens auftreten und die im Himalaja als die Mi-Go oder abscheulichen Schneemenschen in Erinnerung geblieben sind. Im Kampf gegen diese Kreaturen versuchten die Großen Alten zum ersten Mal seit ihrer Ankunft auf Erden, sich wieder in den kosmischen Äther emporzuschwingen; doch war es ihnen trotz aller überlieferungsgetreuen Vorbereitungen nicht mehr möglich, die Erdatmosphäre zu verlassen. Worin auch immer das Geheimnis der Reisen durch den Weltraum bestanden haben mochte, ihre Rasse hatte es für immer eingebüßt. Letztendlich vertrieben die Mi-Go die Großen Alten aus allen nördlichen Landstrichen, doch gegen diejenigen, die im Meer lebten, waren sie machtlos. Schritt für Schritt setzte der langsame Rückzug der uralten Rasse zu ihrem ursprünglichen antarktischen Lebensraum ein.

Durch die auf den Reliefs dargestellten Schlachten stellten wir voller Befremden fest, dass sowohl die Brut des Cthulhu als auch die Mi-Go anscheinend aus Substanzen bestanden, die sich von den uns bekannten Materien noch mehr unterschieden als die der Großen Alten. Sie vermochten, ihre Körper zu verformen und dann wieder ihre ursprüngliche Gestalt anzunehmen, etwas, das ihren Feinden nicht möglich war, woraus man schließen muss, dass sie wohl aus noch weiter entfernten Abgründen des Universums stammen. Trotz ihrer außergewöhnlichen Zähigkeit und Langlebigkeit waren die Großen Alten rein stoffliche Wesen und mussten ihren eigentlichen Ursprung innerhalb des bekannten Raum-Zeit-Kontinuums haben – über den wahren Herkunftsort jener anderen Wesen lässt sich jedoch nur mit angehaltenem Atem mutmaßen. Immer vorausgesetzt natürlich, dass die außerirdischen Beziehungen und die den feindlichen Invasoren zugeschriebenen anomalen Fähigkeiten nicht ins Reich der reinen Sage gehören. Es wäre vorstellbar, dass die Großen Alten diesen kosmischen Rahmen nur erfanden, um ihre gelegentlichen Misserfolge zu erklären, denn Geschichtsbewusstsein und Stolz waren offenkundig ihre Hauptwesenszüge. Es ist bezeichnend, dass ihre Chroniken zahlreiche hochentwickelte und mächtige Rassen unerwähnt lassen, deren große Kulturen und gewaltigen Städte immer wieder in einigen düsteren Legenden auftauchen.

Der Wandel der Erde im Laufe langer geologischer Zeitalter trat in vielen der Karten und Szenen auf den Reliefs mit eindrucksvoller Lebendigkeit zutage. In einigen Fällen wird man nun die als gesichert geltenden wissenschaftlichen Erkenntnisse infrage stellen müssen, in anderen hingegen finden kühne Theorien eine grandiose Bestätigung. Wie schon gesagt, wird die Hypothese von Taylor, Wegener und Joly, dass alle Erdkontinente Bruchstücke einer einstigen antarktischen Landmasse sind, die unter der Einwirkung von Fliehkräften zerbrach und deren Teile auf einer zähflüssigen unteren Schicht auseinandertrieben – eine Vermutung, die die einander ergänzenden Umrisse von Afrika und Südamerika und auch der Verlauf und die Form der großen Gebirgszüge nahelegen –, von dieser unheimlichen Quelle schlagend untermauert.

Landkarten, die offenbar die Welt zur Kreidezeit darstellten, also vor mindestens hundert Millionen Jahren, zeigten vielsagende Risse und Spalten, die später zur Abtrennung Afrikas von den einstmals zusammenhängenden Gebieten Europa (das damalige Valusia uralter Legenden), Asien, Nord- und Südamerika sowie dem antarktischen Kontinent führen sollten. Andere Karten – vor allem eine, die im Zusammenhang mit der Gründung der uns umgebenden, gewaltigen toten Stadt vor fünfzig Millionen Jahren erstellt worden war – verzeichneten sämtliche heutigen Kontinente sauber voneinander getrennt. Und auf der spätesten Karte, die wir sahen – sie stammte vermutlich aus dem Pliozän –, ließ sich die heutige Welt recht deutlich erkennen, trotz der Verbindung von Alaska mit Sibirien, von Nordamerika über Grönland mit Europa, und von Südamerika über Grahamland mit dem antarktischen Kontinent. Auf der kreidezeitlichen Karte war der gesamte Erdball – der Meeresboden ebenso wie die splitternde Landmasse – von Symbolen für die gewaltigen Steinstädte der Großen Alten übersät, doch auf späteren Karten zeichnete sich ihr langsamer Rückzug in Richtung Antarktis sehr deutlich ab. Die letzte Karte aus dem Pliozän zeigte keine Landstädte mehr außerhalb des antarktischen Kontinents und der Spitze Südamerikas und auch nördlich des fünfzigsten Grades südlicher Breite keine Städte in den Meeren. Das Interesse und das Wissen über den nördlichen Teil der Welt war bei den Großen Alten offensichtlich auf den Nullpunkt gesunken – von einer Erforschung der Küstenverläufe abgesehen, die vermutlich im Zuge langer Erkundungsflüge mittels der fächerartigen Membranschwingen stattfand.

Die Vernichtung von Städten durch die Bildung von Gebirgen, das Bersten von Kontinenten durch See- und Erdbeben und andere Naturereignisse kam in den Darstellungen häufig vor; und es war merkwürdig, anzusehen, wie mit dem Verstreichen der Zeitalter immer weniger und weniger zerstörte Städte durch Neugründungen ersetzt wurden. Die gewaltige tote Riesenmetropole, die sich rings um uns auftürmte, schien das letzte große Zentrum der Rasse gewesen zu sein – erbaut in der frühen Kreidezeit, nachdem ein gigantischer Erdeinbruch nicht weit entfernt eine Stadt von noch gewaltigeren Ausmaßen ausgelöscht hatte. Wie es schien, war dieses Gebiet ein sehr heiliger Ort gewesen, denn hier sollten angeblich die ersten Großen Alten einen urzeitlichen Meeresgrund besiedelt haben. In der neuen Stadt – die wir auf vielen Reliefs wiedererkannten und die sich in beiden Richtungen über volle hundertundsechzig Kilometer entlang der Gebirgskette erstreckte, weit über die äußersten Grenzen unseres Erkundungsfluges hinaus – wurden, so hieß es, einige heilige Steine aufbewahrt, die einst Bestandteil der ersten Stadt auf dem Meeresgrund gewesen und die im Zuge des allgemeinen Bruchs geologischer Schichten nach langen Zeitaltern empor ans Tageslicht geschleudert worden waren.

VIII

Verständlicherweise erkundeten Danforth und ich mit ganz besonderem Interesse und einer eigenartig ehrfürchtigen, persönlichen Anteilnahme alles, was sich unmittelbar mit dem Bezirk befasste, in dem wir uns bewegten. Solche auf ihr Umfeld bezogene Reliefs waren natürlich reichlich vorhanden; und wir hatten das Glück, in den wirren untersten Ebenen der Stadt auf ein Haus sehr späten Ursprungs zu stoßen, dessen Mauern, obzwar von einem Spalt etwas in Mitleidenschaft gezogen, Darstellungen in weniger kunstvollem Stil aufwiesen, auf denen die Geschichte dieses Abschnitts weit über den Stand der pliozänen Karte hinaus weiter erzählt wurde. Dies war der letzte Ort, den wir gründlich erforschten, denn das, was wir dort fanden, lenkte unsere Aufmerksamkeit auf ein neues Ziel.

Ganz ohne Zweifel befanden wir uns in einem der fremdartigsten, unheimlichsten und schrecklichsten Winkel des Erdballs. Unter allen bestehenden Ländern war dies bei Weitem das älteste.

Allmählich beschlich uns die Überzeugung, dass es sich bei diesem grauenvollen Hochland tatsächlich um das sagenumrankte Albtraumplateau von Leng handeln musste, auf das selbst der wahnsinnige Verfasser des *Necronomicon* nur widerstrebend einging. Der große Gebirgszug war enorm lang – er begann als eine niedrige Bergkette im Prinzregent-Luitpold-Land an der Küste des Weddell-Meeres und zog sich buchstäblich quer über den gesamten Kontinent. Sein höchster Abschnitt verlief in einem riesigen Bogen etwa von 82° südlicher Breite, 60° östlicher Länge bis zu 70° südlicher Breite, 115° östlicher Länge, wobei seine Hohlflanke unserem Lager zugewandt war und sein seewärtiges Ende bis in das Gebiet jener langen, eisumschlossenen Küste reichte, deren Berge Wilkes und Mawson am südlichen Polarkreis gesichtet hatten.

Doch es schien, als lauerten in der Nähe sogar noch ungeheuerlichere Auswüchse der Natur. Ich habe gesagt, dass diese Gipfel höher als der Himalaja sind, aber die Reliefs verbieten mir, zu behaupten, es handele sich um die höchsten der Welt. Diese grausige Ehre ist zweifellos einer Erscheinung vorbehalten, die zu erwähnen die meisten Reliefs sich scheuten, während andere sie nur mit offenkundigem Widerwillen und Grausen zeigten.

Es scheint, als habe es ein Gebiet in diesem alten Land gegeben – jene Region, die als Erste aus dem Wasser aufstieg, nachdem die Erde den Mond abgestoßen hatte und die Großen Alten von den Sternen herabgekommen waren –, das gemieden wurde, weil es aus nicht näher bestimmbaren Gründen als unsagbar böse galt. Städte, die man dort errichtet hatte, zerfielen vorzeitig und wurden hastig verlassen. Als dann im ausgehenden Jura das erste große Aufbäumen der Erdkruste diese Region erschütterte, wuchs inmitten des tosenden Chaos plötzlich der Kamm eines gewaltigen Gipfels empor – und die Erde hatte ihre höchsten und entsetzlichsten Berge bekommen.

Falls der Maßstab der Reliefs stimmte, mussten diese abscheulichen Gebilde weit über zwölftausend Meter hoch sein – also noch gewaltiger als selbst die Berge des Wahnsinns, die wir überflogen hatten. Dem Anschein nach erstreckten sie sich etwa von 77° südlicher Breite, 70° östlicher Länge bis zu 70° südlicher Breite, 100° östlicher Länge – weniger als fünfhundert Kilometer von der toten Stadt entfernt, sodass wir ihre gefürchteten Gipfel fern im verhangenen Westen hätten erspähen müssen, wäre nicht dieser vage, schillernde Dunst gewesen. Ebenso mussten ihre nördlichen Ausläufer von der langen Küstenlinie des südlichen Polarkreises bei Queen-Mary-Land aus sichtbar sein.

In den Tagen des Niedergangs hatten einige der Großen Alten seltsame Gebete an diese Berge gerichtet – doch keiner von ihnen hat sich jemals den Bergen genähert oder es gewagt, zu ergründen, was jenseits ihrer Gipfel liegen mochte. Keines Menschen Auge hatte sie jemals angesehen, und als ich die Empfindungen nachvollzog, die in den Reliefs zum Ausdruck kamen, betete ich dafür, dass es auch nie so weit kommt. Hinter diesen Gipfeln ragt längs der Küste eine Schutzwand aus niedrigeren Bergen empor – in Queen-Mary- und Kaiser-Wilhelm-Land – und ich danke dem Himmel, dass es bisher niemandem gelungen ist, diese kleineren Berge zu erreichen und zu ersteigen. Ich sehe die alten Sagen und Ängste nicht mehr so skeptisch wie früher, und deshalb lache ich auch nicht über die Vorstellungen der vormenschlichen Bildhauer, dass Blitze hin und wieder bedeutungsvoll über diesen brütenden Gipfeln verharrten, und dass ein unerklärlicher Lichtschein eine dieser grässlichen Zinnen die ganze lange Polarnacht hindurch erhellte. Es könnte sehr wohl eine reale und überaus monströse Bedeutung in dem alten Pnakotischen Gewisper über das Kadath in der Kalten Öde liegen.

Aber unsere nähere Umgebung war kaum weniger seltsam, wenn auch nicht ganz so unsäglich verflucht. Bald nach der Gründung der Stadt wurden auf dem großen Gebirgszug die wichtigsten Tempel errichtet, und auf zahlreichen Reliefs sahen wir, dass dort, wo wir jetzt nur noch die eigentümlich an den Berghängen klebenden Würfel und Bastionen erblickten, einst groteske und fantastische Türme in den Himmel stießen. Im Laufe der Zeitalter hatten sich Höhlen gebildet und waren dem Tempel angegliedert worden. Mit dem Heraufziehen noch späterer Epochen wurden die Kalksteinadern der Gegend vom Grundwasser ausgewaschen, sodass die Berge selbst, die Vorberge und die Ebenen an ihrem Fuße sich in ein wahres Netzwerk aus miteinander verbundenen Höhlen und Stollen verwandelten. Viele der Steingravuren berichteten von Erkundungen tief im Inneren der Erde und von der Entdeckung des stygischen, sonnenlosen Ozeans, der sich in den Eingeweiden der Erde versteckt hatte.

Dieser gewaltige, nachtschwarze Schlund war zweifellos von dem großen Fluss gegraben worden, der aus den namenlosen Bergen im Westen herabgeströmt war und einst am Fuße der Bergkette der Großen Alten seine Richtung geändert und an ihr entlanggeschlängelt hatte, bis er zwischen Budd-Land und Totten-Land an der von Wilkes entdeckten Küste in den Indischen Ozean mündete. Nach und nach hatte er an seiner Biegung den Kalksteinuntergrund weggefressen, bis seine nagenden Fluten die Grotten des Grundwassers erreichten und sich mit diesem vereinten, um einen noch tieferen Abgrund auszuwaschen. Letztendlich ergoss er sein gesamtes Wasser in die ausgehöhlten Berge und sein altes, zum Ozean führendes Bett blieb trocken zurück. Ein Großteil der späteren Stadt, wie wir sie jetzt vorgefunden hatten, war über diesem ehemaligen Flussbett erbaut worden. Die Großen Alten, die wussten, was geschehen war, hatten mit ihrem stets regen Kunstsinn aus der Landzunge der Vorberge reich verzierte Pfeiler gehauen, dort, wo der Fluss einst seinen Sturz in ewige Dunkelheit angetreten hatte.

Offenkundig war dieser Fluss, den einst unzählige stattliche Steinbrücken überspannten, der, dessen ausgetrockneten Lauf wir während unseres Erkundungsflugs erblickt hatten. Seine Position auf verschiedenen Reliefdarstellungen half uns dabei, ein Bild der Stadt während ihrer verschiedenen Entwicklungsstufen im Laufe der Ewigkeiten zu gewinnen, sodass wir in der Lage waren, eine flüchtige, aber brauchbare Karte mit den auffälligsten Merkmalen anzufertigen – öffentliche Plätze, maßgebliche Gebäude und dergleichen –, die das Zurechtfinden bei künftigen Erkundungen in der Ruinenstadt erleichtern werden. Bald vermochten wir, uns das ganze gigantische Trümmerfeld vorzustellen, wie es vor einer Millionen oder zehn Millionen oder fünfzig Millionen Jahren ausgesehen hatte, denn die

Reliefs vermittelten uns anschaulich das Aussehen der Gebäude, der Berge, der Plätze, der Außenbezirke, der landschaftlichen Umgebung und der üppigen Vegetation. Dem Ganzen musste eine märchenhafte, rätselhafte Schönheit innegewohnt haben, und als ich es mir vorstellte, vergaß ich beinahe das dumpfe Gefühl düsterer Beklemmung, mit dem das unmenschliche Alter der Stadt, ihre Wucht, Leblosigkeit, Isolation und ihr eisiges Zwielicht meinen Verstand bedrückten. Doch einzelne Reliefs verrieten, dass der Würgegriff drückenden Grauens sogar den Bewohnern dieser Stadt nicht unbekannt gewesen war; denn es gab eine immer wiederkehrende, düstere Szene, worin die Großen Alten gezeigt wurden, wie sie voller Furcht vor irgendeinem – nie zu sehenden – Objekt zurückwichen, das sie aus dem großen Fluss gefischt hatten und das wohl aus den bebenden, von Weinreben umrankten Zykadeenwäldern der grauenhaften westlichen Berge herabgespült worden war.

Erst in dem zuletzt erbauten Haus mit den weniger meisterhaften Bildern fanden wir eine schattenhafte Andeutung auf jene letzte Katastrophe, die zur Aufgabe der Stadt geführt hatte. Fraglos mussten sich an anderen Orten viele Reliefs aus derselben Epoche befunden haben, selbst in Anbetracht der nachlassenden Leistungs- und Antriebskraft einer angespannten und von Unsicherheit gezeichneten Ära; und tatsächlich entdeckten wir wenig später sichere Hinweise auf das Vorhandensein weiterer solcher Darstellungen. Diese erste blieb jedoch die einzige davon, die wir direkt zu Gesicht bekamen. Wir wollten später nach weiteren suchen; doch wie schon gesagt, geschah etwas, das unsere Aufmerksamkeit auf ein neues Ziel lenkte. Natürlich musste die Geschichtsschreibung auf den Reliefs irgendwann zu einem Ende kommen – denn nachdem die Großen Alten alle Hoffnung auf eine weitere Bewohnung des Ortes verloren hatten, musste daraus fraglos die vollständige Einstellung der Gravurarbeiten folgen. Der Todesstoß war natürlich der Einbruch der großen Eiszeit gewesen, die einstmals den Hauptteil des Planeten im Griff gehalten und sich von den unseligen Polen nie mehr zurückgezogen hatte – die große Eiszeit, die am anderen Ende der Welt den Untergang der sagenumwobenen Länder Lomar und Hyperboräa herbeiführte.

Wann exakt diese Entwicklung in der Antarktis begann, lässt

sich nicht aufs Jahr genau bestimmen. Heutzutage glauben wir, dass der Beginn der weltweiten Eiszeiten vor ungefähr 500.000 Jahren einsetzte, doch an den Polen muss diese furchtbare Heimsuchung schon weitaus früher begonnen haben. Alle Zahlenangaben bleiben zum Teil Mutmaßung, doch ist es wahrscheinlich, dass die weniger kunstvollen Reliefs vor deutlich weniger als einer Millionen Jahren geschaffen worden waren und dass die Stadt, gemessen an den auf dem gesamten Erdball herrschenden Bedingungen, lange vor dem allgemein angenommenen Einsetzen des Pleistozäns – also vor 500.000 Jahren – vollständig und endgültig aufgegeben wurde.

Aus den letzten Reliefs waren Anzeichen einer überall abnehmenden Vegetation ersichtlich und dass sich die Großen Alten immer mehr vom Land zurückzogen. Nun benutzten sie in den Häusern Heizanlagen und im Winter reisten sie tief vermummt in schützenden Stoffen. Auf einer Reihe von Zierrahmen – ihre fortlaufende Anordnung bei den späteren Wanddekorationen war häufig unterbrochen – sahen wir, dass immer mehr in wärmeren Gebieten Zuflucht suchten; einige flohen in unterseeische Städte vor der fernen Küste, andere krochen durch die labyrinthischen Kalksteinstollen in den ausgehöhlten Bergen bis hinab zu dem schwarzen Abgrund unterirdischer Gewässer.

Wie es scheint, hatten sich am Ende die meisten Flüchtlinge in diesem Abgrund angesiedelt. Gewiss lag dies zum Teil an der überlieferten Heiligkeit dieser Gegend, doch maßgeblich mag die Möglichkeit gewesen sein, die großen Tempel auf den ausgehöhlten Bergen weiter zu nutzen; außerdem konnten sie im Sommer in die riesige Stadt zurückkehren und sie als Zugangsbasis für verschiedene Bergwerke nutzen. Die Verbindung zwischen den alten und den neuen Wohnstätten wurde durch den Ausbau der bisherigen Zugangswege erleichtert, einschließlich der Grabung zahlreicher direkter Tunnel von der uralten Metropole zum schwarzen Abgrund – steil abfallende Stollen, deren Eingänge wir sorgfältig in die Karte einzeichneten, die wir erstellten. Wie sich zeigte, lagen zumindest zwei dieser Tunnel von unserem gegenwärtigen Standort aus in unmittelbarer Nähe – beide befanden sich an dem gebirgsseitigen Rand der Stadt, einer weniger als vierhundert Meter in Richtung des alten Flussverlaufs, der andere vielleicht doppelt so weit in der Gegenrichtung.

Im Abgrund gab es, wie es schien, an manchen Stellen schräge Küstenstreifen mit trockenem Boden, doch die Großen Alten bauten ihre neue Stadt unter Wasser – fraglos aufgrund der dort herrschenden gleichmäßigeren Wärme. Die Tiefe dieses verborgenen Meeres muss immens gewesen sein, sodass vom Erdkern abstrahlende Hitze seine Bewohnbarkeit für unabsehbare Zeit gewährleistete. Die Wesen schienen keine Schwierigkeiten damit gehabt zu haben, sich erst einem zeitweiligen – und später natürlich permanenten – Leben unter Wasser anzupassen, denn ihre Kiemenatmung war nie verkümmert. Auf vielen Reliefs sahen wir dargestellt, wie sie immer wieder ihre auf dem Meeresboden lebenden Artgenossen in anderen Gegenden besuchten und oft auf dem Grund ihres tiefen Flusses getaucht waren. Auch die unterirdische Finsternis konnte schwerlich abschreckend auf eine Rasse wirken, die an lange antarktische Nächte gewöhnt war.

Selbst wenn die Kunstfertigkeit ihrer Ausarbeitung ganz fraglos nachließen, so bewiesen diese jüngsten Reliefdarstellungen, die von der Erbauung der neuen Stadt im Höhlenozean erzählten, doch immer noch eine wahrlich epische Qualität. Die Großen Alten waren die Aufgabe wissenschaftlich angegangen – hatten Felsen aus dem Herzen der ausgehöhlten Berge herausgebrochen und Spezialisten aus der nächstgelegenen Meeresstadt herbeigerufen, damit diese das Bauvorhaben bestmöglich ausführten. Diese Arbeiter waren mit allem Nötigen ausgerüstet gewesen, um das Unternehmen erfolgreich durchzuführen – dazu gehörten Schoggothen-Gewebe, aus dem sich erst Geschöpfe zum Heben der Steine und später Lasttiere für die Höhlenstadt züchten ließen, und andere protoplasmatische Stoffe zur Erschaffung phosphoreszierender Organismen zur Beleuchtung.

Schließlich erhob sich auf dem Grunde des stygischen Ozeans eine mächtige Metropole, deren Architektur sehr jener der oberirdischen Stadt glich. Die neu gezüchteten Schoggothen wuchsen enorm groß und entwickelten eine einzigartige Intelligenz; Anweisungen verstanden sie ebenso außerordentlich schnell wie sie sie umsetzten. Sie schienen sich mit den Großen Alten zu verständigen, indem sie deren Stimmen nachahmten – eine Art melodischen Pfeifens von großem Tonumfang, falls der beklagenswerte Lake aus der Obduktion korrekte Schlussfolgerungen gezogen hat –, und arbeiteten mehr aufgrund mitgeteilter Befehle als aufgrund hypnotischer Führung wie in früheren Zeiten. Dennoch hielt man sie bewundernswert unter Kontrolle. Die phosphoreszierenden Organismen erwiesen sich als sehr geeignete Lichtspender und entschädigten zweifellos hinreichend für den Verlust des altvertrauten Polarlichts der oberen Welt.

Kunst und Mauerschmuck wurden weitergeführt, allerdings mit gewissen Ermüdungserscheinungen. Die Großen Alten schienen sich ihres Niedergangs bewusst zu sein und nahmen in vielen Fällen die Handlungsweise von Konstantin dem Großen vorweg, indem sie besonders schöne alte Reliefblöcke aus ihrer oberen Stadt hinabschafften, ganz so wie der Kaiser in einem vergleichbaren Zeitalter des Verfalls Griechenland und Asien ihrer kostbarsten Kunstwerke beraubte, um seiner neuen byzantinischen Hauptstadt größere Pracht zu verliehen als sein eigenes Volk sie erschaffen konnte. Dass nicht noch mehr Reliefblöcke fortgeschafft wurden, lag fraglos daran, dass die alte Stadt zunächst noch nicht vollständig aufgegeben war. Zum Zeitpunkt ihrer definitiven Aufgabe – die muss sich im frühen polaren Pleistozän ereignet haben – hatten sich die Großen Alten vielleicht mit dem Nachlassen ihrer Kreativität abgefunden – oder ihnen war die Überlegenheit der früheren Steinmetzarbeiten einfach nicht aufgefallen. Auf jeden Fall gab es in den seit Äonen stummen Ruinen um uns herum noch Bildhauerarbeiten, obschon alle besseren frei stehenden Skulpturen und andere bewegliche Güter entfernt worden waren.

Die Rahmen und Friese, die diese Geschichte erzählten, waren wie bereits gesagt die jüngsten, die wir auf unserer eiligen Suche fanden. Sie hinterließen ein letztes Bild der Großen Alten, wie sie zwischen der Landstadt im Sommer und der Höhlenstadt unter Wasser im Winter hin- und herpendelten und zuweilen Handel mit den unterseeischen Städten vor der antarktischen Künste trieben. Zu diesem Zeitpunkt mussten sie den unwiderruflichen Untergang ihrer alten Stadt klar erkannt haben, denn zahlreiche Darstellungen zeigten die Auswirkungen der unbarmherzigen Kälte. Die Vegetation verkümmerte und die gewaltigen Schneemassen des Winters schmolzen sogar im

Hochsommer nicht mehr vollständig ab. Die Dinosaurierherden waren nahezu ausgestorben und die Säugetiere kämpften hart ums Überleben. Um weiterhin oberhalb der Erdoberfläche arbeiten zu können, wurde es notwendig, einige der gestaltlosen und kälteunempfindlichen Schoggothen an das Landdasein anzupassen – etwas, wovor die Großen Alten früher stets zurückgeschreckt waren. Im großen Fluss lebten jetzt keine Tiere mehr und das obere Meer hatte die meisten seiner Bewohner verloren, außer Wale und Seehunde. Auch alle Vögel waren fortgezogen, bis auf die großen, grotesken Pinguine.

Was danach geschah, können wir nur vermuten. Wie lange hat die neue Höhlenstadt in der Tiefe überlebt? Ist sie noch immer dort unten, ein steinerner Leichnam inmitten ewiger Schwärze? Sind die unterirdischen Wassermassen schließlich gefroren? Welchem Schicksal fielen die Städte in den übrigen Ozeanen anheim? Sind einige der Großen Alten vor der kriechenden Eiskappe nach Norden geflohen? Die Geologie hat bis heute jedenfalls keine Spuren ihres Daseins gefunden. Waren die furchtbaren Mi-Go im Norden noch immer eine Bedrohung? Kann man denn sicher sein, dass in der Lichtlosigkeit und den unauslotbaren Tiefen unserer Gewässer nicht bis zum heutigen Tage noch unbekanntes Leben lauert? Diese Kreaturen konnten scheinbar dem stärksten Druck standhalten – und Seeleute haben oft seltsame Objekte aus dem Meer gefischt. Und ist die Mörderwal-Theorie wirklich glaubhaft, um die üblen und geheimnisvollen Narben an antarktischen Seehunden zu erklären, die Borchgrevingk vor einer Generation beobachtet hat?

Die Exemplare dieser Wesen, die der arme Lake entdeckt hatte, spielten bei derlei Überlegungen keine Rolle, denn ihre geologische Umgebung bewies, dass sie zu einem sehr frühen Zeitpunkt in der Geschichte der oberen Stadt gelebt haben mussten. Nach ihrem Fundort zu urteilen, waren sie gewiss mehr als dreißig Millionen Jahre alt, und wir nahmen an, dass zu ihrer Zeit die unterseeische Höhlenstadt, ja sogar die Höhle selbst, noch gar nicht existiert hatte. Sie hatten eine ältere Szenerie erlebt, mit einer allgegenwärtigen, saftigen tertiären Pflanzenwelt, einer jüngeren Landstadt, in der die Künste noch in Blüte standen, und einem großen Fluss, der zu Füßen der mächtigen Berge einem fantastischen tropischen Ozean entgegenströmte.

Und doch ließen sich die Gedanken an sie nicht verdrängen – vor allem an die acht komplett erhaltenen Exemplare, die aus Lakes grausam verwüstetem Lager verschwunden waren. Dieser ganzen Angelegenheit haftete etwas Verzerrtes an – all die Seltsamkeiten, die wir so krampfhaft als die Wahnsinnstaten von jemandem hatten hinstellen wollen – die grässlichen Gräber – Menge und Art der fehlenden Gegenstände – Gedney – die unirdische Widerstandsfähigkeit jener Scheusale und die unglaubliche Überlebenskraft, die dieser Rasse von den Reliefs zugeschrieben wurde ... Danforth und ich hatten in den vergangenen Stunden eine Menge gesehen und waren nun bereit, an viele entsetzliche und unbegreifbare Geheimnisse der urzeitlichen Natur zu glauben – und darüber Schweigen zu bewahren.

IX

Ich sagte bereits, dass die Betrachtung der letzten Reliefdarstellungen uns zur unmittelbaren Änderung unserer Pläne bewog. Dies lag natürlich an den in den Fels getriebenen Wegen, die hinab in die schwarze unterirdische Welt führten und deren Vorhandensein uns bisher unbekannt gewesen war – nun wollten wir sie uns unbedingt ansehen. Aus dem eindeutigen Maßstab der Bilder schlossen wir, dass nach einem steilen Abstieg durch einen naheliegenden, ungefähr eineinhalb Kilometer langen Tunnel, der Rand der schwindelerregenden, sonnenlosen Klippen über dem großen Abgrund erreicht werden konnte. An deren Flanken mussten weitere Pfade, von den Großen Alten gebaut, zum steinigen Ufer des verborgenen, nachtschwarzen Ozeans hinabführen. Diesen unwahrscheinlichen Abgrund mit eigenen Augen zu sehen, bedeutete eine Verlockung, die sich nun als unwiderstehlich erwies – doch wir mussten unverzüglich mit der Suche beginnen, wollten wir ihn noch in den Verlauf dieser Erkundung einbeziehen.

Inzwischen war es 20.00 Uhr, und wir besaßen nicht genug Ersatzbatterien, um unsere Taschenlampen ewig weiterbrennen zu lassen. Wir hatten unterhalb der Eisdecke so viel Zeit mit Untersuchungen und Aufzeichnungen verbracht, dass die Lampen mindestens fünf Stunden lang ständig beansprucht worden waren und allenfalls noch weitere vier überdauerten – wenn wir vielleicht auch noch eine Sicherheitsreserve einsparen konnten, indem wir nur eine der beiden Lampen einschalten, außer an besonders interessanten oder schwierigen Stellen. Ohne eine Lichtquelle vermochten wir, in diesen zyklopischen Katakomben nicht voranzukommen; falls wir also den Abstieg noch wagen wollten, mussten wir mit der weiteren Entschlüsselung der Mauerreliefs aufhören. Natürlich wollten wir den Ort erneut aufsuchen, um dort tage-, vielleicht sogar wochenlang eingehend zu forschen und zu fotografieren – längst hatte Neugier unser Grauen verdrängt –, doch jetzt mussten wir uns beeilen.

Unser Vorrat an Papierschnitzeln zum Spurenlegen war nicht unerschöpflich und es widerstrebte uns, ihn auf Kosten übriger Notizbücher aufzufüllen, dennoch opferten wir ein großes Notizbuch für diesen Zweck. Sollte das nicht ausreichen, konnten wir ja noch durch Einkerben die Felsen markieren – und falls wir uns tatsächlich verirrten, blieb natürlich immer noch die Möglichkeit, uns durch den einen oder anderen Schacht zum hellen Tageslicht emporzuarbeiten, sofern ausreichend Zeit für genügend Versuche blieb. Daher liefen wir schließlich neugierig in die ausgemachte Richtung zum Tunnel.

Den Reliefs zufolge konnte der angestrebte Tunneleingang nicht viel weiter als vierhundert Meter von unserem Standort entfernt sein; dazwischen erhoben sich solide wirkende Bauwerke, die vermutlich bis unterhalb der Eisoberfläche noch begehbar waren. Der Eingang selbst befand sich offenbar im Keller eines großen fünfeckigen Gebäudes, das dicht bei den Vorbergen stehen musste und wohl öffentlichen, vielleicht zeremoniellen Aufgaben gedient hatte. Danforth und ich versuchten, uns zu erinnern, ob wir auf unserem Flug über die Ruinen einen solchen Bau bemerkt hatten. Wir erinnerten uns aber nicht an ein derartiges Gebäude, woraus wir schlossen, dass seine oberen Abschnitte stark beschädigt sein mussten oder dass es komplett in einer Eisspalte, die wir an dieser Stelle gesehen hatten, zerschellt war. Falls das Letztere zutraf, würde der Tunnel vermutlich unpassierbar sein, sodass wir uns dem nächsten zuwenden mussten – dem, der etwa einen Kilometer nördlich lag. Der dazwischen liegende Flusslauf hinderte uns daran, auf unserem jetzigen Streifzug einige der weiter südlichen Tunnel zu erproben; und sollten die beiden nächstgelegenen verschüttet sein, war es wirklich fraglich, ob unser Batterievorrat gestattete, es mit dem dritten Tunnel in nördlicher Richtung zu versuchen – der lag noch einmal gut eineinhalb Kilometer von unserer zweiten Wahl entfernt.

Als wir uns mit Hilfe von Karte und Kompass einen düsteren Weg durchs Labyrinth suchten – Räume und Korridore in jedem Zerfallsstadium durchquerten, Rampen erklommen, in höher gelegene Stockwerke stiegen, über Brücken schritten und sie wieder hinabkletterten, vor verschütteten Durchgängen und Schuttbergen standen, von Zeit zu Zeit gut erhaltene und geradezu unheimlich sauber anmutende Passagen entlangeilten, falsche Abzweigungen nahmen und wieder zurückliefen, dabei die umsonst ausgestreute Papierschnitzel-Spur aufsammelten, und manchmal auf dem Grund eines offenen Schachtes standen, durch den Tageslicht herabsickerte –, lockten uns die Reliefs an den Wänden. Viele davon hätten sicherlich Geschichten von herausragender historischer Bedeutung zu erzählen gehabt. Nur die Aussicht auf spätere Besuche versöhnte uns mit der Notwendigkeit, achtlos an ihnen vorüberzugehen, doch manchmal gingen wir langsamer und schalteten die zweite Taschenlampe ein. Leider hatten wir nicht mehr Filme bei uns, denn dann hätten wir sicherlich kurz innegehalten, um einige Basreliefs zu fotografieren, doch an ein zeitraubendes Abzeichnen war gar nicht zu denken.

Ich gelange nun abermals an einen Punkt, wo die Versuchung sehr groß ist, nur anzudeuten statt offen zu berichten. Aber es ist nötig, auch den Rest zu enthüllen, um zu rechtfertigen, dass die geplante Antarktis-Expedition aufgehalten werden muss.

Wir hatten die vorausbestimmte Position der Tunnelöffnung schon fast erreicht – waren vom zweiten Stock aus über eine Brücke zu der Kante einer spitz zulaufenden Mauer gekommen und in einen verfallenen Korridor hinabgestiegen, der mit besonders vielen sorgfältig ausgeführten und augenscheinlich rituellen Reliefs im Spätstil ausgestattet war –, als, kurz vor 20.30 Uhr, Danforths jugendlich feiner Geruchssinn uns den ersten Hinweis auf etwas Ungewöhnliches gab. Hätten wir einen Hund dabeigehabt, ich glaube, wir wären schon früher gewarnt worden. Zunächst wussten wir nicht zu sagen, was denn mit der bis dahin kristallreinen Luft nicht stimmte, doch schon nach wenigen Sekunden brach die Erinnerung mit Gewalt über uns herein. Ich will es ohne Umschweife aussprechen: Wir rochen vage, flüchtig und doch unmissverständlich den selben Geruch, der uns beim Öffnen des wahnwitzigen Grabes jenes Ungetüms, das der bedauernswerte Lake seziert hatte, entgegengeschlagen war.

Natürlich war die Enthüllung zu jenem Zeitpunkt nicht sofort so eindeutig wie es jetzt klingt. Es gab mehrere mögliche Erklärungen, und eine ganze Weile flüsterten wir unentschlossen miteinander. Fest stand, dass wir uns nicht ohne weitere Erkundung zurückziehen würden; nachdem wir nun schon so weit gekommen waren, ließen wir uns von nichts zur Umkehr bewegen, außer durch eine drohende Katastrophe. Dennoch, der Verdacht, der sich uns aufdrängte, war einfach zu gewagt, um ihn glauben zu können. Derartige Dinge geschahen nicht in einer normalen Welt. Vermutlich war es reiner Instinkt, der uns veranlasste, den Schein der brennenden Taschenlampe abzuschirmen – die düsteren Reliefs, die bedrohlich von den beklemmenden Wänden herabstarrten, lockten uns nicht länger –, und uns nun behutsam auf Zehenspitzen über den zunehmend von Trümmern bedeckten Boden und die Schuttberge dahinschleichen und vorankriechen ließ.

Danforth besaß nicht nur eine bessere Nase als ich, sondern auch schärfere Augen, denn wieder war er es, dem zuerst die merkwürdige Anordnung der Trümmer auffiel, nachdem wir zahlreiche halb verschüttete Torbögen durchschritten hatten, die zu Räumen und Korridoren im Erdgeschoss führten. Die Trümmer lagen nicht ganz so wie sie nach zahllosen Jahrtausenden der Verlassenheit hätten liegen sollen. Als wir zögerlich den vollen Lichtstrahl der Lampe auf sie richteten, sah es aus, als habe sich erst kürzlich etwas eine Schneise hindurchgebahnt. Wegen der wirren Anhäufung des Gerölls gab es keine deutlichen Spuren, doch an einigen glatten Stellen sah es aus, als seien dort schwere Gegenstände entlanggeschleift worden.

Als wir glaubten, parallel verlaufende Spuren wie von Kufen zu erkennen, blieben wir wieder stehen – und in diesem Moment rochen wir beide zugleich den Geruch, der von vorn heranwehte. Verrückterweise war der Geruch nicht schlimm und doch absolut entsetzlich; nicht schlimm an sich, aber unendlich entsetzlich an diesem Ort und unter diesen Umständen – falls, natürlich Gedney … Denn wir rochen die wohlvertraute Ausdünstung von gewöhnlichem Mineralöl – ganz alltäglichem Benzin.

Unsere nun folgenden Aktivitäten zu analysieren, überlasse ich den Psychologen. Wir wussten nun, dass sich irgendeine grauenvolle Ausweitung der Schrecken aus dem Lager in dieses nachtschwarze Grab der Äonen hinabgeschlichen hatte und konnten daher nicht länger leugnen, dass sich vor uns etwas Unheimliches zutrug – oder erst kürzlich zugetragen hatte. Und dennoch ließen wir uns von brennender Neugier … oder Angst … oder Selbsthypnose … oder vagen Gedanken an eine Verantwortung gegenüber Gedney … oder was auch immer … vorantreiben.

Danforth flüsterte abermals von dem Abdruck, den er an der Wegbiegung in den Ruinen über uns gesehen zu haben glaubte, und von dem leisen melodischen Pfeifen, das er wenig später aus unbekannten unterirdischen Tiefen heraus vernommen hatte – möglicherweise war dieses Pfeifen im Lichte von Lakes Untersuchungen von großer Bedeutung, obwohl es ähnlich klang wie die Echos des heulenden Windes in den Höhleneingängen der Berggipfel.

Ich wiederum flüsterte davon, in welchem Zustand wir das Lager vorgefunden hatten – von dem, was fehlte und wie der Wahnsinn eines einsamen Überlebenden das Unvorstellbare vollbracht haben könnte – und von einer halsbrecherischen Wanderung über die monströsen Berge und einen Abstieg in die unbekannten, vorzeitlichen Gemäuer …

Doch wir glaubten weder einander, noch uns selbst.

Während wir erstarrt dastanden, hatten wir beide Lampen ausgeschaltet und bemerkt, dass von oben ein Streifen abgedämpften Tageslichts die Dunkelheit aufhellte. Automatisch setzten wir uns wieder in Bewegung, leuchteten uns durch gelegentliches Aufflammenlassen einer der Taschenlampen voran. Der durcheinandergewühlte Schutt weckte eine Befürchtung in uns, die wir nicht abzuschütteln vermochten, und der Benzingeruch nahm zu. Immer mehr Steinbrocken behinderten uns; der Weg konnte nicht mehr lange frei sein – unsere pessimistische

Vermutung bezüglich der Eisspalte, die wir aus der Luft gesichtet hatten, war nur allzu berechtigt gewesen. Unsere Suche nach dem Tunnel war in eine Sackgasse gelaufen und wir würden nicht einmal in den Keller vordringen können, in dem die Öffnung zum Abgrund sich auftat.

Der Lichtkegel der Taschenlampe, der über die grotesk bearbeiteten Mauern des versperrten Korridors glitt, enthüllte mehrere Torbögen in unterschiedlichen Stadien der Verschüttung; und aus einem davon drang der Benzingeruch – jenen anderen Gestank geradezu überlagernd – besonders stark. Als wir genauer hinsahen, erkannten wir, dass vor diesem Durchgang erst vor Kurzem ein Teil des Schutts hastig beiseitegeräumt worden war. Welcher Schrecken auch immer hier lauerte, nun glaubten wir, den direkten Weg zu ihm zu kennen. Ich schätze, es wird wohl niemanden wundern, dass wir jetzt lange zögerten, bevor wir weitergingen.

Als wir es schließlich wagten, durch diesen schwarzen Torweg zu gehen, befiel uns zunächst Enttäuschung. Denn inmitten des Gerölls in dieser reliefgeschmückten Krypta – einem perfekten Würfel von etwa sechs Meter Kantenlänge – fanden wir kein jüngst hineingeschafftes Objekt, das uns sofort ins Auge sprang. Also blickten wir uns instinktiv, wenngleich vergebens, nach einem weiteren Durchgang um.

Doch Danforths scharfe Augen hatten schon eine Stelle erfasst, wo der Schutt auf dem Boden beiseitegeschoben worden war – und wir richteten das Licht der beiden Taschenlampen direkt auf diese Stelle. Obwohl das, was wir in diesem Licht sahen, eigentlich banal und belanglos war, widerstrebt es mir doch, davon zu berichten, wegen der sich daraus ergebenden Schlussfolgerungen.

Wir sahen dort verschiedene kleinere Gegenstände, die achtlos verstreut herumlagen, und in einer Ecke war eine große Menge Benzin ausgegossen worden, dessen eindringlicher Geruch uns entgegenschlug. Anders ausgedrückt, es konnte sich um nichts anderes als so etwas wie ein Zwischenlager handeln – ein Lager, hinterlassen von Geschöpfen, die, wie wir selbst, einen Weg gesucht hatten und vor dem unerwartet verschütteten Zugang in den Abgrund zur Umkehr gezwungen worden waren.

Ich will es kurz machen: Die verstreuten Gegenstände stammten alle aus Lakes Lager. Es handelte sich um Konservendosen, die ebenso absurd geöffnet worden waren wie die im verwüsteten Zeltlager, um viele abgeriebene Zündhölzer, drei illustrierte Bücher voller mehr oder weniger merkwürdiger Schmierereien, ein leeres Tintenfass mit der dazugehörigen bebilderten Gebrauchsanleitung auf der bedruckten Schachtel, einen zerbrochenen Füllfederhalter, einige zerrissene Pelzkleidungs- und Zeltbahnstücke, eine gebrauchte elektrische Batterie, ein Handbuch, das zu unserem Zeltofen gehörte, und ein paar zerknüllte Papierbögen.

Das alles war schon übel genug, doch als wir die Papierknäuel glatt strichen und sie uns ansahen, schnappten wir nach Luft. Wir hatten schon im Lager einige seltsam bekleckste Papiere gefunden und hätten vielleicht darauf vorbereitet sein sollen, doch die Wirkung hier unten in den vormenschlichen Gewölben einer Albtraumstadt war fast mehr als sich ertragen ließ.

Ein dem Irrsinn verfallener Gedney konnte das Tupfenmuster auf Papier gebracht haben, in Nachahmung der Punkte, die wir auf den grünlichen Specksteinen entdeckt hatten. So mochten ja auch die Punkte auf den verrückten fünfeckigen Gräbern zustande gekommen sein. Es war sogar vorstellbar, dass er hastige, mehr oder minder genaue Skizzen gezeichnet hatte, die die Nachbarbezirke der Stadt umrissen und den Weg von einer als Kreis eingezeichneten Stelle außerhalb unserer Route bis hierher zu dem fünfeckigen Gebäude und dem Tunnelzugang darin wiesen … Die als Kreis dargestellte Stelle hatten wir in den Reliefs übrigens als großen zylindrischen Turm und auf unserem Erkundungsflug als gewaltiges, kreisrundes Loch ausgemacht.

Er kann, ich wiederhole es, solche Skizzen angefertigt haben, denn die Zeichnungen, die wir in Händen hielten, waren ebenso wie unsere eigenen ganz offensichtlich von späten Reliefs irgendwo in dem Eislabyrinth abgeleitet worden, wenngleich nicht von jenen, die wir gesehen hatten. Doch dieser künstlerische Banause hätte es niemals hinbekommen, besagte Skizzen in einer fremdartigen und gewandten Technik umzusetzen, mit der sie trotz aller Flüchtigkeit jeder der letzten Reliefdarstellungen, die ihnen als Vorlage gedient hatten, übertrafen – nämlich in der charakteristischen und unverkennbaren Meisterschaft der Großen Alten zur Blütezeit der toten Stadt.

Gewiss werden manche sagen, Danforth und ich seien heillos wahnsinnig gewesen, nach all dem nicht um unser Leben zu laufen, jetzt, da unsere Schlussfolgerungen – ungeachtet ihrer Abenteuerlichkeit – feststanden und die ich wohl niemandem, der meinen Bericht bis hierher gelesen hat, noch zu erläutern brauche. Vielleicht waren wir wirklich wahnsinnig – habe ich jene grauenvollen Gipfel nicht Berge des Wahnsinns getauft? Doch ich glaube, etwas von demselben Geist – obgleich in geringerer Ausprägung – beobachtet man auch bei jenen Männern, die tödlichen Raubtieren durch afrikanische Urwälder nachpirschen, um sie zu fotografieren oder ihre Lebensgewohnheiten zu erforschen. Waren wir auch nahezu vor Grauen gelähmt, nun flammte in uns doch eine lodernde Flamme der Ehrfurcht und der Neugier auf, die letztlich triumphierte.

Natürlich wollten wir dem – oder denen –, von denen wir wussten, sie hatten hier verweilt, nicht begegnen, doch wir spürten, dass sie inzwischen fort waren.

Wahrscheinlich hatten sie mittlerweile den anderen nahen Eingang zum Abgrund gefunden und stiegen hinab zu nachtschwarzen Relikten der Vergangenheit, die in der tiefsten Kluft auf sie warten mochten – jener tiefsten Kluft, die sie bisher nie gesehen hatten. Oder sie hatten sich, falls auch dieser Zugang verschüttet sein sollte, nach Norden gewandt, um den übernächsten zu suchen. Sie waren, wie wir ja wussten, teilweise unabhängig vom Licht.

Wenn ich mich an jenen Moment erinnere, kann ich kaum erklären, was eigentlich in uns vorging, aber das Gefühl gespannter Erwartung steigerte sich enorm. Ganz sicher wollten wir dem, was wir fürchteten, nicht begegnen – und doch will ich nicht abstreiten, dass uns der lauernde, unbewusste Wunsch erregte, sie von einem Versteck aus zu beobachten. Vermutlich hatten wir unser Vorhaben noch nicht aufgegeben, einen Blick auf den Abgrund selbst zu erhaschen, obwohl jetzt ein neues Ziel dazwischengetreten war, in Gestalt des großen runden Kreises, den wir auf den zerknüllten Zeichnungen sahen. Diese Stelle erkannten wir auf Anhieb als einen ungeheuren zylindrischen Turm, der in den allerfrühesten Reliefs auftauchte, aus der Luft jedoch nur wie eine gewaltige kreisrunde Öffnung wirkte. Etwas an der beeindruckenden zeichnerischen Wiedergabe, sogar in diesen hastig gemachten Skizzen, brachte uns auf den Gedanken, dass seine unterhalb der Eisdecke verborgenen Ebenen noch immer sehr wichtig sein mussten. Vielleicht barg er architektonische Wunder, wie wir sie bis jetzt noch nicht entdeckt hatten. Nach den Gravierungen zu urteilen, die ihn zeigten, war er wohl unglaublich alt – er musste zu den ersten Bauten gehört haben, die je in der Stadt errichtet worden waren. Sollte der Turm Reliefs enthalten und sie noch erhalten sein, konnten sie sehr aufschlussreich sein. Vor allem aber mochte er eine gute Verbindung zur Oberwelt bedeuten – einen kürzeren Weg als den, welchem wir so mühsam nachspürten, und wahrscheinlich derselbe, über den auch sie in die Tiefe gestiegen waren.

Wie auch immer, wir prägten uns den schaurigen Plan ein – der unseren eigenen völlig bestätigte – um die eingezeichnete Route zum runden Turm zurückzulegen; diesen Weg mussten unsere unbeschreiblichen Vorgänger nun schon zweimal gegangen sein. Die nächste Abstiegsmöglichkeit in den Abgrund lag wahrscheinlich weiter dahinter.

Ich muss wohl nichts weiter über unseren Marsch dorthin berichten – auf dem wir immer noch sparsam unsere Papierschnitzelspur hinterließen –, denn er entsprach genau jenem, der uns in die Sackgasse gelenkt hatte, allerdings führte er meist dichter am Boden vorbei und manchmal sogar in Kellergänge hinab. Von Zeit zu Zeit erkannten wir in dem Schutt und Dreck unter unseren Füßen einige verstörende Spuren. Und nachdem wir das Benzin nicht länger rochen, stieg uns mehrmals für einen Moment jener andere, grässlichere und nachhaltige Gestank in die Nase.

Nachdem der neue Weg von unserem früheren abgezweigt war, ließen wir gelegentlich den Lichtkegel einer der Lampen kurz über die Mauern streichen; nahezu überall erblickten wir die allgegenwärtigen Reliefs, die in der Tat die hauptsächliche ästhetische Beschäftigung der Großen Alten gewesen zu sein scheinen.

Gegen 22.30 Uhr, als wir einen langen, überwölbten Korridor durchliefen, dessen zunehmend vereister Boden wohl ein wenig unterhalb der Erdoberfläche lag und dessen Decke mit jedem unserer Schritte immer mehr absank, nahmen wir vor uns helles Tageslicht wahr und konnten die Taschenlampe ausschalten. Wie es schien, näherten wir uns dem riesigen ringförmigen Platz und waren von der Außenwelt nicht mehr weit entfernt.

Der Korridor mündete in einen angesichts dieser megalithischen Ruinen überraschend niedrigen Torbogen, doch wir vermochten, durch ihn schon viel zu sehen, noch bevor wir hindurchtraten. Dahinter erstreckte sich ein mächtiger, offener runder Platz – volle sechzig Meter im Durchmesser –, überhäuft mit Geröll und gesäumt von zahlreichen weiteren verschütteten Torbögen wie der, durch den wir gerade liefen. Die Mauern waren – bis in zugängliche Höhen – kühn zu einem Rundfries von heroischen Ausmaßen behauen; dabei entfalteten sie trotz des zerstörerischen Witterungseinflusses, dem der Ort durch das fehlende Dach ausgesetzt war, immer noch eine künstlerische Pracht, die alles, was wir bisher gesehen hatten, weit in den Schatten stellte. Der mit Schutt übersäte Boden war ziemlich stark vereist, und wir nahmen an, dass die eigentliche Sohle beträchtlich tiefer lag.

Am augenfälligsten war jedoch die titanische Steinrampe, die sich, den Torbögen in scharfem Einwärtsschwung zur offenen Platzmitte hin ausweichend, spiralförmig an der gewaltigen Rundmauer emporschraubte. Sie glich einem innen erbauten Gegenstück jener Rampen, die einst an den Außenwänden der ungeheuren Stufentürme oder Zikkurats des antiken Babylon emporstrebten. Nur die Geschwindigkeit unseres Fluges und die Vogelperspektive erklärten, warum wir diese Rampe mit Innenwänden des Turms verwechselt und uns so einen anderen Weg zu der Ebene unterhalb der Eisdecke gesucht hatten. Pabodie wäre vielleicht in der Lage gewesen, zu erklären, welche Konstruktionsprinzipien dieses statische Wunderwerk aufrecht hielten, Danforth und ich hingegen konnten nur staunen und es bewundern. Wir erkannten hin und wieder mächtige Kragsteine und Steinsäulen, die aber längst nicht ausreichend erschienen für die Aufgabe, die sie offenbar bewältigten. Das Gebilde war bis hinauf zum derzeitigen oberen Turmrand hervorragend erhalten geblieben – ein wirklich beachtlicher Umstand angesichts seiner Ungeschütztheit – und ihr Schutz hatte die bizarren, kosmischen Steinmetzarbeiten an den Mauern vor Schaden bewahrt.

Als wir in das unheimliche Zwielicht am Grund dieses monströsen Zylinders traten – der seit fünfzig Millionen Jahren hier stand und fraglos das älteste Bauwerk war, das wir in unseren Leben je sehen werden –, sahen wir, dass die von der Rampe gesäumten Mauern zu schwindelerregenden, vollen zwanzig Metern Höhe emporragten. Dies bedeutete, dass die Eisschicht draußen an die zwölf Meter dick sein musste, hatte doch der gähnende Schlund, den wir vom Flugzeug aus erblickt hatten, oben auf einem gefrorenen Schuttberg von etwa acht Meter Höhe geklafft.

Den Reliefs zufolge hatte der Turm ursprünglich in der Mitte eines gewaltigen, runden Platzes gestanden und eine Höhe von etwa hundertfünfzig bis hundertachtzig Metern erreicht. Dicht unterhalb der Spitze waren mehrere übereinanderliegende, waagerechte Scheiben angebracht gewesen, und entlang der Oberkante ein Kranz nadelartiger Türmchen. Die meisten Mauerbrocken, die sich gelöst hatten, waren offenkundig nach außen gestürzt – ein glücklicher Umstand, denn andernfalls wäre die Rampe sicherlich zertrümmert und das gesamte Innere verschüttet worden. Trotzdem zeigte die Rampe beklagenswerte Schäden; die Verschüttung hingegen war so geringfügig, als seien sämtliche der untersten Torbögen erst kürzlich freigeräumt worden.

Wir brauchten nur einen Augenblick, um uns darüber klar zu werden, dass dies zweifelsfrei der Weg war, auf dem die anderen herabgestiegen waren, und dass es auch der naheliegende Weg für unseren eigenen Aufstieg sein würde, trotz der langen Papierschnitzelspur, die wir bereits hinter uns ausgelegt hatten. Der Turm lag nicht weiter von den Vorbergen und unserem wartenden Flugzeug entfernt als das große terrassenförmige Gebäude, das wir zuerst betreten hatten, und jede weitere Erkundung, die wir bei diesem Besuch noch in Angriff nehmen mochten, musste in diese Richtung führen.

Merkwürdigerweise glaubten wir noch immer an mögliche spätere Besuche, und das nach all dem, was wir hier gesehen und uns bisher zusammengereimt hatten! Dann, als wir behutsam über die Trümmer auf dem großen Rundboden voranstiegen, traf uns ein Anblick, der sofort alle Überlegungen vergessen ließ. Sie waren von der Rampe verdeckt gewesen, daher hatten wir sie bisher nicht gesehen – drei ordentlich abgestellte Schlitten.

Sie waren es – die drei Schlitten, die aus Lakes Lager fehlten –, die Kufen abgewetzt von unerbittlichem gewaltsamen Zerren über weite Strecken schneefreien Mauerwerks und Schutts. Man hatte sie sorgfältig und zweckmäßig bepackt und verzurrt und sie trugen Dinge, die uns nur zu vertraut waren: den Ölofen, Benzinkanister, Werkzeugkisten, Konservenbüchsen, Zeltplanen, die offenbar um einige Bücher und andere, weniger leicht erkennbare Gegenstände gewickelt waren – lauter Bestandteile von Lakes Ausrüstung.

Nach unserem Fund in jenem anderen Raum waren wir bis zu einem gewissen Grad auf diese Entdeckung gefasst gewesen. Der große Schock kam, als wir hinübergingen und eine der Ölhäute aufschnürten, deren Umrisse uns besonders alarmiert hatten. Wie es scheint, besaßen noch andere als Lake ein ähnliches Interesse wie er an der Sammlung charakteristischer Forschungsexemplare, denn zwei davon lagen nun hier vor uns; beide steifgefroren, vollständig erhalten, bedeckt mit Heftpflastern, wo die Halsgegend Verletzungen aufwies, und sorgsam eingepackt, um weitere Beschädigungen zu vermeiden. Es waren die Leichen des jungen Gedney und des vermissten Hundes.

X

Wahrscheinlich werden uns viele Menschen nicht nur für wahnsinnig, sondern obendrein noch für gefühllos halten, weil wir uns schon kurz nach dieser traurigen Entdeckung wieder für den nördlichen Tunnel und den Abgrund interessierten – doch es trat ein besonderer Umstand ein, der uns unvorbereitet traf und eine ganze Kette neuer Mutmaßungen in Gang setzte. Wir hatten die Plane wieder über den armen Gedney gelegt und standen stumm und erschüttert da, als wir endlich die Geräusche registrierten – die ersten Geräusche, die wir hörten, seit wir aus den luftigen Regionen unter freiem Himmel, wo der Gebirgswind schwach von unirdischen Höhen herabheulte, hinabgestiegen waren. Obwohl es völlig alltägliche Geräusche waren, wirkten sie in dieser abgeschiedenen Welt des Todes außergewöhnlicher und nervenzerrender als es vielleicht irgendwelche grotesken oder unwirklichen Lauten vermocht hätten – denn sie ließen jetzt all unsere Auffassungen von einer kosmischen Harmonie zusammenbrechen.

Wäre es irgendeine Andeutung jenes bizarren melodischen Pfeifens gewesen, das wir aufgrund von Lakes Untersuchungen bei jenen anderen erwarteten – und das unsere überspannte Einbildung tatsächlich aus jedem Seufzer des Windes heraushörte, seit wir die Schrecken im Lager entdeckt hatten –, so hätte es in einer Art höllischer Übereinstimmung irgendwie zu unserer seit Endlosigkeiten toten Umgebung gepasst. Eine Stimme aus anderen Zeiten gehört in einen Friedhof anderer Zeiten. Doch nun zerschlug das Geräusch alle unsere bisher als gesichert angesehenen Auffassungen – unsere ganze stillschweigende Annahme, die innere Antarktis sei eine Einöde und vollkommen und unwiderruflich frei von jeder Spur normalen Lebens. Was wir hörten, war nicht der unbeschreibliche Klang einer begrabenen Blasphemie der alten Erde, der durch übernatürliche Zähigkeit und eine seit Urzeiten entbehrte Polarsonne eine monströse Regung entlockt wurde. Nein, es handelte sich um etwas, das so haarsträubend normal und uns seit unseren Tagen auf See vor Viktoria-Land und im Lager am McMurdo-Sund so sehr vertraut geworden war, dass uns ein Schauder erfasste, es hier zu vernehmen, wo solche Dinge nicht hingehörten. Denn – es war nichts weiter als das raue Kreischen eines Pinguins.

Das gedämpfte Geräusch drang tief unterhalb der Eisdecke hervor, gegenüber dem Korridor, durch den wir hierhergelaufen waren – aus der Richtung, in der der Tunnel lag, der dem gigantischen Abgrund zustreben musste. Die Gegenwart eines lebenden Wasservogels in solch einer Region – in einer Welt, deren Oberfläche seit ewigen Zeitaltern nicht das geringste Leben beherbergte – konnte nur eine einzige Schlussfolgerung zulassen; daher wollten wir uns sofort von der unwiderlegbaren Wirklichkeit dieses Kreischens überzeugen. Es wiederholte sich mehrmals und es schien gelegentlich aus mehr als einer Kehle zu dringen. Auf der Suche nach seinem Ursprung liefen wir in einen Bogengang, aus dem reichlich Schutt entfernt worden war. Sobald wir ins Dunkel marschierten, streuten wir wieder unsere Wegmarkierungen aus – zusätzliches Papier hatten wir mit Widerwillen einem der verschnürten Bündel auf dem Schlitten entnommen.

Als der vereiste Boden von angehäuftem Geröll unterbrochen wurde, erkannten wir einige deutliche Schleifspuren; und einmal entdeckte Danforth einen klar erkennbaren Abdruck von einer Art, den zu beschreiben wohl völlig überflüssig ist. Wir folgten den Pinguinschreien, die unserer Karte nach genau zur der etwas nördlicheren Tunnelöffnung führen mussten. Erleichtert stellten wir fest, dass wir die Kellergeschosse durch eine anscheinend freie Unterführung ohne Brücken durchqueren konnten. Der Tunnel musste im Keller eines großen pyramidenförmigen Bauwerks beginnen, das wir von unserem Erkundungsflug her vage als bemerkenswert gut erhalten in Erinnerung hatten. Unterwegs erhellte unsere Taschenlampe die übliche Fülle von Reliefs, doch wir hielten nicht inne, um sie uns anzusehen.

Plötzlich schälte sich vor uns ein aufgeblähter weißer Umriss aus dem Dunkel und wir ließen unsere zweite Lampe aufflammen. Seltsam, wie schnell diese neue Suche die frühere Angst vor dem, was ganz in der Nähe lauerte, verdrängt hatte. Die anderen hatten sich gewiss vorgenommen, nach der Erkundung des Abgrundes ihre Beute zu holen, die sie auf dem großen Rundplatz zurückgelassen hatten – dennoch hatten wir alle Vorsicht ihnen gegenüber vergessen, so als hätte es sie niemals gegeben.

Dieses weiße watschelnde Ding war volle 1,80 m groß, aber wir erkannten sofort, dass es nicht zu jenen anderen gehörte, denn diese waren größer und dunkel, und den Bildern zufolge bewegten sie sich am Land rasch und sicher, trotz der seltsamen, dem Tiefseeleben dienlichen Tentakel. Doch es wäre müßig zu behaupten, dass das weiße Etwas uns nicht zutiefst entsetzte. Ja, uns durchzuckte einen Augenblick lang eine primitive Panik, die fast tiefer ging als die schlimmsten unserer begründeten Ängste vor jenen anderen.

Dann folgte die Sekunde der Erleichterung, als die weiße Gestalt in einen Seitengang schlurfte, um sich zwei Artgenossen anzuschließen, die sie mit heiseren Tönen herbeigerufen hatten.

Denn es war nur ein Pinguin – wenn auch von einer riesigen, unbekannten Gattung, größer als die mächtigsten der bekannten Kaiserpinguine und durch ihren Albinismus und der völligen Augenlosigkeit einfach monströs.

Als wir dem Geschöpf in den Bogengang gefolgt waren und das Licht beider Taschenlampen auf die unbekümmerte, uns gegenüber achtlose Dreiergruppe richteten, sahen wir, dass sie allesamt augenlose Albinos derselben unbekannten und riesigen Pinguingattung waren. Ihre Größe gemahnte uns an einige der urzeitlichen Pinguine, die wir auf den Reliefs der Großen Alten gesehen hatten, und wir schlossen sofort, dass sie zur selben Rasse gehörten – und die ihr Überleben fraglos dem Rückzug in wärmere Erdtiefen verdankten, in deren ewiger Finsternis ihre Pigmente verschwunden und ihre Augen zu bloßen nutzlosen Schlitzen verkümmert waren. Dass ihr jetziger Lebensraum jener gewaltige Abgrund war, nach dem wir suchten, bezweifelten wir nicht einen Augenblick lang; und dieser Beweis für die bis heute fortwährende Wärme und Bewohnbarkeit des unterirdischen Schlundes weckte in uns absonderlichste und verstörende Fantasien.

Wir fragten uns auch, was diese drei Vögel veranlasst haben mochte, sich aus ihrem vertrauten Gebiet hervorzuwagen. Der Zustand und die Stille der großen toten Stadt machten deutlich, dass sie niemals, zu keiner Jahreszeit, als Brutplatz der Tiere gedient hatte, und die offenkundige Gleichgültigkeit des Trios uns gegenüber ließ es fraglich erscheinen, ob sie durch jene anderen aufgescheucht worden waren. Konnte es sein, dass die anderen die Pinguine angegriffen hatten? Vielleicht hatten sie versucht, ihre Fleischvorräte aufzustocken? Wir bezweifelten, dass der beißende Geruch, der den Hunden so verhasst gewesen war, eine vergleichbare Abneigung bei den Pinguinen erweckte, da deren Vorfahren offenkundig einvernehmlich mit den Großen Alten zusammengelebt hatten – ein friedliches Verhältnis, das da unten fortbestand, solange noch einer der Großen Alten dort verweilte. Wir bedauerten – in einem Aufflackern unseres alten wissenschaftlichen Geistes –, diese anomalen Kreaturen nicht fotografieren zu können, und überließen sie einfach ihrem Gekreische, um weiter dem Abgrund entgegenzulaufen. Dass er zugänglich war, schien ja nunmehr eindeutig bewiesen, und anhand vereinzelter Pinguinspuren ließ sich seine Richtung klar erkennen.

Als wir wenig später durch einen langen, niedrigen, türlosen und relieffreien Gang steil in die Tiefe stiegen, waren wir sicher, uns endlich dem Tunneleingang zu nähern. Wir trafen auf zwei weitere Pinguine und hörten unmittelbar vor uns noch mehr. Der Gang mündete in ein gigantisches freies Gewölbe, das uns unwillkürlich den Atem anhalten ließ – eine vollendet gerundete Hohlkuppel, offensichtlich tief unter der Erde. Sie war volle dreißig Meter im Durchmesser und fünfzehn Meter hoch, mit niedrigen Torbögen, die sich ringsum auftaten, außer an einer Stelle, an der eine höhlenartige, schwarze, überwölbte Öffnung gähnte, die die Symmetrie der Gruft bis zu einer Höhe von nahezu vier Metern durchbrach. Es war der Zugang zum großen Abgrund.

Unter dieser gewaltigen Halbkugel, deren Decke in Anlehnung an den vorzeitlichen Himmelsdom mit eindrucksvollen Reliefs verziert war, watschelten ein paar Albinopinguine umher – Fremde an diesem Ort, unbeteiligt und blind. Der schwarze Tunnel fiel steil ins Bodenlose ab, seine Öffnung schmückten Pfeiler und ein Torsturz mit grotesken Steinschnitzereien. Aus diesem kryptischen Rachen meinten wir, einen Strom etwas wärmerer Luft zu verspüren, und vielleicht entwich ihm auch der Anflug eines Geruchs, und wir fragten uns, welche Lebewesen außer den Pinguinen die grenzenlosen Weiten dort unten und das damit verknüpfte Tunnelnetz im Herzen des titanischen Gebirges beherbergen mochten. Außerdem stellten wir uns die Frage, ob der sonderbare Rauchstreifen, den der bedauernswerte Lake anfangs über einer der Bergspitzen sah, und auch der seltsame Dunstschleier, den wir rund um dem mauergekrönten Gipfel wahrgenommen hatten, nicht vom Dampf herrührte, der durch verschlungene Kanäle aus den unergründeten Regionen des Erdkerns emporstieg.

Als wir den Tunnel betraten, erkannten wir, dass er – zumindest anfangs – etwa viereinhalb Meter breit und ebenso hoch war. Wände, Boden und die gewölbte Decke bestanden aus den üblichen Mauern aus Megalithgestein. An den Wänden fanden sich nur an wenigen Stellen die üblichen Zierrahmen in spätem Stil; das Mauerwerk und die Steinmetzarbeiten waren alle wunderbar erhalten. Der Boden war ziemlich sauber, abgesehen von einer dünnen Schuttschicht, in der sich die heraufführenden Pinguinfährten und die hinabführenden Spuren der anderen abzeichneten. Je weiter wir vorankamen, desto wärmer wurde es, sodass wir schon bald unsere dicken Schneejacken aufknöpften. Gab es dort unten wirklich eine vulkanische Tätigkeit und war das Wasser des sonnenlosen Sees heiß?

Bald wich das Mauerwerk gewachsenem Fels, obwohl der Tunnel die Abmessungen seines gemauerten Vorgängers beibehielt und weiterhin glatt gemeißelt war. Mitunter wurde sein Gefälle so stark, dass Rillen in den Boden gehauen worden waren. Mehrfach bemerkten wir Öffnungen in kleine Seitengänge, die wir nicht in unseren Plänen eingezeichnet hatten; keiner von ihnen würde das Zurückfinden erschweren, doch sie waren gut geeignet als mögliche Verstecke, falls wir auf unerünschte Wesen auf ihrem Weg aus dem Abgrund treffen sollten. Der unbeschreibliche Geruch dieser Geschöpfe war sehr ausgeprägt.

Zweifellos kam es selbstmörderischem Wahnsinn gleich, sich unter den gegebenen Umständen weiter in diesen Tunnel vorzuwagen, doch der Reiz des Unbekannten wirkt auf manche Menschen stärker als die meisten vermuten – und gerade durch ihn hatte es uns ja erst in diese unirdische polare Leere verschlagen. Wir gingen weiter und begegneten mehreren Pinguinen. Wie weit würden wir noch hinabsteigen müssen? Anhand der Reliefs hatten wir einen steilen Abstieg von etwa eineinhalb Kilometern erwartet, doch unser bisheriger Marsch zeigte, dass ihrem Maßstab wohl nicht ganz zu trauen war.

Nach etwa vierhundert Metern wurde dieser unmöglich zu beschreibende Gestank ungemein eindringlich, und wir schielten sehr gewissenhaft in die verschiedenen Seitengänge, an denen wir vorbeikamen. Hier gab es keinen Dunst wie zuvor am Eingang, doch fraglos lag dies daran, dass es hier unten keine kühlere Kontrastluft gab. Die Temperatur stieg schnell an und wir waren nicht überrascht, als wir einen achtlos hingeworfenen Haufen fanden, der uns schauderhaft vertraut vorkam. Es handelte sich um Pelzbekleidung und Zeltbahnen aus Lakes Lager, aber wir blieben nicht stehen, um die bizarren Fetzen zu begutachten, zu denen die Stoffe zerrissen worden waren.

Wenig später fiel uns auf, dass die Seitengänge jetzt immer zahlreicher und immer größer wurden – vermutlich hatten wir nun das engmaschig durchhöhlte Gebiet unterhalb der höheren Vorberge erreicht. In den seltsamen Geruch mischte sich jetzt ein zweiter, kaum weniger unangenehmer Gestank – er ließ uns an Verwesung und vielleicht auch unbekannte unterirdische Pilze denken.

Plötzlich dehnte sich der Stollen überraschend aus. Darauf hatten uns die Steinmetzreliefs nicht vorbereitet. Der Gang weitete sich seitwärts und nach oben zu einer hohen, anscheinend natürlichen ovalen Höhle mit flachem Boden, gut zwanzig Meter lang und fünfzehn breit, gesäumt mit riesigen Seitengängen, die in kryptische Finsternis fortstrebten.

Obwohl diese Höhle aussah, als sei sie insgesamt auf natürliche Weise entstanden, stellten wir im Licht der beiden Taschenlampen fest, dass sie durch die Zerstörung mehrerer Trennwände zwischen benachbarten Tunnelwaben erweitert worden waren. Die Höhlenwände waren rau und die hohe, gewölbte Decke hing voller Stalaktiten, doch der massive Felsboden war glattgeschliffen und so vollkommen frei von Trümmern, Schutt und sogar Staub, dass sich dies keineswegs durch eine natürliche Ursache erklären ließ. Abgesehen von dem Zugang, der uns hergeführt hatte, traf dies auf die Böden aller großen Gänge zu, die von der Höhle abzweigten – wir konnten uns dies wirklich nicht erklären. Der eigenartige neue Gestank, der sich mit dem anderen Geruch vermengt hatte, war hier sehr stark, ja, so beißend, dass er den anderen Geruch vollständig überlagerte. Etwas an diesem Ort mit seinem glatt polierten, fast glitzernden Boden erfüllte uns mit einer so starken unterschwelligen Verstörung und Angst wie keine andere der Ungeheuerlichkeiten, denen wir bisher begegnet waren.

Die Gleichmäßigkeit des direkt vor uns liegenden Tunnels, in dem sich obendrein der Kot der Pinguine häufte, ließ nicht den geringsten Zweifel aufkommen, in welchen unter all diesen gleich großen Höhleneingängen der richtige Weg führte. Trotzdem beschlossen wir, wieder Papierschnitzel auszustreuen, denn falls die Orientierung schwieriger werden sollte, konnten wir auf Fährten im Staub nun natürlich nicht mehr hoffen.

Als wir in den Tunnel eintraten, strich der Lichtstrahl unserer

Lampe über die Wände – und wir blieben wie angewurzelt stehen vor lauter Bestürzung über den absolut radikalen Wandel der Steinmetzarbeiten. Natürlich waren wir uns des großen Rückschritts in den Arbeiten der Großen Alten zur Zeit der Tunnelgrabung bewusst und hatten auch die nachlassende Kunstfertigkeit der Ornamente in den zurückliegenden Abschnitten bemerkt. Doch jetzt, in diesem tieferen Teil hinter der Höhle, trat ein Unterschied auf, der sich jeder Erklärung entzog – ein so jäher Unterschied in der grundlegenden Methode wie auch in der künstlerischen Güte, der sich in einem derart kläglichen Verfall handwerklichen Könnens niederschlug, dass er uns völlig überraschte.

Diese neuen Arbeiten waren ungeschickt, klobig und ohne die geringsten filigranen Details. Sie waren übermäßig tief in die Tunnelwände eingeschlagen, in derselben Höhe wie die in den früheren Abschnitten, doch diese Reliefs hier schlossen nicht bündig mit der Wandoberfläche ab. Danforth meinte, es könnte sich um überarbeitete Darstellungen handeln – eine Art Palimpsest, das nach der Beseitigung vorangegangener Reliefs geschaffen worden war. Sie waren schlicht, rein dekorativ und bestanden aus groben Spiralen und Winkeln in der mathematischen Tradition der Großen Alten, die auf der Zahl Fünf beruhte, doch wirkten sie eher wie eine Parodie als eine Fortführung dieses Brauches.

Wir konnten uns des Gedankens einfach nicht erwehren, dass sich in die Ästhetik dieser Arbeit ein unklares, aber tiefgreifendes fremdes Element eingeschlichen hatte – und dieses fremde Element könnte auch der Grund für die beflissene Überarbeitung der alten Steinmetzarbeiten sein, vermutete Danforth. Diese Reliefs ähnelten zwar der Kunst der Großen Alten, so wie wir sie kennengelernt hatten, zugleich aber auch nicht. Ich fühlte mich ständig an Mitteldinge wie die plumpen, den römischen Stil nachäffenden Bildhauerarbeiten aus Palmyra in Syrien erinnert. Vor einem dieser Friese lag auf dem Boden eine gebrauchte Lampenbatterie, und daraus schlossen wir, dass kurz vor uns auch die anderen diese Darstellungen gesehen hatten.

Da wir es uns nicht leisten konnten, längere Zeit mit einer genaueren Betrachtung zu vergeuden, setzten wir unseren Weg bereits nach einem flüchtigen Überblick fort. Aber wir leuchteten jetzt die Wände häufig ab, um festzustellen, ob es noch weitere Veränderungen in den Ausschmückungen gab, doch wir sahen nichts dergleichen – wegen der zahlreichen Unterbrechungen durch Seitengänge kamen allerdings nur sehr wenige Reliefs vor.

Wir sahen und hörten jetzt kaum noch Pinguine, glaubten jedoch, unendlich weit entfernt irgendwo aus dem Innern der Erde einen Chor ihrer Stimmen zu vernehmen. Der neue und unerklärliche Gestank war ekelerregend scharf und überlagerte völlig den anderen unbeschreiblichen Geruch. Vor uns zeugten sichtbare Dunstschwaden von wachsenden Temperaturunterschieden und der relativen Nähe der sonnenlosen Meeresklippen des großen Abgrunds.

Und dann, vollkommen unvermittelt, sahen wir einige Hindernisse vor uns auf dem glatt geschliffenen Boden liegen – Hindernisse, die ganz gewiss keine Pinguine waren. Sie bewegten sich nicht und wir schalteten unsere zweite Taschenlampe ein.

XI

Wieder bin ich an einen Punkt gelangt, an dem es mir sehr schwerfällt, weiter zu erzählen. Ich sollte inzwischen abgehärtet sein, doch es gibt Erlebnisse, die zu tiefe Wunden verursachen, um je eine Heilung zu gestatten. Solche Erlebnisse lassen jedoch eine gesteigerte Empfindsamkeit zurück, sodass in der Erinnerung alles ursprüngliche Grauen immer wieder zum Leben erwacht.

Wie gesagt, sahen wir einige Hindernisse auf dem glatt polierten Boden vor uns, und ich darf hinzufügen, dass uns beinahe gleichzeitig ein Schwall jenes seltsamen, vordringlichen Geruchs in die Nasen drang, der sich jetzt ganz unverkennbar mit dem außerordentlichen Gestank jener anderen vermengte, die hier vor uns gegangen waren. Der Lichtstrahl der Taschenlampen erlaubte keinen Zweifel daran, worum es sich bei den Gebilden vor uns handelte, und wir trauten uns nur näher an sie heran, weil wir sofort erkannten, dass sie keine Bedrohung darstellten, ebenso wenig wie die sechs verwandten Exemplare, die unter den sternförmigen Hügeln im Lager des armen Lake begraben worden waren.

Ihnen fehlten ebenfalls einige Gliedmaßen, genauso wie den meisten von denen, die wir ausgegraben hatten – doch die dickflüssige dunkelgrüne Lache, die sich um sie herum ausbreitete, zeigte sehr deutlich, dass ihre Wunden bei Weitem nicht so alt waren. Es waren wohl nur vier von ihnen, doch durch Lakes Berichte hatten wir vermutet, dass zu dem uns vorausgehenden Trupp mindestens acht gehörten. Sie in diesem Zustand vorzufinden, kam vollkommen unerwartet. Welch ungeheurer Kampf mochte hier unten in der Finsternis stattgefunden haben?

Pinguine, die als Gruppe angegriffen werden, setzen sich mit ihren Schnäbeln wütend zur Wehr, und von fern drang nun unmissverständlich der Lärm einer Brutstätte an unsere Ohren. Hatten die anderen einen solchen Brutplatz gestört und sich dadurch einer mörderischen Hatz ausgesetzt? Die Körper auf dem Boden vor uns boten dafür keine Anzeichen und Pinguinschnäbel hätten dem zähen Gewebe, das Lake seziert hatte, nicht derart schreckliche Verletzungen zufügen können, wie wir sie beim Näherkommen ausmachten. Ganz davon abgesehen schienen die riesigen blinden Vögel, die wir gesehen hatten, ausgesprochen friedfertig zu sein.

War also unter jenen anderen ein Kampf entbrannt? War dies das Werk der fehlenden vier? Falls ja, wo waren sie nun? Hielten sie sich noch in der Nähe auf und stellten eine direkte Gefahr für uns dar? Wir spähten besorgt in einige der glattbödigen Seitengänge hinein, während wir zögernd und zugegeben widerstrebend weitergingen.

Welcher Kampf auch immer hier stattgefunden hatte, er war zweifellos der Auslöser, der die Pinguine so aufgescheucht hatte, dass sie durch die Gänge geflohen waren. Er musste also nahe der schwach zu hörenden Brutkolonie in dem unermesslichen, fernen Abgrund begonnen haben, da nichts darauf hinwies, dass hier normalerweise irgendwelche dieser Vögel lebten.

Vielleicht war es zu einem schrecklichen Rückzugsgefecht gekommen und die schwächere Gruppe hatte versucht, zurück zu den versteckten Schlitten zu fliehen, als ihre Verfolger sie zur Strecke brachten. Man konnte sich diese Schlacht zwischen unsagbar monströsen Wesen förmlich vorstellen, wie sie aus dem schwarzen Abgrund hervorwogten und dabei eine gewaltige Gischt aus rasenden, kreischenden, trippelnden Pinguinen vor sich her schäumten.

Ich sagte, dass wir uns diesen hingestreckten und zerstückelten Kreaturen langsam und widerstrebend näherten. Wollte der Himmel, wir hätten uns ihnen überhaupt nicht genähert, sondern wären Hals über Kopf zurückgerannt, raus aus diesem blasphemischen Tunnel mit dem verschmierten glatten Boden und den entarteten Bildern, die die ursprünglichen Wandreliefs, an deren Stelle sie eingehauen worden sind, nur nachäfften und verhöhnten – zurückgerannt, bevor wir sahen, was wir dann sahen, und bevor sich etwas in unseren Verstand brannte, das uns niemals wieder unbeschwert atmen lassen wird!

Wir richteten das Licht beider Taschenlampen auf die daliegenden Wesen und erkannten schnell, worin das gemeinsame Hauptmerkmal ihrer Unvollständigkeit bestand. Zerbissen, zerquetscht, entstellt und zerfetzt wie sie waren, bestand doch die schlimmste Verstümmelung in der vollständigen Enthauptung – jedem der vier fehlte der tentakelbesetzte, seesternförmige Kopf.

Als wir näher herankamen, sahen wir, dass die Enthauptung eher durch ein höllisches Reißen oder Saugen vollzogen worden war, als durch irgendeine herkömmliche Art der Abtrennung. Ihr ekeliger dunkelgrüner Lebenssaft breitete sich zu einer großen Lache aus, doch sein Gestank wurde von dem neueren, stärkeren Geruch überlagert, der hier durchdringender herrschte als an irgendeinem anderen Punkt unseres bisherigen Weges.

Erst als wir ganz dicht vor den getöteten Kreaturen standen, erkannten wir die Quelle dieses zweiten, unerklärlichen Gestanks – und in diesem Moment schrie Danforth grauenvoll gequält auf, denn er erinnerte sich jetzt an einige überaus eindringliche Darstellungen aus der Geschichte der Großen Alten in der permischen Epoche vor hundertfünfzig Millionen Jahren, und sein Schrei gellte hysterisch durch den gewölbten und uralten Tunnelgang mit den überarbeiteten gottlosen Steinmetzarbeiten.

Ich stand kurz davor, in seinen Schrei einzustimmen, denn auch ich hatte die vorzeitlichen Reliefs gesehen und schaudernd das Geschick bewundert, mit dem der unbekannte Künstler jene abscheuliche Schleimschicht wiedergegeben hatte, mit der einige der verstümmelt daliegenden Großen Alten bedeckt worden waren – die Überreste jener Hingeschlachteten, denen im großen Unterwerfungskrieg von den fürchterlichen Schoggothen auf unverkennbare Manier grausig die Köpfe abgesaugt worden waren. Es waren schändliche, albtraumartige Darstellungen, auch wenn sie von uralten, längst vergangenen Dingen berichteten, denn die Schoggothen und ihre Taten sollten nie von Menschen erblickt werden, noch sollten sie irgendwelche anderen Geschöpfe darstellen. Der wahnsinnige Verfasser des *Necronomicon* hat furchtsam versucht, glaubhaft zu machen, kein Schoggothe sei auf diesem Planeten gezüchtet worden und nur drogenbenebelte Träumer hätten sie fantasiert.

Ungeformtes Protoplasma mit der Fähigkeit, alle Formen und Organe und Glieder nachzuäffen und zu imitieren – klebrige Ballen von blubberndem Zellgewebe – quabblige Sphäroide, mehr als vier Meter groß, grenzenlos nachgiebig und dehnbar – Sklaven hypnotischer Befehle, Erbauer von Städten – immer aufmüpfiger, immer intelligenter, immer amphibischer, immer besser zur Nachbildung fähig! Großer Gott! Welcher Irrsinn hatte die blasphemischen Großen Alten bewogen, sich solcher Wesen zu bedienen, sie sogar in Stein zu verewigen?

Und jetzt, als Danforth und ich den frisch glitzernden, schillernd-spiegelnden schwarzen Schleim sahen, der dick an diesen kopflosen Leibern haftete und geradezu obszön jenen neuen, unbekannten Gestank verströmte, dessen Herkunft nur eine kranke Fantasie sich auszumalen vermag … an jenen Leibern haftete und einen Abschnitt der verfluchten neu gestalteten Tunnelwand als ein gekleckstes Muster sprenkelte … da kosteten wir die Essenz kosmischer Furcht bis zur tiefsten Neige.

Ich meine nicht etwa die Furcht vor den vier anderen – wir waren uns sicher, dass sie niemandem mehr etwas zuleide taten. Diese armen Teufel! Im Grunde waren sie nicht böse gewesen. Sie waren die Menschen eines anderen Zeitalters und einer anderen Seinsordnung. Die Natur hatte ihnen einen teuflischen Streich gespielt – so wie sie es noch mit weiteren von ihnen tun wird, die menschliche Verrücktheit, Gefühllosigkeit oder Grausamkeit bald in dieser grässlichen toten oder schlafenden

Polarwüste ans Licht zerren wird – und so endete ihre tragische Heimkehr. Sie waren überhaupt nicht primitiv gewesen – denn was hatten sie schon verbrochen?

Ein grauenvolles Erwachen in der Kälte einer unbekannten Epoche … vielleicht ein Angriff der pelzigen, wie rasend bellenden Vierfüßer, eine benommene Verteidigung gegen diese Tiere und gegen die nicht weniger rasenden weißen Affenwesen mit ihren sonderbaren Umhüllungen und Apparaturen … armer Lake, armer Gedney … und arme Große Alte!

Wissenschaftler bis zuletzt – was haben sie getan, das wir an ihrer Stelle nicht genauso getan hätten? Gott, und was für eine Intelligenz und Beharrlichkeit! Was für ein Mut gegenüber dem Unglaublichen, gerade so wie ihre Artgenossen und Vorgänger den Mut aufgebracht hatten gegenüber Ereignissen, die kaum weniger unglaublich waren! Hohltiere, Pflanzen, Monster, Sternenbrut – um was auch immer es sich bei ihnen gehandelt hatte, sie waren Menschen!

Sie hatten die eisbedeckten Gipfel überquert, an deren mit Tempeln bebauten Hängen sie einst ihre Weihen vollzogen hatten und wo sie zwischen Baumfarnen gewandelt waren. Sie hatten ihre tote Stadt schlafend unter ihrem eisigen Fluch angetroffen und sie hatten die Geschichte ihrer Spätzeit so wie wir aus den Reliefs abgelesen. Sie hatten versucht, ihre lebenden Artgenossen in der fabelhaften Tiefe ewiger Schwärze zu erreichen, in der sie nie gewesen waren – und was hatten sie gefunden?

All dies schoss Danforth und mir durch den Sinn, als wir von diesen geköpften, schleimbesudelten Körpern auf die widerlichen bearbeiteten Reliefs und weiter zu der teuflischen Gruppe frischer Schleimkleckse auf der Tunnelwand daneben sahen … sahen und begriffen, was hier unten in der zyklopischen Unterwasserstadt triumphiert und überlebt haben musste, in diesem stockfinsteren, von Pinguinen gesäumten Abgrund, aus dem eben jetzt eine unheilvolle, wabernde Nebelschwade fahl heraufbrach, wie zur Antwort auf Danforths hysterischen Schrei.

Der Schock der Erkenntnis hatte uns zu stummen, reglosen Standbildern erstarren lassen. Erst als wir später darüber sprachen, erfuhren wir von der völligen Übereinstimmung unserer Gedanken in diesem Augenblick. Es schien eine Ewigkeit zu vergehen, während der wir dort standen, obwohl es in Wahrheit kaum mehr als zehn oder fünfzehn Sekunden gewesen sein können. Dieser abscheuliche bleiche Nebel wälzte sich heran, als drücke ihn eine dahinter vorrückende Masse vorwärts – und dann ertönte ein Ruf, der viel von dem über den Haufen warf, was wir uns gerade zurechtgelegt hatten.

Dieser Laut brach den Bann und wir rannten wie irrsinnig an kreischenden, verwirrten Pinguinen vorbei, auf dem gleichen Weg zurück, den wir gekommen waren, flüchteten hinauf zur Stadt, rasten blind durch die tief unter dem Eis versunkenen megalithischen Korridore, wollten nur zurück zum großen Rundplatz und dann wie irre die urzeitliche Wendelrampe rauf, bis wir die gesunde frische Luft und das Licht des Tages erreichen würden.

Dieser neue Laut warf, wie bereits angedeutet, viele unserer gewonnenen Annahmen über den Haufen; er entsprach nämlich dem, was wir aufgrund der Untersuchung von Lake den für tot gehaltenen Großen Alten zugeschrieben hatten. Es handelte sich, wie Danforth mich später aufklärte, um das gleiche Geräusch, das er in unendlich abgedämpfter Form aufgeschnappt hatte, als wir hinter der Wegbiegung oberhalb der Eisdecke standen, und es klang dem Pfeifen des Windes schockierend ähnlich, das wir beide oben in den hoch gelegenen Berghöhlen vernommen hatten.

Auf die Gefahr hin, kindisch zu erscheinen, möchte ich noch etwas hinzufügen, und sei es nur wegen der überraschenden Übereinstimmung zwischen Danforths und meinen Eindrücken. Natürlich hatte uns gleichartige Lektüre darauf eingestimmt, beide denselben Eindruck zu empfangen, wenngleich Danforth erwähnte, es gebe sonderbare Vermutungen über ungeahnte und verbotene Quellen, zu denen Edgar Allan Poe Zugang gehabt haben soll, als er vor einem Jahrhundert seinen *Arthur Gordon Pym* schrieb. Man wird sich erinnern, dass in dieser fantastischen Erzählung ein Wort von unbekannter, aber entsetzlicher und unheilvoller Bedeutung vorkommt, das mit der Antarktis zusammenhängt und unaufhörlich von den kolossalen, gespenstisch schneeweißen Vögeln im Herzen jener widrigen Region herausgeschrien wird: *»Tekeli-li! Tekeli-li!«* Genau das, muss ich gestehen, glaubten wir, aus dem plötzlichen

Laut hinter dem heranwallenden weißen Nebel herauszuhören – aus jenem hinterhältigen wohlklingenden Pfeifen mit dem einzigartig großem Tonumfang.

Wir rannten um unser Leben, bevor auch nur drei Töne oder Silben erklungen waren, obwohl wir wussten, dass uns das, was Danforths Schrei uns auf den Hals gehetzt hatte, augenblicklich einholen konnte, falls es das wirklich wollte. Doch wir hofften, dass wir für ein solches Wesen so interessant sein würden, dass es uns verschonte, und sei es nur aus wissenschaftlicher Neugier – da es uns nicht fürchten musste, besaß es ja auch keinen Grund, uns etwas zuleide zu tun. Ein Versteck zu suchen, war jetzt völlig sinnlos, deshalb leuchteten wir im Laufen mit unserer Taschenlampe hinter uns und sahen, dass der Nebel abnahm. Sollten wir zu guter Letzt einen lebenden Vertreter der Großen Alten zu Gesicht bekommen? Und wieder erklang jenes heimtückische melodische Pfeifen – *»Tekeli-li Tekeli-li!«*

Dann, als wir bemerkten, dass unser Verfolger immer weiter zurückblieb, kam uns der Gedanke, das Wesen sei vielleicht verletzt. Doch wir durften nichts riskieren, da es uns ganz klar verfolgte, weil es Danforths Schrei angelockt hatte, und nicht, weil es auf der Flucht vor irgendeinem anderen Geschöpf war – daran gab es keinen Zweifel.

Aber wo steckte dieser unvorstellbare Albtraum, dieser stinkende, nie erblickte Berg schleimverspritzenden Protoplasmas, dessen Rasse den Abgrund eroberte und Abordnungen heraufgeschickt hatte, die durch die Berghöhlen gekrochen waren, um neue Reliefs zu meißeln? Es tat uns wirklich sehr leid, den vermutlich entkräfteten Großen Alten – wahrscheinlich der einzige Überlebende – einem namenlosen Schicksal zu überlassen.

Dem Himmel sei Dank, dass wir unsere Flucht nicht verlangsamten, denn die wogende Nebelwand hatte sich wieder verdichtet. Sie wälzte jetzt schnell heran, während die umherirrenden Pinguine hinter uns in panischer Furcht kreischten und schrien. Da sie die Begegnungen mit uns kaum beunruhigt hatten, war das wirklich erstaunlich. Abermals erklang jenes unheilvolle, mehrere Tonlagen umfassende Pfeifen – *»Tekeli-li Tekeli-li!«*

Wir hatten uns geirrt. Der Große Alte war nicht verwundet, er hatte nur innegehalten, wahrscheinlich als er auf die Leichen seiner getöteten Artgenossen mit der höllischen Schleiminschrift an der Wand über ihnen gestoßen war. Wir werden niemals erfahren, was die dämonische Botschaft besagte – doch die Bestattungen in Lakes Lager hatten gezeigt, wie wichtig diesen Wesen ihre Toten waren. Wir nahmen jetzt keine Rücksicht mehr auf die Batterien und erleuchteten mit den Taschenlampen die große, offene Höhle vor uns, wo mehrere Gänge zusammenliefen. Erleichtert hetzten wir an den bedrückenden, morbiden Relief-Palimpsesten vorbei.

Als wir die Höhle erreichten, erwachte eine neue Hoffnung: die Möglichkeit, unseren Verfolger in diesem verwirrenden Knotenpunkt der großen Tunnelgänge abzuschütteln. In der Weite der Höhle hielten sich mehrere Pinguine auf, die aus lauter Furcht vor dem herannahenden Wesen außer sich gerieten. Wenn wir jetzt das Licht unserer Lampe abdunkelten, bis es gerade noch zum Vorwärtskommen reichte, und es rigoros nach vorn richteten, und die panischen, schallenden Bewegungen der großen Vögel im Nebeldampf vielleicht unsere Schritte übertönten, könnte das unseren wahren Fluchtweg verschleiern und so irgendwie eine falsche Fährte legen. Der brodelnde, wallende Nebel konnte den Unterschied zwischen dem verdreckten Boden des Haupttunnels und der morbiden Glattgeschliffenheit der restlichen Gänge verhüllen; auch, soweit für uns abschätzbar, für die Großen Alten, trotz ihrer besonderen Sinne, die sie in Notfällen teilweise vom Licht unabhängig machten. Wir befürchteten sogar selbst, in unserer Eile vom Weg abzukommen. Natürlich hatten wir entschieden, direkt zur toten Stadt hinaufzulaufen – denn hätten wir uns in jenen unbekannten Tunnelwaben der Vorberge verirrt, wären die Folgen kaum vorstellbar gewesen.

Die Tatsache, dass wir überlebt haben, ist sicher Beweis genug dafür, dass das Wesen in einen falschen Tunnelgang lief, während wir durch die Gnade des Schicksals den richtigen erwischten. Die Pinguine allein können uns nicht gerettet haben, doch mithilfe des Nebels ist es wohl gelungen. Nur dank einer gütigen Fügung blieben die wirbelnden Schwaden im richtigen Augenblick dicht genug, doch unmittelbar bevor wir die Taschenlampe dunkler stellten und uns in der Hoffnung, der Verfolgung zu entgehen, unter die Pinguine mischten, teilten sich die

Dampfschwaden für eine Sekunde – und so, als wir ein letztes Mal voll verzweifelter Angst über die Schulter zurücksahen, erhaschten wir einen halb erkennenden, halb erahnenden Blick auf das herannahende Wesen. Falls das Schicksal, das uns im Nebel verbarg, gnädig war, so gilt für jenes, das uns diesen kurzen Blick gewährte, das genaue Gegenteil, denn jene flüchtige, verschwommene Vision sucht uns seither voller Grauen heim.

Dass wir noch einmal zurücksahen, lag vielleicht nur an dem uralten Instinkt des Gejagten, sich über den Abstand zum Verfolger klar zu werden … vielleicht war es aber auch ein Versuch, die Antwort auf eine unbewusste Frage zu finden, die einer unserer Sinne nun aufwarf. Selbstverständlich waren wir ganz auf unser Entkommen konzentriert und gar nicht imstande, Details wahrzunehmen oder zu analysieren, dennoch müssen unsere Hirnzellen unterschwellig über die Botschaft gerätselt haben, die sie durch die Geruchsnerven empfingen. Erst viel später haben wir verstanden, was es gewesen ist: Unser Rückzug von den mit stinkendem Schleim überzogenen kopflosen Opfern und das gleichzeitige Näherkommen unseres Verfolgers hatte nicht den Geruchswechsel mit sich gebracht, den man logischerweise erwartet hätte. In der Nähe der hingestreckten Kreaturen hatte der neue Gestank absolut über allem dominiert, doch inzwischen hätte er dem unbeschreiblichen Geruch des Großen Alten gewichen sein müssen. Dem war aber nicht so – stattdessen rochen wir nur die neuere, noch weniger erträgliche Ausdünstung, die mit jeder Sekunde immer giftiger und beißender wurde.

So blickten wir also beide gleichzeitig hinter uns, könnte man meinen; in Wahrheit hatte fraglos die begonnene Bewegung des einen den entsprechenden Reflex beim anderen ausgelöst. Dabei richteten wir beide Taschenlampen direkt in den für einen Augenblick zerfasernden Nebel; entweder aus schlichter Angst heraus, um so viel wie möglich zu sehen, oder in einem weniger primitiven, aber ebenso unbewussten Versuch, das Wesen zu blenden, ehe wir das Licht der Lampen dämpften und zwischen die Pinguine im Höhlenlabyrinth vor uns abtauchten. Welch fatale Handlung! Weder Orpheus selbst noch Lots Weib, haben ihren Blick zurück so teuer bezahlt. Und wieder erklang jenes schockierende Pfeifen – *»Tekeli-li! Tekeli-li!«*

Ich sage am besten ganz offen, was wir sahen – eine ausführliche Schilderung werde ich aber nicht ertragen. Meine Worte können ohnehin niemals auch nur ansatzweise das Grauen des Anblicks andeuten. Er lähmte unser Bewusstsein so vollkommen, dass ich nur darüber staunen kann, dass wir noch genügend Besinnung behielten, unsere Taschenlampen wie geplant abzudunkeln und den richtigen Gang in Richtung der toten Stadt einzuschlagen. Purer Instinkt muss uns geleitet haben – vielleicht besser als es der Verstand vermocht hätte. Aber dafür zahlten wir einen hohen Preis, denn unsere geistige Gesundheit hat stark gelitten.

Danforth war völlig am Ende mit den Nerven und das Nächste, woran ich mich erinnere, ist sein entrücktes Gekrächze einer wahnsinnigen Aufzählung – außer mir hätte kein Mensch auf der Welt etwas anderes als Irrsinn daraus herausgehört. Sein Gebrabbel hallte in schrillen Echos inmitten der Pinguinschreie wider; hallte durch die Gewölbe vor uns und durch die – Gott sei Dank! – jetzt leeren Gewölbe hinter uns. Er muss etwas später damit begonnen haben – sonst wären wir nicht mehr am Leben gewesen, unterwegs in blinder Flucht. Ich erschaudere bei dem Gedanken daran, was passiert wäre, falls er in seiner Anspannung auch nur eine Spur anders reagiert hätte.

»South Station Under … Washington Under … Park Street Under … Kendall … Central … Harvard …« Der arme Kerl rezitierte die vertrauten Haltestellen des Boston-Cambridge-Tunnels, der sich Tausende von Kilometern entfernt durch den friedlichen neu-englischen Heimatboden schlängelte. Für mich war das Ritual keineswegs sinnlos, aber es weckte auch keine heimatlichen Gefühle in mir – es war einfach grauenvoll, denn ich erfasste sofort die ungeheuerliche, abscheuliche Anspielung, die sich dahinter verbarg.

Als wir zurücksahen, hatten wir erwartet, durch die dünnen Dampfschwaden hindurch ein schreckliches, sich auf unglaubliche Art voranbewegendes Wesen zu erspähen, ein Wesen, von dem wir uns eine klare Vorstellung gemacht hatten. Aber was wir dann sahen – denn die Dämpfe hatten sich wirklich unheilvoll gelichtet –, war etwas vollkommen anderes, etwas unendlich Grässlicheres. Es war die ultimative, reale Verkörperung des »Dinges, das nicht sein darf« der fantastischen Romanschreiber.

Die ihm am nächsten kommende Beschreibung ist die einer ungeheuren, heranrasenden U-Bahn wie man sie vom Bahnsteig aus sieht – drohend und gigantisch tauchte die große schwarze Stirn aus unterirdischer Entfernung auf, bekränzt mit seltsam gefärbten Lichtern, den ungeheuren Schacht ausfüllend, wie ein Kolben sich durch einen Zylinder presst.

Doch wir standen nicht auf einem Bahnsteig – wir rannten auf den Gleisen! Die wabbelige Albtraumsäule quetschte ihren stinkenden, schwarzen, schillernden metergroßen Umfang eng in den Tunnel, raste heran, dabei einen wirbelnden, sich wieder verdichtenden fahlweißen Dampf aus dem Abgrund vor sich herwälzend. Es war ein unbeschreibliches Etwas, größer als jede U-Bahn-Lok – eine formlose Masse protoplasmatischer Blasen. Es leuchtete schwach aus sich selbst heraus und war mit Myriaden flüchtiger Augen bedeckt, die wie Eiterblasen auf der gesamten tunnelfüllenden Fratze grünlich aufglühten und aufplatzten. Es bohrte sich auf uns zu und zermalmte die verzweifelten Pinguine, glitschte über dem schimmernden Boden dahin, den es und seinesgleichen so eklig von allem Schutt freigefegt hatten.

Noch immer ertönte jener unheimliche, höhnische Schrei – *»Tekeli-li! Tekeli-li!«* Und jetzt erinnerten wir uns endlich, dass die dämonischen Schoggothen – die ihr Leben, ihr Denken und die formbaren Organstrukturen einzig und allein den Großen Alten verdankten – keine eigene Sprache kannten, außer der, die sich in den Punktmustern ausdrückte. Natürlich hatten sie auch keine eigenen Laute entwickelt – außer den nachgeahmten Tönen ihrer dahingegangenen Gebieter.

XII

Danforth und ich erinnern uns, den Weg durch die zyklopischen Räume und Korridore der toten Stadt zurückgesucht zu haben und irgendwann in das große, reliefgeschmückte Kuppelgewölbe hineingelaufen zu sein. Dies sind reine Traumbilder, ohne Einzelheiten, vorwärts ohne eigenen Willen und ohne bewusste körperliche Anstrengung. Es war, als trieben wir durch eine verschleierte Welt, eine Dimension ohne Zeit, Ursache oder

Orientierung. Das graue Zwielicht des riesigen runden Platzes ernüchterte uns zwar ein wenig, den verschnürten Schlitten näherten wir uns dennoch nicht. Wir warfen auch keinen Blick mehr auf den armen Gedney und den Hund – die beiden haben ein seltsames und titanisches Grabmal, mögen sie dort bis zum Ende dieses Planeten ungestört ruhen.

Erst jetzt, als wir uns die gewaltige gewundene Rampe hinaufquälten, spürten wir die enorme Erschöpfung und die Kurzatmigkeit, hervorgerufen durch unsere Hetzjagd in der dünnen Luft der Hochebene. Aber selbst die Angst vor dem Zusammenbruch ließ uns keine Rast einlegen, ehe wir die normale Welt, bestehend aus Sonne und freiem Himmel, erreicht hatten. Irgendwie lag etwas Stimmiges in unserem Abschied von diesen verschütteten Zeitaltern, denn als wir keuchend den gewundenen, zwanzig Meter hohen Aufstieg durch den Zylinder aus urzeitlichem Mauerwerk hochstiegen, erspähten wir neben uns eine durchgängige Prozession erhabener Steinmetzarbeiten im frühen, ursprünglichen Stil der toten Rasse – ein Lebewohl der Großen Alten, geschrieben vor fünfzig Millionen Jahren.

Als wir endlich über den obersten Rand geklettert waren, standen wir auf einem großen Hügel zusammengestürzter Steinblöcke. Im Westen erhoben sich die gewundenen Grundmauern höherer Gebäude und hinter den stark verfallenen Bauwerken im Osten ragten düster die Gipfel der großen Berge hervor. Vom südlichen Horizont her schielte die tiefstehende antarktische Mitternachtssonne rot durch die Risse der zerfressenen Ruinen. Im Kontrast zu so relativ gewohnten Dingen wie der Polarlandschaft erschienen das grauenvolle Alter und die Todesstarre der Albtraumstadt nur noch trostloser.

Am Himmel über uns wirbelte eine regenbogenfarbige Masse dünner Eiswolken und die Kälte drang uns bis ins Mark. Kraftlos setzten wir die Taschen mit der Ausrüstung ab, die wir während unserer verzweifelten Flucht instinktiv umklammert hatten, und knöpften unsere dicken Jacken wieder zu, um vorsichtig von dem Trümmerberg herabzusteigen und durch den Irrgarten uralter Steine zu den Vorbergen zu laufen, wo unser Flugzeug wartete. Wir verloren kein Wort über das, vor dem wir durch die Finsternis der geheimen und uralten Erdschlünde geflohen waren.

In weniger als einer Viertelstunde hatten wir den Steilhang zu den Vorbergen erreicht – eine vermutlich vorzeitliche Terrasse –, über den wir herabgestiegen waren, und sahen inmitten der wenigen Ruinen am Hang vor uns die dunklen Umrisse unseres großen Flugzeuges. Auf halbem Weg zu unserem Ziel hielten wir kurz inne, um Atem zu schöpfen, und drehten uns um. Wir blickten noch einmal hinab auf das fantastische Wirrwarr der unglaublichen Steingebilde unter uns, das sich vor einem einmaligen Himmel im Westen wieder geheimnisvoll abzeichnete. Der frühe Dunst des Himmels hatte sich verflüchtigt und die unruhigen Eiswolken waren zum Zenit aufgestiegen, wo ihre höhnischen Umrisse scheinbar zu einem bizarren Muster gerinnen wollten, sich aber noch scheuten, klare, endgültige Gestalt anzunehmen.

Dort am äußersten weißen Horizont hinter der grotesken Stadt erkannten wir jetzt eine dunkle, verhexte Linie violetter Gipfel, deren nadelspitze Zinnen sich undeutlich vor dem lockenden Rosenrot des Himmels abhoben. Bis hinauf zu diesem schimmernden Rand erstreckte sich das urzeitliche Tafelland, das die tiefe Rinne des ausgetrockneten Flusslaufs wie ein verschlungenes Schattenband durchschnitt.

Einen Augenblick lang hielten wir vor sprachloser Bewunderung für die überirdische kosmische Schönheit dieser Kulisse den Atem an, doch dann schlich sich ein vages Grauen in unsere Seelen. Denn diese fernen violetten Umrisse konnte nichts anderes sein als die furchtbaren Berge des verbotenen Landes – die höchsten Gipfel der Welt und Brennpunkt allen Unheils dieser Erde; Brutstatt namenloser Schrecken und urzeitlicher Geheimnisse; gemieden und vergötzt von jenen, die ihre Bedeutung nicht in Reliefs zu meißeln wagten; von keinem irdischen Lebewesen je betreten, jedoch heimgesucht von unheilvollen Blitzschlägen, die in den Polarnächten sonderbare Lichtstrahlen über das Eisland aussenden … Ohne den geringsten Zweifel war dies das unbekannte Vorbild des furchtumwitterten Kadath in der Kalten Wüste jenseits des abscheulichen Leng, auf das uralte Legenden nur zögernd anspielen.

Falls die Darstellungen auf den Reliefs die Wahrheit erzählten, ragten diese rätselhaften violetten Berge kaum weiter als fünfhundert Kilometer entfernt auf. Dennoch zeichneten sich ihre düsteren, verwunschenen Gipfel deutlich über dem fernen, verschneiten Horizont ab, wie der gezackte Rand eines fremden, monströsen Planeten, der im Begriff steht, sich am Himmel zu erheben. Demzufolge musste ihre Höhe alle Vorstellungen sprengen – hinaufreichen bis in dünne atmosphärische Luftschichten, in denen nur noch gasförmige Gespenster hausen, von denen unvorsichtige Piloten nach unerklärlichen Abstürzen noch im Sterben flüsternd berichtet haben.

Während ich diese Berge betrachtete, dachte ich voller Unbehagen an einige Andeutungen in den Reliefs darüber, was der große, eingetrocknete Fluss einst von ihren verfluchten Hängen herab in die Stadt geschwemmt hatte – und ich fragte mich, wie viel Wahrheit und wie viel Aberglaube in den Ängsten der Großen Alten gelegen haben mochte, dass sie in ihren Werken davon derart eingeschüchtert berichteten. Die nördlichen Ausläufer dieser Berge mussten bis zur Küste von Queen-Mary-Land reichen, wo zweifellos gerade in diesem Augenblick die Expedition von Sir Douglas Mawson bei der Arbeit war, weniger als tausendfünfhundert Kilometer entfernt. Ich hoffte, dass keine böse Fügung des Schicksals Sir Douglas und seinen Männern einen Blick auf das eröffnete, was womöglich jenseits des schützenden Küstengebirgszuges liegt. Derartige Gedanken zeigen das Ausmaß meiner damaligen nervösen Verfassung – und Danforth schien noch übler dran zu sein.

Doch lange bevor wir die Ruinen hinter uns ließen und das Flugzeug erreicht hatten, richteten sich unsere Ängste auf die niedrigere, aber immer noch erschreckend große Gebirgskette, deren neuerliche Überquerung uns bevorstand. Aus diesen Vorbergen wuchsen im Osten die schwarzen, von Ruinen überzogenen Abhänge schroff und diabolisch empor, und wieder erinnerten sie uns an die seltsamen asiatischen Gemälde von Nicholas Roerich. Als wir an die schauderhaften Höhlen dachten und an die abstoßenden, formlosen Kreaturen in ihnen, die sich vielleicht sogar bis hinauf zu den höchsten Gipfeln einen stinkenden, gewundenen Weg ausgehöhlt hatten, konnten wir es nicht ohne einen Anflug von Panik erwarten, so schnell wie möglich wieder an diesen zum Himmel weisenden Höhlenmäulern vorbeizufliegen, denen der Wind Geräusche entlockte, die wie ein böses melodisches Pfeifen klangen. Und als wäre dies noch nicht schlimm genug, sahen wir deutlich über mehrere Gipfel aufsteigende Nebel – so wie sie auch der unglückliche Lake beobachtet haben muss und daraus den Trugschluss vulkanischer Tätigkeit zog. Wir dachten schaudernd an den ähnlichen Nebel, dem wir gerade erst entronnen waren, und an den Schrecken hütenden blasphemischen Erdschlund, aus dem alle diese Dämpfe aufstiegen.

Mit dem Flugzeug war alles in Ordnung und wir schlüpften durchgefroren in unsere dicken Piloten-Pelzmonturen. Ohne Schwierigkeiten konnte Danforth den Motor starten. Wir hoben ruhig ab und flogen über die Albtraumstadt dahin, deren uralte, zyklopische Gebäude sich unter uns erstreckten, so wie wir sie schon beim ersten Mal gesehen hatten – vor so kurzer Zeit, und dennoch vor so unendlich langer Zeit. Um vor der erneuten Passdurchquerung die Windverhältnisse zu erproben, zogen wir die Maschine höher und flogen eine Kehre. Hoch über uns musste es sehr unruhig zugehen, da die Wolken aus vereistem Staub die fantastischsten Kapriolen am Zenit vollführten; doch auf siebentausenddreihundert Metern, die für den Durchflug des Passes ausreichten, ließ sich die Maschine gut lenken.

Als wir uns den aufragenden Gipfeln näherten, hörten wir wieder das sonderbare Pfeifen und ich sah, wie Danforths Hände am Steuer zu zittern begannen. Blutiger fliegerischer Amateur, der ich war, glaubte ich doch, in diesem Moment besser als er in der Lage zu sein, uns unversehrt zwischen den gefährlichen Bergzinnen hindurchzumanövrieren; und als ich aufstand, um ihn an den Instrumenten abzulösen, sträubte er sich nicht. Ich bot all meine Geschicklichkeit auf und hielt den Blick verbissen auf den entfernten rötlichen Abschnitt des Himmels zwischen den Steilhängen des Passes geheftet – fest entschlossen, mich nicht von den kleinen Dunstwolken aus den Bergspitzen beirren zu lassen, und voller Bedauern, meine Ohren nicht wie Odysseus' Gefährten vor der Insel der Sirenen mit Wachs versiegelt zu haben, um dieses verstörende Pfeifen des Windes aus meinem Bewusstsein zu halten.

Doch Danforth, seiner Pilotenpflichten enthoben und in gefährlich nervöser Erregung befangen, konnte einfach nicht still sitzen bleiben. Ich spürte, wie er auf seinem Sitz herumrutschte, zurück zu der entschwindenden Stadt sah, nach vorne auf die durchhöhlten, mit Würfeln überzogenen Gipfel, zur Seite auf das windige Wogen der verschneiten Vorberge, nach oben in den schäumenden, grotesk bewölkten Himmel. Und gerade jetzt, als ich alles daran setzte, die Maschine sicher durch den Engpass zu steuern, führte uns sein plötzliches irres Kreischen beinahe zu einer Katastrophe. Einen Moment lang verlor ich meine Selbstbeherrschung und begann, hilflos an den Instrumenten herumzufummeln. In der nächsten Sekunde fing ich mich aber wieder und konnte uns heil durch den Pass bringen – doch ich befürchte, dass Danforth für immer verändert sein wird.

Wie ich bereits sagte, weigert sich Danforth bis heute, mir anzuvertrauen, welches finale Grauen ihn so irrsinnig aufschreien ließ – ein Grauen, das mit trauriger Gewissheit weitgehend für seinen gegenwärtigen Zusammenbruch verantwortlich ist. Als wir die sichere Seite des Gebirgszuges erreichten und in einen langsamen Sinkflug Richtung Lager übergingen, verständigten wir uns durch laute, kurze Rufe über das Pfeifen des Windes und den Motorlärm hinweg – doch dies lag eher daran, dass wir uns beim Verlassen der Albtraumstadt Geheimhaltung geschworen hatten. Gewisse Dinge, so waren wir übereingekommen, sollten Menschen besser nicht wissen und leichtfertig darüber reden – und ich würde auch jetzt nicht darüber sprechen, ginge es nicht darum, die Starkweather-Moore-Expedition und ähnliche Vorhaben um jeden Preis zu verhindern. Um des Friedens und der Sicherheit der Menschheit willen ist es absolut notwendig, dass einige der dunklen, toten Winkel und unergründeten Tiefen dieser Erde unangetastet bleiben, damit keine schlafenden Abnormitäten zu neuem Leben erwachen und sich blasphemisch überdauerte Albträume aus ihren schwarzen Schlünden winden und zu neuen und größeren Eroberungen ausbrechen.

Alles, was Danforth jemals verriet, ist, dass dieses letzte Grauen eine Spiegelung der Luft war. Sie hatte, so versicherte er, nichts zu tun mit den würfelförmigen Bauwerken und Höhlen in den widerhallenden, nebelumwogten, wurmzerlöcherten Bergen des Wahnsinns, die wir überflogen. Es war vielmehr ein einziger, fantastisch-dämonischer Blick durch die Wolken des brodelnden Zenits auf das, was sich hinter jenen anderen violetten Bergen im Westen verbarg, denen die Großen Alten ängstlich ferngeblieben waren.

Sehr wahrscheinlich handelte es sich nur um eine Sinnestäuschung, verursacht durch die überstandenen nervlichen Strapazen und von dem realen, aber fehlgedeuteten Trugbild der toten transmontanen Stadt, die wir am Tag zuvor in der Nähe von Lakes Lager beobachtet hatten. Doch für Danforth war diese Täuschung derart naturgetreu, dass er noch heute darunter leidet. Einige Male hat er zusammenhanglose und unverantwortliche Dinge geflüstert über »den schwarzen Abgrund«, »den gemeißelten Grat«, »die Proto-Schoggothen«, »die fensterlosen Räume mit fünf Dimensionen«, »den unbeschreiblichen Zylinder«, »den älteren Pharos«, »Yog-Sothoth«, »den urzeitlichen weißen Gelee«, »die Farbe aus dem All«, »die Schwingen«, »die Augen in der Dunkelheit«, »die Mondleiter«, »das Ursprüngliche, das Ewige, das Untote« und noch mehr bizarre Begriffe. Wenn er ganz Herr seiner selbst ist, bestreitet er all dies und führt es auf seine kuriose und makabre Literatur früherer Jahre zurück. Danforth zählt wirklich zu den wenigen, die es je gewagt haben, das wurmstichige Exemplar des *Necronomicon,* das in unserer Universitätsbibliothek streng unter Verschluss gehalten wird, vollständig durchzulesen.

Sicher, als wir den Gebirgszug überflogen, waren die Luftschichten über uns äußerst nebelig und unruhig; und obwohl ich selbst den Zenit nicht sah, kann ich mir gut vorstellen, dass seine Strudel aus eisigem Staub sich zu sonderbaren Gebilden geformt haben. Man weiß, wie lebensecht mitunter weit entfernte Schauplätze von solch stürmischen Wolkenschichten gespiegelt, gebrochen und vergrößert werden, und den Rest mag die Einbildung besorgt haben – außerdem hat Danforth diese expliziten Schrecken erst erwähnt, nachdem sein Gedächtnis die Möglichkeit hatte, sich an die einstige Lektüre zu erinnern. Er kann niemals so viel mit einem flüchtigen Blick gesehen haben.

In jenem Moment im Flugzeug gerannen seine Schreie zur Wiederholung eines einzigen übergeschnappten Wortes allzu eindeutiger Herkunft: *»Tekeli-li! Tekeli-li!«*

Der Schatten über Innsmouth
The Shadow over Innsmouth

Gegenüber dem großen Science Fiction-Roman ›At the Mountains of Madness‹ hat Lovecraft mit dieser Novelle (niedergeschrieben nach mehreren Anläufen im November und Dezember 1931) noch einmal einen Bogen zu seinen früheren narrativen Studien über regionalen und gesellschaftlichen Verfall geschlagen. In eindrücklicher Intensität zeichnet er den Niedergang eines Gemeinwesens am Bostoner North Shore vor unsere Augen. Die mythologischen Bilder und Motive, die er dazu benutzt, können und wollen nicht davon ablenken, dass auch hier (wie überhaupt in seinem Spätwerk) nicht nur Themen der Einsamkeit des Individuums im Universum zur Sprache kommen, sondern zivilisationskritische Fragen. Der folgende Text verbindet in meisterhafter Weise beide großen Themenbereiche: die Identitätssuche eines diffusen und unsicheren Protagonisten (der sich an keiner Stelle der Novelle selbst mit Namen nennt), die in einer entsetzlichen genealogischen Offenbarung kulminiert, und die kollektive Geschichte eines Gemeinwesens, welches stellvertretend für die gesamte Menschheit steht. Hierin liegt der eigentliche Schrecken: nicht was war und ist, sondern was sein wird. Lovecraft deutet die apokalyptische Ausweitung des Themas Dekadenz und Identitätsverlust nur an und mancher Leser mag sie sogar bei flüchtiger Lektüre übersehen. Sie bildet aber eindeutig den geheimen Mittel- und Zielpunkt der Novelle.

Innsmouth (zu sprechen wie Portsmouth, also nicht etwa wie das englische Wort »mouth«) war in der frühen Kurzgeschichte Lovecrafts ›Celephaïs‹ noch eine Stadt in England gewesen: Die Idee ist wohl, dass der Ort unserer Novelle nach dem britischen Innsmouth benannt ist (wie viele neuenglische Städte und Dörfer nach Stätten in Großbritannien heißen). Auch in Lovecrafts Sonettzyklus *Fungi from Yuggoth* (1929/30) taucht Innsmouth auf (in dem Gedicht ›The Port‹), mit Attributen, die schon ganz unserem Innsmouth entsprechen.

Lovecrafts Stadt existiert zwar nicht real, sie hat aber doch Vorbilder in der Wirklichkeit, wie Lovecraft in seinen Briefen auch mehrfach explizit schreibt, sodass hier keine Unsicherheiten möglich sind. Tatsächlich entspricht Innsmouth in vielen wesentlichen Zügen Newburyport, einem kleinen Hafenstädtchen wenige Kilometer nördlich von Boston (man kann es gut während eines Tagesausfluges von Boston aus besichtigen). Allerdings wird Newburyport in unserem Text auch erwähnt;

ebenso wie Rowley und Ipswich, völlig reale Kleinstädte. Arkham liegt in der Fiktion nördlich von Innsmouth (der Bus hat das Meer zur Linken), aber Salem (üblicherweise das Vorbild von Arkham) befindet sich in Wahrheit südlich von Newburyport. Man kann die Busfahrt des Erzählers (identifiziert man Arkham mit Salem) mit dem Finger auf der Landkarte verfolgen, bis man an die Stelle kommt, wo die imaginierte Landschaft die reale überblendet. Devil's Reef erinnert an die flache Dünenhalbinsel Plum Island, die heute ein Vogelparadies ist. Das Verhältnis zwischen Fiktion und Wirklichkeit ist also wie zu erwarten ein komplexes, nicht einfach eine lineare Identität. In jedem Fall gelingt es Lovecraft durch dieses authentische Lokalkolorit ein Gefühl der »Nähe« zu erzeugen, die das Erscheinen des Unheimlichen in seiner Wirkung verstärkt. Lovecraft verwendet hier das Repertoire eines Regionalschriftstellers, aber in diese »Nähe« bricht das Fremde seiner monströsen Anderswelt.

Das reale Newburyport hatte Lovecraft mehrfach besucht, als er seine Novelle konzipierte (zuerst 1923). Einmal schreibt er über einen solchen Besuch (Brief an Clark Ashton Smith, vom 20. November 1931): »Die Altertümlichkeit und Verlassenheit machen die Stadt zu einer der in einem gespenstischen Sinn faszinierendsten Plätze, die ich kenne. Sie vermittelte mir die Idee zu einer neuen Geschichte ...«

Dazu tritt eine weitere Vorgeschichte, die Lovecraft aus Büchern bekannt war. Von der Dekadenz der Bevölkerung in den kleinen, heruntergekommenen Hafenstädten nördlich von Boston erzählt schon 15 Jahre vor Lovecrafts Geburt Samuel Adams Drake (1833–1905) in einem der schönsten Bücher, die wohl je über Neuengland geschrieben wurden: ›Nooks and Corners of the New England Coast‹, New York 1875. Lovecraft besaß es auch in seiner eigenen Bibliothek, neben anderen Büchern dieses Autors; vermutlich hat es seine Sicht der neuenglischen Landschaft wesentlich geprägt. Drake berichtet von Gemeinwesen an der Küste, die so verarmt und auch von der übrigen Welt abgeschnitten waren, dass keine Geburts- und Heiratsregister mehr geführt wurden und es keinerlei städtische Organisation mehr gab. Manche dieser Fischerdörfer hatten nur noch einige Dutzend Einwohner, hatten aber alle ehemals bessere Tage gesehen. Drake denkt vor allem an Dörfer in Maine, das Lovecraft nicht näher aus eigener Anschauung kannte. Auch von Fällen von offenkundigem, nicht verheimlichtem Inzest weiß Drake zu berichten. Das ist genau die Welt, die Lovecraft für Innsmouth vor Augen hat. Der Verfall des ehemals blühenden Fischerei-Wesens – so wichtig für Lovecrafts Novelle – zieht sich wie ein roter Faden durch Drakes eingehende Beschreibung der neuenglischen Küste im Jahr 1875. Moderne Fangmethoden auf hoher See machten hier der schlichten Küstenfischerei den Garaus. Der Hexen- und Gespensterglauben der Bevölkerung wird eingehend geschildert; er ist noch im späten 19. Jahrhundert lebendig. Von unheimlichen Meeresbewohnern weiß er aber nichts zu vermelden; hier ist ganz Lovecrafts eigene Imagination am Werk. Was Drake und Lovecraft verbindet, ist ihre überwältigende Liebe zu der Landschaft und ihrer Kultur, deren langsamen Untergang beide beschreiben. »Als ich dort stand, fühlte ich, dass ich nicht umsonst gelebt habe«, schreibt Drake einmal über seine Wanderungen in Rhode Island.

›The Shadow Over Innsmouth‹ ist nicht nur in thematischer, sondern auch in literarischer Hinsicht bemerkenswert. Ähnlich wie in ›The Case of Charles Dexter Ward‹ begegnen wir dem erzählerischen Stilmittel des doppelten Schreckens. Hier sind es sogar drei »Ebenen des Schreckens«: was in Innsmouth geschah und geschieht (auf mehreren Zeitebenen erzählt), was die Tiefen Wesen noch tun könnten (das wird nur angedeutet), und schließlich das faszinierende Problem der Identitätssuche des namenloses Erzählers. Man beachte auch, dass die Menschen und die Tiefen Wesen verwandt sind: Dekadenz erweist sich als Atavismus, ein sich wiederholender Gedanke bei Lovecraft. Dennoch ist die »Philosophie« oder sagen wir besser ästhetische Kulturkritik nicht aufdringlich.

Zuerst ist ›The Shadow Over Innsmouth‹ eine spannende Novelle mit Handlung, Atmosphäre und echten Überraschungsmomenten. Die allmähliche Kulmination der Spannung ist meisterhaft inszeniert: Tatsächlich dürfte es die literarisch ausgereifteste Erzählung Lovecrafts sein. Ihre Zwei- bzw. Mehrgipfligkeit erhebt sie über den Rang einer Kurzgeschichte. Sprachlich ist ›The Shadow Over Innsmouth‹ insofern von großem Interesse, als lange Passagen der Novelle in Dialekt geschrieben sind: die Rede Zadok Allens an den Pieren des Hafens von Innsmouth. Lovecraft hat hier einen alten Yankee-Dialekt wiederzugeben versucht; in einer Übersetzung gehen diese Subtilitäten teilweise verloren. Man beachte, mit wieviel Verständnis, ja Sympathie Lovecraft den alten Säufer zu schildern vermag. Solche langen Passagen in Dialekt waren in der Literatur dieser Zeit üblicher, als sie es heute sind (im englischen Original kann sie auch der im Englischen weniger sichere relativ gut verstehen, wenn er sie laut liest). Ein reales Vorbild für Zadok Allen, dessen Erinnerung die Generationen überspannt, war Lovecrafts Freund Jonathan E. Hoag (1831–1927), dessen Lebensdaten präzise mit denen von Allen übereinstimmen (das kann kein Zufall sein), und dessen Gedichte Lovecraft 1923 in einem schönen Sammelband herausgegeben hatte.

Ein interpretatorisches Problem wird u. a. durch den Schluss gestellt:

Sollen wir den Helden bedauern oder beneiden? Unterliegt er in seinem Stimmungsumschwung gegenüber den »Deep Ones« einer gigantischen und tragischen Selbsttäuschung (so S. T. Joshi) oder findet tatsächlich eine Bewusstseinserweiterung und völlige Umwertung der Werte statt, sodass aus dem Grauenhaften Erhabenes und Faszinierendes wird (wie ich in einer Reihe von Aufsätzen zu zeigen versucht habe)? Das mag hier auf sich beruhen; die Ambivalenz dieser rätselhaften Schlusssätze ist sicher von Lovecraft beabsichtigt. Überhaupt hat ›The Shadow Over Innsmouth‹ viele Aspekte, die hier nur gestreift werden können.

Wie immer bei Lovecraft verdienen, wie schon angedeutet, die topografischen und regionalgeschichtlichen Anspielungen Aufmerksamkeit. »The Esoteric Order of Dagon« mit seinen menschlichen und nichtmenschlichen Mitgliedern ist eine Art Travestie auf die in Neuengland ungemein einflussreichen Freimaurer. Allein bis 1826 gab es in Newburyport die folgenden Logen: St. John's Lodge (1766), St. Peter's Lodge (1772), King Cyrus' Royal Arch Chapter (1790), Encampment of Knights Templars (seit 1795), St. Mark's Lodge (1803); ein Council of Select Masters ist seit 1822 bezeugt, wenig später ein Consistory (eine Art Dachverband der Freimaurer) – und das alles in einem Städtchen, welches 1820 insgesamt 6789 Einwohner (männlichen und weiblichen Geschlechtes) hatte. Das Gebäude (die ehemalige »Masonic Hall«, also die Versammlungsstätte der Freimaurer), welches Lovecraft ohne Frage architektonisch beeinflusst hat, als er den Tempel in Innsmouth beschreibt, ist aber die American Legion Hall in Gloucester (einer anderen nahegelegenen Stadt, die auch sonst einige Züge zu Innsmouth beigetragen hat). Mehrere Familienmitglieder Lovecrafts waren Maurer, aber diese Art von Freimaurerei ist eine harmlose humanistisch-aufklärerische Angelegenheit. Es existieren keinerlei Indizien dafür, dass Lovecraft je in näherem Kontakt mit magischen Geheimgesellschaften stand (von denen es in den 1920er und 1930er Jahren auch in den USA eine Reihe gab). »The Esoteric Order of Dagon« ist ein ausschließlich fiktionales Gebilde, eine böse Mysterienreligion mit gestaffelten Einweihungsgraden und geheimen Eiden. Viele Symbole sind aus der Bibel übernommen, aber mit anderen Inhalten unterlegt: Der Fischgott Dagon etwa, aus der Bibel wohlbekannt (der Name ist nur volksetymologisch verbunden mit hebräisch »dag« Fisch), wird zur Chiffre für Cthulhu. Natürlich sind die »Deep Ones«, Lovecrafts Froschfische, auch von diversen literarischen Vorbildern beeinflusst, angefangen von den Meermännern und Meerfrauen der antiken und mittelalterlichen Sage bis zu Robert W. Chambers grotesk-gruseliger (aber nicht wirklich unheimlicher) Erzählung ›The Harbor-Master‹, die sowohl separat als auch als erstes Kapitel des Episodenromans ›In Search of the Unknown‹ (New York und London 1904) erschienen ist. Aber diese literarischen Vorbilder werden von Lovecraft so stark verfremdet und zum Träger neuer Inhalte, dass sie nicht wirklich wichtig sind. Ein wenig interessanter ist die Beobachtung, dass das unterirdische Reich der »Tiefen Wesen« Y'ha-nthlei ohne Frage eine Anspielung auf Atlantis, den im Atlantik vor Urzeiten versunkenen Kontinent, sein soll. Auf Atlantis lebten nach Platons Sage jedoch Menschen, keine Monstren – was wurde aus diesen Menschen, als Atlantis im Meer versank? Lovecrafts Idee scheint aber eher zu sein, dass die Atlantissage sozusagen eine Verharmlosung der submaritimen Schrecken von Y'ha-nthlei ist.

Das fiktive Innsmouth wurde 1643 gegründet; seine Aufstieg und Verfall ähneln in vielem denen von Newburyport. 1846 war zwar kein besonderes Jahr für Newburyport (wie für Innsmouth), allerdings verbrannte in diesem Jahr bei einem gewaltigen Feuer ein Großteil des alten Geschäftsviertels von Nantucket. Dies war in den 1860er und 1870er Jahren fast zur Geisterstadt geworden, nachdem der Walfang nichts mehr einbrachte. Leserinnen und Leser kennen es aus Herman Melvilles Roman *Moby Dick* (1851). In den frühen Jahren des 20. Jahrhunderts gab es allerdings schon Tourismus auf Nantucket; außerdem war die Stadt für Lovecraft literarisch nicht zu gebrauchen, da sie bereits künstlerisch »definiert« war (durch Melville) und außerdem auf der gleichnamigen Insel liegt. Immerhin sehen wir, wie Erfahrungen und Motive aus ganz Neuengland in das Bild der archetypischen »verfallenden Stadt« einfließen.

Und natürlich ist auch wieder Autobiografisches mit Händen zu greifen: Wer würde seine Volljährigkeit feiern, indem er »genealogische Daten über seinen Familienstammbaum« sammelt? Lovecraft war ein begeisterter, wenn auch nicht sehr sorgfältiger (und daher nicht ganz verlässlicher) Familienforscher. Ken W. Faig hat Lovecrafts mütterlichen, Richard D. Squires seinen väterlichen Hintergrund bis in die letzten Verästelungen hinein erforscht (beide haben ganze Bücher über Lovecrafts Familie geschrieben); weitergehende Berührungen mit den Komplikationen im Stammbaum des Erzählers von ›The Shadow Over Innsmouth‹ scheint es indes nicht zu geben ... Lovecraft hat gerne Kontakt auch zu entlegenen Verwandten gehalten, weil dies für ihn ein Symbol seiner eigenen persönlichen Wurzeln in Neuengland war.

Zuletzt zur Publikationsgeschichte. Diese ist hier von größerem Interesse als meist bei Lovecraft. Zwar erschien die Novelle auch in *Weird Tales* (Januar 1942, in gekürzter Fassung), vor allem aber stellt sie Lovecrafts einzige »richtige« Buchpublikation zu seinen Lebzeiten dar (wenn wir von mehreren Büchern absehen, die Lovecraft nur herausgeben hatte). Im April 1936 druckte William L. Crawford (1911–1984), den Lovecraft 1933 kennengelernt hatte, den Band in seinem Kleinverlag Visionary Publishing Co. in Everett, Pennsylvania. Versehen mit vier wirklich wunderschönen Illustrationen von Frank Utpatel, leider relativ fehlerhaft gesetzt, dafür solide gebunden, kam der Band erst Ende des Jahres in die Auslieferung (Lovecraft erhielt sein Exemplar im November 1936). 400 Exemplare wurden gedruckt, aber nur 200 gebunden (die Restexemplare haben leider nicht überlebt), die heute sehr gesucht sind. In einer ganzen Anzahl von Exemplaren nahm Lovecraft (der kein sehr guter Korrekturleser war) eigenhändig Verbesserungen vor. Wenige Monate vor seinem Tod hatte Lovecraft das Vergnügen – nachdem unzählige Buchprojekte an der Ablehnung der Verlage gescheitert waren – wenigstens ein Buch mit seinem Namen auf dem Cover besitzen zu können.

Zur Vorgeschichte der Novelle soll noch erwähnt werden, dass wir hier einmal einen genaueren Einblick in die kreativen Prozesse Lovecrafts gewinnen können, da ein Entwurf erhalten ist. Wir besitzen nur selten Manuskripte Lovecrafts mit solchen vorläufigen Entwürfen, obwohl er seine Texte immer sehr sorgfältig plante und keineswegs einfach drauflos schrieb. Seine eingeschränkten Platzverhältnisse (faktisch bewohnte er den größten Teil seiner späteren Jahre nur ein Ein-Zimmer-Apartment) haben ihn daran gehindert, allzu viel Materialien aufheben zu können, zumal seine Regalfläche durch seine Bibliothek von etwa 2500–3000 Bänden ausgefüllt war. Insofern ist es ein seltener Glücksfall, dass von ›The Shadow Over Innsmouth‹ ein fragmentarischer Entwurf erhalten blieb (mehrere weitere wurden zerstört). Man kann dabei gut beobachten, wie Lovecraft Bausteine des ursprünglichen Konzeptes übernimmt, aber doch noch einmal völlig verändert. Insbesondere hat der Ich-Erzähler aus Ohio im Entwurf einen Namen (Robert Olmstead), den wir im fertigen Text (erzählerisch sehr geschickt, weil sich darin seine Identitätsdiffussion spiegelt) nicht mehr finden. Auch sonst sind die Unterschiede beträchtlich: Lovecrafts Erzählungen sind nicht fertig seinem Kopf entsprungen, sondern das Ergebnis oft langwährender Experimente und Planungen. In seinem technischen Essay ›Notes on Writing Weird Fiction‹ empfiehlt Lovecraft angehenden Autoren, das Handlungsgerüst vor Beginn der Niederschrift zweimal zu fixieren: einmal in chronologischer Reihenfolge und einmal in derjenigen des geplanten Textes.

Auch in Bezug auf die Topografie von Innsmouth hat sich Lovecraft große Mühe gemacht – so hat er einen Stadtplan gezeichnet, damit die

Angaben nicht widersprüchlich werden. Diese absolute Präzision im Visuellen trägt ein nicht geringes Stück zum Erfolg seines Erzählens bei. Andernorts habe ich Lovecrafts Stil als eine Mischung aus Präzision und Suggestion beschrieben: Dieses Rezept trägt auch ›The Shadow Over Innsmouth‹. Aus einem Brief vom 4. Oktober 1935 an Alvin Earl Perry erfahren wir das interessante Detail, dass sich das Ende der »Letztfassung« unserer Novelle für Lovecraft selbst als überraschende Idee ergab und nicht von ihm in dieser Form geplant war. Umso interessanter ist die Ambivalenz und Vielschichtigkeit dieser erstaunlichen Passage.

Der Schatten über Innsmouth

I

Im Winter 1927/28 führten Beamte der Regierung der Vereinigten Staaten eine sonderbare und geheime Untersuchung gewisser Zustände in der alten Hafenstadt Innsmouth in Massachusetts durch. Die Öffentlichkeit erfuhr erst im Februar davon, als eine lange Reihe von Razzien und Festnahmen stattfand und bald darauf unter angemessenen Vorsichtsmaßnahmen eine gewaltige Anzahl verfallender, wurmstichiger und vermeintlich leer stehender Häuser im verlassenen Hafenbezirk niedergebrannt und gesprengt wurden. Arglose Seelen taten diesen Vorfall als einen der schwersten Zusammenstöße im wechselhaften Krieg gegen den Alkohol ab.

Aufmerksamere Nachrichtenleser wunderten sich jedoch über die erstaunliche Zahl der Festnahmen, das außergewöhnlich große Aufgebot an Männern, um diese durchzuführen, und die Geheimnistuerei um die Verwahrung der Gefangenen. Berichte über Verhandlungen oder über ernsthafte Anklagen erschienen nicht; auch sah man danach keinen der Gefangenen in den gewöhnlichen Gefängnissen des Landes. Es gab diffuse Gerüchte über Krankheit und Konzentrationslager, und später hieß es, die Inhaftierten seien auf verschiedene Marine- und Militärgefängnisse verteilt worden, doch nichts Bestätigtes drang je durch. Innsmouth selbst blieb fast entvölkert zurück und die Stadt zeigt erst jetzt Anzeichen einer allmählichen Wiederbelebung.

Die Fragen vieler liberaler Gruppierungen wurden in langen vertraulichen Gesprächen beantwortet, und ihre Vertreter wurden zu Besichtigungen in einige Lager und Gefängnisse geführt. Danach zeigten diese Organisationen sich überraschend passiv und schwiegen. Mit den Journalisten wurde man nicht so einfach fertig, doch letzten Endes schienen auch sie größtenteils mit der Regierung zusammenzuarbeiten. Nur eine einzige Zeitung – ein Boulevardblatt, das aufgrund seines reißerischen Stils allseits nur mit Vorsicht genossen wurde – erwähnte ein U-Boot, das im Tiefseegraben gleich hinter dem

Teufelsriff Torpedos abgefeuert haben soll. Diese Nachricht, die durch Zufall in einer Matrosenkaschemme aufgeschnappt worden war, schien in der Tat sehr weit hergeholt, liegt doch das niedrige schwarze Riff ganze anderthalb Meilen vor dem Hafen von Innsmouth.

Bei den Menschen aus der Gegend und in den umliegenden Städten wurde viel gemunkelt, an die Außenwelt drang aber nur sehr wenig durch. Diese Leute redeten seit fast einem Jahrhundert über das sterbende, halb verlassene Innsmouth, und keine Neuigkeit konnte verrückter und scheußlicher sein als das, worüber sie ohnehin schon seit Jahren flüsternde Andeutungen machten. Die Erfahrung hatte die Menschen Verschwiegenheit gelehrt – Druck auf sie auszuüben war nicht notwendig. Zudem wussten sie wirklich nur sehr wenig; denn die weiten Salzsümpfe, so öde und menschenleer, halten die Nachbarn auf der landeinwärts gelegenen Seite von Innsmouth fern.

Doch ich werde endlich das Schweigen über diese Vorfälle brechen. Die Maßnahmen, da bin ich mir sicher, waren so gründlich, dass der Öffentlichkeit außer Erschütterung und Abscheu kein Schaden erwachsen kann, wenn sie erfährt, was jene entsetzten Untersuchungsbeamten damals in Innsmouth aufspürten. Zudem könnte es für diese Entdeckungen vielleicht mehr als nur eine Erklärung geben. Ich erinnere mich nicht einmal mehr, wie viel von der Geschichte mir erzählt wurde, jedenfalls habe ich gute Gründe dafür, nicht tiefer zu schürfen. Denn meine Berührung mit dieser Angelegenheit war enger als die jedes anderen Privatmannes, und ich trug Eindrücke davon, die mich noch zu drastischen Maßnahmen treiben werden.

Niemand anderer als ich war es, der in den frühen Morgenstunden des 16. Juli 1927 panisch aus Innsmouth floh und dessen verzweifelte Forderungen nach Untersuchung und Eingriff vonseiten der Regierung die berichteten Vorgänge in Bewegung brachten. Ich war nur zu gern bereit, Schweigen zu bewahren, da die ganze Angelegenheit noch neu und ungewiss war; doch nun, da es sich um eine alte Geschichte handelt und das Interesse und die Neugierde der Öffentlichkeit verebbt sind, verspüre ich ein merkwürdiges Verlangen, über die fürchterlichen Stunden in jenem übel beleumdeten und vom Bösen überschatteten Hafen des Todes und der gotteslästerlichen

Abnormitäten im Flüsterton zu berichten. Das bloße Erzählen hilft mir dabei, das Vertrauen in meine eigenen Fähigkeiten wiederherzustellen und mich selbst zu vergewissern, dass ich nicht einfach nur der Erste war, der einer ansteckenden, albtraumhaften Sinnestäuschung erlegen ist. Es hilft mir außerdem dabei, Klarheit über den schrecklichen Schritt zu erlangen, der vor mir liegt.

Ich hatte bis zu dem Tage, da ich es zum ersten und – bislang – letzten Male sah, noch nie etwas von Innsmouth gehört. Ich feierte meine gerade erlangte Volljährigkeit mit einer Reise durch Neuengland – als Tourist, Historiker und Ahnenforscher – und hatte geplant, geradewegs vom alten Newburyport nach Arkham zu fahren, weil die Familie meiner Mutter von dort stammt. Ich verfügte über kein Auto, sondern reiste mit Zug, Straßenbahn und Omnibus, wobei ich stets die preiswerteste Route wählte. In Newburyport sagte man mir, man käme am besten mit der Dampflokomotive nach Arkham, und als ich am Fahrkartenschalter des Bahnhofes gegen den hohen Preis Einwände erhob, erfuhr ich erstmals von Innsmouth. Der stämmige Verkäufer mit schlauem Gesichtsausdruck, dessen Sprache verriet, dass er kein Einheimischer war, schien meiner Sparsamkeit Verständnis entgegenzubringen und unterbreitete mir einen Vorschlag, den keiner meiner anderen Informanten mir gemacht hatte.

»Sie *könnten* auch den alten Bus nehmen, vermute ich«, sagte er mit leichtem Zögern, »aber die Leute hier machen das eigentlich nich'. Er fährt über Innsmouth – davon haben Sie vielleicht schon gehört –, und deshalb mögen die Leute ihn nicht. Er wird von 'nem Burschen aus Innsmouth betrieben – Joe Sargent –, der kriegt aber nie Kunden von hier, in Arkham vermutlich auch nicht. Ein Wunder, dass er überhaupt noch fährt. Ist vermutlich ziemlich billig, ich hab aber nie mehr als zwei oder drei Leute drin gesehn – niemanden außer diesen Leuten aus Innsmouth. Er fährt am Marktplatz – vor Hammonds Drogerie – um zehn Uhr morgens und sieben Uhr abends ab, wenn sie die Zeiten nicht geändert haben. Sieht aus wie 'n furchtbarer Klapperkasten – ich bin nie damit gefahren.«

So hörte ich zum ersten Male vom schattenhaften Innsmouth. Jeder Hinweis auf eine Stadt, die auf gewöhnlichen Karten und in neuen Reiseführern nicht verzeichnet ist, interessierte mich, und die sonderbare Weise, wie der Verkäufer auf sie anspielte, erweckte die Neugier in mir. Eine Stadt, die bei ihren Nachbarn eine derartige Abneigung hervorzurufen vermochte, so überlegte ich mir, musste zumindest recht ungewöhnlich und des Interesses eines Touristen würdig sein. Falls sie auf der Strecke vor Arkham lag, würde ich dort Halt machen – und so bat ich den Verkäufer darum, mir etwas darüber zu erzählen. Er war sehr bedächtig und sprach in einer Art und Weise, als wollte er nicht zu viel verraten.

»Innsmouth? Nun, das ist 'ne merkwürdige Kleinstadt unten an der Mündung des Manuxet. Früher war's fast mal 'ne richtige Stadt – ein großer Hafen vor dem Krieg von 1812 –, aber das ist in den letzten hundert Jahren oder so in die Binsen gegangen. Dort gibt's keine Eisenbahn – B. & M. haben dort nie gebaut, und die Nebenstrecke von Rowley ist schon vor Jahren aufgegeben worden.

Dort gibt's mehr leere Häuser als Menschen, glaube ich, und keine nennenswerte Industrie außer Fischerei und Hummerfang. Alle treiben meistens hier oder in Arkham oder Ipswich etwas Handel. Früher hatten sie 'ne ganze Menge Mühlen, aber davon ist nichts übrig außer einer Goldraffinerie, die so gut wie nie in Betrieb ist.

Diese Raffinerie war früher allerdings mal 'ne große Sache, und Old Man Marsh, dem sie gehört, muss reicher als Krösus sein. Ist aber ein komischer alter Kauz, geht fast nie vor die Tür. Angeblich soll er auf seine alten Tage 'ne Hautkrankheit oder so was bekommen haben und traut sich deshalb nicht auf die Straße. Er ist der Enkel von Kapitän Obed Marsh, der das Geschäft begründet hat. Seine Mutter war wohl 'ne Ausländerin – es heißt, sie kam von 'ner Südseeinsel –, weshalb es einen deftigen Krach gab, als er vor fünfzig Jahren ein Mädchen aus Ipswich heiratete. Das ist immer so, wenn's um die Innsmouth-Leute geht, und die Menschen hier in der Umgebung versuchen, es zu verbergen, wenn sie Innsmouth-Blut in sich haben. Aber Marshs Kinder und Enkel sehen ganz normal aus, soweit ich das beurteilen kann. Ich hab sie hier mal gesehen – obwohl, wo ich grad dran denke, die älteren Kinder kommen in der letzten Zeit anscheinend nicht mehr. Den Alten hab ich noch nie gesehen.

Warum alle etwas gegen Innsmouth haben? Nun, junger Mann, Sie dürfen dem nicht so viel Glauben schenken, was die Leute hier so sagen. Man bringt sie nur schwer zum Reden, aber wenn man sie mal dazu gebracht hat, hören sie nicht mehr auf. Ich schätze, sie erzählen sich – oder eher flüstern sie drüber – schon seit über hundert Jahren Dinge über Innsmouth, und ich hab den Eindruck, sie haben mehr Angst als sonst was. Ein paar der alten Geschichten bringen einen zum Lachen – wie die über den alten Käpt'n Marsh, der Handel mit dem Teufel treibe und Dämonen aus der Hölle rufe, um in Innsmouth zu leben, oder die, dass eine Art von Teufelsanbetung mit grausigen Opfern an einer Stelle nahe den Kais stattgefunden habe, und die Leute sind um 1845 herum zufällig draufgestoßen –, aber ich komm aus Panton in Vermont und glaub nicht an solche Geschichten.

Sie sollten sich aber mal anhören, was sich ein paar von den Alten über das schwarze Riff vor der Küste erzählen – das Teufelsriff nennen sie's. Einen Großteil der Zeit schaut es ein gutes Stück aus dem Wasser heraus und steht nie weit unter der Wasseroberfläche, aber man könnte es kaum als Insel bezeichnen. Es heißt, dass man auf diesem Riff manchmal eine ganze Legion von Teufeln sieht – die sollen sich am Boden rekeln oder aus einer Höhle, deren Eingang auf der Inselspitze liegt, rein- und rausrennen. Es ist ein schroffes, unebenes Ding, etwas mehr als eine Meile vor der Küste, und gegen Ende der Schifffahrtstage nahmen die Seeleute immer große Umwege, nur um es zu umfahren.

Das heißt die Seeleute, die nicht aus Innsmouth stammten. Eine der Geschichten über den alten Käpt'n Marsh war, dass er nachts manchmal auf dem Riff gelandet ist, wenn die Flut günstig war. Vielleicht tat er das, denn ich glaube wohl, dass die Felsformation interessant ist, und es ist nicht ausgeschlossen, dass er dort nach Piratenbeute suchte und vielleicht sogar was fand; aber es gab Gerede, dass er dort mit Dämonen Umgang hatte. Tatsache ist vermutlich, dass es in Wirklichkeit der Käpt'n war, der dem Riff den schlechten Ruf eingehandelt hat.

Das war vor der großen Seuche von 1846, als über die Hälfte der Leute aus Innsmouth dahingerafft wurde. Sie haben nie wirklich herausgefunden, was die Ursache war, aber es war vermutlich irgendeine ausländische Krankheit, die die Schiffe aus

China oder sonst woher mitgebracht hatten. Es war jedenfalls ziemlich schlimm – es gab Krawalle deswegen und grausige Vorfälle, über die außerhalb der Stadt niemals etwas bekannt wurde –, und es ließ den Ort in schrecklichem Zustand zurück. Innsmouth hat sich nie wieder davon erholt – dort können jetzt nicht mehr als drei- oder vierhundert Menschen leben.

Aber was wirklich hinter den Ansichten der Leute steckt, ist einfach ein Rassenvorurteil – und ich kann es ihnen nicht mal verübeln. Ich kann dieses Innsmouth-Volk selbst nicht ausstehen; ich würd auch niemals in ihre Stadt gehen. Ich vermute mal, Sie wissen – obwohl ich an Ihrem Akzent merke, dass Sie aus dem Westen kommen –, dass unsere Schiffe aus Neuengland früher mit vielen sonderbaren Hafenstädten in Afrika, Asien, der Südsee und überall sonst zu tun hatten, und was für seltsame Menschen sie manchmal heimbrachten. Sie haben vermutlich von dem Mann aus Salem gehört, der mit einer chinesischen Ehefrau nach Hause kam, und vielleicht wissen Sie, dass immer noch 'n Haufen Fidschis irgendwo in der Umgegend von Cape Cod lebt.

Nun, irgendsowas muss auch bei den Leuten von Innsmouth passiert sein. Der Ort war schon immer durch Sümpfe und kleine Buchten stark vom Rest des Landes abgeschnitten, und wir können uns über das Hin und Her der Angelegenheit nicht sicher sein; aber es ist ziemlich klar, dass der alte Käpt'n Marsh irgendwelche seltsamen Exemplare mit heimgebracht hatte, als er in den Zwanziger- und Dreißigerjahren alle drei Schiffe in Betrieb hatte. Heute ist jedenfalls irgendwas Merkwürdiges an den Leuten von Innsmouth – ich weiß nicht, wie ich es erklären soll, aber irgendwie löst es eine Gänsehaut aus. Es wird Ihnen ein bisschen bei Sargent auffallen, wenn Sie mit seinem Bus fahren. Ein paar von den Innsmouthern haben komische schmale Köpfe mit flachen Nasen und hervorquellenden, starren Augen, die sich nie zu schließen scheinen, und mit ihrer Haut stimmt auch was nicht. Rau und schorfig, und die Seiten ihrer Hälse sind ganz verschrumpelt oder zerknittert. Die werden auch schon sehr jung kahl. Die Älteren sehen am übelsten aus – ich glaube sogar, dass ich noch nie einen sehr alten Mann von diesem Schlag gesehen habe. Vermutlich sterben sie, wenn sie in 'nen Spiegel schauen! Die Tiere laufen vor ihnen weg – als es noch keine Autos gab, hatten sie ’ne Menge Probleme mit den Pferden.

Hier und in Arkham und Ipswich will niemand irgendwas mit ihnen zu schaffen haben, und sie verhalten sich auch selbst irgendwie reserviert, wenn sie in die Stadt kommen oder jemand versucht, auf ihrem Gelände zu angeln. Es ist komisch, dass es immer so viele Fische im Hafen von Innsmouth gibt, während anderswo in der Gegend gar keine vorkommen – aber versuchen Sie mal, dort zu angeln, und Sie werden sehen, wie schnell dieses Volk Sie fortjagt! Diese Leute sind immer mit der Eisenbahn hergekommen – zu Fuß nach Rowley, und dort haben sie dann den Zug genommen, nachdem die Seitenstrecke stillgelegt worden war –, aber nun fahren sie mit diesem Bus.

Ja, es gibt ein Hotel in Innsmouth – es heißt Gilman House –, aber ich glaube nicht, dass da viel los ist. Ich würde Ihnen nicht raten, es dort zu versuchen. Sie bleiben besser hier und nehmen den Bus morgen früh um zehn; dann kriegen Sie dort den Abendbus nach Arkham um acht Uhr. Da war mal ein Fabrikinspektor, der vor ein paar Jahren im Gilman abstieg, und er hat ’ne Menge unangenehmer Andeutungen über das Haus gemacht. Scheint, dass die dort ein eigentümliches Publikum haben, denn der Bursche hörte Stimmen in anderen Räumen – obwohl die meisten davon leer standen –, die ihm ’ne Gänsehaut bereiteten. Es war ausländisches Gerede, dachte er, aber er hat erzählt, dass das Schlimme daran die Art der Stimmen war. Es hörte sich so unnatürlich an – so matschig, sagte er –, dass er nicht wagte, sich auszuziehen und zu Bett zu gehen. Er wartete einfach ab und haute gleich am Morgen ab. Die Stimmen waren fast die ganze Nacht hindurch zu hören.

Dieser Bursche – Casey war sein Name – hat viel darüber erzählt, wie die Leute von Innsmouth ihn beobachteten und irgendwie auf der Hut zu sein schienen. Er meinte, die Raffinerie der Marshes sei ’n eigenartiger Ort – sie befindet sich in einer alten Mühle an dem unteren Fall des Manuxet. Was er sagte, passte mit dem zusammen, was ich schon gehört hatte. Geschäftsbücher unordentlich geführt ... kein klares Anzeichen von irgendeiner Art von Betriebstätigkeit ... Wissen Sie, es war immer schon ein Rätsel, wo die Marshes eigentlich das Gold herhaben, das sie verfeinern. Sie scheinen nie viel in der Richtung gekauft zu haben, aber vor Jahren haben sie eine gewaltige Menge an Goldbarren verschifft.

Früher gab's Gerede über 'ne komische, fremdländische Art von Schmuck, den die Matrosen und die Männer von der Raffinerie manchmal klammheimlich verkauften oder den man ein- oder zweimal an manchen der Marsh-Weiber sah. Die Leute hielten es für möglich, dass der alte Käpt'n Marsh ihn vielleicht in einem heidnischen Hafen eintauschte, vor allem weil er ja immer Unmengen von Glasperlen und Flitterkram bestellte, wie Seefahrer sie zum Tauschhandel mit Eingeborenen benutzten. Andere dachten, und glauben es noch immer, dass er ein altes Piratenversteck draußen auf dem Teufelsriff entdeckt hatte. Aber hier wird's seltsam. Der alte Käpt'n ist nun schon seit sechzig Jahren tot und seit dem Bürgerkrieg ist kein größeres Schiff mehr von dort aus in See gestochen; aber trotzdem kaufen die Marshes noch immer ein paar von diesen Sachen zum Tauschen mit Eingeborenen – meistens Kinkerlitzchen aus Glas und Gummi, heißt es. Vielleicht haben die Leute von Innsmouth sie selbst ganz gerne – Gott weiß, dass sie mittlerweile auch nicht besser sind als die Kannibalen in der Südsee oder die Wilden in Guinea.

Diese Pest von 1846 muss die besten Familien der Stadt ausradiert haben. Jedenfalls sind sie jetzt ein zweifelhafter Haufen, und die Marshes und andere reiche Leute sind genauso schlimm wie der Rest. Wie ich Ihnen schon sagte, gibt es in der ganzen Stadt nicht mehr als vierhundert Menschen, trotz all der Straßen, die sie angeblich dort haben. Ich nehme an, sie sind das, was man unten in den Südstaaten den ›weißen Abschaum‹ nennt – gesetzlos und verschlagen und voller Geheimnisse. Sie fangen 'ne Menge Fisch und Hummer und exportieren sie mit Lastwagen. Merkwürdig, dass die Fische genau dorthin schwärmen.

Man kann diese Leute schlecht im Auge behalten und Schulbeamte und Volkszähler haben es dort verdammt schwer. Sie können was drauf wetten, dass schnüffelnde Fremde in Innsmouth nicht willkommen sind. Ich hab selbst von mehr als einem Geschäftsmann oder Regierungsbeauftragten gehört, der dort verschwunden ist, und es gibt Gerede über einen, der verrückt wurde und nun in Danvers sitzt. Die müssen sich 'nen grausigen Schreck für den Burschen ausgedacht haben. Deshalb würde ich an Ihrer Stelle nachts dort nicht bleiben. Ich war noch nie da und verspüre auch keinen Wunsch danach, aber ich schätze, dass eine Reise tagsüber Ihnen nicht schaden kann – auch wenn die Leute hier Ihnen davon abraten werden. Falls Sie nur Besichtigungen machen wollen und nach altem Zeugs suchen, könnte Innsmouth für Sie das Richtige sein.«

Und so verbrachte ich einen Teil jenes Abends in der öffentlichen Bibliothek von Newburyport und suchte nach Informationen über Innsmouth. Als ich versucht hatte, die Einheimischen in den Geschäften, dem Restaurant, den Tankstellen und der Feuerwache zu befragen, waren sie noch schwieriger zum Reden zu bringen, als der Fahrkartenverkäufer es vorhergesagt hatte, und mir wurde klar, dass ich nicht die nötige Zeit aufwenden konnte, ihre instinktive Verschwiegenheit zu überwinden. Sie legten einen obskuren Argwohn an den Tag, als sei mit jemandem, der ein zu großes Interesse an Innsmouth zeigte, etwas nicht in Ordnung. Bei dem CVJM, wo ich abstieg, riet der Heimleiter mir sogar davon ab, einen so düsteren, dekadenten Ort aufzusuchen. Die Menschen in der Bücherei waren ähnlicher Ansicht; in den Augen der Gebildeten war Innsmouth eindeutig nicht mehr als ein gesteigerter Fall städtischer Degeneration.

Die Bücher über die Geschichte von Essex County in den Regalen der Bücherei hatten nur wenig zu berichten außer der Tatsache, dass die Stadt 1643 gegründet wurde, bis zur Revolution berühmt für ihren Schiffsbau und im frühen 19. Jahrhundert eine sehr reiche Hafenstadt gewesen war, die sich danach zu einem kleineren Industriezentrum mit dem Manuxet als Energiequelle entwickelt hatte. Die Seuche und die Aufstände des Jahres 1846 wurden nur sehr knapp abgehandelt, als stellten sie eine Schande für den Landkreis dar.

Bezüge auf den Niedergang waren selten, obgleich die Bedeutsamkeit der jüngeren Entwicklungen unmissverständlich war. Seit dem Sezessionskrieg beschränkte das gesamte Industrieleben sich auf die Marsh Refining Company, und abgesehen von der stets ertragreichen Fischerei stellte die Vermarktung der Goldbarren den einzig verbliebenen größeren Geschäftszweig dar. Der Fischfang lohnte sich bald immer weniger, da die Preise der Waren fielen und große Firmen eine Konkurrenz darstellten, doch gab es im Hafen von Innsmouth nie einen Mangel an

Fisch. Ausländer ließen sich nur selten dort nieder, und es gab einige diskret verhüllte Hinweise darauf, dass eine Reihe von Polen und Portugiesen, die es versucht hatten, in eigenartig drastischer Weise vertrieben worden waren.

Am interessantesten von allem war eine flüchtige Erwähnung des sonderbaren Schmucks, den man mit Innsmouth in Verbindung brachte. Dieser hatte offensichtlich im gesamten Landkreis Aufsehen erregt, denn man erwähnte Exemplare davon, die im Museum der Miskatonic-Universität in Arkham und im Ausstellungsraum der Historischen Gesellschaft von Newburyport zu sehen waren. Die bruchstückhaften Beschreibungen dieser Gegenstände waren nüchtern und prosaisch, enthielten für mich aber einen Beigeschmack von nachhaltiger Fremdartigkeit. Etwas an ihnen schien mir so sonderbar und herausfordernd, dass ich sie nicht aus meinen Gedanken streichen konnte, und trotz der relativ späten Stunde beschloss ich, sofern sich das arrangieren ließ, mir das hier aufbewahrte Exemplar anzusehen – angeblich ein großes, merkwürdig proportioniertes Objekt, das offensichtlich als Tiara gedacht war; jene hohe, spitze Kopfbedeckung altpersischer und assyrischer Könige.

Der Bibliothekar stellte mir ein Empfehlungsschreiben an die Kuratorin der Gesellschaft aus, eine Miss Anna Tilton, die in der Nähe wohnte. Nach einer kurzen Erklärung war diese alte Dame so gütig, mich in das geschlossene Gebäude zu leiten, da es noch nicht unmäßig spät war. Die Sammlung war in der Tat bemerkenswert, doch in meinem gegenwärtigen Zustand hatte ich nur Augen für das bizarre Objekt, das in einer Eckvitrine unter elektrischem Licht funkelte.

Ich hätte nicht übermäßig empfänglich für Schönheit sein müssen, um beim Anblick der seltsamen, unirdischen Pracht des fremdartigen opulenten Fantasiegebildes buchstäblich den Atem anzuhalten, das dort auf einem purpurnen Samtkissen ruhte. Selbst jetzt vermag ich das Gesehene kaum zu beschreiben, obgleich es eindeutig eine Art von Tiara war, wie die Beschreibung besagt hatte. Vorne war sie hoch und besaß einen sehr großen und eigenartig unregelmäßigen Rand, als sei sie für ein Haupt mit fast missgebildetem elliptischen Umriss bestimmt gewesen. Das Material schien hauptsächlich Gold zu sein, wenngleich ein sonderbarer hellerer Schimmer auf eine merkwürdige

Legierung mit einem gleichermaßen schönen und kaum bestimmbaren Metall hindeutete. Der Zustand war nahezu vollkommen, und man hätte Stunden damit zubringen können, die fesselnden und verwirrend untraditionellen Muster zu betrachten – manche davon schlicht geometrisch und andere eindeutig Darstellungen von Meerestieren –, die mit einer Handwerkskunst von unglaublicher Begabung und Anmut als Hochrelief in die Oberfläche getrieben worden waren.

Je länger ich ihn betrachtete, desto mehr faszinierte der Gegenstand mich; und in dieser Faszination lag ein eigenartig verstörendes Element, das schwer zu beschreiben oder zu erklären ist. Anfangs glaubte ich, es müsse die sonderbare, andersweltliche Qualität der Kunst sein, die mir ein Unbehagen eingab. Alle anderen Kunstgegenstände, die ich je gesehen hatte, gehörten entweder einer bekannten ethnischen oder nationalen Schule an oder aber forderten auf modernistische Weise bewusst jede anerkannte Schule heraus. Diese Tiara war nichts von beidem. Eindeutig gehörte sie einer etablierten Technik unendlicher Reife und Vervollkommnung an, doch war diese Technik gänzlich von jeder anderen – östlichen oder westlichen, antiken oder modernen – entfernt, von der ich je gehört oder Beispiele gesehen hatte. Es war, als stammte die Handwerkskunst von einem anderen Stern.

Ich erkannte jedoch bald, dass mein Unbehagen einen zweiten und vielleicht ebenso machtvollen Ursprung hatte, und zwar in den bildhaften und mathematischen Eingebungen der merkwürdigen Muster. All diese Verzierungen deuteten entlegene Geheimnisse und unvorstellbare Abgründe in Raum und Zeit an, und die eintönig meeresbezogene Natur der Reliefs erhielt eine fast unheimliche Qualität. Zu diesen Reliefs zählten mythische Monstren abscheulicher Absurdität und Bösartigkeit – irgendwie halb Fisch und halb Frosch –, die man nicht ohne eine gewisse gespenstische und unangenehme Empfindung unbewusster Erinnerung betrachten konnte, als riefen sie ein Bild aus tiefen Zellen und Geweben herauf, vererbt von fernsten Ahnen aus Urzeiten. Zuweilen bildete ich mir sogar ein, jeder Umriss dieser gotteslästerlichen Fischfrösche strotzte vor dem Inbegriff des unbekannten und unmenschlichen Bösen.

In sonderbarem Gegensatz zu dem Aussehen der Tiara stand

ihre kurze und prosaische Geschichte, die Miss Tilton mir erzählte. Sie war im Jahre 1873 in einem Laden in der State Street zu einem lächerlichen Preis von einem Betrunkenen aus Innsmouth versetzt worden, der bald darauf in einer Rauferei starb. Die Historische Gesellschaft hatte sie unverzüglich beim Pfandleiher erstanden und ihr sogleich einen Ausstellungsplatz zugeteilt, der ihrer Qualität würdig war. Den Herkunftsort vermutete man in Ostindien oder Indochina, doch war diese Einordnung eingestandenermaßen nicht mehr als ein Behelf.

Miss Tilton neigte nach dem Vergleich aller möglichen Hypothesen über den Ursprung der Tiara und ihr Erscheinen in Neuengland zu der Ansicht, sie sei Teil eines exotischen Piratenschatzes, den der alte Kapitän Obed Marsh entdeckt habe. Diese Ansicht wurde nicht gerade entkräftet durch die beharrlichen Angebote der Marshes, die Tiara für eine hohe Summe zu erwerben, mit deren Unterbreitung sie sofort begannen, als sie von ihrem Standort erfuhren, und die sie ungeachtet der unnachgiebigen Weigerung der Gesellschaft bis zum heutigen Tage fortsetzten.

Als die gute Dame mich zur Tür geleitete, machte sie deutlich, dass die Piratentheorie über das Vermögen der Marshes unter den intelligenten Menschen dieser Gegend weitverbreitet war. Ihre eigene Einstellung zum schattenhaften Innsmouth – das sie nie besucht hatte – war geprägt von Abscheu vor einer Gemeinde, die auf der kulturellen Leiter tief herabgestiegen war, und sie versicherte mir, dass die Gerüchte über Teufelsanbetung seitens eines eigenartigen Geheimkultes, der dort die Macht ergriffen und alle rechtgläubigen Kirchen verbannt habe, berechtigt seien.

Dieser heiße, so sagte sie, ›Der esoterische Orden des Dagon‹ und sei zweifellos eine verkommene, fast heidnische Lehre, die vor einem Jahrhundert aus dem Orient importiert worden war, zu einer Zeit, da die Fischbestände von Innsmouth zur Neige zu gehen schienen. Seine Beliebtheit beim einfachen Volk sei ganz natürlich angesichts der plötzlichen und dauerhaften Rückkehr reichlicher, guter Fischbestände, und er wurde bald zum größten Einfluss in der Stadt, verdrängte die Freimaurerei völlig und übernahm die alte Freimaurerhalle in New Church Green als Versammlungsort.

All dies bot der frommen Miss Tilton ausreichenden Grund, die uralte Stadt des Verfalls und Elends zu meiden; doch für mich war es bloß ein neuerlicher Anreiz. Zu meinen architektonischen und historischen Erwartungen trat nun noch ein brennender anthropologischer Eifer, und während sich die Nacht in meinem kleinen CVJM-Zimmer hinzog, konnte ich kaum schlafen.

II

Kurz vor zehn Uhr am nächsten Morgen stand ich mit meinem kleinen Koffer in der Hand vor Hammonds Drogerie am alten Marktplatz und wartete auf den Bus nach Innsmouth. Als der Augenblick seiner Ankunft näher rückte, bemerkte ich, dass die Müßiggänger sich langsam die Straße hinauf zu anderen Plätzen oder in das Ideal-Lunch-Restaurant auf der anderen Seite des Platzes verzogen. Offensichtlich hatte der Fahrkartenverkäufer die Abneigung der Einheimischen gegenüber Innsmouth und seinen Bewohnern nicht übertrieben. Einen Moment später klapperte ein kleiner, überaus altersschwacher Omnibus von schmutzig grauer Farbe die State Street entlang, machte eine Wendung und hielt an der Bordsteinkante neben mir. Ich spürte sogleich, dass dies der richtige war; eine Vermutung, die das nur halb leserliche Schild auf der Windschutzscheibe – *»Arkham – Innsmouth – Newb'port«* – kurz darauf bestätigte.

Es saßen nur drei Fahrgäste im Bus – dunkle, ungepflegte Männer mit verdrießlichem Gesicht und irgendwie jugendlichem Aussehen –, und als das Gefährt anhielt, watschelten sie unbeholfen heraus und gingen stumm und fast verstohlen die State Street entlang. Auch der Fahrer stieg aus, und ich sah zu, wie er in die Drogerie ging, um einige Einkäufe zu erledigen. Das, überlegte ich, musste der Joe Sargent sein, den der Fahrkartenverkäufer erwähnt hatte; und noch ehe mir irgendwelche Einzelheiten aufgefallen waren, überkam mich eine Welle unwillkürlicher Abneigung, die ich weder unterdrücken noch erklären konnte. Es schien mir mit einem Male sehr natürlich, dass die Einheimischen nicht mit einem Bus fahren wollten, der von diesem Mann gesteuert wurde, und nur widerwillig den Wohnort eines solchen Mannes und seinesgleichen aufsuchten.

Als der Fahrer wieder aus dem Laden kam, betrachtete ich ihn sorgfältiger und versuchte, die Ursache meines unheilvollen Eindruckes zu bestimmen. Er war ein dünner Mann mit hängenden Schultern, ungefähr eins achtzig groß, gekleidet in schäbige, blaue Zivilkleidung, auf dem Kopf trug er eine abgenutzte graue Golfmütze. Sein Alter betrug vielleicht 35 Jahre, doch die sonderbaren tiefen Furchen an den Seiten seines Halses ließen ihn viel älter erscheinen, wenn man nicht sein dumpfes, ausdrucksloses Gesicht betrachtete. Er hatte einen schmalen Kopf, hervorstehende wasserblaue Augen, die nie zu blinzeln schienen, eine flache Nase, eine fliehende Stirn sowie ein ebensolches Kinn und eigenartig unterentwickelte Ohren. Seine langen, dicken Lippen und die grobporigen gräulichen Wangen schienen fast bartlos, abgesehen von einigen wenigen, gelben krausen Haaren, die unregelmäßig wucherten; und stellenweise schien die Haut merkwürdig unregelmäßig, als schäle sie sich aufgrund einer Hautkrankheit ab. Seine großen Hände waren mit dicken Adern überzogen und von sehr ungewöhnlicher blaugrauer Färbung. Die Finger waren im Vergleich zum restlichen Bau der Hand erstaunlich kurz und schienen die Neigung zu besitzen, sich eng in die riesige Handfläche zu schmiegen. Als er auf den Bus zuging, bemerkte ich seinen eigenartig watschelnden Gang und sah, dass seine Füße übermäßig groß waren. Je länger ich sie betrachtete, desto mehr drängte sich mir die Frage auf, wie er an passende Schuhe herankam.

Eine gewisse Schmierigkeit an dem Burschen steigerte meine Abneigung noch. Er hatte offensichtlich die Gepflogenheit, im Fischerhafen zu arbeiten oder dort herumzulungern, und trug den für diesen Ort charakteristischen Geruch mit sich. Welches fremdländische Blut genau in seinen Adern floss, konnte ich nicht einmal vermuten. Seine Eigenheiten wirkten weder asiatisch noch polynesisch, levantinisch oder negroid, doch konnte ich erkennen, weshalb die Menschen ihn als fremdartig empfanden. Ich selbst hätte eher an biologische Degenerierung als an ausländische Abstammung gedacht.

Ich war enttäuscht, als ich bemerkte, dass es außer mir keine anderen Passagiere im Bus gab. Irgendwie behagte mir die Vorstellung nicht, allein mit diesem Chauffeur zu sein. Doch als die Abfahrtszeit offensichtlich kurz bevorstand, überwand ich meine Bedenken und folgte dem Mann in den Bus, streckte ihm einen Dollarschein entgegen und murmelte das einzige Wort »Innsmouth«.

Er sah mich einen Augenblick lang sonderbar an, als er mir wortlos 40 Cent Wechselgeld zurückgab.

Ich wählte einen Sitz weit hinter ihm, doch auf der Fahrerseite des Busses, da ich während der Reise die Küste betrachten wollte.

Schließlich startete das klapprige Gefährt mit einem Ruck und rasselte lärmend in einer Abgaswolke an den alten Ziegelbauten der State Street vorüber. Als ich einen Blick auf die Menschen auf den Bürgersteigen warf, glaubte ich zu bemerken, dass sie so taten, als sähen sie den Bus gar nicht. Dann bogen wir nach links in die High Street ab, wo die Fahrt schneller wurde; wir brausten an stattlichen alten Herrenhäusern der frühen Republik und noch älteren Bauernhäusern der Kolonialzeit vorbei, passierten Lower Green und den Parker River und erreichten schließlich einen langen eintönigen Streifen offenen Küstenlandes.

Der Tag war warm und sonnig, doch die Landschaft aus Sand, Riedgras und verkümmertem Strauchwerk wurde immer jämmerlicher, je weiter wir vorankamen. Aus dem Fenster hinaus sah ich das blaue Wasser und den sandigen Umriss von Plum Island, und bald darauf kamen wir dem Strand sehr nahe, als die enge Straße von der Hauptstraße nach Rowley und Ipswich abzweigte. Häuser waren keine zu sehen, und am Zustand der Straße vermochte ich abzulesen, dass es in dieser Gegend nur sehr wenig Verkehr gab. Die kleinen verwitterten Telefonmasten trugen nur zwei Kabel. Dann und wann überquerten wir grob gezimmerte Holzbrücken über Tidebäche, die sich weit ins Inland schlängelten und die Einsamkeit der Gegend noch unterstützten.

Ab und an erspähte ich abgestorbene Baumstümpfe und zerfallende Grundmauern über dem Treibsand und erinnerte mich der alten Überlieferung, die ich in einem der Geschichtsbücher gelesen hatte, dass dies einmal ein fruchtbarer und dicht besiedelter Landstrich gewesen sei. Der Wandel, so hieß es, sei zeitgleich mit der Epidemie in Innsmouth im Jahre 1846 eingetreten. Laut Ansicht des einfachen Volkes stand dies mit verborgenen Kräften des Bösen in Zusammenhang. Der wirkliche Grund war aber die schonungslose Rodung des Waldgebietes nahe der Küste, wodurch das Erdreich seines besten Schutzes vor Wind und Treibsand beraubt worden war.

Schließlich verschwand Plum Island außer Sicht und zur Linken sahen wir die gewaltige Ausdehnung des Atlantiks. Der schmale Pfad wurde nun steiler, und ich verspürte ein eigenartiges Gefühl der Beunruhigung dabei, den einsamen Hügelkamm über uns zu betrachten, wo die gefurchte Straße auf den Himmel traf. Es war, als würde der Bus immer weiter emporklettern, die normale Welt gänzlich verlassen und mit den unbekannten Mysterien des oberen Luftreiches und des rätselhaften Himmels verschmelzen. Der Geruch des Meeres weckte unheilvolle Gedanken und der gebeugte, starre Rücken und schmale Kopf des stummen Fahrers erregten immer mehr meinen Abscheu. Als ich ihn anblickte, sah ich, dass sein Hinterkopf fast so haarlos wie sein Gesicht war und nur einige wenige, widerspenstige gelbe Strähnen eine graue schuppige Oberfläche bedeckten.

Dann erreichten wir den Hügelkamm und erblickten das ausgebreitete Tal dahinter, wo der Manuxet sich nördlich der langen Reihe von Klippen mit dem Meer vereint, die in Kingsport Head gipfeln und sich in Richtung Cape Ann fortsetzen. Am weit entfernten nebligen Horizont machte ich gerade noch das undeutliche Profil von Kingsport Head aus, welches von dem sonderbaren alten Haus gekrönt wird, über das so viele Legenden umgehen; doch im Augenblick wurde meine Aufmerksamkeit zur Gänze von dem näher gelegenen Panorama knapp unter mir in Anspruch genommen.

Ich erkannte, dass ich nun endlich dem von Gerüchten überschatteten Innsmouth von Angesicht zu Angesicht gegenüberstand.

Es war eine Stadt von großer Ausdehnung und dichter Bebauung, doch so ohne sichtbares Leben, dass es wirklich unheimlich war. Aus dem Gewirr der Schornsteine drang kaum ein Fetzen Rauch, und die drei hohen Kirchtürme zeichneten sich nackt und ohne Farbe vor dem seewärts gelegenen Horizont ab. Einer davon zerfiel an der Spitze, und dieser und ein weiterer zeigten dort, wo Uhren hätten sein sollen, nur schwarze, klaffende Löcher. Der gewaltige Wirrwarr an durchhängenden Walmdächern und spitzen Giebeln vermittelte in anstößiger Klarheit den Eindruck wurmstichigen Verfalls, und als wir auf der nun abfallenden Straße näher kamen, konnte ich sehen, dass viele Dächer völlig eingestürzt waren. Weiter vom Meer entfernt standen auch einige große rechteckige georgianische Häuser mit Walmdächern, Kuppeln und von Geländern umsäumten Aussichtsplattformen. Ein oder zwei dieser Gebäude schienen in mäßig gutem Zustand zu sein. In ihrer Mitte erstreckten sich landeinwärts die verrosteten, grasüberwucherten Schienen der aufgegebenen Eisenbahn, schiefe Telegrafenmasten ohne Leitungen und die halb verblassten Fährten der alten Kutschwege nach Rowley und Ipswich.

In der Nähe des Hafens war der Verfall am schlimmsten, obgleich ich in der Mitte den weißen Glockenturm eines recht gut erhaltenen Ziegelbauwerkes erspähen konnte, das wie eine kleine Fabrik aussah. Der seit langer Zeit versandete Hafen war von einem uralten steinernen Wellenbrecher umgeben; auf diesem erkannte ich die winzigen sitzenden Gestalten einiger Fischer, und an seinem Ende befand sich etwas, das wie das Fundament eines ehemaligen Leuchtturmes aussah. Eine Zunge aus Sand hatte sich auf der Innenseite dieser Barriere gebildet, und darauf sah ich ein paar baufällige Hütten, vertäute Boote und verstreute Hummerkörbe. Die einzige Stelle mit tiefem Wasser schien sich dort zu befinden, wo der Fluss an dem Gebäude mit dem Glockenturm vorbeiströmte und sich südwärts wandte, um sich am Ende des Wellenbrechers mit dem Meer zu vereinen.

Hie und da ragten die Ruinen von Kaianlagen aus dem Ufer heraus, um in ungewisser Fäulnis zu enden, wobei die am südlichsten gelegenen am schlimmsten vom Verfall betroffen schienen. Und weit draußen auf dem Meer erblickte ich trotz der Flut eine lange schwarze Linie, die sich kaum aus dem Wasser erhob und dennoch eine Andeutung sonderbarer, unterschwelliger Bösartigkeit in sich trug. Dies, so war mir klar, musste das Teufelsriff sein. Als ich hinsah, schien sich meiner starken Abneigung ein subtiles, eigenartiges Gefühl der Lockung hinzuzugesellen; und merkwürdigerweise fand ich das verstörender als den ursprünglichen Eindruck.

Auf der Straße sahen wir keinen Menschen, passierten aber bald verlassene Bauernhöfe in verschiedenen Stadien des Verfalls.

Dann bemerkte ich ein paar bewohnte Häuser mit Tüchern anstelle der zerbrochenen Fensterscheiben und Muschelschalen und toten Fischen in den schmutzigen Höfen. Ein- oder zweimal sah ich apathisch aussehende Menschen in unfruchtbaren Gärten arbeiten oder an dem von Fischgeruch erfüllten Strand weiter unten nach essbaren Muscheln graben, sowie Gruppen von schmutzigen affengesichtigen Kindern, die vor unkrautüberwucherten Eingängen spielten. Auf irgendeine Weise wirkten diese Menschen beunruhigender als die trostlosen Gebäude, denn fast alle von ihnen wiesen befremdliche Eigenartigkeiten des Gesichts auf und bewegten sich seltsam. Ich verspürte instinktiv eine Abneigung gegen diese Menschen, ohne dies erklären zu können. Eine Sekunde lang glaubte ich, dieses typische Aussehen gemahne mich an ein Bild, das ich unter besonders abscheulichen oder traurigen Umständen vielleicht in einem Buch gesehen hatte; doch diese vermeintliche Erinnerung verging rasch wieder.

Als der Bus eine tiefere Ebene erreichte, vernahm ich in der unnatürlichen Stille allmählich das stete Plätschern eines Wasserfalls. Die schiefen unbemalten Häuser wurden zahlreicher, standen zu beiden Seiten der Straße und wirkten städtischer als jene, die wir hinter uns gelassen hatten. Das Panorama vor uns hatte sich zu einer Straßenszenerie verengt, und stellenweise erkannte ich, dass es früher ein Kopfsteinpflaster und Bürgersteige aus Ziegelsteinen gegeben hatte. Alle Häuser waren dem Anschein nach verlassen, und gelegentlich gab es Lücken, wo baufällige Schornsteine und Kellerwände von Gebäuden zeugten, die eingestürzt waren. Alles durchdringend lag der widerlichste Fischgeruch, den man sich vorzustellen vermag, über dem Ort.

Bald trafen wir auf Kreuzungen; die Straßen auf der Linken führten zu küstennahen Gegenden ungepflasterten Schmutzes und Verfalls, derweil die zur Rechten Visionen einstiger Pracht offenbarten. Bislang hatte ich in der Stadt noch keinen Menschen gesehen, doch nun erschienen Anzeichen einer spärlichen Bewohnung – Vorhänge an Fenstern hie und da und ein zerbeultes Automobil an der Bordsteinkante. Pflaster und Bürgersteige waren hier besser erhalten, und obschon die meisten der Häuser recht alt waren – Holz- und Ziegelbauten vom Anfang des 19. Jahrhunderts –, wurden sie offensichtlich bewohnbar gehalten. Als Amateur-Historiker vergaß ich fast meinen Ekel vor dem Geruch und meine Empfindung von Bedrohung und Abscheu angesichts dieser reichen unveränderten Überbleibsel aus der Vergangenheit.

Doch ich sollte mein Ziel nicht erreichen, ohne zuvor noch einen ausgesprochen unangenehmen Eindruck zu erhalten. Der Bus fuhr auf einen offenen Platz mit Kirchen zu beiden Seiten und den vertrockneten Überresten einer runden Grünfläche in der Mitte und ich betrachtete eine große, säulengeschmückte Halle an der Straßenkreuzung zur rechten Hand. Die vormals weiße Farbe des Bauwerkes war nun grau und blätterte ab, und das schwarze und goldene Schild auf dem Giebel war so verblasst, dass ich nur mit Mühe diese Worte entziffern konnte: ›Esoterischer Orden des Dagon‹. Dies war also die ehemalige Freimaurerhalle, die nun einem entarteten Kult gehörte. Als ich meine Augen anstrengte, um diese Inschrift zu erkennen, wurde meine Aufmerksamkeit von den rauen Tönen einer gesprungenen Glocke auf der anderen Straßenseite abgelenkt, und ich wandte mich rasch um, um auf meiner Seite des Wagens aus dem Fenster zu schauen.

Das Geräusch drang aus einer Steinkirche mit flachem Turm, die eindeutig späteren Datums als die meisten anderen Häuser war, erbaut in einer plumpen Gotik mit unverhältnismäßig hohen Grundmauern und verschlossenen Fenstern. Obgleich die Zeiger der Uhr auf der mir sichtbaren Seite fehlten, wusste ich, dass diese rauen Schläge die elfte Stunde verkündeten. Dann wurden alle Gedanken an die Zeit mit einem Mal von einem anstürmenden Bild heftiger Intensität und unerklärlichen Grauens verdrängt, das mich traf, ehe ich wusste, was es wirklich war. Die Kellertür der Kirche stand offen und enthüllte ein schwarzes Rechteck im Innern. Und während ich hinsah, schien etwas jenes dunkle Rechteck zu durchqueren; und meinem Hirn brannte sich einen Moment lang eine albtraumhafte Vorstellung ein, die umso irremachender war, da auch genaueres Hinsehen keine einzige albtraumhafte Eigenart daran erkennen konnte.

Es war ein lebendes Wesen – das erste, das ich, mit Ausnahme des Fahrers, gesehen hatte, seit wir in die Innenstadt gekommen waren –, und hätte ich mich in einem ausgeglicheneren Zustand befunden, so hätte ich überhaupt nichts Grauenerregendes dabei empfunden. Eindeutig war es, wie mir nun klar wurde, der Pastor. Er war in eigenartige Gewänder gekleidet, die ohne Zweifel eingeführt worden waren, als der Orden des Dagon die Rituale der örtlichen Kirchen umgeformt hatte. Was meinen Blick zuerst unbewusst festgehalten und den bizarren Schreck ausgelöst hatte, war wohl die hohe Tiara, die er trug – eine fast identische Entsprechung jener, die Miss Tilton mir am Abend zuvor gezeigt hatte. Dies hatte sich auf meine Fantasie ausgewirkt und dem undeutlichen Gesicht und der verhüllten watschelnden Gestalt darunter ein unaussprechlich finsteres Aussehen verliehen. Es gab also nicht den geringsten Anlass, mich zu fürchten. War es denn nicht natürlich, dass ein örtlicher Mysterienkult seinen Priestern auch eine einzigartige Kopfbedeckung vorschrieb, die der Gemeinde zuvor auf sonderbare Weise vertraut gemacht worden war – vielleicht als Teil eines Schatzes?

Einige weniger abstoßend aussehende junge Leute zeigten sich jetzt auf den Bürgersteigen – einzeln oder in stummen Gruppen von zweien oder dreien. Die Erdgeschosse der verfallenden Häuser beherbergten zum Teil kleine Läden mit schmutzigen Schildern, und ich bemerkte ein oder zwei geparkte Lastwagen, als wir die Straße entlangklapperten. Das Geräusch der Wasserfälle wurde immer lauter, und alsbald sah ich ein recht tiefes Flusstal vor uns, das von einer breiten eisernen Verkehrsbrücke überspannt wurde, hinter der sich ein großer Platz öffnete. Als wir über die Brücke ratterten, sah ich rechts und links hinaus und bemerkte einige Fabrikgebäude am Rande des grasbedeckten Steilufers oder ein wenig darunter. Der Fluss tief dort unten führte sehr viel Wasser, und ich konnte zu meiner Rechten am oberen Verlauf zwei tosende Wasserfälle und mindestens einen weiteren flussabwärts zu meiner Linken sehen. An dieser Stelle war das Rauschen ohrenbetäubend. Dann fuhren wir auf den großen halbrunden Platz jenseits des Flusses und hielten auf der rechten Seite vor einem hohen, kuppelgekrönten Gebäude mit Überresten gelber Farbe und einem verblassten Schild, das es als das Gilman House auswies.

Ich war froh, aus diesem Bus aussteigen zu können, und ging sogleich daran, meinen Koffer in der schäbigen Empfangshalle des Hotels abzugeben. Es war nur eine Person in Sichtweite – ein älterer Mann ohne das, was ich mittlerweile als den ›Innsmouth-Look‹ bezeichnete –, und ich entschied, ihm keine der Fragen zu stellen, die mich bedrückten, da ich mich erinnerte, dass über dieses Hotel sonderbare Dinge berichtet worden waren. Stattdessen schlenderte ich auf den Platz, von dem der Bus bereits wieder verschwunden war, und würdigte eingehend den Ausblick.

Eine Seite des gepflasterten offenen Platzes wurde von der geraden Linie des Flussufers eingenommen; die andere bestand aus einem Halbkreis aus Ziegelgebäuden mit Schrägdächern aus der Zeit um 1800, von dem aus mehrere Straßen nach Südosten, Süden und Südwesten ausstrahlten. Es gab nur bedrückend wenige und kleine Laternen – alle mit schwachen Glühlampen ausgestattet –, und ich war froh, dass meine Pläne eine Abreise vor Anbruch der Dunkelheit vorsahen, wenngleich ich wusste, dass der Mond hell scheinen würde. Die Gebäude befanden sich alle in gutem Zustand und beherbergten vielleicht ein Dutzend tatsächlich geöffneter Geschäfte; eines davon war ein Lebensmittelladen der First-National-Kette, zu den andern zählten ein trostloses Restaurant, eine Drogerie und ein Fischgeschäft. Östlich des Platzes, in der Nähe des Flusses, befand sich ein Büro des einzigen Industriebetriebes der Stadt – der Marsh Refining Company. Es waren vielleicht zehn Leute zu sehen und vier oder fünf Automobile und Lastwagen standen vereinzelt herum. Man musste mir nicht sagen, dass dies das Stadtzentrum von Innsmouth war. Im Osten konnte ich den blauen Schimmer des Hafens sehen, vor dem sich die verfallenen Überreste dreier einst sehr schöner georgianischer Kirchtürme erhoben. Und nahe der Küste am gegenüberliegenden Flussufer sah ich den weißen Glockenturm über dem Gebäude, das ich für die Marsh-Raffinerie hielt.

Aus irgendeinem Grunde entschied ich, meine ersten Nachforschungen in dem Lebensmittelladen der Kette anzustellen, dessen Personal aller Wahrscheinlichkeit nach nicht aus Innsmouth stammen würde. Ich fand dort einen einsamen Jungen von ungefähr siebzehn Jahren als Geschäftsleiter und war erfreut über seine Klugheit und Liebenswürdigkeit, die mir bereitwillige Auskünfte zu versprechen schien. Er erweckte einen außergewöhnlich redefreudigen Eindruck, und ich erfuhr bald, dass er diesen Ort nicht mochte, den Fischgeruch nicht und nicht die heimlichtuerischen Menschen. Jedes Wort mit einem Fremden war ihm eine Erleichterung. Er stammte aus Arkham, wohnte bei einer Familie aus Ipswich und fuhr nach Hause, sobald sich ihm ein freier Moment bot. Seiner Familie gefiel es nicht, dass er in Innsmouth arbeitete, doch man hatte ihn hierher versetzt, und er wollte seine Stellung nicht aufgeben.

Es gab, so sagte er, keine öffentliche Bücherei oder Handelskammer in Innsmouth, aber ich könnte meinen Weg vermutlich auch so finden. Die Straße, die ich entlanggegangen war, hieß Federal Street. Westlich davon lagen die guten alten Wohngegenden – Broad, Washington, Lafayette und Adams Street – und östlich davon die zur Küste gelegenen Elendsviertel. In diesen Elendsvierteln – entlang der Main Street – würde ich die alten georgianischen Kirchen finden, doch waren sie alle längst aufgegeben worden. Ich sei gut beraten, mich in dieser Gegend – insbesondere nördlich des Flusses – nicht allzu verdächtig zu verhalten, da die Menschen dort mürrisch und feindselig seien. Dort seien sogar schon einige Fremde verschwunden.

Gewisse Stellen seien fast verbotenes Territorium, wie er zu seinem Nachteil selbst erfahren hatte. Man dürfe zum Beispiel nicht lange in der Nähe der Marsh-Raffinerie, einer der noch benutzten Kirchen oder der säulengeschmückten Halle des Dagon-Ordens in New Church Green verweilen. Diese Kirchen seien sehr sonderbar – alle hätten sie sich nachdrücklich von ihren früheren Bekenntnissen losgesagt und benützten nun anscheinend die merkwürdigsten Zeremonien und Sakralgewänder. Ihre Glaubenslehren seien heterodox und rätselhaft und spielten auf gewisse wundersame Verwandlungen an, die zur körperlichen Unsterblichkeit – einer gewissen Sorte – auf dieser Welt führten. Der eigene Pastor des jungen Mannes – Dr. Wallace von der methodistisch-episkopalen Kirche von Ashbury – hatte ihn feierlich dazu angehalten, keiner Kirche in Innsmouth beizutreten.

Was die Menschen von Innsmouth anbelangte – so wusste der junge Mann kaum, was er von ihnen halten sollte. Sie seien sehr verstohlen und zeigten sich selten, wie Tiere, die in Höhlen lebten, und man könne sich kaum vorstellen, womit sie, abgesehen von ihrer ungeregelten Fischerei, ihre Zeit zubrachten. Vielleicht befanden sie sich – nach den Mengen illegal gebrannten Schnapses zu urteilen, die sie verzehrten – den Großteil des Tages in alkoholischer Betäubung. Sie schienen durch ein mürrisches Verständnis miteinander verbunden – sie verachteten die Welt, als hätten sie Zugang zu anderen und vorzüglicheren Daseinssphären. Ihr Aussehen – insbesondere jene starren lidlosen Augen, die man nie geschlossen sah – sei ohnehin schon bestürzend genug, und ihre Stimmen seien ekelhaft. Es sei grässlich, sie des Nachts in ihren Kirchen singen zu hören, besonders während ihrer wichtigsten Feste oder Erweckungsfeiern, die zweimal jährlich am 30. April und am 31. Oktober stattfänden.

Sie hegten eine große Vorliebe fürs Wasser und schwammen viel, sowohl im Fluss als auch im Hafen. Wettschwimmen hinaus zum Teufelsriff würden recht häufig ausgetragen, und alle schienen gut dazu befähigt, an diesem anstrengenden Sport teilzunehmen. Dächte man einmal darüber nach, so sähe man in der Öffentlichkeit im Allgemeinen nur ziemlich junge Leute, von denen die ältesten in der Regel sehr abstoßend ausschauten. Fände sich mal eine Ausnahme, seien dies zumeist Personen ohne eine Spur von Abweichung, wie etwa der alte Portier im Hotel. Man müsse sich die Frage stellen, was eigentlich aus der Mehrzahl der älteren Menschen würde und ob der ›Innsmouth-Look‹ nicht etwa eine fremdartige und heimtückische Krankheit sei, die im Laufe der Jahre immer weiter um sich griff.

Natürlich könne nur ein äußerst seltenes Leiden solch gewaltige und radikale anatomische Veränderungen bei einer erwachsenen Person bewirken – Veränderungen, die grundlegende Merkmale des Knochenbaus wie die Form des Schädels betrafen –, doch sei nicht einmal dieser Aspekt erstaunlicher und unerhörter als die sichtbaren Kennzeichen der Krankheit im Ganzen. Es sei schwierig, so die Ansicht des jungen Mannes, in einer solchen Angelegenheit zu einer wirklichen Schlussfolgerung zu gelangen, da man die Einheimischen nie persönlich kennenlernen würde, gleich, wie lange man auch in Innsmouth leben mochte.

Der junge Mann war überzeugt davon, dass viele Kreaturen, die noch weitaus schlimmer aussahen als die scheußlichsten der

Leute, die sich in der Öffentlichkeit zeigten, in einigen der Häuser gefangen gehalten wurden. Man habe zuweilen die sonderbarsten Geräusche gehört. Die baufälligen Hütten an der Küste nördlich des Flusses seien Gerüchten zufolge durch verborgene Tunnel miteinander verbunden und bildeten daher eine wahre Brutstätte ungeahnter Abnormitäten. Welche Art fremdländischen Blutes – sofern überhaupt – diese Wesen in sich trügen, sei unmöglich zu sagen. Sobald Regierungsbeamte oder andere aus der Außenwelt in die Stadt kämen, würden sich einige der besonders abstoßenden Gestalten verbergen.

Es sei nach Ansicht meines Informanten sinnlos, die Einheimischen irgendetwas über die Stadt zu fragen. Der Einzige, der rede, sei ein sehr alter, aber normal aussehender Mann, der im Armenhaus am nördlichen Stadtrand lebe und seine Zeit damit verbringe, durch die Stadt zu streifen oder in der Nähe der Feuerwehr herumzulungern. Dieser altersgraue Kerl, Zadok Allen, sei 96 Jahre alt und nicht ganz richtig im Kopf, ganz davon abgesehen sei er der Trunkenbold der Stadt. Er sei ein merkwürdiger, verstohlener Bursche, der sich ständig umschaue, als fürchte er sich vor etwas. Falls er mal nüchtern sei, könne er nicht dazu gebracht werden, mit Fremden zu sprechen. Er könne jedoch der Verlockung seines liebsten Giftes nie widerstehen; und sei er erst einmal betrunken, so erzähle er die erstaunlichsten Dinge aus alten Zeiten.

Letzten Endes könne man allerdings nur wenig nützliche Informationen von ihm beziehen, da seine Geschichten allesamt wahnsinnige, unvollständige Andeutungen unmöglicher Wunder und Schrecken seien, die nur seiner wirren Fantasie entspringen könnten. Niemand schenke ihm je Glauben, doch die Einheimischen sähen es gar nicht gern, wenn er mit Fremden trank und sprach; und es sei nicht immer ungefährlich, ihm zu viele Fragen zu stellen. Vermutlich stammten von ihm einige der wildesten Gerüchte und Wahnvorstellungen, die im Umlauf waren.

Mehrere nicht hier geborene Einwohner hätten von Zeit zu Zeit Ungeheuerliches berichtet, aber umgeben von den Geschichten des alten Zadok und den missgestalteten Einheimischen sei es kein Wunder, dass solche Sinnestäuschungen vorkämen. Keiner der Nicht-Einheimischen ginge des Nachts aus dem Haus, da man allgemein finde, das sei nicht klug. Außerdem sei es dann scheußlich finster auf den Straßen.

Was das Geschäftsleben anging – das reichliche Vorkommen an Fisch sei gewiss unheimlich, doch würden die Einheimischen es immer weniger zu ihrem Vorteil nutzen. Zudem fielen die Preise und wuchs die Konkurrenz. Natürlich sei das wahre Geschäft in der Stadt die Raffinerie, deren offizielles Büro sich am Platz nur ein paar Häuser östlich von uns befand. Den alten Marsh sehe man nie, er fahre aber zuweilen in einem verschlossenen Wagen mit Vorhängen zur Arbeit.

Es gäbe alle möglichen Gerüchte darüber, wie Marsh nun aussehe. Er sei einst ein großer Dandy gewesen, und die Menschen behaupteten, er trage noch immer den Gehrock der edwardianischen Ära, den er auf eigenartige Weise gewissen Missbildungen angepasst habe. Seine Söhne hätten früher das Büro am Marktplatz geführt, doch in letzter Zeit hätten sie sich nicht mehr häufig blicken lassen und die Hauptlast der Arbeit der jüngeren Generation überlassen. Die Söhne und ihre Schwestern sähen mittlerweile sehr sonderbar aus, besonders die Älteren von ihnen; und es hieß, ihre Gesundheit sei angeschlagen.

Eine der Marsh-Töchter sei eine abstoßende, reptilienhaft aussehende Frau, die ein Übermaß an eigenartigem Schmuck trage, der eindeutig derselben exotischen Tradition wie die merkwürdige Tiara entstamme. Mein Informant hatte den Schmuck oftmals gesehen und gehört, er sei Teil eines geheimen Schatzes, der entweder von Piraten oder von Dämonen herrühre. Die Geistlichen – oder Priester, oder wie auch immer man sie nun nenne – würden diesen Schmuck ebenfalls als Kopfputz tragen; aber die bekomme man nur selten zu Gesicht. Andere Exemplare hatte der Jüngling nicht gesehen, obgleich den Gerüchten nach viele in Innsmouth existieren sollten.

Die Marshs würden wie die drei anderen vornehmen Familien der Stadt – die Waites, die Gilmans und die Eliots – äußerst zurückgezogen leben. Sie bewohnten gewaltige Häuser in der Washington Street, und in einigen davon, so hieß es, versteckten sich gewisse lebende Verwandte, deren Aussehen ein öffentliches Auftreten unmöglich mache und die man für verstorben erklärt habe.

Nachdem er mich gewarnt hatte, dass viele der Straßenschilder entfernt worden seien, zeichnete der Jüngling für mich eine grobe, aber umfassende und sorgfältige Karte von den herausragenden Punkten der Stadt. Nachdem ich sie einen Moment betrachtet hatte, war ich überzeugt, dass sie mir von großer Hilfe sein würde, und steckte sie mit überschwänglichem Dank ein. Da mir die Schmuddeligkeit des einzigen Restaurants, das ich gesehen hatte, nicht zusagte, kaufte ich einen reichlichen Vorrat an Käsecrackern und Ingwerwaffeln, die mir später als Mittagessen dienen sollten. Ich nahm mir als Programm vor, die Hauptstraßen entlangzugehen, mit jedem Nicht-Einheimischen zu sprechen, der mir begegnen würde, und um acht Uhr mit dem Bus zurück nach Arkham zu fahren. Die Stadt stellte, wie ich sehen konnte, ein besonders drastisches Beispiel für den Verfall einer Gemeinde dar; doch da ich kein Soziologe war, wollte ich meine ernsthaften Untersuchungen auf das Gebiet der Archäologie beschränken.

So begann ich meinen systematischen, wenngleich von Unbehagen begleiteten Rundgang durch Innsmouths enge schattendunkle Gassen. Als ich die Brücke überquerte und mich in Richtung des rauschenden unteren Wasserfalles wandte, passierte ich die Marsh-Raffinerie, aus der sonderbarerweise kein Fabriklärm zu hören war. Dieses Gebäude erhob sich auf dem steilen Flussufer nahe einer Brücke und einem offenen Platz, zu dem mehrere Straßen führten und den ich für den historischen Stadtkern hielt, der nach der Revolution durch den heutigen Town Square ersetzt worden war.

Als ich das Flusstal auf der Main-Street-Brücke erneut überquerte, gelangte ich in eine Gegend äußerster Verlassenheit, die mich irgendwie erschaudern ließ. Zusammenfallende Haufen von Walmdächern bildeten eine gezackte und unwirkliche Silhouette, über der sich der gespenstische enthauptete Turm einer uralten Kirche erhob. Manche Häuser in der Main Street wurden noch bewohnt, doch die meisten waren dicht mit Brettern verschlagen. In den ungepflasterten Seitenstraßen sah ich die schwarzen, gähnenden Fenster verlassener Gebäude, von denen viele sich in gefährlichen und unglaublichen Winkeln neigten, weil ein Teil der Grundmauern abgesunken war. Ihre Fenster starrten so geisterhaft, dass man Mut aufbringen musste, um sich gen Osten zum Meer zu wenden. Das Grauen eines verlassenen Hauses steigert sich gewiss mehr in geometrischen als arithmetischen Maßen, wenn die Zahl der Häuser immer größer wird und eine Stadt völliger Einsamkeit bildet. Der Anblick solch endloser Straßen fischäugiger toter Leere und der Gedanke an jene miteinander verknüpften Unendlichkeiten schwarzer, dumpfer Behausungen, die den Spinnweben und Erinnerungen und dem Sieger Wurm überlassen wurden, erwecken tief begrabene Ängste und Abneigungen, die nicht einmal die tapferste Philosophie zu zerstreuen mag.

Die Fish Street war ebenso verlassen wie die Main Street, obgleich hier im Unterschied zu jener noch viele Warenhäuser aus Stein und Ziegel in ausgezeichnetem Zustand vorhanden waren. Die Water Street bot fast ein getreues Abbild davon, nur dass es dort große zur See gelegene Lücken gab, wo früher Kais gewesen waren. Kein einziges Lebewesen ließ sich sehen, außer den einsamen Fischern weit draußen auf dem Wellenbrecher, und kein Geräusch war zu hören, außer dem Plätschern der Wellen im Hafen und dem Rauschen der Wasserfälle des Manuxet. Die Stadt belastete immer mehr meine Nerven, und ich sah mich verstohlen um, während ich mir meinen Weg zurück über die baufällige Water-Street-Brücke suchte. Die Brücke in der Fish Street lag laut Stadtplan in Trümmern.

Nördlich des Flusses gab es Spuren elenden Lebens – menschenerfüllte Fischerhallen in der Water Street, rauchende Schornsteine und ausgebesserte Dächer hie und da, gelegentlich ein Geräusch unbekannten Ursprungs und vereinzelte schlurfende Gestalten auf den verwahrlosten Straßen und ungepflasterten Gehwegen –, doch das erschien mir noch bedrückender als die Verlassenheit im Süden. Ein Grund dafür war, dass die Menschen hier noch abstoßender und missgebildeter als jene wirkten, die ich in der Stadtmitte gesehen hatte; und so wurde ich mehrere Male bösartig an etwas gänzlich Unwirkliches erinnert, das ich nicht recht einzuordnen wusste. Zweifelsohne war der fremdländische Einfluss in der Bevölkerung von Innsmouth hier noch stärker ausgeprägt als weiter landeinwärts – möglicherweise war der ›Innsmouth-Look‹ eher eine Krankheit als ein Rassemerkmal, was bedeutet hätte, dass in diesem Bezirk die weiter fortgeschrittenen Fälle untergekommen waren.

Eine Einzelheit, die mich störte, war die *Verteilung* der wenigen schwachen Laute, die ich vernahm. Naturgemäß hätten sie alle aus den sichtlich bewohnten Häusern kommen müssen, doch in Wirklichkeit drangen gerade die lautesten meistens hinter den am festesten vernagelten Häuserfassaden hervor. Es knirschte und trippelte, und ich vernahm raue verdächtige Geräusche; und voller Unbehagen dachte ich an die verborgenen Tunnel, die der Junge im Lebensmittelgeschäft angedeutet hatte. Plötzlich ertappte ich mich dabei, dass ich mir die Frage stellte, wie die Stimmen der Einwohner wohl klingen mochten. Ich hatte in diesem Viertel bislang niemanden sprechen gehört und war unerklärlicherweise erpicht darauf, dass dem auch so blieb.

Nachdem ich nur lange genug innegehalten hatte, um mir die beiden schönen, aber verfallenen Kirchen in der Main und der Church Street anzusehen, verließ ich eilends dieses abscheuliche Küsten-Elendsviertel. Mein nächstes vorgesehenes Ziel war der neue Kirchplatz, aber irgendwie konnte ich mich nicht dazu überwinden, wieder an der Kirche vorbeizugehen, in deren Kellertür ich die unerklärlich Furcht erregende Gestalt jenes sonderbar gekrönten Priesters oder Pastors gesehen hatte. Außerdem hatte der junge Mann im Lebensmittelladen mir erzählt, dass die Umgebung der Kirchen sowie der Halle des Dagon-Ordens für Fremde nicht zu empfehlen sei.

Demgemäß hielt ich mich nördlich, ging die Main Street entlang bis zur Martin Street, wandte mich dann landeinwärts, überquerte die Federal Street nördlich des neuen Kirchplatzes und gelangte in die verfallene patrizische Wohngegend der nördlichen Broad Street sowie Washington, Lafayette und Adams Street. Wenngleich diese stattlichen alten Alleen schlecht erhalten und ungepflegt waren, war ihre von Ulmen überschattete Würde doch nicht völlig verschwunden. Ein Herrenhaus nach dem andern fesselte meinen Blick, die meisten davon baufällig und vernagelt inmitten vernachlässigter Grundstücke stehend, doch in jeder Straße zeigten ein oder zwei von ihnen Anzeichen der Bewohnung. In der Washington Street gab es in einer Reihe vier oder fünf Häuser in ausgezeichnetem baulichen Zustand mit sorgfältig gepflegten Rasen und Gärten. Das prächtigste dieser Häuser – mit weitläufigen französischen Gärten voller Terrassen, die sich bis hinaus zur Lafayette Street erstreckten – hielt ich für das Heim des alten Marsh, des krankheitsgeplagten Raffineriebesitzers.

Auf all diesen Straßen war kein einziges Lebewesen zu sehen und ich wunderte mich über das völlige Fehlen von Katzen und Hunden in Innsmouth. Was mich ebenfalls verwirrte, war die Tatsache, dass selbst bei manchen der besterhaltenen Herrenhäuser viele Fenster im oberen Stockwerk und im Dachgeschoss dicht verriegelt waren. Verstohlenheit und Heimlichtuerei schienen in dieser schweigenden Stadt der Entfremdung und des Todes allgegenwärtig zu sein, und ich konnte mich des Gefühls nicht erwehren, von allen Seiten aus dem Hinterhalt von verschlagenen, starren Augen, die sich nie schlossen, beobachtet zu werden.

Ich erschauderte, als eine gesprungene Glocke aus einem Turm zu meiner Linken dreimal schlug. Zu gut erinnerte ich mich der kleinen Kirche, aus der ebensolche Töne hervorgedrungen waren. Ich folgte der Washington Street bis zum Fluss und fand mich in einem früheren Industrie- und Gewerbegebiet wieder; ich bemerkte die Ruinen einer Fabrik vor mir und sah weitere dahinter, und jenseits davon lagen die Reste eines alten Bahnhofes und einer überdachten Eisenbahnbrücke, die zu meiner Rechten über das Flusstal führte.

Die unsichere Brücke, die nun vor mir lag, war mit einem Warnschild versehen, doch ich ging das Wagnis ein und überquerte sie, um erneut in den Südteil zu gelangen, wo sich nun Spuren von Leben zeigten. Verstohlene watschelnde Kreaturen starrten rätselhaft in meine Richtung und auch eher normale Gesichter beäugten mich kalt und neugierig. Innsmouth wurde mir rasch unerträglich, und ich bog in die Paine Street Richtung Marktplatz ein, in der Hoffnung, ein Gefährt zu finden, das mich noch vor der späten Abfahrtzeit jenes finsteren Busses nach Arkham bringen würde.

Da sah ich links das eingestürzte Feuerwehrgebäude und bemerkte den alten Mann mit rotem Gesicht, buschigem Bart und wässrigen Augen in unbeschreiblichen Fetzen, der auf einer Bank davor saß und mit zwei ungepflegten, aber normal aussehenden Feuerwehrmännern sprach. Das musste natürlich Zadok Allen sein, der halb irre, schnapssüchtige Neunzigjährige, dessen Erzählungen über das alte Innsmouth und seine Schatten so grässlich und unglaublich sein sollten.

III

Es musste der Alb des Perversen gewesen sein – oder ein sardonischer Sog aus dunklem, verborgenem Quell –, der mich dazu bewog, meine Pläne zu ändern. Ich hatte schon lange entschieden, meine Betrachtungen allein auf die Architektur der Stadt zu beschränken, und zu diesem Zeitpunkt hastete ich bereits zum Marktplatz in der Absicht, rasch aus dieser schwärenden Stadt von Tod und Zerfall verschwinden zu können; doch der Anblick des alten Zadok Allen löste bei mir ein Umdenken aus und ließ mich meine Schritte zögerlich verlangsamen.

Man hatte mir versichert, dass der alte Mann nichts konnte, als wilde, unzusammenhängende und unglaubliche Legenden anzudeuten, und ich war gewarnt worden, dass es für Nicht-Einheimische gefährlich sei, mit ihm im Gespräch gesehen zu werden; doch der Gedanke an diesen uralten Zeugen des Verfalls der Stadt mit Erinnerungen, die bis zu den alten Zeiten der Schifffahrt und Fabriken zurückreichten, war eine Verlockung, der ich auch mit noch so viel Vernunft nicht zu widerstehen vermochte. Schließlich sind die sonderbarsten und verrücktesten Mythen oft bloße Sinnbilder oder Allegorien, die auf der Wahrheit fußen – und der alte Zadok musste alles gesehen haben, was in den letzten neunzig Jahren in Innsmouth vorgegangen war. Meine Neugierde entflammte ungeachtet von Vernunft und Vorsicht, und in meinem jugendlichen Egoismus glaubte ich in der Lage zu sein, einen wahren Kern der Geschichte aus den wirren, weitschweifigen Ergüssen herausfiltern zu können, die ich ihm mithilfe hochprozentigen Whiskeys wohl entlocken mochte.

Ich wusste, dass ich noch nicht an ihn herantreten konnte, denn die Feuerwehrmänner würden es gewiss bemerken und Einwände erheben. Stattdessen, so überlegte ich mir, wollte ich mich vorbereiten, indem ich illegal geschmuggelten Whiskey aus dem Laden beschaffte, wo es diesen laut dem Jungen in Hülle und Fülle gab. Dann würde ich scheinbar gleichgültig an der Feuerwehr vorbeibummeln und mich dem alten Zadok anschließen, wenn er auf einen seiner regelmäßigen Streifzüge ging. Der junge Mann hatte gesagt, er sei sehr rastlos und würde selten länger als ein oder zwei Stunden auf einmal vor der Feuerwehr sitzen.

Einen Liter Whiskey zu bekommen war leicht, aber nicht billig – im Hinterzimmer eines schmuddeligen Gemischtwarenladens kurz hinter dem Marktplatz in der Eliot Street erhielt ich eine Flasche. Der schmutzig aussehende Bursche, der mich bediente, hatte eine Spur des glotzenden ›Innsmouth-Looks‹, war auf seine Weise aber recht höflich; vielleicht war er den Umgang mit geselligen Fremden – Lastwagenfahrern, Goldkäufern und dergleichen – gewöhnt, die gelegentlich in der Stadt weilten.

Als ich wieder den Marktplatz betrat, sah ich, dass das Glück auf meiner Seite war, denn aus der Paine Street schlurfte gerade eine große, schlanke, in Fetzen gehüllte Gestalt um die Ecke des Gilman House – niemand anderes als der alte Zadok Allen daselbst. Meinem Plan gemäß zog ich seine Aufmerksamkeit auf mich, indem ich meine neu erworbene Whiskeyflasche herumschwenkte; und bald bemerkte ich, dass er versonnen hinter mir herzutrotten begann, als ich in die Waite Street abbog, um in die verlassenste Gegend zu gelangen, die mir einfallen wollte.

Ich lenkte meine Schritte anhand der Karte, die der Junge im Lebensmittelladen für mich gezeichnet hatte, und wählte als Ziel die gänzlich verlassene Gegend an der südlichen Küste, die ich zuvor schon besucht hatte. Die einzigen Menschen, die ich dort gesehen hatte, waren die Fischer auf dem fernen Wellenbrecher gewesen; und indem ich einige Meter weiter südlich ging, konnte ich aus deren Sichtweite entkommen, eine Sitzgelegenheit auf einem verlassenen Kai finden und in aller Freiheit und unbeobachtet den alten Zadok über einen unbegrenzten Zeitraum hinweg ausfragen.

Ehe ich die Main Street erreicht hatte, hörte ich hinter mir ein schwaches und keuchendes »He, Mister!«.

Ich blieb stehen, damit er mich einholen konnte, und alsbald gestattete ich dem alten Mann, einen ausgiebigen Schluck aus der Whiskeyflasche zu nehmen.

Ich streckte meine Fühler langsam aus, als wir gemeinsam Richtung Water Street gingen und uns inmitten der allgegenwärtigen Verlassenheit und den in irrer Schräglage stehenden Ruinen nach Süden wandten, doch fand ich heraus, dass die Zunge des Alten sich nicht so rasch lockerte, wie ich es erwartet hatte. Endlich sah ich eine von Gras überwachsene, zum Meer gelegene offene Fläche zwischen zerbröckelnden Ziegelmauern, hinter der die unkrautüberwucherte Länge eines Kais aus Erde und Mauerwerk aufragte. Moosbedeckte Steinhaufen in Wassernähe versprachen erträgliche Sitzmöglichkeiten, und der Ort wurde durch eine Lagerhausruine im Norden vor möglichen Blicken geschützt. Hier, so glaubte ich, war der ideale Platz für ein langes geheimes Zwiegespräch; und so führte ich meinen Begleiter den Pfad hinab und wählte eine Stelle zwischen den moosigen Steinen aus, wo wir sitzen konnten. Die Aura von Tod und Verlassenheit war gespenstisch und der Fischgeruch beinahe unerträglich; doch war ich entschlossen, mich von nichts abschrecken zu lassen.

Ungefähr vier Stunden blieben mir noch für ein Gespräch, wollte ich den Acht-Uhr-Bus nach Arkham erwischen, und ich fing an, dem uralten Säufer noch mehr Whiskey zu geben, derweil ich mein eigenes kärgliches Mittagessen einnahm. Bei meinen Spenden achtete ich darauf, es nicht zu übertreiben, denn ich wünschte nicht, dass Zadoks schnapsselige Geschwätzigkeit in Stumpfheit absank. Nach einer Stunde schien seine Verschwiegenheit allmählich nachzulassen, doch zu meiner großen Enttäuschung umging er noch immer meine Fragen über Innsmouth und dessen von Schatten heimgesuchte Vergangenheit. Er plapperte über aktuelle Themen, offenbar las er eifrig Zeitungen, und zeigte einen ausgeprägten Hang zum Philosophieren in salbungsvoller, naiver Weise.

Gegen Ende der zweiten Stunde hegte ich die Befürchtung, dass der Liter Whiskey nicht ausreichen würde, um ein Ergebnis zu zeitigen, und ich fragte mich, ob ich den alten Zadok nicht besser verlassen und Nachschub besorgen sollte. Gerade da erwirkte jedoch der Zufall die Wendung, die meine Fragen nicht hatten erwirken können, und das Gerede des keuchenden Alten schlug eine Richtung ein, die mich dazu brachte, mich vorzubeugen und aufmerksam zu lauschen. Ich saß mit dem Rücken zur See, doch er saß ihr direkt gegenüber, und aus irgendeinem Grunde hatte sein umherschweifender Blick sich an der tiefen, fernen Linie des Teufelsriffs erzürnt, das sich zu diesem Zeitpunkt deutlich und beinahe faszinierend über den Wellen zeigte. Der Anblick schien ihm zu missfallen, denn er fing mit einer Reihe leiser Flüche an, die in einem vertraulichen Flüstern und einem wissenden Blick endeten. Er neigte sich mir entgegen, ergriff mich am Revers meines Mantels und zischte ein paar Anspielungen, die nicht missverstanden werden konnten.

»Dort drüb'n hat alles angefang'n – dem verfluchten Ort alles Bösen, wo's Tiefwasser anfängt. Die Höllenpforte – stürzt tief hinab auf'n Grund, wo keine Lotschnur hinkommt. Der alte Käpt'n Obed hat's gemacht – der, wo auf den Südseeinseln mehr herausgefund'n hat als gut für'n war.

Allen isses damals schlecht gegang'. Der Handel is' abgeflaut, die Mühlen ham Geschäfte verlorn – sogar die neuen –, un' die besten von unsern Männern sin' umgekommen im Krieg von 1812 oder verscholl'n mit der Brigg *Elizy* un' der Schute *Ranger* – beides war'n Gilman-Schiffe. Obed Marsh, der hatt' drei Schiffe am Laufen – die Brigantine *Columby*, die Brigg *Hetty* un' die Bark *Sumatry Queen*. Er war der Einzige, der mit'm Ostindien- und Pazifik-Handel weitergemacht hat, obwohl Esdras Martins Schonerbark *Malay Pride* noch 1828 'ne Tour gemacht hat.

Aber niemand war so wie der Käpt'n Obed – der alte Satansbraten! He, he! Ich weiß noch, wie er immer über fremde Länder geredet hat und all die Leut' dumm genannt hat, weil se zur Kirche gegangen sin' und ihre Bürde bescheiden und demütig getrag'n ham. Er hat gesagt, sie soll'n sich lieber bessere Götter wie die auf den Westindischen Inseln nehmen – Götter, die ihnen Erfolg beim Fischen als Gegenleistung für ihre Opfer bring'n un' die wirklich auf die Gebete von 'n Leuten hörn.

Matt Eliot, sein erster Maat, hat auch 'ne Menge geredet, nur war er dagegen, dass die Leut' irgendwas Heidnisches machen. Hat erzählt von 'ner Insel östlich von Otaheité, wo's 'ne Menge Steinruinen gibt, un' die sin' älter als alles, was ma so kennt, so wie die auf Ponape auf'n Karolinen, aber mit geschnitzten Gesichtern, die wie die großen Standbilder auf'n Osterinseln aussahn. Da war auch noch 'ne kleine Vulkaninsel dort in der Näh, wo's andre Ruinen mit unterschiedlichen Schnitzereien gibt – Ruinen, die ganz verwaschen sin', als wär'n se früher unter Wasser gewes'n, un' über un' über mit Bildern von scheußlichen Monstern bedeckt.

Nun, Sir, der Matt hat gesagt, dass die Eingebornen dort allen Fisch hatten, den se nur fangen konnt'n, und Armbänder und Ringe und Kopfputz trugen, aus 'ner ganz sonderbar'n Art von Gold, bedeckt mit Bildern von Monstern genau wie die auf'n

Ruinen auf der kleinen Insel – irgendwie fischgleiche Frösche oder froschgleiche Fische, in all'n möglichen Stellungen gezeichnet, als wärn's Menschen. Niemand konnt' aus denen rausbekommen, woher se das ganze Zeugs hatten, und die andern Eingebornen fragten sich alle, wie se so viel Fisch fangen konnt'n, wo doch schon auf den Nachbarinseln magere Ausbeute war. Auch der Matt hat sich drüber gewundert, un' auch der Käpt'n Obed. Obed is' außerdem noch aufgefall'n, dass viele von den hübschen jungen Leuten Jahr um Jahr für immer verschwinden, und dass kaum alte Leut' zu sehn sin'. Außerdem denkt er, dass 'n paar von den Leuten selbst für Kanaken verdammt merkwürdig aussehn.

Es hat gedauert, bis Obed die Wahrheit aus diesen Heiden herausbekomm' hat. Ich weiß nicht, wie er's gemacht hat, aber er fing um die goldähnlichen Sachen zu handeln an, die se anhatten. Er hat gefragt, wo die herkomm' und ob se mehr davon kriegen könn', und dann hat er dem alten Häuptling die Geschichte entlockt – Walakea nannten se den. Niemand außer Obed hat dem alten gelben Teufel je geglaubt, aber der Käpt'n konnt in den Menschen wie in offenen Büchern lesen. He, he! Keiner will mir glauben, wenn ich's jetzt erzähl, und ich denk auch nich', dass Sie mir glauben werden, junger Bursche – obwohl, wenn ich Sie mir so anseh, Sie ham die gleichen scharfen Augen, wie der Obed se hatte.«

Das Flüstern des alten Mannes wurde schwächer, und ich ertappte mich dabei, wie ich ob der schrecklichen und aufrichtigen Unheimlichkeit seines Stimmfalls erschauderte, wenngleich ich wusste, dass seine Erzählung nichts anderes sein konnte als die Grillen eines Trunkenboldes.

»Nun, Sir, Obed hat erfahr'n, dass es auf der Welt Dinge gibt, von denen die meisten Leut' nie was gehört ham – und die se auch nich' glauben würden, wenn se davon hörn. Es scheint, dass diese Kanaken massenhaft ihre jungen Männer und Mädchen so 'ner Art von Gottheiten geopfert ham, die im Meer leben, und im Gegenzug dafür ham se alle möglichen Vorteile gekriegt. Sie ham die Wesen auf der kleinen Insel mit den sonderbaren Ruinen getroff'n, und es scheint, dass diese scheußlichen Bilder von Froschfisch-Monstern Abbilder dieser Wesen sein soll'n. Vielleicht war'n se die Ungeheuer, von denen all die Geschichten über Meerjungfrauen und so was herkomm'. Sie ham alle möglichen Städte auf'm Meeresboden, und diese Insel is' von dort unten hochgehoben worden. Scheint, dass manche von den Wesen in den Steingebäuden am Leben war'n, als die Insel plötzlich an die Oberfläche gekomm' is'. So ham die Kanaken Wind davon gekriegt, dass die dort unten war'n. Sie ham Zeichensprache gemacht, sobald se ihre Furcht überwunden hatt'n, und es hat nich' lang gedauert, da hatt'n se mit denen 'nen Handel abgeschlossen.

Diese Wesen ham Menschenopfer gemocht. Hatten se schon viel früher gekriegt, aber nach 'ner gewissen Zeit ham se die Verbindung zur Oberwelt verlorn. Was se mit den Opfern angestellt ham, das kann ich nich' sagen, und ich vermute, Obed war nicht zu scharf drauf, das zu wissen. Aber für die Heiden war's in Ordnung, weil se gerade 'ne schwere Zeit hatten und ziemlich verzweifelt war'n. Sie ham zweimal im Jahr 'ne gewisse Zahl von jungen Leuten an die Meereswesen gegeb'n – inner Walpurgisnacht und an Halloween –, so regelmäßig es halt ging. Sie ham denen auch 'n Teil vom geschnitzten Schnickschnack gegeb'n, den se gemacht ham. Was die Wesen dafür versprochen ham, war 'ne Menge Fisch – sie ham se aus'm ganzen Meer herbeigeschafft – un' 'n bisschen von dem goldähnlichen Zeugs dann und wann.

Nun, wie ich schon gesagt hab, die Eingeborn'n ham die Wesen auf der kleinen Vulkaninsel getroff'n – sie sin' in Kanus mit den Opfern und so weiter dahingerudert und ham so viel vom goldgleichen Zeugs mitgebracht, wie sie gekriegt ham. Zuerst ham die Wesen nie auf die Hauptinsel kommen woll'n, aber nach 'ner gewissen Zeit wollten se das. Scheint, dass se Verlangen danach hatten, sich unter die Leut' zu mischen und gemeinsame Zeremonien an 'n großen Tagen zu feiern – Walpurgisnacht und Halloween. Sehn Se, die konnt'n sowohl im Wasser wie auch draußen leben – was man so Amphibien nennt, denk ich mal. Die Kanaken ham ihnen erzählt, dass die Leut' von den andern Inseln se vielleicht würden ausrotten wollen, wenn se Wind von ihnen bekämen, aber die ham gesagt, das würd se nicht weiter scheren, denn se könnten die ganze Menschenbrut auslösch'n, wenn se nur wollt'n – das heißt, all die, die nich' gewisse Zeichen hatten, die früher mal von 'nen

Alten Wesen benutzt word'n sin', wer immer das auch war. Aber da se sich keine Mühe machen wollten, ham se sich einfach versteckt, falls jemand auf die Insel gekomm' is'.

Wie es dann drum gegang' is', sich mit den froschähnlichen Fischen zu paaren, da ham sich die Kanaken irgendwie gesträubt, aber schließlich ham se was gehört, was der Sache ein anderes Gesicht verlieh. Scheint, dass die Menschen 'ne Art von Beziehung zu solchen Wassermonstren ham' – dass alles, was lebt, mal aus'm Wasser gekomm' is' und nur 'ne kleine Veränderung braucht, um wieder dahin zurückzugehn. Diese Wesen ham den Kanaken erzählt, wenn se ihr Blut miteinander mischen, gäb's Kinder, die zuerst wie Menschen aussehn, aber später immer mehr wie die Wesen, bis se ins Wasser gehn und sich dem Rest dort unten anschließ'n. Und das is' der wichtige Teil, junger Mann – die, wo sich in Fischwesen verwandeln und ins Wasser gehn, *die würden niemals sterben.* Diese Wesen sin' nie gestorb'n, außer ma hat se brutal umgebracht.

Nun, Sir, es scheint, dass zu der Zeit, als Obed die Inselleute getroff'n hat, da war'n se schon voller Fischblut von den Wesen aus'm Wasser. Wenn se alt gewor'n sin' und ma's langsam sehn konnt, ham se se versteckt gehalt'n, bis se bereit waren, ins Wasser zu gehn un' den Ort zu verlassen. Manche waren mehr davon betroffen als die andern, und manche ham sich nie genug geändert, um ins Wasser zu gehen; aber meistens ham se sich genau so entwickelt, wie's die Wesen gesagt ham. Die, wo schon von Geburt an den Wesen ähnlicher war'n, ham sich früh verändert, aber die, wo fast menschlich war'n, blieben manchmal auf der Insel, bis se über siebzich war'n, obwohl se vorher für gewöhnlich schon versuchsweise unter Wasser gewesen war'n. Leut', die ins Wasser gegangen war'n, sin' inner Regel oft für Besuche zurückgekomm', weshalb ein Mann oft mit seinem Urururururgroßvater reden konnt, der vor 'n paar hundert Jahren oder so das trockne Land verlassen hat.

Keiner hat mehr ans Sterben gedacht – kam nicht vor, außer bei Kanukämpfen mit den Bewohnern von andern Inseln, oder als Opfer an die Meeresgötter tief unten, oder bei Schlangenbissen oder durch 'ne Seuche oder schnell ausbrechende Krankheiten oder so was, bevor se ins Meer gehn konnten –, und sie ham sich einfach auf 'ne Art Verwandlung gefreut, die se nach 'ner Weile überhaupt gar nicht mehr so schrecklich fanden. Die ham gedacht, dass das, was se bekomm' ham, das wert is', was se gegeben ham – un' ich glaub, Obed hat das schließlich genauso gesehn, nachdem er die Geschichte vom alten Walakea einigermaßen verdaut hatte. Walakea war aber einer der wenigen, die kein Fischblut in sich hatt'n – der war aus 'nem königlichem Geschlecht, das sich nur mit Angehörigen von Königsfamilien von den andern Inseln verheiratet hat.

Walakea hat Obed 'ne Menge Riten un' Beschwörungen gezeigt, die mit den Meereswesen zu tun ham, und hat ihm 'n paar von den Leuten im Dorf gezeigt, die sich schon stark verändert ham. Aus irgend'nem Grund hat er ihn aber nie 'n richtiges Wesen aus'm Wasser sehn lassen. Schließlich hat er ihm 'ne komische Art von Zaubertalisman aus Blei oder so gegeb'n un' gesagt, das würd die Fischwesen aus jeder Stelle im Wasser rausbringen, wo's eben so'n Nest von ihnen geben könnt'. Er musst's fallen lassen un' halt die richtigen Gebete sprechen. Walakea hat gemeint, die Viecher wär'n über die ganze Welt verstreut, un' jeder, wo sich umsieht, kann 'n Nest von denen finden un' se raufbringen, wenn er das will.

Der Matt, der hat diesen Handel überhaupt nicht gemocht, un' er hat gewollt, dass Obed von der Insel wegbleiben soll; aber der Käpt'n war scharf auf Beute un' hat rausgefunden, dass er dieses goldähnliche Zeugs so billig bekomm' kann, dass es sich für ihn auszahlen würd, 'n Geschäft draus zu machen. So ging's jahrelang weiter, un' Obed hat genug von dem goldähnlichen Zeugs gekriegt, dass er in Waites alter, heruntergekommener Walkmühle die Raffinerie starten konnt. Er hat sich nicht getraut, die Stücke zu verkaufen, wie se war'n, weil die Leut' dann die ganze Zeit Fragen gestellt hätt'n. Trotzdem ham seine Männer dann und wann 'n Stück gekriegt un' ham's verkauft, auch wenn se geschwor'n ham, es nich' zu tun; un' er hat sein Weibsvolk 'n paar von den Stücken tragen lassen, wenn se menschlicher ausgesehn ham als die andern.

Nun, so ums Jahr 1838 – als ich sieben Jahre alt war – hat Obed bei 'ner Reise entdeckt, dass das ganze Inselvolk ausgerottet word'n is'. Scheint, als hätten die Bewohner von den andern Inseln Wind bekomm', was dort vor sich gegangen is', und die Sache in die Hand genomm'. Ich vermute, die hatten diese alten magischen Zeichen, von denen die Meeresviecher gesagt ham, dass se nur davor Angst hätten. Keine Ahnung, was diese Kanaken in die Finger gekriegt ham, wie der Meeresboden 'ne Insel ausspuckt mit Ruinen drauf, die älter sin' als die Sintflut. Fromme Kerle war'n das – die ham weder auf der Hauptinsel noch auf der kleinen Vulkaninsel irgendwas stehen lassen außer den Teilen von den Ruinen, die zu groß war'n, um se umzustoßen. An manchen Stellen war'n kleine Steine verstreut worden – wie Talismane – mit etwas drauf, was man heut wohl Hakenkreuz nennen tät. Vermutlich war das das Zeichen von'n Alten Wesen. Die Leut' war'n alle ausgelöscht worden, keine Spur von dem goldähnlichen Zeugs, und keiner von den Kanaken auf den Nachbarinseln wollt' 'n Sterbenswörtchen über die Sache verliern. Die ham nicht mal mehr zugegeb'n, dass je Menschen auf der Insel gewesen sin'.

Das hat Obed natürlich ziemlich schwer getroffen, weil sein normaler Handel grad sehr schlecht gegang' is'. Das hat auch ganz Innsmouth getroff'n, weil in den Tagen der Seefahrt das, was dem Herrn von 'nem Schiff zugute gekomm' is', im Allgemeinen der ganzen Mannschaft zugute gekomm' is'. Die meisten Leut' in der Stadt ham die schweren Zeiten wie Schafe hingenomm' und sich drein ergeb'n, aber se war'n in schlechtem Zustand, weil der Fischbestand ausging, und auch den Mühlen ging's nicht grad gut.

Das war die Zeit, wie Obed die Leute zu verfluchen angefang' hat, weil se so blöde Schafe war'n und zum Christengott gebetet ham, der nix un' niemand geholfen hat. Er hat ihnen erzählt, er würd'n Volk kennen, wo zu Göttern betet, die ihnen das geben, was se wirklich brauchen, un' er hat auch gesagt, wenn 'n gut Teil der Leute zu ihm stehen würd, könnt er vielleicht an gewisse Mächte kommen un' jede Menge Fisch und auch genug Gold beschaffen. Natürlich ham die, wo auf der *Sumatry Queen* gedient und die Insel gesehen ham, gewusst, was er damit gemeint hat, und die war'n gar nicht erpicht drauf, den Meeresviechern zu nah zu kommen, von denen se gehört ham, aber die wo nicht wussten, worum's ging, wurden von dem irgendwie mitgerissen, was Obed gesagt hat, und se fingen an, ihm Fragen zu stellen, was er machen kann, um se zum Glauben zu bringen, der wo wirklich was bringen tät.«

Da stockte der alte Mann, murmelte und fiel in ein dunkles und gespanntes Schweigen; er sah sich nervös um und starrte dann wieder gebannt auf das ferne schwarze Riff. Als ich ihn ansprach, gab er keine Antwort, woran ich erkannte, dass ich ihm den Rest der Flasche geben musste. Die verrückte Mär, die ich zu hören bekam, erregte mein tiefes Interesse, da ich glaubte, es sei eine Art kruder Allegorie darin enthalten, die auf den Sonderbarkeiten von Innsmouth beruhe und von einer Vorstellungskraft ausgeschmückt worden war, die zugleich schöpferisch und voller Brocken exotischer Legenden war. Keinen Augenblick lang glaubte ich, dass die Erzählung irgendein wirkliches, greifbares Fundament haben könnte; und dennoch enthielt der Bericht eine Spur echten Entsetzens, und sei es auch nur wegen der Hinweise auf die merkwürdigen Schmuckstücke ähnlicher Machart wie die unheimliche Tiara, die ich in Newburyport gesehen hatte. Vielleicht stammten die Ornamente tatsächlich von einer fremdländischen Insel, und möglicherweise waren die wilden Geschichten Lügen, die nicht dieser uralte Trunkenbold, sondern der verstorbene Obed selbst in die Welt gesetzt hatte.

Ich überließ Zadok die Flasche, und er leerte sie bis zum letzten Tropfen. Es war merkwürdig, wie viel Whiskey er vertragen konnte, denn nicht die Spur einer schweren Zunge war in seiner hohen, keuchenden Stimme zu bemerken. Er leckte den Hals der Flasche ab und steckte sie in seine Tasche, dann fing er in einem fort zu nicken an und flüsterte leise vor sich hin. Ich beugte mich weit vor, um artikulierte Wörter verstehen zu können, die er von sich geben mochte, und glaubte ein sardonisches Lächeln unter den fleckigen, buschigen Barthaaren zu sehen. Ja – er bildete in der Tat Worte, und es gelang mir, einen Gutteil davon zu erfassen.

»Der arme Matt – Matt war immer dagegen gewes'n –, hat versucht, die Leute auf seine Seite zu bringen – hat sich lang mit'n Pfaffen unterhalten – hat nix genützt – sie ham den Gemeindepfarrer aus'er Stadt gejagt, und der Bursche von den Methodisten is' auch gegangen – den Resolved Babcock, der Pfarrer von den Baptisten, hab ich nie wieder gesehen – der Zorn Jehovahs – ich war noch ein verflucht kleiner Bursche, aber ich hab gehört, was ich gehört hab, un' gesehn, was ich geseh'n hab – Dagon un' Ashtoreth – Belial un' Beelzebub – das

Goldne Kalb un' die Götzen von den Kanaanitern un' Philistern – babylonische Scheußlichkeiten – *Mene, mene, tekel, upharsin* –«

Wieder hielt er inne, und der Blick seiner wässrig blauen Augen ließ mich befürchten, er sei nun doch einem Vollrausch nahe. Doch als ich ihn sanft an der Schulter rüttelte, wandte er sich mir mit erstaunlicher Wachsamkeit zu und stieß einige weitere unergründliche Sätze hervor.

»Glauben mir nich', wie? He, he, he – dann sag'n Se mir doch, junger Mann, warum sin' dann Käpt'n Obed un' zwanzig andre Leut' mitten inner Nacht zum Teufelsriff gerudert und ham dort Gebete so laut gesungen, dass man se inner ganzen Stadt hören konnt, wenn der Wind richtig gestanden is'? Sagen Se's mir mal, he? Und sagen Se mir, warum Obed ständig schwere Dinge ins Tiefwasser fallen gelassen hat auf der andern Seite vom Riff, wo der Grund weiter abfällt, als man loten kann? Sagen Se mir, was er mit dem komisch geformten Zaubertalisman aus Blei gemacht hat, den er vom Walakea hatte? He, Junge? Und was ham se alle inner Walpurgisnacht geheult, un' dann wieder am nächsten Halloween? Un' warum ham die neuen Kirchenvorsteher – Burschen, die früher Matrosen war'n – diese komischen Gewänder getragen und sich mit dem Goldzeugs bedeckt, das Obed mitgebracht hat? He?«

Die wasserblauen Augen blitzten nun fast wild und irre, und der schmutzige weiße Bart sträubte sich wie statisch aufgeladen. Der alte Zadok sah vermutlich, wie ich zurückschreckte, denn er fing boshaft zu kichern an.

»He, he, he, he! Jetzt begreifen Se, was? Vielleicht wär'n Se gern ich gewesen in den alten Tagen, wie ich inner Nacht die Viecher draußen auf'm Meer vom Kuppeldach von unserm Haus sehen konnt? Oh, ich kann Ihnen sagen, kleine Jungens ham große Ohren, un' ich hab nix davon verpasst, was man so über Käpt'n Obed und die Leute draußen auf'm Riff getratscht hat! He, he, he! Wie wär's mit der Nacht, wo ich das Schiffsfernglas von meinem Alten mit aufs Dach genomm' hab und gesehn hab, wie das Riff von Gestalten wimmelte, die untergetaucht sin', sobald der Mond aufgegang' is'? Obed un' die Leut' war'n in 'nem Boot, aber diese Gestalten sind auf der abgewandten Seite untergetaucht ins tiefe Wasser und nie mehr hochgekomm' … Wie würd's Ihnen gefall'n, ein kleiner Grünschnabel allein auf'm Dach zu sein un' Gestalten zu beobachten, *die gar keine menschlichen waren?* ... Häh? He, he, he, he ...«

Der alte Mann wurde hysterisch, und ich erschauderte in einer unerklärlichen Angst. Er legte mir seine knochige zitternde Klaue auf die Schulter – ganz gewiss zitterte sie nicht vor Vergnügen.

»Stell'n Se sich vor, inner Nacht sehn Se, wie hinterm Riff etwas Schweres von Obeds Boot gehievt wird, un' am nächsten Tag erfahren Se, dass'n Bengel vermisst wird? Häh? Hat irgendjemand je wieder auch nur ein Haar von Hiram Gilman gesehn? Hat man? Un' Nick Pierce, un' Luelly Waite, un' Adoniram Saouthwick, un' Henry Garrison. Nu? He, he, he, he ... Die Viecher ham Zeichensprache mit ihren Händen gemacht ... das heißt die, wo richtige Hände hatt'n ...

Nun, Sir, das war die Zeit, wo Obed wieder auf die Beine gekomm is'. Die Leut' ham geseh'n, wie seine drei Töchter goldähnliches Zeugs getragen ham, wie man's noch nie vorher gesehn hat, und aus'm Schornstein von der Raffinerie is' Rauch gekomm'. Auch den andern Leuten isses jetzt viel besser gegang' – die Fische sin' in 'n Hafen geströmt und mussten bloß noch gefangen werd'n, un' der Himmel weiß, was für große Frachten jetzt nach Newb'ryport, Arkham un' Boston gegang' sin'. Damals hat Obed dafür gesorgt, dass die Eisenbahn hierher verlegt wurd. 'n paar Fischer aus Kingsport ham von den guten Fängen gehört un' sin' in Schaluppen raufgekomm', aber die sin' alle verschollen. Niemand hat se je wieder geseh'n. Un' genau dann ham unsre Leute den Esoterischen Orden von Dagon gegründet und dafür die Freimaurerhalle von der Kalvarien-Loge abgekauft ... he, he, he! Matt Eliot war'n Freimaurer und gegen den Verkauf, aber genau dann is' er einfach verschwund'n.

Merken Se sich, ich will nich' sag'n, dass Obed drauf aus war, alles so zu ham, wie es auf der Kanakeninsel war. Ich glaub nicht, dass er anfangs die Vermischung gewollt hat, und er wollt' auch keine Kinder kriegen, die ins Wasser gehn und sich in Fische mit ewigem Leben verwandeln. Er wollt' halt das Goldzeugs und war bereit, viel dafür zu bezahlen, und ich glaub, für 'ne Weile war'n die *andern* zufrieden ...

Aber 1846 ham viele inner Stadt angefangen, sich umzuschaun

und für sich selbst zu denken. Zu viele Leut' war'n verschwunden – zu viele wilde Predigten bei 'n Sonntagstreffen – zu viel Gerede über dieses Riff. Ich glaub, ich hab ein wenig dazu beigetragen, weil ich 'm Stadtrat Mowry erzählte, was ich vom Dach gesehn hab. Da war'n eines Nachts ein paar Leut', die Obeds Bande zum Riff gefolgt sin', un' ich hab' Schüsse zwischen den Booten gehört. Am nächsten Tag waren Obed und zweiunddreißig andere im Knast, und alle ham sich gefragt, was los war und was se denn verbrochen hätten. Gott, wenn's nur jemand vorhergesehn hätt … ein paar Wochen später, als so lang nix mehr ins Meer geworfen worden war …«

Zadok sah ängstlich und erschöpft aus. Ich ließ ihn eine Weile schweigen, während ich gespannt auf meine Uhr blickte; der Gezeitenwechsel war vollzogen, es herrschte jetzt Flut. Der Klang der Wellen schien den Alten wieder aufzuschrecken. Ich war froh über diese Flut, denn beim Wasserhöchststand würde der Fischgeruch vielleicht nicht so stark sein. Erneut bemühte ich mich, sein Flüstern zu verstehen.

»Diese entsetzliche Nacht … ich hab se geseh'n … ich war oben auf'm Dach … Herden davon … Scharen davon … auf'm ganzen Riff, und se sin' den Hafen hinauf in den Manuxet geschwomm' … Gott, was in dieser Nacht in den Straßen von Innsmouth geschehen is' … se ham an unsre Tür geklopft, aber Pa hat nich' aufgemacht … dann is' er mit seiner Flinte aus'm Küchenfenster geklettert un' Stadtrat Mowry suchen gegangen, um zu sehn, was man machen könnt' … Haufenweise Tote un' Sterbende … Schüsse un' Schreie … Rufe auf'm Ol' Square und dem Town Square und dem Kirchplatz … der Knast aufgebrochen … Bekanntmachungen … Verrat … man hat's Seuche genannt, als Leut' in die Stadt gekomm' sin' und die Hälfte von uns verschwunden war … keiner war mehr da außer denen, die wo sich Obed und diesen Wesen anschließen wollten oder den Mund halten wollten … von meinem Pa hab' ich nie wieder was gehört …«

Der alte Mann keuchte und schwitzte heftig. Sein Griff um meine Schulter verstärkte sich.

»Alles wurd' am Morgen sauber gemacht – aber da war'n *Spuren* … Obed hat die Leitung übernomm' un' gesagt, dass die Dinge sich jetzt ändern würden … die *andern* würden jetzt mit uns zusamm' Gottesdienst feiern, un' gewisse Häuser würden *Gäste* aufnehmen ... *sie* wollten sich unter uns mischen, wie se's schon bei'n Kanaken gemacht hatt'n, un' er für sein' Teil wollt' se nicht davon abhalten. Übergeschnappt, der Obed ... schlimmer, wie'n Verrückter hat er sich aufgeführt. Er hat gesagt, se hätten uns Fisch un' Schätze gebracht un' sollten das haben, was se wollten ...

Nach außen hin hat sich gar nix ändern soll'n, aber von Fremden sollten wir uns fernhalten, wenn wir wüssten, was gut für uns is'. Wir alle ham den Eid des Dagon schwör'n müssen, un' später war'n da noch zweite un' dritte Eide, die'n paar von uns geschwor'n ham. Die wo besonders halfen, ham besondern Lohn gekriegt – Gold un' so was. Es war sinnlos, sich zu sträuben, weil's da unten Millionen von denen gibt. Die wollen sich lieber nich' erheben un' anfangen, die Menschheit auszurotten, aber wenn man se verraten und dazu zwingen würd', könnten se 'ne ganze Menge in der Richtung anstellen. Wir ham ja keine von den alten Talismanen gehabt, um se wie die Leut' inner Südsee fernzuhalten, und diese Kanaken würden nie ihre Geheimnisse verraten.

Wir brauchten denen nur genug Opfer und wilden Schnickschnack bringen und se in der Stadt aufnehmen, wenn se das wollten, dann ham se uns schön in Ruh gelassen. Sie ham keinen Fremden was getan, damit se keine Geschichten nach draußen tragen würd'n – das heißt, solang se nich' rumgeschnüffelt ham. Alle aus der Gemeinschaft der Gläubigen – Orden des Dagon – un' die Kinder sollten nie sterben, sondern zurück zu Mutter Hydra un' Vater Dagon gehn, von denen wir alle einst gekomm' sin' – *Iä! Iä! Cthulhu fhtagn! Ph'nglui mglw'nafh Cthulhu R'lyeh wgah-nagl fhtagn* –«

Der alte Zadok tobte in heftigem Zorn. Ich hielt den Atem an. Diese arme alte Seele – in welch erbarmungswürdige Tiefen des Deliriums hatten der Schnaps und der Hass auf den Verfall, die Entfremdung und Krankheit seiner Umgebung jenes einst fruchtbare, fantasievolle Hirn gebracht! Nun stöhnte er und Tränen rannen über seine gefurchten Wangen in die Tiefen seines Bartes hinab.

»Gott, was ich alles gesehn hab, seit ich fünfzehn Jahre alt war – *Mene, mene, tekel, upharsin!* – die verschwundenen Leute und die wo Selbstmord gemacht ham – die, wo in Arkham oder Ipswich oder sonst wo was erzählt ham, hat man alle verrückt genannt, so wie Sie mich jetzt wohl auch verrückt nennen – aber Gott, was ich gesehn hab – die hätten mich schon lang umgebracht wegen dem, was ich weiß, aber ich hab bei Obed den ersten un' zweiten Eid des Dagon geschwor'n, und so bin ich geschützt, bis'n Gericht von ihnen beweist, dass ich wissentlich und freiwillig Dinge erzählt hab … aber den dritten Eid würd' ich nie schwör'n – lieber sterb ich, als den zu schwör'n …

Es wurd' schlimmer inner Zeit vom Bürgerkrieg, *als die Kinder, die wo seit 1846 geboren war'n, langsam aufgewachsen sin'* – 'n paar davon jedenfalls. Ich hatte Furcht – nach dieser schrecklichen Nacht hab ich nie mehr rumgeschnüffelt und fast mein ganzes Leben keinen von – *denen* mehr geseh'n. Das heißt, keinen vollblütigen. Ich bin innen Krieg gezog'n, und wenn ich Mut oder Verstand gehabt hätt', wär ich nie zurückgekomm', sondern hätt mich anderswo niedergelassen. Aber die Familie hat mir geschrieben, dass es gar nich' so schlimm is'. Das war vermutlich deshalb, weil nach 1863 Regierungsbeamte inner Stadt war'n. Nach'm Krieg war's wieder so schlimm wie vorher. Die Leute fingen zu verschwinden an – Mühlen un' Läden wurden geschlossen – die Schifffahrt wurd' eingestellt, un' der Hafen is' versandet – die Bahnstrecke wurd' stillgelegt – aber *sie* … die hörten nie auf, von diesem verfluchten Satansriff aus den Fluss hinaufzuschwimm' – un' immer mehr Dachfenster sin' mit Brettern vernagelt word'n, un' immer mehr Geräusche war'n zu hörn in Häusern, wo eigentlich keiner mehr gewohnt hat …

Die Leut' draußen ham ihre Geschichten über uns – ich vermute, Sie ham schon 'ne Menge davon gehört, wenn ich seh, was für Fragen Se stellen –, Geschichten über Dinge, die se dann und wann gesehn ham, und über diesen merkwürdigen Schmuck, der immer noch von irgendwoher kommt und nie ganz eingeschmolz'n wird – aber niemand weiß was Bestimmtes. Niemand glaubt irgendwas. Sie nennen das goldähnliche Zeugs 'nen Piratenschatz und vermuten, die Leut' von Innsmouth ham fremdländisches Blut oder sin' krank oder so. Außerdem verscheuchen die hier so viele Fremde, wie's nur geht, un' den Rest halten se dazu an, nich' zu neugierig zu werden, vor allem nich' inner Nacht. Die Köter ham die Viecher angebellt – die Pferde ham gescheut –, aber dann ham se Autos gekriegt, und da war's in Ordnung.

1846 hat Käpt'n Obed sich 'ne zweite Frau genomm', *die niemand inner Stadt je gesehn hat* – manche sagen, dass er das nicht hat gewollt, von denen aber dazu gezwungen wurd', als er um ihre Hand anhielt – er hatte drei Kinder von ihr – zwei sin' jung verschwunden, aber ein Mädchen sah aus wie alle andern un' wurd' in Europa erzogen. Obed hat se schließlich über 'nen Trick mit 'nem Burschen aus Arkham verheiratet, der von nix Ahnung hatte. Aber jetzt will niemand draußen mehr was mit Leuten aus Innsmouth zu schaffen ham. Barnabas Marsh, der jetzt die Raffinerie leitet, ist Obeds Enkel von seiner ersten Frau – Sohn von Onesiphorus, seinem ältesten Sohn, *aber seine Mutter war auch eine von denen, die wo man draußen nie zu sehn bekomm' hat.*

Gerade jetzt is' Barnabas sich am Verwandeln. Kann die Augen nicht mehr zumachen un' is' ziemlich aus der Form geraten. Es heißt, er trägt noch Kleider, aber er wird bald ins Wasser gehn. Vielleicht hat er's schon versucht – die gehn manchmal erst für 'ne kleine Weile runter, bevor se auf immer gehn. Man hat ihn jetzt schon beinah zehn Jahre nich' mehr inner Öffentlichkeit gesehn. Keine Ahnung, wie seine arme Frau sich wohl fühlt – die kommt aus Ipswich, und die hätten Barnabas fast gelyncht, als er ihr vor fuffzig Jahren den Hof gemacht hat. Obed is' 1878 gestorben, un' die ganze Generation nach ihm is' schon weg – die Kinder von der ersten Frau tot, un' der Rest ... das weiß Gott ...«

Das Geräusch der Flut war nun sehr beharrlich und schien die Stimmung des Alten allmählich von weinerlicher Melancholie in wachsame Furcht zu wandeln. Er hielt dann und wann inne, um neuerlich nervöse Blicke über seine Schulter oder auf das Riff draußen zu werfen, und ungeachtet der Absurdität seiner Erzählung konnte ich nicht umhin, seine vage Anspannung langsam zu teilen. Zadok sprach nun immer schriller und lauter im Versuch, sich selbst Mut zu machen.

»Hey, Sie, warum sagen Se nix? Wie würd's Ihnen gefall'n, in so 'ner Stadt zu leben, wo alles verrottet und verreckt und eingesperrte Monster in schwarzen Kellern un' Dachstuben kriechen un' blöken un' quaken un' hüpfen, wo ma' sich hindreht? Hä? Wie würd's Ihnen gefallen, jede einzelne Nacht das Geheul aus'n Kirchen un' der Halle vom Dagon-Orden zu hören – *un' genau zu wissen, was da so heult?* Wie würd's Ihnen gefallen zu hör'n, was inner Walpurgisnacht un' an Halloween von diesem scheußlichen Riff kommt? Hä? Sie halten mich für 'nen bekloppten Alten, was? Na, Sir, *ich will Ihnen sagen, das Schlimmste ham Se noch gar nich' gehört!*«

Zadok schrie nun wirklich, und das irre Toben seiner Stimme verstörte mich mehr, als mir lieb war.

»Verdammt, sitzen Se nich' einfach nur da und starren mich mit diesen Augen an – ich sag Ihnen, Obed Marsh is' inner Hölle und dort gehört er auch hin! Hi, hi … in der Hölle, sag ich! Mich kriegen se nich' – ich hab nix getan un' niemandem was gesagt –

Ach, Ihnen, junger Mann? Na, selbst wenn ich bisher niemandem was erzählt hab, dann mach ich's jetzt! Bleiben Se einfach still sitzen und hörn zu, Junge – das ist, was ich noch nie jemandem erzählt hab …

Ich hab gesagt, dass ich nach der einen Nacht nie wieder rumgeschnüffelt hab – *aber ich hab trotzdem gewisse Dinge rausgefunden!*

Du willst wissen, was der wirkliche Schrecken is', nich? Nun, das is' es – es is' nich' das, was diese Fischteufel *gemacht ham, sondern was se noch machen werden!* Die bringen Viecher hoch, wo se herkommen, un' bringen se in die Stadt – das machen se schon seit Jahren, un' seit Kurzem ham se 'n bisschen langsam damit gemacht. Diese Häuser nördlich vom Fluss zwischen der Water un' der Main Street sin' voll davon – voll mit diesen Teufeln *un' dem, was se mitbringen* – und wenn se so weit sin' … Ich sage, *wenn se so weit sin'* … ham Se schon mal was von *Shoggothen* gehört?

He, hör'n Se mich? Ich sag Ihnen, *ich weiß, was diese Dinger sin' – ich hab se eines Nachts gesehn, als* … EH-AHHHH-AH! E'YAAHHHH …«

Der unmenschlich schreckliche Schrei des alten Mannes kam so plötzlich, dass ich beinahe die Besinnung verlor. Seine Augen, die an mir vorbei auf das übel riechende Meer starrten, traten fast aus dem Kopf, derweil sein Gesicht eine Maske der Furcht war, würdig einer griechischen Tragödie. Seine knochige Klaue bohrte sich auf grässliche Weise in meine Schulter, und er bewegte sich nicht, als ich meinen Kopf wandte, um zu sehen, was er erblickt haben mochte.

Da war nichts zu sehen. Einzig die herannahende Flut, die an einer Stelle vielleicht etwas stärker aufgewühlt war als sonst innerhalb der lang gezogenen Front der Wogen. Doch Zadok schüttelte mich jetzt, und ich drehte mich wieder um, um zu beobachten, wie das vor Furcht erstarrte Gesicht zu einem Chaos zuckender Augenlider und murmelnden Zahnfleisches zerschmolz. Alsbald fand er seine Stimme wieder – wenngleich nur mehr als zitterndes Flüstern.

»*Machen Se sich fort von hier!* Machen Se sich fort von hier! *Die ham uns gesehn* – laufen Se um Ihr Leben! Warten Se nich' ab – *die wissen's nun* – laufen Se um Ihr Leben – schnell – *raus aus dieser Stadt* –«

Eine weitere schwere Welle zerbarst am bröckelnden Mauerwerk des ehemaligen Kais und wandelte das Flüstern des alten Irren in einen neuerlichen unmenschlichen und grausigen Schrei. »E-YAAHHHH! ... YHAAAAAAA! ...«

Noch ehe ich meine aufgewühlten Sinne wieder beisammenhatte, ließ er meine Schulter los und rannte wie irre landeinwärts in Richtung Straße, um an der Mauer des zerfallenen Warenkontors entlang nach Norden zu hetzen.

Ich blickte zurück aufs Meer, doch dort war nichts zu entdecken. Und als ich die Water Street erreichte und sie in nördlicher Richtung hinabschaute, war von Zadok Allen keine Spur mehr zu sehen.

IV

Ich vermag kaum, die Stimmung zu beschreiben, in der dieses peinigende Erlebnis mich zurückließ – ein Erlebnis, das zugleich wahnsinnig und erbarmungswürdig, grotesk und erschreckend war. Der junge Mann im Lebensmittelladen hatte mich darauf vorbereitet und doch hatte die Wirklichkeit dadurch nichts an bestürzender und verstörender Kraft eingebüßt. So kindisch die Geschichte auch war, der irre Ernst und das Entsetzen des alten Zadok hatten mir eine wachsende Beunruhigung eingegeben, die sich mit meinem früheren Gefühl des Abscheus vor dieser Stadt und ihrem Pesthauch ungreifbarer Schatten vermischte.

Später konnte ich die Erzählung noch einmal analysieren und

vielleicht einen Kern historischer Wahrheit aus ihr ziehen; fürs Erste aber wollte ich sie einfach nur vergessen. Es war bereits bedrohlich spät geworden – meine Uhr zeigte 19.15 Uhr an, und der Bus nach Arkham fuhr um 20.00 Uhr am Marktplatz ab –, und so versuchte ich, meine Gedanken in eine möglichst neutrale und praktische Richtung zu lenken, derweil ich rasch durch die verlassenen Straßen mit den schiefen Häusern und ihren lückenhaften Dächern hin zu dem Hotel eilte, wo ich meinen Koffer abgegeben hatte und wo ich den Bus finden würde.

Obgleich das goldene Licht des späten Nachmittags den uralten Dächern und baufälligen Schornsteinen eine Ausstrahlung mystischen Liebreizes und Friedens verlieh, konnte ich nicht umhin, dann und wann über meine Schulter zu spähen. Ich würde gewiss sehr froh darüber sein, das übel riechende und von Furcht überschattete Innsmouth hinter mir zu lassen, und wünschte nur, es gäbe dafür ein anderes Mittel als den Bus, der von dem finster aussehenden Sargent gesteuert wurde. Und doch überstürzte ich meine Hast nicht, denn es gab an jedem stillen Winkel architektonische Einzelheiten zu bestaunen, und ich konnte meinen Berechnungen zufolge die verbleibende Strecke binnen einer halben Stunde zurücklegen.

Als ich die Karte des jungen Mannes aus dem Lebensmittelladen studierte und einen Weg suchte, den ich zuvor noch nicht beschritten hatte, wählte ich anstelle der State Street die Marsh Street als Route zum Marktplatz. Nahe der Ecke Fall Street sah ich erstmals verstreute Gruppen verstohlen flüsternder Menschen, und als ich schließlich den Platz erreichte, sah ich, dass fast alle der Herumlungernden sich vor der Tür des Gilman House zusammengeschart hatten. Es schien mir, als starrten sie mir aus unzähligen hervortretenden, wässrigen, lidlosen Augen sonderbar nach, als ich in der Empfangshalle meinen Koffer zurückverlangte. Ich hoffte, dass keins dieser unangenehmen Wesen mich auf der Busreise begleiten würde.

Der Bus war recht früh dran und klapperte mit drei Fahrgästen an Bord kurz vor 20.00 Uhr heran und ein bösartig aussehender Bursche auf dem Bürgersteig murmelte dem Fahrer einige unverständliche Worte zu. Sargent warf einen Postsack und ein Bündel Zeitungen heraus und ging ins Hotel; indessen schlurften die Fahrgäste – dieselben Männer, die ich am Morgen in Newburyport hatte ankommen sehen – auf den Bürgersteig und tauschten mit einem der Herumstreunden einige leise kehlige Worte in einer Sprache aus, die – so hätte ich schwören können – kein Englisch war. Ich stieg in den leeren Bus ein und nahm auf demselben Sitz wie zuvor Platz, doch kaum hatte ich mich gesetzt, da tauchte Sargent wieder auf und fing an, mit einer heiseren Stimme von eigenartiger Widerwärtigkeit etwas zu murmeln.

Ich hatte, so stellte sich heraus, sehr großes Pech. Mit dem Motor sei etwas nicht in Ordnung, obwohl sie problemlos und in ausgezeichnetem Tempo aus Newburyport gekommen waren, könne der Bus die Reise nach Arkham nicht fortsetzen. Nein, es sei nicht möglich, ihn noch am Abend reparieren zu lassen, und es gebe auch keine andere Beförderungsmöglichkeit aus Innsmouth, weder nach Arkham noch sonst wohin. Sargent sagte, es täte ihm leid, doch ich müsse wohl im Gilman übernachten. Der Mann am Schalter würde mir wohl einen guten Preis anbieten, aber sonst gebe es keine Alternative.

Ich war fast benommen aufgrund dieser unerwarteten Wendung und sah dem Anbruch der Nacht in dieser zerfallenden und nahezu unbeleuchteten Stadt mit tobender Angst entgegen. Also stieg ich aus dem Bus und betrat erneut die Empfangshalle des Hotels, wo der verdrießliche, merkwürdig aussehende Nachtportier mir sagte, ich könne Zimmer 428 in der vorletzten Etage – ein großes Zimmer, doch ohne fließend Wasser – für einen Dollar haben.

Trotz allem, was ich in Newburyport über dieses Hotel gehört hatte, trug ich mich ins Register ein, bezahlte den Dollar, ließ den Portier meinen Koffer nehmen und folgte diesem säuerlichen einsamen Dienstboten drei knarrende Treppenfluchten hinauf, vorbei an staubigen Gängen, die völlig leblos zu sein schienen. Mein Zimmer entpuppte sich als ein trostloser, zur Rückseite des Gebäudes hin gelegener Raum mit billigem Mobiliar und zwei Fenstern, die einen Ausblick auf einen schmutzigen Hof boten, der von niedrigen verlassenen Ziegelbauten umsäumt war. Dahinter erstreckten sich baufällige Dächer nach Westen und, weiter in der Ferne, eine sumpfige Landschaft. Am Ende des Korridors befand sich ein Badezimmer – ein entmutigendes

Relikt mit einer uralten Waschschüssel aus Marmor, einer Badewanne aus Zinn, schwachem elektrischen Licht und schimmelbedeckten Holzpaneelen über den Installationsrohren.

Da es noch hell war, ging ich wieder auf den Marktplatz und suchte nach einer beliebigen Essmöglichkeit; dabei bemerkte ich die seltsamen Blicke, die mir die blassen herumlungernden Gestalten zuwarfen. Da das Lebensmittelgeschäft schon geschlossen war, sah ich mich dazu gezwungen, das Restaurant aufzusuchen, das ich zuvor vermieden hatte; es wurde betrieben von einem gebeugten, schmalköpfigen Mann mit starren, lidlosen Augen und einem flachnasigen Weibsbild mit unglaublich dicken, tollpatschigen Händen. Man musste an der Theke bestellen, und es war mir eine Erleichterung zu entdecken, dass offensichtlich vieles aus Dosen und Fertigpackungen zubereitet wurde. Eine Terrine Gemüsesuppe mit Crackern genügte mir, und bald darauf kehrte ich in mein bedrückendes Zimmer im Gilman zurück, nachdem der Portier mit dem bösen Gesicht mir aus dem klapprigen Ständer neben seinem Schreibtisch eine Abendzeitung und eine mit toten Fliegen beschmutzte Zeitschrift gegeben hatte.

Als das Zwielicht sich vertiefte, knipste ich die einzige schwache elektrische Glühbirne über dem billigen Eisenbett an und versuchte, so gut es ging, die Lektüre fortzusetzen, die ich begonnen hatte. Ich hielt es für ratsam, meinen Geist mit gesunden Dingen zu beschäftigen, denn es war nicht gut, über die Abnormitäten dieser alten vom Pesthauch überschatteten Stadt nachzusinnen, während ich mich noch innerhalb ihrer Grenzen aufhielt. Das wahnsinnige Seemannsgarn, das ich von dem alten Trunkenbold gehört hatte, versprach keine sehr angenehmen Träume, und ich fühlte, dass ich das Bild seiner wilden, wässrigen Augen von meiner Fantasie möglichst fernhalten musste.

Auch durfte ich nicht ständig daran denken, was der Fabrikinspektor dem Fahrkartenverkäufer in Newburyport über das Gilman House und die Stimmen seiner nächtlichen Bewohner erzählt hatte – genauso wenig wie an das Gesicht unter der Tiara im schwarzen Kellereingang der Kirche; das Antlitz, dessen Schrecknis mein Bewusstsein nicht zu erklären vermochte. Es wäre vielleicht einfacher gewesen, meine Gedanken von verstörenden Dingen freizuhalten, wäre das Zimmer nicht so grauenhaft modrig gewesen. So jedoch vermischte sich der tödliche Moder auf scheußliche Weise mit dem allgemeinen Fischgeruch der Stadt und ließ mich unablässig an Tod und Verfall denken.

Was mich außerdem beunruhigte, war das Fehlen eines Riegels an der Tür meines Zimmers. Einst hatte es einen gegeben, wie man deutlich sehen konnte, doch er musste kürzlich entfernt worden sein. Zweifelsohne war er nicht mehr funktionstüchtig gewesen, wie so viele andere Dinge in diesem zerfallenden Gemäuer. In meiner Nervosität blickte ich mich um und entdeckte einen Riegel am Kleiderschrank, der dieselbe Größe wie jener hatte, der früher an der Tür befestigt gewesen war. Um meine Anspannung wenigstens etwas zu verringern, beschäftigte ich mich damit, diesen Gegenstand mithilfe eines handlichen Mehrzweckgeräts, das an meinem Schlüsselbund hing und einen Schraubenzieher beinhaltete, an die verwaiste Stelle zu übertragen. Der Riegel passte perfekt. Jetzt fühlte ich mich ein wenig erleichtert im Wissen, ihn vorm Zubettgehen fest verschließen zu können. Nicht dass ich eine wirkliche Notwendigkeit dazu befürchtet hätte, doch war mir in einer derartigen Umgebung jedes Attribut der Sicherheit willkommen. An den beiden Seitentüren gab es funktionstüchtige Riegel zu den Nebenzimmern und ich schob sie sogleich vor.

Ich entkleidete mich nicht, sondern entschied zu lesen, bis ich schläfrig wurde, und mich dann hinzulegen, einzig meines Mantels und meiner Schuhe entledigt. Ich nahm eine Taschenlampe aus meinem Koffer und steckte sie in die Hosentasche, sodass ich auf die Uhr sehen könnte, sollte ich später im Dunkeln erwachen. Es überkam mich jedoch keine Müdigkeit, und als ich mit dem Lesen innehielt, um meine Gedanken zu ordnen, bemerkte ich zu meiner Beunruhigung, dass ich die ganze Zeit unbewusst auf etwas horchte – etwas, das ich fürchtete, aber nicht zu benennen vermochte. Die Geschichte jenes Inspektors musste stärkeren Eindruck auf meine Vorstellungskraft gemacht haben, als ich vermutet hatte. Erneut versuchte ich zu lesen, konnte mich aber nicht konzentrieren.

Nach einer Weile schien ich in regelmäßigen Abständen auf der Treppe und den Gängen ein Knarren zu hören wie von Schritten, und ich fragte mich, ob die anderen Räume nun auch belegt seien. Ich hörte jedoch keine Stimmen, und es fiel mir auf, dass das Knarren etwas Subtiles, Verstohlenes hatte. Das gefiel mir nicht, und ich zog in Erwägung, besser gar nicht erst einzuschlafen. In dieser Stadt gab es mancherlei sonderbare Leute, und ohne Zweifel waren mehrere Menschen hier verschwunden. War dies eines jener Gasthäuser, wo Reisende ihres Geldes wegen ermordet wurden? Gewiss sah ich nicht sonderlich wohlhabend aus. Oder waren die Stadtbewohner wirklich so schlecht auf neugierige Besucher zu sprechen? Hatte meine neugierige Besichtigungstour zu viel Aufmerksamkeit erregt? Mir kam der Gedanke, dass mein nervlicher Zustand wohl nicht gerade der beste sei, wenn mich schon ein paar zufällige knarrende Geräusche zu derartigen Grübeleien verleiteten – dennoch reute es mich, dass ich unbewaffnet war.

Endlich verspürte ich Erschöpfung, die aber nichts von Schläfrigkeit an sich hatte, verriegelte die neu ausgestattete Tür zum Gang, schaltete das Licht aus und warf mich auf das harte, unebenmäßige Bett – mitsamt Mantel, Kragen und Schuhen. In der Finsternis schien sich jedes schwache Geräusch der Nacht zu verstärken und eine Welle unerträglicher Gedanken brach über mich herein. Es tat mir leid, das Licht ausgeknipst zu haben, doch war ich zu erschöpft, um aufzustehen und es wieder einzuschalten. Dann, nach einer langen furchtbaren Pause und eingeleitet von einem neuerlichen Knarren auf Treppe und Korridor, kam jenes sanfte, entsetzlich unmissverständliche Geräusch, das mir wie die bösartige Bestätigung all meiner Ängste erschien. Ohne den geringsten Zweifel machte sich jemand mit einem Schlüssel am Schloss der Tür zum Gang zu schaffen – vorsichtig, verstohlen, zögerlich.

Meine Empfindungen, als ich dieses Zeichen wirklicher Gefahr wahrnahm, waren meiner vorangegangenen vagen Befürchtungen wegen vielleicht weniger heftig als erwartet. Ich war ohnehin, ohne einen bestimmten Anlass gehabt zu haben, instinktiv auf der Hut gewesen – und das gereichte mir in der neuen und wirklichen Bedrängnis zum Vorteil. Dennoch war der Wandel von einer undeutlichen Vorahnung zur unmittelbaren Bedrohung ein regelrechter Schock und traf mich mit der Macht eines Faustschlages. Mir kam überhaupt nicht der Gedanke, das Hantieren an der Tür könnte auf einer bloßen

Verwechselung beruhen. Ich konnte nur an böse Absichten denken und ich blieb totenstill und wartete den nächsten Schritt des vermeintlichen Eindringlings ab.

Nach einer Weile verstummte das vorsichtige Rütteln, und ich hörte, wie der nördlich gelegene Nebenraum mit einem Schlüssel geöffnet wurde. Dann versuchte man es sanft am Riegel der Verbindungstür zu meinem Zimmer. Der Riegel hielt natürlich, und ich hörte den Boden knarren, als der nächtliche Eindringling den Raum verließ. Einen Augenblick später vernahm ich ein weiteres sachtes Rütteln, und ich wusste, dass jemand das südliche Zimmer betreten hatte. Wieder ein verstohlener Versuch an der verriegelten Verbindungstür und wiederum ein Knarren beim Rückzug. Dieses Mal verlief das Knarren den Korridor entlang und die Treppe hinab. Ich vermutete, dass der Eindringling bemerkt hatte, dass alle Türen zu meinem Zimmer verriegelt waren, und seinen Versuch für einen kürzeren oder längeren Zeitraum, was sich noch zeigen würde, aufgegeben hatte.

Die Hast, mit der ich einen Handlungsplan ersonn, beweist, dass ich schon seit Stunden unterbewusst eine Bedrohung befürchtet und mögliche Fluchtwege in Betracht gezogen haben musste. Von vornherein war mir klar, dass der unsichtbare Störenfried eine Gefahr darstellte, dass ich ihm nicht in die Quere kommen durfte, sondern so rasch als möglich fliehen musste. Das Einzige, was mir zu tun übrig blieb, war, so schnell ich konnte lebend aus diesem Hotel hinauszukommen, und zwar über einen anderen Weg als über die vordere Treppe und die Empfangshalle.

Ich stand leise auf und suchte mit meiner Taschenlampe nach dem Lichtschalter, um die Glühbirne über meinem Bett anzuschalten und einige Habseligkeiten für eine rasche Flucht ohne Koffer einzustecken. Nichts geschah – der Strom war abgestellt worden! Eindeutig hatte man hier etwas Übles vor – nur was, das vermochte ich nicht zu sagen. Als ich noch mit der Hand an dem nun zwecklosen Lichtschalter dastand und überlegte, hörte ich ein gedämpftes Knarren im Stockwerk unter mir, und ich glaubte, flüsternde Stimmen im Gespräch zu vernehmen. Einen Augenblick später war ich mir nicht mehr so sicher, ob es sich bei den tieferen Geräuschen um Stimmen handelte, da das offenkundig heisere Gequake und das silbenreiche Krächzen so wenig Ähnlichkeit mit bekannten menschlichen Sprachen aufwiesen. Wieder dachte ich an das, was der Fabrikinspektor des Nachts in diesem vermodernden und verpesteten Gemäuer gehört hatte.

Nachdem ich mithilfe der Taschenlampe ein paar meiner Habseligkeiten gefunden und in die Taschen gesteckt hatte, setzte ich meinen Hut auf und ging auf Zehenspitzen ans Fenster, um meine Chancen eines Abstieges einzuschätzen. Ungeachtet der staatlichen Sicherheitsvorschriften gab es auf dieser Seite des Hotels keine Feuerleiter, und ich sah, dass die Fenster nur einen Sturz von drei Stockwerken auf den gepflasterten Hof zuließen. Zur Rechten und Linken des Hotels schlossen sich allerdings einige alte Wirtschaftsgebäude aus Ziegel an, deren schräge Dächer vom vierten Stock durchaus im Sprung zu erreichen waren. Um auf eine dieser Gebäudereihen zu gelangen, hätte ich mich in einem zwei Türen weiter gelegenen Raum befinden müssen – im Norden oder im Süden –, und ich schätzte sogleich meine Chancen ein, in eines dieser Zimmer zu gelangen.

Ich konnte es nicht riskieren, hinaus auf den Korridor zu treten, wo man meine Schritte sicherlich hören würde und wo die Schwierigkeiten, in eines der Nebenzimmer zu gelangen, unüberwindlich wären. Falls ich es überhaupt schaffen konnte, dann musste ich versuchen, durch die weniger stabilen Verbindungstüren zwischen den Zimmern zu kommen, deren Riegel ich unter Zuhilfenahme meiner Schulter als Rammbock aufbrechen würde, sollten sie versperrt sein. Dies, so glaubte ich, könnte angesichts der baufälligen Natur des Hauses und seiner Einrichtungen durchaus gelingen; doch mir wurde bewusst, dass das nicht geräuschlos vonstatten gehen würde. Ich musste allein auf meine Schnelligkeit und auf die Möglichkeit zählen, durch eines der Fenster zu entkommen, ehe die feindliche Macht sich so weit gesammelt hatte, um die richtige Tür zu mir mit dem Schlüssel zu öffnen. Meine eigene Außentür verstärkte ich, indem ich den Sekretär davorschob – ganz behutsam, um so wenig Lärm wie möglich zu erzeugen.

Ich erkannte, dass meine Aussichten äußerst gering waren, und war vollauf auf jedes Unheil vorbereitet. Selbst wenn ich auf ein anderes Dach gelangen sollte, war damit das Problem nicht gelöst, denn dann stünde noch die Aufgabe vor mir, den Boden zu erreichen und aus der Stadt zu entkommen. Ein Umstand zu meinen Gunsten war der verlassene und verfallene Zustand der angrenzenden Gebäude und die vielen Dachfenster, die sich in jeder Hausreihe wie schwarze Münder öffneten.

Nachdem ich der Karte des jungen Lebensmittelverkäufers entnommen hatte, dass der beste Weg aus der Stadt südwärts verlief, nahm ich zuerst die Verbindungstür auf der südlichen Seite des Zimmers in Augenschein. Sie war so entworfen, dass sie sich in meine Richtung öffnete, und nachdem ich bemerkt hatte, dass sie auch von der andern Seite verriegelt war, erkannte ich, dass sie sich schlecht eignete, um sie mit Gewalt zu öffnen. Da ich sie demgemäß als Fluchtroute aufgab, rückte ich behutsam das Bettgestell davor, um einen Angriff zu erschweren, der später vom Nebenzimmer aus erfolgen könnte. Die nördliche Tür war so angebracht, dass sie sich in das andere Zimmer öffnete, und obgleich ein Versuch bewies, dass auch sie von der anderen Seite versperrt oder verriegelt war, wusste ich, dass dies mein Fluchtweg sein musste. Sollte ich die Dächer der Gebäude in der Paine Street erreichen und glücklich auf den Erdboden gelangen, so könnte ich vielleicht durch den Hof und die angrenzenden oder gegenüberliegenden Gebäude auf die Washington oder Bates Street hinauslaufen – oder aber in der Paine Street herauskommen und in südlicher Richtung in die Washington Street schleichen. In jedem Falle war es mein Ziel, irgendwie in die Washington Street zu gelangen und schnellstens aus der Gegend des Marktplatzes zu verschwinden. Besonders war die Paine Street zu meiden, da die dortige Feuerwache vielleicht die ganze Nacht geöffnet war.

Als ich über diese Dinge nachdachte, blickte ich hinaus über das schmutzige Meer vermodernder Dächer unter mir, die nun von den Strahlen eines Mondes erhellt wurden, der gerade erst wieder im Abnehmen begriffen war. Zur Rechten durchschnitt die schwarze Furche des Flusstales das Panorama, an dessen Ufern verlassene Fabriken und der Bahnhof wie Kletten klebten. Dahinter verliefen die rostigen Eisenbahngleise und die Straße nach Rowley durch ein flaches sumpfiges Gebiet, das von kleineren trockenen Hügeln voller Gestrüpp unterbrochen war. Zur Linken lag das von kleinen Bächen durchzogene Land näher, und die schmale Straße nach Ipswich schimmerte weiß im Mondschein. Die südliche Route nach Arkham, die ich einzuschlagen gedachte, konnte ich von dieser Seite des Hotels aus nicht sehen.

Unschlüssig spekulierte ich darüber, wann ich am besten die nach Norden gelegene Tür in Angriff nehmen sollte und wie mir das am leisesten gelingen sollte, als ich bemerkte, dass die undeutlichen Geräusche unter mir von einem neuerlichen und schwereren Knarren auf der Treppe abgelöst worden waren. Ein flackernder Lichtschimmer war durch das Oberlicht meiner Tür zu erkennen und die Dielen des Korridors stöhnten unter einer schweren Last. Gedämpfte Geräusche, womöglich Stimmen, näherten sich, und schließlich klopfte es fest an meiner Außentür.

Einen Augenblick lang hielt ich einfach den Atem an und wartete ab. Ewigkeiten schienen zu verstreichen und der widerliche Fischgeruch meiner Umgebung schien sich plötzlich und merklich zu verstärken. Dann wiederholte sich das Pochen – andauernd und mit wachsender Dringlichkeit. Ich wusste, dass die Zeit zum Handeln gekommen war, löste unverzüglich den Riegel der nördlichen Verbindungstür und nahm meine Kräfte zusammen, um sie aufzustoßen. Das Klopfen wurde lauter, und ich hoffte, dass seine Lautstärke den Lärm meiner Anstrengungen überdecken würde. Als ich endlich meinen Versuch unternahm, stieß ich wieder und wieder mit der linken Schulter gegen die dünne Holztür, ohne auf Erschütterung oder Schmerz zu achten. Die Tür leistete mehr Widerstand, als ich erwartet hatte, doch ich gab nicht auf. Und die ganze Zeit über schwoll der Lärm an der Außentür an.

Schließlich gab die Verbindungstür nach, aber mit einem solchen Krachen, dass die da draußen es gehört haben mussten. Sogleich steigerte sich das Klopfen zu einem heftigen Gepolter, derweil in den Schlössern der beiden anderen Türen Schlüssel bedrohlich klapperten. Als ich durch die soeben geschaffene Verbindung stürzte, gelang es mir, die nördliche Tür zum Gang zu verriegeln, ehe sie geöffnet werden konnte; doch noch während ich das tat, hörte ich, wie die Tür zum dritten Raum – dem, aus dessen Fenster ich das darunter gelegene Dach zu erreichen gehofft hatte – mit einem Schlüssel bearbeitet wurde.

Eine Sekunde lang verspürte ich absolute Verzweiflung, da ich in einer Kammer ohne Fenster in der Falle zu sitzen schien. Eine Welle unvorstellbaren Entsetzens brach über mich herein und verlieh den im Licht der Taschenlampe sichtbaren Staubspuren des Eindringlings, der zuvor versucht hatte, in mein Zimmer zu gelangen, eine schreckliche, aber unerklärliche Besonderheit. Die Hoffnungslosigkeit meiner Lage ließ mich mit blinden, mechanischen Bewegungen zur nächsten Verbindungstür eilen, wo ich mich panisch daranmachte, sie aufzustoßen und – vorausgesetzt, dass der Riegel durch eine glückliche Vorsehung ebenso intakt war wie in diesem zweiten Raum – die Tür zum Gang zu verriegeln, bevor sie jemand von außen aufzusperren vermochte.

Ein unglaubliches Glück gewährte mir eine Gnadenfrist – denn die Verbindungstür vor mir war nicht nur unverschlossen, sondern sogar nur angelehnt. Binnen einer Sekunde war ich durch und stemmte mich mit Knie und Schulter gegen die Tür zum Gang, die sich bereits nach innen öffnete. Mein Druck überraschte den Eindringling, denn die Tür schloss sich, als ich mich dagegenstemmte, sodass ich den gut funktionierenden Riegel vorschieben konnte. Als ich diese Atempause erreicht hatte, ließ das Schlagen gegen die beiden anderen Türen nach, derweil ein wirres Klappern von der Verbindungstür kam, die ich mit dem Bettgestell verrammelt hatte. Offensichtlich war der Großteil meiner Angreifer in den südlichen Raum geströmt, um eine Attacke von der Seite aus zu führen. Doch im selben Moment hörte ich einen Schlüssel in der Tür des nächsten nördlichen Zimmers und wusste, dass eine unmittelbare Bedrohung bevorstand.

Die nördliche Verbindungstür stand weit offen, aber es blieb keine Zeit, sich um die Tür zum Gang zu kümmern, da sich in deren Schloss bereits ein Schlüssel herumdrehte. Ich konnte lediglich die offene Verbindungstür schließen und verriegeln, ebenso ihr Gegenstück auf der anderen Seite – gegen die eine wuchtete ich ein Bettgestell, gegen die andere einen Sekretär, und vor die Tür zum Gang schob ich einen Waschständer. Ich musste mich, wie ich erkannte, auf solche behelfsmäßigen Hindernisse verlassen, um mich so lange zu schützen, bis ich aus dem Fenster und auf dem Dach des Gebäudes in der Paine

Street war. Doch selbst in diesem Moment akuter Bedrohung graute mir weniger vor der unmittelbaren Schwäche meiner Verteidigungsmittel – ich schauderte, weil kein einziger meiner Verfolger auch nur ein verständliches Wort von sich gab; außer einem scheußlichen Keuchen und Grunzen hörte ich in unregelmäßigen Abständen ein unterdrücktes Quaken.

Als ich die Möbel verschoben hatte und zum Fenster eilte, hörte ich ein fürchterliches Trippeln auf dem Gang in Richtung des Zimmers nördlich von mir, und mir fiel auf, dass das Schlagen gegen die Tür im Süden aufgehört hatte. Eindeutig standen die meisten meiner Gegner nun davor, sich auf die schwache Verbindungstür zu konzentrieren, von der sie wussten, dass sie sich direkt zu mir öffnete. Draußen spielte das Mondlicht auf dem Firstbalken des darunter gelegenen Gebäudes, und ich sah, dass der Sprung aufgrund der steilen Oberfläche, auf der ich landen musste, überaus gefährlich sein würde.

Ich schätzte die Umstände ab und wählte das südlicher gelegene der beiden Fenster als meinen Fluchtweg; ich hatte vor, auf der inneren Neigung des Daches zu landen und zum nächsten Dachfenster zu laufen. Befand ich mich erst im Innern eines der baufälligen Ziegelgemäuer, würde ich mit Verfolgern rechnen müssen; doch ich hoffte, ins Erdgeschoss zu gelangen und im dunklen Innenhof von Türöffnung zu Türöffnung schlüpfen zu können, um schließlich auf die Washington Street zu kommen und in südlicher Richtung aus der Stadt zu fliehen.

Das Poltern an der nördlichen Verbindungstür war nun entsetzlich laut, und ich sah, dass das schwache Holz bereits zu splittern begann. Allem Anschein nach nutzten die Belagerer jetzt einen schweren Gegenstand als Rammbock. Das Bettgestell hielt noch stand, sodass ich zumindest den Hauch einer Chance hatte, meine Flucht durchzuführen. Als ich das Fenster öffnete, merkte ich, dass es von schweren Vorhängen aus Velours drapiert war, die an Messingringen von einer Stange herabhingen, und zudem gab es draußen einen großen Haken zur Befestigung der Fensterläden. Da ich eine Möglichkeit zur Vermeidung des gefährlichen Sprunges erkannte, riss ich an den Vorhängen und brachte sie mitsamt der Gardinenstange zu Fall; dann befestigte ich rasch zwei der Ringe an dem Eisenhaken und ließ die Draperien aus dem Fenster fallen. Die schweren Bahnen reichten bis hinab zum angrenzenden Dach, und ich sah, dass die Ringe und der Haken wohl mein Gewicht würden tragen können. Und so kletterte ich aus dem Fenster und die improvisierte Strickleiter hinab und ließ das morbide und vom Grauen erfüllte Gemäuer des Gilman House hinter mir.

Ich landete sicher auf den lockeren Ziegeln des steilen Dachs, und ich schaffte es, zu dem weit offenen schwarzen Dachfenster zu gelangen, ohne auszurutschen. Als ich hinauf zu dem Fenster spähte, durch das ich entkommen war, sah ich, dass es noch immer dunkel war, doch fern über den verfallenden Schornsteinen erkannte ich im Norden bedrohlich flackernde Lichter in der Halle des Dagon-Ordens – ebenso in der Baptistenkirche und der Gemeindekirche, an die ich mich mit Schaudern erinnerte. Anscheinend befand sich niemand unten im Hof, und ich hoffte, Gelegenheit zum Entkommen zu haben, ehe ein allgemeiner Alarm ausgelöst wurde.

Als ich den Lichtstrahl meiner Taschenlampe in das Dachfenster richtete, sah ich, dass keine Stufen hinabführten. Die Höhe war jedoch nur gering und so kletterte ich über den Rand und ließ mich fallen. Ich landete auf einem staubigen Boden voller modriger Kisten und Fässer.

Der Ort wirkte gespenstisch, doch auf solcherlei Eindrücke konnte ich jetzt nicht achten. Ich warf einen hastigen Blick auf meine Uhr – zwei Uhr nachts – und eilte sofort zu der Treppe, die meine Taschenlampe mir enthüllte. Die Stufen knarrten, schienen aber einigermaßen sicher zu sein; und ich raste an einem scheunenähnlichen Stockwerk vorbei ins Erdgeschoss. Ich war vollkommen alleine, einzig die Echos meiner Schritte tönten. Endlich erreichte ich die Eingangshalle, an deren einem Ende ich ein schwach erleuchtetes Rechteck sah, das die verfallene Tür zur Paine Street markierte. Ich eilte den anderen Weg entlang und fand auch die Hintertür offen vor; dort hetzte ich fünf Steinstufen hinab auf die grasüberwachsenen Pflastersteine des Innenhofes.

Bis hierher gelangten die Strahlen des Mondes nicht, doch konnte ich meinen Weg gerade so finden, ohne Gebrauch von der Taschenlampe zu machen. Einige der Fenster auf der Seite des Gilman House waren schwach erleuchtet und ich glaubte im Innern wirre Laute zu hören. Ich schritt vorsichtig hinüber auf die Seite der Washington Street und erkannte dort mehrere offene Türnischen und ich wählte die nächste als meinen Ausweg. Im Innern des Gangs war alles stockfinster, und als ich das gegenüberliegende Ende erreichte, bemerkte ich, dass die faulige Tür zur Straße unverrückbar klemmte. Ich beschloss, mein Glück in einem andern Gebäude zu versuchen, und ertastete meinen Weg zurück in den Hof, hielt aber abrupt inne, als ich mich der Türe näherte.

Denn aus einer offenen Tür des Gilman House strömte eine große Schar zweifelhafter Gestalten – Laternen hüpften in der Finsternis auf und ab, und entsetzliche krächzende Stimmen tauschten leise Rufe in einer Sprache aus, die gewiss kein Englisch war. Die Gestalten bewegten sich unentschlossen, und zu meiner Erleichterung erkannte ich, dass sie nicht wussten, wohin ich entkommen war; dennoch ließ mich ihr Anblick am ganzen Leib vor Grauen erbeben. Ihre Gesichtszüge waren nicht auszumachen, doch ihr gebückter, watschelnder Gang war ungeheuer abstoßend. Und das Schlimmste: Ich erkannte, dass eine der Gestalten eine sonderbare Robe und auf dem Kopf unverkennbar eine hohe Tiara jener Machart trug, die mir nur allzu vertraut war.

Als diese Gestalten über den Hof ausschwärmten, fühlte ich meine Ängste wachsen. Angenommen, ich fand keinen Ausweg aus dem Gebäude auf der zur Straße gelegenen Seite?

Der Fischgeruch war abscheulich, und ich wunderte mich, dass ich ihn zu ertragen vermochte, ohne ohnmächtig zu werden. Erneut tastete ich mich in Richtung Straße, öffnete eine Tür und gelangte in einen leeren Raum mit dicht verschlossenen, aber rahmenlosen Fenstern. Im Lichtstrahl meiner Taschenlampe fingerte ich daran herum und entdeckte, dass ich die Läden öffnen konnte; und einen Augenblick später war ich hinausgeklettert und verschloss die Öffnung sorgfältig wieder.

Ich befand mich nun in der Washington Street, und einen Moment lang sah ich kein lebendes Wesen und kein Licht außer dem des Mondes. Aus mehreren Richtungen konnte ich jedoch entfernt raue Stimmen vernehmen, Schritte sowie ein merkwürdiges Getrappel, das nicht ganz wie Fußschritte klang. Ich hatte wirklich keine Zeit zu verlieren. Die Himmelsrichtungen waren mir vertraut, und ich war froh darüber, dass alle Straßenlaternen abgeschaltet waren, wie es in ärmeren ländlichen Gegenden in mondhellen Nächten oft der Fall ist. Einige der Geräusche kamen von Süden her, doch behielt ich meinen Plan bei, in diese Richtung zu fliehen. Dort gab es, wie ich wusste, genügend Türöffnungen, um mich vor Verfolgern zu verbergen.

Ich ging schnell und leise an den verfallenen Häusern entlang. Obgleich ich seit meiner mühsamen Kletterpartie ohne Hut war und unordentlich aussah, wirkte ich doch nicht besonders auffällig, und ich hatte gute Chancen, unbeachtet vorübergehen zu können, sollte ich zufällig einem Spaziergänger begegnen. In der Bates Street zog ich mich in einen gähnend leeren Vorhof zurück, als zwei watschelnde Gestalten dicht vor mir vorübergingen, doch bald setzte ich meinen Weg fort und näherte mich dem offenen Platz, wo die Eliot Street sich mit der South Street kreuzt und schräg die Washington Street schneidet. Obgleich ich diese Gegend nie gesehen hatte, war sie mir auf der Karte des jungen Lebensmittelverkäufers gefährlich erschienen, da das Mondlicht dort freie Bahn haben würde. Es hätte keinen Sinn ergeben, diese Stelle zu umgehen, denn jede andere Route hätte zeitraubende Umwege bedeutet, auf denen man mich vielleicht gesehen hätte. Das Einzige, was ich tun konnte, war, kühn und offen den Platz zu überqueren, dabei so gut wie möglich den typischen Watschelgang der Leute von Innsmouth nachzuahmen und zu hoffen, dass niemand – oder zumindest keiner meiner Verfolger – sich dort aufhielt.

Wie gut die Verfolgungsjagd organisiert war – und was vor allem ihr Zweck sein mochte –, davon konnte ich mir keine Vorstellung machen. Die Stadt schien von ungewöhnlicher Aktivität erfüllt zu sein, doch ich vertraute darauf, dass die Kunde von meiner Flucht aus dem Gilman sich noch nicht verbreitet hatte. Ich würde natürlich bald von der Washington Street auf eine nach Süden führende Straße wechseln müssen, denn jener Trupp aus dem Hotel war ohne jeden Zweifel hinter mir her. Ich musste Spuren im Staub des letzten alten Gebäudes zurückgelassen haben, die verrieten, auf welche Weise ich die Straße erreicht hatte.

Der offene Platz war, wie ich erwartet hatte, von hellem Mondlicht erfüllt, und ich sah die Überreste einer parkähnlichen, mit Eisengeländern umschlossenen Grünanlage in seiner Mitte.

Glücklicherweise war hier niemand zu sehen, obwohl ein seltsames Zischeln oder Gebrüll aus Richtung des Markplatzes anzuschwellen schien. Die South Street war sehr breit, führte geradewegs eine leichte Anhöhe zum Ufer hinab und erlaubte eine weite Aussicht aufs Meer hinaus; ich hoffte, dass niemand von Weitem diese Straße hinaufschauen würde, während ich sie im hellen Mondschein überquerte.

Mein Vorankommen wurde durch nichts gehindert, und kein neuerliches Geräusch weckte die Befürchtung, ich sei entdeckt worden. Als ich mich umblickte, verlangsamte ich unwillkürlich meinen Schritt, um eine Sekunde lang den Anblick des Meeres in mich aufzunehmen, das am Ende der Straße im brennenden Mondlicht herrlich aussah. Weit draußen jenseits der Wellenbrecher befand sich der trübe, dunkle Umriss des Teufelsriffs, bei dessen Anblick ich unfreiwillig an all die scheußlichen Legenden dachte, von denen ich in den letzten vierunddreißig Stunden gehört hatte – Legenden, die diesen zerklüfteten Felsen als eine wirkliche Pforte zu Reichen unermesslichen Grauens und unvorstellbarer Abnormität darstellten.

Dann sah ich plötzlich die blinkenden Lichtblitze auf dem fernen Riff. Ihre Bedeutung war mir unmissverständlich klar, und sie lösten in meinem Geist ein blindes Entsetzen fern aller vernünftigen Erwägungen aus. Meine Muskeln spannten sich zur panischen Flucht an, die nur von einer gewissen unterbewussten Vorsicht und einer halb hypnotischen Faszination aufgehalten wurde. Um die Sache zu verschlimmern, blitzte nun aus dem hohen Kuppeldach des Gilman House, das hinter mir im Nordosten emporragte, eine Reihe ähnlicher, in verschiedenen Abständen auftretender Lichtstrahlen auf, bei denen es sich um nichts anderes als ein Antwortsignal handeln musste.

Als ich meine Muskeln wieder unter Kontrolle gebracht und von Neuem erkannt hatte, wie deutlich sichtbar ich sein musste, setzte ich meinen gespielt watschelnden Gang rascher fort; dabei hielt ich den Blick auf jenes höllische und bedrohliche Riff geheftet, solange die Öffnung der South Street mir den Blick zur See gestattete. Was der ganze Vorgang bedeuten sollte, konnte ich mir nicht ausmalen, es sei denn, es handelte sich um einen merkwürdigen Ritus, der mit dem Teufelsriff zu tun hatte, oder aber ein Schiff war vor jenem finsteren Fels gelandet. Ich bog nun links von der verfallenen Grünanlage ab und blickte dabei noch immer auf das Meer, das im sommerlichen Mondlicht gespenstisch leuchtete, und starrte auf das rätselhafte Flackern jener namenlosen, unerklärlichen Signalfeuer.

Da geschah es, dass die entsetzlichste Erkenntnis von allen sich mir aufdrängte – die Erkenntnis, welche die letzten Reste meiner Selbstbeherrschung zerstörte und mich dazu brachte, an den gähnenden schwarzen Türöffnungen und gleich Fischaugen starrenden Fenstern jener verlassenen Albtraumstraße panisch vorüberzurennen. Denn bei genauerem Hinsehen erkannte ich, dass das mondbeschienene Gewässer zwischen dem Riff und der Küste alles andere als leer war. Es wurde von einer wimmelnden Schar Gestalten aufgewühlt, die in Richtung der Stadt schwammen; und trotz der großen Entfernung und des kurzen Augenblicks der Wahrnehmung konnte ich erkennen, dass die auf- und abtauchenden Köpfe und um sich schlagenden Arme in einer Weise fremdartig und abnorm waren, die kaum in Worte gefasst oder bewusst formuliert werden kann.

Mein panischer Lauf endete, noch ehe ich einen Häuserblock zurückgelegt hatte, denn zu meiner Linken hörte ich das Gezeter und Geschrei einer organisierten Verfolgungsjagd. Ich vernahm Schritte und kehlige Laute und ein rasselnder Motor knatterte die Federal Street entlang nach Süden. Binnen einer Sekunde waren all meine Pläne umgeworfen – denn wenn die südliche Hauptstraße vor mir blockiert war, musste ich mir auf jeden Fall einen anderen Ausweg aus Innsmouth suchen. Ich hielt inne und zog mich in eine leere Türöffnung zurück, wo ich darüber nachdachte, welches Glück ich gehabt hatte, den mondhellen offenen Platz verlassen zu haben, ehe die Verfolger die Parallelstraße entlanggekommen waren.

Eine zweite Überlegung war weniger tröstlich. Da die Verfolger eine andere Straße entlangliefen, war klar, dass diese Gruppe mir nicht direkt folgte. Sie hatten mich nicht gesehen, sondern befolgten einfach einen allgemeinen Plan, mir die Fluchtwege abzuschneiden. Dies legte jedoch den Gedanken nahe, dass alle aus Innsmouth herausführenden Straßen gleichermaßen bewacht wurden, denn die Einwohner konnten nicht wissen, welche Route ich einzuschlagen gedachte. Wenn dem so war, würde meine Flucht übers Land abseits der Straßen verlaufen müssen; doch wie sollte ich das angesichts der sumpfigen und von Bächen durchzogenen Natur des Umlandes bewerkstelligen? Einen Moment lang schwirrte mir der Kopf – sowohl wegen der schieren Aussichtslosigkeit meiner Lage als auch wegen der raschen Zunahme des allgegenwärtigen Fischgeruchs.

Dann fiel mir die stillgelegte Bahnstrecke nach Rowley ein, deren beschotterter, von Unkraut überwucherter Erddamm sich noch immer vom verfallenen Bahnhof aus am Rande des Flusses in nordwestlicher Richtung erstreckte. Es gab immerhin eine gewisse Chance, dass die Leute der Stadt daran nicht denken würden, da die Gleise seit der Stilllegung von Gestrüpp überwachsen und fast unpassierbar waren und zudem für einen Flüchtenden den unwahrscheinlichsten aller Auswege darstellten. Ich hatte sie von meinem Hotelzimmer aus deutlich gesehen und wusste ungefähr, wo sie lagen. Ein Großteil des nahen Streckenverlaufes war von der Straße nach Rowley und von hoch gelegenen Stellen in der Stadt selbst aus unglücklicherweise sichtbar; doch vielleicht könnte ich durch das Gestrüpp kriechen, ohne Verdacht zu erregen. In jedem Fall bot sich hier meine einzige Chance zu entkommen, und mir blieb nichts anderes übrig, als es zu versuchen.

Ich zog mich ins Innere meines verlassenen Zufluchtsortes zurück und konsultierte ein weiteres Mal mithilfe der Taschenlampe die Karte des Lebensmittelverkäufers. Das größte Problem bestand darin, wie ich die alte Bahnstrecke erreichen sollte. Ich erkannte nun, dass der sicherste Weg über die Babson Street und dann westlich über die Lafayette Street führte – dort müsste ich abbiegen, einen offenen Platz, der dem schon hinter mir liegenden entsprach, umrunden und danach in einem Zickzackkurs zurück in nördliche und westliche Richtung laufen, über die Lafayette, Bates, Adams und Bank Street, die am Rande des Flusstales verlief, bis hin zu dem stillgelegten und baufälligen Bahnhof, den ich vom Fenster aus gesehen hatte. Ich musste hinauf zur Babson Street gehen, weil ich nicht noch einmal den offenen Platz passieren oder meine Flucht nach Westen auf einer so breiten Kreuzungsstraße wie der South Street beginnen wollte.

Ich ging erneut los und wechselte auf die rechte Straßenseite, um so unbemerkt wie möglich in die Babson Street einbiegen zu können. In der Federal Street setzte sich der Lärm fort, und als ich mich umblickte, glaubte ich, einen Lichtschimmer nahe dem Gebäude zu sehen, durch das ich entkommen war. Ich wollte so schnell wie möglich die Washington Street verlassen, verfiel in einen leisen Hundetrott und vertraute auf mein Glück, keinem wachsamen Auge zu begegnen. Neben der Ecke Babson Street sah ich zu meiner Bestürzung, dass eines der Häuser noch bewohnt war, wie Vorhänge am Fenster verrieten; doch brannten keine Lichter darin und ich kam ohne Zwischenfall daran vorbei.

In der Babson Street, welche die Federal Street schneidet und mich daher dem Blick der Suchenden aussetzen konnte, drückte ich mich so eng wie möglich an die schiefen, unebenen Gebäude; zweimal verbarg ich mich in einer Türöffnung, als die Geräusche hinter mir für einen Moment anschwollen. Der offene Platz vor mir erstrahlte weit und menschenleer unter dem Mond, doch zwang meine Route mich nicht dazu, ihn zu überqueren. Während meiner zweiten Pause bemerkte ich eine weitere Ausbreitung der undeutlichen Geräusche, und als ich vorsichtig aus meinem Versteck hinausspähte, erblickte ich einen Wagen, der über den offenen Platz und dann Richtung Umland die Eliot Street entlangschoss, die an dieser Stelle sowohl die Babson als auch die Lafayette Street kreuzt.

Während ich mir das ansah – gewürgt von einer plötzlichen Welle des Fischgeruchs –, erblickte ich eine Meute unförmiger, gebückter Gestalten, die in dieselbe Richtung trotteten und watschelten; und ich wusste, dass dies die Gruppe sein musste, welche die Ipswich Street überwachte, da diese Hauptstraße eine Verlängerung der Eliot Street darstellte. Zwei der von mir erspähten Gestalten waren in wallende Gewänder gekleidet, und eine trug einen spitzen Schmuckreif, der im Mondlicht weißlich schimmerte. Der Gang dieser Gestalt war so sonderbar, dass er mich erschaudern ließ – denn mir schien, dass dieses Wesen geradezu *hüpfte.*

Als der letzte der Meute außer Sichtweite war, setzte ich meine Flucht fort; ich huschte um die Ecke in die Lafayette Street und überquerte sehr rasch die Eliot Street für den Fall, dass noch Nachzügler der Gruppe über diesen Durchgangsweg kamen. Ich hörte tatsächlich einige quakende und rasselnde Geräusche weit entfernt aus der Richtung des Marktplatzes, doch ich legte die Strecke ohne Gefahr zurück. Meine größte Furcht bestand darin, die breite und mondbeschienene South Street – mit ihrem seewärtigen Ausblick – erneut zu überqueren, und nervös musste ich mir selbst Mut zusprechen. Man konnte mich dort leicht entdecken, und mögliche Nachzügler auf der Eliot Street würden mich von einem der beiden Punkte aus mit Sicherheit sehen. Im letzten Moment beschloss ich, dass ich mein Schritttempo besser verlangsamen und die Straße wie zuvor im watschelnden Gang eines durchschnittlichen Einwohners von Innsmouth überqueren sollte.

Als sich wieder der Blick aufs Wasser öffnete – dieses Mal zu meiner Rechten –, war ich halbwegs entschlossen, ihm keine Aufmerksamkeit zu schenken. Ich konnte jedoch nicht widerstehen und warf einen Seitenblick aufs Meer, als ich vorsichtig und im nachgeahmten Watschelgang auf den schützenden Schatten vor mir zuging. Kein Schiff war zu sehen, obwohl ich eines erwartet hatte. Stattdessen erblickte ich als Erstes ein kleines Ruderboot, das sich dem verlassenen Kai näherte und mit einem wuchtigen, von einer Plane verdeckten Gegenstand beladen war. Die Ruderer, die ich indes nur entfernt und undeutlich sah, waren von besonders abstoßendem Aussehen. Mehrere Schwimmer waren noch erkennbar, derweil ich auf dem fernen schwarzen Riff ein fahles, stetes Leuchten, ungleich dem blinkenden Signalfeuer zuvor, sah, das von einer eigenartigen Farbe war, die ich nicht genau bestimmen konnte. Oberhalb der schiefen Dächer über mir und zu meiner Rechten dräute das hohe Kuppeldach des Gilman House, doch dort war es völlig finster. Der Fischgeruch, der einen Augenblick lang durch eine gnädige Brise verweht worden war, brach nun wieder mit irremachender Stärke über mich herein.

Ich hatte die Straße noch nicht ganz überquert, da hörte ich, wie eine murmelnde Meute sich von Norden her auf der Washington Street näherte. Als sie die breite offene Stelle erreichten, wo ich den ersten beunruhigenden Blick auf das mondbeschienene Wasser erhascht hatte, konnte ich sehen, dass sie nur noch einen Häuserblock weit entfernt waren – und ich erschrak zu Tode über die bestialischen Missbildungen ihrer

Gesichter und die hundeähnliche Untermenschlichkeit ihres geduckten Gangs. Ein Mann bewegte sich wirklich wie ein Affe, und seine langen Arme berührten regelmäßig den Boden, derweil eine andere Gestalt – ausgestattet mit Robe und Tiara – sich in einer fast hüpfenden Weise fortzubewegen schien. Ich glaubte, diese Gruppe sei jene, die ich im Hof des Gilman gesehen hatte – daher auch diejenige, die mir am dichtesten auf der Spur war. Als ein paar der Gestalten ihren Blick in meine Richtung wandten, erstarrte ich fast vor Angst, ich konnte jedoch den lässigen Watschelgang beibehalten, den ich angenommen hatte. Bis zum heutigen Tage weiß ich nicht, ob sie mich nun sahen oder nicht. Falls ja, dann musste meine List sie getäuscht haben, denn sie schritten weiter über den mondhellen Platz, ohne ihren Weg zu ändern – derweil sie in einer scheußlich gutturalen Mundart quäkten und nuschelten, die ich nicht bestimmen konnte.

Als ich mich wieder im Schatten befand, nahm ich meinen früheren Hundetrott wieder auf und schlich vorbei an den sich neigenden und baufälligen Häusern, die mit leeren Augen in die Nacht starrten. Nachdem ich auf den westlichen Bürgersteig gelangt war, bog ich um die nächste Ecke in die Bates Street ein, wo ich mich eng an den Gebäuden auf der südlichen Seite hielt. Ich passierte zwei Häuser, die Anzeichen der Bewohnung aufwiesen – in einem Obergeschoss war schwaches Licht zu sehen –, doch ich traf auf keine Hindernisse. Als ich in die Adams Street einbog, fühlte ich mich schon erheblich sicherer, bis ich erschreckt zurückprallte, weil ein Mann unmittelbar vor mir aus einer schwarzen Türöffnung wankte. Er war allerdings hoffnungslos betrunken, wie ich sofort bemerkte, und stellte keine Gefahr dar. So vermochte ich unbehelligt die trüben Ruinen der Lagerhäuser in der Bank Street zu erreichen.

Nichts regte sich in jener toten Straße am Flussufer und das Brüllen der Wasserfälle übertönte meine Schritte. Es war ein langer Hundetrott zu dem verfallenen Bahnhof und die hohen Ziegelwände der Lagerhäuser um mich herum schienen irgendwie bedrohlicher als die Fassaden der Privathäuser zu sein. Endlich sah ich den uralten, mit Säulen versehenen Bahnhof – oder was von ihm übrig war – und bewegte mich geradewegs auf die Gleise zu, die am gegenüberliegenden Ende begannen.

Die Trassen waren rostig, aber größtenteils intakt, und nicht mehr als die Hälfte der Schwellen war verrottet. Auf einer solchen Oberfläche zu laufen oder zu rennen war sehr schwierig; doch ich gab mein Bestes und kam recht gut voran. Eine Weile hielten sich die Gleise am Rand des Flusstales, doch endlich erreichte ich die lange überdachte Brücke, die den Abgrund in schwindelnder Höhe überquerte. Der Zustand dieser Brücke war für meinen nächsten Schritt entscheidend. War es irgend möglich, so würde ich sie benützen; wenn nicht, so würde ich das Wagnis weiterer Straßenwanderung eingehen und die nächste intakte Straßenbrücke nehmen müssen.

Die gewaltige, scheunenartige alte Brücke schimmerte gespenstisch im Mondlicht, und ich sah, dass die Schwellen in ihrem lang gestreckten Inneren zumindest einige Meter weit sicher waren. Als ich eintrat, machte ich von meiner Taschenlampe Gebrauch und wurde fast von einer Wolke von Fledermäusen umgeworfen, die an mir vorüberflatterten. Ungefähr in der Mitte des Weges befand sich eine gefährliche Lücke in den Schwellen, die, so befürchtete ich einen Moment lang, meinem Vorankommen ein Ende setzen würde; doch schließlich riskierte ich einen verzweifelten Sprung, der mir glücklicherweise gelang.

Ich freute mich, wieder das Mondlicht zu sehen, als ich aus diesem makabren Tunnel herauskam. Die alte Trasse kreuzte die River Street auf gleicher Ebene und schwenkte dann sogleich in ein Gebiet ab, das immer ländlicher wurde und immer weniger von dem abstoßenden Innsmouther Fischgeruch aufwies. Hier behinderte mich das dicht wuchernde Unkraut und Gestrüpp und riss an meinen Kleidern, dennoch war ich froh über ihr Vorhandensein, da sie mir im Falle der Gefahr ein Versteck bieten mochten. Ich wusste, dass ein Großteil meines Fluchtweges von der Straße nach Rowley aus sichtbar sein musste.

Das Sumpfgebiet nahm bald seinen Anfang, und die einzelne Trasse verlief über einen niedrigen grasüberwachsenen Damm, auf dem das Unkraut weniger dicht wucherte. Dann folgte eine erhöht liegende Insel, wo das Gleis durch einen seichten, offenen Durchlass verlief, der von Büschen und Dornsträuchern überwuchert war. Ich war über diesen kümmerlichen Schutz sehr froh, denn mein Blick aus dem Hotelfenster hatte mir gezeigt, dass sich an dieser Stelle die Straße nach Rowley in unliebsamer Nähe befand. Am Ende des Durchgangs kreuzte sie das Bahngleis und bog dann in sichere Entfernung ab; doch in der Zwischenzeit musste ich überaus vorsichtig sein. Zu diesem Zeitpunkt war ich mir voller Dankbarkeit sicher, dass das Gleis selbst nicht überwacht wurde.

Kurz bevor ich den Durchgang betrat, warf ich einen Blick hinter mich, sah aber keine Verfolger. Die alten Kirchtürme und Dächer des verfallenden Innsmouth schimmerten liebreizend und unwirklich im magischen gelben Mondlicht, und ich dachte daran, wie es wohl früher ausgesehen haben mochte, ehe der Schatten sich herniedergesenkt hatte. Als ich meinen Blick dann von der Stadt in Richtung Inland schweifen ließ, erregte etwas weniger Friedliches meine Aufmerksamkeit und ließ mich eine Sekunde lang erstarren.

Was ich sah – oder zu sehen glaubte –, war die verstörende Andeutung von wellenförmiger Bewegung weit im Süden; eine Andeutung, die mich zu dem Schluss gelangen ließ, eine sehr große Meute müsse sich aus der Stadt über die ebenmäßige Straße nach Ipswich ergießen. Die Entfernung war groß und ich konnte keine Einzelheiten erkennen; doch ich mochte den Anblick dieser vorwärtsstrebenden Kolonne ganz und gar nicht. Sie wogte zu sehr und schimmerte zu hell in den Strahlen des nun westwärts ziehenden Mondes. Ich meinte, leise Geräusche zu hören, obwohl der Wind aus der entgegengesetzten Richtung wehte – eine Andeutung raubtierartigen Krächzens und Brüllens, das noch schlimmer war als das Gemurmel der Gruppen, die ich zuvor belauscht hatte.

Alle möglichen unangenehmen Mutmaßungen kamen mir in den Sinn. Ich dachte an jene äußerst extremen Innsmouth-Typen, die sich angeblich in verfallenden jahrhundertealten Labyrinthen nahe dem Ufer verborgen hielten. Ich dachte auch an die vielen Schwimmer, die ich gesehen hatte. Als ich die Anzahl der bislang gesehenen Suchtrupps und jene, die vermutlich andere Straßen überwachten, zusammenzählte, kam ich auf eine Anzahl von Verfolgern, die eigenartig groß sein musste für eine so entvölkerte Stadt wie Innsmouth.

Woher kamen bloß die vielen Leute in solchen Kolonnen, wie ich sie nun erblickte? Wimmelte es in jenen uralten unerforschten

Irrgängen vor entstelltem, unbekanntem und unvermutetem Leben? Oder hatte irgendein ungesehenes Schiff Legionen von Fremden auf jenes höllische Riff ausgespien? Wer waren sie? Weshalb waren sie hier? Und wenn eine solche Kolonne von ihnen den Weg nach Ipswich absuchte, würden dann die Patrouillen auf den andern Straßen ebenso zahlreich verstärkt werden?

Ich hatte den von Gestrüpp überwucherten Durchgang betreten und kämpfte mich in sehr langsamem Tempo voran, als mir erneut jener verfluchte Fischgeruch in die Nase stieg. Kam der Wind nun plötzlich aus östlicher Richtung, sodass er vom Meer aus in die Stadt wehte? So musste es sein, entschied ich, da ich nun erschütternde kehlige Laute aus jener Richtung, in der es bislang still gewesen war, hörte. Da war auch noch ein anderes Geräusch – eine Art allumfassendes, gewaltiges Flattern oder Klatschen, das auf irgendeine Weise Bilder der abscheulichsten Sorte heraufbeschwor. Unwillkürlich ließ es mich an jene schauerlich wogende Kolonne auf der weit entfernten Straße nach Ipswich denken.

Und dann nahmen sowohl der Gestank als auch die Geräusche zu, sodass ich bebend innehielt und dankbar war für den Schutz des Durchlasses. Hier, so erinnerte ich mich, kam die Straße nach Rowley nahe an das alte Bahngleis heran, ehe sie nach Westen abbog und sich entfernte. Irgendetwas kam diese Straße entlang, und ich musste mich flach hinlegen, bis dieses Etwas vorüber war und in der Ferne verschwand. Dem Himmel sei Dank, dass diese Kreaturen keine Hunde zur Spurensuche einsetzten – wenngleich das inmitten des allgegenwärtigen Geruchs der Gegend wohl ohnehin unmöglich gewesen wäre. In die Büsche jener sandigen Spalte gekauert, fühlte ich mich einigermaßen sicher, obschon ich wusste, dass die Suchenden das Gleis vor mir überqueren mussten, und das auch noch keine hundert Meter entfernt. Ich würde sie sehen können, sie mich jedoch nicht – außer durch ein Unglück.

Mit einem Mal fing ich an, mich vor ihrem Anblick zu fürchten, wenn sie vorüberzögen. Ich sah die nahe gelegene, vom Mond beschienene Stelle, wo sie vorbeifluten würden, und hatte eigenartige Gedanken über die unwiderrufliche Besudelung dieser Stelle. Vielleicht waren sie die schlimmsten aller Gestalten von Innsmouth – etwas, an das man sich nicht würde erinnern wollen.

Der Gestank wurde unerträglich stark, und die Geräusche schwollen an zu einem bestialischen Babel krächzender, kläffender und brüllender Stimmen ohne die geringste Spur menschlicher Sprache. Waren dies tatsächlich die Stimmen meiner Verfolger? Hatten sie nicht doch Hunde bei sich? Bislang hatte ich noch keine Haustiere in Innsmouth gesehen. Jenes Flattern oder Klatschen war ungeheuerlich – ich würde nicht wagen, mir die degenerierten Kreaturen anzusehen, die dafür verantwortlich waren. Ich würde meine Augen so lange schließen, bis die Geräusche im Westen verklangen. Die Meute war nun sehr nah – die Luft war erfüllt vom fauligen Hauch ihrer rauen Knurrlaute, und der Erdboden erzitterte fast unter dem fremdartigen Rhythmus ihrer Schritte. Ich hielt die Luft an, und ich legte jedes bisschen an Willenskraft in die Anstrengung, meine Augenlider geschlossen zu halten.

Ich bin nicht einmal jetzt willens zu sagen, ob das darauf Folgende scheußliche Wirklichkeit oder eine albtraumhafte Sinnestäuschung war. Die späteren Eingriffe der Regierung nach meinen panischen Gesuchen sprechen dafür, es als ungeheuerliche Wahrheit zu bestätigen; doch könnte sich nicht eine Sinnestäuschung unter dem geradezu hypnotischen Bann jener alten heimgesuchten und überschatteten Stadt wiederholt haben? Solche Orte bergen merkwürdige Fähigkeiten, und das Erbe irrer Legenden mag sich inmitten jener toten, von Gestank verpesteten Straßen und Haufen vermodernder Dächer und verfallender Türme auf mehr als nur eine menschliche Vorstellungskraft ausgewirkt haben. Ist es nicht möglich, dass die Saat eines tatsächlich ansteckenden Wahnsinns in den Tiefen jenes Schattens über Innsmouth lauert? Wer kann sich der Wirklichkeit schon sicher sein, nachdem er so etwas wie die Geschichte des alten Zadok Allen vernommen hat? Die Männer von der Regierung haben den armen Zadok nie gefunden und keinerlei Anhaltspunkte, was aus ihm geworden ist. Wo hört der Wahnsinn auf und wo beginnt die Wirklichkeit? Ist es möglich, dass selbst meine jüngste Furcht nur auf einer Täuschung beruht?

Doch ich versuche zu berichten, was ich in jener Nacht unter dem spöttischen gelben Mond zu sehen glaubte – direkt vor meinen Augen die Straße nach Rowley hinab strömen und hüpfen sah, als ich mich inmitten der wilden Dornsträucher jenes verlassenen Bahndammdurchgangs in Deckung kauerte. Natürlich war mein Vorsatz, die Augen geschlossen zu halten, bald hinfällig. Er war von vornherein zum Scheitern verurteilt gewesen – denn wer kann sich schon blind hinkauern, derweil eine übel riechende Legion quäkender, kläffender Geschöpfe unbekannter Herkunft kaum mehr als hundert Meter entfernt vorüberwatschelt?

Ich glaubte auf das Schlimmste vorbereitet zu sein, und nachdem, was ich bisher gesehen hatte, hätte ich auch wirklich vorbereitet sein sollen. Meine anderen Verfolger waren auf verdammenswerte Weise missgestaltet gewesen – hätte ich nicht also bereit sein müssen, *noch schlimmere* Abnormitäten zu sehen; bereit für eine Begegnung mit Gestalten, in die sich überhaupt nichts Normales mehr mischte? Ich öffnete meine Augen erst, als ich unmittelbar vor mir wilden Lärm hörte. Da wusste ich, dass eine große Anzahl von ihnen deutlich sichtbar sein musste, wo die Seiten des Durchgangs abflachten und die Straße das Gleis schnitt – und ich konnte mich nicht länger davon abhalten, auf jenes Grauen einen Blick zu werfen, welches der lüstern schielende, gelbe Mond offenbaren mochte.

Das war für den Rest meines Lebens auf der Oberfläche dieses Planeten das Ende jeglichen geistigen Friedens und das Ende meines Vertrauens in die Verlässlichkeit der Natur und des menschlichen Verstandes. Nichts, was ich mir hätte vorstellen können – nichts, was ich mir auch nur hätte ausmalen können, selbst wenn ich die irre Geschichte des alten Zadok geglaubt hätte –, wäre in irgendeiner Weise vergleichbar mit der dämonischen, gotteslästerlichen Wirklichkeit, die ich nun schaute – oder zu schauen glaubte. Ich habe es anzudeuten versucht, um das Grauen umgehen zu können, es unverhüllt niederzuschreiben. Kann es möglich sein, dass dieser Planet tatsächlich solche Wesen hervorbrachte; dass menschliche Augen wahrhaft in Fleisch und Blut das gesehen haben, was Menschen bislang nur aus fieberhaften Fantasien und verworrenen Legenden kannten?

Ja, ich habe sie gesehen … sah sie in endlosem Strome – flatternd, hüpfend, quäkend, blökend – unmenschlich durchs gespenstische Mondlicht flutend gleich einem grotesken, bösartigen

Tanz fantastischer Nachtmahre. Und manche von ihnen trugen hohe Kronen aus jenem unbekannten weißgoldenen Metall … und manche waren in merkwürdige Roben gehüllt … und einer, der die andern anführte, war gekleidet in einen dämonisch buckligen schwarzen Mantel und gestreifte Hosen, und er trug einen Männerfilzhut auf dem formlosen Ding, das ein Kopf sein sollte …

Ich glaube, ihre Haut war meist graugrün gefärbt, obgleich sie weiße Bäuche hatten. Sie glänzten glitschig, doch die Wülste auf ihren Rücken waren schuppig. Ihre Gestalt deutete entfernt etwas Menschenartiges an, derweil ihre Häupter Fischköpfe waren, mit wundersam hervorstehenden Augen, die sich nie schlossen. An den Seiten ihrer Hälse befanden sich zitternde Kiemen und ihre langen Pfoten waren mit Schwimmhäuten versehen. Sie hüpften unregelmäßig, bald auf zwei Beinen, bald auf allen vieren. Ich war irgendwie froh darüber, dass sie nicht mehr als vier Gliedmaßen besaßen. Ihre quäkenden, kläffenden Stimmen waren eindeutig zur artikulierten Sprache geschaffen und enthielten all die dunklen Schattierungen des Ausdrucks, deren ihre starren Gesichter ermangelten.

Doch trotz all ihrer Monstrosität waren sie mir nicht unvertraut. Ich wusste nur zu gut, was sie sein mussten – denn war mir nicht die Erinnerung an jene böse Tiara in Newburyport noch frisch im Gedächtnis? Dies waren die gotteslästerlichen Fischfrösche der unbeschreiblichen Verzierungen – lebendig und grässlich –, und als ich sie sah, wusste ich auch, woran mich jener bucklige tiarengekrönte Priester im schwarzen Keller der Kirche auf so grauenerregende Weise erinnert hatte. Ihre Anzahl überstieg jede Schätzung. Mir schien, als seien es grenzenlose Scharen – und gewiss hatte mein sekundenkurzer Blick mir nur den geringsten Teil offenbart. Im nächsten Augenblick wurde alles von einer barmherzigen Ohnmacht ausgelöscht – der ersten, die ich je erlebte.

V

Ein sanfter Regen erweckte mich im hellen Tageslicht aus meiner Lähmung auf der von Büschen überwachsenen Bahntrasse. Als ich auf die Straße vor mir torkelte, sah ich keinerlei Spuren im frischen Schlamm. Auch der Fischgeruch war verschwunden. Die verfallenen Dächer und einsturzgefährdeten Türme von Innsmouth ragten grau im Südosten auf, doch in den verlassenen Salzsümpfen um mich herum konnte ich kein lebendes Wesen entdecken. Meine Uhr funktionierte noch und zeigte mir, dass die Mittagsstunde bereits verstrichen war.

Die Wirklichkeit dessen, was ich meinte durchgemacht zu haben, kam mir noch höchst unsicher vor, doch ich fühlte, dass etwas Scheußliches hinter mir lag. Ich musste fort aus dem vom Bösen überschatteten Innsmouth – und deshalb fing ich an, meine erschöpften Glieder zu erproben. Trotz Schwäche, Hunger, Entsetzen und Verwirrung war ich durchaus in der Lage zu gehen; und so begann ich langsam meinen Weg über die von Schlamm bedeckte Straße nach Rowley.

Vor Anbruch des Abends erreichte ich das Dorf, nahm dort eine Mahlzeit ein und beschaffte mir vorzeigbare Kleidung. Ich nahm den Nachtzug nach Arkham und erzählte dort am nächsten Tag lang und ernst Vertretern der Regierung, was ich später in Boston wiederholen sollte. Mit dem Hauptergebnis dieser Unterredungen ist die Öffentlichkeit nun vertraut – und ich wünschte um der Normalität willen, es gäbe sonst nichts mehr zu berichten. Vielleicht ist es der Wahnsinn, der mich überwältigt – vielleicht erfasst mich aber auch ein schlimmeres Grauen – oder ein größeres Wunder.

Wie man sich wohl gut vorstellen kann, gab ich die meisten geplanten Vorhaben meiner restlichen Reise auf – die landschaftlichen, architektonischen und heimatkundlichen Studien, auf die ich mich so innig gefreut hatte. Ich wagte auch nicht, mir jenes merkwürdige Schmuckstück anzusehen, das sich angeblich im Museum der Miskatonic-Universität befand. Ich wertete meinen Aufenthalt in Arkham jedoch dadurch auf, dass ich einige genealogische Daten sammelte, die mich schon lange interessierten; sehr grobe und flüchtige Aufzeichnungen, das stimmt, doch können sie mir von großem Nutzen sein, falls ich mal mehr Zeit habe, sie zu vergleichen und zu ordnen. Der Kurator der dortigen historischen Gesellschaft – Mr. E. Lapham Peabody – war so höflich, mich zu unterstützen, und er zeigte ungewöhnliches Interesse, als ich ihm erzählte, ich sei ein Enkel von Eliza

Orne aus Arkham, die 1867 geboren worden war und sich im Alter von 17 Jahren mit James Williamson aus Ohio vermählt hatte.

Es schien, dass einer meiner Onkel mütterlicherseits schon vor vielen Jahren auf einer ganz ähnlichen Suche hier gewesen war. Die Familie meiner Großmutter war in dieser Gegend sogar heute noch bekannt. Man habe, so Mr. Peabody, kurz nach dem Sezessionskrieg viel über die Heirat ihres Vaters Benjamin Orne geredet, da die Abstammung der Braut etwas unklar war. Sie war angeblich eine verwaiste Marsh aus New Hampshire – eine Kusine der Marshs aus Essex County –, war aber in Frankreich aufgewachsen und wusste sehr wenig über ihre Familie. Ein Vormund hatte auf einer Bostoner Bank Barvermögen für sie und ihre französische Gouvernante hinterlegt; aber der Name dieses Vormundes war den Menschen von Arkham unbekannt, und irgendwann verschwand er, sodass die Gouvernante vom Gericht zu seiner Nachfolgerin bestimmt wurde. Die Französin, die nun schon lange tot war, war äußerst verschwiegen gewesen, und einige Leute waren der Ansicht, dass sie mehr gewusst habe, als sie sagen wollte.

Doch das Erstaunlichste an der ganzen Sache war die allgemeine Unfähigkeit, die namentlich dokumentierten Eltern der jungen Frau – Enoch und Lydia (Meserve) Marsh – einer der bekannten Familien New Hampshires zuzuordnen. Möglicherweise, so deuteten viele an, war sie das uneheliche Kind eines berühmten Marsh – jedenfalls hatte sie die einzigartigen Marsh-Augen. Das größte Rätselraten begann aber erst nach ihrem frühen Tod; sie starb bei der Geburt meiner Großmutter – ihres einzigen Kindes. Da ich in Verbindung mit dem Namen Marsh einige unangenehme Eindrücke gewonnen hatte, freute ich mich nicht über die Nachricht, dass diese Familie zu meinem eigenen Stammbaum gehörte; auch war ich wenig erfreut über Mr. Peabodys Äußerung, ich hätte ebenfalls die einzigartigen Marsh-Augen. Ich war jedoch dankbar für alle Informationen, von denen ich wusste, dass sie sich als nützlich erweisen würden, und ich fertigte umfassende Notizen und Listen über die gut dokumentierte Geschichte der Familie Orne an.

Von Boston aus fuhr ich unverzüglich heim nach Toledo, und später verbrachte ich einen Monat in Maumee, um mich von meinem Martyrium zu erholen. Im September schrieb ich mich zu meinem ersten Semester in Oberlin ein, und von da bis zum nächsten Juni war ich mit dem Studium und anderen gesunden Tätigkeiten beschäftigt – an das vergangene Grauen wurde ich nur erinnert durch gelegentliche Besuche von Regierungsbeamten im Zusammenhang mit der Kampagne, die auf meine Appelle und Beweise hin gestartet worden war.

Ungefähr Mitte Juli – genau ein Jahr nach dem Erlebnis in Innsmouth – verbrachte ich eine Woche bei der Familie meiner verstorbenen Mutter in Cleveland, wo ich meine neu gewonnenen genealogischen Daten mit verschiedenen Aufzeichnungen, Überlieferungen und ein paar Familienerbstücken, die es dort gab, vergleichen konnte, um nach Möglichkeit eine Tafel mit weitläufigeren Verbindungen zu erstellen. Diese Aufgabe erfüllte mich nicht gerade mit Begeisterung, da ich die Atmosphäre des Hauses der Williamsons stets als bedrückend empfunden hatte. Sie wies eine Spur von Morbidität auf, und meine Mutter hatte mich in meiner Kindheit nie dazu ermuntert, ihre Eltern zu besuchen, obwohl sie ihren Vater stets willkommen geheißen hatte, wenn er nach Toledo kam. Meine aus Arkham stammende Großmutter war mir immer fremd und beinahe erschreckend erschienen, und ich glaube nicht, dass ich über ihr Verscheiden sehr bekümmert gewesen war. Ich war damals acht Jahre alt, und es hieß, sie sei in den Tod gegangen aus Trauer über den Selbstmord meines Onkels Douglas, ihres ältesten Sohnes. Er hatte sich nach einer Reise durch Neuengland erschossen – zweifelsohne war das die Reise, aufgrund derer man sich seiner bei der Historischen Gesellschaft von Arkham noch erinnerte.

Dieser Onkel war ihr ähnlich gewesen. Auch ihn hatte ich nie gemocht. Irgendetwas an dem unverwandt starren Gesichtsausdruck der beiden hatte mir ein undeutliches, unerklärliches Unbehagen bereitet. Meine Mutter und Onkel Walter hatten nicht so ausgesehen. Sie glichen ihrem Vater, obgleich mein armer kleiner Vetter Lawrence – Walters Sohn – fast ein vollkommenes Ebenbild seiner Großmutter war, bevor sein Zustand es verlangte, dass man ihn in dauerhafte Verwahrung in ein Sanatorium in Canton gab. Ich hatte ihn seit vier Jahren nicht gesehen, doch mein Onkel deutete an, dass er sich sowohl geistig als auch körperlich in sehr schlechtem Zustand befinde.

Diese Sorge sei vermutlich ein entscheidender Grund für den Tod seiner Mutter vor zwei Jahren gewesen.

Der Haushalt in Cleveland bestand nun aus meinem Großvater und seinem verwitweten Sohn Walter, doch hing die Erinnerung an alte Zeiten wie ein dichter Schleier über allem. Ich hegte nach wie vor eine Abneigung gegen den Ort und versuchte, meine Nachforschungen so rasch wie möglich abzuschließen. Mein Großvater lieferte mir reichlich Aufzeichnungen und Überlieferungen über die Williamsons, doch für Material über die Ornes musste ich mich an meinen Onkel Walter wenden, der mir den Inhalt all seiner Akten zur Verfügung stellte, darunter Notizen, Briefe, Zeitungsausschnitte, Erbstücke, Fotografien und Miniaturen.

Als ich mich nun mit den Briefen und Porträts der Ornes beschäftigte, wuchs in mir ein unerklärliches Grauen vor meiner eigenen Abstammung. Wie ich bereits sagte, hatten meine Großmutter und mein Onkel Douglas mich schon immer verstört. Nun, Jahre nach ihrem Verscheiden, blickte ich auf ihre Bilder mit einem merklich gesteigerten Gefühl von Abscheu. Ich verstand diesen Wandel zuerst nicht, doch allmählich drängte sich meinem Unterbewusstsein ein grauenhafter *Argwohn* auf, ungeachtet der standhaften Weigerung meines Bewusstseins, auch nur die geringste Andeutung davon zuzulassen. Es war klar, dass der typische Ausdruck dieser Gesichter nun etwas nahelegte, was zuvor nicht der Fall gewesen war – etwas, das blanke Panik auslösen würde, falls ich zu offen darüber nachdachte.

Doch der schlimmste Schock kam, als mein Onkel mir in einem Tresorraum in der Stadt den Familienschmuck der Ornes zeigte. Manche der Stücke waren durchaus kostbar und schön, doch gab es eine Schatulle mit sonderbaren alten Stücken von meiner geheimnisvollen Urgroßmutter, die mein Onkel mir nur äußerst widerwillig zeigte. Sie seien, so sagte er, von überaus grotesker und fast abstoßender Gestaltung und wären seines Wissens nie öffentlich getragen worden, wenngleich meine Großmutter sie sich gerne betrachtet hätte. Vage Legenden, dass sie Unglück bringen würden, rankten sich um die Stücke, und die französische Gouvernante meiner Urgroßmutter hatte gesagt, man solle sie nicht in Neuengland tragen, obgleich es völlig ungefährlich sei, dies in Europa zu tun.

Als mein Onkel langsam und widerwillig begann, diese Gegenstände auszupacken, hielt er mich dazu an, mich nicht über die Merkwürdigkeit und Scheußlichkeit der Gestaltung zu entsetzen. Künstler und Archäologen, die sie gesehen hatten, hätten das handwerkliche Geschick als überragend und exotisch bezeichnet, obgleich keiner von ihnen in der Lage gewesen sei, das Material genau zu bestimmen oder die Stücke einer bestimmten künstlerischen Tradition zuzuordnen. Es handelte sich um zwei Armreifen, eine Tiara und eine Art Pektorale, wobei Letztere im Hochrelief mit Gestalten von fast unerträglicher Verrücktheit verziert war.

Während dieser Betrachtung hatte ich meine Gefühle stark in Zaum gehalten, doch mein Gesicht verriet wohl meine wachsende Furcht. Mein Onkel sah besorgt aus und hielt mit dem Öffnen der Schatulle inne, um meinen Gesichtsausdruck zu erforschen. Ich bedeutete ihm, er solle fortfahren, was er nach neuerlichem Zögern auch tat. Er schien eine Reaktion zu erwarten, als das erste Stück – die Tiara – sichtbar wurde, doch ich bezweifle, dass er wirklich auf das gefasst gewesen war, was dann tatsächlich geschah. Auch ich hatte es nicht erwartet, denn ich glaubte mich gründlich vorgewarnt, was diese Schmuckstücke betraf. Ich fiel still und leise in Ohnmacht, genau so wie ich es in jenem von Dorngestrüpp überwucherten Bahndurchgang ein Jahr zuvor getan hatte.

Von jenem Tage an ist mein Leben ein Albtraum aus Trübsinn und banger Erwartung gewesen, wenn ich auch nicht weiß, wie viel davon schreckliche Wahrheit und wie viel Wahnsinn ist. Meine Urgroßmutter war eine Marsh unbekannter Herkunft, deren Gatte in Arkham lebte – und hatte Zadok nicht gesagt, dass die Tochter von Obed Marsh und seiner monströsen Gattin durch einen Trick an einen Mann aus Arkham vermählt worden war? Was hatte der uralte Trunkenbold über die Ähnlichkeit meiner Augen mit jenen Kapitän Obeds gemurmelt? Auch der Kurator in Arkham hatte mir gesagt, ich habe die wahren Marsh-Augen. War Obed Marsh mein eigener Ururgroßvater? Wer – oder *was* – war dann meine Urgroßmutter? Aber vielleicht war all das Wahnsinn. Jene weißgoldenen Schmuckstücke hätten ohne Weiteres von einem Seemann aus Innsmouth stammen können, erstanden vom Vater meiner Urgroßmutter, wer immer er auch gewesen sein mag. Und jener Blick auf den starräugigen Gesichtern meiner Großmutter und meines selbstmörderischen Onkels mochte reine Einbildung von mir sein – reine Einbildung, gestärkt durch den Schatten über Innsmouth, der meine Fantasie so finster verfärbte. Doch warum hatte mein Onkel sich nach einer Ahnensuche in Neuengland getötet?

Mehr als zwei Jahre lang wehrte ich diese Gedanken mit gewissem Erfolg ab. Mein Vater verschaffte mir eine Anstellung in einem Versicherungsbüro und ich begrub mich so tief wie möglich im Arbeitsalltag. Im Winter 1930/31 begannen jedoch die Träume. Zu Anfang waren sie sehr selten und schleichend, doch nahmen sie im Laufe der Wochen an Häufigkeit und Lebendigkeit zu. Große Wasserflächen taten sich vor mir auf, und ich schien durch titanische versunkene Säulengänge und Irrgärten algenüberwucherter zyklopischer Mauern zu wandern, und groteske Fische waren meine Wegbegleiter. Dann tauchten allmählich die *anderen Gestalten* auf, die mich mit namenlosem Entsetzen erfüllten, sobald ich erwachte. Doch während der Träume entsetzten sie mich ganz und gar nicht – ich war eins mit ihnen; ich trug ihre diabolischen Schmuckstücke, beschritt ihre Unterwasserwege und betete auf ungeheuerliche Weise in ihren verderblichen Tempeln am Grunde des Meeres.

Da war noch viel mehr, woran ich mich nicht erinnern konnte, doch auch das, dessen ich mich jeden Morgen entsann, wäre ausreichend gewesen, mich als Irren oder als Genie abzustempeln, hätte ich je gewagt, es niederzuschreiben. Ein fürchterlicher Einfluss, so fühlte ich, versuchte, mich nach und nach aus der normalen Welt gesunden Lebens in einen unnennbaren Abgrund der Schwärze und Fremdheit zu zerren; und dieser Prozess nahm mich schwer mit. Meine Gesundheit und mein Aussehen verschlechterten sich stetig, bis ich mich schließlich dazu gezwungen sah, meine Stellung aufzugeben und das einförmige, abgeschiedene Leben eines Invaliden zu führen. Ich litt an irgendeinem sonderbaren Nervenleiden, und zuweilen war ich nicht mehr in der Lage, meine Augen zu schließen.

Zu dieser Zeit blickte ich mit immer größerer Bestürzung in den Spiegel. Die langsamen Verheerungen einer Krankheit sind nicht schön zu beobachten, doch in meinem Fall lag etwas Subtileres und Verwirrenderes im Hintergrund. Meinem Vater schien es ebenfalls aufzufallen, denn er begann, mich eigenartig und fast furchtsam anzusehen. Was spielte sich mit mir ab? Konnte es sein, dass ich meiner Großmutter und meinem Onkel Douglas immer ähnlicher wurde?

Eines Nachts hatte ich einen furchtbaren Traum, in dem ich meine Großmutter unter Wasser traf. Sie wohnte in einem phosphoreszierenden Palast mit vielen Terrassen, mit Gärten voll merkwürdig lepröser Korallen und grotesker vielarmiger Blütenformen, und sie hieß mich mit einer Warmherzigkeit willkommen, die geradezu hämisch war. Sie hatte sich verändert – wie es mit jenen geschieht, die ins Wasser gehen – und erzählte mir, sie sei nie gestorben. Stattdessen sei sie an einen Ort gegangen, von dem ihr Sohn erfahren habe, und sie sei in ein Reich eingetaucht, dessen Wunder – die auch ihm bestimmt gewesen seien – er mithilfe einer rauchenden Pistole verschmäht hatte. Dies sollte auch mein Reich werden – ich könne ihm nicht entgehen. Ich würde niemals sterben, sondern mit jenen leben, die schon gelebt hatten, bevor der Mensch die Erde betrat.

Ich traf auch das Wesen, das ihre Großmutter war. Seit achtzigtausend Jahren lebte Pth'thya-l'yi schon in Y'ha-nthlei, und dorthin war sie auch nach Obed Marshs Tod zurückgekehrt. Y'ha-nthlei wurde nicht zerstört, als die Menschen der Oberwelt Bomben ins Meer schossen. Es wurde beschädigt, aber nicht zerstört. Die Tiefen Wesen konnten niemals zerstört werden, wenngleich die urzeitliche Magie der vergessenen Alten Wesen sie zuweilen einzudämmen vermochte. Für den Augenblick würden sie ruhen; doch eines Tages, wenn sie sich erinnerten, würden sie sich erneut erheben, um den Tribut zu erbringen, den der Große Cthulhu verlangt. Beim nächsten Mal würde es eine größere Stadt als Innsmouth sein. Sie hatten vor, sich zu verbreiten, und das hervorgebracht, was ihnen dabei helfen würde, doch nun mussten sie erneut warten. Dafür, dass ich den Menschen der Oberwelt geholfen hatte, den Tod zu bringen, würde ich Abbitte leisten müssen, doch drohe mir keine schwere Strafe. Dies war der Traum, in dem ich zum ersten Male einen *Shoggothen* sah, und der Anblick ließ mich schreiend erwachen. An jenem Morgen offenbarte mir der Spiegel, dass ich nun endgültig *aussah wie einer aus Innsmouth.*

Bislang habe ich mich noch nicht erschossen, wie mein Onkel

Douglas es tat. Ich habe mir eine Automatikpistole gekauft und hätte fast diesen Schritt vollzogen, doch gewisse Träume hinderten mich daran. Das Würgen des Grauens nimmt ab und ich fühle mich sonderbar in die unbekannten Meerestiefen hinabgezogen, anstatt sie zu fürchten. Im Schlaf höre und verrichte ich seltsame Dinge, und ich erwache in einer Art Erregung anstelle von Entsetzen. Ich glaube nicht, dass ich auf die völlige Verwandlung warten muss, wie es die meisten mussten. Täte ich das, so würde mein Vater mich wahrscheinlich in einer Irrenanstalt einsperren, wie es mit meinem armen kleinen Vetter geschehen ist. Wundersame und unerhörte Großartigkeiten erwarten mich dort unten, und ich werde sie bald aufsuchen. *Iä-R'lyeh! Cthulhu fhtagn! Iä! Iä!* Nein, ich werde mich nicht erschießen – man kann mich nicht dazu bewegen, mich zu erschießen!

Ich plane die Flucht meines Vetters aus jenem Irrenhaus in Canton. Gemeinsam werden wir in das von Wundern überschattete Innsmouth gehen. Wir werden hinaus zu jenem finstren Riff im Meer schwimmen und tief hinabtauchen durch schwarze Abgründe ins zyklopische und säulenreiche Y'ha-nthlei, und in jenem Zufluchtsort der Tiefen Wesen inmitten von Wunder und Glanz dürfen wir wohnen für alle Zeit.

Träume im Hexenhaus
The Dreams in the Witch House

Im Februar 1932 schrieb Lovecraft eine neue Erzählung, der er zuerst den Titel ›The Dreams of Walter Gilman‹ gab. Im Juli 1933 erschien sie unter ihrem jetzigen Titel (aber mit einem Bindestrich zwischen Witch und House, den Lovecraft nicht wollte) in *Weird Tales.* August Derleth hatte die Publikation vermittelt (für die Lovecraft 140 $ erhielt), denn der Autor selbst war noch zu sehr von der Ablehnung von ›At the Mountains of Madness‹ verletzt, als dass er selbst neue Versuche beim Herausgeber Farnsworth Wright gemacht hätte.

Steven Mariconda nannte diese Erzählung »Lovecraft's magnificent failure«, und man kann nicht umhin zu sehen, dass er hier sozusagen zuviel wollte. Daher werden viele Themen angeschnitten, die blinde Gleise bleiben (was sollen zum Beispiel die kegelförmigen Außerirdischen aus ›At the Mountains of Madness‹ in Gilmans Träumen?). Dennoch ist ›The Dreams in the Witch House‹ ein innovativer und für die unheimliche Literatur zukunftsweisender Text geworden – und zwar wegen Lovecrafts kreativem Umgang mit Klischees. Die Magie des Hexenglaubens wird mit Spekulationen Riemannscher (nichteuklidischer) Geometrie verbunden (die durch Einsteins Allgemeine Relativitätstheorie allgemein bekannt geworden waren). Überhaupt ergänzen sich Naturwissenschaft (vor allem Physik) und die Traditionen des Hexenwesens zu einem Gemisch schrecklicher Offenbarungen und latenter Möglichkeiten, die Lovecraft in weitausholenden Andeutungen suggeriert. Die Interpretation, welche die uralte Idee der Sphärenharmonie findet (also das Geräusch der Planeten auf ihren Bahnen nach mittelalterlichem und schon antikem Denken), ist eine durchaus geniale Verfremdung: sie wird zu einem kosmischen »Hintergrundrhythmus« mit grauenvoller Bedeutung. Die eher schlichte Horrorstory, die den Rahmen für solche Innovationen und Interpretationen abgibt, kann diesen visionären Elementen aber nicht gerecht werden, und enttäuscht daher in manchem.

In keiner Erzählung Lovecrafts spielt das Thema Hexenwesen eine ähnlich starke Rolle. Dazu sind ein paar Bemerkungen erforderlich. Lovecrafts Gesamtsicht ist stark Margaret Alice Murray (1863–1963) verpflichtet, deren Buch ›The Witch-Cult in Western Europe‹ (Oxford 1921) eine der von ihm am häufigsten genannten Quellen ist. Alle moderne Wicca-Esoterik und alle (nicht minder moderne) feministische Mythologie muss hier ferngehalten werden. »Hexerei« ist in der folgenden

Erzählung eine zutiefst böse Angelegenheit, wenn sie auch Kontakt zu verborgenen magischen Traditionen besitzt. Es muss kaum mehr darauf hingewiesen werden, dass dies für Lovecraft ausschließlich ein literarisches, d. h. imaginatives Motiv war. Seine Briefe machen über jeden Zweifel klar, dass er nicht an Hexerei in einem alten oder neuen Sinn geglaubt hat. Insofern steht die Verknüpfung von Magie und Naturwissenschaft ganz auf der Seite der literarischen Fantasie, nicht des philosophischen Weltbildes. In einem genialen Handstreich identifiziert Lovecraft den »schwarzen Mann« des (vor allem britischen) Hexenglaubens mit seinem Nyarlathotep (der dann, in wieder ganz anderer Gestalt, auch in ›The Haunter of the Dark‹ eine wesentliche Rolle spielt). Der »Schwarze Mann« des Hexenglaubens hat überhaupt die merkwürdigsten Metamorphosen durchlebt; nach einer unter Folkloristen beliebten Theorie ist er auch das Urbild der geheimnisvollen »Men in Black«, die in so vielen UFO-Geschichten auftreten.

Eine rätselhafte »Anziehung« durch einen Stern (die zu Levitationserscheinungen führt) ist Gegenstand der Erzählung ›Penelope‹ von Vincent Starrett, die in *Weird Tales* Mai 1923 erschien und in dem Band ›The Moon Terror‹ von A. G. Birch u. a. (Indianapolis 1927) nachgedruckt wurde. Lovecraft kannte die Geschichte natürlich; man sieht wieder, wie er Einzelmotive anderer Autoren übernimmt und sich dabei zu etwas ganz Eigenem anregen lässt.

Ein »Familiar« (eigentlich »spiritus familiaris«) ist der »Privatdämon« einer Hexe, ihr persönlicher Geist, der ihr dient und der ihren Kontakt mit dem Teufel vermittelt. Das Konzept spielt eine zentrale Rolle in August Derleths späterer Erzählung ›The Peabody Heritage‹, die auf Ideen Lovecrafts beruht (1957). Für einen Teufel hat Lovecrafts Mythologie freilich keinen Platz. Das »Schwarze Buch« ist wohl weniger eine Art »Book of Shadows« (wie heutige Wicca-Anhängerinnen ihre magischen Bücher nennen), auch nicht ein Zauberbuch alten Stils, sondern eine Art Sammlung, welche die Verträge zwischen dem »Schwarzen Mann« und seinen Anhängern enthält.

Ein erzählerisches Seitengleis ist die derb-spöttische Darstellung des Katholizismus (obwohl die Hexe tatsächlich vor dem Kreuz zurückschreckt – wie erklärt der Atheist Lovecraft denn das?). Die magische Welt der alten Dorfhexe und der Katholizismus der europäischen (das heißt irischen, italienischen und polnischen) Einwanderer erscheinen als verschiedene Seiten eines Gesamtsystems, welches »eigentlich« in Neuengland nichts verloren hat. Lovecraft ist hier ganz »White Anglo-Saxon Protestant«.

Trotz solcher Misslichkeiten besitzt ›The Dreams in the Witch House‹

eine fiebrige Intensität, die die Geschichte unvergesslich macht. Und im Gegensatz zum Ökofeminismus und der Naturmystik der Esoterikhexen begegnen wir hier einmal einer wirklich bösen Hexe, die zudem über ein wirklich bemerkenswertes und interessantes Wissen verfügt, für das seine Seele zu verkaufen einen Menschen schon in Versuchung führen kann...

Träume im Hexenhaus

Ob nun die Träume das Fieber auslösten oder das Fieber die Träume – das wusste Walter Gilman nicht zu sagen. Hinter allem lauerte das brütende, schwärende Grauen der uralten Stadt und des vermoderten, beklemmenden Mansardenzimmers, in dem er arbeitete, studierte und mit Ziffern und Formeln rang, wenn er sich nicht gerade auf dem bescheidenen schmiedeeisernen Bett von einer Seite auf die andere warf. Sein Gehör hatte eine unnatürliche, ja, unerträgliche Empfindlichkeit angenommen; schon vor Längerem hatte er die billige Uhr auf dem Kaminsims angehalten, weil ihr Ticken ihm allmählich wie Kanonendonner vorgekommen war. In der Nacht vermittelten ihm die unterschwelligen Geräusche der schwarzen Stadt dort draußen, das verstohlene Huschen der Ratten in den wurmstichigen Trennwänden und das Knarren verborgener Balken in dem jahrhundertealten Haus den Eindruck eines kaum erträglichen Pandämoniums. Die Dunkelheit war fortwährend von unerklärlichen Geräuschen erfüllt – und doch zitterte er zuweilen vor Angst bei der Vorstellung, diese Geräusche könnten verebben und ihn gewisse andere, schwächere Laute hören lassen, die er hinter dem Lärm vermutete.

Er lebte in der zeitlosen, von Legenden umrankten Stadt Arkham mit ihren dicht gedrängten Walmdächern, die sich über Kammern wölbten, wo sich in den finsteren Kolonialzeiten Hexen vor den königlichen Häschern verborgen hatten. In dieser Stadt gab es keinen Fleck, der stärker von makabren Erinnerungen durchdrungen war als das Giebelzimmer, in dem er wohnte – denn in diesem Haus, in diesem Zimmer hatte dereinst die alte Keziah Mason gewohnt, deren Flucht aus dem Gefängnis von Salem sich niemand hatte erklären können. Das war im Jahre 1692 gewesen – der Kerkermeister hatte den Verstand verloren und etwas von einem kleinen pelzigen Wesen mit weißen Reißzähnen geplappert, das aus Keziahs Zelle gehuscht sei. Die Kurven und Winkel, die mit einer roten klebrigen Flüssigkeit an die grauen Kerkermauern geschmiert worden waren, hatte noch nicht einmal Cotton Mather zu erklären vermocht.

Vielleicht hätte Gilman sein Studium nicht so intensiv betreiben sollen. Nichteuklidische Geometrie und Quantenphysik allein sind schon genug, um jedes Hirn zu strapazieren; verknüpft man sie auch noch mit volkstümlichen Überlieferungen und versucht, hinter den gespenstischen Schauergeschichten, die sich die Leute verstohlen am Kamin erzählen, einen mehrdimensionalen, realen Hintergrund auszumachen, muss man sich über seelische Belastungen kaum wundern. Gilman kam ursprünglich aus Haverhill, begann aber erst auf der Hochschule in Arkham, seine mathematischen Studien mit den versponnenen Sagen über uralte Zauberkünste zu verbinden. Anscheinend wirkte sich die Ausstrahlung der altersgrauen Stadt nachteilig auf seine Vorstellungskraft aus. Seine Professoren an der Miskatonic-Universität hatten ihn dazu gedrängt, etwas kürzer zu treten, und sein Pensum in mehreren Studiengängen bewusst eingeschränkt. Mehr noch: Sie hatten ihm verwehrt, die zweifelhaften alten Bücher über verbotene Geheimnisse zu konsultieren, die in einem Kellergewölbe der Universitätsbibliothek hinter Schloss und Riegel verwahrt wurden. Doch all diese Vorkehrungen kamen zu spät, denn Gilman verfügte bereits über einige schreckliche Hinweise aus dem gefürchteten *Necronomicon* des Abdul Alhazred, aus dem bruchstückhaften *Buch Eibon* und aus von Junzts verbotenem Werk *Unaussprechliche Kulte,* die er mit seinen abstrakten Formeln über die Eigenschaften des Raumes und die Verbindungen zwischen bekannten und unbekannten Dimensionen in Beziehung setzen konnte.

Er wusste, dass sein Zimmer sich in einem alten Hexenhaus befand – aus ebendiesem Grund hatte er es gemietet. Im Archiv von Essex County fand sich viel Material über den Prozess gegen Keziah Mason, und das, was sie unter der Folter dem Scharfrichter gestanden hatte, faszinierte Gilman über alle Maßen. Dem Richter Hathorne hatte sie etwas von Linien und Kurven erzählt, die einem Wege über die Grenzen des Raums hinaus in andere Räume wiesen, und sie hatte behauptet, dass ebensolche Linien und Kurven bei gewissen mitternächtlichen Zusammenkünften im dunklen Tal des weißen Steines jenseits vom Meadow Hill und auf der unbewohnten Insel im Fluss häufig Verwendung fänden. Außerdem hatte sie vom schwarzen Mann gesprochen, von ihrem Eid und von ihrem neuen, geheimen

Namen: Nahab. Dann hatte sie die erwähnten Symbole an die Mauern ihrer Zelle gemalt und war verschwunden.

Gilman glaubte die sonderbaren Geschichten über Keziah, und er hatte ein eigenartiges Prickeln verspürt, als er in Erfahrung gebracht hatte, dass ihr Haus nach über zweihundertfünfunddreißig Jahren noch immer stand. Als er die Gerüchte über Keziahs fortwährende Gegenwart in dem alten Haus und den engen Gassen hörte, das Gerede über unregelmäßige Bissspuren von menschlichen Zähnen, die man an Schlafenden in diesem und in anderen Häusern entdeckt hatte, über die Schreie von Kindern um die Walpurgisnacht und Halloween herum, über den Gestank, den man nach diesen gefürchteten Feiertagen häufig in der Dachkammer des alten Hauses wahrnahm, und über das kleine pelzige, scharfzähnige Wesen, das angeblich in dem modrigen Bauwerk und der Stadt umherstreunte und in den dunklen Stunden vor Tagesanbruch neugierig Menschen beschnupperte, da fasste er den Entschluss, in dem Haus zu wohnen, koste es, was es wolle. Es war nicht schwer, dort ein Zimmer zu bekommen; das unbeliebte Haus war schwer zu vermieten und wurde schon seit Längerem als billige Unterkunft genutzt. Gilman hätte nicht in Worte fassen können, was er dort eigentlich zu finden erwartete; ihm war lediglich klar, dass er in dem Gebäude wohnen wollte, in dem im 17. Jahrhundert eine gewöhnliche Frau durch irgendeinen Umstand mehr oder weniger unvermittelt mathematische Einsichten erlangt hatte, die vielleicht sogar die modernsten Errungenschaften von Planck, Heisenberg, Einstein und de Sitter übertrafen.

In der Hoffnung, Reste von rätselhaften Zeichnungen zu entdecken, untersuchte er die Holz- und Gipswände an jeder möglichen Stelle, wo die Tapeten sich gelöst hatten, und binnen einer Woche gelang es ihm, in das nach Osten gelegene Mansardenzimmer einzuziehen, in dem Keziah angeblich ihre Hexenkünste ausgeübt hatte. Es stand leer – niemand war je bereit gewesen, lange darin zu wohnen –, doch der Hauswirt, ein Pole, vermietete es nur ungern. Gilman indes geschah in dem Zimmer überhaupt nichts, jedenfalls nicht, bis sich das Fieber einstellte. Weder schwebte der Geist Keziahs durch die finsteren Korridore und Kammern, noch schlich sich ein kleines pelziges Wesen in seine armselige Unterkunft, um ihn zu beschnuppern

– und seine unablässige Suche wurde nicht mit Aufzeichnungen von Zaubersprüchen der Hexe belohnt. Manchmal schlenderte er durch den schattigen Irrgarten der ungepflasterten, modrig riechenden Gassen, wo scheußliche braune Häuser unbestimmbaren Alters windschief aneinanderlehnten und ihn mit ihren kleinen Fenstern höhnisch anzustarren schienen. Er wusste, dass hier einst merkwürdige Dinge geschehen waren, und hatte das vage Gefühl, dass die monströse Vergangenheit nicht gänzlich entschwunden war – zumindest nicht in den finstersten, engsten und verwinkeltsten dieser Gassen. Gilman ruderte auch zweimal zu der verrufenen Insel im Fluss hinaus und fertigte eine Skizze von den einzigartigen Winkeln an, die die Reihen moosbewachsener grauer Menhire bildeten, deren Ursprung im Nebel der Zeit verborgen liegt.

Gilmans Zimmer war recht groß, aber merkwürdig unregelmäßig geschnitten; die Nordwand verlief von der vorderen zur hinteren Ecke schräg nach innen, während die niedrige Decke in dieselbe Richtung sanft abfiel. Abgesehen von einem unübersehbaren Rattenloch und weiteren Löchern, die zugestopft worden waren, gab es keine Zugangsmöglichkeit – auch keinen Hinweis auf einen früheren Zugangsweg – in den Raum, der zwischen der schrägen Wand und der Außenmauer der Nordseite des Hauses liegen musste, obwohl man von außen sah, dass vor langer Zeit an dieser Wand ein Fenster zugemauert worden war. Die Dachstube über dem Zimmer – deren Boden ziemlich abschüssig sein musste – war ebenfalls unzugänglich. Als Gilman mit einer Leiter zu dem spinnwebverhangenen Speicher über dem Dachgeschoss hinaufstieg, entdeckte er eine Stelle im Fußboden, an der sich früher einmal eine Öffnung befunden haben musste, die nun mit alten Holzbrettern fest verschlossen und mit starken Holzpflöcken gesichert war, wie sie in der Kolonialzeit von den Zimmermannsleuten verwendet wurden. Mit all seiner Überredungskunst konnte Gilman den unerschütterlichen Hauswirt nicht dazu bewegen, ihn einen dieser beiden verschlossenen Räume untersuchen zu lassen.

Im Laufe der Zeit beschäftigte er sich immer intensiver mit der Wand und der Decke, die beide so unregelmäßig verliefen; er fing an, aus den merkwürdigen Winkeln eine mathematische Bedeutung herauszulesen, die ihm vage Hinweise auf ihren Sinn und Zweck zu liefern schien. Die alte Keziah, so überlegte er, mochte ihre guten Gründe gehabt haben, in einem Raum mit solch eigenartigen Winkeln zu wohnen; hatte sie denn nicht behauptet, durch gewisse Winkel die räumlichen Grenzen der uns bekannten Welt überschritten zu haben? Sein Interesse wandte sich nun allmählich von den unerforschten Hohlräumen jenseits der schrägen Wände ab, da nun deutlich zu werden schien, dass der Sinn und Zweck dieser Flächen von der Seite bestimmt wurde, auf der er sich befand.

Die leichten Anfälle von Gehirnfieber und die Träume setzten Anfang Februar ein. Allem Anschein nach hatten die seltsamen Winkel seines Zimmers seit einiger Zeit eine beinahe hypnotische Wirkung auf Gilman ausgeübt; als der harte Winter kam, ertappte er sich immer häufiger dabei, unablässig in die Ecke zu starren, wo sich die abfallende Decke mit der schrägen Wand traf. In diesem Zeitraum gab ihm sein Unvermögen, sich auf seine eigentlichen Studien zu konzentrieren, sehr zu denken, und ihm wurde bange beim Gedanken an die Zwischenprüfungen. Doch auch die Überempfindlichkeit seines Gehörs plagte ihn sehr. Das Leben war ihm eine dauerhafte und beinahe unerträgliche Kakofonie geworden, und dazu kam der immer wiederkehrende erschreckende Eindruck, dass da *andere* Klänge seien – Klänge, die vielleicht aus Regionen weitab des Lebens rührten und gerade so am Rand des Hörbaren vibrierten. Was die konkreten Geräusche betraf, so waren die Ratten in den uralten Trennwänden am schlimmsten von allem. Manchmal schien ihr Gekratze nicht nur heimlich, sondern geradezu mutwillig zu sein. Kam es von jenseits der schrägen Nordwand, dann mischte es sich mit einem trockenen Klappern; drang es aus dem seit Jahrhunderten verschlossenen Dachraum über der schiefen Decke, dann zuckte Gilman zusammen wie in Erwartung eines Grauens, das nur den rechten Zeitpunkt abwartete, um herabzusteigen und ihn gänzlich zu verschlingen.

Die Träume waren bar jeder Vernunft, und Gilman hatte den Eindruck, sie seien aus der Vermischung seiner mathematischen mit seinen folkloristischen Studien entstanden. Er hatte zu viel über die dunklen Regionen nachgedacht, die laut seinen Formeln hinter den uns bekannten drei Dimensionen liegen mussten, und über die Möglichkeit, dass die alte Keziah Mason

– geleitet von einer Macht, die jenseits aller Mutmaßungen lag – tatsächlich das Tor zu diesen Regionen gefunden hatte. Die vergilbten Archivunterlagen mit ihrem Geständnis und den Aussagen ihrer Ankläger deuteten so eindringlich auf Dinge fernab der menschlichen Erfahrung hin – und die Beschreibungen des umherhuschenden kleinen Pelzwesens, das ihr als Gefährte diente, wirkten trotz der unglaublichen Details unangenehm realistisch.

Dieses Wesen – kaum größer als eine ausgewachsene Ratte und von den Stadtbewohnern kurioserweise »Brown Jenkin« genannt – schien auf einem bemerkenswerten Fall von Massenwahn zu beruhen, sagten im Jahre 1692 doch nicht weniger als elf Personen aus, es gesehen zu haben. Auch aus jüngster Zeit existierten Gerüchte, die in einem erstaunlichen und beunruhigenden Maß miteinander übereinstimmten. Laut den Zeugen habe das Wesen ein langes Fell und die Gestalt einer Ratte, doch das mit scharfen Zähnen bewehrte, bärtige Gesicht wirke auf widerliche Weise menschlich, während die Pfoten wie winzige Menschenhände aussähen. Es fungiere als Bote zwischen der alten Keziah und dem Teufel und ernähre sich vom Blut der Hexe, das es wie ein Vampir aussaugte. Seine Stimme wurde als ekelhaftes Kichern beschrieben, außerdem beherrsche es sämtliche Sprachen. Von all den bizarren Monstrositäten, die in Gilmans Träumen auftauchten, erfüllte keine ihn mit größerer Furcht und größerem Ekel als dieses gotteslästerliche kleine Zwitterwesen, dessen Bild in seinen Fiebervisionen tausendmal scheußlicher aussah als alles, was sich sein wacher Verstand anhand der alten Unterlagen und der neueren Gerüchte vorgestellt hatte.

Meist träumte Gilman, er stürze in unermessliche Abgründe von unbeschreiblich gefärbtem Dämmerlicht und schauderhaft chaotischen Klängen, Abgründe, deren materielle Schwerkraftgesetze sowie Beschaffenheit und deren Beziehung zu seinem eigenen Dasein er sich nicht einmal ansatzweise erklären konnte. Weder ging er noch kletterte er, er flog und schwamm nicht, kroch und robbte nicht; immer aber bewegte er sich auf eine Weise fort, die zum Teil freiwillig und zum Teil unfreiwillig geschah. Seinen Zustand vermochte er nur schwer zu beurteilen, da er wegen einer sonderbar verschobenen Perspektive seine Arme, Beine und den Oberkörper nicht sehen konnte; er fühlte jedoch, dass seine Anatomie und seine physischen Fähigkeiten auf wundersame Weise verwandelt und verschoben worden waren – wenn auch nicht ohne einen grotesken Zusammenhang zu seinen normalen Proportionen und Befähigungen zu bewahren.

Diese Abgründe waren keineswegs leer, sondern vielmehr zum Bersten angefüllt mit unbeschreiblich verwinkelten Massen einer Substanz von fremdartiger Farbe, die teils organisch, teils anorganisch zu sein schien. Ein paar der organischen Objekte riefen undeutliche Erinnerungen in ihm wach, auch wenn ihm nicht einfallen wollte, was sie auf so höhnische Weise nachahmten oder andeuteten. In den späteren Träumen konnte er die organischen Objekte in verschiedene Kategorien einteilen, die fundamental unterschiedliche Gattungen mit ihren jeweils eigenen Verhaltensmustern und Beweggründen zu bezeichnen schienen. Eine dieser Kategorien schien Objekte zu umfassen, die in ihren Regungen etwas weniger unlogisch und irrelevant zu sein schienen als die anderer Kategorien.

All diese Objekte, organische wie anorganische, spotteten jeder Beschreibung und entzogen sich jeglichem Verständnis. Manchmal verglich Gilman die anorganische Materie mit Prismen, Labyrinthen, Ansammlungen von Würfeln und Ebenen oder zyklopischen Gebäuden; die organischen Dinge kamen ihm jeweils wie Gruppen von Blasen, Tintenfischen, Tausendfüßlern, lebenden Hindugötzen oder komplizierten Arabesken vor, die zu einer Art schlangenhaftem Leben erwacht waren. Alles, was er sah, wirkte unbeschreiblich bedrohlich und grauenhaft; immer, wenn eines der organischen Wesen ihn zu bemerken schien, was er aus dessen Bewegungen ableitete, empfand er nackte, grausige Angst – und regelmäßig war es diese Angst, die ihn ruckartig erwachen ließ. Darüber, wie die organischen Wesen sich bewegten, konnte er ebenso wenig sagen wie darüber, wie er selbst es tat. Mit der Zeit stieß er auf ein weiteres Rätsel – die Neigung einzelner Wesen, unversehens aus dem Nichts zu erscheinen oder ebenso plötzlich zu verschwinden. Das schreiende, brüllende Klangbabel, das die Abgründe durchdrang, entzog sich jeder Analyse von Tonhöhe, Klangfarbe oder Rhythmus; es schien mit den vagen visuellen Veränderungen der zahllosen

Objekte, organischen wie anorganischen, synchron einherzugehen. Gilman hatte beständig Angst, es könne während einer der mysteriösen, unausweichlichen Schwankungen zu einer unerträglichen Lautstärke anschwellen.

Doch nicht in diesen völlig fremdartigen Strudeln sah er Brown Jenkin. Dieses entsetzliche kleine Schreckgespenst war leichteren, klareren Träume vorbehalten, die ihm stets zusetzten, bevor er in den tiefsten Schlaf fiel. Wenn er dann in der Dunkelheit lag und darum rang, wach zu bleiben, schien ein schwaches Leuchten von dem jahrhundertealten Zimmer auszugehen und die Stelle, wo sich die schrägen Flächen trafen, die sein Denken so heimtückisch in Beschlag genommen hatten, mit einem violetten Nebel zu umgeben. Das Ungeheuer tauchte dann anscheinend aus dem Rattenloch in der Ecke auf und tippelte über die breiten, durchgetretenen Dielen auf ihn zu, böse Vorfreude in dem winzigen bärtigen Menschengesicht; barmherzigerweise verflüchtigte sich dieser Traum immer, bevor das Wesen nahe genug an ihn herankam, um ihn zu beschnuppern. Es hatte teuflisch lange, scharfe Reißzähne. Gilman versuchte jeden Tag, das Rattenloch zu verschließen, doch in der Nacht zernagten die wirklichen Bewohner der Zwischenwände das Hindernis wieder, aus welchem Material es auch bestand. Einmal ließ er den Hauswirt ein Blechstück darüber festnageln, aber schon am nächsten Abend hatten die Ratten ein neues Loch genagt und dabei ein merkwürdiges kleines Knochenstück ins Zimmer geschoben oder gezerrt.

Gilman suchte trotz seines Fiebers keinen Arzt auf; er wusste, er würde die Zwischenprüfungen nicht bestehen, falls man ihn ins Universitätskrankenhaus einweisen würde, wo er doch jede Minute zum Pauken benötigte. So fiel er zwar in der D-Klasse in Mathematik und in Fortgeschrittener Allgemeiner Psychologie durch, war aber guter Hoffnung, das Versäumte bis zum Ende des Semesters nachholen zu können.

Im März tauchte ein neues Element in seinen bislang noch leichten Träumen auf, und die albtraumhafte Gestalt von Brown Jenkin wurde von nun an von einem nebelhaften Schemen begleitet, der immer stärkere Ähnlichkeit mit einer gebeugten alten Frau annahm. Diese Neuerung verstörte ihn mehr, als er sich erklären konnte, doch dann kam er zu dem Schluss, dass der Schemen einer alten Vettel glich, der er zweimal im dunklen Gewirr der Gassen nahe den verlassenen Werften begegnet war. Dabei hatte ihm die Art, wie die Alte ihn boshaft, sardonisch und scheinbar grundlos angeglotzt hatte, einen Schauer über den Rücken gejagt – vor allem beim ersten Mal, als eine übergroße Ratte, die in den Schatten einer Nebengasse gehuscht war, ihn unsinnigerweise an Brown Jenkin denken ließ. Jetzt, so überlegte er, spiegelten sich diese nervösen Ängste in seinen chaotischen Träumen wider.

Dass das alte Haus einen ungesunden Einfluss auf ihn ausübte, konnte er nicht leugnen, doch ein Rest seines anfänglichen morbiden Interesses hielt ihn dort fest. Er sagte sich, dass allein das Fieber für seine nächtlichen Fantasien verantwortlich sei; mit dem Abklingen der Krankheit würden auch die ungeheuerlichen Visionen verschwinden. Diese Visionen waren jedoch von so unglaublicher Lebendigkeit und Eindringlichkeit, dass er beim Erwachen immer das vage Gefühl hatte, wesentlich mehr durchgemacht zu haben, als die Erinnerung daran festhielt. Er war zu der scheußlichen Überzeugung gelangt, dass er in Träumen, an die er sich nicht mehr erinnerte, mit Brown Jenkin und der alten Frau gesprochen hatte und dass diese ihn dazu gedrängt hatten, sie irgendwohin zu begleiten, wo ein drittes Wesen von größerer Macht sie erwartete.

Gegen Ende Mai hatte er in Mathematik das Versäumte größtenteils aufgeholt, obwohl andere Studienfächer ihm vermehrt zu schaffen machten. Er hatte einen intuitiven Weg gefunden, riemannsche Gleichungen zu lösen, und verblüffte Professor Upham mit seinem Verständnis vierdimensionaler und anderer Probleme, die den Rest seiner Kommilitonen in Atem gehalten hatten. Eines Nachmittags entbrannte eine Diskussion über mögliche unberechenbare Krümmungen des Raumes und theoretische Annäherungs- oder gar Kontaktpunkte zwischen unserem Teil des Kosmos und verschiedenen anderen Regionen, vielleicht sogar den entlegensten Sternen oder den Abgründen zwischen den Galaxien – oder gar unglaublich entlegenen kosmischen Einheiten jenseits von Einsteins Raum-Zeit-Kontinuum. Gilmans gewandter Umgang mit diesem Thema flößte allen Anwesenden Bewunderung ein, wenngleich einige seiner hypothetischen Darstellungen den ohnehin schon zahlreichen

Gerüchten über seinen nervlichen Zustand und sein verschrobenes Einsiedlerdasein neue Nahrung boten. Die Studenten schüttelten den Kopf über seine nüchtern vorgebrachte Theorie, der Mensch könne sich – behelfs eines mathematischen Wissens, das zugegebenermaßen fernab aller menschlichen Erkenntnisse liege – mit einem Schritt von der Erde auf jeden beliebigen anderen Himmelskörper in der Unendlichkeit des kosmischen Systems bewegen.

Ein solcher Schritt, so behauptete er, bestehe nur aus zwei Etappen: erstens dem Austritt aus der uns bekannten dreidimensionalen Sphäre und zweitens dem Rückweg in diese dreidimensionale Sphäre an einer anderen, eventuell unendlich weit entfernten Stelle. Dass dies bewältigt werden könne, ohne dass man dabei ums Leben käme, sei in mancherlei Hinsicht vorstellbar. Jedes beliebige Wesen aus einem Teil des dreidimensionalen Raumes könne vermutlich in der vierten Dimension überleben; das Überleben während der zweiten Etappe hinge davon ab, welcher fernliegende Teil des dreidimensionalen Raumes für die Rückkehr ausgewählt werde. Die Bewohner eines Planeten könnten vielleicht auch auf bestimmten anderen Welten leben – sogar auf solchen, die anderen Galaxien oder ähnlichen Dimensionsräumen anderer Raum-Zeit-Kontinuen angehörten –, obwohl es natürlich eine gewaltige Anzahl von unbewohnbaren, wenngleich mathematisch angrenzenden Himmelskörpern oder Raumzonen geben müsse.

Auch sei es möglich, dass die Bewohner einer gegebenen Dimension den Übergang in viele unbekannte und unbegreifliche Bereiche zusätzlicher oder unendlich vervielfältigter Dimensionen – gleich ob innerhalb oder außerhalb des gegebenen Raum-Zeit-Kontinuums – unbeschadet überstehen könnten und dass das Gegenteil davon ebenfalls zutreffe. Dies sei bloße Spekulation, doch könne man mit ziemlicher Sicherheit davon ausgehen, dass die Art der Mutation, die der Übergang von einer Dimensionsebene zur nächsthöheren mit sich bringe, die biologische Integrität, wie wir sie verstehen, nicht in Mitleidenschaft ziehe. Gilman brachte nicht klar zum Ausdruck, welche Gründe er für diese letzte Mutmaßung hatte, doch wurde seine Unbestimmtheit in diesem Punkt durch seine Klarheit bei anderen komplexen Themen mehr als aufgewogen. Professor

Upham war besonders beeindruckt von seinem Nachweis der Verwandtschaft zwischen höherer Mathematik und gewissen Aspekten magischer Lehren, die aus uralten Quellen – ob nun menschlicher Herkunft oder nicht – durch die Zeiten weitergereicht worden seien und deren Wissen vom Kosmos und seinen Gesetzen umfassender sei als das heutige.

Gegen Anfang April machte Gilman sich große Sorgen, weil sein langwieriges Fieber nach wie vor nicht abklingen wollte. Auch das, was einige seiner Hausgenossen über sein Schlafwandeln sagten, beunruhigte ihn. Anscheinend verließ er häufig das Bett; dem Mann, der das Zimmer unter ihm bewohnte, war aufgefallen, dass die Dielen zu gewissen Stunden knarrten. Dieser Bursche behauptete auch, nachts oftmals Schritte von Füßen zu hören, die beschuht waren, aber Gilman war sich sicher, dass hier ein Irrtum vorliegen müsse, da seine Schuhe wie auch die anderen Kleidungsstücke morgens immer an dem Platz lagen, wo er sie abends zuvor abgelegt hatte. In diesem morbiden alten Haus konnte man leicht allen möglichen Sinnestäuschungen erliegen – war Gilman denn nicht selbst davon überzeugt, dass jetzt sogar am helllichten Tag außer dem Lärmen der Ratten auch andere Geräusche aus der schwarzen Leere jenseits der schrägen Mauer und der schiefen Decke zu hören waren? Seine krankhaft empfindlichen Ohren fingen an, auf leise Schritte von dem seit undenklichen Zeiten verschlossenen Dachboden über ihm zu horchen, und zuweilen schienen diese eingebildeten Schritte überaus real.

Er wusste allerdings, dass er tatsächlich zum Schlafwandler geworden war; zweimal hatte man sein Zimmer in der Nacht leer vorgefunden, obwohl alle seine Kleider an ihrem Platz lagen. Das hatte ihm Frank Elwood versichert, ein Kommilitone von ihm, der sich seiner Armut wegen gezwungen sah, in diesem schäbigen und unbeliebten Haus zu wohnen. Elwood war in den frühen Morgenstunden noch seinen Studien nachgegangen und war heraufgekommen, weil er bei einer Differenzialgleichung Hilfe benötigte, hatte Gilman aber nicht vorgefunden. Es war recht dreist von ihm gewesen, die unverriegelte Tür einfach zu öffnen, als er auf sein Klopfen hin keine Antwort erhielt, doch er hatte wirklich dringend Hilfe benötigt und gehofft, Gilman würde es ihm nicht übel nehmen, wenn er ihn weckte.

Aber beide Male hatte sich Gilman nicht im Zimmer befunden, und als er von dieser Sache erfuhr, fragte er sich, wo er barfuß und im Nachthemd umhergewandert sein mochte. Er beschloss, der Angelegenheit nachzugehen, sollten sich die Berichte über sein Schlafwandeln wiederholen, und dachte daran, im Korridor Mehl auszustreuen, um zu sehen, wohin seine Schritte führten. Die Tür stellte den einzig denkbaren Ausgang dar, denn die Wand unterhalb des schmalen Fensters war für den Abstieg ungeeignet.

Im weiteren Verlauf des Aprils wurden Gilmans vom Fieber geschärfte Ohren durch die winselnden Gebete eines abergläubischen Webers namens Joe Mazurewicz gestört, der ein Zimmer im Erdgeschoss bewohnte. Mazurewicz hatte lange, umständliche Geschichten über den Geist der alten Keziah und das pelzige schnüffelnde Wesen mit den spitzen Reißzähnen erzählt und behauptet, von ihnen zuweilen so übel bedrängt zu werden, dass allein sein silbernes Kruzifix – das Pater Iwanicki von der Kirche St. Stanislaus ihm zu diesem Zweck gegeben hatte – ihm Erleichterung böte. Nun bete er, weil der Hexensabbat näher rücke. Am Vorabend des ersten Mai sei die Walpurgisnacht, wenn die finstersten Schrecken der Hölle die Erde heimsuchten und alle Sklaven Satans sich zu unbeschreiblichen Riten und Untaten zusammenfänden. In Arkham sei das immer eine schlechte Zeit, auch wenn die feinen Herrschaften in der Miskatonic Avenue, der High Street und der Saltonstall Street vorgäben, nichts von diesen Dingen zu wissen. Es würden sich schlimme Dinge ereignen, und später würden vermutlich ein oder zwei Kinder vermisst werden. Er, Joe, wisse Bescheid über diese Sachen, denn seine Großmutter habe es in der alten Heimat von ihrer Großmutter gehört. Zu dieser Zeit sei es klug zu beten und den Rosenkranz in der Hand zu halten. Seit drei Monaten schon seien Keziah und Brown Jenkin seinem Zimmer nicht mehr nahegekommen, auch nicht dem von Paul Choynski oder sonst wem – und es sei gewiss kein gutes Zeichen, wenn sie sich derart zurückhielten. Dann heckten sie bestimmt etwas aus.

Gilman suchte am sechzehnten des Monats die Praxis seines Hausarztes auf und war überrascht, als er erfuhr, dass seine Temperatur nicht so hoch war, wie er befürchtet hatte. Der Arzt befragte ihn streng und gab ihm den Rat, einen Nervenspezialisten zu konsultieren. Im Nachhinein war Gilman froh, nicht den noch neugierigeren Universitätsarzt hinzugezogen zu haben. Der alte Waldron, der schon zuvor seine Aktivitäten eingeschränkt hatte, hätte ihm mit Sicherheit strengste Ruhe auferlegt – und das war jetzt gänzlich unmöglich, wo er der großartigen Lösung seiner Berechnungen so nahe war. Er stand an der Grenze zwischen dem bekannten Universum und der vierten Dimension, und wer konnte schon sagen, wie viel weiter er noch vorstoßen könnte?

Doch noch während er diese Gedanken abwog, fragte er sich, woher er seine seltsame Gewissheit nahm. Kam dieses Gefühl einer drohenden Gefahr aus den Formeln, mit denen er Tag für Tag seine Hefte füllte? Die sachten, verstohlenen, eingebildeten Schritte in der verschlossenen Dachkammer raubten ihm den letzten Nerv. Darüber hinaus hatte er das immer stärker werdende Gefühl, dass jemand ihn fortwährend zu etwas Schrecklichem überreden wolle, das er einfach nicht tun konnte. Und was war mit dem Schlafwandeln? Wohin ging er manchmal in der Nacht? Und woher kam diese schwache Andeutung von Tönen, die zuweilen selbst am helllichten Tag, wenn er völlig wach war, durch das Wirrwarr der gewöhnlichen Laute an sein Ohr drangen? Der Rhythmus dieser Töne entsprach nichts von dieser Welt, außer vielleicht einigen unbeschreiblichen Gesängen bei Hexensabbaten, und manchmal hatte er Angst, dass sie gewissen Eigenheiten des undeutlichen Geschreis oder Gebrülls in den völlig fremdartigen Abgründen seiner Albträume gleichen könnten.

Seine Träume hatten mittlerweile grässliche Ausmaße angenommen. In der einleitenden, leichteren Traumphase war die böse alte Frau nun ganz deutlich erkennbar, und Gilman wurde klar, dass es die Alte war, die ihn im verfallenen Hafenviertel erschreckt hatte. Der krumme Rücken, die lange Nase und das verschrumpelte Kinn waren unverkennbar; auch an ihre unförmigen braunen Gewänder konnte er sich erinnern. Ihr Gesichtsausdruck kündete von scheußlicher Boshaftigkeit und Schadenfreude, und als er erwachte, erinnerte er sich an eine krächzende Stimme, die auf ihn einredete und im drohte. Er müsse den schwarzen Mann treffen und sie alle zum Throne Azathoths inmitten des endlosen Chaos begleiten – das hatte sie ihm gesagt. Er müsse im Buch des Azathoth mit seinem Blut unterschreiben und einen neuen, geheimen Namen annehmen, weil er mit seinen Forschungen schon so weit vorgedrungen sei. Was ihn davon abhielt, sie und Brown Jenkin und das andere Wesen zum Thron des Chaos zu begleiten, wo die dünnen Flöten irre spielten, war die Tatsache, dass er den Namen »Azathoth« im *Necronomicon* gelesen hatte und wusste, dass dieser für eine urzeitliche böse Macht stand, die zu schrecklich war, um sie zu beschreiben.

Die alte Frau tauchte stets aus heiterem Himmel auf, und zwar in der Nähe der Ecke, wo sich die abschüssige Decke und die schräge Wand trafen. Sie schien an einer Stelle Gestalt anzunehmen, die näher an der Decke lag als am Boden, und jede Nacht kam sie ihm etwas näher und wurde deutlicher, ehe der Traum sich veränderte. Auch Brown Jenkin rückte mit der Zeit immer dichter heran, und seine gelblich weißen Reißzähne schimmerten schrecklich in der unwirklichen violetten Phosphoreszenz. Sein schrilles, widerwärtiges Kichern blieb Gilman immer länger im Ohr, und eines Morgens konnte er sich daran erinnern, dass das Wesen die Worte »Azathoth« und »Nyarlathotep« ausgesprochen hatte.

Ebenso wurden die tieferen Träume nun deutlicher, und Gilman gewann den Eindruck, dass die dämmrigen Abgründe um ihn herum der vierten Dimension angehörten. Die organischen Wesenheiten, deren Bewegungen am wenigsten irrelevant und unmotiviert erschienen, waren vermutlich Projektionen von Lebensformen unseres Planeten, einschließlich menschlicher Wesen. Was die anderen in ihren eigenen Dimensionssphären sein mochten, darüber wollte er lieber nicht nachdenken. Zwei der sich weniger ziellos bewegenden Wesen – eine recht große Anhäufung schimmernder länglicher, kugelförmiger Blasen und ein sehr viel kleineres Polyeder von unbestimmbarer Farbe aus rasch sich ändernden Flächenwinkeln – schienen von ihm Notiz zu nehmen und ihm bei seinen Bewegungen inmitten der gewaltigen Prismen, Labyrinthe, Ansammlungen von Würfeln, Flächen und Quasi-Gebäuden zu folgen. Währenddessen wurde das undeutliche Kreischen und Brüllen immer lauter, als strebe es einem monströsen Höhepunkt völlig unerträglicher Lautstärke entgegen.

In der Nacht vom 19. auf den 20. April erfolgte eine neue Entwicklung. Gilman bewegte sich halb unfreiwillig durch die dämmerigen Abgründe, und die Blasenmasse und das kleine Polyeder schwebten ihm voraus, als ihm die eigenartig normal wirkenden Winkel am Rande einer riesigen Prismen-Anhäufung neben ihm auffielen. Eine Sekunde später hatte er den Abgrund verlassen und stand zitternd inmitten einer felsigen Hügellandschaft, die in helles, diffuses grünes Licht getaucht war. Er war barfuß und im Schlafanzug, und als er zu gehen versuchte, merkte er, dass er kaum die Füße vom Boden heben konnte. Ein wirbelnder Dunst verdeckte alles außer dem hügeligen Gelände in seiner unmittelbaren Umgebung, und er erbebte bei dem Gedanken an die Geräusche, die aus diesem Dunst emporsteigen könnten.

Dann sah er zwei Gestalten, die mühsam auf ihn zukrochen – die alte Frau und das kleine pelzige Wesen. Die Alte strengte sich an, um auf die Knie zu kommen und die Arme auf eigentümliche Weise vor der Brust zu kreuzen, während Brown Jenkin mit einer grässlich menschlichen Vorderpfote, die er offensichtlich mit einiger Mühe hob, in eine bestimmte Richtung wies. Gilman, von einem ihm unergründlichen Impuls angespornt, schleppte sich vorwärts, in die Richtung, die der Winkel der Arme der alten Frau und die Pfote des kleinen Ungeheuers bestimmten; kaum hatte er drei Schritte gemacht, befand er sich wieder im dämmerigen Abgrund. Geometrische Umrisse brodelten rings um ihn her, und schwindelnd stürzte er in endlose Tiefen. Schließlich erwachte er in seinem Bett in dem sonderbar verwinkelten Mansardenzimmer des unheimlichen alten Hauses.

An diesem Morgen war er zu nichts zu gebrauchen und blieb seinen Vorlesungen an der Universität fern. Etwas Unbekanntes zog seinen Blick in eine scheinbar belanglose Richtung – er konnte nicht anders, er musste auf einen bestimmten leeren Fleck auf dem Boden starren. Als der Tag voranschritt, richteten sich seine Augen allmählich woandershin, und um die Mittagsstunde hatte er den Drang überwunden, ins Leere zu starren. Gegen zwei Uhr nachmittags ging er aus, um sein Mittagessen einzunehmen, und als er durch die engen Gassen der Stadt schlenderte, ertappte er sich immer wieder dabei, die südöstliche Richtung einzuschlagen. Nur mit einiger Mühe konnte er in einem Café in der Church Street Halt machen, und nach dem Essen verspürte er diesen unerklärlichen Drang umso stärker.

Er würde wohl doch einen Nervenspezialisten aufsuchen müssen – vielleicht stand das Problem ja mit seinem Schlafwandeln in Zusammenhang –, aber zunächst könnte er wenigstens versuchen, den krankhaften Bann selbst zu brechen. Er bezweifelte nicht, dass er sich von diesem Drang noch zu befreien vermochte, und deshalb begehrte er mit all seiner Willenskraft dagegen auf und zwang sich, Richtung Norden über die Garrison Street zu gehen. Als er die Brücke erreichte, die über den Miskatonic führte, brach ihm der kalte Schweiß aus, und er klammerte sich an das Eisengeländer, während er stromaufwärts zu der verrufenen Insel sah, deren regelmäßig angeordnete uralte Menhire im Licht des Nachmittags finster vor sich hin brüteten.

Dann zuckte er vor Schreck zusammen. Denn auf der verlassenen Insel sah er klar und deutlich eine lebendige Gestalt, und ein zweiter Blick verriet ihm, dass es sich mit Gewissheit um die merkwürdige alte Frau handelte, deren finsteres Bild sich mit so verheerenden Folgen in seine Träume geschlichen hatte. Das hohe Gras neben ihr bewegte sich, als würde ein kleineres Lebewesen am Boden herumkriechen. Als die Alte sich in seine Richtung umwandte, verließ er fluchtartig die Brücke und zog sich in die labyrinthartigen Gassen des Hafenviertels der Stadt zurück. So weit die Insel auch von ihm entfernt gewesen war, er konnte sich des Eindrucks nicht erwehren, dass der sardonische Blick der gebeugten, braun gekleideten, uralten Gestalt eine ungeheuerliche und unbezwingbare Bösartigkeit übertragen konnte.

Der Drang, sich in südöstliche Richtung zu bewegen, machte sich noch immer bemerkbar, und nur mit erheblicher Anstrengung konnte Gilman sich zurück in das alte Haus und die wackligen Stufen hinauf in sein Zimmer schleppen. Stundenlang saß er schweigend und untätig da, und sein Blick verlagerte sich allmählich nach Westen. Ungefähr um sechs Uhr abends vernahm er dank seines geschärften Gehörs die winselnden Gebete von Joe Mazurewicz zwei Etagen tiefer, und voller Verzweiflung schnappte er sich seinen Hut und lief hinaus auf die Straße, die ins goldene Licht der untergehenden Sonne getaucht war. Er ließ sich von dem Drang, der ihn nun geradewegs nach Süden zog, führen, wohin immer es auch gehen sollte. Eine Stunde später war es bereits dunkel, und er befand sich auf den offenen

Feldern jenseits des Hangman's Brook, die schimmernden Sterne des Frühlingshimmels über ihm. Der Drang zu gehen wurde nach und nach von dem Drang abgelöst, auf mystische Weise in das Universum zu schreiten, und mit einem Mal wurde ihm bewusst, was ihn eigentlich anzog.

Es befand sich am Himmel. Ein fester Punkt unter all den Sternen hielt ihn im Bann und rief nach ihm. Anscheinend lag dieser Punkt irgendwo zwischen dem Sternbild der Hydra und dem Schiff Argo, und er wusste, dass er sich bereits seit seinem Erwachen im Morgengrauen zu dem Punkt hingezogen gefühlt hatte. Am Morgen war er unter ihm gewesen, und jetzt befand es sich ungefähr südlich davon, bewegte sich aber immer weiter gen Westen. Was sollte das nun wieder bedeuten? Verlor er den Verstand? Wie lange würde es noch dauern? Erneut bot Gilman all seine Willenskraft auf und schleppte sich in das düstere alte Haus zurück.

Mazurewicz erwartete ihn an der Tür und schien zugleich darauf zu brennen und davor zurückzuscheuen, ihn mit dem neuesten abergläubischen Tratsch zu versorgen. Es ging um das Hexenlicht. Joe war vorige Nacht ausgegangen, um zu feiern – in Massachusetts war Heldengedenktag gewesen –, und erst nach Mitternacht zurückgekehrt. Als er draußen an dem Haus hochgeblickt habe, habe er zuerst geglaubt, Gilmans Fenster sei dunkel, dann aber das schwache violette Glühen dahinter bemerkt. Nun wollte er den Herrn vor diesem Glühen warnen, denn jedermann in Arkham wisse doch, dass dies Keziahs Hexenlicht sei, das Brown Jenkin und das Gespenst der alten Vettel umgebe. Er habe das früher nicht erwähnt, müsse es aber nun sagen, weil es bedeute, dass Keziah und ihr langzahniger Gefährte den jungen Herren heimsuchten. Manchmal hätten er selbst, Paul Choynski und der Hauswirt Dombrowski den Eindruck, durch die Ritzen der verschlossenen Dachkammer über dem Zimmer des jungen Herrn dringe Licht, doch hätten sie alle entschieden, nichts darüber zu sagen. Es sei allerdings ratsam für den jungen Herrn, ein anderes Zimmer zu nehmen und sich bei einem guten Priester wie Pater Iwanicki ein Kruzifix zu besorgen.

Der Mann plapperte immer weiter, und Gilman spürte, wie eine unsägliche Panik ihm die Kehle zuschnürte. Er wusste, Joe war gewiss mehr oder weniger betrunken gewesen, als er letzte Nacht nach Hause gekommen war; dennoch machte die Erwähnung des violetten Lichtes in seinem Mansardenzimmer einen fürchterlichen Eindruck auf ihn. In seinen leichteren Träumen, die seinem Sturz in unbekannte Abgründe vorangegangen waren, hatte ein derartiges flackerndes Glühen stets die alte Frau und das kleine Pelztier umgeben, und die Vorstellung, ein anderer, ein wacher Mensch könne dieses Traumlicht sehen, war bar jeder Vernunft. Doch wo sollte der Bursche eine solche Idee herhaben? War Gilman im Schlaf nicht nur durchs Haus gegangen, sondern hatte er dabei etwa auch geredet? Nein, sagte Joe, das habe er nicht – aber Gilman musste dieser Sache nachgehen. Vielleicht würde Frank Elwood ihm etwas sagen können, auch wenn er ihn nur äußerst ungern fragte.

Fieber – wilde Träume – Schlafwandeln – eingebildete Geräusche – ein zwanghaftes Hindrängen zu einem Fleck am Himmel – und nun auch noch der Verdacht, dass er im Schlaf wirres Zeug redete! Er musste sein Studium unterbrechen, einen Nervenspezialisten aufsuchen und die Sache in Ordnung bringen. Er ging hinauf ins zweite Stockwerk und blieb vor Elwoods Tür stehen, sah aber, dass der junge Mann ausgegangen war. Zögernd setzte er den Weg in sein Mansardenzimmer fort und nahm Platz in der Dunkelheit. Seinen Blick zog es immer noch nach Süden, zudem horchte er angestrengt auf mögliche Geräusche aus der versiegelten Kammer über ihm; halb bildete er sich ein, durch einen winzig kleinen Riss in der niedrigen, schrägen Decke dringe bedrohliches violettes Licht.

Als Gilman in dieser Nacht schlief, erstrahlte das violette Licht in ungekannter Stärke, die alte Hexe und das kleine Pelzwesen kamen ihm so nahe wie nie zuvor und quälten ihn mit unmenschlichem Gekreisch und teuflischen Gesten. Er war froh, als er in die von undeutlichem Brüllen erfüllten Dämmerschlünde versank, aber auch hier empfand er die Nähe der schimmernden Blasenmasse und des kleinen kaleidoskopischen Polyeders als bedrohlich und irritierend. Dann kam der Wandel: Gewaltige konvergente Ebenen aus einer glitschig aussehenden Substanz bauten sich über und unter ihm auf – und dieser Wandel endete in einem blitzartigen Delirium und einem Aufflackern von unbekanntem, fremdartigem Licht, in dem sich

Gelb, Karminrot und Indigoblau auf verrückte, unentwirrbare Weise vermischten.

Er lag auf einer hohen, von wunderbaren Balustraden umgebenen Terrasse über einem grenzenlosen Dschungel aus fremdartigen, unglaublichen Hügeln, gleichmäßigen Ebenen, Kuppeln, Minaretten, waagerechten Scheiben auf Turmspitzen und zahllosen noch fantastischeren Formen – teils aus Stein und teils aus Metall –, die unter dem fast schmerzhaften Licht eines vielfarbigen Himmels märchenhaft funkelten. Als er nach oben blickte, sah er drei gewaltige Flammenscheiben in unterschiedlichen Farben, die sich jeweils unterschiedlich hoch über einem unendlich fernen Horizont niedriger Gebirge erhoben. Hinter ihm erstreckten sich übereinander liegende Terrassen, so weit das Auge reichte. Auch die Stadt unter ihm schien grenzenlos zu sein, und er hoffte, dass sich aus ihr kein Geräusch erheben würde.

Das Pflaster, von dem er sich mühelos erhob, bestand aus einem geäderten, polierten Gestein, das ihm unbekannt war, und die einzelnen Pflastersteine waren in merkwürdigen Winkeln zurechtgeschnitten, die ihm weniger asymmetrisch vorkamen als vielmehr im Einklang mit einer unirdischen Symmetrie zu stehen schienen, deren Gesetze er nicht zu erfassen vermochte. Die Balustrade reichte ihm bis zur Brust, war fein und fantastisch gearbeitet; entlang des Geländers befanden sich in regelmäßigen Abständen kleine Figuren von grotesker Gestalt und erlesener Kunstfertigkeit. Wie die gesamte Balustrade schienen auch sie aus einer Art von glänzendem Metall gefertigt, dessen Farbe man bei all dem chaotischen, verschiedenartigen Glanz nicht bestimmen konnte, und über das, was die Figuren eigentlich darstellen sollten, vermochte er bloß Mutmaßungen anzustellen. Es handelte sich um gefurchte, zylinderförmige Objekte; von einem Ring in der Mitte strahlten dünne, waagerechte Arme wie Sprossen aus, und aus den oberen und unteren Enden des Zylinders wuchsen senkrecht so etwas wie Knäufe oder Knollen. Jede dieser Knollen bildete die Nabe eines Systems aus fünf langen, flachen, in dreieckigen Spitzen endenden Gliedmaßen, die wie die Arme eines Seesterns angeordnet waren – beinahe horizontal, aber mit leichter Krümmung zum zentralen Zylinder hin. Die Knolle am unteren Ende war so fragil an dem langen Geländer befestigt, dass mehrere der Figuren abgebrochen waren und fehlten. Die Figuren waren vielleicht je zwölf Zentimeter groß, während die stachelähnlichen Arme einen Radius von ungefähr sieben Zentimetern beschrieben.

Als Gilman aufstand, fühlten sich die Pflastersteine unter seinen bloßen Füßen heiß an. Er war völlig allein, und als Erstes ging er zur Balustrade und spähte wie benommen hinab auf die endlose, zyklopische Stadt, die fast sechshundert Meter unter ihm lag. Er horchte und glaubte, ein rhythmisches Klanggewirr leiser Pfeiftöne zu vernehmen, die aus den engen Straßen dort unten zu ihm aufstiegen und ein breites Tonspektrum abdeckten; er bemühte sich, die Bewohner dieses Ortes erkennen zu können. Nach einer Weile machte ihn der Anblick schwindelig, und er wäre zu Boden gestürzt, hätte er sich nicht instinktiv an der prachtvollen Balustrade festgehalten. Mit der rechten Hand griff er nach einer der emporragenden Figuren, und er konnte sich ein wenig aufrichten. Für die unglaublich fein gearbeitete Metallfigur war dies jedoch zu viel, das stachelige Gebilde brach in seiner Hand ab. Er war noch immer halb benommen und hielt es weiterhin fest, während er mit der anderen Hand das glatte Geländer umfasste.

Aber dann bemerkte sein überempfindliches Gehör irgendetwas hinter ihm, und er warf einen Blick zurück auf die flache Terrasse. Leise, aber anscheinend nicht verstohlen näherten sich ihm fünf Gestalten, darunter die unheimliche alte Frau und das kleine Pelztier mit den spitzen Zähnen. Die anderen drei raubten ihm die Besinnung, denn es waren Lebewesen von über zwei Metern Höhe, die genau wie die stacheligen Figuren auf der Balustrade geformt waren und sich spinnenartig auf ihren unteren Seesternarmen fortbewegten.

Gilman erwachte in kalten Schweiß gebadet in seinem Bett; Gesicht, Hände und Füße fühlten sich an wie verbrannt. Er sprang auf, wusch und kleidete sich in panischer Hast an, als müsse er das Haus so schnell wie nur möglich verlassen. Er wusste nicht, wohin er gehen wollte, doch ihm war klar, dass er seine Vorlesungen erneut opfern musste. Der sonderbare Drang hin zu dem Fleck am Himmel zwischen der Hydra und dem Schiff Argo hatte nachgelassen, war aber durch eine noch stärkere

Anziehung ersetzt worden: Nun hatte er das Gefühl, nach Norden gehen zu müssen – unendlich weit nach Norden. Er fürchtete sich davor, die Brücke zu überqueren, von der aus er die verlassene Insel im Miskatonic sehen konnte, und entschied sich deshalb für die Brücke in der Peabody Avenue. Er stolperte oft, weil seine Augen und Ohren fest auf einen äußerst fernen Punkt am wolkenlosen blauen Himmel gerichtet waren.

Nach gut einer Stunde bekam er sich wieder einigermaßen unter Kontrolle und sah, dass er die Stadt weit hinter sich gelassen hatte. Überall ringsum erstreckte sich die unwirtliche Öde der Salzsümpfe, und der schmale Weg vor ihm führte nach Innsmouth – jene uralte, halb verlassene Stadt, die die Bewohner Arkhams nur überaus ungern besuchen. Obwohl der Drang, nach Norden zu gehen, nicht nachgelassen hatte, widerstand er ihm wie schon dem früheren Zwang; schließlich bemerkte er, dass er den einen mit dem anderen beinahe neutralisieren konnte. Er trottete zurück in die Stadt und trank in einer Gaststätte einen Kaffee, ehe er sich in die Leihbücherei quälte und unkonzentriert in anspruchslosen Zeitschriften herumblätterte. Einmal begegnete er ein paar Freunden, die ihm sagten, er sähe aus, als hätte er einen Sonnenbrand erlitten, doch er sagte ihnen nichts von seinem unfreiwilligen Spaziergang. Um drei Uhr nachmittags nahm er in einem Restaurant sein Mittagessen ein, und dort fiel ihm auf, dass der Drang entweder nachgelassen hatte oder verflogen war. Danach schlug er die Zeit in einem billigen Filmtheater tot, wo er sich die alberne Aufführung wieder und wieder ansah, ohne ihr Aufmerksamkeit zu schenken.

Gegen neun Uhr abends begab er sich auf den Heimweg und schlurfte zu dem alten Haus zurück. Joe Mazurewicz winselte seine unverständlichen Gebete, und Gilman eilte in sein Mansardenzimmer hinauf, ohne nachzusehen, ob Elwood zu Hause war. Als er das schwache elektrische Licht anschaltete, kam der Schock. Er sah sofort, dass sich auf dem Tisch etwas befand, das nicht dorthin gehörte, und ein zweiter Blick beseitigte jeglichen Zweifel. Sie lag auf der Seite, weil sie von alleine nicht aufrecht stehen konnte – die exotische stachelige Figur, die er in seinem ungeheuerlichen Traum von der fantastischen Balustrade abgebrochen hatte. Keine Einzelheit fehlte: Das gefurchte, zylinderförmige Mittelstück, die dünnen, waagerecht ausstrahlenden

Arme, die Knollen an jedem Ende und die flachen, leicht nach außen gebogenen Seesternarme, die von diesen Knollen ausgingen – es war alles da. Im Licht der Glühbirne schien ihre Farbe eine Art schimmerndes, von grünen Schlieren durchzogenes Grau zu sein. Gilman erkannte zu seinem Entsetzen, dass eine der Knollen eine gezackte Bruchstelle aufwies – genau dort, wo die Figur in seinem Traum am Geländer befestigt gewesen war.

Allein die Verwirrung und Lähmung, die sich seiner bemächtigten, hielten ihn davon ab, lauthals zu schreien. Diese Verschmelzung von Traum und Wirklichkeit war mehr, als er ertragen konnte. In seiner Benommenheit ergriff er das stachelige Ding und schwankte die Treppe hinab zur Wohnung Dombrowskis, des Hauswirts. Die winselnden Gebete des abergläubischen Webers hallten noch immer durch die modrigen Gänge, doch Gilman schenkte ihnen keinerlei Beachtung. Der Hauswirt war zugegen und begrüßte ihn freundlich. Nein, er habe dieses Ding noch nie zuvor gesehen und wisse nichts darüber. Seine Gattin aber habe gesagt, sie habe am Mittag, als sie die Zimmer herrichtete, ein komisches Ding aus Blech in einem der Betten gefunden, und vielleicht handele es sich ebendarum. Dombrowski rief nach seiner Frau und sie watschelte herbei. Ja, das sei das Ding. Sie habe es in dem Bett des jungen Herren gefunden – auf der Seite zur Wand hin. Es habe in ihren Augen sehr seltsam ausgesehen, aber der junge Herr horte ja eine Menge seltsamer Dinge in seinem Zimmer – Bücher, Antiquitäten, Bilder und Zeichnungen. Sie habe keinerlei Ahnung, was das Ding sei.

Also ging Gilman innerlich aufgewühlt wieder nach oben, überzeugt davon, dass er noch immer träumte oder dass sein Schlafwandeln extreme Ausmaße angenommen und ihn dazu gebracht hatte, an unbekannten Orten Dinge zu beschädigen. Woher hatte er bloß diese ausgefallene Figur? Er konnte sich nicht erinnern, sie je in einem Museum in Arkham gesehen zu haben. Irgendwie musste er jedoch in ihren Besitz gelangt sein – und als er sie in seinem Schlaf irgendwo abgebrochen hatte, musste das wohl das sonderbare Traumbild von der Terrasse und der Balustrade hervorgerufen haben. Am nächsten Tag würde er einige sehr vorsichtige Erkundungen einholen müssen – und vielleicht den Nervenspezialisten aufsuchen.

In der Zwischenzeit würde er versuchen, sein Schlafwandeln zu überwachen. Beim Hinaufgehen verstreute er etwas Mehl über die Treppe und den Korridor vor seinem Zimmer – das Mehl hatte er sich vom Hauswirt geborgt und auch ganz offen gesagt, zu welchem Zweck er es benötige. Auf seinem Weg hatte er vor Elwoods Tür Halt gemacht, doch in dem Zimmer brannte kein Licht. Als Gilman in sein eigenes Zimmer kam, legte er das stachlige Ding auf den Tisch und warf sich auf das Bett – er war körperlich wie geistig so erschöpft, dass er sich nicht einmal mehr auszog. Aus der verschlossenen Dachkammer über der schiefen Decke glaubte er, ein leises Kratzen und Tappen zu hören, aber er war zu erledigt, um sich darum zu scheren. Der rätselhafte Nordwärtsdrang wurde wieder sehr stark, schien nun allerdings von einer niedrigeren Stelle am Himmel auszugehen.

Im verwirrenden violetten Traumlicht kehrten die alte Frau und das Pelzwesen mit den Reißzähnen zu ihm zurück, und dieses Mal waren sie deutlicher erkennbar als je zuvor. Sie kamen ihm auch näher als bisher; er fühlte, wie die Alte mit ihren runzligen Klauen seinen Arm ergriff. Er wurde aus dem Bett ins Leere gerissen, und einen Moment lang hörte er ein rhythmisches Brüllen und sah die dämmrige Formlosigkeit der schemenhaften Schluchten, die um ihn herum brodelten. Doch das währte nur einen kurzen Augenblick; gleich darauf befand er sich in einem rohen, kleinen, fensterlosen Raum mit grob gezimmerten Brettern und Balken, die bis knapp über den Kopf reichten, und einem merkwürdig abschüssigen Fußboden. Dort standen niedrige Regale voll mit Büchern jeden Alters und in jedem Stadium des Verfalls, und in der Mitte des Raumes befanden sich ein Tisch und eine Bank, die beide anscheinend an Ort und Stelle genagelt waren. Oben auf den Regalen befanden sich kleine Gegenstände unbekannter Form und Art, und in dem flammend violetten Licht glaubte Gilman, ein Gegenstück zu der stachligen Figur zu erkennen, die ihm so schreckliche Rätsel aufgegeben hatte. Zur Linken fiel der Fußboden schlagartig ab und mündete in einem dreieckigen schwarzen Loch, aus dem nach einem kurzen trockenen Rascheln das scheußliche kleine Pelzwesen mit den gelben Reißzähnen und dem bärtigen Menschengesicht kletterte.

Die boshaft grinsende Alte hielt ihn noch immer fest, und

hinter dem Tisch stand eine Gestalt, die er noch nie zuvor gesehen hatte – ein großer, schlanker Mann von pechschwarzer Hautfarbe, aber ohne die geringste Spur negroider Physiognomie. Er hatte weder Haare noch Bart, und sein einziges Kleidungsstück war eine unförmige Robe aus schwerem schwarzen Tuch. Wegen des Tisches und der Bank waren die Füße des Mannes nicht sichtbar, doch er musste Schuhe tragen, weil bei jeder seiner Bewegungen ein klackendes Geräusch zu hören war. Der Mann sprach kein Wort, und seine feinen, regelmäßigen Gesichtszüge verrieten keinerlei Gemütsregung. Er wies lediglich auf ein Buch von erstaunlicher Größe, das aufgeschlagen auf dem Tisch lag, während die Alte Gilman eine große graue Schreibfeder in die rechte Hand drückte. Über allem lag der Schleier ständig steigender Angst, und der Höhepunkt war erreicht, als das Pelzwesen die Kleider des Träumers bis zu seiner Schulter hinaufkletterte und dann den linken Arm hinunterkroch, um ihm schließlich heftig ins Handgelenk zu beißen. Als das Blut aus der Wunde sprudelte, fiel Gilman in Ohnmacht.

Am Morgen des 22. April erwachte er mit Schmerzen im linken Handgelenk, und er bemerkte, dass an dem Ärmel seines Schlafanzugs braune Flecken von getrocknetem Blut waren. Seine Erinnerungen waren sehr wirr, doch die Szene mit dem schwarzen Mann in dem unbekannten Raum stand ihm lebhaft vor Augen. Die Ratten mussten ihn im Schlaf gebissen und so den Höhepunkt des entsetzlichen Traumes verursacht haben. Er öffnete die Tür und sah, dass das Mehl auf dem Boden des Korridors unberührt war – mit Ausnahme der großen Fußspuren des flegelhaften Burschen, der am anderen Ende der Mansarde ein Zimmer bewohnte. Also hatte er diese Nacht nicht schlafgewandelt. Aber irgendetwas musste gegen die Ratten unternommen werden. Er würde mit dem Hauswirt über die Angelegenheit sprechen. Erneut versuchte er, das Loch in der schrägen Wand zu stopfen, dieses Mal mit einem Kerzenleuchter, der ungefähr die passende Größe dafür besaß. Seine Ohren dröhnten schrecklich, als hallten in ihnen die grässlichen Geräusche seiner Träume wider.

Während er sich wusch und anzog, versuchte er, sich daran zu erinnern, was er nach der Szene in dem violett erleuchteten Raum geträumt hatte, doch nichts Bestimmtes wollte ihm einfallen. Die Szene musste etwas mit der verschlossenen Dachkammer über ihm zu tun haben, die seine Fantasie so intensiv beschäftigte, aber spätere Traumbilder blieben unklar und schemenhaft. Es gab Andeutungen der vagen Dämmerschluchten und von noch größeren, noch schwärzeren Abgründen jenseits davon – Abgründe, in denen noch nicht einmal undeutliche Anhaltspunkte existierten. Die Blasenmasse und das kleine Polyeder, die ihn immer verfolgten, hatten ihn dorthin gebracht; gleich ihm hatten sie sich jedoch in diesen entlegensten Schluchten tiefster Schwärze in Nebel verwandelt. Etwas anderes war ihm vorangegangen – eine größere Nebelschwade, die sich dann und wann zu der Andeutung einer unbeschreiblichen Gestalt verdichtete –, und er glaubte, ihre Fortbewegung sei nicht geradlinig verlaufen, sondern in fremdartigen Winkeln und Spiralen eines ätherischen Strudels, der Gesetzen gehorchte, die der Physik und Mathematik in jeglichem Kosmos fremd waren. Schließlich hatte er undeutlich einen riesenhaften, springenden Schatten wahrgenommen, das monströse, halb akustische Pulsieren des dünnen, eintönigen Spiels einer unsichtbaren Flöte – aber das war alles. Gilman vermutete, dass diese letzte Vorstellung auf dem beruhte, was er im *Necronomicon* über die geistlose Wesenheit Azathoth gelesen hatte, die auf einem schwarzen Thron inmitten des Chaos über alle Zeit und allen Raum herrscht.

Als er das Blut abgewaschen hatte, stellte sich die Wunde am Handgelenk als geringfügig heraus, und Gilman rätselte über die beiden winzigen Einstiche. Er bemerkte, dass auf dem Bettlaken, auf dem er geschlafen hatte, keine Blutflecken zu sehen waren – was äußerst merkwürdig war angesichts der großen Flecken, die sich auf seiner Haut und dem Ärmel befunden hatten. Hatte er in seinem Zimmer geschlafwandelt, hatte er sich auf einem Stuhl oder einer weniger bequemen Sitzgelegenheit niedergelassen und war dort von der Ratte gebissen worden? Er suchte jeden Winkel nach bräunlichen Tropfen oder Flecken ab, konnte aber nichts finden. Es wäre besser gewesen, so überlegte er, hätte er auch im Zimmer selbst Mehl ausgestreut – andererseits benötigte er keine weiteren Beweise für sein Schlafwandeln. Er wusste, dass er schlafwandelte – und nun musste er etwas dagegen unternehmen. Er würde Frank Elwood um Hilfe bitten.

Heute Morgen schien sein sonderbarer Drang, sich irgendwohin zu begeben, weniger stark, war aber durch eine noch unerklärlichere Empfindung ersetzt worden: den vagen, beharrlichen Impuls, die derzeitige Situation fluchtartig hinter sich zu lassen, ohne aber zu wissen, wohin er fliehen sollte. Als er das sonderbare stachlige Bildnis vom Tisch nahm, glaubte er, dass der alte nach Norden ziehende Drang sich ein wenig verstärkte; dennoch wurde er von dem neuen, noch erstaunlicheren Drang gänzlich überlagert.

Er nahm die stachelige Figur mit hinunter zu Elwood und wappnete sich gegen das Gewinsel des Webers, das aus dem Erdgeschoss drang. Dem Himmel sei Dank, Elwood war da und schien schon auf zu sein. Er hatte etwas Zeit für eine Unterhaltung, bevor er zum Frühstück und zur Universität musste, und aus Gilman ergoss sich ein eiliger Bericht über seine jüngsten Träume und Ängste. Sein Gastgeber lauschte ihm teilnahmsvoll und war wie er der Meinung, dass etwas unternommen werden müsse. Er zeigte sich schockiert über das ausgezehrte, abgemagerte Aussehen seines Gastes und bemerkte auch den sonderbaren, unnatürlich wirkenden Sonnenbrand, der anderen schon im Laufe der letzten Woche aufgefallen war. Er konnte ihm jedoch nicht viel sagen. Er habe Gilman nicht beim Schlafwandeln gesehen und wisse auch nicht, was die seltsame Figur darstellen solle. Eines Abends habe er allerdings gehört, wie sich der Frankokanadier, der genau unter Gilman wohnte, mit Mazurewicz unterhielt. Sie hätten sich darüber ausgetauscht, wie sehr sie sich vor der kommenden Walpurgisnacht, bis zu der es nur noch wenige Tage dauerte, fürchteten; außerdem hätten sie ihr Mitleid mit dem armen, verfluchten jungen Herrn geäußert. Desrochers, der Bursche, der unter Gilman wohnte, habe von nächtlichen Schritten – die einen barfuß, die anderen wie mit Schuhen – und von dem violetten Licht gesprochen, das er eines Nachts gesehen hatte, als er ängstlich nach oben geschlichen sei, um durch Gilmans Schlüsselloch zu spähen. Das aber hätte er dann nicht mehr gewagt, so habe er Mazurewicz erzählt, als er dieses Licht durch die Ritzen der Tür habe dringen sehen. Er hätte auch leises Reden gehört – und als Desrochers es näher beschrieb, habe sich seine Stimme zu einem unhörbaren Flüstern gesenkt.

Elwood konnte sich nicht vorstellen, was diesen abergläubischen Figuren den Anlass zu ihrem Klatsch gegeben haben mochte, vermutete aber, dass zum einen Gilmans Angewohnheit, in der Nacht aufzubleiben, und sein Reden und Gehen im Schlaf, und zum anderen die zeitliche Nähe der seit alters gefürchteten Walpurgisnacht ihre Fantasie angestachelt haben könnten. Dass Gilman im Schlaf redete, war offenkundig, und allem Anschein nach hatte sich die trügerische Idee vom violetten Traumlicht verbreitet, nachdem Desrochers an seiner Tür gehorcht hatte. Diese einfachen Menschen mochten sich leicht einbilden, mit eigenen Augen etwas Seltsames gesehen zu haben, von dem sie nur gehört hatten. Was konkret zu unternehmen sei – auf jeden Fall sollte Gilman besser in Elwoods Zimmer umziehen und vermeiden, allein zu schlafen. Wenn Elwood davon wach würde, dass Gilman anfing, im Schlaf zu wandeln oder zu sprechen, könne er ihn ja wecken. Außerdem müsse er sehr bald einen Spezialisten aufsuchen. In der Zwischenzeit würden sie mit der stacheligen Figur in verschiedene Museen und zu einigen Professoren gehen; sie würden darum bitten, das Ding identifizieren zu lassen, und behaupten, es sei in einer Abfalltonne gefunden worden. Darüber hinaus müsse Dombrowski sich darum kümmern, die Ratten in den Trennwänden zu vergiften.

Da ihm Elwoods Kameradschaftlichkeit Mut machte, besuchte Gilman an diesem Tag die Universität. Noch immer verspürte er die seltsamen Zwänge, konnte sie aber mit beträchtlichem Erfolg unterdrücken. In einer freien Stunde zeigte er die eigenartige Figur mehreren Professoren, die alle ein starkes Interesse daran bekundeten, aber keinerlei Angaben über ihre Herkunft oder ihren Zweck machen konnten. In der Nacht schlief er auf einem Sofa, das der Hauswirt auf Elwoods Anweisung in das Zimmer im ersten Stock gebracht hatte, und zum ersten Mal seit Wochen störte kein aufwühlender Traum seinen Schlaf. Das Fieber klang indes auch jetzt nicht ab, und das Winseln des Webers machte seinen Nerven nach wie vor zu schaffen.

Im Laufe der nächsten Tage zeigte sich Gilman fast gänzlich immun gegenüber morbiden Manifestationen. Er hatte laut Elwood keinerlei Anstalten gemacht, im Schlaf aufzustehen oder zu sprechen, und der Hauswirt hatte überall Rattengift verteilt. Das Einzige, was ihn noch verstörte, war das Gerede der abergläubischen Ausländer, deren Einbildung sie in höchste Aufregung versetzte. Mazurewicz versuchte ständig, ihn zu überreden, sich ein Kruzifix zu besorgen; schließlich zwang er Gilman sogar eines auf, das, so sagte er, vom guten Pater Iwanicki geweiht worden sei. Auch Desrochers hatte zu der ganzen Sache etwas zu sagen: Er behauptete steif und fest, in dem nun leeren Raum über ihm in den ersten beiden Nächten, nachdem Gilman dort ausgezogen war, sachte Schritte gehört zu haben. Paul Choynski wollte nachts Geräusche in den Gängen und auf der Treppe vernommen haben, und einmal habe jemand versucht, vorsichtig seine Tür zu öffnen. Mrs. Dombrowski hingegen schwor, sie hätte zum ersten Mal seit Allerheiligen Brown Jenkin gesehen. Doch solchen naiven Bekundungen durfte man wenig Bedeutung beimessen, und Gilman ließ das billige Metallkruzifix unbeachtet an einem Knauf an der Kommode seines Gastgebers hängen.

Drei Tage lang suchten Gilman und Elwood die städtischen Museen auf, um die seltsame stachelige Figur identifizieren zu lassen, aber ohne Erfolg. Das Interesse war jedoch überall groß; die absolute Fremdartigkeit des Dings stellte eine gewaltige Herausforderung für die Neugier der Wissenschaftler dar. Man brach einen der abstehenden Arme ab, um ihn einer chemischen Analyse zu unterziehen. Professor Ellery entdeckte in der merkwürdigen Legierung Platin, Eisen und Tellur; dazu kamen allerdings noch mindestens drei weitere Elemente von hohem Atomgewicht, die mit keiner chemischen Methode zu bestimmen waren. Nicht nur, dass sie mit keinem bekannten Element korrespondierten – sie passten nicht einmal in die Freistellen, die man im Periodensystem für mögliche weitere Elemente reserviert hatte. Bis zum heutigen Tag ist das Rätsel nicht gelöst worden; die Figur selbst ist im Museum der Miskatonic-Universität zu sehen.

Am Morgen des 27. April entdeckte man ein neues Rattenloch in dem Zimmer, wo Gilman zu Gast war, aber Dombrowski verschloss es am selben Tag mit einer Blechscheibe. Das Gift hatte sich als nicht sehr erfolgreich erwiesen, denn das Kratzen und Scharren in den Wänden ging praktisch unvermindert weiter.

Elwood blieb in dieser Nacht lange aus, und Gilman wartete auf ihn. Er wollte sich nicht allein schlafen legen – vor allem deshalb, weil er im Dämmerlicht des Abends die widerliche Alte zu sehen geglaubt hatte, deren Bild so grauenhaft in seinen Träumen aufgetaucht war. Er fragte sich, wer sie wohl war und was neben ihr zwischen den Blechbüchsen eines Abfallhaufens in einem schäbigen Innenhof geklappert hatte. Die alte Vettel schien ihn bemerkt und ihm einen boshaften Blick zugeworfen zu haben – aber vielleicht hatte er sich das auch nur eingebildet.

Am nächsten Tag fühlten sich die beiden jungen Männer sehr erschöpft und wussten, dass sie in der Nacht tief und fest schlafen würden. Am Abend hatten sie müde über die mathematischen Studien diskutiert, die – mit vielleicht schädlicher Auswirkung – von Gilman völligen Besitz ergriffen hatten, und hatten über die Verbindungen dieser Studien zu alter Magie und Volksbrauchtum spekuliert, die auf so unheimliche Weise plausibel erschienen. Sie sprachen über die alte Keziah Mason, und Elwood vertrat die Ansicht, Gilman habe gute wissenschaftliche Gründe zu der Annahme, dass sie über sonderbare und bedeutungsvolle Informationen gestolpert sei. Die verborgenen Kulte, denen diese Hexen oft angehört hatten, hätten überraschende Geheimnisse aus alter, vergessener Zeit gehütet und weitergegeben; daher sei es keineswegs ausgeschlossen, dass Keziah tatsächlich die Kunst gemeistert habe, die Tore zwischen den Dimensionen zu durchschreiten. Die Überlieferung spreche immer von der Nutzlosigkeit materieller Barrieren, wenn es darum ging, eine Hexe festzuhalten – und wer könne schon sagen, was sich wirklich hinter den alten Geschichten von nächtlichen Besenritten verbarg?

Ob nun ein heutiger Student allein durch mathematische Nachforschungen ähnliche Fähigkeiten erlangen könne, das werde sich erweisen müssen. Ein Erfolg, fügte Gilman hinzu, könne zu gefährlichen und unvorhersehbaren Situationen führen; wer wisse denn, welche Bedingungen in einer benachbarten, aber normalerweise unzugänglichen Dimension vorherrschten? Andererseits täten sich dadurch fantastische Möglichkeiten auf. In gewissen Gegenden des Raums existiere vielleicht keine Zeit, und wenn man darin bliebe, könne man das Altern und Sterben unendlich hinauszögern und müsse – außer geringfügigen Veränderungen im Rahmen von Besuchen auf der eigenen oder ähnlichen Ebenen – niemals organische

Formverwandlungen oder Verfall erleiden. Zum Beispiel könne man in eine zeitlose Dimension eintauchen und an einem weit in der Zukunft gelegenen Zeitpunkt der Weltgeschichte wieder auftauchen – so jung wie zuvor.

Ob dies irgendjemandem je gelungen war, darüber könne man bloß Mutmaßungen anstellen. Alte Legenden sind oft mehrdeutig, und alle historisch belegten Versuche, verbotene Grenzen zu überschreiten, schienen durch eigenartige und schreckliche Bündnisse mit Wesen und Boten aus einer anderen Welt erschwert worden zu sein. So etwa die uralte Gestalt des Abgesandten oder Boten verborgener und grausiger Mächte – der »schwarze Mann« des Hexenkultes oder jener »Nyarlathotep« des *Necronomicon*. Dann war da noch das verwirrende Problem der niederen Boten oder Vermittler – die fast tierischen Zwitterwesen, die in den Sagen als die Vertrauten der Hexen dargestellt werden. Als Gilman und Elwood zu müde waren, um weiterzudiskutieren, und sich schlafen legten, hörten sie Joe Mazurewicz betrunken ins Haus torkeln und erschauderten über die verzweifelte Wildheit seiner winselnden Gebete.

In dieser Nacht sah Gilman wieder das violette Licht. Im Traum hatte er in den Zwischenwänden ein Kratzen und Nagen gehört und geglaubt, jemand mache sich unbeholfen an der Türklinke zu schaffen. Dann sah er die alte Frau und das kleine Pelzwesen, die sich ihm über den Teppich näherten. Das Gesicht der Greisin war von unmenschlichem Frohlocken verzerrt, und das kleine Ungeheuer mit den gelben Fangzähnen kicherte höhnisch, während es auf den fest schlafenden Elwood auf dem zweiten Sofa am anderen Ende des Zimmers deutete. Eine betäubende Angst erstickte jeden Versuch Gilmans, laut zu schreien. Wie schon einmal zuvor packte die scheußliche Vettel Gilman an den Schultern, riss ihn aus dem Bett und schleuderte ihn ins Leere. Wieder zog die Unendlichkeit der schreienden Abgründe rasend schnell an ihm vorbei, doch schon eine Sekunde später befand er sich in einer finsteren, schlammbedeckten unbekannten Gasse, in der faulige Gerüche hingen und die vermodernden Mauern uralter Häuser aufragten.

Am Ende der Gasse stand der in eine Robe gehüllte schwarze Mann, den er in dem anderen Traum in der Kammer gesehen hatte, und unweit von ihm winkte die Alte Gilman mit gebieterischem Grinsen herbei. Brown Jenkin strich dem schwarzen Mann mit verspielter Zuneigung um die Füße, die von dem tiefen Schlamm größtenteils bedeckt waren. Zur Rechten war ein dunkler Eingang zu sehen, auf den der schwarze Mann wortlos zeigte. Die grinsende Vettel stürzte hinein und zerrte Gilman an den Ärmeln seines Schlafanzuges mit sich. Dahinter befand sich ein übel riechendes Treppenhaus, dessen Stufen bedrohlich knirschten und in dessen Dunkelheit die alte Frau ein schwaches violettes Licht auszustrahlen schien. Schließlich gelangten sie zu einer Tür. Die Alte machte sich am Knauf zu schaffen und stieß die Tür auf, dann bedeutete sie Gilman zu warten und verschwand in der schwarzen Öffnung.

Der junge Mann vernahm mit seinem überempfindlichen Gehör einen entsetzlichen, erstickten Schrei, und gleich darauf kam die Alte mit einer kleinen reglosen Gestalt im Arm wieder heraus, die sie dem Träumer zuwarf, damit er sie trug. Der Anblick dieser Gestalt, der Ausdruck auf ihrem Gesicht brachen den Bann. Er war noch immer zu benommen, um zu schreien, aber er stürzte hastig die widerliche Treppe hinunter und hinaus in den Schlamm; erst der schwarze Mann hielt ihn auf, indem er Gilman an der Kehle packte. Als er das Bewusstsein verlor, hörte er noch das leise, schrille Kichern der rattenähnlichen Abnormität mit den Reißzähnen.

Am Morgen des 29. April erwachte Gilman und fand sich in einem Strudel des Grauens wieder. In dem Moment, als er die Augen aufschlug, wusste er, dass etwas ganz und gar nicht in Ordnung war: Er befand sich wieder in seiner alten Mansardenkammer mit der schrägen Wand und der abschüssigen Decke, lag auf dem nun zerwühlten Bett. Seine Kehle schmerzte unerklärlicherweise, und als er sich aufzurichten versuchte, sah er mit wachsender Angst, dass seine Füße und die Aufschläge seiner Pyjamahose braun von eingetrocknetem Schlamm waren. Im Augenblick waren seine Erinnerungen noch hoffnungslos unklar, aber eines wusste er: Er hatte wieder geschlafwandelt. Elwood hatte zu tief geschlafen, um ihn hören und aufhalten zu können. Auf dem Boden sah Gilman wirr angeordnete matschige Fußabdrücke, die aber sonderbarerweise nicht ganz bis zur Tür führten. Je länger Gilman sie betrachtete, desto eigenartiger erschienen sie ihm; zusätzlich zu den Spuren, die er als die seinen erkannte, gab es noch kleinere, fast runde Abdrücke – etwa wie von den Beinen eines Sessels oder Tischs, nur dass die meisten in der Mitte gespalten waren. Es gab auch ein paar schmutzige Rattenfährten, die in ein neues Loch hinein- und wieder hinausführten. Äußerste Verwirrung und die Angst, den Verstand zu verlieren, marterten Gilman, als er zur Tür schwankte und feststellte, dass draußen keinerlei matschige Fußspuren zu sehen waren. Je mehr von seinem scheußlichen Traum ihm wieder einfiel, desto größeres Entsetzen erfasste ihn, und es trug zu seiner Verzweiflung noch bei, dass er zwei Stockwerke tiefer Joe Mazurewiczs klagenden Singsang hörte.

Er ging hinunter in Elwoods Zimmer, weckte seinen noch schlafenden Mitbewohner und erzählte ihm, was geschehen war, aber Elwood konnte sich nicht erklären, was wirklich passiert sein mochte. Wo Gilman gewesen war, wie er zurück in sein früheres Zimmer hatte gelangen können, ohne Spuren auf dem Gang zu hinterlassen, wie es dazu gekommen war, dass sich in der Mansardenkammer schmutzige Möbelspuren mit seinen Spuren vermischten – all das war unbegreiflich. Dann waren da noch die dunklen, bläulichen Abdrücke an seinem Hals, als habe er sich eigenhändig zu erwürgen versucht. Er legte seine Hände auf die Stelle, bemerkte aber, dass sie nicht einmal ansatzweise zu den Würgemalen passten. Während er und Elwood miteinander sprachen, kam Desrochers hinzu und sagte, er habe in den frühen Morgenstunden ein schreckliches Gepolter aus dem Zimmer über ihm vernommen. Nein, nach Mitternacht habe er niemanden auf der Treppe gehört, dafür aber kurz vor Mitternacht leise Schritte in der Mansardenkammer, was ihm ganz und gar nicht gefallen habe. Dies sei, so fügte er hinzu, für Arkham eine sehr schlechte Zeit im Jahr. Der junge Herr solle besser darauf achten, das Kruzifix zu tragen, das Joe Mazurewicz ihm geschenkt hatte. Selbst am helllichten Tage sei man hier nicht mehr sicher, habe er doch nach der Morgendämmerung merkwürdige Geräusche im Haus gehört – vor allem ein dünnes kindliches Wehklagen, das abrupt erstickt worden sei.

Wie mechanisch besuchte Gilman an diesem Morgen die Universität, konnte sich aber um nichts in der Welt auf seine Studien konzentrieren. Ein Gefühl fürchterlicher Vorahnung hatte von ihm Besitz ergriffen, jeden Moment schien er einen tödlichen Schlag zu erwarten. Mittags aß er im Universitätscafé und nahm sich eine Zeitung vom Nebentisch, während er auf das Dessert wartete. Doch den Nachtisch rührte er nicht an, denn eine Meldung auf der Titelseite der Zeitung ließ ihn erstarren. Er war gerade eben noch fähig, seine Rechnung zu begleichen und zurück in Elwoods Zimmer zu taumeln.

Im Orne's Gangway war es in der vergangenen Nacht zu einem merkwürdigen Fall von Kindsraub gekommen: Der zweijährige Sohn einer einfachen Wäscherin namens Anastasia Wolejko war spurlos verschwunden. Wie sich herausstellte, hatte die Mutter dies schon seit Längerem geahnt, doch die Gründe, die sie für diese Befürchtung genannt hatte, waren so grotesk, dass niemand sie ernst nahm. Seit Anfang März habe sie Brown Jenkin immer wieder in der Nähe ihrer Wohnung gesehen, und an dessen Grimassen und Gekicher habe sie erkannt, dass der kleine Ladislas für den schrecklichen Sabbat in der Walpurgisnacht als Opfer vorgesehen sei. Sie habe ihre Nachbarin Mary Czanek darum gebeten, bei dem Kind im Zimmer zu schlafen und es zu beschützen, doch Mary habe dazu der Mut gefehlt. Der Polizei habe sie nichts sagen können, weil die Polizisten solche Dinge nie glaubten. Jedes Jahr, solange sie denken könne, seien Kinder auf diese Art und Weise verschwunden. Und ihr Freund Pete Stowacki habe ihr auch nicht geholfen, weil er das Kind aus dem Weg haben wollte.

Was Gilman aber wirklich in kalten Schweiß ausbrechen ließ, war die Aussage zweier Zechkumpane, die kurz nach Mitternacht am Eingang der fraglichen Gasse vorbeigegangen waren. Sie gaben zu, betrunken gewesen zu sein, schworen aber beide, ein verrückt gekleidetes Trio gesehen zu haben, das sich verstohlen in die dunkle Gasse geschlichen habe: ein in eine Robe gekleideter hünenhafter Schwarzer, eine kleine in Fetzen gehüllte alte Frau und ein junger Weißer im Schlafanzug. Die alte Frau habe den jungen Mann mit sich gezerrt, während um die Füße des Negers eine zahme Ratte gestrichen sei.

Gilman saß den ganzen Nachmittag wie benommen da, und so fand Elwood ihn auch vor, als er nach Hause kam – er hatte die Zeitungen mittlerweile selbst gesehen und sich einen schrecklichen Reim darauf gemacht. Dieses Mal konnte keiner von beiden mehr infrage stellen, dass etwas entsetzlich Ernstes um sie herum geschah. Zwischen den Schemen des Albtraums und der Realitat der tatsächlichen Welt kristallisierte sich eine ungeheuerliche, undenkbare Beziehung heraus, und allein äußerste Wachsamkeit konnte noch unheilvollere Entwicklungen abwenden. Gilman musste früher oder später einen Spezialisten aufsuchen, aber nicht gerade jetzt, wo alle Zeitungen voll waren mit dieser Entführungsgeschichte.

Doch was sich wirklich zugetragen hatte, das war alles andere als klar, und einen Moment lang tauschten Gilman und Elwood flüsternd Theorien der fantastischsten Art aus. Hatte Gilman vielleicht unbewusst einen ungeahnten Erfolg bei seinen Studien des Raumes und der Dimensionen erzielt? War er tatsächlich aus der bekannten Sphäre herausgeglitten und zu unvermuteten und undenkbaren Orten gelangt? Wo – wenn überhaupt irgendwo – war er in den fremdartigen, dämonischen Nächten gewesen? Die brüllenden Dämmerschluchten – die grüne Hügellandschaft – die schimmernde Terrasse – der Drang zu den Sternen hin – der ultimative schwarze Strudel – der schwarze Mann – die schlammbedeckte Gasse und das Treppenhaus – die alte Hexe und das pelzige Schreckgespenst mit den Reißzähnen – die Blasenmasse und das kleine Polyeder – der seltsame Sonnenbrand – die Wunde am Handgelenk – die unerklärliche abgebrochene Figur – die schlammbedeckten Füße – die Male an seiner Kehle – das Gerede und die Befürchtungen der abergläubischen Ausländer – was hatte das alles nur zu bedeuten? In welchem Ausmaß galten hier noch die Gesetze der Vernunft?

In dieser Nacht fanden sie keinen Schlaf und am nächsten Tag schwänzten beide ihre Vorlesungen und dösten vor sich hin. Es war der 30. April, und mit der Abenddämmerung würde die Zeit des teuflischen Sabbats anbrechen, den alle Ausländer und die abergläubischen alten Menschen fürchteten. Mazurewicz kam um sechs Uhr abends nach Hause und berichtete, dass die Arbeiter in der Textilfabrik hinter vorgehaltener Hand verbreiteten, die Walpurgisfeierlichkeiten würden in der dunklen Schlucht jenseits vom Meadow Hill abgehalten werden, wo inmitten einer eigentümlich vegetationslosen Landschaft ein alter weißer Stein stand. Manche von ihnen hätten das sogar der Polizei gemeldet und den Hinweis gegeben, dort nach dem vermissten Kind der Wolejko zu suchen; sie glaubten aber nicht, dass die Polizisten irgendetwas unternehmen würden. Joe bestand darauf, dass der junge Herr sein Kruzifix an der Nickelkette tragen solle, und Gilman legte es um und verbarg es unter seinem Hemd, um dem Burschen einen Gefallen zu tun.

Spät nachts saßen die beiden jungen Männer in ihren Sesseln und dösten, eingelullt von den Gebeten des Webers eine Etage tiefer. Gilman lauschte ihnen, obwohl er immer wieder einnickte; sein unnatürlich geschärftes Gehör schien auf ein leises gefürchtetes Murmeln hinter den Geräuschen des alten Hauses zu horchen. Unangenehme Erinnerungen an Gelesenes aus dem *Necronomicon* und dem *Schwarzen Buch* tauchten in seinen Gedanken auf, und er ertappte sich dabei, wie er sich zu den schändlichen Rhythmen wiegte, die angeblich zu den schwärzesten Zeremonien des Sabbats gehörten und von außerhalb des uns bekannten Zeit- und Raumgefüges stammen.

Alsbald erkannte er, worauf er da horchte – auf den höllischen Gesang der Ritualteilnehmer im fernen schwarzen Tal. Wieso wusste er, worauf sie aus waren? Woher kannte er den Zeitpunkt, an dem Nahab und ihr Gefolge die übervolle Schüssel bringen sollten, die dem schwarzen Hahn und der schwarzen Ziege folgte? Er sah, dass Elwood eingeschlafen war, und versuchte, ihn zu wecken. Doch als er nach ihm rufen wollte, schnürte irgendetwas ihm die Kehle zu. Er war nicht mehr Herr seiner selbst. Hatte er etwa doch im Buch des schwarzen Manns unterschrieben?

Dann vernahm er mit seinem fieberhaften, abnormen Gehör die fernen, vom Wind herbeigetragenen Töne. Über viele Kilometer hinweg, über Hügel und Felder und Gassen kamen sie, und doch erkannte er sie. Die Feuer mussten nun entfacht sein und die Tänzer reihten sich zum Tanz. Wie konnte er dem Drang widerstehen, dort hinzugehen? Was bloß hielt ihn derart im Bann? Mathematik – volkstümliche Überlieferungen – das Haus – die alte Keziah – Brown Jenkin … und jetzt sah er, dass in der Wand neben seinem Sofa ein neues Rattenloch war. Über das ferne Singen und das nahe Beten des Joe Mazurewicz legte sich ein anderes Geräusch – ein verstohlenes, aber bestimmtes Scharren in den Zwischenwänden. Er hoffte, dass das elektrische Licht nicht versagen würde. Dann sah er das bärtige kleine reißzahnbewehrte Gesicht im Rattenloch – das verfluchte kleine Gesicht, das, wie er endlich feststellte, eine so schockierende Ähnlichkeit mit dem der alten Keziah aufwies –, und er hörte, wie sich jemand leise an der Tür zu schaffen machte.

Die schreienden, dämmrigen Abgründe blitzten vor ihm auf, und er war hilflos im schwammigen Griff der schimmernden Blasenmasse. Ihm vorweg raste das kleine kaleidoskopische Polyeder, und im ganzen schäumenden Abgrund wurden die undeutlichen Klangmuster immer schneller und lauter, schienen auf einen unaussprechlichen und unerträglichen Höhepunkt hinzusteuern. Er schien zu wissen, was kommen würde – das ungeheuerliche Bersten des Walpurgisrhythmus, in dessen kosmischer Klangfarbe sich all das urzeitliche Raum-Zeit-Brodeln konzentrierte, das hinter den gedrängten Sphären der Materie lag und zuweilen in gemessenem Widerhall hervorbrach, jede Daseinsschicht durchdrang und in allen Welten gewissen gefürchteten Zeiten ihre schreckliche Bedeutung verlieh.

Doch all das löste sich binnen einer Sekunde in nichts auf. Er befand sich erneut in dem engen violett erleuchteten Raum mit der spitzen Decke und dem abfallenden Boden, mit den niedrigen Regalen voller alter Bücher, der Bank und dem Tisch, den sonderbaren Gegenständen und dem dreieckigen Loch auf der einen Seite. Auf dem Tisch lag eine kleine weiße Gestalt – ein kleiner Junge, nackt und ohnmächtig –, und dahinter stand die monströse, glotzäugige alte Frau mit einem glänzenden Messer, das einen grotesken Griff besaß, in der Rechten; in der Linken hielt sie eine merkwürdig geformte Schüssel aus hellem Metall, die mit eigenartig ziselierten Mustern bedeckt war und an den Seiten fein gearbeitete Griffe besaß. Mit krächzender Stimme sang sie einen Ritualtext in einer Gilman unbekannten Sprache, die aber nach etwas klang, das im *Necronomicon* andeutungsweise beschrieben wird.

Als er alles deutlicher erkennen konnte, sah er, dass die alte Vettel sich vorbeugte und ihm über den Tisch die leere Schüssel reichte – unfähig, seine Bewegungen zu kontrollieren, streckte er die Arme aus und nahm die Schüssel mit beiden Händen entgegen, wobei er ihr relativ geringes Gewicht bemerkte. Im selben Augenblick kletterte die scheußliche Gestalt von Brown

Jenkin über den Rand des dreieckigen schwarzen Abgrunds zu seiner Linken. Die Greisin bedeutete ihm nun, die Schüssel in einer bestimmten Weise zu halten, während sie das riesige groteske Messer so hoch über das kleine weiße Opfer erhob, wie ihr rechter Arm es zuließ. Das Pelzwesen mit den Reißzähnen fing an, eine Fortsetzung des unbekannten Rituals zu schnattern, während die Hexe in widerwärtiger Weise antwortete. Durch Gilmans geistige und seelische Betäubung schoss nun ein so heftiger Ekel, dass die leichte Metallschüssel in seinen Händen bebte. Eine Sekunde später brach das Herabschnellen des Messers endgültig den Bann: Er ließ die Schüssel los, die mit einem glockenhellen Laut zu Boden fiel, und streckte panisch die Arme aus, um der ungeheuerlichen Tat Einhalt zu gebieten.

Augenblicklich hatte er den Tisch umrundet und rang der Alten das Messer aus den Klauen – es fiel klappernd auf den Boden und über den Rand des schmalen, dreieckigen Abgrundes. Eine Sekunde später hatten sich die Verhältnisse jedoch wieder umgekehrt: Nun schlossen sich diese mörderischen Klauen fest um seine Kehle und ihr runzliges Gesicht war von irrem Zorn verzerrt. Er spürte, wie die Kette des billigen Kruzifixes in seinen Nacken schnitt, und angesichts seiner Lage fragte er sich, wie dieser Gegenstand wohl auf die bösartige Kreatur wirken mochte. Sie verfügte über übermenschliche Kräfte, doch noch während sie ihn würgte, griff er schwach in sein Hemd und zerrte das metallene Symbol hervor. Dabei zerriss er die Kette und zog sie ganz heraus.

Der Anblick dieses Gegenstandes schien die Hexe in Panik zu versetzen, und sie lockerte ihren Griff lange genug, dass Gilman sich ganz daraus lösen konnte. Er riss sich aus der stählernen Gewalt der Klauen und hätte die Alte in den Abgrund gestürzt, hätten sich diese Klauen nicht mit neuerlicher Kraft um seine Kehle geschlossen. Diesmal entschied er, Gleiches mit Gleichem zu vergelten, und griff nach dem Hals der Kreatur. Noch ehe sie sich versah, hatte er ihr die Kette mit dem Kruzifix um die Gurgel gewickelt, und eine Sekunde später zog er so fest zu, dass ihr der Atem ausblieb. Als sie im Todeskampf zuckte, spürte er, dass etwas ihn ins Fußgelenk biss, und er sah, dass Brown Jenkin seiner Herrin zu Hilfe geeilt war. Mit einem heftigen Tritt schickte er das kleine Ungeheuer über den Rand des Lochs und hörte, wie es irgendwo weit unten winselnd aufschlug.

Ob er die alte Vettel getötet hatte, wusste er nicht; er ließ sie einfach auf dem Boden liegen, wo sie hingefallen war. Als er sich dann von ihr abwandte, bot sich ihm auf dem Tisch ein Anblick, der den seidenen Faden, an dem seine geistige Gesundheit hing, zu zerreißen drohte. Brown Jenkin, zäh und flink und mit vier winzigen Klauen von dämonischer Geschicklichkeit bewehrt, hatte sich nützlich gemacht, während die Hexe ihn gewürgt hatte – Gilmans Mühen waren umsonst gewesen. Er hatte die Brust des kleinen Opfers vor dem Messer bewahren können, nicht aber das Handgelenk des Kindes vor den gelben Reißzähnen der pelzigen Scheußlichkeit – die Schüssel, die vorhin noch auf dem Boden gelegen hatte, stand gefüllt neben dem leblosen kleinen Körper.

In seinem Fiebertraum hatte Gilman die fremdartigen Rhythmen des Sabbatgesangs wie aus unendlicher Ferne gehört, und er wusste, dass der schwarze Mann dort sein musste. Wirre Erinnerungen vermischten sich mit seinen mathematischen Studien, und er glaubte, in seinem Unterbewusstsein die *Winkel* finden zu können, mit denen er zum ersten Mal allein und ohne Hilfe von außen in die normale Welt zurückkehren könnte. Er war überzeugt, sich in der seit undenklichen Zeiten versiegelten Kammer über seinem eigenen Zimmer zu befinden, aber dass er durch den schrägen Boden oder den seit Langem verbarrikadierten Ausgang würde entfliehen können, bezweifelte er stark. Außerdem: Würde ihn die Flucht aus einer geträumten Dachkammer nicht bloß in ein geträumtes Haus führen – eine abnorme Projektion des tatsächlichen Ortes, den er suchte? Die Beziehung zwischen Traum und Wirklichkeit in all seinen Erlebnissen gab ihm unlösbare Rätsel auf.

Die Reise durch die schemenhaften Abgründe würde sich schrecklich gestalten, da der Walpurgisrhythmus dort vibrierte; er würde dann endlich das bislang verhüllte kosmische Pulsieren hören, vor dem er eine Todesangst empfand. Selbst jetzt konnte er ein leises, aber monströses Beben wahrnehmen, dessen Tempo er nur zu gut kannte. Zur Zeit des Sabbats stieg es immer an und reichte durch die Welten, um die Eingeweihten zu unbeschreiblichen Riten zu rufen. Die Hälfte aller Sabbatgesänge baute auf diesem leicht zu überhörenden Pulsieren auf, dessen unverminderte, alle Räume durchdringende Fülle kein irdisches Ohr würde ertragen können. Auch Gilman fragte sich, ob er seinem Instinkt trauen durfte, ihn in den richtigen Teil des Weltalls zurückzugeleiten. Woher sollte er wissen, ob er nicht in der grünen Hügellandschaft eines entlegenen Planeten landen würde, auf der mosaikgeschmückten Terrasse über der Stadt der Tentakelmonster irgendwo jenseits der Galaxis oder in den schwarzen Wirbeln des ultimativen Chaos, wo der geistlose Dämonensultan Azathoth herrscht?

Kurz bevor er den Sprung wagte, erlosch das violette Licht und ließ ihn in schwarzer Finsternis zurück. Die Hexe – die alte Keziah – Nahab – das musste das Zeichen ihres Todes gewesen sein. Und in die fernen Sabbatgesänge und das Wimmern Brown Jenkins aus dem Abgrund mischte sich, so glaubte er, ein anderes und wilderes Wimmern aus unbekannten Tiefen. Joe Mazurewicz – seine Gebete gegen das kriechende Chaos verwandelten sich nun in einen unbegreiflich triumphierenden Schrei – Welten der sardonischen Wirklichkeit bedrängten die Wirbel der Fieberträume – Iä! Shub-Niggurath! Die Geiß mit den tausend Jungen ...

Lange vor Morgengrauen fand man Gilman auf dem Boden seines ehemaligen Mansardenzimmers mit den sonderbaren Winkeln, denn ein grausiger Schrei hatte Desrochers, Choynski, Dombrowski und Mazurewicz sofort auf den Plan gerufen; selbst der in seinem Sessel fest schlafende Elwood war davon geweckt worden. Gilman war am Leben, seine Augen waren weit aufgerissen, dennoch schien er nicht bei Bewusstsein. Auf seinem Hals sah man die Würgemale mörderischer Hände und an seinem linken Fußknöchel befand sich ein scheußlicher Rattenbiss. Seine Kleidung war schlimm zugerichtet und Joes Kruzifix war verschwunden. Elwood zitterte und wollte noch nicht einmal Mutmaßungen darüber anstellen, welche Formen das Schlafwandeln seines Freundes nun angenommen hatte. Mazurewicz war wie benommen, weil er nach eigener Aussage als Antwort auf seine Gebete »ein Zeichen« erhalten habe; er schlug panisch ein Kreuz, als man hinter der schiefen Trennwand das Quieken und Winseln einer Ratte hörte.

Als man den Träumer auf sein Sofa in Elwoods Zimmer

gebettet hatte, wurde Doktor Malkowski gerufen – ein in der Nachbarschaft ansässiger Arzt, der keine peinlichen Geschichten herumerzählen würde –, und er verabreichte Gilman zwei Spritzen, die ihn in einen natürlichen Schlaf fallen ließen. Im Laufe des Tages kam der Patient einige Male zu Bewusstsein und flüsterte Elwood zusammenhanglose Fragmente seiner jüngsten Träume zu. Das war ein schmerzhafter Prozess, zu dessen Beginn eine neue und bestürzende Tatsache offenbar wurde.

Gilman, dessen Gehör in letzter Zeit so unnatürlich scharf und empfindlich gewesen war, war nun stocktaub. Doktor Malkowski, den man in aller Eile erneut gerufen hatte, sagte Elwood, seine beiden Trommelfelle seien gerissen, so als wurden sie einer unglaublichen Lautstärke ausgesetzt, die jenseits des menschlich Vorstellbaren und Erträglichen lag. Wie er allerdings in den letzten Stunden ein Geräusch gehört haben sollte, das das gesamte Miskatonic-Tal aus dem Schlaf gerissen hätte, das konnte sich der gute Arzt nicht erklären.

Elwood schrieb seinen Beitrag zum Gespräch auf Papier nieder, sodass sie einigermaßen miteinander kommunizieren konnten. Keiner von beiden wusste, was er von dem ganzen Chaos halten sollte; sie kamen zu dem Schluss, am besten so wenig wie nur möglich darüber nachzudenken. Beide waren sich jedoch darin einig, dass sie dieses uralte und verfluchte Haus so bald wie möglich verlassen mussten. In den Abendzeitungen standen Berichte über eine Polizeirazzia in einer Schlucht jenseits von Meadow Hill in den frühen Morgenstunden, bei der einige Personen bei merkwürdigen Feierlichkeiten gestört wurden. Es hieß, dass der dort stehende weiße Stein seit Urzeiten von abergläubischen Legenden umwoben sei. Niemand habe festgenommen werden können, doch unter den flüchtigen Personen sei ein hünenhafter Schwarzer aufgefallen. In einer anderen Spalte hieß es, dass man von dem vermissten Kind Ladislas Wolejko nach wie vor keine Spur entdeckt habe.

Der krönende Abschluss aller Schrecken blieb der Universität vorbehalten. Elwood wird es nie vergessen; er musste das restliche Semester über fernbleiben, weil er infolgedessen einen Nervenzusammenbruch erlitt. Er hatte geglaubt, den ganzen Abend hindurch Ratten in den Zwischenwänden zu hören, dem aber nur wenig Beachtung geschenkt. Lange nachdem er und Gilman sich schlafen gelegt hatten, ging das grauenhafte Kreischen los. Elwood sprang auf, schaltete das Licht an und eilte zum Sofa seines Gastes. Dieser gab Laute wahrlich unmenschlicher Art von sich, als erdulde er gerade unbeschreibliche Martern. Er wand sich hin und her und auf der Decke breitete sich ein großer roter Fleck aus.

Elwood wagte ihn kaum zu berühren, aber das Schreien und Zucken ließ allmählich nach. Dombrowski, Choynski, Desrochers, Mazurewicz und der Bewohner des obersten Stockwerks versammelten sich alle an der Tür; der Hauswirt trug seiner Frau auf, Doktor Malkowski anzurufen. Alle schrien auf, als plötzlich eine riesige Ratte aus dem blutbesudelten Bettzeug auftauchte, über den Boden davonlief und in einem neuen Loch in der Nähe verschwand. Als der Arzt kam und sich daranmachte, die schrecklichen Laken zu entfernen, war Walter Gilman bereits tot.

Es wäre barbarisch, mehr als nur eine Andeutung darüber zu machen, was Gilman getötet hatte. Durch seinen Körper verlief buchstäblich ein Tunnel – etwas hatte sein Herz herausgefressen. Dombrowski, in panischem Entsetzen über das Versagen seines Rattengiftes, verbannte jeden Gedanken an sein Mietshaus und zog innerhalb einer Woche mit all seinen alten Mietern in ein schäbiges, aber nicht so altes Haus in der Walnut Street um. Eine Zeit lang bestand das größte Problem darin, Joe Mazurewicz ruhig zu halten, denn der grüblerische Weber war nun immerzu betrunken und winselte und murmelte unablässig von gespenstischen, schrecklichen Dingen.

Es scheint, dass Joe sich in dieser letzten schrecklichen Nacht gebückt hatte, um die scharlachroten Rattenspuren zu betrachten, die von Gilmans Sofa zu dem nahe gelegenen Loch führten. Auf dem Teppich waren sie nur sehr undeutlich zu erkennen, doch zwischen dem Teppichrand und der Wand erstreckte sich noch ein Stück freier Boden. Dort hatte Mazurewicz etwas Ungeheuerliches vorgefunden – zumindest glaubte er das, denn niemand war völlig seiner Meinung, auch wenn die Spuren tatsächlich unbestreitbar merkwürdig aussahen. Die Spuren auf dem Holzboden unterschieden sich gewiss stark von den Spuren einer durchschnittlichen Ratte, aber nicht einmal Choynski und Desrochers wollten zugeben, dass sie wie die Abdrücke von vier winzigen menschlichen Händen aussahen.

Das Haus wurde nie wieder vermietet. So wie Dombrowski es zurückließ, legte sich das Leichentuch der endgültigen Verlassenheit darüber, da die Menschen es wegen seines schlechten Rufes und wegen des fauligen Geruchs mieden, der sich dort verbreitete. Vielleicht hatte das Rattengift des ehemaligen Hauswirts doch Wirkung gezeitigt, denn nicht lange nach seinem Auszug wurde das Haus zu einem Ärgernis der Nachbarschaft. Beamte von der Gesundheitsbehörde erklärten den Gestank mit den verschlossenen Räumen über und neben dem ostwärts gelegenen Mansardenzimmer; die Anzahl der toten Ratten musste wohl gewaltig sein. Sie entschieden jedoch, dass es vergebliche Mühe sei, diese Räume aufreißen und desinfizieren zu lassen, denn der üble Geruch würde sich bald wieder legen, und allzu strenge Maßstäbe seien in diesem Stadtviertel nicht angebracht. Tatsächlich hatten hier schon immer Gerüchte über einen unerklärlichen Gestank kursiert, der angeblich in den oberen Etagen des Hexenhauses kurz nach der Walpurgisnacht und Halloween auftrat. Die Nachbarn fügten sich in die Untätigkeit – natürlich wurde der Ruf des Hauses durch den fauligen Geruch noch schlechter. Letzten Endes wurde es vom Bauamtsinspektor für unbewohnbar erklärt.

Gilmans Träume mitsamt ihren Begleitumständen sind nie aufgeklärt worden. Elwood, den die Gedanken an die ganze Episode zuweilen schier wahnsinnig machten, nahm im Herbst sein Studium wieder auf, das er im folgenden Juni abschloss. Der unheimliche Klatsch in der Stadt war erheblich zurückgegangen, und es ist eine Tatsache, dass seit Gilmans Tod von keinem neuen Auftauchen der alten Keziah oder von Brown Jenkin gemunkelt wurde – lässt man vereinzelte Berichte über ein gespenstisches Kichern in dem verlassenen Haus außer Acht, das so lange währte, wie das Gebäude stand. Es ist nur gut, dass Elwood nicht mehr in Arkham weilte, als durch gewisse Ereignisse das Gerede über die uralten Schrecknisse wieder auflebte. Natürlich hörte er im Nachhinein von der Angelegenheit und quälte sich mit wilden Vermutungen; doch das war bei Weitem nicht so schlimm, als wenn er zugegen gewesen wäre und gewisse Dinge mit eigenen Augen gesehen hätte.

Im März des Jahres 1931 zerstörte ein Sturm das Dach und den Schornstein des leer stehenden Hexenhauses; eine Kaskade von morschen Backsteinen, geschwärzten und moosbedeckten Dachziegeln und vermoderten Planken und Balken stürzte hinab in den Speicher und durchbrach die Decke. Das gesamte Obergeschoss lag nun voller Trümmer, doch niemand machte sich die Mühe, das Chaos zu beseitigen – der Abriss des baufälligen Hauses war ohnehin unvermeidlich. Im Dezember wurde damit begonnen, und als Gilmans altes Zimmer von unwilligen, nervösen Arbeitern ausgeräumt wurde, fing der Klatsch wieder an.

Unter dem Schutt, der durch die uralte schräge Decke gebrochen war, befanden sich einige Dinge, deren Anblick die Arbeiter innehalten und die Polizei riefen ließ. Die Polizei wiederum rief den Leichenbeschauer und mehrere Professoren von der Universität. Es handelte sich um Knochen – sie waren zerbrochen und zersplittert, aber dennoch eindeutig als menschlich zu erkennen –, deren offenbar geringes Alter in unlösbarem Widerspruch zu dem einzigen Ort stand, an dem sie sich befunden haben konnten: der niedrigen Dachkammer mit dem schiefen Boden, die doch angeblich vor undenklichen Zeiten verschlossen worden war. Der Pathologe befand, dass manche der Knochen von einem Kleinkind stammten, während andere – die man zum Teil in vermoderte bräunliche Stofffetzen gehüllt gefunden hatte – einer recht kleinen, verwachsenen Frau fortgeschrittenen Alters zuzuschreiben waren. Eine sorgfältige Sichtung des Schutts brachte außerdem viele winzige Knochen von Ratten zum Vorschein, die der Einsturz überrascht hatte, aber auch ältere Rattenknochen, die von kleinen Fangzähnen in einer Art und Weise abgenagt worden waren, die hier und da erhitzte Kontroversen hervorrief.

Unter den Gegenständen, die man fand, waren die Überreste vieler Bücher und Papiere, ebenso gelblicher Staub, den die völlige Auflösung älterer Bücher und Papiere hinterlassen hatte. Diese Schriften schienen ausnahmslos von schwarzer Magie in ihren fortgeschrittensten und schrecklichsten Formen zu handeln; das offensichtlich jüngere Alter gewisser Objekte gibt ebenso viele Rätsel auf wie das der modernen Menschenknochen. Ein noch größeres Mysterium stellte die absolute Gleichartigkeit der unleserlichen altertümlichen Handschrift auf vielen der Unterlagen dar, deren Zustand und Wasserzeichen auf Altersunterschiede von mindestens hundertfünfzig bis zu zweihundert Jahren hindeuteten. Für manche besteht das größte Rätsel von allen jedoch in der Ansammlung gänzlich unbeschreiblicher Gegenstände – Gegenstände, deren Form, Material, Bearbeitung und Zweck jeglicher Vermutung spotten und die man unterschiedlich gut erhalten im Schutt gefunden hat. Eines davon – es löste bei mehreren Professoren von der Miskatonic-Universität helle Aufregung aus – ist eine stark beschädigte Ungeheuerlichkeit, die eine große Ähnlichkeit mit der seltsamen Figur aufwies, die Gilman dem Universitätsmuseum überlassen hatte, nur dass dieses Exemplar größer ist, aus einem eigenartigen bläulichen Gestein anstelle von Metall besteht und auf einem merkwürdig gewinkelten, mit unentzifferbaren Hieroglyphen bedeckten Podest thront.

Archäologen und Anthropologen suchen noch immer nach einer Erklärung für die bizarren ziselierten Muster auf einer zerbrochenen Schüssel aus einem leichten Metall, deren Inneres bei seiner Auffindung mit sonderbar bräunlichen Flecken bedeckt gewesen war. Ausländer und abergläubische Großmütter zeigen sich gleichermaßen geschwätzig wegen des modernen Nickelkruzifixes an einer zerbrochenen Kette, das aus dem Schutt geborgen wurde und das der zitternde Joe Mazurewicz als dasjenige identifizierte, das er dem unglücklichen Gilman vor vielen Jahren geschenkt hatte. Einige sind der Ansicht, das Kruzifix sei von Ratten in die verschlossene Kammer verschleppt worden, andere glauben, es habe sich die ganze Zeit über in einer Ecke von Gilmans ehemaligen Zimmer befunden. Wieder andere, zu denen auch Joe zählt, vertreten Theorien, die zu wild und fantastisch sind, um in nüchternem Zustand geäußert zu werden.

Als die schräge Wand von Gilmans Zimmer eingerissen wurde, entdeckte man, dass der einst verschlossene dreieckige Raum zwischen der Trennwand und der Nordmauer des Hauses im Verhältnis viel weniger Bauschutt enthielt als das eigentliche Zimmer; dafür aber bot es eine grausige Schicht älteren Materials, das die Abbrucharbeiter vor Entsetzen erstarren ließ. Um es kurz zu fassen: Der Boden war ein veritables Beinhaus für die Knochen kleiner Kinder – manche davon recht jungen Datums, andere bereits so alt, dass sie fast vollständig zu Staub zerfallen waren. Auf dieser hohen Schicht von Gebeinen und unter dem

Schutt lag ein großes Messer, das offensichtlich sehr alt war und durch seine groteske und exotische Gestaltung auffiel.

Inmitten des Schutts, eingekeilt zwischen einer herabgestürzten Planke und Ziegeltrümmern des Schornsteins, fand sich ein Objekt, das mehr Verwirrung, mehr heimliche Ängste und mehr abergläubisches Gerede in Arkham auslösen sollte als alles, was man sonst in dem gespenstischen, verfluchten Haus entdeckt hatte. Es handelte sich um das teils zerschmetterte Skelett einer riesigen, krankhaft deformierten Ratte, deren abnormer Wuchs bei der Fachschaft für Vergleichende Anatomie an der Miskatonic-Universität immer noch für hitzige interne Debatten sorgt, wobei man jedoch der Öffentlichkeit gegenüber eine eigenartige Verschwiegenheit an den Tag legt. Nur sehr wenig ist über dieses Gerippe an die Außenwelt gedrungen, aber die Arbeiter, die es entdeckt hatten, flüstern noch heute entsetzt über die langen, bräunlichen Haare, die daran hingen.

Die Knochen der winzigen Pfoten, so besagen Gerüchte, deuten eher auf die Greiforgane eines winzigen Affen als auf die einer Ratte hin, und der kleine Schädel mit den gefährlichen gelben Reißzähnen stellt eine Anomalität höchsten Grades dar; aus bestimmten Blickwinkeln wirkt er wie eine verkleinerte, monströs degenerierte Parodie eines Menschenschädels. Die Arbeiter bekreuzigten sich vor Schreck beim Anblick dieser Blasphemie, doch später entzündeten sie Opferkerzen in der Kirche St. Stanislaus – zum Dank dafür, dass sie nun, wie sie glaubten, nie wieder dieses schrille, gespenstische Kichern hören würden.

Das Ding auf der Schwelle
The Thing on the Doorstep

›The Thing on the Doorstep‹ ist eine massive und in ihrer Genreverhaftung »reine« Horrorstory mit beklemmenden Bildern und einem Hinter- bzw. Untergrund elementarer Ängste, die den Lesenden nach wie vor nachhaltig ergreifen können. Lovecrafts zentrales Lebensthema der »angefochtenen Identität« wird hier aus gegenüber ›The Shadow Over Innsmouth‹ völlig anderer Perspektive bearbeitet. Unter diesen Ängsten ist diejenige vor dem Verlust der eigenen Identität, der Persönlichkeit, die Angst vor dem Überwältigtwerden, vor dem sich selbst Verlieren – zum Beispiel in einer Beziehung. Bei Lovecraft wird sie selten thematisiert; hier aber ist sie zentral. Da ist weiter die elementare Furcht vor dem Tod, nicht als leises melancholisches Grauen vor dem Vergehen der eigenen Persönlichkeit, sondern als gräßliches Zurückschrecken vor der Verwesung, dem Gestank, den Maden, die einmal die Herrschaft über unseren Körper haben werden. Und da ist schließlich die Furcht vor der Frau – die männliche Furcht, dass das fremde Geschlecht sich doch als das stärkere erweisen und als böse Mutter und verschlingende Geliebte den Mann vereinnahmen könnte. Lovecraft war in seinem Umgang mit Frauen kein Psychopath: Er hatte intensive soziale und briefliche Kontakte zu Frauen, war ihnen gegenüber nicht übermäßig gehemmt, war zwei Jahre verheiratet und hat in dieser Zeit nach dem Zeugnis seiner Frau auch ein normales Sexualleben geführt. Lovecraft war weder homosexuell noch unfähig zu sexuellem Verkehr. Allerdings war ihm das Leben der Imagination wichtiger als die körperliche Gemeinschaft. Ohne Frage hatte er auch Ängste gegenüber Frauen, wenn diese auch nur einen Teil seiner Person prägten (nicht zuletzt den literarisch tätigen). Noch drastischer und auch beklemmender ist in dieser Hinsicht nur die Novelle ›Medusa's Coil‹, die Lovecraft mit Zealia Bishop zusammen schrieb (publiziert erst 1939, nach Lovecrafts Tod). Man beachte auch die intensive Mutterbindung des Helden der folgenden Erzählung – er ruft sie sogar um Hilfe, als er einen Nervenzusammenbruch hat, obwohl sie schon längst gestorben ist.

Keine Geschichte Lovecrafts enthält mehr abgründige Psychologie als diese. Beherrscht werden von einer Frau, sich verlieren in ihr, ist tatsächlich die zentrale Angst, die der Text artikuliert (obwohl Asenath Waite ihrerseits vom Geist ihres Vaters Ephraim besessen und also insofern gar keine »richtige« Frau mehr ist). Natürlich liegen Bezüge zu

Lovecrafts eigener Vita auf der Hand. Sie sind aber keineswegs so vorherrschend, wie der oberflächliche Leser meinen könnte. Insbesondere hat Lovecraft auch Elemente aus der Biografie anderer Schriftsteller eingebaut, was das autobiografische Element deutlich relativiert. Der frühe Erfolg eines Gedichtbandes ist ein Zug, der von Clark Ashton Smith (1893–1961) stammt. November 1912 war Smiths ›The Star-Treader and Other Poems‹ bei A. M. Robertson, San Francisco, Kalifornien erschienen (angeblich in der erstaunlichen Auflage von 2000 Exemplaren) und wurde sofort enthusiastisch gefeiert. Smith wurde mit Lord Byron, Shelley und anderen verglichen. Aber erst im Dezember 1922 folgte ein zweiter Band (›Ebony and Crystal. Poems in Verse and Prose‹, Auburn, Kalifornien 1922, nur noch in einer Auflage von 525 Exemplaren). Lovecraft hat Smiths umfangreiche Fin de siècle-Lyrik aufrichtig bewundert; in Deutschland ist sie weithin unbekannt, obwohl sie ohne Frage Smiths Hauptwerk darstellt. Direkte Anspielungen hat Lovecraft in ›The Thing on the Doorstep‹ weiter auf Robert E. Howard eingebaut, dessen Selbstmord am 11. Juni 1936 Lovecraft als tiefen Schock erlebte. Justin Geoffrey, der Autor von ›The People of the Monolith‹ (eine Figur auf den ersten Seiten der folgenden Erzählung) ist der Protagonist von Howards ›The Black Stone‹ (zuerst erschienen in *Weird Tales* November 1931).

Die Vernetzung verbindet hier geschickt Fiktives und Reales. Alle drei (Lovecraft, Smith und Howard) waren Einzelkinder, alle drei hatten eine einzelgängerische, der Imagination hingegebene Jugend. Der amerikanische Lovecraftforscher S. T. Joshi hat auch Bezüge auf Alfred Galpin nachgewiesen (einen Freund Lovecrafts seit 1918, als Galpin gerade 17 Jahre alt war und ebenfalls als eine Art ›jugendliches Genie‹ galt). Der Schriftsteller erzählt nicht einfach seine eigene Geschichte: Er nimmt Bausteine aus seiner Autobiografie, aus dem Leben anderer verwandter Seelen, aus seiner Fantasie, aus der Literatur und nicht zuletzt aus dem Bildrepertoire menschlicher Urängste und schafft daraus etwas durchaus Neues. Der biografische Deutungsansatz darf diesen weiteren Horizont, der auch in diese kleine Horrorgeschichte eingeflossen ist, nicht übersehen.

›The Thing on the Doorstep‹ wurde in einer der für Lovecraft typischen kreativen Explosionen zwischen dem 21. und 24. August 1933 niedergeschrieben, nachdem er sich längere Zeit vor allem mit der Revision seines Essays *Supernatural Horror in Literature* beschäftigt hatte. Lovecrafts Manuskript ist erhalten. Ansonsten war dies ein eher schwieriges Jahr für den Autor; mehrere kreative Versuche liefen offenbar ins Leere.

Ein heimlicher Protagonist Lovecrafts ist wieder einmal ein Haus. Diesmal ist es das »alte Crowninshield-Anwesen«, das Crowninshield-Bentley-House in Salem. Erbaut 1727 im Auftrag von Kapitän John Crowninshield, umgebaut 1794, wohnte hier von 1791 bis 1819 Reverend William Bentley, dessen nach seinem Tod publiziertes Tagebuch mit seiner feinen Aufmerksamkeit gegenüber den Menschen Salems, ihrer Geschichte, ihren Sorgen, Sitten und Gebräuchen, aber auch Wunderlichkeiten eine Hauptquelle der Regionalgeschichte ist und zu den großen Zeugnissen aus jenen Tagen gehört, als auch erwachsene Menschen noch Tagebücher schrieben. 1959 wurde das Haus an seinen gegenwärtigen Platz auf dem Gelände des Essex Institute verbracht (126 Essex Street), wo man es bis heute mit einer originalgetreuen Einrichtung im Queen Anne- und Chippendale-Stil besichtigen kann. Das durchaus bescheidene zweieinhalbgeschossige Gebäude (als ich es zuletzt sah, hatte es gerade einen gelben Anstrich erhalten) strahlt jene zurückhaltende, leise Eleganz aus, die Lovecrafts an den traditionellen Bauwerken Neuenglands so geschätzt hat. Gerade in ein solches Haus verlegt er die grausigen Ereignisse unserer Erzählung.

Auch die Namen, die Lovecraft benutzt, haben allesamt reale lokale Bezüge. Der Erbauer des Cowninshield-Anwesens hatte eine Tochter Elizabeth, die Elias Hasket Derby heiratete – Amerikas ersten Millionär. Derby ist natürlich der Familienname von Lovecrafts unglücklichem Protagonisten. Der erste Derby war mit dem Ostasienhandel reich geworden und konnte während des Unabhängigkeitskrieges einhundert Soldaten aus eigener Tasche ausrüsten und bezahlen. Lovecraft hat gerne an solche Familien mit großbürgerlichem Hintergrund erinnert: ein Hintergrund, den er selbst nicht besaß. Der Name Asenath übrigens, der im deutschen Sprachraum nicht so gebräuchlich ist, stammt aus der Bibel: Josephs ägyptische Frau hieß so.

Man beachte die mehrfache Vernetzung mit ›The Shadow Over Innsmouth‹. Der Hexenkult in Maine, der eine so düstere Rolle im Hintergrund spielt, erinnert an ›The Dreams in the Witch House‹. In der späteren Novelle ›The Haunter of the Dark‹ (weiter hinten in diesem Band) will der Protagonist Robert Blake einen Roman über Hexen in Maine schreiben. Lovecraft hatte eigene Ideen in diese Richtung. Aber seine Krankheit hat solche Pläne zunichte gemacht.

Ein möglicher literarischer Einfluss auf ›The Thing on the Doorstep‹ ist Henry Burgess Drake ›The Shadowy Thing‹, New York 1928, ein Roman über einen Mann, der seinen Geist in andere Körper versetzen kann. Die Idee eines förmlichen Tausches (welche die Frage beantwortet, was mit dem verdrängten Geist geschieht) ist jedoch Lovecrafts eigene Zutat; in einem sehr viel tieferen Sinn wird er sie wiederum in der Erzählung ›The Shadow Out of Time‹ verwenden, deren Niederschrift ein gutes Jahr später (am 10. November 1934) begann. Die kreative Grundidee von ›The Thing on the Doorstep‹ kann an einer Eintragung (Nr. 158) in Lovecrafts *Commonplace-Book* verfolgt werden (seinem literarischen Notizbuch): »Ein Mann hat einen grässlichen Zauberer als Freund, der über ihn Einfluss gewinnt. Er tötet ihn, um seine Seele zu retten – er mauert die Leiche in einem alten Keller ein – ABER – der tote Zauberer (der merkwürdige Dinge über das Verweilen der Seele im Körper gesagt hatte) tauscht seinen Körper mit ihm ... und lässt ihn bei vollem Bewusstsein als Leiche im Keller zurück.« Gedruckt wurde ›The Thing on the Doorstep‹ erst im Januarheft 1937 von *Weird Tales,* wenige Wochen vor Lovecrafts Tod.

Last not least: Die folgende Geschichte ist eine echte Horrorstory, die mit der richtigen Atmosphäre im Hintergrund, ungestört und an einem Stück gelesen sein will. Sollten Sie es an der Wohnungstür klopfen hören, zweimal und mit einem kleinen Abstand noch dreimal, hat sich der Erzähler offenbar erfolgreich in Ihrer Fantasie eingenistet ...

Das Ding auf der Schwelle

I

Es ist wahr, dass ich meinem besten Freund sechs Kugeln durch den Kopf gejagt habe, und dennoch hoffe ich, mit dieser Aussage zu beweisen, dass nicht ich sein Mörder bin. Zunächst wird man mich einen Wahnsinnigen nennen – wahnsinniger noch als der Mann, den ich in seiner Zelle in der Heilanstalt von Arkham niedergeschossen habe. Später werden manche meiner Leser jede meiner Behauptungen gegen die bekannten Tatsachen abwägen und sich selbst die Frage stellen, was ich denn anderes hätte tun sollen, nachdem ich den Beweis des Grauens erblickt hatte – jenes Ding auf der Türschwelle.

Auch ich hatte bis zu diesem Zeitpunkt nichts anderes als Wahnsinn in den abenteuerlichen Geschichten gesehen, nach denen ich gehandelt habe. Selbst jetzt noch frage ich mich, ob ich nicht in die Irre geführt wurde – oder ob ich letzten Endes nicht doch geistesgestört bin. Ich weiß es nicht – doch auch andere können merkwürdige Dinge über Edward und Asenath Derby berichten, und sogar die verlässlichen Polizisten sind mit ihrem Latein am Ende, was die Erklärung jenes letzten schrecklichen Besuches angeht. Sie haben sich eine schwache Theorie ersonnen, nach der es sich um einen grausigen Schabernack oder eine Rache der entlassenen Dienstboten gehandelt hat, doch wissen sie tief in ihren Herzen, dass die Wahrheit unendlich schrecklicher und unglaublicher ist.

Und so sage ich also, dass ich Edward Derby nicht ermordet habe. Ich habe ihn vielmehr gerächt, und indem ich das tat, habe ich die Erde von einem Grauen befreit, dessen Weiterleben wohl ungeahnte Schrecken über die Menschheit gebracht hätte. Am Rande unserer alltäglichen Pfade existieren schwarze Orte voller Schatten und dann und wann gelingt einer bösen Seele der Übergang. Geschieht dies, so muss der wissende Mensch zuschlagen, ehe er sich über die Folgen Gedanken macht.

Ich habe Edward Pickman Derby sein ganzes Leben lang gekannt. Er war zwar acht Jahre jünger als ich, aber so frühreif, dass wir schon zu der Zeit, als er acht und ich sechzehn war, sehr viel gemeinsam hatten. Er war das außerordentlichste Wunderkind, das ich je gekannt habe: Im Alter von sieben Jahren schrieb er Gedichte mit solch finstrem, fantastischem, geradezu grässlichem Inhalt, dass seine Lehrer staunten. Vielleicht hatte seine private, verhätschelte Erziehung etwas mit seiner frühreifen Entfaltung zu tun. Er war ein Einzelkind und sein Körper etwas unterentwickelt, was seine in ihn vernarrten Eltern beunruhigte und sie dazu veranlasste, ihn immer in ihrer Nähe zu halten. Nie durfte er ohne sein Kindermädchen aus dem Haus gehen, und nur selten hatte er die Möglichkeit, ungezwungen mit anderen Kindern zu spielen. All dies begünstigte zweifellos das merkwürdige, geheime Innenleben des Jungen, dem als einziger Weg in die Freiheit die Fantasie blieb.

Auf jeden Fall war seine frühreife Gelehrsamkeit sonderbar und bizarr; und seine schriftlichen Arbeiten, die ihm leicht von der Hand gingen, vermochten mich trotz des Altersunterschiedes zu fesseln. Zu dieser Zeit hegte ich eine Vorliebe für Kunst von recht grotesker Art, und in diesem Jungen fand ich einen seltenen Geistesbruder. Was unsere gemeinsame Liebe zum Düstren und Wunderlichen nährte, war ohne Zweifel die uralte, vermodernde und unterschwellig Angst einflößende Stadt, in der wir lebten – das von Hexen verfluchte, von Legenden heimgesuchte Arkham, dessen zusammengedrängte durchhängende Walmdächer und zerbröckelnde georgianische Balustraden nun schon Jahrhunderte hindurch am Ufer des düster murmelnden Miskatonic-River brüteten.

Im Laufe der Zeit interessierte ich mich immer mehr für die Architektur und gab mein Vorhaben auf, ein Buch von Edwards dämonischen Gedichten zu illustrieren, doch unsere Kameradschaft litt darunter nicht. Das eigenartige Genie des jungen Derby entwickelte sich in bemerkenswerter Weise und als er achtzehn Jahre alt war und seine Nachtmahr-Lyrik unter dem Titel *Azathoth und andere Schrecken* zusammenfasste und veröffentlichte, erregte das großes Aufsehen. Er war ein enger Brieffreund des berüchtigten, in der Manier Baudelaires schreibenden Dichters Justin Geoffrey, der *Das Volk des Monolithen* verfasst hatte und der 1926, nach dem Besuch in einem finsteren, übel beleumdeten Dorf in Ungarn, schreiend im Irrenhaus starb.

Die verhätschelnde Erziehung hatte Derby sehr unselbstständig werden lassen; seine Gesundheit hatte sich zwar gebessert, doch seine kindliche Abhängigkeit wurde von den übervorsichtigen Eltern noch unterstützt, also verreiste er nie alleine, traf keine freien Entscheidungen und musste niemals Verantwortung übernehmen. Man erkannte schon früh, dass er einem Kampf in der Berufs- und Geschäftswelt nicht gewachsen sein würde, doch war das Familienvermögen so stattlich, dass dies keine Tragödie darstellte. Als er erwachsen wurde, bewahrte er sich ein trügerisch jungenhaftes Äußeres. Er war blond und blauäugig und hatte das frische Aussehen eines Kindes; seine Versuche, sich einen Oberlippenbart stehen zu lassen, waren nur mit Mühe erkennbar. Seine Stimme klang sanft und hell, und seine unsportliche Lebensführung verlieh ihm eine jugendliche Pausbäckigkeit anstelle der Dickleibigkeit vorzeitigen Alters. Er war recht groß, und sein hübsches Gesicht hätte ihn zu einem echten Herzensbrecher machen können, hätte seine Schüchternheit ihn nicht in die Abgeschiedenheit und Gelehrsamkeit geführt.

Derbys Eltern nahmen ihn jeden Sommer mit ins Ausland, und er erfasste rasch die äußeren Aspekte der europäischen Kultur. In ihm erwachten andere künstlerische Empfindungen und Wünsche; seine Poe gleichkommende Begabung wandte sich immer stärker dem Dekadenten zu. In jenen Tagen führten wir großartige Diskussionen. Ich besuchte Harvard, lernte im Büro eines Bostoner Architekten, vermählte mich und kehrte schließlich nach Arkham zurück, um meinen Beruf auszuüben – dazu ließ ich mich im Haus unserer Familie in der Saltonstall Street nieder, da mein Vater aus Gesundheitsgründen nach Florida gezogen war. Edward stattete mir fast jeden Abend seinen Besuch ab, bis ich ihn fast als Teil des Haushaltes betrachtete. Er hatte eine für ihn charakteristische Weise, an der Tür zu läuten oder anzuklopfen, die sich zu einem Erkennungszeichen entwickelte, sodass ich nach dem Abendessen stets auf die drei vertrauten forschen Schläge horchte, denen nach einer Pause zwei weitere folgten. Seltener suchte ich ihn in seinem Haus auf, wo ich voller Neid die obskuren Bände seiner beständig anwachsenden Bibliothek bemerkte.

Derby besuchte die Miskatonic-Universität in Arkham, da

seine Eltern ihm nicht gestatteten, an einen andern Ort zu ziehen. Er schrieb sich im Alter von sechzehn ein und beendete sein Studium drei Jahre später; seine Hauptfächer waren englische und französische Literatur, und außer in Mathematik und Naturwissenschaft erhielt er überall beste Noten. Er mischte sich sehr wenig unter die anderen Studenten, obschon er neiderfüllt auf die *Draufgänger* oder *bohèmiens* blickte – deren nachlässig *smarte* Sprache und kindisch sarkastische Pose er nachäffte und deren zweifelhaftes Gehabe er gern übernommen hätte, wäre er nur mutig genug gewesen.

Stattdessen wurde er zu einem fast fanatischen Jünger der magischen Geheimlehren, für welche die Miskatonic-Bibliothek berühmt war und immer noch ist. Da er sich immer schon für das Fantastische interessiert hatte, tauchte er nun tief ein in die wahren Runen und Rätsel, die eine sagenumwobene Vergangenheit der Nachwelt zur Belehrung oder Verwirrung hinterlassen hat. Er las Dinge wie das furchtbare *Buch von Eibon,* die *Unaussprechlichen Kulte* des von Junzt und das verbotene *Necronomicon* des verrückten Arabers Abdul Alhazred, beichtete diese Lektüre seinen Eltern jedoch nicht.

Als mein Sohn und einziges Kind zur Welt kam, war Edward zwanzig, und er schien Gefallen daran zu finden, dass ich den Neuankömmling nach ihm benannte – Edward Derby Upton.

Mit fünfundzwanzig war Edward Derby erstaunlich belesen und als Dichter schon recht bekannt geworden, wenngleich sein zurückgezogenes Dasein seine literarische Entwicklung verlangsamt und seinen Arbeiten etwas Abgeleitetes und Überbelesenes verliehen hatte. Ich blieb wahrscheinlich sein engster Freund – er wurde mir ein unerschöpflicher Quell geistreicher theoretischer Themen, derweil er in allen Angelegenheiten, in denen er sich nicht an seine Eltern wenden mochte, auf meinen Ratschlag vertraute. Er blieb Junggeselle – mehr aufgrund seiner Scheu, seiner Trägheit und der elterlichen Behütung als aus Neigung – und bewegte sich nur sehr selten in der Öffentlichkeit. Als der Krieg begann, hielten ihn Probleme mit der Gesundheit und seine tief verwurzelte Ängstlichkeit zu Hause. Ich wurde Offizier in Plattsburg, musste aber nie nach Übersee.

So verstrichen die Jahre. Als Edward vierunddreißig war, starb seine Mutter, und das versetzte ihm einen solchen seelischen

Schlag, dass er über Monate hinweg zu nichts fähig war. Sein Vater nahm ihn jedoch mit auf eine Europareise, und es gelang ihm, sich wieder zu fangen. Er schien sogar eine groteske Freude zu verspüren, als sei er zumindest teilweise einer unsichtbaren Fessel entronnen. Er mischte sich trotz seines fortgeschrittenen Alters unter die ›vorkämpferischeren‹ Studenten und beteiligte sich an einigen ihrer wirklich wilden Ausschweifungen – einmal borgte er sich von mir eine größere Summe Geld, die er zahlen musste, damit sein Vater nichts von seiner Verwicklung in eine bestimmte Affäre erfuhr. Einiges, was man sich über die *Wilden* von der Miskatonic-Universität zuflüsterte, war überaus eigenartig. Sogar über schwarze Magie und völlig unglaubliche Vorfälle wurde geredet.

II

Edward war achtunddreißig Jahre alt, als er Asenath Waite kennenlernte. Zu diesem Zeitpunkt war sie etwa dreiundzwanzig und besuchte auf der Miskatonic-Universität ein Seminar über die Metaphysik des Mittelalters. Die Tochter eines Freundes von mir war ihr schon zuvor begegnet – in der Hall School in Kingsport – und war ihr aus dem Weg gegangen, weil sie keinen guten Ruf hatte. Sie war dunkel, eher klein und mit Ausnahme der übermäßig hervorstehenden Augen sah sie sehr gut aus; allerdings lag da etwas in ihrem Gesichtsausdruck, das bei empfindsamen Menschen Befremden hervorrief. Dass auch einfache Leute sie mieden, lag jedoch an ihren Interessen und an ihrer Herkunft, sie war nämlich eine der Waites aus Innsmouth. Seit Generationen rankten sich finstere Legenden um das verfallende, halb verlassene Innsmouth und seine Bewohner. Es gibt Geschichten über fürchterliche Abkommen um das Jahr 1850 herum und über sonderbares, »nicht ganz menschliches« Blut in den alten Familien dieses heruntergekommenen Fischerdorfes – Geschichten, wie sie nur Yankees des alten Schlages ersinnen und so richtig furchteinflößend erzählen können.

Asenaths Fall wurde dadurch erschwert, dass sie die Tochter von Ephraim Waite war – im hohen Alter hatte er das Kind mit einer unbekannten Frau gezeugt, die stets nur verschleiert auf die Straße getreten war. Ephraim hatte in Innsmouth ein baufälliges Herrenhaus in der Washington Street bewohnt, und alle, die das Haus gesehen hatten (nach Möglichkeit vermeidet es das Volk aus Arkham, nach Innsmouth zu fahren), hatten erklärt, die Holzläden im Dachgeschoss seien immer geschlossen gewesen und in den Abendstunden habe man im Innern zuweilen merkwürdige Geräusche vernommen. Es hieß, dass der Alte zu seiner Zeit ein exzellenter Student der Magie gewesen sei und nach Lust und Laune Stürme auf dem Meer erzeugen oder bezwingen konnte. Ich hatte ihn in meiner Jugend ein- oder zweimal gesehen, als er nach Arkham gekommen war, um in der Universitätsbibliothek verbotene Bücher zurate zu ziehen, und vor seinem wölfischen, düsteren Gesicht mit dem eisengrauen Bartgestrüpp hatte es mich geekelt. Er war unter sonderbaren Umständen im Wahnsinn gestorben, kurz bevor seine Tochter (die seinem testamentarischen Wunsch entsprechend unter die Vormundschaft des Schulleiters gestellt worden war) auf die Hall-Schule ging, doch zuvor war sie die unersättliche Schülerin des Alten gewesen und zuweilen sah sie genauso teuflisch aus wie er.

Als die Neuigkeit von Edwards Bekanntschaft mit ihr die Runde machte, erzählte mir der Freund, dessen Tochter mit Asenath Waite die Schule besucht hatte, noch viel eigenartigere Dinge über sie. Als Asenath in der Schule einmal als Zauberin auftrat, sei es ihr offenbar gelungen, einige höchst verblüffende Gaukeleien zustande zu bringen. Sie habe versichert, Gewitter herbeirufen zu können, doch man schrieb ihren Erfolg eher einer unheimlichen Gabe der Vorahnung zu. Tiere hegten eine entschiedene Abneigung gegen sie und mit gewissen Gesten der rechten Hand könne sie Hunde zum Heulen bringen. Gelegentlich offenbare sie eine einzigartige Sprachbeherrschung und ein Wissen, das für ein junges Mädchen wirklich befremdend – und sehr schockierend – sei, und sie habe eine geradezu obszöngemeine Freude daran, ihre Mitschülerinnen zu ängstigen, indem sie sie anstarre und ihre Augen unbeschreiblich rolle.

Am ungewöhnlichsten waren jedoch die gut bezeugten Fälle ihres Einflusses auf andere Personen. Sie war ohne jede Frage eine wirkliche Meisterin der Hypnose. Wenn sie eine ihrer Mitschülerinnen auf ganz besondere Weise anstarrte, konnte sie dieser oftmals das deutliche Gefühl des *Austausches der Persönlichkeit* vermitteln – als sei das Opfer einen Moment lang im Körper der Zauberin und fähig, über das Zimmer hinweg auf seinen eigenen Körper zu blicken, in dessen Augen ein völlig fremder Ausdruck aufflammte.

Asenath stellte auch häufig wilde Behauptungen über das Wesen des Bewusstseins und seine Unabhängigkeit von der körperlichen Hülle auf – oder zumindest über die Lebensprozesse der körperlichen Hülle. Richtig zornig machte es sie, nicht als Mann geboren zu sein, denn sie glaubte, dass das Gehirn eines Mannes besondere und weitreichende kosmische Kräfte aufweise. Ausgestattet mit einem männlichen Hirn, so erklärte sie, könne sie ihrem Vater in der Beherrschung unbekannter Mächte nicht nur ebenbürtig werden, sondern ihn gar übertreffen.

Edward lernte Asenath bei einer Zusammenkunft der ›Intelligentsia‹ kennen, die in den Räumen eines Studenten abgehalten wurde, und als er mich am nächsten Tag besuchte, sprach er die gesamte Zeit nur über sie. Er sagte, sie sei sehr gebildet und sie interessiere sich genau für die Dinge, die auch ihn am meisten fesselten, und von ihrem Äußeren schwärmte er über alle Maßen. Ich hatte die junge Frau nie gesehen und entsann mich beiläufiger Erwähnungen nur schwach, wusste aber, wer sie war. Es schien mir recht bedauerlich, dass Derby sich gerade für sie interessierte, sagte aber nichts dazu, da Vernarrtheit an Widerstand bloß gedeiht. Seinem Vater gegenüber hatte er sie noch nicht erwähnt.

In den folgenden Wochen sprach der junge Derby immerzu über Asenath. Auch andere nahmen nun Notiz von Edwards später Schwärmerei, mussten aber zugeben, dass er recht gut zu seiner bizarren Göttin passte, denn er wirkte jünger, als er war. Trotz seiner Trägheit und Maßlosigkeit war er gerade nur eine Spur zu dick und sein Gesicht ohne jede Falte. Asenath hingegen hatte die vorzeitigen Krähenfüße, die einen starken Willen anzeigen.

In dieser Zeit brachte Edward das Mädchen zu einem Besuch bei mir mit, und ich erkannte sofort, dass sein Interesse keinesfalls einseitig war. Sie sah ihn beständig mit der Gier eines Raubtiers an, und ich spürte, dass ihre Freundschaft nicht mehr zu lockern war. Bald danach erhielt ich Besuch vom alten Mr. Derby, für den ich immer Bewunderung und Achtung empfunden hatte. Er hatte von der Romanze seines Sohnes gehört und »dem Jungen« schließlich die ganze Wahrheit entlockt. Edward wollte Asenath heiraten. Er hatte sich sogar schon Häuser in den Vororten angesehen. Da er um meinen großen Einfluss auf seinen Sohn wusste, fragte der Vater mich, ob ich nicht helfen könne, diese unbesonnene Affäre zu beenden; doch ich musste ihm leider antworten, dass ich das bezweifelte. Dieses Mal ging es nicht um Edwards schwachen Willen, sondern um den starken Willen der Frau. Das ewige Kind hatte seine Abhängigkeit von den Eltern auf ein neues und stärkeres Bild übertragen und dagegen konnte nichts unternommen werden.

Die Hochzeit fand einen Monat später statt – auf Wunsch der Braut durch einen Friedensrichter. Mr. Derby erhob keine Einwände, dazu hatte ich ihm geraten. Er, meine Frau, mein Sohn und ich wohnten der kurzen Zeremonie bei – die restlichen Gästen waren ungehobelte junge Leute von der Universität. Asenath hatte das alte Crowninshield-Haus am Ende der High Street draußen vor der Stadt erworben, und sie wollten sich dort niederlassen, sobald sie von einer kurzen Reise nach Innsmouth zurückgekehrt waren, von wo sie drei Dienstboten sowie einige Bücher und Mobiliar mitbringen wollten. Es war vermutlich weniger aus Rücksicht auf Edward und seinen Vater als vielmehr ihr eigener Wunsch, in der Nähe der Universität, ihrer Bibliothek und der Gruppe der ›Intellektuellen‹ zu sein, dass Asenath sich in Arkham niederließ, anstatt auf Dauer heimzukehren.

Als mich Edward nach seinen Flitterwochen besuchte, hatte ich den Eindruck, dass er sich ein wenig verändert hatte. Asenath hatte ihn dazu bewogen, den kümmerlichen Schnurrbart zu entfernen, doch es war mehr als das. Er wirkte nüchterner und besonnener, sein gewohnt kindlich-trotziges Aussehen war einem Blick fast aufrichtiger Traurigkeit gewichen. Ich fragte mich, ob mir diese Veränderung nun gefiel oder nicht. Zweifellos schien er im Augenblick mehr ein normaler Erwachsener zu sein als je zuvor. Vielleicht war diese Ehe ja doch eine gute Sache – bildete vielleicht der *Wechsel* in der Abhängigkeit die Basis einer wirklichen *Neutralisierung,* die doch noch zu verantwortungsbewusster Unabhängigkeit führte? Er besuchte mich allein, weil

Asenath sehr beschäftigt war. Sie hatte in Innsmouth (als er den Namen aussprach, erschauderte Derby) viele Bücher und Geräte gekauft und kümmerte sich um die Instandsetzung des Crowninshield-Hauses und des Gartens.

Ihr Elternhaus – in dieser Stadt – sei recht abstoßend gewesen, doch einige der Gegenstände darin hätten ihn überraschende Dinge gelehrt. Er mache nun unter Asenaths Führung rasche Fortschritte in den esoterischen Lehren. Sie habe einige Experimente vorgeschlagen, die sehr wagemutig und radikal gewesen seien – er fühlte sich nicht dazu ermächtigt, diese zu beschreiben –, doch er vertraue auf Asenaths Fähigkeiten und ihre Absichten. Die drei Dienstboten seien sehr eigenartig – neben einem unglaublich alten Ehepaar, das schon dem alten Ephraim gedient hatte und gelegentlich rätselhafte Anspielungen auf seine und Asenaths verstorbene Mutter mache, gab es noch ein dunkelhäutiges Mädchen, dessen Gesicht deutliche Missbildungen aufweise und das offenbar einen beständigen Fischgeruch verströme.

III

In den nächsten zwei Jahren sah ich Derby immer seltener. Hin und wieder gingen vierzehn Tage ins Land, ohne dass an der Haustür sein vertrautes Klopfen zu hören war; und sah er doch vorbei – oder, wenn ich ihn besuchte, was immer seltener geschah –, verspürte er nur sehr wenig Neigung, sich über anregende Themen zu unterhalten. Er war mittlerweile sehr verschwiegen hinsichtlich jener okkulten Studien, die er früher so genau beschrieben und besprochen hatte, und über seine Frau verlor er kein Wort. Sie war seit der Hochzeit erstaunlich gealtert, sodass sie nun – sonderbar genug – von beiden die Ältere zu sein schien. Ihr Gesicht trug jetzt einen Ausdruck beherrschter Entschlossenheit, wie ich ihn so stark noch nie zuvor gesehen hatte, und ihr gesamtes Wesen schien auf unerklärliche Weise immer widerwärtiger zu werden. Meine Frau und mein Sohn bemerkten das ebenso wie ich, und wir stellten nach und nach unsere Besuche ein – wofür Asenath, wie Edward einmal in seiner naiven Taktlosigkeit bekannte, ausgesprochen dankbar war. Gelegentlich gingen die Derbys auf lange Reisen – angeblich nach Europa, doch Edward deutete manchmal obskurere Ziele an.

Als sie ein Jahr verheiratet waren, begann das Gerede über die Veränderung von Edward Derby. Es war nur sehr beiläufiges Gerede, denn seine Veränderung war rein psychischer Natur, doch es beleuchtete einige interessante Fakten. Man schien Edward dann und wann mit einem ihm fremden Gesichtsausdruck beobachtet zu haben und wie er Dinge tat, die seiner lethargischen Art eigentlich widersprachen. So konnte er früher keinen Wagen fahren, doch nun wurde er gelegentlich gesehen, wie er mit Asenaths bulligem Packard aus der alten Einfahrt von Crowninshield herausraste. Er steuerte das Fahrzeug sehr gekonnt und meisterte komplizierte Verkehrslagen mit einem Geschick und einer Entschlossenheit, die für ihn völlig untypisch waren. Dies wurde mehrmals beobachtet, als er sich wohl gerade auf eine Reise begab oder von einer Reise zurückkehrte – wohin oder woher, das konnte niemand erraten, obgleich er meist die Straße in Richtung Innsmouth nahm.

Seltsamerweise gefiel den Leuten seine Veränderung überhaupt nicht – sie sagten, er sähe in jenen Momenten allzu sehr wie seine Frau oder sogar wie der alte Ephraim Waite selbst aus; vielleicht fiel es ihnen aber auch nur so stark auf, weil es selten geschah. Manchmal kehrte er nach einigen Stunden von einer solchen Fahrt zurück und saß matt auf dem Rücksitz des Wagens, während ein offensichtlich angeheuerter Chauffeur oder Mechaniker statt seiner am Steuer saß. Zudem vermittelte er, wenn man ihn auf der Straße traf, seine von früher gewohnte Unsicherheit, seine verweichlichte Kindlichkeit fiel sogar stärker auf als je zuvor. Während Asenaths Gesicht alterte, schlich sich in das von Edward irgendwie eine auffällige Frische – abgesehen von jenen erwähnten Momenten, wenn darin eine Spur der neuen Traurigkeit oder des neuen Begreifens aufzuckte. Es war wirklich sehr verwirrend. Unterdessen zogen sich die Derbys fast vollständig aus dem feucht-fröhlichen Universitätszirkel zurück – das ging nicht von ihnen aus, wie man hörte, sondern geschah, weil sogar die abgebrühtesten unter den wilden Studenten von ihren aktuellen Studien schockiert waren.

Als sie drei Jahre verheiratet waren, gestand Edward mir gegenüber erstmals offen eine gewisse Furcht und Unzufriedenheit ein. Er ließ Bemerkungen fallen über Dinge, die »zu weit« gingen, und sprach in Andeutungen von der Notwendigkeit, seine »eigene Identität zu erlangen«. Zuerst ignorierte ich solche Aussagen, aber nach einiger Zeit, als ich mich daran erinnerte, was die Tochter meines Freundes über Asenaths hypnotischen Einfluss auf die anderen Schulmädchen gesagt hatte – dass sie geglaubt hatten, sich in Asenaths Körper zu befinden und sich selbst anzublicken –, stellte ich ihm doch einige behutsame Fragen. Diese Fragen schienen in ihm sowohl Angst als auch Dankbarkeit auszulösen, und einmal murmelte er etwas darüber, mit mir ernsthaft reden zu müssen.

Zu dieser Zeit verstarb der alte Mr. Derby, wofür ich im Nachhinein sehr dankbar war. Edward war zwar tief bekümmert, aber gefasst. Seit der Vermählung hatte er seinen Vater erstaunlich selten gesehen, da Asenath seinen starken Familiensinn ganz vereinnahmt hatte. Manche fanden, er sei angesichts des Trauerfalles gefühllos – besonders, da er immer öfter jene kühnen Spritztouren mit dem Automobil unternahm. Edward wollte nun in den alten Familiensitz übersiedeln, doch Asenath bestand darauf, im Crowninshield-Haus zu bleiben, denn sie hatte sich dort gut eingelebt.

Nicht lange hiernach hörte meine Frau von einer Freundin, die zu den wenigen zählte, die sich nicht von den Derbys abgewandt hatten, etwas Sonderbares: Sie sei die High Street hinabgewandert, um das Paar zu besuchen, und habe einen Wagen forsch aus der Einfahrt schießen sehen, mit Edwards selbstbewusstem und fast höhnischem Gesicht hinterm Steuer. Als sie an der Tür klingelte, erfuhr sie von dem missgestalteten Dienstmädchen, dass auch Asenath ausgegangen sei. Beim Fortgehen habe sie zufällig noch mal aufs Haus geblickt und ein sich rasch zurückziehendes Gesicht an einem der Fenster von Edwards Bibliothek erkannt – ein Gesicht, dessen Ausdruck der Qual, Niederlage und erbärmlichen Hoffnungslosigkeit unbeschreiblich ergreifend gewesen sei.

Es war absolut unglaublich, vor allem angesichts ihres sonst so herrischen Benehmens, doch es war das Gesicht von Asenath. Die Frau schwor, dass in jener Sekunde die traurigen, verwirrten Augen des armen Edward aus diesem Gesicht geblickt hätten.

Edwards Besuche erfolgten nun wieder etwas häufiger und gelegentlich wurden seine Andeutungen konkreter. Was er berichtete, war jedoch völlig unglaublich, selbst im jahrhundertealten, legendendurchgeisterten Arkham – er äußerte seine finsteren Erkenntnisse aber mit solcher Aufrichtigkeit und Bestimmtheit, dass man um seine Vernunft fürchten musste. Er sprach von schrecklichen Treffen an einsamen Orten, von gigantischen Ruinen im Herzen der Wälder Maines, unter denen gewaltige Treppen hinab in Abgründe nächtlicher Geheimnisse führen, von komplizierten Winkelgebilden, die durch unsichtbare Mauern in andere Bereiche von Raum und Zeit leiten, und von grässlichen Auswechslungen der Persönlichkeit, die Forschungsreisen an ferne und verbotene Orte, in andere Welten und sogar in ein anderes Raum-Zeit-Kontinuum möglich machen würden.

Dann und wann zeigte er mir zum Beweis seiner irren Andeutungen Gegenstände, die mich absolut verblüfften – ungewöhnlich gefärbte und verwirrend beschaffene Gegenstände, von denen man auf der Erde noch nichts gehört hat und deren wahnsinnige Ecken und Oberflächen keinem vorstellbaren Zweck entsprachen und keiner fassbaren Geometrie folgten. Diese Dinge, so sagte er, kämen »von draußen«; und seine Frau wüsste, wie man an sie gelangen könne. Manchmal – aber stets nur verängstigt und unklar flüsternd – machte er Andeutungen über den alten Ephraim Waite, den er zu Lebzeiten gelegentlich in der Universitätsbibliothek gesehen hatte. Diese Andeutungen wurden nie klarer, kreisten aber wohl um einen grausigen Zweifel, ob der alte Hexenmeister wirklich tot sei – im geistigen wie im körperlichen Sinne.

Zuweilen hielt Derby in seinen Enthüllungen abrupt inne, und ich fragte mich, ob Asenath vielleicht aus der Ferne seine Rede erspürt hatte und ihn durch eine unbekannte Art von telepathischem Mesmerismus zum Schweigen brachte – durch eine Kraft von der Art, die sie auf der Schule offenbart hatte. Sicher vermutete sie, dass er mir etwas erzählte, denn im Laufe der folgenden Wochen versuchte sie, seine Besuche mit unerklärlich starken Worten und Blicken zu unterbinden. Nur mühsam gelang es ihm, bis zu mir zu kommen, denn auch wenn er vorgab, woanders hinzugehen, hemmte eine unsichtbare Kraft seine Bewegungen oder ließ ihn sein Ziel einfach vergessen. Er besuchte mich für gewöhnlich, wenn Asenath fort war – »fort in ihrem eigenen Körper«, wie er es einmal ausdrückte. Sie fand es später immer heraus – die Dienstboten überwachten sein Kommen und Gehen –, hielt es offenkundig aber nicht für ratsam, strenger dagegen vorzugehen.

IV

Derby war seit mehr als drei Jahren verheiratet, als ich eines Tages im August das Telegramm aus Maine erhielt. Ich hatte ihn seit zwei Monaten nicht mehr gesehen, aber gehört, er sei »geschäftlich« unterwegs. Asenath sei angeblich zusammen mit ihm verreist, doch wachsame Klatschweiber, die sogar die Dienstboten beim Einkaufen beobachteten, erklärten, es hielte sich jemand im Obergeschoss hinter den schwer verhangenen Fenstern auf. Und nun hatte der Polizeidirektor von Chesuncook mir ein Telegramm gesandt, dass ein verdreckter stammelnder Wahnsinniger aus dem Wald getaumelt sei und geschrien habe, ich solle ihn beschützen. Es war Edward – und er war gerade noch fähig, sich seines eigenen Namens und seiner Adresse zu entsinnen.

Chesuncook liegt nahe an dem wildesten, tiefsten und am wenigsten erforschten Waldgürtel Maines, und ich holperte mit dem Auto einen ganzen Tag in fieberhafter Fahrt durch eine fantastische und bedrohliche Landschaft, um dorthin zu gelangen.

Ich fand Derby im Gefängnis der kleinen Stadt, in einer Zelle, wo er zwischen Hysterie und Apathie schwankte. Er erkannte mich sofort und stieß einen verworrenen, zusammenhanglosen Wortschwall aus: »Dan – um Gottes willen! Der Schacht der Shoggothen! Die sechstausend Stufen hinab … die schlimmste aller Abscheulichkeiten … ich wollte es nicht zulassen, dass sie mich dorthin bringt, und dann war ich dort – Iä! Shub-Niggurath! – Die Gestalt wuchs auf dem Altar, und da waren fünfhundert, die heulten – Das Ding mit der Kapuze blökte: ›Kamog! Kamog!‹ – das war der geheime Name des alten Ephraim im Zirkel – und ich war da, obwohl sie doch versprochen hatte, mich niemals dorthin zu bringen – Eine Minute vorher war ich noch in der Bibliothek eingesperrt, und dann stand ich dort, wohin sie in meinem Körper gegangen war – an den Ort äußerster Blasphemie, den unheiligen Schacht, in dem das schwarze Reich seinen Anfang nimmt und die Wächter den Durchgang beschützen – ich sah einen Shoggothen – er hat die Form geändert – ich kann es nicht ertragen – ich bringe sie um, wenn sie mich je wieder dorthin schickt – ich bringe dieses Ding um – sie, ihn, es – ich bring es um! Ich bring es mit eigenen Händen um!«

Ich brauchte eine Stunde, um ihn zu beruhigen, doch endlich wurde er still.

Am nächsten Tag besorgte ich ihm im Dorf anständige Kleidung und machte mich mit ihm auf den Weg nach Arkham. Seine hysterische Wut war vergangen, und er wollte schweigen, doch als wir durch Augusta fuhren, murmelte er unverständlich etwas vor sich hin – als löste der Anblick einer Stadt unangenehme Erinnerungen aus. Es war klar, dass er nicht nach Hause fahren wollte; und angesichts der überzogenen Wahnvorstellungen, die er bezüglich seiner Frau zu haben schien – Wahnvorstellungen, die zweifelsohne einer hypnotischen Belastung entsprangen, der er ausgeliefert gewesen war –, hielt ich das auch für das Beste. Ich entschied, ihn eine Zeit lang bei mir aufzunehmen; egal, welchen Ärger mir dies mit Asenath einbringen mochte. Später würde ich ihm dabei helfen, die Scheidung durchzusetzen, denn ganz gewiss gab es mentale Faktoren, die diese Ehe für ihn selbstzerstörerisch gestalteten. Als wir wieder aufs offene Land gelangten, ließ Derbys Gemurmel nach, und ich ließ ihn auf dem Beifahrersitz einnicken und dösen, während ich fuhr.

Während unserer eiligen Fahrt durch Portland im Sonnenuntergang begann er wieder zu murmeln, deutlicher als zuvor, und ich hörte sein völlig irres Geschwätz über Asenath. Es war offensichtlich, dass sie Edwards Nerven außerordentlich zugesetzt hatte, denn er hatte ein ganzes Netz an Halluzinationen um sie herum gesponnen. Seine derzeitige missliche Lage, murmelte er leise, sei nur eine in einer langen Kette. Sie ergreife Besitz von ihm, und er wisse, dass sie eines Tages nie wieder loslassen würde. Selbst jetzt ließ sie ihn vermutlich nur dann frei, wenn es sein musste, da sie nicht lange durchhielt. Sie bemächtige sich immer wieder seines Körpers und reise darin zu unbeschreiblichen Orten, um unbeschreiblichen Riten beizuwohnen. Ihn ließe sie in ihrem Körper zurück, eingesperrt im Obergeschoss – manchmal aber könne sie nicht durchhalten, und dann fand er sich plötzlich in seinem eigenen Körper wieder, meist an irgendeinem entlegenen, grauenhaften, unbekannten Ort. Manchmal könne sie dann wieder von ihm Besitz ergreifen, manchmal gelang es ihr aber nicht, und dann blieb er irgendwo zurück, wie an dem Ort, wo ich ihn gefunden hatte – immer wieder musste er sich aus fürchterlichen Entfernungen auf den Heimweg machen, sobald er den Wagen gefunden hatte und jemanden, der ihn fuhr.

Das Schlimmste sei, dass sie sich immer länger in seinem Körper halten könne. Sie wolle ein Mann sein – ein vollendeter Mensch –, und das sei der Grund, weshalb sie von ihm Besitz ergreife. Sie habe in ihm die Mischung aus starkem Gehirn und schwachem Willen gespürt. Eines Tages würde sie ihn ganz verdrängen und mit seinem Körper verschwinden – verschwinden, um ein großer Magier wie ihr Vater zu werden. Ihn aber würde sie zurücklassen in dieser weiblichen Hülle, die nicht einmal ganz menschlich sei. Ja, er wisse nun um das Innsmouth-Blut. Es hatte einen Tausch mit Wesen aus dem Meer gegeben – es sei schrecklich … Und der alte Ephraim – der habe das Geheimnis gekannt, und als er immer älter wurde, habe er etwas Scheußliches getan, um sich am Leben zu halten – er wollte für immer leben – Asenath würde es vollbringen – eine erfolgreiche Demonstration hatte ja bereits stattgefunden.

Während Derby weitermurmelte, sah ich ihn jetzt genauer an – tatsächlich, mein Eindruck, dass er sich veränderte, bestätigte sich. Paradoxerweise sah er besser aus als bisher – härter, normaler entwickelt und ohne jede Spur der kränklichen Weichheit, die sein träger Lebensablauf sonst hervorrief. Es war, als sei er zum ersten Male in seinem behüteten Leben wirklich wach und erwachsen, und ich schlussfolgerte, dass Asenaths Macht in ihn hineingeschossen war und ihn ungeahnt rege und aufnahmefähig machte. Doch schon war sein Geist wieder in diesem erbarmenswürdigen Zustand, denn er flüsterte wilde Verrücktheiten über seine Frau, über schwarze Magie, über den alten Ephraim und über irgendeine Erklärung, die selbst mich überzeugen würde. Er wiederholte Namen, die ich aus verbotenen Büchern kannte, in denen ich einst geblättert hatte, und ich erschauderte mehrmals, weil doch ein gewisser unwahrscheinlicher roter Faden durch sein Gefasel verlief. Wieder und wieder hielt er inne, als sammle er Mut für eine allerletzte entsetzliche Enthüllung.

»Dan, Dan, erinnerst du dich denn nicht an ihn – mit den wilden Augen und dem ungepflegten Bart, der nie grau geworden ist? Er hat mich einmal angestarrt, und ich habe es nie vergessen. Nun starrt *sie* mich genauso an. *Und ich weiß, warum!* Er hat sie im *Necronomicon* gefunden – die Formel. Ich trau mich noch nicht, dir die Seite zu verraten, aber wenn ich es tue, dann wirst du es lesen und begreifen. Dann wirst du wissen, was mich verschlungen hat. Weiter, weiter, weiter, weiter – von Körper zu Körper zu Körper – er will niemals sterben. Der Lebensfunken – er weiß, wie man die Verknüpfung löst … er kann noch eine Weile weiterflackern, auch wenn der Körper tot ist. Ich gebe dir einige Anhaltspunkte, vielleicht errätst du es ja. Hör zu, Dan – weißt du, warum meine Frau sich immer solche Mühe gibt mit dieser albernen nach links geneigten Schrift? Hast du schon mal ein Manuskript vom alten Ephraim gesehen? Möchtest du wissen, wieso ich fröstelte, als ich ein paar von den hastigen Notizen sah, die Asenath hingekritzelt hatte?

Asenath – *gibt es diese Person überhaupt?* Weshalb hat man vermutet, es sei Gift im Magen des alten Ephraim gewesen? Weshalb tuscheln die Gilmans darüber, wie er geschrien hat – wie ein verängstigtes Kind –, dass er verrückt wurde und Asenath ihn in der Dachkammer mit den gepolsterten Wänden einsperrte, wo – das Andere – gewesen war? *War es die Seele des alten Ephraim, die dort eingesperrt war? Wer hat wen eingesperrt?* Weshalb hatte er seit Monaten nach jemandem mit gesundem Verstand und schwachem Willen gesucht? – Weshalb fluchte er darüber, dass seine Tochter kein Sohn war? Sag mir, Daniel Upton – *welcher teuflische Austausch vollzog sich in dem Haus des Schreckens, wo das arglose, halb menschliche Kind mit schwachem Willen jener gotteslästerlichen Bestie auf Gedeih und Verderb ausgeliefert war?* Hat er es nicht für immer gemacht – so wie sie es am Ende mit mir tun wird? Sag mir, warum jenes Ding, das sich Asenath nennt, anders schreibt, wenn es sich unbeobachtet glaubt, *sodass man ihre Schrift nicht unterscheiden kann von …*«

Da geschah es. Derbys Stimme hatte sich in seiner Raserei zu einem dünnen, schrillen Schrei erhoben und brach plötzlich mit einem fast mechanischen Klicken ab. Ich dachte an andere Momente bei mir im Haus, als sein vertrauliches Sprechen mit einem Schlage erstorben war – als sich mir der Gedanke aufgedrängt hatte, eine merkwürdige telepathische Welle von Asenaths mentaler Macht habe ihn zum Schweigen gebracht. Dies hier war aber etwas völlig anderes – und, so spürte ich, unendlich schrecklicher. Das Gesicht neben mir verzerrte sich einen Augenblick lang fast bis zur Unkenntlichkeit, während den ganzen Körper ein Beben durchzuckte – als mussten sich alle Knochen, Organe, Muskeln, Nerven und Drüsen auf eine radikal neue Haltung, Anspannung und andere Persönlichkeit einstellen.

Beim besten Willen kann ich nicht sagen, was genau so schrecklich war; doch mich überschwemmte eine so erdrückende Welle von Ekel und Widerwillen – ein eisiges, lähmendes Gefühl äußerster Fremdartigkeit –, dass mein Griff ums Lenkrad schwach und unsicher wurde. Die Gestalt neben mir wirkte nicht länger wie mein alter Freund, sie glich eher einem ungeheuerlichen Eindringling aus dem Weltraum – einer höllischen Verdichtung unbekannter und bösartiger kosmischer Kräfte.

Ich hatte nur einen Augenblick lang gezaudert, doch schon hatte mein Begleiter das Lenkrad ergriffen und mich dazu gezwungen, anzuhalten und mit ihm den Platz zu tauschen. Die Abenddämmerung hatte längst eingesetzt und die Lichter Portlands lagen weit hinter uns, sodass ich nicht viel von seinem Gesicht erkennen konnte. Das erstaunliche Funkeln seiner Augen fiel mir auf, und so wusste ich, dass er sich jetzt in jenem sonderbar rigorosen Zustand befinden musste, den so viele Menschen beobachtet hatten und der seinem eigentlichen Ich so fremd war. Es schien eigenartig und unglaublich, dass der lethargische Edward Derby – der sich nie durchsetzen konnte und der nie Autofahren gelernt hatte – fähig war, mich herumzukommandieren und das Steuer meines eigenen Wagens zu ergreifen, doch war genau dies geschehen. Er schwieg eine ganze Weile und in meinem unerklärlichen Grauen war ich darüber froh.

Im Schein der Lichter von Biddeford und Saco sah ich seinen

fest entschlossenen Mund und erschauderte über das Funkeln seiner Augen. Die Leute hatten recht gehabt – in dieser Verfassung sah er verdammt nach seiner Frau und dem alten Ephraim aus. Ich wunderte mich nicht, dass er in dieser Stimmung unbeliebt war – in ihm steckte etwas Unnormales, und ich spürte das finstere Element umso stärker angesichts der wilden Faseleien, die ich gehört hatte. So wahr ich Edward Pickman Derby mein Lebtag gekannt habe, dieser Mann war ein Fremder – ein Eindringling aus dem schwarzen Abgrund.

Er sprach erst wieder, als wir auf eine dunkle Straße einbogen. Seine Stimme klang vollkommen fremd. Sie war tiefer, fester und entschiedener als zuvor und die Betonung und Aussprache waren völlig verändert – obwohl sie mich auf unklare, entfernte und verstörende Weise an etwas erinnerten, das ich aber nicht einordnen konnte. Es lag eine Spur eindringlicher und geradliniger Ironie im Tonfall – nicht die schrille und banale Pseudo-Ironie eines naiven ›Intellektuellen‹, die Derby manchmal zur Schau stellte, sondern etwas Grimmiges, Bestimmendes und geradezu Böses. Ich staunte angesichts der Selbstsicherheit, die so rasch auf den Anfall panischen Gemurmels folgte.

»Ich hoffe, du wirst meinen Ausbruch von eben vergessen, Upton«, sagte er. »Du weißt, wie es um meine Nerven steht, und ich vermute, du kannst mir so etwas nachsehen. Ich bin dir selbstverständlich überaus dankbar für diese Möglichkeit zur Heimfahrt.

Und du musst auch alle verrückten Dinge vergessen, die ich vielleicht über meine Frau gesagt habe – und überhaupt alles. Das kommt davon, wenn man sich allzu sehr mit solchen Materien wie den meinen beschäftigt. Meine Philosophie ist voller bizarrer Vorstellungen, und wenn der Geist überfordert ist, bildet er sich alles Mögliche ein. Ich werde mich in den nächsten Tagen ausruhen – du wirst mich also eine Zeit lang nicht sehen und musst Asenath dann nicht die Schuld dafür geben.

Dass ich diese merkwürdige Reise unternommen habe, ist eigentlich sehr einfach zu erklären. Es gibt in den nördlichen Wäldern einige indianische Relikte – Steinkreise und solche Sachen –, die für die Volkskunde recht bedeutend sind. Asenath und ich untersuchen diese Dinge. Es war eine schwierige Suche, und ich bin darüber wohl etwas durchgedreht. Sobald ich zu

Hause bin, muss ich jemanden schicken, um den Wagen zu holen. Ein Monat Ruhe wird mich wieder ins Lot bringen.«

Ich erinnere mich nicht, welchen Anteil ich an dem Gespräch hatte, denn die verblüffende Fremdheit meines Begleiters ließ mich an nichts anderes denken. Mit jeder Sekunde wuchs mein Gefühl unbegreiflichen, kosmischen Grauens, bis ich mich endlich wie im Delirium befand und nur noch das Ende der Fahrt herbeisehnte. Derby ließ mich nicht wieder ans Steuer und ich war froh über die Geschwindigkeit, in der Portsmouth und Newburyport vorbeirasten.

An der Kreuzung, wo die Hauptstraße ins Inland führt und einen Bogen um Innsmouth macht, überkam mich schon die Befürchtung, mein Fahrer würde auf die kahle Küstenstraße abbiegen, die durch diesen verhexten Ort verläuft. Das tat er aber nicht, sondern brauste schnell an Rowley und Ipswich vorbei, unserem Ziel entgegen. Wir erreichten Arkham vor Mitternacht und sahen, dass im alten Crowninshield-Haus die Lichter noch brannten. Derby stieg mit einer hastigen Wiederholung seines Dankes aus und ich fuhr mit einem sonderbaren Gefühl der Erleichterung alleine nach Hause. Es war eine schreckliche Fahrt gewesen – umso schrecklicher, da ich den Grund dafür nicht wirklich benennen konnte –, und ich bedauerte es wirklich nicht, dass Derby angekündigt hatte, eine Weile meinem Haus fernzubleiben.

In den nächsten beiden Monaten hörte man viele Gerüchte. Die Leute sprachen darüber, Derby immer öfter in seinem neuen gebieterischen Zustand zu sehen, und dass Asenath für ihre Besucher kaum noch zu sprechen war. Ich erhielt nur einen Besuch von Edward, als er kurz in Asenaths Wagen vorbeikam – der inzwischen aus Maine, wo immer er ihn auch hatte stehen lassen, zurückgebracht worden war –, weil er einige Bücher abholte, die er mir geliehen hatte. Er befand sich in dieser neuen Stimmung und blieb nur lange genug, um einige ausweichende höfliche Bemerkungen zu machen. Es war deutlich, dass er nichts mit mir zu bereden hatte, wenn er sich in diesem Zustand befand – und mir fiel auf, dass er sich nicht einmal die Mühe gemacht hatte, beim Klopfen an der Tür das alte Signal – erst drei-, dann zweimal – zu verwenden. Wie an jenem Abend im Wagen verspürte ich ein unendlich tiefes Grauen, das ich nicht zu erklären vermochte, und war deshalb erleichtert, als er sich sogleich wieder verabschiedete.

Als Derby Mitte September für eine Woche verreist war, sprachen einige Angehörige der dekadenten Studentengruppe darüber – sie deuteten ein Treffen mit einem berüchtigten Sektenführer an, der vor Kurzem aus England ausgewiesen worden sei und sein Hauptquartier nun in New York aufgeschlagen habe. Mir jedoch blieb jene merkwürdige Fahrt von Maine zurück nach Hause unvergessen. Diese Verwandlung, deren Zeuge ich gewesen bin, hatte mich tief bestürzt, und ich ertappte mich immer wieder dabei, die Sache erklären zu wollen – wie auch das maßlose Grauen, das sie in mir ausgelöst hatte.

Doch die eigenartigsten Gerüchte waren die über das Seufzen im alten Crowninshield-Haus. Es schien die Stimme einer Frau zu sein, und manche der jüngeren Leute fanden, sie höre sich an wie die von Asenath. Das Seufzen war nicht oft vernehmbar, und manchmal brach es plötzlich ab, als würde es roh erstickt. Man sprach auch über eine bevorstehende Ermittlung, doch wurde das eines Tages überflüssig, als Asenath auf der Straße erschien und mit einer Reihe von Bekannten lebhaft plauderte – sie entschuldigte sich für ihre jüngste Zurückgezogenheit und erwähnte wie beiläufig den hysterischen Nervenzusammenbruch eines Gastes aus Boston. Diesen Gast hatte zwar niemand gesehen, doch durch Asenaths Erklärungen verstummte das Gerede. Und dann verkomplizierte sich diese Geschichte, als jemand herumtuschelte, die Seufzer hätten sich ein- oder zweimal nach einer Männerstimme angehört.

Eines Abends Mitte Oktober vernahm ich das vertraute Erkennungszeichen an der Haustür. Als ich öffnete, sah ich Edward auf den Stufen und erkannte sogleich, dass er sich in seinem alten Persönlichkeitszustand befand. So hatte ich ihn seit jener schrecklichen Heimfahrt aus Chesuncook nicht mehr gesehen. Sein Gesicht zuckte in einer Aufwallung unterschiedlicher Gefühle, in der Furcht und Freude scheinbar um die Herrschaft kämpften, und er blickte verstohlen über seine Schulter zurück, als ich die Tür hinter ihm schloss.

Unbeholfen folgte er mir in mein Arbeitszimmer und bat um einen Schluck Whiskey, um seine Nerven zu beruhigen. Ich stellte erst mal keine Fragen und wartete ab, was er zu sagen hatte.

Endlich wagte er es, mir mit erstickter Stimme einige Neuigkeiten zu eröffnen: »Asenath ist fortgegangen, Dan. Wir haben uns letzte Nacht lange unterhalten, als die Dienstboten Ausgang hatten, und ich habe sie schwören lassen, mich nicht mehr heimzusuchen. Natürlich hatte ich gewisse – gewisse okkulte Verteidigungsmittel, von denen ich dir nie erzählt habe. Sie musste nachgeben, wurde aber fürchterlich zornig. Sie hat gepackt und ist auf dem Weg nach New York – sie will den Zug nach Boston um 20.20 Uhr nehmen. Ich schätze, dass die Leute darüber reden werden, aber ich kann's nicht verhindern. Du musst nicht erwähnen, dass es Streit gab – sage einfach, sie befinde sich auf einer langen Forschungsreise.

Sie wird vermutlich bei einer dieser schrecklichen Gruppen wohnen, deren Mitglieder sie verehren. Ich hoffe, sie geht in den Westen und reicht die Scheidung ein – jedenfalls habe ich sie dazu gebracht, zu versprechen, fernzubleiben und mich in Frieden zu lassen. Es war grauenhaft, Dan – sie stahl mir meinen Körper – verdrängte mich – machte mich zu einem Gefangenen. Ich habe mich unterwürfig verhalten und meine Zustimmung vorgetäuscht, doch ich musste verdammt achtgeben. Ich konnte nur mit äußerster Vorsicht planen, aber sie kann meine Gedanken nicht wirklich lesen, zumindest nicht in allen Einzelheiten. Alles, was sie von meinen Absichten erahnen konnte, war ein allgemeiner Widerstand – und sie glaubte die ganze Zeit, ich sei hilflos. Hätte nie gedacht, ich könnte sie überwinden … aber ich kannte ein oder zwei Bannsprüche, die gewirkt haben.«

Derby blickte sich vorsichtig um und nahm noch einen Schluck Whiskey.

»Ich habe diese verdammten Dienstboten heute Morgen ausgezahlt, als sie zurückkamen. Sie wurden ziemlich unangenehm und haben Fragen gestellt, aber sie sind jetzt weg. Sie sind von Asenaths Art – Innsmouth-Leute – und haben mit ihr unter einer Decke gesteckt. Ich hoffe, dass sie mich in Ruhe lassen – es gefiel mir nicht, wie sie beim Davongehen lachten. Ich muss so viele von Dads alten Dienstboten zurückholen wie möglich. Ich werde nun wieder nach Hause ziehen.

Ich vermute, du hältst mich für verrückt, Dan – aber in der Geschichte von Arkham gibt es einige Dinge, die untermauern, was ich dir erzählt habe – und das, was ich dir noch erzählen werde. Du hast selbst einen der Persönlichkeitswechsel gesehen – in deinem Wagen auf der Heimfahrt von Maine, nachdem ich dir von Asenath berichtet habe. Da hat sie mich erwischt – mich aus meinem Körper getrieben. Das Letzte, woran ich mich erinnere, ist, dass ich drauf und dran war, dir zu sagen, *was diese Teufelin eigentlich ist.* Dann hatte sie mich, und binnen einer Sekunde war ich zurück im Haus – in der Bibliothek, wo diese verdammten Dienstboten mich eingeschlossen haben –, im Leib dieser verfluchten Dämonin … der nicht einmal menschlich ist … Du weißt, dass sie es gewesen sein muss, mit der du nach Hause gefahren bist – mit diesem gierigen Wolf in meinem Körper – du musst den Unterschied bemerkt haben!«

Ich erschauderte, als Derby kurz schwieg. Gewiss *hatte* ich den Unterschied bemerkt – doch konnte ich dafür eine derart irrsinnige Erklärung akzeptieren?

Mein Besucher regte sich immer mehr auf. »Ich musste mich retten – ich musste doch, Dan! Am Abend von Halloween hätte sie mich für immer gehabt – die halten dort hinter Chesuncook einen Sabbat ab, und das Opfer wird die Sache entscheiden. Sie hätte mich für immer gehabt – sie wäre ich gewesen, und ich sie – auf ewig – zu spät – Mein Körper wäre für immer der ihre gewesen – Sie wäre ein Mann geworden, und völlig menschlich, ganz wie sie es wollte – Ich vermute, sie hätte mich dann aus dem Weg geräumt – hätte ihren eigenen ehemaligen Körper mit mir darin getötet, verdammt sei sie, *so hat sie es schon einmal getan* – so hat sie, es oder er es schon zuvor getan –«

Edwards Gesicht war nun aufs Grausamste verzerrt, und er neigte es unbehaglich nah dem meinen zu, als seine Stimme zu einem Flüstern wurde. »Was ich dir im Automobil angedeutet habe, musst du erfahren – *sie ist gar nicht Asenath, sondern in Wirklichkeit Ephraim selbst.* Ich hatte schon vor anderthalb Jahren den Verdacht, und nun weiß ich es. Ihre Handschrift verrät es, wenn sie nicht auf der Hut ist – manchmal kritzelt sie eine Notiz in einer Schrift hin, die genauso aussieht wie die in den Manuskripten ihres Vaters, jeder einzelne Buchstabe –, und manchmal sagt sie Dinge, die niemand außer einem alten Mann wie Ephraim wissen kann. Er hat mit ihr den Körper getauscht, als er den Tod nahen fühlte – sie war die Einzige mit einem richtigen Gehirn und einem wirklich schwachen Willen, die er finden konnte –, er nahm sich ihren Leib für immer, wie sie beinahe meinen genommen hätte, und vergiftete dann die alte Hülle, in die er sie eingesperrt hatte. Hast du nicht Dutzende Male gesehen, wie die Seele des alten Ephraim aus den Augen dieser Teufelin herausschielte – und aus den meinen, wenn sie meinen Körper unter Kontrolle hatte?«

Er keuchte und rang um Atem. Ich sagte nichts; und als er fortfuhr, klang seine Stimme etwas normaler. Dies, so überlegte ich, war ein Fall für die Irrenanstalt, doch ich wollte nicht derjenige sein, der ihn dorthin brachte. Vielleicht würden die Zeit und die Trennung von Asenath etwas helfen. Ich konnte mir jedenfalls vorstellen, dass er nie wieder den Wunsch haben würde, sich mit morbidem Okkultismus zu befassen.

»Ich werde dir später mehr erzählen – ich muss mich nun lange ausruhen. Ich werde dir von den sündhaften Schrecken erzählen, in die sie mich führte – von den uralten Schrecken, die heute noch in entlegenen Winkeln schwären und von einigen wenigen monströsen Priestern am Leben gehalten werden. Manche Menschen wissen Dinge über den Kosmos, die niemand wissen sollte, und sie sind fähig zu Taten, derer niemand fähig sein sollte. Ich habe viel zu tief darin gesteckt, doch jetzt reicht es. Ich würde noch heute dieses verfluchte *Necronomicon* und den ganzen Rest verbrennen, wäre ich Bibliothekar der Miskatonic-Universität.

Aber jetzt kann sie mich nicht mehr kriegen. Ich muss so bald wie möglich raus aus diesem verfluchten Haus und mich daheim niederlassen. Ich weiß, du wirst mir helfen, wenn ich Hilfe brauche. Wegen dieser teuflischen Dienstboten, weißt du – und falls die Leute zu viele Fragen über Asenath stellen sollten. Verstehst du, ich kann ihnen nicht ihre Anschrift geben ... Dann gibt es noch gewisse Gruppen von Suchenden – gewisse Sekten, weißt du –, die unsere Trennung missdeuten könnten ... manche von denen haben verdammt eigenartige Ideen und Methoden. Ich weiß, du wirst mir beistehen, sollte irgendetwas geschehen – auch wenn ich dir noch eine Menge erzählen muss, das dich entsetzen wird ...«

Ich ließ Edward in jener Nacht in einem der Gästezimmer übernachten. Am nächsten Morgen schien er ruhiger zu sein. Wir besprachen einige notwendige Schritte für seinen Wiedereinzug in das Anwesen der Derbys, und ich hoffte, er würde keine unnötige Zeit verlieren und sofort umziehen. Am nächsten Abend besuchte er mich nicht, doch im Laufe der folgenden Wochen sah ich ihn regelmäßig. Wir redeten so wenig wie möglich über sonderbare und unangenehme Dinge, besprachen aber die Renovierung des alten Derby-Hauses und die Reisen, die Edward mit meinem Sohn und mir im folgenden Sommer zu unternehmen versprochen hatte.

Asenath erwähnten wir so gut wie nie, da ich bemerkt hatte, dass dieses Thema ihn außerordentlich erschreckte. Der Klatsch nahm natürlich überhand, doch das war ja nichts Neues im Zusammenhang mit dem seltsamen Haushalt im alten Crowninshield-Haus. Derbys Bankier ließ in überschwänglicher Stimmung im Miskatonic-Klub eine Bemerkung fallen, die mir gar nicht gefiel – über Schecks, die Edward regelmäßig an einen Moses und eine Abigail Sargent und an eine Eunice Babson in Innsmouth sandte. Es schien, als würden ihn jene Dienstboten mit den schrecklichen Gesichtern erpressen – doch mir hat er die Angelegenheit nie erklärt.

Ich wünschte den Sommer herbei und die Ferien meines Sohnes, der in Harvard studierte, damit wir Edward nach Europa bringen konnten. Er erholte sich nicht so rasch, wie ich es mir erhofft hatte; in seiner gelegentlichen Heiterkeit lag ein wenig Hysterie, und allzu oft fühlte er sich verängstigt und niedergeschlagen. Das alte Derby-Haus war im Dezember bezugsbereit, doch verschob Edward den Umzug immer wieder. Obwohl er das Crowninshield-Anwesen hasste und auch zu fürchten schien, hielt es ihn zugleich in einem sonderbaren Bann. Er schien einfach nichts herausräumen zu können und ersann jede mögliche Entschuldigung, um den Auszug zu verschieben. Als ich ihn darauf ansprach, schien er darüber verängstigt zu sein.

Der alte Butler seines Vaters, der mit den anderen Dienstboten wieder eingestellt worden war, erzählte mir eines Tages, dass Edward gelegentlich das Haus und insbesondere den Keller durchsuche und dass ihm das eigenartig und ungesund vorkomme. Ich fragte, ob Asenath wohl Briefe an Edward geschrieben habe, die ihn verstörten, doch der Butler antwortete, es sei keine Post von ihr eingetroffen.

Es war zur Weihnachtszeit, als Derby eines Abends in meinem Haus zusammenbrach. Ich hatte unsere Unterhaltung gerade auf die für den Sommer geplanten Reisen gelenkt, als er plötzlich schrie und mit einem Ausdruck entsetzlicher Angst vom Stuhl aufsprang – kosmischer Ekel schüttelte ihn, wie ihn nur die Abgründe des Albtraums einem gesunden Geist einflößen können.

»Mein Hirn! Mein Hirn! Gott, Dan – es zerrt daran – von drüben – hämmert – krallt – diese Teufelin – selbst jetzt – Ephraim – Kamog! Kamog! – Der Schacht der Shoggothen – Iä! Shub-Niggurath! Die Ziege mit den tausend Jungen! …

Die Flamme – die Flamme – jenseits des Körpers, jenseits des Lebens – in der Erde – oh, Gott! …«

Ich zerrte ihn auf den Stuhl zurück und flößte ihm etwas Wein ein, während sein Rasen zu dumpfer Apathie verebbte. Er leistete keinen Widerstand, bewegte aber weiterhin die Lippen, als rede er mit sich selbst. Erst jetzt bemerkte ich, dass er versuchte, mit mir zu sprechen, und ich neigte mein Ohr zu seinem Mund und verstand die leisen Worte.

»– Wieder, wieder – sie versucht es noch mal – ich hätte es ahnen können – nichts kann diese Macht aufhalten; weder der Abstand, noch Magie, noch Tod – es kommt und kommt, meistens in der Nacht – ich kann nicht entkommen – es ist entsetzlich – oh, Gott, Dan, *könntest du nur so wie ich fühlen, wie entsetzlich es ist* …«

Nachdem er in eine Betäubung versunken war, legte ich ihm ein Kissen unter, und der Schlaf übermannte ihn. Ich rief keinen Arzt herbei, da ich mir vorstellen konnte, was man über Edwards Geisteszustand sagen würde, und ich wollte der Natur eine Chance lassen, sofern eine Heilung denn möglich war. Er erwachte gegen Mitternacht, und ich brachte ihn im Obergeschoss zu Bett, doch am Morgen war er fort. Er hatte sich still und leise aus dem Haus geschlichen – und als ich seinen Butler anrief, sagte er mir, Edward sei nun zu Hause und laufe in der Bibliothek auf und ab.

Danach ging es mit Edward rasch bergab. Er besuchte mich nicht mehr, doch ich schaute täglich bei ihm vorbei. Stets saß er dann in seiner Bibliothek, starrte ins Nichts und wirkte, als *lausche* er auf etwas Ungewöhnliches. Zuweilen sprach er ganz vernünftig, aber immer über belanglose Dinge. Erwähnte man seine Probleme, seine Zukunftspläne oder Asenath, so löste das wilde Raserei bei ihm aus. Der Butler erzählte, Edward habe in den Nächten fürchterliche Anfälle und dass er sich noch ein Leid zufügen werde.

Ich hatte eine lange Unterredung mit seinem Arzt, seinem Bankier und seinem Rechtsanwalt, und der Doktor begleitete mich schließlich mit zwei Kollegen auf einen Besuch zu ihm. Edwards Krämpfe, die auf die ersten Fragen folgten, waren heftig und mitleiderregend – noch an diesem Abend wurde sein armer zappelnder Körper in einem geschlossenen Wagen in das Sanatorium von Arkham gebracht. Ich wurde zu seinem Vormund ernannt und besuchte ihn zweimal die Woche – ich kämpfte jedes Mal mit den Tränen, wenn ich seine wilden Schreie hörte, sein ängstliches Flüstern und das schreckliche, leiernd wiederholte »Ich musste es tun – ich musste es tun – es wird mich kriegen – es wird mich kriegen – dort unten – dort unten im Dunkeln – Mutter! Mutter! Dan! Rette mich – rette mich –«.

Ob er geheilt werden konnte, vermochte niemand zu sagen, doch ich versuchte trotz allem, optimistisch zu bleiben. Edward musste ein Zuhause haben, sollte er sich wieder erholen, also ließ ich seine Dienstboten in das Haus der Derbys übersiedeln, wofür er sich wohl auch entschieden hätte. Was mit dem Crowninshield-Anwesen, den vielen Möbeln und der Ansammlung völlig unerklärlicher Gegenstände geschehen sollte, konnte ich nicht entscheiden, weshalb ich für den Augenblick alles so beließ, wie es war – ich trug den Dienstboten aus dem Derby-Haushalt auf, einmal pro Woche hinüberzugehen und die wichtigsten Räume abzustauben und an diesem Tag auch durchzuheizen.

Der schlimmste Albtraum kam vor Lichtmess – in grausamer Ironie durch einen trügerischen Hoffnungsschimmer angekündigt. Eines Morgens Ende Januar rief das Sanatorium mich an, um zu berichten, dass Edward auf einmal wieder bei Verstand sei. Sein Gedächtnis, so sagten sie, sei zwar schwer beeinträchtigt, doch sein Geist sei zweifellos wieder gesund. Natürlich müsse er noch eine Zeit lang unter Beobachtung bleiben, doch am Ausgang gäbe es eigentlich wenig Zweifel. Falls alles gut verlaufe, sei mit seiner Entlassung gewiss schon in einer Woche zu rechnen.

Ich eilte, erfüllt von einer Woge der Freude, hinüber zu Edward, blieb aber verblüfft stehen, als eine Krankenschwester mich in Edwards Zimmer geführt hatte. Der Patient erhob sich, um mich zu begrüßen, und streckte mir mit einem höflichen Lächeln die Hand entgegen; doch ich erkannte binnen einer Sekunde, dass ihn die sonderbar energische Persönlichkeit erfüllte, die seiner eigenen Natur so fremd war – die dominierende Persönlichkeit, die mir so schrecklich erschienen war, und die, wie Edward ja selbst geschworen hatte, die in ihn eingedrungene Seele seiner Frau war. Da war derselbe funkelnde Blick – wie der von Asenath und der des alten Ephraim – und derselbe willensstarke Zug um den Mund; und als er sprach, spürte ich wieder diese grimmige Ironie in seiner Stimme – eine tiefe Ironie, die etwas drohend Böses ankündigte. Dies war die Person, die vor fünf Monaten mein Auto durch die Nacht gelenkt hatte – die Person, die ich seit jenem kurzen Besuch nicht mehr gesehen hatte, als sie das alte Erkennungszeichen an der Tür vergessen und solch wirre Ängste in mir ausgelöst hatte –, und nun weckte ihr Anblick in mir dasselbe dumpfe Gefühl, etwas gotteslästerlich Fremdes vor mir zu haben, eine unsägliche kosmische Scheußlichkeit.

Er sprach freundlich von den Vorkehrungen für seine Entlassung – und ich konnte nichts weiter tun, als zuzustimmen, auch wenn sein Gedächtnis beträchtliche Lücken aufwies. Doch ich fühlte, dass hier etwas Schreckliches, etwas unerklärlich Falsches und Abnormes vor sich ging. Dieses Wesen verursachte einen Ekel, den ich nicht begriff. Es handelte sich um einen normalen Menschen – doch war es tatsächlich der Edward Derby, den ich gekannt hatte? Wenn nicht, wer oder was war es – und wo war Edward? Sollte dieses Wesen sich frei bewegen oder eingesperrt bleiben – oder sollte es vom Angesicht der Erde verschwinden? Es lag eine Spur hämischer Drohung in allem, was die Kreatur sagte – die Augen, die denen von Asenath so ähnlich waren, verliehen ihrer Äußerung über eine vorzeitige Befreiung, die durch eine *besonders strenge Gefangenschaft* erlangt worden sei, einen besonderen Hohn. Ich muss mich sehr unbeholfen benommen haben und war froh, als ich mich zurückziehen konnte.

Den ganzen Tag und auch am nächsten zermarterte ich mir das Gehirn über diese Sache. Was war bloß geschehen? Wessen Verstand blickte aus jenen fremden Augen in Edwards Gesicht? Ich konnte an nichts anderes als dieses abstruse, schreckliche Rätsel denken und gab alle Versuche auf, meine gewohnte Arbeit zu verrichten. Am nächsten Morgen rief man aus der Heilanstalt an und sagte, dem Patienten gehe es weiterhin gut, und am Abend stand ich kurz vor einem Nervenzusammenbruch – ein Zustand, zu dem ich mich bekenne, wenngleich andere schwören werden, dass er meine Vernunft beeinflusste. Ich habe dazu nichts zu sagen, außer dass die Behauptung, ich selbst sei wahnsinnig, keineswegs *alle* Beweise erklären konnte.

V

Es war in der Nacht – nach jenem zweiten Abend –, als das nackte, äußerste Grauen mich überkam und meine Seele mit einer schwarzen, erstickenden Panik erdrückte, die sie niemals wieder ganz wird abschütteln können. Es begann mit einem Telefonanruf kurz vor Mitternacht. Ich war als Einziger noch auf und nahm schläfrig den Anruf in der Bibliothek entgegen. Es schien niemand am Apparat zu sein, und ich wollte gerade auflegen und ins Bett gehen, als ich ein sehr schwaches Geräusch im Hörer vernahm. Versuchte da jemand unter größter Anstrengung zu reden? Als ich horchte, glaubte ich einen breiigen, blubbernden Laut zu hören: »Glub ... glub ... glub.« Es klang wie unartikulierte, unverständliche Wörter und Silben. Ich rief: »Wer ist da?« Doch es antworte nur ein »glub ... glub ... glubglub«. Weil ich vermutete, dass es sich um einen mechanischen Laut handelte, also eine Störung des Telefons, das nur noch empfangen, aber nicht übertragen konnte, fügte ich hinzu: »Ich kann Sie nicht hören. Hängen Sie besser ein und versuchen Sie es über die Auskunft.« Sogleich hörte ich, wie am anderen Ende der Hörer aufgelegt wurde.

Dies geschah also gegen Mitternacht. Als diesem Anruf später nachgegangen wurde, fand man heraus, dass er aus dem alten Crowninshield-Haus gekommen war, obwohl das Hausmädchen erst in ein paar Tagen putzen musste. Ich werde nur andeuten, was im Haus gefunden wurde – die Unordnung in einem abgelegenen Raum im Keller, die Fußspuren, der Schmutz, der eilig durchsuchte Kleiderschrank, die rätselhaften Abdrücke an dem Telefon, die ungeschickt benutzten Schreibutensilien und der abscheuliche Gestank, der über allem hing. Die armen Narren von der Polizei haben ihre hübschen kleinen Theorien und suchen noch immer nach diesen unheimlichen entlassenen Dienstboten – die sich im Tumult des Moments davongemacht haben. Sie sprechen von einer teuflischen Rache für Dinge, die gesehen sind, und sagen, ich sei einfach hineingezogen worden, weil ich Edwards bester Freund und Ratgeber war.

Idioten! Glauben sie etwa wirklich, jene hirnlosen Dummköpfe hätten diese Handschrift fälschen können? Bilden sie sich wirklich ein, sie hätten das anschleppen können, was später kam? Sehen sie denn nicht die Veränderungen an jenem Körper, der Edward gehörte? Was mich betrifft, *ich glaube nun alles, was Edward Derby mir erzählt hat.* Es gibt Schrecknisse jenseits des Lebens, die wir nicht einmal erahnen, doch hin und wieder ruft die bösartige Neugierde der Menschen sie in unsern Umkreis. Ephraim – Asenath – dieser Teufel hat sie herbeigerufen, und sie haben Edward verschlungen, so wie sie mich verschlingen werden.

Kann ich mich sicher fühlen? Diese Mächte überdauern das Leben in seiner körperlichen Gestalt. Am nächsten Tag – am Nachmittag, als ich mich nach meinem Zusammenbruch wieder erheben konnte und fähig war zu laufen und zusammenhängend zu reden – ging ich ins Irrenhaus und erschoss ihn, um Edwards und der ganzen Welt willen, doch kann ich mir sicher sein, ehe er eingeäschert ist? Sie behalten den Körper zurück für eine alberne Autopsie durch verschiedene Ärzte – doch ich sage, er muss verbrannt werden. *Er muss verbrannt werden – er, der nicht Edward Derby war, als ich ihn erschoss.* Ich werde verrückt, wenn das nicht geschieht, denn ich könnte der Nächste sein. Doch mein Wille ist keineswegs schwach – und ich werde ihn nicht durch das Grauen besiegen lassen, von dem ich nun weiß und das um mich herum schäumt. Ein Leben – Ephraim, Asenath und Edward – wer jetzt? Ich *werde mich nicht* aus meinem Körper vertreiben lassen … Ich *werde nicht* die Seele tauschen mit dieser von Kugeln durchlöcherten Leiche im Irrenhaus!

Doch ich will versuchen, der Reihe nach von jenem letzten Grauen zu erzählen. Ich werde nicht darüber reden, was die Polizei beharrlich ignoriert – die Geschichten über das zwergwüchsige, groteske, übel riechende Ding, das kurz vor zwei Uhr nachts mindestens von drei Spaziergängern gesehen worden ist, und über den Ursprung der einzelnen Fußspuren an einigen Stellen. Ich will nur sagen, dass ich gegen zwei Uhr durch das Klingeln und Klopfen geweckt wurde – Klingeln und Klopfen zugleich, abwechselnd und unsicher in einer Art schwacher Verzweiflung, *und jedes Mal im Versuch, Edwards altes Erkennungszeichen – erst zwei-, dann dreimal – nachzuahmen.*

Aus tiefem Schlaf gerissen, geriet ich sofort in Aufregung. Derby war an der Tür – und er erinnerte sich an das alte Erkennungszeichen! Diese neue Persönlichkeit hatte sich nicht daran erinnert ... war Edward plötzlich wieder er selbst? Weshalb war er hier, in so großer Hast? War er vorzeitig entlassen worden oder war er geflohen? Ich warf mir einen Morgenmantel über und rannte die Treppe hinunter. Vielleicht war sein altes Ich zurückgekehrt und er hatte getobt, sodass man ihn nicht entlassen wollte, was ihn zu einem verzweifelten Ausbruch in die Freiheit getrieben hatte. Was auch immer geschehen sein mochte, er war wieder der gute, alte Edward und ich wollte ihm helfen!

Als ich die Tür in die von Ulmen umstandene Finsternis öffnete, warf mich ein Hauch unerträglich fauligen Windes beinahe um. Ich würgte vor Ekel und sah eine Sekunde lang kaum die zwergwüchsige, bucklige Gestalt auf den Eingangsstufen. Edward musste geklopft haben, doch wer war diese stinkende, verkrüppelte Parodie? Wieso hatte Edward sich so rasch entfernen können? Ich hatte noch kurz vor dem Öffnen der Tür sein Klingelzeichen gehört.

Der Besucher trug einen von Edwards Mänteln – der Saum berührte fast den Boden und die bereits aufgerollten Ärmel hingen trotzdem noch über die Hände. Auf dem Kopf saß ein tief ins Gesicht gezogener Schlapphut und ein Halstuch aus schwarzer Seide verbarg das Gesicht.

Als ich verunsichert vortrat, gab die Gestalt ein halb flüssiges Geräusch von sich, wie jenes, das ich am Telefon gehört hatte – »glub ... glub ...« –, und hielt mir ein großes eng beschriebenes

Blatt Papier entgegen, das auf das Ende eines langen Bleistiftes gespießt war. Ich schwankte noch immer wegen des tödlichen und unerklärlichen Gestanks, ergriff aber das Blatt und versuchte es im Licht des Eingangs zu lesen.

Keine Frage, dies war Edwards Schrift. Doch warum hatte er mir geschrieben, wenn er hier war und an die Tür geklopft hatte – und warum war die Schrift so unbeholfen, grob und zittrig? Ich konnte in dem trüben Zwielicht nichts entziffern, darum trat ich ein Stück zurück in die Diele, und die Zwergengestalt watschelte mir mechanisch hinterher, verharrte aber an der Schwelle der Innentür. Der Geruch dieses eigenartigen Boten war wirklich abstoßend, und ich hoffte (Gott sei Dank nicht umsonst!), dass meine Frau weiterschlief und nichts von alldem bemerkte.

Als ich die Botschaft las, fühlte ich meine Knie weich werden, und mir wurde schwarz vor Augen. Als ich wieder zu mir kam, lag ich auf dem Boden, in der vor Angst verkrampften Hand hielt ich noch immer jenes verfluchte Blatt. Folgendes stand darauf:

> »Dan – geh ins Sanatorium und töte es. Lösche es aus. Das ist nicht mehr Edward Derby. Sie hat mich erwischt – es ist Asenath –, *und sie ist seit dreieinhalb Monaten tot.* Ich habe gelogen, als ich sagte, sie sei fortgegangen. Ich habe sie getötet. Ich musste es tun. Es kam überraschend, wir waren allein und ich befand mich in meinem eigenen Körper. Ich packte einen Kerzenständer und schlug ihr den Schädel ein. An Halloween hätte sie mich für immer gehabt.
>
> Ich habe sie in dem hintersten Kellerraum unter ein paar alten Kisten begraben und alle Spuren beseitigt. Die Dienstboten hegten schon am nächsten Morgen einen Verdacht, haben aber selbst so viel geheim zu halten, dass sie es nicht gewagt haben, die Polizei zu rufen. Ich habe sie fortgeschickt, aber Gott weiß, was sie – und andere Angehörige des Kultes – tun werden.
>
> Eine Weile glaubte ich, mit mir sei jetzt alles in Ordnung, aber dann spürte ich das Zerren an meinem Gehirn. Ich wusste, was es war – ich hatte es nicht vergessen dürfen. Eine Seele wie die ihre – oder die Ephraims – ist

halbwegs losgelöst vom Fleisch und existiert auch nach dem Tode weiter, solange der Körper nicht verwest. Sie erwischte mich – brachte mich dazu, den Körper mit ihr zu tauschen – *ergriff Besitz von meinem Körper und steckte mich in diesen Leichnam, den ich im Keller verscharrt hatte.*

Ich wusste, was kommt – deshalb bin ich durchgedreht und musste in die Irrenanstalt. Dann geschah es – ich befand mich eingesperrt in der Dunkelheit – in Asenaths verwesendem Kadaver da unten im Keller unter den Kisten, wo ich ihn hingetan hatte. Und ich wusste, sie musste in meinem Körper im Sanatorium sein – für immer, denn es war bereits nach Halloween, und die Opferung würde gelingen, auch wenn sie nicht selbst daran teilgenommen hatte. Sie war geistig gesund, zur Entlassung bereit, und eine Gefahr für die Welt. Ich war verzweifelt, *und trotz allem habe ich mich freigebuddelt.*

Ich bin bereits zu verfault, um zu sprechen – ich konnte nicht mit dir telefonieren –, aber ich kann noch schreiben. Ich werde mich irgendwie zurechtmachen, um diese letzte Botschaft und Warnung zu überbringen. *Töte diesen Dämon,* wenn dir etwas am Frieden und Wohlergehen der Welt gelegen ist. *Sieh zu, dass er verbrannt wird.* Tust du es nicht, so wird es immer weiterleben, auf ewig von Köper zu Körper wandern, und ich kann dir nicht sagen, was es will. Halte dich fern von schwarzer Magie, Dan, das ist das Geschäft des Teufels. Lebe wohl – du warst ein großartiger Freund. Erzähle der Polizei alles, was sie nur glaubt – und es tut mir unendlich leid, all dies auf dich zu laden. Ich werde bald meinen Frieden finden – diese Hülle wird bald auseinanderfallen. Hoffe, du kannst dies lesen. *Und töte dieses Ding – töte es.*

Dein Ed.«

Erst später las ich die letzte Hälfte dieses Schreibens, da ich am Ende des dritten Absatzes zusammengebrochen bin. Ich fiel erneut in Ohnmacht, als ich das sah und roch, was auf der Schwelle lag, wo es von der warmen Luft umweht worden war. Der Botschafter regte sich nicht mehr, hatte kein Bewusstsein mehr.

Der Butler, der härter gesotten ist als ich, fiel nicht in Ohnmacht, als er am Morgen sah, was in der Diele auf ihn wartete. Stattdessen rief er die Polizei an. Als die Beamten kamen, war ich schon nach oben ins Bett gebracht worden, doch die … fremde Masse … lag noch dort, wo sie in der Nacht vertrocknet war. Die Männer mussten sich Taschentücher vor die Nasen halten.

Was sie schließlich in Edwards sonderbar ausgesuchten Kleidern fanden, war größtenteils verflüssigtes Grauen. Sie fanden auch Knochen – und einen eingeschlagenen Schädel. Durch einige zahnärztliche Untersuchungen konnte er eindeutig identifiziert werden, er stammte von Asenath.

Der Schatten aus der Zeit
The Shadow out of Time

An schierer visionärer Kraft, an evokativer Energie dürfte diese letzte Novelle Lovecrafts kaum zu überbieten sein. ›The Shadow Out of Time‹ steht gleichrangig neben den größten Texten des Fantastischen. Hier wird die ganze Geschichte der Erde und des Sonnensystems zum Thema, Vergangenheit und Zukunft werden zu relativen Begriffen. ›The Shadow Out of Time‹ ist zugleich ein Wunschtraum, eine fantastische Selbsterfüllung einer faustischen Sehnsucht, wie sie nicht viele Menschen wirklich spüren. Sicher sind die meisten Menschen gelegentlich für einen Augenblick neugierig, wie es wohl weitergeht mit der Erde, was vor dem Menschen war und was nach dem Menschen sein wird. Aber hier wird dieses Wissen-Wollen zu einem Pathos, das seinen einzigen Ausweg und seine einzige Erfüllung in einer entfesselten Imagination findet.

›The Shadow Out of Time‹ ist Science Fiction, vor allem aber auch echte Utopie: Lovecraft schildert seine ideale Zivilisation. Viel hören wir von der Zukunft der Menschheit – und den beiden Zivilisationen, die ihrem Verschwinden folgen werden (ironisch inszeniert erst als eine Rasse intelligenter Käfer, schließlich eine Spinnenzivilisation). Zugleich wird ein gewaltiges, höchst unorthodoxes Panorama der Erdgeschichte aufgespannt. Ähnlich wie in manchen religiösen und esoterischen Bewegungen (wie in der Theosophie, der Anthroposophie, auch in Scientology) gibt es intelligentes Leben auf der Erde seit Hunderten von Jahrmillionen, und das Sonnensystem wimmelt nur so von absonderlichen Bewohnern. Zugleich bevölkert Lovecraft allmählich die weißen Flecken der Landkarte (die arabische Wüste, den Südatlantik, die Antarktis, Westaustralien, aber auch die Berge in Vermont, die Wälder in Maine etc.) mit den Ruinen und Survivals vergangener Zivilisationen. Die Geschichte ist bei Lovecraft immer entschieden ein Thema von Faszination und radikaler Grenzüberschreitung.

Protagonist ist ein Nathaniel Wingate Peaslee: Wie meist bei Lovecraft besitzt er einen vollklingenden, dreiteiligen neuenglischen Namen. 1908–1913 sind die Jahre der seltsamen Amnesie Peaslees, seiner Besetzung durch das Alien aus der Vergangenheit. Dies waren aber auch Lovecrafts Jahre einer merkwürdigen Erstarrung, in der er sich nicht zu einer wirklichen Planung seines Lebens aufraffen konnte und offenbar die meiste Zeit zu Hause saß, las und Gedichte schrieb. 1908 hatte er seine Schule nach einem Nervenzusammenbruch ohne Abschluss abgebrochen, und obwohl er an Bildung und Fähigkeiten seine Altersgenossen weit in die Tasche steckte, hatte er nichts vorzuweisen, keinen Abschluss, nichts, womit man sich hätte bewerben können. Als er Mitte 20 war, erwachte er etappenweise aus der Lethargie dieser frühen Jahre, baute Sozialkontakte auf (sogar in einem beträchtlichen Ausmaß) und entdeckte seine Berufung als Schriftsteller. Es ist schwerlich Zufall, dass Lovecraft genau diese Jahre nachpubertärer Erstarrung für Peaslees »Besessenheit« durch ein Wesen aus der Vergangenheit wählt. Aber eine genaue Erklärung für diese Koinzidenz besitzen wir auch nicht.

Auch für ›The Shadow Out of Time‹ wissen wir recht genau, wie die Novelle allmählich aus einem Traumbild herauswuchs (diese traumhafte Qualität wird gegen Ende des Textes ausgepägter). Das Traumbild ist das eines Mannes, der ein prähistorisches Buch in seiner eigenen Handschrift in Händen hält. Schon 1930 hatte Lovecraft diese Idee in Briefen an Clark Ashton Smith diskutiert, wie ihn auch die diversen logischen und wissenschaftlichen Probleme einer potentiellen Zeitreise seit vielen Jahren beschäftigt hatten. Eine frühere Fassung der Novelle verlegte die Binnenhandlung (d. h. das Ziel der unfreiwilligen Zeitreise) in die Eiszeit, in die Welt der frühen Erzählung ›Polaris‹ (auch dies wissen wir aus Briefen). Aber das war offenbar nicht entwicklungsfähig. Anfang 1934 hatte Lovecraft seit über einem Jahr keine neue Erzählung mehr geschrieben, etwa ab Frühjahr 1934 begannen die literarischen Experimente, die dann in ›The Shadow Out of Time‹ mündeten. Die Niederschrift der Endfassung begann am 10. November 1934 und war am 22. Februar 1935 abgeschlossen; wie öfters vermerkte Lovecraft die Daten auf seinem Manuskript. Dies war mindestens die zweite oder dritte Fassung der Novelle; Lovecraft war lange nicht zufrieden und änderte mehrfach.

Die benutzen Quellen sind wiederum sehr reich. Anregungen für die Idee eines Persönlichkeitstausches haben wir bereits für ›The Thing on the Doorstep‹ erwähnt. Auf eine nichtliterarische Quelle hat S. T. Joshi hingewiesen: den Film *Berkeley Square* (USA 1933), den Lovecraft zuerst November 1933 auf Anregung von J. Vernon Shea im Kino sah, und später noch drei weitere Male. Hier geht es um einen Mann namens Peter Standish, der so sehr von seinem gleichnamigen Vorfahren aus dem 18. Jahrhundert fasziniert ist, dass er sozusagen in dessen Zeit zurückfällt und schließlich mit seinem Vorfahren verschmilzt. Lovecraft war ein begeisterter Kinogänger: Es ist sehr gut möglich, dass auch künftig noch cineastische Inspirationen in seinem Werk entdeckt werden, die bisher unbeachtet blieben, weil ein Großteil dieser Filme aus den 1920er und 1930er Jahren kaum mehr bekannt ist.

Schwer abzuschätzen ist der Einfluss der zeitgenössischen Science Fiction. Zu H. G. Wells ›The Time Machine‹ (1895, von Lovecraft 1925 gelesen) bestehen kaum Affinitäten, während Olaf Stapledons ›Last and First Men‹ (London 1930) Lovecraft nicht beeinflusst haben kann, weil er diesen Roman erst im August 1935 las. Wie immer hat die Frage nach möglichen Anregungen nur sehr relative Bedeutung: Lovecrafts eigene innovative Imagination war wie ein Schmelztiegel, der aus Vorlagen etwas völlig Neues machte.

Eine interessante Anregung hat zuerst Herr Carsten Flaake (Dortmund) vor einigen Jahren entdeckt. Die australischen Legenden über Buddai »the gigantic old man who lies asleep for ages underground with his head on his arm, and who will some day awake and eat up the world« sind nicht etwa fiktiv. Dieses Stück Mythologie stammt aus John Dunmore Lang, ›Queensland, Australia; A Highly Eligible Field for Emigration, and the Future Cotton-Field of Great Britain: With a Disquisition on the Origin, Manners, and Customs of the Aborigins‹ (London 1861). Hier heißt es S. 379f.: »There are certain traditions among the aborigins that appear to me to have somewhat of an Asiatic character and aspect, Buddai, or as it is pronounced by the aborigins towards the mountains in the Moreton Bay district, Budjah (quasi Buddha) they regard as the common ancestor of their race, and describe as an old man of great stature, who has been lying asleep for ages, with his head leaning on one arm, and the arm buried deep in the sand. A long time ago Buddai awoke and got up, and the whole country was overflowed with water; and when he awakes and gets up again, he will devour all the black men.« Dieses entspricht in so hohem Maße bis ins Wörtliche hinein dem, was Lovecraft schreibt, dass hier offenkundig eine wirkliche Quelle entdeckt ist. Ich habe diesen Ausschnitt im Original zitiert, um zu zeigen, dass es auch noch nach wie vor möglich ist, Quellen aufzuspüren, die einen Passus schlagartig durchsichtig machen und unser Verständnis auf eine neue Basis stellen. Lovecraft hatte Lang offenbar tatsächlich gelesen und nicht etwa über eine Zwischenquelle rezipiert. Weiteres über Buddai lernen wir (aber das kannte Lovecraft wohl kaum) aus einem deutschen Buch: Hermann Preis, *Religionsgeschichte. Geschichte und Entwicklung des religiösen Bewusstseins in seinen einzelnen Erscheinungsformen. Eine Geschichte des Menschengeistes,* Leipzig 1888.

Diese Beispiele für Einflüsse auf Lovecraft müssen genügen. Auch in heutiger Lektüre stellt sich ›The Shadow Out of Time‹ als gewaltige Vision einer kosmischen Geschichte dar, in der unsere Menschheit nur ein kleines Kapitel ist, eine tröstliche und erschreckende Vision, wie man will, aber in jedem Fall eine, welche zu reflektieren mehr als nur eine beiläufige ästhetische Tätigkeit ist. Lovecraft gelingt es durch das Medium der erfundenen Geschichte, seine Leserinnen und Leser ahnen zu lassen, dass der Kosmos vielleicht ein noch viel erstaunlicherer Ort ist, als wir ohnehin schon wissen.

Der Schatten aus der Zeit

I

Nach zweiundzwanzig Jahren voller Albträume und Schrecken, in denen mir nur die verzweifelte Überzeugung von einem mythischen Quell gewisser Eindrücke half, bin ich nicht bereit, für die Wahrheit dessen zu bürgen, was ich in der Nacht vom 17. auf den 18. Juli 1935 in Westaustralien zu entdecken glaubte. Ich habe durchaus Anlass zur Hoffnung, dass mein Erlebnis ganz oder teilweise auf einer Sinnestäuschung beruht – für eine solche gab es einige mögliche Ursachen. Und doch war das Ganze von einem derart scheußlichen Realismus geprägt, dass mir diese Hoffnung zuweilen unmöglich erscheint.

Sollte sich das alles wirklich zugetragen haben, dann muss die Menschheit sich an eine Auffassung vom Kosmos und von der eigenen Stellung im hektischen Strudel der Zeit gewöhnen, von der bereits die geringste Andeutung jeden Zuhörer erstarren lässt. Ebenso müssen die Menschen vor einer spezifischen akuten Gefahr auf der Hut sein, die zwar nicht die gesamte Menschheit verschlingen wird, aber selbst wagemutigen Personen ein ungeheuerliches, nicht auszudenkendes Grauen bereiten kann.

Aus diesem Grunde verlange ich auch mit allem Nachdruck, dass man endgültig alle Versuche einstellt, die Überreste eines unbekannten und vorzeitlichen Mauerwerks auszugraben, das ich mit meiner Expedition erforschen wollte.

Vorausgesetzt, dass ich wach und bei klarem Verstande war, dann erlebte ich in jener Nacht etwas, das kein Mensch je zuvor erlebt hatte. Darüber hinaus war es die fürchterliche Bestätigung all dessen, was ich in das Reich der Mythen und Träume zu verweisen versucht hatte. Glücklicherweise gibt es keine Beweise, da ich in meiner Angst das erstaunliche Objekt verloren habe, das – sofern es echt war und auch aus diesem scheußlichen Abgrund stammte – den unwiderlegbaren Beweis erbracht hätte.

Ich war dem Schrecken allein ausgesetzt – und bis dato habe ich keinem Menschen davon erzählt. Ich konnte die anderen nicht davon abhalten, die Ausgrabungen im fraglichen Gebiet fortzusetzen, doch der Zufall und die Sandverwehungen haben sie bislang davor bewahrt, es zu finden. Und nun muss ich eine endgültige Aussage formulieren – nicht nur um meines eigenen Verstandes willen, sondern auch, um alle zu warnen, die das Folgende sorgfältig lesen werden.

Diese Seiten – zu Anfang wird aufmerksamen Lesern vieles aus der allgemeinen und der wissenschaftlichen Presse bekannt sein – schreibe ich in einer Kajüte des Schiffes, das mich nach Hause bringt. Ich werde sie meinem Sohn übergeben, Professor Wingate Peaslee von der Miskatonic-Universität – dem einzigen Mitglied meiner Familie, das nach meinem sonderbaren Gedächtnisverlust vor langer Zeit nicht den Kontakt zu mir abgebrochen hat, und überdies der Mann, der über die Interna meines Falles am besten unterrichtet ist. Von allen Lebenden ist er derjenige, der mit geringster Wahrscheinlichkeit das ins Lächerliche ziehen wird, was ich von jener verhängnisvollen Nacht zu berichten habe.

Ich habe ihn vor meiner Abreise nicht mündlich von der Sache in Kenntnis gesetzt, da ich der Ansicht bin, er sollte die Enthüllung in schriftlicher Form vorliegen haben. So kann er es nach eigenem Ermessen lesen und wieder lesen, und das wird ihm ein überzeugenderes Bild vermitteln, als ich es mit meiner wirren Sprache je tun könnte.

Er kann mit diesem Bericht nach Belieben verfahren – ihn etwa mit den angemessenen Kommentaren jeder Partei zeigen, die daraufhin etwas Gutes bewirken könnte. Für diejenigen Leser, die mit den früheren Stadien meines Falls nicht vertraut sind, leite ich die eigentliche Enthüllung mit einer recht ausführlichen Zusammenfassung der Hintergründe ein.

Mein Name ist Nathaniel Wingate Peaslee, und alle, die sich an die eine Generation zurückliegenden Zeitungsberichte – oder an die Leserbriefe und Artikel in den psychologischen Fachzeitschriften vor sechs oder sieben Jahren – erinnern, werden wissen, wer und was ich bin. In den Jahren 1908–13 war die Presse voll von Berichten über meinen seltsamen Gedächtnisverlust, und es gab viel Gerede über die volkstümlichen Überlieferungen von Grauen, Wahnsinn und Hexerei hinter den Fassaden der alten Kleinstadt in Massachusetts, in der ich damals wie heute meinen Wohnsitz habe. Dennoch möchte ich darauf aufmerksam machen, dass sich in meiner Familiengeschichte und meinem bisherigen Leben nichts findet, was auf Wahnsinn oder unheimliche Zusammenhänge hinwiese. Das ist eine höchst bedeutsame Tatsache angesichts des Schattens, der so plötzlich von *außen* auf mich fiel.

Wohl mag es sein, dass Jahrhunderte voller dunkler Gerüchte und geflüsterter Legenden das verfallene Arkham besonders anfällig für derartige Schatten gemacht haben – doch selbst dies erscheint unwahrscheinlich im Licht der anderen Fälle, die ich später untersuchen konnte. Am wichtigsten ist hierbei, dass meine Abstammung und mein Hintergrund gänzlich normal sind. Was kam, stammte von *woanders* – woher, das kann ich selbst jetzt noch nicht mit klaren Worten ausdrücken.

Ich bin der Sohn von Jonathan und Hannah (geb. Wingate) Peaslee, die beide aus alten und gesunden Familien Haverhills stammen. In Haverhill wurde ich geboren, und dort wuchs ich auf – auf dem alten Familiensitz in der Boardman Street nahe dem Golden Hill –; nach Arkham zog ich erst, als ich im Jahre 1895 an der Miskatonic-Universität eine Dozentenstelle für Volkswirtschaftslehre erhielt.

Weitere dreizehn Jahre lang verlief mein Leben gleichmäßig und glücklich. 1896 vermählte ich mich mit Alice Keezar aus Haverhill, und unsere drei Kinder Robert, Wingate und Hannah kamen je 1898, 1900 und 1903 zur Welt. 1898 wurde ich auf eine Assistenzprofessur berufen, 1902 erhielt ich die ordentliche Professur. Zu keiner Zeit hegte ich auch nur das geringste Interesse an Themen wie Okkultismus oder abnorme Psychologie.

Am Donnerstag, dem 14. Mai 1908, erfolgte der eigenartige Gedächtnisverlust. Alles geschah ganz unvermittelt, auch wenn ich später erkannte, dass gewisse kurz aufflackernde Visionen einige Stunden zuvor – chaotische Visionen, die mich sehr beunruhigten, weil ich dergleichen nie gekannt hatte – wohl so etwas wie Frühsymptome gewesen sein mussten. Mein Kopf hatte geschmerzt, und ich hatte das eigenartige und mir völlig neue Gefühl gehabt, dass eine andere Person versuchte, die Herrschaft über mein Denken an sich zu reißen.

Der Zusammenbruch trug sich vormittags ungefähr um 10:20 Uhr zu, als ich gerade in Volkswirtschaftslehre VI eine Vorlesung über Wirtschaftsgeschichte und aktuelle ökonomische Tendenzen hielt. Es fing damit an, dass ich sonderbare Schemen vor mir sah und das Gefühl hatte, mich in einem grotesken Raum aufzuhalten, der nichts mit dem Hörsaal zu tun hatte.

Meine Gedanken und mein Vortrag schweiften vom Thema ab, und die Studenten erkannten, dass mit mir etwas ganz und gar nicht in Ordnung war. Dann sackte ich bewusstlos auf meinem Stuhl zusammen und fiel in einen Dämmerschlaf, aus dem niemand mich wecken konnte. Es sollte fünf Jahre, vier Monate und dreizehn Tage dauern, ehe ich wieder mit meinen eigenen wachen Sinnen das Tageslicht unserer normalen Welt erblickte.

Natürlich weiß ich das Folgende nur aus den Berichten anderer. Während der nächsten sechzehneinhalb Stunden zeigte ich keinerlei Anzeichen von Bewusstsein, obwohl man mich in mein Haus in der Crane Street 27 schaffte und der besten medizinischen Behandlung unterzog.

Am 15. Mai um drei Uhr morgens schlug ich die Augen auf und fing zu sprechen an. Es dauerte jedoch nicht lange, da waren der Arzt und meine Familie von dem, was ich sagte und wie ich es sagte, völlig verängstigt. Es wurde deutlich, dass ich mich nicht daran erinnerte, wer ich war, obschon ich aus irgendeinem Grund darauf bedacht war, diese Wissenslücke zu verhehlen. Meine Augen blickten die mich umgebenden Personen sonderbar an, und die Bewegungen meiner Gesichtsmuskeln wirkten gänzlich unvertraut.

Selbst meine Art zu reden schien unbeholfen und fremd. Ich benutzte meine Stimme auf plumpe, zögerliche Weise, und meine Diktion war von einer merkwürdig gestelzten Art, als hätte ich mir die englische Sprache mühselig aus Büchern angeeignet. Die Aussprache erschien barbarisch und ausländisch, und zu meinem Wortschatz gehörten sowohl völlig veraltete Ausdrücke als auch Wörter, die überhaupt nicht zu verstehen waren.

Von den Letztgenannten stand vor allem eine Phrase dem jüngsten meiner Ärzte noch zwanzig Jahre danach mit erschreckender Lebhaftigkeit im Gedächtnis. Denn zu dieser späteren Zeit kam dieser Begriff in Umlauf – erst in England, dann in den Vereinigten Staaten –, und obwohl er überaus komplex und gänzlich neuartig war, entsprach er bis ins kleinste Detail den rätselhaften Worten des seltsamen Patienten im Arkham des Jahres 1908.

Meine körperlichen Kräfte kehrten alsbald zu mir zurück, gleichwohl benötigte ich erstaunlich große Hilfe beim Wiedererlernen des Gebrauchs der Hände, Beine und meines ganzen Körpers. Deshalb und wegen anderer durch den Gedächtnisverlust ausgelöster Handicaps blieb ich für einige Zeit unter strenger ärztlicher Aufsicht.

Als ich einsah, dass meine Versuche, die Gedächtnislücken zu verbergen, gescheitert waren, gestand ich sie offen ein und entwickelte eine regelrechte Gier nach Informationen jedweder Couleur. Bei meinen Ärzten erweckte das den Eindruck, als hätte ich das Interesse an meiner eigentlichen Persönlichkeit verloren, sobald ich die Tatsache der Amnesie für mich akzeptiert hatte.

Ihnen fiel auf, dass mein Hauptaugenmerk darauf lag, gewisse Aspekte aus Geschichte, Wissenschaft, Kunst, Sprache und volkstümlicher Überlieferung zu meistern – manches davon überaus abstrus, anderes von nahezu kindlicher Einfachheit. All dies war mir merkwürdigerweise gänzlich entfallen.

Zugleich wurde ihnen bewusst, dass ich stattdessen über unerklärliches Wissen aus vielen unbekannten Sparten verfügte – ein Wissen, das ich anscheinend lieber verbarg als offen zeigte. Mit beiläufiger Selbstverständlichkeit spielte ich etwa auf spezifische Ereignisse an, die in finsteren Zeitaltern weit außerhalb der akzeptierten Geschichtsschreibung lagen – und wenn ich die Verwunderung bemerkte, die solche Äußerungen auslösten, pflegte ich sie als Scherz abzutun. Und ich sprach in einer Art und Weise über die Zukunft, die zwei- oder dreimal wirkliche Angstzustände bei den Zuhörern auslöste.

Diese unheimlichen Anfälle hörten bald auf, doch schrieben einige Beobachter dies eher einer willentlichen Vorsichtsmaßnahme meinerseits zu als einem Verschwinden des seltsamen Wissens, das ihnen zugrunde lag. Ich schien in der Tat unnatürlich erpicht darauf zu sein, die Sprache, Gepflogenheiten und Überzeugungen unseres Zeitalters in mich aufzunehmen, so als sei ich ein neugieriger und gelehrsamer Reisender aus einem fernen, fremden Land.

Sobald es mir gestattet wurde, suchte ich die Universitätsbibliothek zu jeder möglichen Uhrzeit auf; bald darauf traf ich Vorkehrungen für gelegentliche Reisen und Sonderkurse an amerikanischen und europäischen Universitäten, was während der nächsten Jahre für viel Aufsehen sorgte.

Zu keinem Zeitpunkt litt ich Mangel an Kontakten zu Gelehrten, denn mein Fall war zu einiger Berühmtheit bei den Psychologen jener Zeit gelangt. Ich wurde als Musterbeispiel für eine Sekundärpersönlichkeit dargestellt – obschon ich die Vortragenden mit mancherlei bizarren Symptomen oder einem Anflug offenbar sorgsam verhehlten Hohns dann und wann zu verwirren schien.

Wirkliche Freundschaft wurde mir indes kaum zuteil. Etwas in meinem Aussehen und meiner Sprache schien bei jedem, der mir begegnete, unklare Ängste und Abneigungen auszulösen, als sei mein Wesen unendlich weit von allem Normalen und Gesunden entfernt. Diese Vorstellung eines finsteren verborgenen Grauens, das mit einer undefinierbaren *Abgesondertheit* zusammenhing, war seltsam weit verbreitet und hielt sich hartnäckig.

Meine eigene Familie bildete da keine Ausnahme. Vom ersten Moment meines merkwürdigen Erwachens an betrachtete meine Frau mich nur noch voller Grauen und Abscheu und schwor, etwas völlig Fremdes befinde sich im Leibe ihres Mannes. 1910 setzte sie die rechtmäßige Scheidung durch und verweigerte auch ein Wiedersehen nach meiner Rückkehr zur Normalität im Jahre 1913. Mein ältester Sohn und meine kleine Tochter teilten ihre Abneigung, und so habe ich auch sie beide nie mehr gesehen.

Einzig mein zweiter Sohn Wingate schien das Grauen und den Ekel, die mein Wandel ausgelöst hatte, überwinden zu können. Zwar spürte auch er, dass ich ein Fremder war, doch trotz seiner acht Jahre klammerte er sich an den Glauben, dass mein wahres Ich zurückkehren werde. Als dies dann auch geschah, suchte er mich auf, und das Gericht sprach mir das Sorgerecht für ihn zu. In den folgenden Jahren unterstützte er mich bei den Studien, zu denen ich mich getrieben fühlte, und mit seinen fünfunddreißig Jahren ist er heute Professor für Psychologie an der Miskatonic-Universität.

Aber ich bin keineswegs erstaunt über das Entsetzen, das ich auslöste – denn tatsächlich waren der Geist, die Stimme und der Gesichtsausdruck des Wesens, das am 15. Mai 1908 erwachte, nicht die von Nathaniel Wingate Peaslee.

Ich will gar nicht erst versuchen, viel über mein Leben in den Jahren 1908 bis 1913 zu berichten, da die Leser all die äußerlichen Geschehnisse aus den Archiven alter Zeitungen und Wissenschaftsjournale erfahren können – so wie ich selbst es größtenteils tun musste.

Man gab mir die Verfügung über mein Vermögen zurück, und ich brauchte es langsam und im Ganzen vernünftig auf: für Reisen und Studienaufenthalte an verschiedenen Zentren der Gelehrsamkeit. Jedoch waren meine Reisen höchst einzigartiger Natur, da sie lange Aufenthalte an entlegenen und unwirtlichen Orten einschlossen.

1909 verbrachte ich einen Monat im Himalaya und 1911 erregte ich großes Aufsehen mit einer Reise durch die unbekannten Wüsten Arabiens auf dem Rücken eines Kamels. Was auf diesen Reisen geschah, habe ich nie in Erfahrung bringen können.

Im Sommer des Jahres 1912 charterte ich ein Schiff und fuhr damit nördlich von Spitzbergen in die Arktis; nach dieser Reise zeigte ich Anzeichen von Enttäuschung.

Später im selben Jahr verbrachte ich mehrere Wochen allein in den gewaltigen Kalksteinhöhlen im westlichen Virginia, die ich tiefer beschritt als je eine Expedition vor oder nach mir – derart komplexe schwarze Labyrinthe, dass nicht einmal daran zu denken wäre, meinen damaligen Weg nachzuverfolgen.

Meine Aufenthalte an Universitäten waren von abnorm schneller Wissensaneignung geprägt, als habe meine Sekundärpersönlichkeit über eine meiner eigenen weit überlegene Intelligenz verfügt. Ich habe auch herausgefunden, dass die Anzahl der Bücher, die ich in einsamem Studium las, phänomenal hoch war. Ich vermochte, jede Einzelheit eines Buches zu erfassen, indem ich lediglich die Seiten überflog, so rasch ich sie umblättern konnte; auch mein Talent, komplexe Gleichungen binnen einer Sekunde zu interpretieren, war überaus erstaunlich.

Zuweilen tauchten fast abstoßende Berichte über meine Macht auf, das Denken und Handeln anderer zu beeinflussen, obgleich ich anscheinend darauf achtgab, diese Fähigkeit so selten wie möglich auszuüben.

Andere hässliche Berichte beziehen sich auf meine innige Vertrautheit mit den Führern okkultistischer Gruppen und mit Gelehrten, die im Verdacht standen, mit namenlosen, scheußlichen, archaischen Sekten zu kommunizieren. Diese Gerüchte wurden zu jener Zeit zwar nicht bestätigt, erhielten aber zweifellos Nahrung durch die bekannte Richtung meiner Lektüre – denn man kann nicht unter völliger Geheimhaltung seltene Bücher in Bibliotheken konsultieren.

Es gibt triftige Beweise – und zwar in Gestalt schriftlicher Anmerkungen –, dass ich folgende Werke genauestens durcharbeitete: die *Cultes des Goules* des Comte d'Erlette, Ludvig Prinns *De Vermis Mysteriis,* von Junzts *Unaussprechliche Kulte,* die verbliebenen Fragmente des rätselhaften *Buchs Eibon* und das gefürchtete *Necronomicon* des verrückten Arabers Abdul Alhazred. Außerdem ist nicht zu leugnen, dass ungefähr zur Zeit meiner sonderbaren Wandlung eine neue bösartige Welle an Aktivitäten von Untergrundsekten einsetzte.

Im Sommer 1913 zeigte ich immer häufiger Anzeichen von Langeweile und nachlassendem Interesse, und verschiedenen Bekannten gegenüber deutete ich an, man könne bald eine Wandlung in mir erwarten. Ich sprach von zurückkehrenden Erinnerungen an mein früheres Leben – allerdings zweifelten die meisten meiner Zuhörer an meiner Aufrichtigkeit, waren doch alle von mir berichteten Erinnerungen so alltäglicher Natur, dass ich sie auch aus meinen alten Privatunterlagen erfahren haben konnte.

Ungefähr Mitte August kehrte ich nach Arkham zurück und zog wieder in mein seit langer Zeit leer stehendes Haus in der Crane Street. Dort installierte ich einen überaus sonderbaren mechanischen Apparat, der Stück für Stück von verschiedenen Herstellern wissenschaftlicher Geräte aus Europa und Amerika erbaut worden war und vor den Blicken aller Personen abgeschirmt wurde, die intelligent genug gewesen wären, um das Ding zu durchschauen.

Diejenigen, die es gesehen haben – ein Arbeiter, ein Dienstbote und die neue Haushälterin –, beschreiben es als merkwürdiges Konstrukt aus Stäben, Rädern und Spiegeln, das allerdings bloß sechzig Zentimeter hoch, dreißig Zentimeter breit und dreißig Zentimeter tief war. Der mittlere Spiegel war kreisförmig und nach außen gewölbt. Diese Angaben wurden von den Herstellern der Einzelteile bestätigt, die ich noch aufzufinden vermochte.

Am Freitagabend, dem 26. September, entließ ich die Haushälterin und das Dienstmädchen bis zum nächsten Mittag. Bis spät in die Nacht brannten die Lichter im Haus und ein schlanker, dunkler, merkwürdig fremd aussehender Mann kam in einem Automobil zu Besuch.

Ungefähr um ein Uhr nachts sah man das Haus zuletzt erleuchtet. Um Viertel nach zwei passierte ein Streifenpolizist das nun dunkle Haus, doch der Wagen des Fremden stand noch davor. Gegen vier Uhr war das Automobil dann verschwunden.

Um sechs Uhr morgens erhielt Dr. Wilson einen Anruf; eine leise ausländische Stimme bat ihn, mein Haus aufzusuchen und mich aus einer eigenartigen Ohnmacht zu wecken. Dieser Anruf – ein Ferngespräch – wurde später zu einer Telefonzelle am Bostoner Nordbahnhof zurückverfolgt, aber von dem schlanken Ausländer fand sich weiter keine Spur.

Als der Arzt mein Haus erreichte, fand er mich bewusstlos im Wohnzimmer – in einem Lehnstuhl, vor den ein Tisch gestellt worden war. Auf der lackierten Tischplatte fanden sich Kratzer, wo irgendein schwerer Gegenstand gestanden hatte. Die sonderbare Maschine war verschwunden, man hörte auch nie wieder etwas von ihr. Zweifellos hatte der dunkle, schlanke Ausländer sie mitgenommen.

Im Kamin der Bibliothek fand sich eine große Menge Asche – offensichtlich alles, was das Feuer von jedem einzelnen Stück Papier übrig gelassen hatte, auf das ich seit meinem Gedächtnisverlust etwas geschrieben hatte. Dr. Wilson beunruhigte meine Atmung, doch nach einer Injektion stabilisierte sie sich.

Am 27. September um 11.15 Uhr fing ich an, mich ruckartig zu bewegen, und mein bis dahin maskenhaftes Gesicht zeigte einen Ausdruck, der laut Dr. Wilson nicht zu meiner Sekundärpersönlichkeit, sondern vielmehr zu meinem normalen Ich zu gehören schien. Gegen 11.30 Uhr murmelte ich einige sehr merkwürdige Silben – Silben, die zu keiner bekannten Sprache der Menschheit zu gehören schienen. Auch schien ich mit etwas zu ringen. Kurz nach Mittag – die Haushälterin und das Dienstmädchen waren inzwischen zurückgekehrt – fing ich dann an, etwas auf Englisch zu murmeln.

»– von allen orthodoxen Ökonomen unserer Zeit charakterisiert Jevons die vorherrschende Tendenz zu einer interdisziplinären Wechselbeziehung. Sein Versuch, den Handelskreislauf von Wohlstand und Depression zu dem physikalischen Zyklus der Sonnenflecken in Beziehung zu setzen, ist vielleicht der Gipfelpunkt der –«

Nathaniel Wingate Peaslee war wieder da – ein Geist, für dessen Zeitempfinden es noch immer ein Donnerstagmorgen im Jahre 1908 war, an dem er hinter seinem verschrammten Pult stand und Studenten der Volkswirtschaftslehre ihn neugierig ansahen.

II

Meine Rückkehr ins normale Leben gestaltete sich als schmerzhafter und schwieriger Prozess. Der Verlust von fünf Jahren schafft mehr Komplikationen, als man sich gemeinhin vorstellen kann, und in meinem Fall gab es unzählige Angelegenheiten zu regeln.

Was ich über meine Aktivitäten seit 1908 hörte, verwunderte und verstörte mich, doch versuchte ich, dem Ganzen möglichst mit philosophischer Gelassenheit zu begegnen. Als man mir endlich das Sorgerecht für meinen zweiten Sohn Wingate zusprach, ließ ich mich mit ihm im Haus in der Crane Street nieder und bereitete mich darauf vor, wieder an der Universität zu lehren; der Lehrkörper hatte mir gütigerweise meine alte Professur erhalten.

Im Februar 1914 nahm ich meine Arbeit auf, blieb aber nur ein Jahr dabei. Da erst erkannte ich, wie übel mein Erlebnis mir mitgespielt hatte. Obgleich ich – wie ich hoffe – völlig bei Vernunft war und meine ursprüngliche Persönlichkeit keinen Schaden erlitten hatte, mangelte es mir doch an der nervlichen Ausdauer früherer Tage. Wiederholt suchten mich schemenhafte Träume und eigenartige Vorstellungen heim, und als der Ausbruch des Weltkrieges meine Gedanken in Richtung Geschichte lenkte, ertappte ich mich dabei, in der eigentümlichsten Art und Weise über historische Epochen und Ereignisse nachzudenken.

Meine Auffassung von der *Zeit* – meine Fähigkeit, zwischen Aufeinanderfolgendem und Gleichzeitigem zu unterscheiden – schien irgendwie in Unordnung geraten zu sein; so hegte ich chimärenhafte Vorstellungen darüber, in einer bestimmten Epoche zu leben und gleichzeitig den Geist über die Ewigkeit auszubreiten, um Wissen über Vergangenheit und Zukunft zu erlangen.

Der Große Krieg vermittelte mir den merkwürdigen Eindruck, mich an einige seiner weit in der Zukunft liegenden Konsequenzen erinnern zu können – als wüsste ich, wie er ausgehen würde, und könnte im Lichte zukünftiger Kenntnisse darauf *zurückblicken.* Alle diese Quasi-Erinnerungen brachten viel Schmerz und das Gefühl mit sich, eine künstliche psychologische Barriere sei gegen sie errichtet worden.

Als ich anderen gegenüber schüchterne Andeutungen darüber machte, erntete ich unterschiedliche Reaktionen. Manche sahen mich lediglich unangenehm berührt an, aber Männer mit mathematischem Hintergrund sprachen von neuen Entwicklungen bei den Relativitätstheorien – damals zirkulierten diese nur in gebildeten Kreisen, doch später sollten sie große Berühmtheit erlangen. Dr. Albert Einstein, so sagten sie, habe den Status der Zeit auf den einer bloßen Dimension reduziert.

Doch diese Träume und verstörenden Gefühle setzten mir so stark zu, dass ich 1915 meine geregelte Arbeit niederlegen musste. Gewisse Eindrücke nahmen eine lästige Form an und vermittelten mir beharrlich das Gefühl, mein Gedächtnisverlust sei in Wirklichkeit eine Art unheiliger Austausch gewesen – bei meiner Sekundärpersönlichkeit habe es sich eigentlich um einen Eindringling aus dem Reich des Unbekannten gehandelt, der meine eigene Persönlichkeit verdrängt hatte.

Auf diese Art wurde ich zu unklaren und grausigen Spekulationen darüber getrieben, wo sich denn mein wahres Ich in diesen Jahren aufgehalten hatte, als ein anderer in meinem Leib wohnte. Das sonderbare Wissen und merkwürdige Verhalten des ehemaligen Bewohners meines Körpers setzten mir desto stärker zu, je mehr ich von Menschen oder aus Unterlagen und Zeitschriften darüber erfuhr.

Merkwürdigkeiten, die andere verblüfft hatten, schienen auf schreckliche Weise mit einem untergründigen schwarzen Wissen in Einklang zu stehen, das in den Schluchten meines Unterbewusstseins schwärte. Ich begann meine fieberhafte Suche nach jedem Fetzen Information über die Studien und Reisen jenes anderen während der dunklen Jahre.

Nicht alle meine Probleme waren so abstrakter Natur. Da waren die Träume – und sie schienen an Lebhaftigkeit und Deutlichkeit zuzunehmen. Da ich wusste, wie die meisten darauf reagieren würden, sprach ich, abgesehen von meinem eigenen Sohn und gewissen vertrauenswürdigen Psychologen, mit kaum jemandem über sie, fing schließlich aber eine wissenschaftliche Studie anderer Fälle an, um herauszufinden, wie typisch oder untypisch solche Visionen bei Opfern von Gedächtnisverlust waren.

Mithilfe von Psychologen, Historikern, Anthropologen und erfahrenen Spezialisten für Geisteskrankheiten sowie einer Studie über alle bekannten Fälle von Persönlichkeitsspaltung von der Zeit angeblicher dämonischer Besessenheit bis hin zur medizinisch-realistischen Gegenwart gelangte ich zu Ergebnissen, die mich anfangs mehr beunruhigten denn trösteten.

Ich fand bald heraus, dass meine Träume in der überwältigenden Mehrheit authentischer Amnesiefälle keinerlei Entsprechung fanden. Es blieb jedoch eine winzige Minderheit von Berichten, die mich wegen ihrer Parallelen zu meinen eigenen Erfahrungen über Jahre hinweg verwirrten und bestürzten. Ein paar von ihnen stammten aus antiken Überlieferungen; andere waren Fallstudien aus den Annalen der Medizin; ein oder zwei waren Anekdoten, die in normalen Geschichtsbüchern als obskure Fußnoten Erwähnung fanden.

Dadurch gelangte ich zu dem Schluss, dass meine besondere Krankheit zwar unglaublich selten vorkam, aber seit Anfang der Geschichtsschreibung mit langen Zwischenräumen immer wieder aufgetaucht war. Über ein paar Hundert Jahre verteilt mochten ein, zwei oder drei derartige Fälle auftreten, dann einige Jahrhunderte lang gar keiner – oder zumindest keiner, über den Aufzeichnungen auf uns gekommen waren.

Im Kern war es immer das Gleiche – eine für ihre große Gelehrsamkeit bekannte Person wird von einer seltsamen Sekundärpersönlichkeit in Besitz genommen und führt über einen kürzeren oder längeren Zeitraum eine ihm gänzlich fremde Existenz. Diese ist zu Anfang durch sprachliche und körperliche Unbeholfenheit charakterisiert, später dann durch eine umfassende Aneignung von Wissen aus den Bereichen der Wissenschaft, Geschichte, Kunst und Völkerkunde – eine

Aneignung, die mit fieberhaftem Eifer und einer völlig abnormen Aufnahmefähigkeit betrieben wird. Darauf folgt die plötzliche Rückkehr des rechtmäßigen Bewusstseins, das von nun an immer wieder von unklaren, nicht klassifizierbaren Träumen geplagt wird, die auf Bruchstücke von scheußlichen, aber kunstvoll ausgelöschten Erinnerungen hindeuten.

Und die große Ähnlichkeit dieser Albträume mit den meinen – bis hin zu den kleinsten Einzelheiten – ließ keinen Raum, um an ihrem typischen Charakter zu zweifeln. Bei ein oder zwei Fällen kam noch zusätzlich so etwas wie eine leise grauenhafte Vertrautheit hinzu, als hätte ich schon einmal über irgendeinen kosmischen Weg von ihnen erfahren, der zu krankhaft und fürchterlich ist, um näher darüber nachzudenken. In drei Fällen wurde gesondert auf eine unbekannte Maschine hingewiesen – eine, wie sie vor der Rückumwandlung auch in meinem Haus gestanden hatte.

Bei meinen Nachforschungen beunruhigte mich zudem die um einiges größere Häufigkeit von Fällen, in denen Menschen, die nicht an einer konkreten Amnesie litten, kurze Einblicke in die dafür typischen Albträume zuteil wurden.

Diese Personen waren größtenteils von mittelmäßiger oder geringer Intelligenz – manche davon derart primitiv, dass man sie sich kaum als Gefäße für eine abnorme Gelehrsamkeit und für übernatürliche geistige Aneignungsgaben vorstellen konnte. Für ganz kurze Zeit waren sie von einem fremden Feuer erfüllt – dann kehrte die alte Persönlichkeit zurück, und es blieb eine schwache, rasch verblassende Erinnerung an ein unmenschliches Grauen.

Im vergangenen halben Jahrhundert waren mindestens drei solcher Fälle bekannt geworden – der letzte war erst vor fünfzehn Jahren aufgetreten. Hatte sich irgendetwas aus einem unbekannten Abgrund der Natur blindlings durch die Zeit getastet? Handelte es sich bei diesen leichteren Fällen um monströse, unheimliche Experimente von einer Art und Urheberschaft, die außerhalb des menschlich Fassbaren lagen?

So sahen einige der formlosen Spekulationen meiner schwächeren Stunden aus – Grillen, die von den Mythen noch gespeist wurden, auf die ich bei meinen Studien stieß. Denn ich konnte nicht in Zweifel ziehen, dass gewisse beharrliche Legenden aus grauer Vorzeit, die den Ärzten und Opfern jüngerer Amnesiefälle anscheinend unbekannt waren, in einem so erstaunlichen wie bestürzenden Zusammenhang mit Fällen von Gedächtnisverlust wie dem meinen standen.

Über das Wesen der Träume und der Eindrücke, die so grelle Ausmaße annahmen, wage ich noch immer kaum zu sprechen. Sie schienen mir nach Wahnsinn zu schmecken, und zuweilen glaubte ich wirklich, den Verstand zu verlieren. Gab es eine besondere Art von Sinnestäuschungen, die diejenigen heimsuchte, die an Gedächtnisverlust gelitten hatten? Es war vorstellbar, dass die Bemühungen des Unterbewusstseins, eine verwirrende Leere mit Pseudo-Erinnerungen zu füllen, merkwürdige Kapriolen der Einbildung nach sich ziehen könnte.

Dies war denn auch die Ansicht der meisten der Nervenärzte, die mir bei meiner Suche nach vergleichbaren Fällen behilflich waren und die meine Verwirrung über die zuweilen vorhandenen exakten Entsprechungen teilten. Doch in letzter Konsequenz schien mir eine andere, volkstümlichere Theorie plausibler zu sein.

Die Nervenärzte bezeichneten diesen Zustand nicht als reinen Wahn, sondern ordneten ihn lieber den Neurosen zu. Mein Unterfangen, seine Ursache dafür aufspüren und analysieren zu wollen, anstatt vergeblich zu versuchen, alles zu vergessen, wurde von ihnen begrüßt und ermuntert, da ein solches Vorgehen den besten psychologischen Prinzipien entspreche. Besondere Wertschätzung brachte ich den Ratschlägen der Ärzte entgegen, die mich während meiner Besessenheit durch die andere Persönlichkeit beobachtet hatten.

Meine ersten Komplikationen waren nicht visueller Natur, sondern hingen mit den bereits erwähnten abstrakteren Dingen zusammen. Dazu kam ein Gefühl tiefen und unerklärlichen Grauens vor mir selbst. Ich entwickelte eine eigenartige Furcht vorm Anblick meiner eigenen Gestalt, als könnten meine Augen daran etwas gänzlich Fremdes und unermesslich Grässliches entdecken.

Blickte ich dann doch an mir hinab und gewahrte die vertraute menschliche Gestalt in gedeckter grauer oder blauer Kleidung, verspürte ich stets eine merkwürdige Erleichterung, doch um diese Erleichterung zu erlangen, musste ich erst eine unendliche Angst überwinden. Ich mied Spiegel, wo es nur ging, und ließ mich immer beim Barbier rasieren.

Es dauerte sehr lange, bis ich irgendeines dieser unangenehmen Gefühle mit den flüchtigen visuellen Eindrücken, die immer häufiger auftraten, in Verbindung brachte. Der erste Zusammenhang, den ich herstellte, hatte mit der merkwürdigen Empfindung einer von außen kommenden, künstlichen Beschränkung meines Gedächtnisses zu tun.

Ich hatte das Gefühl, dass die kurz aufblitzenden Visionen, die ich hatte, von einer tief greifenden und schrecklichen Bedeutung waren und in fürchterlichem Zusammenhang mit mir standen, dass jedoch irgendein Einfluss mich absichtlich davon abhielt, diese Bedeutung und diesen Zusammenhang zu erfassen. Hinzu kam das sonderbare Zeitempfinden, und damit einher ging mein verzweifeltes Bestreben, die bruchstückhaften Traumgesichte in ein chronologisches und räumliches Muster einzuordnen.

Diese flüchtigen Gesichte selbst waren anfangs eher merkwürdig als erschreckend. Ich schien mich in einer gewaltigen gewölbeartigen Kammer zu befinden, deren hohe steinerne Kreuzgewölbe sich beinahe in der Dunkelheit verloren. In welcher Zeit und an welchem Ort dies auch sein mochte, das architektonische Prinzip des Bogens jedenfalls war wohlbekannt und wurde so häufig wie in altrömischen Bauten eingesetzt.

Es gab kolossale runde Fenster und hohe Torbögen und Postamente oder Tische, die jeweils so hoch waren wie ein normales Zimmer. Gewaltige Regale aus dunklem Holz säumten die Wände und enthielten allem Anschein nach Bücher von immenser Größe, deren Rücken mit fremdartigen Schriftzeichen geschmückt waren.

Auf dem sichtbaren Mauerwerk waren eigenartige Reliefs zu erkennen, stets in krummlinigen mathematischen Mustern, und es waren Inschriften eingemeißelt, die aus denselben Schriftzeichen bestanden wie die Beschriftungen auf den riesigen Büchern. Das Mauerwerk bestand aus dunklem Granit und ungeheueren, megalithartigen Blöcken; die konkav geformten oberen Reihen passten sich in die konvex geformten Blöcke darunter ein.

Es gab keine Stühle, aber die Flächen der gewaltigen Postamente waren voller Bücher, Papiere und Gegenstände, die nach

Schreibmaterial aussahen – merkwürdig verzierte Gefäße aus einem irgendwie purpurfarbenen Metall und Griffel mit fleckigen Spitzen. So hoch die Postamente auch waren, manchmal schien ich sie von oben herab betrachten zu können. Auf manchen standen große Kugeln aus einem leuchtenden Kristall, die als Lampen dienten, und unerklärliche Maschinen aus gläsernen Röhrchen und metallenen Stäben.

Die Fenster bestanden aus Glas und waren mit stabil aussehenden Gittern versehen. Obgleich ich es nicht wagte, mich ihnen zu nähern und einen Blick nach draußen zu werfen, konnte ich von meinem Standpunkt aus die sich wiegenden Wipfel von einzigartigen farnähnlichen Gewächsen sehen. Der Boden war mit massiven achteckigen Steinplatten bedeckt; Teppiche oder Wandbehänge fehlten gänzlich.

Später dann hatte ich Visionen, in denen ich durch steinerne zyklopische Korridore flog und entlang gigantischer Schrägneigen aus dem gleichen monströsen Mauerwerk. Nirgends gab es Stufen, und kein Zu- oder Ausgang besaß einen Durchmesser von weniger als neun Metern. Einige der Gebäude, durch die ich schwebte, müssen sich viele Hundert Meter gen Himmel erhoben haben.

Im unteren Bereich gab es mehrere Ebenen mit schwarzen Gewölben und nie geöffneten Falltüren, die mit ehernen Beschlägen versiegelt waren und vage auf irgendeine besondere Gefahr hindeuteten.

Ich schien hier ein Gefangener zu sein, und über allem, was ich sah, hing das Grauen wie ein Dunstschleier. Ich hatte das Gefühl, die Botschaft der höhnischen krummlinigen Schriftzeichen an den Wänden würde meine Seele vernichten, hätte mich nicht barmherzige Unwissenheit davor geschützt.

In noch späteren Träumen kamen Ausblicke aus den großen runden Fenstern und von einem titanischen Flachdach herab hinzu – sonderbare Gärten, ein weites unfruchtbares Gebiet und eine hohe bogenförmig verzierte Brüstung aus Stein, zu der die oberste der Schrägneigen führte.

Fast endlos zogen sich gewaltige Bauwerke dahin, jedes von einem eigenen Garten umgeben, entlang gepflasterter Straßen, die alle rund sechzig Meter breit waren. Die Gebäude unterschieden sich im Aussehen sehr voneinander, doch gab es nur ein paar, deren Durchmesser weniger als hundertfünfzig Meter und deren Höhe weniger als dreihundert Meter betrugen. Viele von ihnen erschienen so endlos, dass ihre Fassaden sich über viele Hundert Meter erstrecken mussten, und manche ragten wie Berggipfel hoch hinauf in den grauen, dunstigen Himmel.

Sie schienen hauptsächlich aus Stein oder Beton zu bestehen, und die meisten waren von dem merkwürdig krummlinigen Mauerwerk geprägt, das auch in dem Gebäude vorherrschte, worin ich gefangen war. Die Dächer waren flach und mit Gärten bedeckt und zumeist von bogenförmigen Brüstungen umgeben. Manche Gärten besaßen Terrassen, höhere Ebenen und weitläufige freie Flächen. Auf den großen Straßen konnte ich so etwas wie Bewegung erahnen, doch konnte ich diesen Eindruck in den frühen Visionen nicht genau belegen.

An manchen Stellen erblickte ich gewaltige, dunkle, zylinderförmige Türme, die sich weit über alle anderen Bauwerke erhoben. Sie schienen einem ganz eigenen Zweck zu dienen, zeigten Anzeichen von erheblichem Alter und starkem Verfall. Sie bestanden aus bizarren rechteckigen Basaltsteinen und verjüngten sich ein wenig zu den runden Spitzen hin. An keinem dieser Türme konnte ich – mit Ausnahme von gewaltigen Toren am Boden – auch nur die Spur eines Fensters oder anderer Öffnungen entdecken. Ich bemerkte auch ein paar niedrigere Gebäude, die ebenfalls vor Alter zerfielen und den dunklen, zylindrischen Türmen in der Bauweise ähnelten. Um diese entlegenen Haufen rechteckiger Mauerblöcke dräute eine unerklärliche Aura von Bedrohung und gesammelter Furcht, wie schon um die versiegelten Falltüren.

Die allgegenwärtigen Gärten wirkten beinahe erschreckend mit ihren bizarren, unbekannten Formen der Vegetation, die sich über breite Pfade neigte, die von sonderbar gemeißelten Monolithen gesäumt waren. Unnatürlich große farnähnliche Gewächse waren in der Mehrheit – manche davon grün, andere von einer gespenstischen pilzartigen Fahlheit.

Aus ihrer Mitte erhoben sich große schemenhafte Objekte, die Kalamiten glichen und deren bambusartige Stämme sich sagenhaft weit in den Himmel erstreckten. Außerdem gab es büschelartige Formen wie unwirkliche Zykaden und groteske dunkelgrüne Sträucher und Bäume, die Nadelbäumen ähnlich sahen.

Die Blumen waren klein, farblos und unscheinbar; sie blühten in geometrisch angelegten Beeten und – zahlreicher – in den Grünanlagen.

In einigen wenigen Terrassen- und Dachgärten fanden sich größere, lebhaftere Blüten von fast anstößigen Formen, die auf eine künstliche Züchtung hinzuwiesen schienen. Pilze von unvorstellbarer Größe, Form und Farbe sprenkelten die Gärten in Mustern, die eine unbekannte, aber kultivierte Gartenbautradition verrieten. In den größeren Gärten am Erdboden schien man die Unregelmäßigkeiten der Natur bewahren zu wollen, doch auf den Dächern wurde selektiver vorgegangen und auf die Schnittkunst Wert gelegt.

Die Luft war nahezu immer feucht, der Himmel bewölkt, und zuweilen erlebte ich gewaltige Regenfälle. Dann und wann gab es jedoch ein kurzes Zwischenspiel der Sonne – die mir abnorm groß erschien – und des Mondes, dessen Merkmale sich auf unbeschreibliche Weise von seinem uns gewohnten Bild unterschieden. Wenn der Nachthimmel einigermaßen klar war – was äußerst selten vorkam –, dann sah ich Sternbilder, die ich fast nicht wiedererkannte. Zwar näherten sie sich manchmal den mir bekannten Konstellationen, aber nur ganz selten stimmten sie völlig damit überein; anhand der Stellung der wenigen mir bekannten Konstellationen gewann ich den Eindruck, dass ich mich in der südlichen Hemisphäre der Erde befinden musste, nahe dem Wendekreis des Steinbocks.

Der Horizont war stets neblig und verschwommen, aber ich konnte erkennen, dass außerhalb der Stadt gewaltige Urwälder voller unbekannter Farne, Kalamiten, Schuppenbaumgewächse und Siegelbäume lagen, deren fantastische Wedel in den wirbelnden Dünsten höhnisch winkten. Dann und wann deutete etwas auf eine Bewegung am Himmel hin, doch konnte ich in den frühen Visionen nichts Genaues erkennen.

Im Herbst 1914 setzten die unregelmäßigen Träume von sonderbaren Flügen über der Stadt und dem Umland ein. Ich sah endlose Straßen; sie führten durch Wälder von furchteinflößender Größe voller gesprenkelter, gerillter und gestreifter Stämme und vorbei an anderen Städten, die ebenso fremdartig waren wie jene, die mich so beharrlich heimsuchten.

Ich sah monströse Bauwerke aus schwarzem oder irisierendem

Gestein in Schneisen und auf Lichtungen, wo immerfort der Dämmer herrschte, und überquerte lange Brücken über Sümpfe, die so finster waren, dass ich ihre feuchte hochwachsende Vegetation nur erahnen konnte.

Einmal überblickte ich ein unzählige Meilen umfassendes Gebiet, über das sich uralte, verwitterte Basaltruinen erstreckten, deren Bauweise jener der wenigen fensterlosen, runden, spitz zulaufenden Türme in der Stadt glich.

Und einmal sah ich das Meer – eine grenzenlose dunstschwangere Ausdehnung jenseits der kolossalen Steinpiere einer riesigen Stadt voller Kuppeln und Bögen. Große unförmige Schatten bewegten sich über seine Oberfläche, und hier und da wurde es von unnormalen Fontänen aufgewühlt.

III

Wie ich bereits sagte, waren diese fantastischen Visionen nicht von Anfang an so erschreckend. Gewiss haben viele Menschen von wesentlich seltsameren Dingen geträumt – Dinge, die sich aus unzusammenhängenden Fetzen des Alltags, Bildern und Lektüre zusammensetzen und von den unbegreiflichen Launen des Schlafes zu neuen fantastischen Formen arrangiert werden.

Eine Zeit lang nahm ich die Visionen als etwas Natürliches hin, obwohl ich früher nie zu extravaganten Träumen geneigt hatte. Viele der nebulösen Anomalien, so sagte ich mir, mussten einen jeweils trivialen Ursprung haben, den ich nicht mehr zurückverfolgen konnte; andere schienen den Wissensstand der Lehrbücher über Pflanzen und andere Details der primitiven Welt von vor hundertfünfzig Millionen Jahren, dem Perm oder Trias, widerzuspiegeln.

Im Laufe einiger Monate trat das Element des Grauens jedoch mit steigender Kraft hervor. Das war zum selben Zeitpunkt, als die Träume den unwiderleglichen Anschein von Erinnerungen annahmen und ich sie mit meinen zunehmenden abstrakten Verstörungen in Verbindung brachte – dem Eindruck einer Beschränkung meines Gedächtnisses, den merkwürdigen Vorstellungen von der Zeit, dem Gefühl von einem widerwärtigen Austausch mit meiner Sekundärpersönlichkeit in den Jahren

1908–13 und, erheblich später, der unerklärlichen Abscheu vor meiner eigenen Person.

Als in den Träumen gewisse eindeutige Details auftauchten, steigerte sich ihr Grauen um ein Tausendfaches – bis ich im Oktober 1915 davon überzeugt war, etwas unternehmen zu müssen. Damals begann ich mit dem intensiven Studium anderer Fälle von Amnesie und Visionen, weil ich die Hoffnung hegte, dadurch meine Probleme objektiver betrachten und mich aus der emotionalen Beklemmung befreien zu können.

Wie schon erwähnt, hatten meine Recherchen anfangs jedoch eher das Gegenteil zur Folge. Es verstörte mich ungeheuer, dass es so genaue Entsprechungen zu meinen Träumen gab, vor allem vor dem Hintergrund der Tatsache, dass einige dieser Berichte zu alt waren, als dass die Opfer irgendeine Vorstellung von Erdgeschichte, geschweige denn von urzeitlichen Landschaften, hätten haben können.

Mehr noch, viele dieser Berichte lieferten mir schreckliche Einzelheiten und Erklärungen im Zusammenhang mit den Visionen von großen Gebäuden und Dschungelgärten – und anderen Dingen. Meine eigenen Gesichte und unklaren Eindrücke waren schon schlimm genug, doch was von einigen der anderen Träumer angedeutet oder beteuert wurde, hatte den Ruch von Wahnsinn und Blasphemie. Am allerschlimmsten war, dass sich meine Pseudo-Erinnerungen davon zu noch wilderen Träumen und Andeutungen einer bevorstehenden Offenbarung reizen ließen. Und doch erachteten die meisten Ärzte mein Vorgehen für ein im Ganzen empfehlenswertes Verhalten.

Systematisch studierte ich Psychologie, und dank meiner Anreize tat mein Sohn Wingate dasselbe – seine Studien führten ihn schließlich zu seiner jetzigen Professur. 1917 und 1918 besuchte ich besondere Vorlesungen an der Miskatonic-Universität. In der Zwischenzeit hatte ich unermüdlich in medizinischen, historischen und anthropologischen Aufzeichnungen recherchiert, war zu fernen Bibliotheken gereist und hatte schließlich sogar die scheußlichen Bücher verbotenen Wissens gelesen, an denen meine Sekundärpersönlichkeit ein so verstörendes Interesse gehegt hatte.

Bei manchen dieser Bücher handelte es sich um ebendie Exemplare, die ich auch in meinem veränderten Zustand konsultiert hatte, und ich war sehr beunruhigt über gewisse Randnotizen und scheinbare *Korrekturen* im Text selbst, die in einer merkwürdig unmenschlichen Schrift und Ausdrucksweise verfasst waren.

Diese Notizen waren zumeist in der jeweiligen Sprache des betreffenden Buches geschrieben, die der Schreiber offensichtlich alle fließend beherrschte. Eine Anmerkung zu von Junzts *Unaussprechlichen Kulten* war indes von erschreckend anderer Natur. Sie bestand aus krummlinigen Hieroglyphen, die mit derselben Tinte wie die deutschen Verbesserungen geschrieben worden waren, aber keiner bekannten menschlichen Schriftart entsprachen. Und diese Hieroglyphen waren zweifellos eng mit den Schriftzeichen verwandt, denen ich beständig in meinen Träumen begegnete – Schriftzeichen, deren Bedeutung ich manchmal für einen kurzen Augenblick zu kennen glaubte oder an deren Sinn ich mich im nächsten Moment erinnern würde.

Um meine dunkle Verwirrung komplett zu machen, versicherten mir viele der Bibliothekare, dass laut Ausleihliste all diese Randbemerkungen von mir selbst in meinem veränderten Zustand stammen mussten – und das ungeachtet der Tatsache, dass ich drei der fraglichen Sprachen nicht beherrschte und noch immer nicht beherrsche. Als ich die verstreuten Berichte aus alter und neuer Zeit, die anthropologischen und medizinischen Aufzeichnungen miteinander in Zusammenhang brachte, entdeckte ich eine durchaus in sich geschlossene Mischung aus Mythen und Sinnestäuschungen, deren Ausmaß und Fremdheit mich schwindeln machten. Nur eines tröstete mich: die Tatsache, dass diese Mythen von derartig hohem Alter waren. Ich konnte noch nicht einmal erahnen, über welche Wissenspfade Bilder aus der paläozoischen oder mesozoischen Landschaft in diese primitiven Sagen gelangt waren, doch hatte es diese Bilder gegeben. Deshalb existierte eine reale Grundlage für die Herausformung einer bestimmten Art von Sinnestäuschungen.

Die Fälle von Gedächtnisverlust hatten ohne Zweifel das allgemeine Grundmuster des Mythos geschaffen – aber danach mussten die fantasievollen Auswüchse der Mythen sich auf die Amnesieopfer ausgewirkt und ihre Pseudo-Erinnerungen geprägt haben. Ich selbst hatte während meines Gedächtnisschwunds all diese alten Geschichten gelesen – meine Nachforschungen hatten das zur Genüge bewiesen. War es denn daher nicht natürlich, dass meine darauffolgenden Träume und Gefühlsregungen von dem gefärbt und geformt worden waren, was mir aus meinem Sekundärzustand im Gedächtnis versteckt geblieben war?

Ein paar der Mythen wiesen erhebliche Ähnlichkeiten mit anderen rätselhaften Legenden über die vormenschliche Welt auf, vor allem mit den Sagen der Hindus über bestürzende Zeitschluchten, die auch Teil der Lehren moderner Theosophen sind.

Urzeitmythen und moderne Sinnestäuschungen stimmten in der Annahme überein, dass die Menschheit nur eine – vielleicht gar die niedrigste – von mehreren hochentwickelten und dominanten Rassen in der langen und größtenteils unbekannten Geschichte dieses Planeten sei. Beide deuteten an, dass Wesen von unvorstellbarer Gestalt himmelhohe Türme errichtet und jedes Geheimnis der Natur ergründet hatten, noch ehe der erste amphibische Vorfahr des Menschengeschlechts vor dreihundert Millionen Jahren aus dem heißen Meer gekrochen war.

Manche dieser Wesen kamen von den Sternen; ein paar waren so alt wie der Kosmos selbst; andere hatten sich rasch aus terrestrischen Mikroben entwickelt, die zeitlich so weit hinter den ersten Mikroben unseres Lebenszyklus liegen, wie diese hinter uns zurückliegen. Zeitspannen von Tausenden von Millionen Jahren und Verbindungen zu anderen Galaxien und Universen wurden angedeutet. Tatsächlich gab es so etwas wie Zeit im normalen menschlichen Sinne des Wortes gar nicht.

Doch ein Großteil der Sagen und Eindrücke handelte von einer vergleichsweise späten Rasse von merkwürdiger und komplexer Gestalt, die keiner der Wissenschaft bekannten Lebensform ähnelte und ungefähr fünfzig Millionen Jahre vor der Entstehung des Menschen gelebt hatte. Bei dieser Rasse handelte es sich angeblich um die größte von allen, da allein sie das Geheimnis der Zeit gelöst habe.

Sie hatten alles in Erfahrung gebracht, das auf Erden je bekannt war und je bekannt sein würde, denn dank ihres schärferen Verstandes konnten sie sich in die Vergangenheit und die Zukunft projizieren, selbst über Abgründe von Millionen Jahren hinweg, und das Wissen jedes Zeitalters studieren. Aus den

Errungenschaften dieser Rasse entwickelten sich alle Legenden über Propheten, auch die der menschlichen Mythologien.

In ihren gewaltigen Bibliotheken befanden sich Text- und Bilderbücher mit sämtlichen irdischen Annalen – die Geschichte und Beschreibung jeglicher Spezies, die es je gegeben hatte und die es je geben würde, einschließlich vollständiger Darstellungen ihrer Künste, Leistungen, Sprachen und Psychologien.

Mit diesem Äonen umfassenden Wissen wählte sich die Große Rasse aus jeder Epoche und von jeder Lebensform diejenigen Gedanken, Künste und Prozesse aus, die ihrem eigenen Wesen und ihrer eigenen Situation am ehesten gemäß waren. Das Wissen über die Vergangenheit, das man sich durch eine Art von Geistesübertragung außerhalb der anerkannten Sinne sicherte, war schwieriger zu beschaffen als das über die Zukunft.

Im letzteren Fall war das Vorgehen einfacher und stofflicher. Mit der angemessenen mechanischen Hilfe konnte ein Geist sich in der Zeit vorwärtsprojizieren, sich auf trüben übersinnlichen Bahnen seinen Weg vorantasten, bis er in der gewünschten Epoche angelangt war. Nach einigen vorbereitenden Versuchen ergriff er dann von dem besten auffindbaren Vertreter der höchsten Lebensform dieses Zeitalters Besitz. Er übernahm das Gehirn dieses Organismus und sandte darin seine eigenen Schwingungen aus, während der heimatlos gewordene Geist in das Zeitalter des Usurpators zurückgeschleudert wurde und in dessen Körper verblieb, bis ein Umkehrprozess einsetzte.

Der in den Körper des zukünftigen Organismus projizierte Geist gab sich dann als das Mitglied der Rasse aus, über deren äußere Gestalt er verfügte, und lernte so schnell wie möglich alles, was es über das ausgewählte Zeitalter, seine Informationen und technischen Errungenschaften zu erlernen gab.

In der Zwischenzeit wurde der heimatlose Geist, der in die Zeit und den Körper des Usurpators geworfen worden war, sorgfältig bewacht. Man hielt ihn davon ab, dem von ihm bewohnten Körper Schaden zuzufügen, und ließ ihn von ausgebildeten Fragestellern verhören, um all sein Wissen in Erfahrung zu bringen. Häufig konnte man ihn in seiner eigenen Sprache befragen, sofern vorangegangene Reisen in die Zukunft Aufnahmen dieser Sprache mitgebracht hatten.

Stammte der Geist aus einem Körper, dessen Sprache die

Mitglieder der Großen Rasse rein physisch nicht reproduzieren konnten, dann fertigte man kluge Maschinen, auf denen die fremde Sprache wie auf einem Musikinstrument gespielt werden konnte.

Die Mitglieder der Großen Rasse waren gewaltige runzlige Kegel von dreieinhalb Metern Höhe; ihre Häupter und die Extremitäten waren an ausdehnbaren Gliedern von einem halben Meter Umfang befestigt, die von den Spitzen der Kegel ausgingen. Sie sprachen mit dem Klicken oder Kratzen riesiger Tatzen oder Krallen am Ende von zweien ihrer vier Gliedmaßen, und sie bewegten sich durch das Ausdehnen und Zusammenziehen eines widerlichen Gewebes an ihrer gewaltigen, drei Meter messenden Basis voran.

Wenn sich das Erstaunen und Aufbegehren des gefangenen Geistes erschöpft und – in den Fällen, wo er aus einem Körper stammte, der sich von dem der Großen Rasse erheblich unterschied – sein Entsetzen über seine unvertraute temporäre Gestalt sich gemildert hatte, erlaubte man ihm die Erkundung seiner neuen Umgebung, was ihm eine Erfahrung der Wunder und der Weisheit einbrachte, die dem seines Usurpators glich.

Mit den angemessenen Vorsichtsmaßnahmen und im Austausch gegen passende Dienste gestattete man ihm, die ganze bewohnbare Welt zu bereisen – in gewaltigen Luftschiffen oder in den großen bootsähnlichen Fahrzeugen mit Atomantrieb, die über die breiten Straßen glitten. Auch durfte er ungehindert die Bibliotheken aufsuchen, die das Wissen über Vergangenheit und Zukunft des Planeten enthielten.

Das war für viele der gefangenen Geister ein Anlass, sich mit ihrem Los abzufinden; schließlich handelte es sich immer um große Geister, und für diese ist das Enträtseln der verborgenen Mysterien der Erde – verschlossene Kapitel über eine unvorstellbare Vergangenheit und schwindelerregende Strudel der Zukunft, die weit über ihre eigene Lebenszeit hinausgeht – trotz der dabei oft enthüllten Schrecknisse stets das höchste Gut im Leben.

Dann und wann wurde gewissen Gefangenen gestattet, Schicksalsgenossen zu begegnen, die aus der Zukunft gekommen waren – zum Gedankenaustausch mit Wesen, die hundert oder tausend oder eine Million Jahre vor oder nach dem eigenen

Zeitalter lebten. Und alle wurden dazu angehalten, in ihrer jeweiligen Sprache umfangreiche Dokumente über sich selbst und ihre Epoche zu verfassen, die dann in den großen Zentralarchiven verwahrt wurden.

Es sollte hinzugefügt werden, dass es eine ganz spezielle Art von Gefangenen gab, die über wesentlich größere Privilegien als die Mehrheit verfügte. Dabei handelte es sich um sterbende *dauerhafte* Exilanten, deren Körper in der Zukunft von scharfsinnigen Mitgliedern der Großen Rasse ergriffen worden waren, die im Angesicht des Todes der mentalen Auslöschung zu entgehen suchten.

Solche melancholischen Exilanten kamen nicht so häufig vor, wie man nun vielleicht glauben mag, da die Langlebigkeit der Großen Rasse auch ihre Lebenslust schmälerte – ganz besonders bei den höheren Geistern, die zur Projektion fähig waren. Auf solchen Fällen dauerhafter Projektion älterer Geister beruhen viele der permanenten Persönlichkeitsveränderungen, die man in der späteren Geschichte bemerkt hat – auch in jener der Menschheit.

Was die gewöhnlichen Forschungen betraf – sobald der machtgierige Geist in der Zukunft alles Gewünschte in Erfahrung gebracht hatte, erbaute er einen Apparat gleich jenem, mit dem er eingetroffen war, und kehrte den Vorgang der Projektion um. Er befand sich dann wieder in seinem eigenen Leib und seinem eigenen Zeitalter, während der bislang gefangene Geist ebenfalls in den ihm gehörigen Körper in der Zukunft zurückkehrte.

Nur wenn einer der beiden Körper im Zeitraum des Austausches starb, war diese Wiederherstellung unmöglich. In solchen Fällen musste entweder der Forschergeist – wie die Todesflüchtigen – ein Leben in einem fremdartigen Körper der Zukunft führen, oder der gefangene Geist musste – wie die sterbenden dauerhaften Exilanten – seine Tage in der Gestalt und dem Zeitalter der Großen Rasse beschließen.

Dieses Los gestaltete sich weniger schrecklich, wenn der gefangene Geist ebenfalls der Großen Rasse angehörte – was nicht selten vorkam, da diese Rasse zu allen Zeiten ein ausgeprägtes Interesse an der eigenen Zukunft hegte. Die Anzahl sterbender dauerhafter Exilanten der Großen Rasse war sehr gering – was vor allem an den strengen Strafen lag, die die Verdrängung eines zukünftigen Geistes der Großen Rasse durch einen Todkranken nach sich zog.

Durch eine Projektion wurden Vorkehrungen getroffen, um an dem schuldig gewordenen Geist in seinem neuen Leib der Zukunft die Strafe zu vollziehen – manchmal kam es sogar zu einem erzwungenen rückläufigen Austausch.

Komplizierte Fälle von Verdrängung erforschender oder bereits gefangener Geister durch Geister aus verschiedenen Abschnitten der Vergangenheit waren bekannt und sorgfältig wieder korrigiert worden. In jeder Epoche seit der Entdeckung der Geistesprojektion setzte sich ein winziger, aber wohlbekannter Bevölkerungsanteil aus Geistern der Großen Rasse der Vergangenheit zusammen, die über einen kürzeren oder längeren Zeitraum hinweg hier verweilten.

Kehrte ein gefangener Geist fremden Ursprungs in seinen eigenen Körper in der Zukunft zurück, so wurde er durch eine verfeinerte mechanische Hypnose von allem bereinigt, was er im Zeitalter der Großen Rasse gelernt hatte – das geschah aufgrund gewisser problematischer Folgen, die ein In-die-Zukunft-Tragen von großen Wissensbeständen zeitigen konnte.

Die wenigen Beispiele einer Rückübertragung ohne diese Reinigung hatten große Unruhen ausgelöst und würden das zu bestimmten Zeiten in der Zukunft auch noch tun. Und laut den alten Mythen war es größtenteils zweien solcher Fälle zu verdanken, dass die Menschheit gewisse Kenntnisse über die Große Rasse besaß.

Aus jener unendlich fernen Epoche hatten nur wenige Dinge überlebt: gewisse steinerne Ruinen an entlegenen Orten und unter dem Meer sowie Textteile der fürchterlichen *Pnakotischen Manuskripte.*

Und so kam der zurückgekehrte Geist mit einem nur überaus vagen und bruchstückhaften Eindruck von dem heim, was ihm seit seiner Entführung zugestoßen war. Alle Erinnerungen, die man auslöschen konnte, wurden ausgelöscht, sodass sich in den meisten Fällen nur eine traumartige Leere über die Zeit der Verdrängung legte. Manche erinnerten sich an mehr als andere, und das zufällige Vergleichen solcher Erinnerungen hatte bei seltenen Gelegenheiten Andeutungen über die verbotene Vergangenheit und zukünftige Epochen zum Vorschein gebracht.

Vermutlich gab es keine Zeit, in der sich gewisse Gruppierungen oder Sekten nicht insgeheim über manche dieser Andeutungen freuten. Im *Necronomicon* wurde das Vorhandensein einer solchen Sekte unter den Menschen erwähnt – eine Sekte, die den Geistern zuweilen dabei half, aus den Tagen der Großen Rasse in unsere Zeit zu reisen.

Und in der Zwischenzeit wurde die Große Rasse beinahe allwissend und wandte sich der Aufgabe zu, einen Austausch mit den Geistern anderer Planeten herbeizuführen und deren Vergangenheit und Zukunft zu erkunden. Auch versuchten sie, die Vergangenheit und den Ursprung jener schwarzen, seit Äonen toten Welt fern im Kosmos zu ergründen, die ihre mentale Herkunft war – denn die Geister der Großen Rasse waren älter als ihre körperliche Gestalt.

Die Wesen einer sterbenden alten Welt, die mit ihrer Weisheit auch die letzten Geheimnisse gelüftet hatten, hatten nach einer neuen Welt und einer Spezies gesucht, die ihnen ein langes Leben zu versprechen schienen, und sie hatten ihre Geister *en masse* in jenes zukünftige Geschlecht gesandt, das sie am besten beherbergen konnte – die kegelförmigen Wesen, die unsere Erde vor einer Milliarde Jahren bevölkerten.

Und so wurde die Große Rasse zu dem, was sie war, und die unzähligen Geister, die in der Zeit zurückgeschickt wurden, starben voller Grauen über ihre sonderbare neue Gestalt. Später stand die Rasse erneut vor der Auslöschung, überlebte aber durch eine weitere Zeitwanderung ihrer größten Geister in die Körper von anderen, die eine längere physische Lebensspanne vor sich hatten.

Dies war der Hintergrund der ineinander verwobenen Legenden und Halluzinationen. Als ich um 1920 herum meine Nachforschungen in eine zusammenhängende Form gebracht hatte, verspürte ich ein leichtes Nachlassen der Anspannung, unter der ich zuvor gelitten hatte. Waren denn, trotz aller durch blinde Gefühlswallungen ausgelösten Wahnideen, die meisten meiner Phänomene nicht leicht erklärbar? Durch Zufall mochte ich mich während meines Gedächtnisverlustes mit dunklen Themen befasst haben – woraufhin ich die verbotenen Legenden gelesen und die Bekanntschaft von Vertretern uralter und übel beleumdeter Sekten gemacht hatte. Das lieferte doch wohl ausreichend Stoff für die Träume und verwirrenden Gefühle, die nach der Rückkehr meines Gedächtnisses einsetzten.

Was die Randnotizen in erträumten Hieroglyphen und mir unbekannten Sprachen betraf, die ich in die Bibliotheksbücher geschrieben hatte – in meinem Sekundärzustand war es mir sicher ein Leichtes gewesen, mir oberflächliche Kenntnisse dieser Sprachen anzueignen, und die Hieroglyphen hatte meine Fantasie zweifellos anhand der Beschreibungen in alten Legenden ersonnen und danach in meine Träume verwoben. Ich versuchte, gewisse Punkte durch Gespräche mit bekannten Sektenführern zu überprüfen, vermochte aber nie, die richtigen Kontakte zu knüpfen.

Zuweilen beunruhigten mich die Parallelen zwischen so vielen Fällen aus so verschiedenen Zeiträumen genauso wie zu Anfang, doch andererseits sagte ich mir, dass die aufwühlende Folklore in der Vergangenheit sicher weiter verbreitet gewesen sei als in jüngerer Zeit.

Vermutlich waren alle anderen Opfer mit einer ähnlichen Geschichte wie ich seit Langem mit den Erzählungen vertraut gewesen, von denen ich erst in meinem Sekundärzustand erfahren hatte. Als diese Opfer ihr Gedächtnis verloren hatten, hatten sie sich selbst mit den Kreaturen ihrer alten Mythen, den sagenhaften Usurpatoren, die sich in die Geister der Menschen drängten, in Zusammenhang gebracht und sich deshalb auf die Suche nach Wissen gemacht, das sie in eine eingebildete nicht menschliche Vergangenheit mitzunehmen können glaubten.

Und wenn ihr Gedächtnis dann zurückgekehrt war, drehten sie den assoziativen Prozess wieder um, hielten sich für die zuvor gefangenen Geister und nicht mehr für die Usurpatoren. Und von daher rührten die Träume und die Pseudo-Erinnerungen, die dem konventionellen Muster der Mythen folgten.

Trotz ihrer Unzulänglichkeit verdrängten diese Erklärungsversuche doch schließlich alle übrigen aus meinen Gedanken – hauptsächlich wegen der größeren Schwachpunkte aller anderen Theorien. Außerdem pflichtete mir eine beträchtliche Anzahl bedeutender Psychologen und Anthropologen allmählich bei.

Je mehr ich darüber nachsann, desto überzeugender erschien mir meine Erklärung, sodass ich schließlich über ein wirklich effektives Bollwerk gegen die Visionen und Eindrücke verfügte, die mich noch immer plagten. Und wenn ich nun nachts sonderbare Dinge sah? Das lag an dem, was ich gelesen und gehört hatte. Und wenn ich nun merkwürdige Abneigungen, Ansichten und Pseudo-Erinnerungen hatte? Auch das war bloß der Nachhall von Mythen, die ich in meinem sekundären Zustand in mich aufgenommen hatte. Nichts, was ich träumen oder fühlen mochte, konnte von irgendeiner tieferen Bedeutung sein.

Durch diese Geisteshaltung bestärkt, verbesserte sich mein nervliches Gleichgewicht erheblich, wenngleich die Visionen – anders als die abstrakten Empfindungen – an Häufigkeit und an verstörenden Details zunahmen. 1922 fühlte ich mich in der Lage, wieder eine regelmäßige Arbeit anzutreten, und setzte mein neu erworbenes Wissen in die Praxis um, indem ich eine Dozentenstelle für Psychologie an der Universität annahm.

Mein alter Lehrstuhl für Volkswirtschaftslehre war schon vor Langem adäquat besetzt worden – zudem hatten sich die Lehrmethoden in diesem Fach seit meinen Glanzzeiten stark gewandelt. Zu diesem Zeitpunkt bereitete mein Sohn sich gerade auf die Habilitation vor, die schließlich zu seiner derzeitigen Professur führen sollte, und wir arbeiteten sehr viel zusammen.

IV

Trotz allem führte ich weiterhin genau Tagebuch über die ausgefallenen Träume, die mir so häufig und lebhaft zusetzten. Ich dachte mir, dass eine solche Aufzeichnung als psychologisches Dokument von großem Wert sei. Die Traumgesichte hatten nach wie vor eine unheilvolle Ähnlichkeit mit Erinnerungen, auch wenn ich diesen Eindruck mit gewissem Erfolg bekämpfte.

Bei der Niederschrift behandelte ich die Phantasmen wie tatsächlich gesehene Dinge; sonst jedoch tat ich sie wie alle nächtlichen Traumgespinste ab. In normalen Gesprächen erwähnte ich diese Angelegenheiten nie, auch wenn Berichte darüber, die unweigerlich nach außen dringen mussten, allerlei Gerüchte über meinen Geisteszustand in die Welt setzten. Es ist amüsant, dass diese Gerüchte ganz auf Laienkreise beschränkt blieben und bei den Ärzten und Psychologen keinerlei Befürworter fanden.

Von meinen Visionen nach 1914 möchte ich an dieser Stelle nur einige wenige erwähnen, da dem ernsthaften Studenten vollständigere Aufzeichnungen und Berichte zur Verfügung stehen. Es ist augenscheinlich, dass im Laufe der Zeit die merkwürdigen Hemmungen etwas nachließen, denn das Ausmaß meiner Visionen hatte sich enorm vergrößert. Allerdings waren sie nie mehr als voneinander losgelöste Bruchstücke, die allem Anschein nach keinen unmittelbaren Auslöser besaßen.

In diesen Träumen schien ich nach und nach größere Bewegungsfreiheit zu genießen. Ich schwebte durch viele merkwürdige steinerne Gebäude, ging vom einen zum nächsten über riesenhafte Untergrundpassagen, die hier die üblichen Gehwege zu sein schienen. Manchmal sah ich auf der tiefsten Ebene eine der gewaltigen versiegelten Falltüren, die eine ausgeprägte Aura von Angst und Tabu umgab.

Ich sah große mit Mosaiksteinen geschmückte Becken und Räume voller sonderbarer, unerklärlicher Utensilien von jeglicher Art. Es gab gigantische Höhlen voller komplizierter Gerätschaften, deren Form und Zweck mir gänzlich fremd waren und deren Klänge ich erst nach vielen Jahren des Träumens vernehmen konnte. An dieser Stelle möchte ich anmerken, dass Sehen und Hören die einzigen Sinne waren, die ich in der Welt meiner Visionen je benützte.

Das wahre Grauen fing im Mai 1915 an, als ich zum ersten Mal die Lebewesen erblickte. Das war noch bevor meine Kenntnis der Mythen und die Fallstudien mich gelehrt hatten, was ich hätte erwarten müssen. Während die mentalen Barrieren nachließen, konnte ich in verschiedenen Teilen des Gebäudes und auf den Straßen unten große Massen eines dünnen Nebels sehen.

Diese Massen wurden immer dichter und deutlicher, bis ich schließlich mit unangenehmer Genauigkeit die monströsen Umrisse erkennen konnte. Es schien sich um enorme schillernde Kegel zu handeln, ungefähr drei Meter hoch und am unteren Ende drei Meter breit, die aus einem gefurchten, schuppigen und recht elastischen Material bestanden. Von den oberen Enden strahlten vier bewegliche zylindrische Gliedmaße von je dreißig Zentimetern Durchmesser aus, die ebenfalls aus der gefurchten Substanz bestanden.

Diese Glieder waren bald so zusammengezogen, dass sie beinahe unsichtbar waren, bald bis zu einer Länge von knapp drei Metern ausgefahren. Am Ende von zweien dieser Glieder befanden sich gewaltige Klauen oder Scheren. Am Ende eines dritten sah man vier rote trompetenähnliche Anhängsel, und das vierte endete in einer unregelmäßigen gelblichen Kugel von circa sechzig Zentimetern Durchmesser und mit drei großen dunklen Augen im Zentrum.

Auf diesem Haupt befanden sich schlanke graue Stängel mit blumenähnlichen Anhängseln, während von der unteren Seite acht grünliche Antennen oder Tentakel herabbaumelten. Die breite Basis des Zentralkegels war am Rand mit einer gummiartigen grauen Substanz versehen, die durch Ausdehnung und Zusammenziehung für die Fortbewegung des Wesens sorgte.

Ihre Handlungen, obzwar harmlos, entsetzten mich noch mehr als ihre äußere Erscheinung – denn es ist ganz und gar bestürzend, solch ungeheueren Wesen bei Dingen zuzusehen, die man bislang nur von Menschen kannte. Diese Wesen bewegten sich zielstrebig durch die großen Räume, entnahmen den Regalen Bücher und brachten sie zu den großen Tischen, oder umgekehrt; manchmal schrieben sie fleißig mit einem eigentümlichen Griffel, den sie mit den grünlichen Kopftentakeln hielten. Die riesigen Scheren wurden zum Transport der Bücher und zur Verständigung gebraucht – eine Sprache, die aus einer Art Klicken bestand.

Die Wesen trugen keine Kleidung, nur eine Art von Ranzen oder Rucksack, der von der Spitze des kegelförmigen Rumpfes herabhing. Für gewöhnlich wurden der Kopf und das ihn tragende Glied auf der Höhe der Kegelspitze getragen, wenngleich er häufig gehoben oder gesenkt wurde.

Die übrigen drei Gliedmaßen neigten dazu, an den Seiten des Kegels herabzuhängen, und waren, wenn sie nicht in Gebrauch waren, auf eine Länge von rund anderthalb Metern zusammengezogen. Angesichts der Schnelligkeit und Häufigkeit, mit der sie lasen, schrieben und ihre Geräte bedienten – jene auf den Tischen schienen irgendwie mit Gedanken zusammenzuhängen –, kam ich zu dem Schluss, dass sie wesentlich intelligenter sein mussten als der Mensch.

Hernach sah ich sie überall; sie drängten durch die hohen

Kammern und Korridore, warteten monströse Maschinen in Kellergewölben und rasten in gigantischen bootförmigen Wagen über die endlosen Straßen. Ich hatte bald keine Angst mehr vor ihnen, da sie einen durch und durch natürlichen Bestandteil ihrer Umwelt darzustellen schienen.

Allmählich nahm ich individuelle Unterschiede zwischen ihnen wahr; so schienen ein paar von ihnen unter einer Art Zwang oder Hemmung zu leiden. Zwar zeigten sie keine körperlichen Abweichungen, legten aber Gesten und Verhaltensweisen an den Tag, die sie nicht nur von der Mehrheit, sondern auch voneinander sehr stark unterschieden.

Sie schrieben sehr viel, und zwar in – zumindest erschien mir das in meiner vernebelten Sicht so – vielen unterschiedlichen Schriftzeichen, nie aber in den krummlinigen Hieroglyphen, die für die Mehrheit typisch waren. Bei einigen glaubte ich sogar zu erkennen, dass sie unser eigenes Alphabet verwendeten. Die meisten von ihnen arbeiteten wesentlich langsamer als die Allgemeinheit der Wesen.

Während dieser ganzen Zeit schien meine eigene Rolle in den Träumen die eines entkörperlichten Bewusstseins zu sein, das weiter sehen konnte als üblich und das frei umherschwebte, aber an die gewöhnlichen Wege und Geschwindigkeiten der Fortbewegung gebunden war. Erst ab dem August 1915 wurde ich von Hinweisen auf eine leibliche Existenz gepeinigt. Ich sage gepeinigt, weil die erste Phase eine rein abstrakte, aber unendlich schreckliche Verknüpfung meines bereits genannten Ekels vor dem eigenen Körper mit den Szenen meiner Visionen war.

Eine Zeit lang war ich im Traum ängstlich bestrebt, nicht an mir hinabzublicken, und ich weiß noch, wie dankbar ich für das vollkommene Fehlen von großen Spiegeln in den seltsamen Räumen war. Mir setzte die Tatsache stark zu, dass ich die Oberflächen der großen Tische – die nicht weniger als drei Meter hoch waren – immer von oben sah.

Und dann wurde die krankhafte Versuchung, doch an mir selbst hinabzublicken, immer und immer stärker, bis ich ihr eines Nachts nicht länger widerstehen konnte. Mein erster Blick nach unten offenbarte mir gar nichts. Im nächsten Moment erkannte ich den Grund dafür: Mein Kopf befand sich am Ende eines dehnbaren Halses von enormer Länge. Als ich diesen Hals einzog und einen scharfen Blick nach unten warf, sah ich den schuppigen, gefurchten, schillernden, kegelförmigen Leib, drei Meter groß und am unteren Ende drei Meter breit. Das war die Nacht, in der ich mit meinem Schrei halb Arkham weckte, als ich wie wahnsinnig aus den Tiefen des Schlafes emporfuhr.

Erst nach wochenlanger grausiger Wiederholung dieser Szene gewöhnte ich mich halbwegs an diese Visionen meiner selbst in Gestalt eines Monstrums. In den Träumen bewegte ich mich nun mit diesem Körper inmitten der anderen unbekannten Wesen, las fürchterliche Bücher aus den zahllosen Regalen und schrieb stundenlang an den großen Tischen mit einem Griffel, den ich mit den grünen Tentakeln führte, die von meinem Kopf herabhingen.

Mir blieben Fetzen des Gelesenen und Geschriebenen im Gedächtnis hängen. Da waren schreckliche Annalen anderer Welten und anderer Universen und Darstellungen der Regungen formlosen Lebens außerhalb aller Universen. Da waren Berichte über seltsame Gattungen von Wesen, die die Welt in unvordenklicher Vergangenheit bevölkert hatten, und grausige Chroniken von grotesk gestalteten Intelligenzen, die sie Millionen von Jahren nach dem Tod des letzten Menschen bevölkern würden.

Ich erfuhr von Kapiteln aus der Geschichte der Menschheit, von deren Existenz kein heutiger Gelehrter auch nur eine Ahnung hat. Die meisten dieser Schriften waren in der Hieroglyphenschrift verfasst, die ich auf sonderbare Weise mithilfe einer summenden Maschine erlernte und bei der es sich offenkundig um eine agglutinierte Sprache mit Wurzeln fernab jeglichen menschlichen Idioms handelte.

Andere Bücher waren in anderen unbekannten Sprachen geschrieben, die ich mir auf dieselbe Weise aneignete. Nur einige wenige waren in mir geläufigen Sprachen verfasst. Überaus geschickt gemachte Illustrationen, sowohl in den Aufzeichnungen selbst als auch in eigenen Sammlungen, waren mir eine gewaltige Hilfe. Und die ganze Zeit über schien ich eine Geschichte meines eigenen Zeitalters in Englisch abzufassen. Beim Erwachen erinnerte ich mich lediglich an winzige und bedeutungslose Bruchstücke der unbekannten Sprachen, die mein Traum-Ich gemeistert hatte, auch wenn ich ganze Sätze aus der Geschichte behalten hatte.

Ich erfuhr – noch lange bevor mein waches Selbst die Parallelfälle oder die alten Mythen studiert hatte, denen die Träume doch zweifellos entsprangen –, dass die mich umgebenden Wesen der größten Rasse der Welt angehörten, die die Zeit besiegt und forschende Geister in jedes Zeitalter entsandt hatte. Auch wusste ich, dass ich aus meiner eigenen Zeit gerissen worden war, während ein anderer meinen Körper in meiner Zeit benützte, und dass ein paar der anderen seltsamen Gestalten ebenfalls gefangene Geister beherbergten. Ich schien mit der sonderbaren Sprache des Scherenklickens mit exilierten Intellektuellen aus jedem Winkel des Sonnensystems kommunizieren zu können.

Zum Beispiel gab es einen Geist von dem Planeten, den wir als Venus kennen, der in unermesslich weit entfernten zukünftigen Zeiten leben würde, und einer von einem äußeren Mond des Jupiter sechs Millionen Jahre in der Vergangenheit. Von der Erde waren manche Geister der geflügelten, sternenköpfigen, halb pflanzlichen Rasse der paläogenen Antarktis zugegen; einer von dem Echsenvolk aus dem sagenumwobenen Valusien; drei der pelzigen vormenschlichen Tsathoggua-Anbeter aus Hyperboräa; einer von den gänzlich scheußlichen Tcho-Tchos; zwei der spinnenartigen Bewohner des letzten Erdzeitalters; fünf von der robusten Käferrasse, die sofort auf die Menschheit folgen würde und in welche die Große Rasse eines Tages, im Angesicht einer grauenhaften Gefahr, *en masse* ihre kühnsten Geister übertragen würde; und mehrere Vertreter der verschiedenen menschlichen Zivilisationsepochen.

Ich sprach mit dem Geist des Yiang-Li, eines Philosophen aus dem grausamen Kaiserreich des Tsan-Chan, das im Jahre 5.000 unserer Zeitrechnung kommen wird; mit jenem des Generals der großköpfigen braunen Völker, die Südafrika 50.000 v. Chr. beherrschten; mit jenem eines Florentiner Mönches aus dem zwölften Jahrhundert namens Bartolomeo Corsi; mit jenem eines Königs von Lomar, der über dieses fürchterliche Polarreich herrschte, tausend Jahre bevor die untersetzten gelben Inutos aus dem Westen kamen, um es an sich zu reißen.

Ich sprach mit dem Geist des Nug-Soth, eines Magiers der

finsteren Eroberer um 16.000 v. Chr.; mit dem eines Römers namens Titus Sempronius Blaesus, der zu Sullas Zeiten als Quaestor gedient hatte; mit dem des Khephnes, eines Ägypters aus der Zeit der 14. Dynastie, der mir das grausige Geheimnis des Nyarlathotep verriet; mit dem eines Priesters aus dem mittleren Königreich von Atlantis; mit dem eines Gentleman aus Suffolk aus den Tagen Cromwells namens James Woodville; mit dem eines Hofastrologen aus dem Peru der Vor-Inka-Zeit; mit dem des australischen Physikers Nevel Kingston-Brown, der im Jahre 2518 unserer Zeit sterben wird; mit dem eines Erzzauberers des untergegangenen Yhe im Pazifik; mit dem des Theodotides, eines griechisch-baktrischen Beamten um 200 v. Chr.; mit dem eines älteren Franzosen aus der Zeit Ludwigs XIII. namens Pierre-Louis Montagny; mit dem des Crom-Ya, eines kimmerischen Häuptlings um 15.000 v. Chr. – und mit so vielen anderen, dass mein Hirn gar nicht all die schockierenden Geheimnisse und verblüffenden Wunder aufnehmen konnte, die ich von ihnen erfuhr.

Jeden Morgen erwachte ich im Fieber, und zuweilen suchte ich panisch nach Beweisen oder Gegenbeweisen für Informationen, die sich innerhalb des Spektrums modernen menschlichen Wissens befanden. Altüberlieferte Tatsachen erschienen in einem neuen und zweifelhaften Licht, und ich staunte über die Traumgespinste, die in der Lage waren, der Geschichte und der Wissenschaft derart überraschende Fußnoten hinzuzufügen.

Ich erschauderte ob der Rätsel, die die Vergangenheit verbergen mochte, und fürchtete mich vor den Bedrohungen, die die Zukunft mit sich bringen konnte. Was die Bemerkungen von nachmenschlichen Wesen über das Los der Menschheit angedeutet hatten, hatte eine derartig heftige Wirkung auf mich, dass ich mich an dieser Stelle nicht darüber auslassen möchte.

Nach dem Menschen würde die mächtige Zivilisation der Käfer herrschen, und nach deren ungeheuerlicher Übernahme der alten Welt würde die Elite der Großen Rasse sich ihrer Körper bemächtigen. Später, wenn die Lebensspanne der Erde sich ihrem Ende näherte, würden die übertragenen Geister erneut durch Raum und Zeit reisen – ihr nächster Halt würden die knollenförmigen Leiber der Pflanzenwesen auf dem Merkur sein. Doch es würde auch nach den Käfern noch Rassen geben, die sich jämmerlich an den erkalteten Planeten klammern und sich in den mit Schrecken bevölkerten Erdkern eingraben, ehe das unausweichliche Ende kommt.

Währenddessen schrieb ich in meinen Träumen endlos an der Geschichte meines eigenen Zeitalters weiter, die ich – halb freiwillig und halb durch das Versprechen erweiterten Zugangs zu Büchereien und größerer Reisefreiheit verlockt – für das Zentralarchiv der Großen Rasse verfertigte. Diese Archive befanden sich in einem gewaltigen unterirdischen Bauwerk ungefähr in der Stadtmitte und waren mir durch häufige Arbeiten und Konsultationen bald wohlvertraut. Dieses titanische Wissenslager war dazu bestimmt, so alt wie die Rasse selbst zu werden und die schlimmsten Erdbeben zu überstehen, und es übertraf alle anderen Gebäude in seiner massiven, felsengleichen Standfestigkeit.

Die Aufzeichnungen wurden auf große Bögen eines merkwürdig zähen Zellstoffes geschrieben oder gedruckt, und diese Bögen wurden zu Büchern gebunden, die von oben aufgeschlagen und in einzelnen Kassetten aufbewahrt wurden, die aus einem fremdartigen, äußerst leichten und rostfreien Metall bläulicher Färbung bestanden, mit mathematischen Mustern verziert waren und Titel in den krummlinigen Hieroglyphen der Großen Rasse trugen.

Diese Kassetten wiederum wurden in Reihen rechteckiger Nischen aufbewahrt, die wie geschlossene, verriegelte Schränke aussahen, aus demselben rostfreien Metall bestanden und sich mit raffiniert gedrechselten Knäufen öffnen und schließen ließen. Der von mir verfassten Historie wurde ein spezifischer Platz in den Gewölben der untersten Ebene der Wirbeltiere zugewiesen – der Teil, der den Kulturen der Menschen und jenen der warm- und kaltblütigen Rassen gewidmet war, die der Menschheit als Beherrscher der Erde unmittelbar vorausgegangen waren.

Doch vermittelte keiner dieser Träume mir je ein vollständiges Bild des täglichen Lebens. Sie waren alle bloß vernebelte, unzusammenhängende Bruchstücke, und es ist sicher, dass diese Bruchstücke nicht in der richtigen Reihenfolge auftraten. So habe ich beispielsweise nur eine sehr unzulängliche Vorstellung von meinen Lebens- und Wohnumständen in der Traumwelt, auch wenn ich anscheinend über ein eigenes großes Zimmer aus Stein verfügte. Nach und nach wurden die Beschränkungen meiner Gefangenschaft gelockert, denn manche meiner Visionen beinhalteten lebhafte Reiseeindrücke von gewaltigen Dschungelstraßen, merkwürdigen Städten und riesigen dunklen, fensterlosen Ruinen, vor denen die Große Rasse eine eigentümliche Furcht hegte. Es gab auch lange Seereisen in großen, unglaublich schnellen Schiffen mit mehreren Decks und Flüge über wilde Gebiete in geschlossenen, raketenförmigen Luftschiffen, die von elektrischer Abstoßung bewegt wurden.

Jenseits des weiten, warmen Ozeans befanden sich weitere Städte der Großen Rasse, und auf einem entlegenen Kontinent sah ich die ungeschlachten Dörfer der schwarzschnäuzigen, geflügelten Kreaturen, die sich – nachdem die Große Rasse ihre führenden Geister in die Zukunft gesandt haben würde, um dem kriechenden Grauen zu entgehen – zur dominanten Rasse entwickeln sollte. Die Landschaften waren stets von flachen Ebenen und üppigem Grün geprägt. Es gab nur wenige, niedrige Hügel, die auf vulkanische Aktivität hinwiesen.

Über die Tiere, die ich sah, könnte ich ganze Bände schreiben. Sie waren alle wild, hatte doch die mechanisierte Kultur der Großen Rasse das Domestizieren von Tieren längst überflüssig gemacht – ihre Nahrung war gänzlich pflanzlich oder synthetisch. Klobige Echsen von großem Umfang suhlten sich in dampfenden Sümpfen, flogen durch die schwere Luft oder schwammen in den Seen und Meeren; ich glaubte, unter ihnen undeutlich die archaischen Prototypen vieler Formen wiederzuerkennen, mit denen uns die Paläontologie vertraut gemacht hat – Dinosaurier, Pterodaktyle, Ichthyosaurier, Labyrinthodonten, Plesiosaurier und dergleichen mehr. Von Vögeln oder Säugetieren sah ich keine Spur.

Der Erdboden und die Sümpfe waren beständig von Leben erfüllt: Schlangen, Eidechsen und Krokodile; unaufhörlich umschwirrten Insekten die üppige Vegetation. Und weit draußen auf dem Meer spritzten unsichtbare und unbekannte Monstren gebirgshohe Dampfsäulen in den dunstigen Himmel. Einmal fuhr ich in einem riesigen Unterseeboot mit Suchscheinwerfern durch den Ozean und erblickte ein paar lebendige Schreckensbilder von unglaublicher Größe. Außerdem sah ich die Ruinen erstaunlicher versunkener Städte und den Reichtum an Wirbellosen, Brachiopoden, Korallen und Fischen – Leben, das überall gedieh.

Über die Physiologie, Psychologie, Brauchtümer und detaillierte Geschichte der Großen Rasse bewahrten meine Visionen mir nur spärliche Informationen, und viele der hier und da eingestreuten Angaben, die ich festhalte, stammen eher aus meinem Studium alter Legenden und anderer Fälle wie dem meinen als aus meinen eigenen Träumen.

Natürlich holten meine Lektüre und meine Nachforschungen irgendwann die Träume in vielen Phasen ein, übertrafen sie sogar, sodass einzelne Traumfragmente bereits im Voraus erklärt wurden und das Erlernte bestätigten. Dies verhalf mir zu der tröstlichen Ansicht, ähnliche Lektüre und Recherchen meines sekundären Ichs hätten dem gesamten fürchterlichen Stoff meiner Pseudo-Erinnerungen die Grundlage geliefert.

Allem Anschein nach waren meine Träume in einer knapp 150.000.000 Jahre alten Erdepoche angesiedelt, als das Paläozoikum gerade durch das Mesozoikum abgelöst wurde. Die Körper der Großen Rasse entsprachen keiner überlebenden oder wissenschaftlich belegten Linie der terrestrischen Evolution, sondern gehörten einem eigentümlichen, überaus homogenen und hoch spezialisierten organischen Typus an, der ebenso sehr dem pflanzlichen wie dem animalischen Leben nahe stand.

Mein Zellstoffwechsel war einzigartig und beugte der Erschöpfung so weitgehend vor, dass kein Bedürfnis nach Schlaf entstand. Die Nahrung, die über die roten trompetenförmigen Anhänge an einem der großen dehnbaren Glieder aufgenommen wurde, war beinahe flüssig und der Nahrung existierender Tiere denkbar unähnlich.

Die Wesen verfügten über bloß zwei der uns bekannten Sinne – Sehen und Hören, wobei Letzteres mit den blumenähnlichen Auswüchsen an den grauen Stängeln über ihren Köpfen bewerkstelligt wurde. Sie verfügten indes über viele andere, uns unbegreifliche Sinne – diese konnten jedoch von den in ihren Leibern gefangenen fremden Geistern schwerlich angewandt werden. Ihre drei Augen waren so angebracht, dass sie über ein weiteres Gesichtsfeld als normalerweise üblich verfügten. Ihr Blut war dunkelgrün und überaus dickflüssig.

Sie waren geschlechtslos und vermehrten sich durch Samen oder Sporen an ihren Bodenseiten, die sich nur unter Wasser entwickeln konnten. Große seichte Becken wurden für das Züchten ihrer Jungen verwandt, die aber angesichts der Langlebigkeit dieser Wesen – die übliche Lebensspanne betrug vier- bis fünftausend Jahre – nur in geringer Anzahl gezeugt wurden.

Schwer missgebildete Individuen wurden rasch beseitigt, sobald ihre Defekte hervortraten. Krankheiten und bevorstehender Tod wurden wegen des fehlenden Tastsinns oder körperlichem Schmerzempfinden allein aufgrund visueller Symptome erkannt.

Die Toten verbrannte man im Rahmen würdevoller Zeremonien. Wie bereits erwähnt, entging hin und wieder ein kluger Geist dem Tod durch eine Vorwärtsprojektion in der Zeit, doch kam dies nicht sehr häufig vor. Wenn es vorkam, dann wurde der aus der Zukunft verbannte Geist mit größter Freundlichkeit behandelt, bis seine ihm unvertraute Behausung sich auflöste.

Die Große Rasse schien einen eng zusammenhängenden Staat oder Verbund zu formen, dessen wichtigste Institutionen zentralisiert waren, obwohl er aus vier seperaten Teilen bestand. Das Polit- und Wirtschaftssystem jeder Einheit beruhte auf einer Art von faschistischem Sozialismus, die wichtigen Ressourcen wurden gleichmäßig verteilt, und die Macht lag bei einer kleinen Regierungskommission, die von all jenen gewählt wurde, die gewisse bildungsbezogene und psychologische Tests bestanden hatten. Die Familie wurde nicht übermäßig betont, obgleich man Bindungen zwischen Personen gemeinsamer Abstammung anerkannte und die Jungen im Allgemeinen von ihren Eltern erzogen wurden.

Die Ähnlichkeiten mit menschlichen Einstellungen und Einrichtungen waren natürlich dort am größten, wo es entweder um höchst abstrakte Elemente ging oder aber eine Dominanz der grundlegenden, unspezialisierten Triebe herrschte, die allem organischen Leben gemeinsam sind. Weitere Gemeinsamkeiten kamen gelegentlich durch eine bewusste Adaption zustande, wenn die Große Rasse die Zukunft erforschte und Dinge kopierte, die ihr gefielen.

Die hoch mechanisierte Industrie verlangte jedem Bürger nur sehr wenig Zeit ab; die großzügig bemessene Freizeit wurde mit intellektuellen und ästhetischen Beschäftigungen verschiedenster Art ausgefüllt.

Die Wissenschaften waren zu einer unglaublichen Entwicklungsstufe gelangt, und die Kunst bildete einen essenziellen Bestandteil des Lebens, wenngleich sie zu dem Zeitpunkt meiner Träume ihre Blütezeit bereits überschritten hatte. Die Technologie wurde vor allem von einem einzigen Impuls gewaltig vorangetrieben: dem stetigen Kampf ums Überleben und dem Willen, die großen Städte zu bewahren, die von den wundersamen geologischen Erhebungen der Urzeit ständig bedroht wurden.

Verbrechen kamen überraschend selten vor und wurden mit höchst effektiven Maßnahmen geahndet. Die Strafen reichten von Beschneidung der Privilegien und Haft bis hin zur Todesstrafe oder große emotionale Schmerzzufügung, und diese Strafen wurden nie angewandt, bevor die Motive des Beschuldigten zuvor sorgfältig untersucht worden waren.

In den letzten paar Jahrtausenden hatte es zumeist nur Bürgerkriege gegeben, auch wenn zuweilen gegen die geflügelten, sternhäuptigen Großen Alten, die ihr Zentrum in der Antarktis hatten, gekämpft worden war. Die Große Rasse führte zwar nur selten Krieg, aber wenn, dann mit unglaublich vernichtenden Konsequenzen. Eine gewaltige Armee mit kameraähnlichen Waffen, die eine verheerende elektrische Wirkung besaßen, wurde unterhalten, ohne dass man die genauen Gründe dafür nannte, doch standen sie offensichtlich mit der unaufhörlichen Angst vor den dunklen, fensterlosen Ruinen und den großen versiegelten Falltüren in den tiefsten unterirdischen Ebenen in Zusammenhang.

Über diese Angst vor den Basaltruinen und den Falltüren wurde nie gesprochen, es beschränkte sich allenfalls auf Andeutungen und verstohlenes Flüstern. In keinem Buch in den frei zugänglichen Regalen fand sich eine spezifische Auskunft darüber. Dies war das eine Thema, das bei der Großen Rasse einem allgemeinen Tabu unterlag; es schien gleichermaßen mit schrecklichen früheren Kämpfen wie auch mit der künftigen Gefahr zu tun zu haben, die die Rasse eines Tages dazu zwingen würde, ihre klügeren Geister massenhaft in die Zukunft zu schicken.

So unvollkommen und bruchstückhaft die anderen Dinge

waren, die in den Träumen und Legenden auftauchten, diese Angelegenheit lag in noch tieferen Nebelschleiern. Die vagen alten Mythen wichen dem Thema aus – vielleicht waren sie aber auch aus irgendeinem Grunde um alle Anspielungen daraus bereinigt. Und meine Träume und die von anderen lieferten darauf nur sonderbar wenige Hinweise. Niemals erwähnte ein Mitglied der Großen Rasse absichtlich diese Angelegenheit, und das, was man in Erfahrung bringen konnte, wusste man nur von einigen der schärferen Beobachter unter den gefangenen Geistern.

Diesen Informationsfetzen zufolge galt die Furcht einer schrecklichen alten Rasse halb polypenförmiger und gänzlich fremdartiger Wesenheiten, die aus einem undenkbar weit entfernten Universum gekommen waren und vor rund sechshundert Millionen Jahren die Erde und drei andere Planeten des Sonnensystems beherrscht hatten. Diese Wesen waren nur teilweise materiell – in der Art und Weise, wie wir Materie begreifen –, und ihre Art von Bewusstsein und Wahrnehmung unterschied sich erheblich von jener irdischer Organismen. So zählte etwa das Sehen nicht zu ihren Sinnen; ihre geistige Welt war ein merkwürdiges nichtvisuelles Muster von Eindrücken.

Sie waren jedoch insofern materiell, als sie Instrumente aus normaler Materie benutzen konnten, wenn sie sich in Teilen des Kosmos aufhielten, die Materie beinhalteten; zudem benötigten sie eine Unterkunft – wenngleich eine sehr sonderbare. Auch wenn ihre Sinne alle materiellen Schranken überwinden konnten, vermochte ihre Substanz das nicht; außerdem konnten gewisse Formen elektrischer Energie sie gänzlich vernichten. Sie konnten sich in der Luft bewegen, ohne über Schwingen oder irgendein anderes sichtbares Mittel des Lufttransports zu verfügen. Ihr Geist war so beschaffen, dass die Große Rasse mit ihnen in keinerlei Austausch treten konnte.

Als diese Kreaturen auf die Erde gekommen waren, hatten sie gewaltige Städte aus Basalt mit fensterlosen Türmen erbaut und den Wesen, die sie vorgefunden hatten, Fürchterliches angetan. So sah es aus, als die Geister der Großen Rasse aus jener finsteren transgalaktischen Welt, die in den verstörenden und fragwürdigen Eltdown-Scherben Yith genannt wird, über den Sternenabgrund gekommen waren.

Mit ihren Gerätschaften war es den Neuankömmlingen ein Leichtes gewesen, die räuberischen Wesen zu unterwerfen und sie hinab in die Höhlen tief in der Erde zu treiben, die sie teilweise bereits mit ihren Städten verbunden und zu Wohnstätten gestaltet hatten.

Dann hatten sie die Eingänge versiegelt und die anderen ihrem Schicksal überlassen. Später hatten sie die meisten ihrer großen Städte übernommen und einzelne wichtige Gebäude aus Gründen erhalten, die mehr mit Aberglauben zu tun hatten als mit Gleichgültigkeit, Kühnheit, wissenschaftlicher oder historischer Neugierde.

Doch während die Äonen verstrichen, mehrten sich undeutliche üble Anzeichen, dass diese Älteren Wesen in der inneren Welt an Stärke und Zahl zunahmen. Es gab sporadische Überfälle von besonders scheußlicher Art auf einzelne kleine und entlegene Städte der Großen Alten und auf manche der verlassenen älteren Städte, welche die Große Rasse nicht besiedelt hatte – Orte, wo die Abstiege zu den unteren Schluchten nicht sorgfältig genug versiegelt oder bewacht worden waren.

Danach wurden gründlichere Vorkehrungen getroffen und viele der Abstiege für immer verschlossen – doch einige wenige versah man zu strategischen Zwecken mit versiegelten Falltüren, um die Älteren Wesen zu bekämpfen, sollten sie je an unerwarteten Orten hervorbrechen.

Die Überfälle der Älteren Wesen müssen unbeschreibbar schrecklich gewesen sein, da sie die psychische Verfassung der Großen Rasse dauerhaft prägten. Das erstarrte Grauen war so groß, dass man noch nicht einmal das Aussehen der Kreaturen erwähnte. Zu keinem Zeitpunkt war ich fähig, mir ein klares Bild von ihrem Äußeren zu machen.

Es gab verschleierte Andeutungen einer monströsen Verformbarkeit und einer zeitweise auftretenden Unsichtbarkeit, und andere geflüsterte Bruchstücke bezogen sich auf ihre Kontrolle und militärische Nutzung von starken Winden. Eigenartige Pfeifgeräusche und kolossale Fußspuren aus fünf kreisförmigen Zehenabdrücken schien man ebenfalls mit ihnen in Verbindung zu bringen.

Es war offenkundig, dass das kommende Verhängnis, das die Große Rasse so verzweifelt fürchtete – das Verhängnis, das eines

Tages Millionen kluger Geister über den Abgrund der Zeit hinweg in fremde Leiber in der sicheren Zukunft senden sollte –, mit einem finalen erfolgreichen Überfall der Älteren Wesen zu tun hatte.

Mentale Projektionen hatten im Laufe der Zeit eindeutig ein solch grausiges Geschehen vorhergesagt, und die Große Rasse hatte beschlossen, dass niemand, der ihm entgehen konnte, es miterleben sollte. Dass es sich bei dem Vorstoß um eine Frage der Rache und nicht um einen Versuch zur Rückeroberung der Außenwelt handelte, konnten sie aus der späteren Geschichte des Planeten ersehen – denn ihre Projektionen zeigten das Kommen und Gehen aufeinanderfolgender Rassen, die von den ungeheuerlichen Wesen nicht gestört wurden.

Vielleicht gaben diese Wesen den inneren Schluchten der Erde mittlerweile sogar den Vorzug gegenüber der wechselhaften, sturmverheerten Oberfläche; das Licht bedeutete ihnen ja nichts. Vielleicht wurden sie im Laufe der Äonen auch schwächer. Tatsächlich war bekannt, dass sie in der Epoche der nachmenschlichen Käferrasse, die die flüchtenden Geister einst bewohnen sollten, so gut wie tot sein würden.

In der Zwischenzeit hielt die Große Rasse ihre wachsame Hut aufrecht, und ihre mächtigen Waffen waren allzeit bereit, obwohl das angsterfüllte Thema aus der Sprache und allen sichtbaren Aufzeichnungen entfernt worden war. Und immerzu hing der Schatten einer namenlosen Furcht über den versiegelten Falltüren und den dunklen, fensterlosen alten Türmen.

V

Dies ist die Welt, aus der mir meine Träume allnächtlich einen trüben, bruchstückhaften Widerschein brachten. Ich glaube nicht, eine wirkliche Vorstellung vom Grauen und den Bedrohungen dieses Widerscheins vermitteln zu können, da diese Gefühle hauptsächlich einem gänzlich ungreifbaren Phänomen entsprangen – der nagenden Empfindung, eine Art von Erinnerung zu erleben.

Wie ich schon sagte, boten meine Studien mir allmählich einen Schutz vor diesen Gefühlen – rationale psychologische

Erklärungen. Und dieser rettende Einfluss wurde noch verstärkt durch den subtilen Anflug von Gewöhnung, der sich im Laufe der Zeit einstellte. Doch trotz allem kehrte der unklare, kriechende Schrecken dann und wann für Augenblicke zurück. Er ergriff mich jedoch nicht mehr so stark wie zuvor; nach 1922 führte ich ein recht normales Leben, das von Arbeit und Erholung geprägt war.

Im Laufe der Jahre gelangte ich zu dem Entschluss, meine Erfahrungen – ebenso wie die verwandten Fälle und die damit in Verbindung stehenden Überlieferungen – zu sammeln und zugunsten der ernsthaften Forschung zu veröffentlichen. Ich machte mich an eine Reihe von Artikeln, die das gesamte Thema kurz umrissen, und illustrierte sie mit groben Skizzen von einigen der Schemen, Landschaften, Dekormotiven und Hieroglyphen, an die ich mich aus meinen Träumen erinnerte.

Diese Artikel erschienen 1928 und 1929 in verschiedenen Ausgaben des *Journal of the American Psychological Society*, konnten aber nicht viel Aufmerksamkeit auf sich ziehen. In der Zwischenzeit fuhr ich fort, meine Träume mit äußerster Sorgfalt aufzuzeichnen, auch wenn der immer größer werdende Stapel an Berichten unmäßige Proportionen annahm.

Am 10. Juli 1934 wurde mir von der Psychologischen Gesellschaft ein Brief zugestellt, der den Gipfelpunkt und die schrecklichste Phase der ganzen wahnsinnigen Prüfung einleitete. Der Brief trug den Poststempel von Pilbarra in Westaustralien und stammte von einem Mann, der – wie ich auf Nachfrage herausfand – ein Bergwerksingenieur von Rang war. Dem Brief waren einige äußerst merkwürdige Schnappschüsse beigefügt. Ich werde den Text hier in voller Länge wiedergeben, und keinem Leser wird entgehen können, welch gewaltige Wirkung das Schreiben und die Fotografien auf mich ausübten.

Eine Zeit lang war ich wie betäubt, wollte es nicht glauben. Auch wenn ich oft geglaubt hatte, dass es irgendeine faktische Grundlage für gewisse Teile der Legenden geben musste, die meine Träume beeinflussten, so war ich doch gänzlich unvorbereitet auf einen greifbaren Beweis für eine verlorene Welt, die unvorstellbar alt ist. Am niederschmetterndsten fand ich die Fotografien – denn hier zeigten sich in kalter, unwiderlegbarer Wirklichkeitstreue vor sandigem Hintergrund abgenutzte, von

Wasser und Wind gegerbte Steinblöcke, deren leicht nach außen gewölbten Oberflächen und leicht einwärts gewölbten Unterseiten ihre eigene Geschichte erzählten.

Und als ich die Bilder mit einer Lupe betrachtete, konnte ich inmitten der Abschürfungen und Korrosionen nur allzu deutlich die Spuren jener gewaltigen krummlinigen Muster und Hieroglyphen erkennen, deren Bedeutung für mich eine so scheußliche Dimension angenommen hatte. Doch hier nun der Brief, der für sich selbst spricht:

49 Dampier St.
Pilbarra, W.-Australien
18. Mai 1934.

Prof. N. W. Peaslee
c/o Am. Psychological Society
30 E. 41st St.
New York City, USA

Sehr geehrter Herr,
eine Unterhaltung mit Dr. E. M. Boyle aus Perth und einige Zeitschriften mit Ihren Artikeln, die er mir geschickt hat, ließen es mir ratsam erscheinen, Sie über gewisse Dinge zu unterrichten, die ich in der Großen Sandwüste östlich unserer hiesigen Goldminen gesehen habe. Im Lichte der von Ihnen beschriebenen eigenartigen Legenden über alte Städte aus gewaltigen Steinblöcken mit seltsamen Mustern und Hieroglyphen meine ich, dass ich auf etwas sehr Bedeutsames gestoßen bin.

Die Eingeborenen haben schon immer eine Menge über »große Steine mit Zeichen darauf« geredet, vor denen sie eine schreckliche Angst zu haben scheinen. Diese Steine stehen für sie in irgendeiner Verbindung mit den Legenden ihrer Vorfahren über Buddai, den riesigen alten Mann, der seit Urzeiten unter der Erde schläft, das Haupt auf den Arm gebettet, und eines Tages erwachen wird, um die Welt aufzufressen.

Es gibt einige sehr alte und schon halb vergessene Erzählungen über gewaltige unterirdische Hütten aus großen

Steinen, wo Durchgänge immer tiefer abwärts führen und wo sich fürchterliche Dinge zugetragen haben sollen. Die Eingeborenen behaupten, nach einer Schlacht seien einst einige Krieger in einen dieser Durchgänge geflohen und nie zurückgekehrt, und bald nach ihrem Verschwinden seien schreckliche Winde aus den Gängen emporgeweht. In der Regel jedoch hat das, was diese Eingeborenen sagen, nicht viel Substanz.

Ich habe Ihnen allerdings noch mehr zu erzählen. Als ich vor zwei Jahren fünfhundert Meilen östlich in der Wüste Schürfproben machte, stieß ich auf eine Menge sonderbarer Bruchstücke aus behauenem Stein von vielleicht einem Meter mal sechzig Zentimeter Durchmesser, bis zum Äußersten verwittert und korrodiert.

Anfangs vermochte ich keines der von den Eingeborenen erwähnten Zeichen zu entdecken, doch als ich die Steine näher inspizierte, konnte ich trotz der Verwitterung ein paar tief eingeschnittene Linien erkennen. Da waren eigentümliche Kurven, ganz so, wie die Eingeborenen sie zu beschreiben versucht hatten. Ich glaube, es waren etwa dreißig oder vierzig Blöcke, manche davon beinahe ganz vom Sand begraben, und sie alle waren in einem Umkreis von vielleicht einer Viertelmeile angeordnet.

Als ich ein paar Zeichen gesehen hatte, suchte ich gewissenhaft nach weiteren und führte mit meinen Instrumenten eine sorgfältige Vermessung der Fundstelle durch. Von zehn oder zwölf der charakteristischsten Blöcke machte ich auch Fotografien, von denen ich Ihnen Abzüge beilege.

Ich habe mich mit diesen Informationen und Bildern an die Regierung in Perth gewandt, aber dort hat man nichts unternommen.

Dann traf ich auf Dr. Boyle, der Ihre Artikel im *Journal of the American Psychological Society* gelesen hatte und zufällig die Steine erwähnte. Er zeigte enormes Interesse und wurde sehr aufgeregt, als ich ihm meine Schnappschüsse vorlegte. Er sagte, die Steine und die Zeichen glichen genau denen, die Sie im Traum gesehen und in Legenden beschrieben gefunden hätten.

Er wollte Ihnen schreiben, fand aber nicht die Zeit dazu. Inzwischen sandte er mir die meisten der Magazine mit Ihren Artikeln, und anhand Ihrer Zeichnungen und Beschreibungen wurde mir sogleich klar, dass es sich bei meinen Steinen um die von Ihnen erwähnten handelt. Das können Sie auf den beigefügten Abzügen selbst sehen. Dr. Boyle wird sich später noch direkt an Sie wenden.
Ich kann verstehen, wie bedeutsam all dies für Sie sein muss. Fraglos haben wir es hier mit den Überresten einer unbekannten Zivilisation zu tun, die älter ist als jede uns vertraute und die eine der Grundlagen für Ihre Legenden bildet.
Als Bergbauingenieur verfüge ich über einige geologische Kenntnisse, und ich versichere Ihnen, dass diese Steinblöcke so alt sind, dass sie mir Angst machen. Sie bestehen zum Großteil aus Sandstein und Granit, aber einer davon ist mit an Sicherheit grenzender Wahrscheinlichkeit aus einer eigentümlichen Sorte Zement oder Beton.
Sie tragen Spuren von Wassereinwirkung, als wäre dieser Teil der Welt einst im Meer versunken und nach langer Zeit wieder aufgetaucht – lange, nachdem diese Blöcke geschaffen und verbaut wurden. Es ist eine Frage von mehreren hunderttausend Jahren – weiß der Himmel, vielleicht viele mehr. Ich denke nur ungern darüber nach. Angesichts Ihrer fleißigen Arbeit bei der Zusammenstellung der Legenden und allem, was damit in Zusammenhang steht, bin ich davon überzeugt, dass Sie eine Expedition in die Wüste leiten und dort einige archäologische Ausgrabungen anstellen möchten. Dr. Boyle und ich sind dazu bereit, bei solch einer Unternehmung mitzuwirken, falls Sie – oder Ihnen bekannte Organisationen – die Finanzierung übernehmen können.
Ich kann ein Dutzend Bergmänner für die schweren Grabungen zusammenbringen – die Eingeborenen wären hier ohne Nutzen, da sie, wie ich herausgefunden habe, eine fast panische Angst vor dem besagten Ort haben. Boyle und ich werden sonst niemandem davon berichten, da wir der Ansicht sind, dass im Falle einer Entdeckung Ihnen der Vorrang gebührt.

Der Ort kann von Pilbarra aus mit Lastwagen – die wir für unsere Gerätschaften brauchen – in vier Tagen erreicht werden. Er liegt ungefähr südwestlich der Warburton Road von 1873 und einhundert Meilen südöstlich von Joanna Spring. Wir könnten die Ausrüstung auch über den De Grey River transportieren, anstatt von Pilbarra aus zu starten – aber darüber können wir uns später noch beraten.

Grob geschätzt befinden die Steine sich ungefähr 22° 3' 14'' südlicher Breite und 125° 0' 39'' östlicher Länge. Das Klima ist tropisch, die Bedingungen in der Wüste sind herausfordernd.

Ich würde mich über weitere Korrespondenz in dieser Angelegenheit sehr freuen und bin jederzeit bereit, Ihnen bei allem, was Sie unternehmen wollen, zur Seite zu stehen. Nach der Lektüre Ihrer Artikel bin ich zutiefst überzeugt von der tief greifenden Bedeutsamkeit der ganzen Sache. Dr. Boyle wird Ihnen später schreiben. Sollte rasche Kommunikation vonnöten sein, können Sie ein Telegramm nach Perth schicken.

Ich verbleibe in der Hoffnung auf baldige Nachricht.

Glauben Sie mir,
Ihr ergebener,
Robert B. F. Mackenzie

Über das unmittelbare Geschehen nach diesem Schreiben kann man eine Menge aus der Presse erfahren. Mein großes Glück dabei war, mich des Rückhalts der Miskatonic-Universität versichern zu können, die ebenso hilfreich war wie die unbezahlbare Unterstützung durch Mr. Mackenzie und Dr. Boyle bei allen Vorkehrungen in Australien. Wir machten in der Öffentlichkeit keine allzu spezifischen Angaben über unser Ziel, da die Sache auf unangenehme Weise eine sensationsheischende und höhnische Behandlung durch die Regenbogenpresse herausgefordert hätte. Dementsprechend unvollständig waren die gedruckten Berichte, doch erfuhr man genug über unsere Suche nach mutmaßlichen australischen Ruinen und über unsere einleitenden Vorkehrungen.

Professor William Dyer von der geologischen Abteilung der Hochschule – Leiter der Miskatonic-Antarktis-Expedition von 1930/31 –, Ferdinand C. Ashley von der Abteilung für Vor- und Frühgeschichte und Tyler M. Freeborn von der anthropologischen Abteilung bildeten – zusammen mit meinem Sohn Wingate – meine Begleitung.

Anfang 1935 kam mein Briefpartner Mackenzie nach Arkham, um uns dort bei den letzten Vorbereitungen zu unterstützen. Er stellte sich als überaus fähiger und liebenswürdiger Mann von rund fünfzig Jahren und von bewundernswerter Bildung heraus, der mit allen Umständen der Fortbewegung in Australien eingehend vertraut war.

In Pilbarra ließ er Lastwagen bereitstellen, und wir charterten einen Trampdampfer, der klein genug war, um den Fluss hinaufzugelangen. Wir waren darauf vorbereitet, die Ausgrabungen in der sorgfältigsten und wissenschaftlichsten Art und Weise durchzuführen, jeden Zoll Sand zu durchsieben und nichts zu zerstören, was sich noch annähernd in seinem Originalzustand befand.

Am 28. März 1935 verließen wir Boston an Bord des asthmatisch keuchenden Dampfers *Lexington* und erlebten eine müßige Fahrt über den Atlantik und das Mittelmeer, durch den Suezkanal, das Rote Meer hinab und über den Indischen Ozean in Richtung unseres Ziels. Ich muss wohl nicht erwähnen, wie sehr mich der Anblick der flachen, sandigen Küste Westaustraliens deprimierte und wie sehr ich die grobschlächtigen Bergwerksstädte und öden Goldfelder verabscheute, wo man die Lastwagen belud.

Dr. Boyle, der uns dort erwartete, erwies sich als älterer, angenehmer und intelligenter Mann – seine Kenntnisse auf dem Gebiet der Psychologie führten zu vielen langen Diskussionen mit meinem Sohn und mir.

In den meisten von uns mischten sich Unbehagen und Vorfreude auf eigentümliche Weise, als unsere Gruppe von achtzehn Mann endlich über die trockenen Weiten aus Sand und Fels dahinratterte.

Am Freitag, dem 31. Mai, durchwateten wir einen Nebenfluss des De Grey River und betraten das Reich schierer Verwüstung. Ein bestimmtes Grauen wuchs in mir, während wir uns der wahrhaftigen Stätte der älteren Welt hinter den Legenden näherten – und dieses Grauen wurde natürlich noch von der Tatsache bestärkt, dass mich die verstörenden Träume und Pseudo-Erinnerungen nach wie vor mit unverminderter Macht heimsuchten.

Am Montag, dem dritten Juni, sahen wir die halb begrabenen Steinblöcke zum ersten Mal. Ich kann die Gefühle nicht beschreiben, mit denen ich erstmals in der objektiven Wirklichkeit ein Bruchstück des zyklopischen Mauerwerks berührte, das in jeder Hinsicht den Mauerblöcken meiner Traumgebäude glich. Es gab deutlich erkennbare Spuren von Reliefs – und meine Hände zitterten, als ich Teile des krummlinigen Dekormusters erkannte, das dank jahrelanger quälender Albträume und verwirrender Nachforschungen eine teuflische Bedeutung für mich angenommen hatte.

Der erste Grabungsmonat brachte insgesamt 1.250 Blöcke in verschiedenen Stufen der Abnutzung und des Verfalls zum Vorschein. Bei den meisten handelte es sich um geschnitzte Megalithen mit abgerundeten Ober- und Unterseiten. Eine geringere Anzahl war kleiner, flacher, mit glatten Oberflächen und rechteckig oder achteckig geschnitten – ganz wie die Steine der Fußböden und Gehwege in meinen Träumen –, während einige wenige einzigartig massiv und solcherart gekrümmt oder geneigt waren, dass sie auf eine Verwendung beim Spannen eines Gewölbes oder eines Gratbogens hinwiesen, als Teil von Bögen oder runden Fenstereinfassungen.

Je tiefer – und je weiter in nördlicher und östlicher Richtung – wir gruben, desto mehr Blöcke entdeckten wir – aber nach wie vor vermochten wir kein Anordnungsmuster zu erkennen. Professor Dyer zeigte sich entsetzt über das unermessliche Alter der Fundstücke, und Freeborn fand Spuren von Symbolen, die in unklarer Weise mit gewissen uralten Legenden der Papua und Polynesier zusammenpassten. Der Zustand und die wahllose Anordnung der Blöcke waren stumme Zeugen schwindelerregender Zyklen der Zeit und geologischer Umwälzungen von kosmischer Brutalität.

Zu unserer Ausrüstung gehörte ein Flugzeug, und mein Sohn Wingate flog oft in unterschiedlicher Höhe über der Wüste aus Sand und Fels, um vielleicht vage Anzeichen großflächiger

Umrisse zu erkennen. Seine Befunde waren gänzlich negativ – selbst wenn er an einem Tag glaubte, eine Art von Anlage erspäht zu haben, fand er beim nächsten Flug diesen Eindruck durch einen anderen, ebenso täuschenden ersetzt: eine Wirkung des durch den Wind ständig umgeschichteten Sandes.

Allerdings hatten ein oder zwei dieser flüchtigen Andeutungen einen eigenartigen und unangenehmen Effekt auf mich. Sie schienen in gewisser Weise schrecklich zu etwas zu passen, das ich geträumt oder gelesen hatte, woran ich mich aber nicht mehr erinnern konnte. Irgendetwas daran erschien mir fürchterlich vertraut – und fortan warf ich verstohlene, besorgte Blicke auf die scheußliche, sterile Ebene.

Ungefähr in der ersten Juliwoche entwickelte ich unerklärlich zwiespältige Gefühle gegenüber der ganzen nordöstlichen Region. Ein Teil Grauen, ein Teil Neugierde – doch mehr als alles die beharrliche und verwirrende Illusion einer Erinnerung.

Ich bediente mich aller möglichen psychologischen Hilfsmittel, um diese Gedanken aus meinem Kopf zu verbannen, aber nichts fruchtete. Ebenso litt ich nun unter Schlaflosigkeit, doch war ich darüber beinahe froh, weil dadurch auch meine Träume verkürzt wurden. Ich machte mir lange, einsame Spaziergänge durch die nächtliche Wüste zur Angewohnheit – für gewöhnlich in nördlicher oder nordöstlicher Richtung, wohin mich meine seltsamen neuen Impulse unterschwellig zu locken schienen.

Auf diesen Spaziergängen stolperte ich gelegentlich über fast völlig begrabene Fragmente des urzeitlichen Mauerwerks. Obwohl es hier weniger sichtbare Blöcke als in dem Gebiet gab, wo wir mit der Grabung angefangen hatten, war ich davon überzeugt, dass unter der Oberfläche ein reichhaltiges Vorkommen davon existieren musste. Der Boden war weniger ebenmäßig als in unserem Lager, und dann und wann türmten die zeitweilig heftigen Windböen den Sand zu fantastischen Dünen, die die Spuren der uralten Steine bald enthüllten, bald verdeckten.

Ich verspürte den eigentümlich starken Drang, die Ausgrabungen auf dieses Gebiet auszudehnen, hatte aber andererseits Furcht vor dem, was sie zutage fördern mochten. Offensichtlich wurde mein Zustand immer schlimmer – noch verstärkt duch den Umstand, dass ich ihn mir nicht erklären konnte.

Einen Hinweis auf den armseligen Zustand meiner Nerven gibt meine Reaktion auf eine seltsame Entdeckung, die ich bei einer meiner nächtlichen Wanderungen machte. Es war am Abend des 11. Juli, und der Mond übergoss die rätselhaften Hügel mit sonderbar fahlem Licht.

Ich wanderte weiter als meine üblichen Pfade und stieß auf einen großen Stein, der sich von allen, die wir bislang gesehen hatten, merklich unterschied. Er war fast ganz verborgen, dennoch ging ich in die Hocke und entfernte den Sand mit den Händen; danach untersuchte ich das Objekt sorgsam im zusätzlichen Licht meiner Taschenlampe.

Ungleich den anderen sehr großen Felsen war dieser hier perfekt quadratisch geschnitten, ohne irgendwie gewölbte Flächen. Er schien aus einer dunklen basaltähnlichen Substanz zu bestehen, die keine Ähnlichkeit mit den uns bislang vertrauten Bruchstücken aus Granit, Sandstein oder Beton aufwies.

Plötzlich erhob ich mich, wirbelte herum und rannte so schnell ich konnte zurück ins Lager. Es war eine gänzlich unbewusste und irrationale Flucht, und erst als ich mich meinem Zelt näherte, erkannte ich wirklich, weshalb ich hatte fliehen müssen. Dann erst dämmerte es mir. Der sonderbare dunkle Stein war etwas, von dem ich geträumt und worüber ich gelesen hatte, und er stand in Zusammenhang mit den äußersten Schrecken des äonenalten Legendenzyklus.

Es war einer der Blöcke aus dem älteren Basaltmauerwerk, vor dem die sagenumwobene Große Rasse solche Angst hatte – die hohen, fensterlosen Ruinen, welche die düsteren, halb materiellen außerirdischen Wesen hinterlassen hatten, die sich in den tiefsten Schluchten der Erde vermehrten und vor deren windähnlichen unsichtbaren Kräften man die Falltüren versiegelt und mit niemals schlafenden Wachtposten besetzt hatte.

Ich blieb die ganze Nacht über wach, aber in der Morgendämmerung wurde mir bewusst, wie albern es von mir gewesen war, mich von dem Schatten eines Mythos ängstigen zu lassen. Anstelle von Furcht hätte ich die Begeisterung des Entdeckers verspüren sollen.

Am Vormittag berichtete ich den anderen von meinem Fund und machte mich mit Dyer, Freeborn, Boyle und meinem Sohn auf den Weg, um den anomalen Block zu besichtigen. Unser

Vorhaben wurde jedoch vereitelt. Ich hatte mir keine klare Vorstellung vom Standort des Blocks gemacht, und der Wind hatte die wandernden Sanddünen gänzlich neu geordnet.

VI

Ich komme nun zu dem wichtigsten und schwierigsten Teil meiner Erzählung – der umso schwieriger ist, als ich mir seiner Realität nicht gänzlich sicher sein kann. Zuweilen bin ich auf unangenehme Art und Weise davon überzeugt, dass ich weder träumte noch einer Sinnestäuschung erlag, und dieses Gefühl – in Hinsicht auf die ungeheuerlichen Folgerungen, welche die objektive Wahrheit meiner Erfahrungen nahelegen würde – treibt mich an, diesen Bericht zu schreiben.

Mein Sohn – ein ausgebildeter Psychologe mit vollständiger und anteilnehmender Kenntnis meines Falles – wird der Hauptzeuge dessen sein, was ich zu erzählen habe.

Zuerst möchte ich die äußeren Geschehnisse umreißen, wie sie den Bewohnern des Lagers bekannt sind: In der Nacht vom 17. auf den 18. Juli, nach einem windigen Tag, zog ich mich schon früh zurück, ohne aber schlafen zu können. Kurz vor elf Uhr stand ich wieder auf, wie üblich von dem merkwürdigen Gefühl wegen des Gebiets im Nordosten beschlichen, und trat einen meiner gewohnheitsmäßigen Nachtgänge an. Als ich unser Lager verließ, begegnete ich nur einer einzigen Person – einem australischen Bergwerker namens Tupper.

Der Mond, der gerade abzunehmen begann, strahlte aus wolkenlosem Himmel und tauchte die uralten Sandflächen in ein weißes, krankhaftes Licht, das mir aus unerfindlichen Gründen wie das Sinnbild von etwas unendlich Bösem erschien. Kein Wind regte sich mehr, und das sollte auch beinahe fünf Stunden lang so bleiben, wie es Tupper und andere glaubhaft bezeugten, die mich raschen Schrittes über die fahlen geheimnisumwitterten Hügel gen Nordosten gehen sahen.

Gegen halb vier Uhr morgens erhob sich ein heftiger Wind, der alle im Lager aus dem Schlaf riss und drei Zelte zerstörte. Am Himmel war keine Wolke zu sehen, und die Wüste loderte noch immer im kränklichen Mondlicht. Als meine Kollegen sich um die Zelte kümmerten, bemerkte man meine Abwesenheit, doch aufgrund meiner vorangegangenen nächtlichen Ausflüge versetzte dieser Umstand niemanden in Sorge. Dennoch schienen drei der Männer – allesamt Australier – zu spüren, dass etwas Bedrohliches in der Luft lag.

Mackenzie erklärte Professor Freeborn, dass diese Furcht mit den Überlieferungen der Eingeborenen zu tun hatte – diese kannten einen Kreis sonderbarer böser Sagen über die heftigen Winde, die in unregelmäßigen Abständen und bei klarem Himmel die Sandwüste peitschen. Diese Winde, so flüsterten sie sich zu, kämen aus den großen Steinhütten unter der Erde, wo sich einst schreckliche Dinge zugetragen hätten – und man spürte sie nur in der Nähe der großen gezeichneten Steine. Kurz vor vier Uhr flaute der Sturmwind so abrupt ab, wie er entstanden war, und hinterließ die Sandhügel in neuen, unvertrauten Formen.

Es war kurz nach fünf, der aufgeblähte, pilzartige Mond versank bereits im Westen, als ich in das Lager taumelte – ohne Hut und Taschenlampe, in zerfetzten Kleidern, das Gesicht zerkratzt und blutverschmiert. Die meisten Männer hatten sich wieder schlafen gelegt, doch Professor Dyer rauchte noch eine Pfeife vor seinem Zelt. Er sah mich in meinem atemlosen und beinahe panischen Zustand und rief nach Dr. Boyle, und gemeinsam brachten sie mich zu meiner Koje, wo sie mich bequem hinlegten. Von dem Aufruhr aus dem Schlaf gerissen, stieß bald mein Sohn zu ihnen, und zu dritt versuchten sie, mich zum Stillliegen und Schlafen zu bewegen.

Doch für mich gab es keinen Schlaf. Mein psychischer Zustand war außerordentlich – anders als alles, was ich zuvor durchgemacht hatte. Nach einer Weile bestand ich darauf zu reden, ihnen meinen Zustand nervös und detailliert auseinanderzusetzen.

Ich erzählte ihnen, dass ich auf einmal so erschöpft gewesen war, dass ich mich in den Sand gelegt hatte, um kurz zu schlafen. Daraufhin hatte ich Träume gehabt, schlimmere noch als sonst – und als der plötzlich einsetzende starke Wind mich geweckt hatte, waren meine überreizten Nerven mit mir durchgegangen. Panisch war ich geflohen, war dabei häufig über halb begrabene Steine gestolpert, hatte mir dadurch die Kleider zerrissen und das Gesicht aufgeschnitten. Ich musste lange geschlafen haben, weil meine Abwesenheit Stunden gewährt hatte.

Ob ich irgendetwas Seltsames gesehen oder erlebt hatte, darüber verlor ich kein Wort – und dabei musste ich mir ein Höchstmaß an Selbstbeherrschung auferlegen. Aber ich offenbarte meinen Geisteswandel im Hinblick auf die gesamte Expedition und forderte ein Ende aller Ausgrabungen in nordöstlicher Richtung.

Meine Argumente dafür waren denkbar schwach – ich sprach von zu wenigen Steinblöcken, von dem Wunsch, nicht die Gefühle der abergläubischen Grabungsarbeiter zu verletzen, von einer möglichen Knappheit der von der Universität gestifteten Gelder und von anderen Dingen, die entweder unwahr oder irrelevant waren. Natürlich schenkte niemand meinen neuen Wünschen auch nur die geringste Aufmerksamkeit – nicht einmal mein Sohn, dessen Sorge um meinen Gesundheitszustand offensichtlich war.

Am nächsten Tag stand ich auf und bewegte mich frei im Lager, nahm aber an den Ausgrabungen nicht teil. Ich fasste den Entschluss, um meiner Nerven willen baldmöglichst heimzukehren, und mein Sohn versprach mir, mich nach Perth – das 1.600 Kilometer in südwestlicher Richtung lag – zu fliegen, sobald er die Region, von der ich wünschte, dass man sie in Frieden ließ, vermessen hatte.

Sollte das Ding, das ich gesehen hatte, so sann ich nach, noch sichtbar sein, so könnte ich eine spezifische Warnung aussprechen – auf die Gefahr hin, mich damit der Lächerlichkeit preiszugeben. Es war aber gut vorstellbar, dass die Arbeiter, die mit den örtlichen Überlieferungen vertraut waren, mich dabei unterstützen würden. Mir zuliebe führte mein Sohn noch am Nachmittag den Vermessungsflug durch; er überflog das gesamte Terrain, das ich vermutlich zu Fuß zurückgelegt hatte. Doch nichts von dem, was ich entdeckt hatte, war noch zu sehen.

Es war dasselbe wie im Fall des ungewöhnlichen Basaltblocks – die Sandverwehungen hatten jede Spur verwischt. Einen Augenblick lang bedauerte ich, in meiner überwältigenden Angst einen gewissen erstaunlichen Gegenstand verloren zu haben – aber nun weiß ich, dass dieser Verlust ein Segen war. Ich kann immer noch davon ausgehen, dass mein ganzes Erlebnis bloß auf einer Sinnestäuschung beruhte – vor allem, falls – wie ich mit ganzem Herzen hoffe – jener teuflische Abgrund niemals gefunden wird.

Am 20. Juli flog Wingate mich nach Perth, doch er selbst lehnte es ab, die Expedition aufzugeben und mit mir nach Hause zu fahren. Er blieb bis zum 25. bei mir, als das Dampfschiff nach Liverpool ausfuhr. Jetzt, in meiner Kajüte an Bord der *Empress,* geht mir die gesamte Angelegenheit wieder und wieder durch den Kopf, und ich habe mich entschlossen, dass ich zumindest meinen Sohn in Kenntnis setzen muss. Es soll ihm überlassen bleiben, ob er die Sache weiter bekannt macht oder nicht.

Um für alle Eventualitäten gerüstet zu sein, habe ich diesen zusammenfassenden Bericht über die Hintergründe – die anderen schon in unzusammenhängender Weise vertraut sind – vorbereitet und möchte nun so knapp wie möglich erzählen, was sich in jener scheußlichen Nacht während meiner Abwesenheit aus dem Lager vermutlich zugetragen hatte.

Mit flatternden Nerven, von dem unerklärlichen, mit Furcht vermischten, aus Erinnerungen gespeisten Drang nach Nordosten zu einer perversen Bereitwilligkeit aufgestachelt, stapfte ich unter dem bösen, brennenden Mond voran. Hier und da sah ich die halb vom Sand verborgenen zyklopischen Blöcke aus unsagbar fernen Zeiten.

Das unermessliche Alter und das lauernde Grauen dieser monströsen Wüste setzte mir mit einem Mal so zu wie nie zuvor. Ich konnte nicht anders, ich musste an meine wahnsinnigen Träume denken, an die abscheulichen Legenden, die dahinterstanden, und an die Angst der Eingeborenen und Arbeiter vor der Wüste und den reliefgeschmückten Steinen.

Und doch stapfte ich weiter, als wäre ich zu einem grässlichen Stelldichein geladen – und mehr und mehr bestürmten mich bestürzende Visionen, Zwänge und Pseudo-Erinnerungen. Ich dachte an die möglichen Konturenlinien der Steinanlagen, wie mein Sohn sie aus der Luft gesehen hatte, und fragte mich, warum sie auf mich so bedrohlich und gleichzeitig vertraut wirkten. Irgendetwas rüttelte und zerrte an dem Türschloss zu meiner Erinnerung, während eine andere unbekannte Macht versuchte, die Pforte geschlossen zu halten.

Es war eine windstille Nacht und der fahle Sand wogte auf und nieder wie die gefrorenen Wellen des Meeres. Ich hatte kein Ziel, sondern schritt wie von einem unbekannten Schicksal gelenkt voran. Meine Träume vermischten sich mit der wirklichen Welt, und jeder der Megalithen im Sand schien mir Teil von endlosen Räumen und Gängen eines vormenschlichen Bauwerks zu sein, verziert mit Hieroglyphen und Symbolen, die mir nur allzu vertraut waren aus den Jahren der geistigen Gefangenschaft bei der Großen Rasse.

Zuweilen bildete ich mir ein, diese allwissenden konischen Ungeheuer ihren Beschäftigungen nachgehen zu sehen, und ich fürchtete mich davor, an mir selbst hinabzublicken und auf einmal ebenso auszusehen wie sie. Aber die ganze Zeit über sah ich sowohl die im Sand begrabenen Blöcke als auch die Räume und Gänge, sowohl den bösen, brennenden Mond als auch die Lampen aus leuchtendem Kristall, sowohl die endlose Wüste als auch die wehenden Farne vor den Fenstern. Ich träumte und war zugleich wach.

Ich weiß nicht, wie weit oder wie schnell – oder auch nur in welche Richtung – ich gegangen war, als ich zum ersten Mal die Steinblöcke erblickte, die der Wind an diesem Tag freigelegt hatte. Es war die bislang größte Gruppe, die ich an einer Stelle gesehen hatte, und das machte einen so heftigen Eindruck auf mich, dass die Visionen aus sagenumwobenen Zeitaltern schlagartig verblichen.

Wiederum war ich nur von der Wüste und dem bösen Mond und den Ruinen einer unergründlichen Vergangenheit umgeben. Ich kam näher, hielt inne und richtete das zusätzliche Licht meiner Taschenlampe auf den zusammengestürzten Haufen. Ein Sandhügel war hinweggeweht worden und hatte eine niedrige, in unregelmäßiger Kreisform angeordnete Gruppe von Megalithen und kleineren Bruchstücken freigegeben, deren Durchmesser zwölf Meter betrug und deren Einzelteile von sechzig Zentimeter bis zu zweieinhalb Meter hoch waren.

Schon gleich zu Anfang erkannte ich, dass diese Steine von gänzlich anderer Qualität als die vorangegangenen Funde waren. Nicht nur, dass ihre Anzahl bislang unübertroffen war; mich schlugen die vom Sand verwischten Muster in ihren Bann, als ich sie im Licht des Mondes und der Taschenlampe näher untersuchte.

An sich gab es keinen wesentlichen Unterschied zu den Exemplaren, die wir bereits gefunden hatten. Es war eine eher unterschwellige Sache. Ich gewann den besagten Eindruck nicht, wenn ich mir nur einen einzigen Block betrachtete, sondern nur dann, wenn mein Blick über mehrere gleichzeitig schweifte.

Dann endlich dämmerte mir die Wahrheit. Die krummlinigen Muster auf vielen dieser Blöcke standen in einem engen Zusammenhang – sie waren Teil eines gewaltigen dekorativen Entwurfs. Zum ersten Mal war ich in dieser uralten Wüste auf Teile des Mauerwerks in seiner ursprünglichen Anordnung gestoßen – durchaus zerfallen und fragmentarisch, ja, aber dennoch in einem sehr eindringlichen Sinn präsent.

Ich stieg an einer niedrigen Stelle hinauf und kletterte mühsam über den Schuttberg; hier und da fegte ich den Sand mit den Fingern zur Seite und versuchte ständig, die unterschiedlichen Größen, Formen und Stile sowie die Zusammenhänge zwischen den Mustern zu ergründen.

Nach einer Weile hatte ich eine vage Vermutung über das Wesen des ehemaligen Bauwerks und der Muster, die sich einst über die gewaltigen Steinflächen erstreckt hatten. Der vollkommene Einklang des Ganzen mit einigen Teilen meiner Träume entsetzte und erschütterte mich.

Es hatte sich hierbei einst um einen zyklopischen Korridor von neun Metern Höhe und neun Metern Breite gehandelt, mit einem soliden Dachgewölbe und gepflastert mit achteckigen Quadern. Zur Rechten waren Räume abgegangen, und am anderen Ende hatte eine dieser seltsam schrägen Ebenen in noch größere Tiefen hinabgeführt.

Ich zuckte bei dieser Vorstellung heftig zusammen, denn es lag mehr dahinter, als die Blöcke selbst angedeutet hatten. Woher wusste ich, dass diese Etage im Grunde tief unter der Erde sein sollte? Woher wusste ich, dass sich die Ebene, die nach oben führte, hinter mir hätte befinden sollen? Woher wusste ich, dass der lange unterirdische Durchgang zum Platz der Säulen eine Etage über mir zur Linken liegen musste?

Woher wusste ich, dass der Maschinenraum und der nach rechts abzweigende Tunnel zu den Zentralarchiven zwei Stockwerke tiefer führten? Woher wusste ich, dass sich vier Stockwerke tiefer, am untersten Ende, eine dieser schrecklichen, mit Metallbeschlägen versiegelten Falltüren befinden würde? Bestürzt über diese Einflüsterungen aus der Welt der Träume fing ich zu zittern an, und der kalte Schweiß brach mir aus.

Der Tropfen, der das Fass zum Überlaufen brachte, war der schwache, heimtückische, kühle Luftzug, der aus einer verschütteten Stelle beinahe im Zentrum des gewaltigen Steinhaufens nach oben drang. Wie schon zuvor brachen meine Visionen schlagartig ab, und wieder sah ich nur das böse Mondlicht, die lauernde Wüste und die ausgedehnte Anhäufung vorzeitlichen Mauerwerks. Ich stand nun etwas Wirklichem und Greifbarem gegenüber, auch wenn es von unendlichen Andeutungen nächtlicher Rätsel umweht war. Denn dieser Luftzug konnte nur eines bedeuten – ein verborgener Abgrund von erheblicher Größe lag unterhalb der an der Oberfläche verstreuten Blöcke.

Mein erster Gedanke galt den finsteren Legenden der Eingeborenen über gewaltige unterirdische Hütten unter den Megalithen, wo Grauenhaftes sich zuträgt und stürmische Winde geboren werden. Dann kehrten die Gedanken an meine eigenen Träume zurück, und ich spürte, wie trübe Pseudo-Erinnerungen an meinem Geist zerrten. Was für ein Ort befand sich unter mir? Welchen vorzeitlichen, unvorstellbaren Quell uralter Mythen und quälender Albträume mochte ich hier entdecken?

Ich zögerte nur einen Moment, denn es war mehr als nur Neugier und wissenschaftlicher Eifer, das mich antrieb und meine wachsende Furcht in Schach hielt.

Ich schien mich fast automatisch zu bewegen, als sei ich die Marionette eines zwingenden Schicksals. Ich steckte die Taschenlampe in meine Hosentasche, und mit einer Kraft, von der ich nie geglaubt hätte, sie zu besitzen, zerrte ich ein titanisches Fragment nach dem anderen beiseite, bis ein starker Luftstrom aufstieg, dessen Feuchtigkeit in merkwürdigem Gegensatz zur trockenen Wüstenluft stand. Ein schwarzer, immer breiterer Spalt gähnte mir entgegen, und als ich schließlich jedes Bruchstück beiseitegewälzt hatte, das klein genug war, um es zu bewegen, strahlte das kränkliche Mondlicht auf eine Öffnung, die breit genug war, um mich aufzunehmen.

Ich ergriff die Taschenlampe und richtete den hellen Strahl in das Loch. Unter mir befand sich ein Chaos aus eingestürzten Mauern, das in einem Winkel von ungefähr 45 Grad in nördlicher Richtung nach unten abfiel: offensichtlich die Folge eines lange zurückliegenden Einbruchs von oben.

Zwischen dieser Oberfläche und dem Erdboden lag eine Schlucht undurchdringlicher Finsternis, an deren oberem Rand ich Spuren eines gigantischen, unter der Belastung eingebrochenen Gewölbes sah. Da schien es mir, als ruhe der Wüstensand unmittelbar auf einem Stockwerk eines titanischen Gebäudes aus der Frühzeit der Erdgeschichte – wie dieses sich durch die vielen Jahrtausende geologischer Konvulsionen hatte erhalten können, darüber konnte ich damals so wenig wie heute auch nur Mutmaßungen anstellen.

Rückblickend erscheint mir der bloße Gedanke an einen unüberlegten einsamen Abstieg in einen derart dubiosen Abgrund – und das zu einem Zeitpunkt, da kein Mensch wusste, wo ich mich befand – als der Gipfel des Irrsinns. Vielleicht war es das auch – doch in jener Nacht machte ich mich ohne zu zögern auf den Weg nach unten.

Wiederum verspürte ich diesen Lockruf, diesen verhängnisvollen Antrieb, der mich von Anfang an auf meinen Wegen geleitet zu haben schien. Ich schaltete die Taschenlampe in regelmäßigen Abständen aus, um die Batterie nicht zu erschöpfen, und begann eine wahnwitzige Kletterpartie den finsteren zyklopischen Hang unter der Öffnung hinab. Fand ich guten Halt für Hände und Füße, blickte ich nach vorne, hangelte ich mich hingegen an gefährlicheren Stellen entlang, wandte ich das Gesicht dem Megalithhaufen zu.

Im Licht der Taschenlampe dräuten zu beiden Seiten unter mir Wälle aus gemeißeltem verfallenen Mauerwerk. Vor mir erstreckte sich nichts als tiefe Dunkelheit.

Ich achtete während meines Abstiegs nicht auf die Zeit. Mein Geist war so besessen von rätselhaften Andeutungen und Bildern, dass alle objektiven Fragen in unerreichbare Ferne gerückt schienen. Körperliche Empfindungen waren abgestorben, und selbst die Furcht war nur mehr ein gespenstischer untätiger Wasserspeier, der mich drohend, aber ohnmächtig anglotzte.

Schließlich erreichte ich einen ebenmäßigen Boden, der mit eingestürzten Blöcken, formlosen Steinfragmenten, Sand und allem möglichen Geröll bedeckt war. Zu beiden Seiten, vielleicht neun Meter voneinander entfernt, erhoben sich massive Mauern, die in gewaltigen Gratbögen ausliefen. Dass sie mit Reliefs bedeckt waren, konnte ich gerade eben noch erkennen, doch was diese Reliefs darstellten, lag außerhalb meiner Wahrnehmung.

Am meisten fesselte mich das Deckengewölbe. Der Strahl meiner Taschenlampe reichte nicht bis zur Decke, aber die niedrigeren Teile der ungeheuren Bögen hoben sich deutlich ab. Und sie glichen auf's Haar dem, was ich in zahllosen Träumen von der älteren Welt gesehen hatte. Zum ersten Mal fing ich wirklich zu zittern an.

Hinter mir und hoch über mir kündete ein schwaches Strahlen von der fernen mondbeschienenen Welt da draußen. Eine vage Vorsicht ermahnte mich, es nicht aus den Augen zu verlieren, damit ich später den Rückweg finden würde.

Ich näherte mich nun der Wand zu meiner Linken, wo die Spuren der Reliefs noch am deutlichsten zu sehen waren. Der geröllbedeckte Boden war beinahe so schwer zu bewältigen wie der Abstieg, aber ich vermochte, mir meinen Weg zu bahnen.

An einer Stelle schob ich einige Blöcke beiseite und trat den Schutt weg, um einen Blick auf das Pflaster zu werfen, und ich erschauderte, weil mir die großen achteckigen Steine, deren gewölbte Oberfläche noch immer grob zusammenhielt, so verhängnisvoll vertraut erschienen.

Als ich der Wand nahe genug war, ließ ich das Licht der Taschenlampe langsam und sorgfältig über die abgenutzten Reliefreste gleiten. Vor Zeiten hatte wohl Wasser die Sandsteinoberfläche bearbeitet, und es gab eigenartige Verkrustungen, die ich mir nicht erklären konnte.

Stellenweise war das Mauerwerk sehr lose und verschoben, und ich fragte mich, über wie viele Äonen dieses urzeitliche verborgene Gebäude sich seine verbliebene Form den Verwerfungen der Erdkruste zum Trotz noch würde bewahren können.

Doch es waren die Reliefs selbst, die mich am meisten erregten. Trotz ihres verwitterten Zustandes konnte man sie aus der Nähe vergleichsweise gut erkennen, und meine völlige, umfassende Vertrautheit mit allen Einzelheiten überstieg fast mein Vorstellungsvermögen. Dass mir dieses altehrwürdige Mauerwerk in groben Zügen vertraut war, war nicht gänzlich unwahrscheinlich. Diese Bauten hatten die Schöpfer gewisser Mythen so stark beeindruckt, dass sie in einen Zyklus kryptischer Überlieferungen eingewoben worden waren, von dem ich während meines Gedächtnisverlustes Kenntnis erlangt und der in meinem Unterbewusstsein sehr lebhafte Bilder ausgelöst hatte.

Aber wie konnte ich mir die Tatsache erklären, dass jeder Strich und jede Spirale dieser merkwürdigen Muster mit dem, was ich seit mehr als einem halben Dutzend Jahren in Träumen sah, bis ins kleinste Detail übereinstimmte? Welche obskuren, vergessenen Werke der Meereskunde hätten jede winzige Schattierung, jede kleinste Nuance wiedergeben können, die Nacht für Nacht meine Traumvisionen so beharrlich, exakt und immer gleichbleibend heimsuchten?

Denn es handelte sich weder um einen Zufall noch um eine entfernte Ähnlichkeit. Mit absoluter Sicherheit war der jahrtausendealte, seit Urzeiten verborgene Korridor, in dem ich stand, das Original von etwas, das mir im Schlaf so durch und durch vertraut war wie mein eigenes Haus in der Crane Street in Arkham. Zwar zeigten meine Träume den Ort im Zustand vor seinem Verfall, doch war die Übereinstimmung dadurch nicht weniger real. Ich wusste auf schreckliche Weise ganz genau, wo ich war.

Das Gebäude, in dem ich mich befand, war mir bekannt. Ebenso bekannt war mir seine Lage in der fürchterlichen alten Stadt der Träume. Dass ich nun untrüglich irgendeine Stelle dieses Gebäudes oder dieser Stadt aufsuchen konnte, die dem Wandel und den Verheerungen zahlloser Zeitalter entgangen war, besaß für mich eine entsetzliche, instinktive Gewissheit. Was in Gottes Namen sollte dies alles bedeuten? Woher konnte ich das wissen, was ich wusste? Und welche fürchterliche Wahrheit verbarg sich hinter den uralten Sagen über Wesen, die dieses Labyrinth aus unermesslich alten Steinen bewohnt hatten?

Mit Worten vermag ich nur, einen Bruchteil des Grauens und der Verwirrung zu vermitteln, die an meiner Seele nagten. Ich kannte diesen Ort. Ich wusste, was sich unter mir befand und was über mir gewesen war, ehe die unzähligen sich auftürmenden Geschosse zu Staub und Schutt und Wüste geworden waren. Es war nun nicht mehr nötig, dachte ich erschaudernd, den schwachen Schein des Mondlichtes im Auge zu behalten.

Ich war hin und her gerissen zwischen dem Verlangen zu fliehen und einer brennenden Mischung aus Neugierde und getriebener Schicksalsergebenheit. Was war mit dieser ungeheuerlichen

Megalopolis geschehen in den Millionen von Jahren, die seit der Zeit meiner Träume verstrichen waren? Was war nach all den Zuckungen der Erdkruste übrig geblieben von den unterirdischen Irrgärten, die die ganze Stadt durchzogen und jeden der titanischen Türme miteinander verbunden hatten?

War ich auf eine ganze Welt unheiligen Alters gestoßen? Würde ich noch das Haus des Schreibermeisters finden oder den Turm, wo S'gg'ha, der gefangene Geist von den sternenköpfigen pflanzlichen Fleischfressern der Antarktis, bestimmte Bilder in die leeren Wände gemeißelt hatte?

War im zweiten Stock der Durchgang zu der Halle der fremden Geister noch heil und passierbar? In jener Halle hatte der gefangene Geist eines außerordentlichen Wesens – ein halb körperlicher Bewohner des inneren Hohlraums eines unbekannten Planeten jenseits des Pluto achtzehn Millionen Jahre in der Zukunft – einen gewissen Gegenstand aufbewahrt, den er aus Lehm geformt hatte.

Ich schloss die Augen und legte mir die Hand auf die Stirn – ein nichtiger, erbärmlicher Versuch, die wahnsinnigen Traumfragmente aus meinen Gedanken zu vertreiben. Dann fühlte ich zum ersten Mal, dass sich die kühle, feuchte Luft um mich her bewegte. Erschaudernd wurde mir bewusst, dass eine gewaltige Anzahl von seit Äonen toten schwarzen Abgründen irgendwo vor und unter mir klaffen musste.

Ich dachte an die fürchterlichen Kammern und Korridore und Schrägebenen, wie ich sie in meinen Träumen gesehen hatte. Stand der Weg zu den Zentralarchiven noch offen? Erneut stachelte mich dieser schicksalhafte Zwang an, und ich erinnerte mich an die wundersamen Aufzeichnungen, die früher in den rechteckigen Nischen aus rostfreiem Metall aufbewahrt worden waren.

Dort, so sagten die Träume und Legenden, hatte die gesamte Geschichte geruht, Vergangenheit und Zukunft des kosmischen Raum-Zeit-Kontinuums, niedergeschrieben von gefangenen Geistern von jedem Planeten und aus jedem Zeitalter des Sonnensystems. Das war natürlich Wahnsinn – aber war ich denn nicht in eine umnachtete Welt gestolpert, die ebenso wahnsinnig war wie ich?

Ich dachte an die verschlossenen Metallregale und die

eigenartigen Knäufe, mit denen man sie öffnen konnte. Mein eigenes Fach kam mir lebhaft in den Sinn. Wie oft hatte ich den Knauf in der Abteilung für irdische Wirbeltiere auf der untersten Ebene gedreht und gedrückt! Jede Einzelheit stand mir klar und vertraut vor Augen.

Wenn es wirklich ein solches Gewölbe gab wie das, von dem ich geträumt hatte, dann würde ich es in wenigen Momenten öffnen können. Und da ergriff der Wahnsinn völlig Besitz von mir. Eine Sekunde später sprang und stolperte ich über das Felsgeröll in Richtung der Schrägebene in die unteren Geschosse, an die ich mich so gut erinnerte.

VII

Von diesem Zeitpunkt an kann man sich auf meine Eindrücke kaum mehr verlassen – und tatsächlich hege ich noch eine letzte verzweifelte Hoffnung, dass sie alle nichts anderes waren als Teile eines dämonischen Traums oder einer Halluzination. Ein Fieber wütete in meinem Hirn, und ich nahm alles nur durch eine Art Nebelschleier wahr – zuweilen bloß bruchstückhaft.

Schwach durchschnitten die Strahlen meiner Taschenlampe die mich umgebende Finsternis, zeigten mir in gespenstischen Blitzen schrecklich vertraute Wände und Reliefs, alle vom Zahn der Zeit mitgenommen. An einer Stelle war ein Großteil der Gewölbedecke eingestürzt, und ich musste einen gewaltigen Steinhügel erklimmen, der fast bis zu den grotesken Stalaktiten der Decke reichte.

Das alles war für mich der Gipfel des Albtraums und dieses Gefühl wurde noch durch die gotteslästerliche Dringlichkeit meiner Pseudo-Erinnerungen verschlimmert. Nur eines war mir unvertraut, und das war meine eigene Körpergröße in Relation zu dem ungeheuerlichen Mauerwerk. Mich bedrückte ein Gefühl ungewohnter Kleinheit, als sei der Anblick dieser hoch aufragenden Wände aus der Perspektive eines Menschen etwas gänzlich Neues und Abnormes für mich. Wieder und wieder blickte ich nervös an mir selbst hinab, und auf unklare Weise verstörte mich meine menschliche Gestalt.

Immer weiter vorwärts sprang und stolperte ich durch den

schwarzen Abgrund, fiel ständig hin und fügte mir Schürfwunden zu, und einmal hätte ich beinahe meine Taschenlampe zerschmettert. Jeder Stein, jeder Winkel des dämonischen Schlunds war mir bekannt, und oft blieb ich stehen und richtete den Lichtstrahl auf verstopfte und verfallene, aber dennoch vertraute Torbögen.

Einige Räume waren völlig eingestürzt; andere waren leer oder mit Geröll angefüllt. In einigen wenigen sah ich Massen von Metall – teils intakt, teils zerbrochen, teils zerschmettert und geplättet –, in denen ich die kolossalen Lesepulte oder Tische aus meinen Träumen wiedererkannte. Worum es sich dabei in Wirklichkeit handelte, darüber wagte ich nicht einmal, Vermutungen anzustellen.

Ich fand die nach unten führende Schrägebene und stieg hinab, doch nach einer Weile wurde ich von einem klaffenden Loch aufgehalten, dessen gezackter Rand an der engsten Stelle nicht viel weniger als ein Meter zwanzig im Durchmesser betrug. Hier waren die Steine durch den Boden gebrochen und hatten unermesslich schwarze Tiefen darunter enthüllt.

Ich wusste, dass es noch zwei weitere Kellerebenen in diesem titanischen Gebäude gab, und neuerliche Panik packte mich, da ich mich der mit Metall beschlagenen Falltür auf der untersten Ebene entsann. Es konnte nun keine Wächter mehr geben – denn die, die darunter gelauert hatten, hatten schon längst ihr scheußliches Werk vollbracht und waren in ihren langen Verfallszustand übergegangen. Zu der Zeit der nachmenschlichen Käferrasse würden sie größtenteils tot sein. Und doch: Als ich an die Legenden der Eingeborenen dachte, zitterte ich von Neuem.

Es kostete mich schreckliche Mühen, das klaffende Loch zu überwinden, da der geröllbedeckte Boden jeden Anlauf zu einem Sprung vereitelte – doch der Wahnsinn trieb mich voran. Ich suchte mir eine Stelle knapp vor der Mauer zu meiner Linken aus – dort war der Spalt am schmalsten und die anvisierte Stelle meiner Landung einigermaßen frei von gefährlichem Schutt –, und nach einem Moment der Panik erreichte ich wohlbehalten die andere Seite.

Als ich endlich die untere Ebene erreichte, stolperte ich an dem Torbogen vorüber, hinter dem sich der Maschinenraum befand, in dem fantastische Ruinen aus Metall halb unter dem eingestürzten Gewölbe begraben lagen. Alles war da, wo ich es erwartet hatte, und voller Vertrauen kletterte ich über die Geröllhaufen, die den Zugang zu einem riesigen diagonal gelegenen Korridor versperrten. Dieser, so wurde mir bewusst, würde mich zu den Zentralarchiven unter der Stadt führen.

Endlose Zeitalter schienen sich vor mir zu entfalten, als ich durch diesen Korridor stolperte, sprang und kroch. Hie und da konnte ich an den vom Alter mitgenommenen Wänden Reliefs erkennen – manche vertraut, andere wohl erst in der Zeit nach meinen Träumen hinzugefügt. Da es sich bei diesem Korridor um einen unterirdischen Durchgang handelte, der Häuser miteinander verband, gab es nur dort Torbögen, wo der Weg durch die untersten Ebenen verschiedener Gebäude verlief.

An manchen Abzweigungen blieb ich kurz stehen und warf einen Blick in Räume, derer ich mich gut erinnern konnte. Nur zweimal fand ich radikale Abweichungen von dem vor, was ich geträumt hatte – und in einem dieser Fälle konnte ich noch die versiegelten Umrisse des Torbogens erkennen, an den ich mich erinnerte.

Ich zitterte heftig und spürte eine eigentümlich hemmende Schwäche, während ich verstohlen durch die Krypta eines dieser großen, fensterlosen, verfallenen Türme eilte, deren fremdartige Basaltmauern von einer außerirdischen Herkunft kündeten.

Dieses urzeitliche Gewölbe war rund und umfasste einen Durchmesser von ganzen sechzig Metern. Sein dunkles Mauerwerk zierten keine Reliefs. Hier war der Boden von nichts als Staub und Sand bedeckt, und ich konnte die nach oben und unten führenden Öffnungen sehen. Es gab weder Treppen noch Schrägebenen – und tatsächlich hatten meine Träume die alten Türme ja so dargestellt, dass die sagenumwobene Große Rasse nichts daran verändert hatte. Diejenigen, die sie erbaut hatten, waren nicht auf Treppen oder Schrägebenen angewiesen gewesen.

In meinen Träumen war die nach unten führende Öffnung fest versiegelt gewesen und argwöhnisch bewacht worden. Jetzt stand sie offen – schwarz und gähnend, und ein steter Strom kühler, feuchter Luft drang heraus. Welche endlosen Höhlen ewiger Nacht darunter liegen mochten, daran wagte ich nicht einmal zu denken.

Als ich mir später meinen Weg durch einen übel verschütteten Korridor bahnte, erreichte ich eine Stelle, wo das Dach gänzlich eingestürzt war. Das Geröll erhob sich wie ein Gebirge, und ich kletterte darüber hinweg, wobei ich einen gewaltigen leeren Raum passierte, in dem meine Taschenlampe weder Wände noch Gewölbedecken entdecken konnte. Ich dachte mir, dass es sich dabei wohl um den Keller des Hauses der Metallverarbeiter handeln musste, das in der Vorderreihe des dritten Platzes unweit der Archive gestanden hatte. Was damit geschehen war, konnte ich mir nicht ausmalen.

Jenseits des Berges aus Schutt und Gestein fand ich wieder den Korridor, stieß aber nach einem kurzen Stück Weges auf eine völlig verstopfte Stelle, wo die eingestürzten Gewölbeteile die sich gefährlich herabneigende Decke fast berührten. Wie es mir gelang, genug Blöcke beiseitezuzerren und zu wuchten, um mir einen Durchgang zu ermöglichen, und wie ich mir überhaupt erlauben konnte, die Anordnung der dicht gedrängten Bruchstücke zu stören, wo doch die geringste Störung des Gleichgewichts eine Lawine von tonnenschweren Mauerteilen hätte auslösen können, die mich restlos zerschmettert hätte, das weiß ich nicht mehr.

Schierer Wahnsinn trieb mich voran und lenkte mich – jedenfalls sofern das gesamte Abenteuer im Untergrund nicht nur, wie ich hoffe, eine teuflische Halluzination oder Teil eines Traumes war. Doch es gelang mir – zumindest im Traum –, einen Durchgang freizulegen, durch den ich mich hindurchzwängen konnte. Während ich mich durch den Geröllhügel schlängelte, die angeschaltete Taschenlampe mit den Zähnen haltend, fühlte ich, wie die fantastischen Stalaktiten der gezackten Decke über mir meine Kleider und meine Haut zerrissen.

Ich war nun dem großen unterirdischen Archivgebäude ganz nahe, das mein Ziel zu sein schien. Ich rutschte und kletterte die andere Seite des Hügels hinunter und bahnte mir mit der Taschenlampe, die ich zwischendrin immer wieder mal ausschaltete, meinen Weg durch den restlichen Korridor. Schließlich gelangte ich in eine niedrige kreisförmige Krypta mit Bögen, die sich zu jeder Seite öffnete und sich in einem erstaunlich guten Zustand befand.

Die Wände – zumindest jene, die sich in Reichweite meiner

Taschenlampe befanden – waren über und über mit Hieroglyphen und den typischen krummlinigen Symbolen bedeckt; manche davon waren nach der Zeit meiner Träume hinzugefügt worden.

Dies hier, so erkannte ich, war mein vom Schicksal vorgegebener Bestimmungsort, und unverzüglich schritt ich durch einen vertrauten Torbogen zu meiner Linken. Dass ich freien Zugang zu allen heil gebliebenen Ebenen haben würde, stellte ich merkwürdigerweise gar nicht infrage. Dieser gewaltige, von der Erde selbst beschützte Bau, der die gesamten Annalen des ganzen Sonnensystems in sich barg, war mit größter Kraft und allerhöchstem Geschick erbaut worden, um ebenso lange zu bestehen wie dieses System.

Blöcke von wundersamer Größe, durch mathematisches Genie im Gleichgewicht gehalten und mit unglaublich hartem Zement verbunden, hatten sich zu einer Masse vereinigt, die ebenso massiv war wie der Felskern der Erde. Hier stand nach längeren Zeiträumen, als man mit gesundem Verstand erfassen konnte, das begrabene Bauwerk in seinen wesentlichen Grundzügen, und auf den riesigen, von Staub bedeckten Böden war kaum etwas von dem Schutt zu sehen, der andernorts so vorherrschend war.

Dass ich mich von da an so relativ einfach fortbewegen konnte, stieg mir sonderbar zu Kopf. All der hysterische Eifer, der bislang von allen möglichen Hindernissen gebremst worden war, überschlug sich nun fieberhaft, und ich rannte buchstäblich an den niedrigen, so ungeheuerlich vertraut wirkenden Mittelgängen jenseits des Torbogens vorbei.

Ich war schon darüber hinaus, über die Vertrautheit des Gesehenen zu staunen. Zu jeder Seite wuchsen die großen, mit Hieroglyphen beschrifteten Metalltüren der Fächer empor: Manche davon noch verschlossen, andere aufgesprungen, und wieder andere waren verbeult und verzogen wegen der geologischen Anspannungen, die dem Mauerwerk selbst nichts hatten anhaben können.

Hier und da schien ein staubbedeckter Haufen unter einem gähnenden leeren Fach auf Kassetten hinzuweisen, die von den Erdbeben herausgeschleudert worden waren. Gelegentlich verwiesen große Symbole und Buchstaben an den Pfeilern auf die Arten und Unterarten der Bände.

Einmal blieb ich vor einer offenen Nische stehen, wo ich einige der gewohnten Metallkassetten noch an ihrem Platz inmitten des allgegenwärtigen Staubes sah. Ich griff nach oben, zog mit einiger Schwierigkeit eines der dünneren Exemplare heraus und legte es zur Betrachtung auf den Boden. Der Titel war in den vorherrschenden krummlinigen Hieroglyphen wiedergegeben, doch irgendetwas an der Anordnung der Schriftzeichen kam mir auf unterschwellige Weise sonderbar vor.

Der seltsame Mechanismus des mit einem Haken versehenen Verschlusses war mir vollkommen geläufig; ich ließ den noch immer rostfreien und funktionstüchtigen Deckel aufschnappen und nahm das Buch heraus. Dieses maß wie erwartet ungefähr fünfzig auf vierzig Zentimeter und war fünf Zentimeter dick; der dünne Metalldeckel ließ sich oben öffnen.

Die harten Zellstoffseiten schienen unter den zahllosen verstrichenen Jahrtausenden nicht gelitten zu haben, und ich betrachtete die eigenartig pigmentierten, mit einem Pinsel gezogenen Lettern des Textes – Symbole, die weder den üblichen krummlinigen Hieroglyphen noch irgendeinem der Menschheit bekannten Alphabet ähnelten –, und der Anblick weckte gespenstische, halb verdeckte Erinnerungen in mir.

Mir fiel ein, dass dies die Sprache eines gefangenen Geistes war, den ich in meinen Träumen oberflächlich gekannt hatte – ein Geist von einem großen Asteroiden, auf dem viel von dem archaischen Leben und den archaischen Lehren des Planeten überlebt hatte, von dem er ursprünglich ein Teil gewesen war. Gleichzeitig erinnerte ich mich, dass diese Ebene des Archivs den Büchern über die anderen Planeten außer der Erde vorbehalten war.

Als ich aus meiner Versenkung in dieses unglaubliche Dokument erwachte, sah ich, dass das Licht meiner Taschenlampe zu flackern begann, und rasch setzte ich die zusätzliche Batterie ein, die ich stets bei mir trug. Mit stärkerem Licht bewaffnet setzte ich dann mein fieberhaftes Voraneilen durch das endlose Gewirr von Seitengängen und Korridoren fort – dann und wann erkannte ich ein mir vertrautes Regal, und ich ärgerte mich über den unpassenden Widerhall, den meine Schritte unter den akustischen Bedingungen dieser Katakomben auslösten.

Der bloße Abdruck meiner Schuhe in dem seit Jahrtausenden

unberührten Staub ließ mich erschaudern. Wenn meine irrsinnigen Träume auch nur einen wahren Kern enthielten, dann hatten nie zuvor die Füße eines Menschen dieses uralte Pflaster berührt.

Vom eigentlichen Ziel dieser wahnwitzigen Hetze hatte mein waches Bewusstsein keine Ahnung. Doch zerrte irgendeine böse Macht an meinem vernebelten Willen und meinen begrabenen Erinnerungen und verlieh mir das Gefühl, nicht aufs Geratewohl hier herumzulaufen.

Ich gelangte an eine nach unten führende Schiefebene und folgte ihr hinab in die Tiefe. Ich raste an verschiedenen Stockwerken vorbei und hielt nicht inne, um sie zu erkunden. In meinem vom Chaos umbrandeten Hirn hatte ein gewisser Rhythmus zu schlagen begonnen, der meine rechte Hand im Takt zucken ließ. Ich wollte irgendetwas öffnen und spürte, dass mir alle dazu nötigen Dreh- und Drückbewegungen vertraut waren – wie bei einem modernen Safe mit Kombinationsschloss.

Ob nun Traum oder nicht, ich hatte es einst gewusst und wusste es immer noch. Wie ich durch irgendeinen Traum – oder durch einen Teil einer unbewusst von mir aufgenommenen Legende – ein so winziges, so kniffliges und komplexes Detail hätte erlernen sollen, versuchte ich mir nicht einmal mehr zu erklären. Alles zusammenhängende Denken hatte ich hinter mir gelassen. Denn war nicht dieses ganze Erlebnis – diese bestürzende Vertrautheit mit unbekannten Ruinen und diese ungeheuerlich exakte Übereinstimmung all dessen, was ich sah, mit dem, was mir nur Träume und Bruchstücke von Mythen eingeflüstert haben konnten – war das nicht ein Grauen fernab aller Vernunft?

Damals, wie auch jetzt in meinen klareren Momenten, war es wohl meine grundlegende Überzeugung, dass ich überhaupt nicht wach und die gesamte begrabene Stadt nur Teil eines Fiebertraumes war.

Schließlich gelangte ich in die tiefste Etage und bog von der Schiefebene nach rechts ab. Aus unerfindlichen Gründen versuchte ich nun, sanfter aufzutreten, auch wenn ich dadurch an Geschwindigkeit einbüßte. In dieser letzten, tief vergrabenen Etage gab es einen Raum, den zu durchqueren ich fürchtete.

Als ich meinem Ziel näher kam, fiel mir ein, *was* ich in diesem

Raum so fürchtete. Es war lediglich eine der metallbeschlagenen und aufmerksam bewachten Falltüren. Doch gab es nun keine Wächter mehr, und aus diesem Grund zitterte ich und ging auf Zehenspitzen – so wie ich es auch in dem Gewölbe aus schwarzem Basalt getan hatte, wo eine ähnliche Falltür gegähnt hatte.

Hier wie dort spürte ich einen kalten, feuchten Luftzug, und ich wünschte, mein Weg würde in eine andere Richtung führen. Weshalb ich gerade diesen Weg einschlagen musste, wusste ich nicht.

Als ich den Raum erreichte, sah ich, dass die Falltür weit offen stand. Dahinter erstreckten sich wieder Regale, und auf dem Boden vor einem sah ich einen Haufen Kassetten, die erst kürzlich zu Boden gefallen sein mussten und mit einer dünnen Staubschicht bedeckt waren. In diesem Augenblick ergriff mich eine neuerliche Panikwelle, auch wenn ich eine Zeit lang gar nicht wusste, warum.

Auf den Boden gefallene Kassetten waren nichts Ungewöhnliches, waren die lichtlosen Labyrinthe doch zu allen Zeiten von Erdbeben erfasst und gelegentlich vom ohrenbetäubenden Scheppern fallender Gegenstände erfüllt worden. Erst als ich den Raum fast zur Gänze durchquert hatte, wurde mir klar, weshalb ich so heftig zitterte.

Es lag nicht an dem Haufen von Kassetten; irgendetwas an dem Staub, der den ebenmäßigen Boden bedeckte, verstörte mich. Im Licht meiner Taschenlampe erweckte der Staub den Anschein, nicht so gleichmäßig zu sein, wie es sich gehört hätte – es gab Stellen, wo er dünner wirkte, als sei er vor erst wenigen Monaten aufgewirbelt worden. Ich konnte mir dessen nicht sicher sein, waren doch selbst die dünneren Schichten noch immer dick genug, aber eine Andeutung von Regelmäßigkeit in den möglichen Unebenheiten verstörte mich zutiefst.

Als ich die Taschenlampe auf eine dieser sonderbaren Stellen richtete, gefiel mir nicht, was ich sah – denn der Eindruck der Regelmäßigkeit verstärkte sich erheblich. Es war, als wären da gleichmäßige Linien von miteinander verbundenen Abdrücken – Abdrücken in Dreiergruppen von je circa dreißig Zentimeter Durchmesser, die aus fünf beinahe kreisrunden Spuren von ungefähr acht Zentimetern bestanden, wobei eine der Spuren den restlichen vier vorgelagert war.

Diese Fußabdrücke, falls es welche waren, führten anscheinend in zwei Richtungen, als sei etwas zu einem bestimmten Punkt hingeschritten und dann auf demselben Weg wieder zurück. Sie waren natürlich nur sehr schwach, waren vielleicht auch nur eine Sinnestäuschung oder zufällig entstanden, doch die Art und Weise, in der ich sie verlaufen sah, gab mir ein unklares, schleichendes Grauen ein. Denn an einem Ende der Spuren befand sich der Haufen von Kassetten, der unlängst heruntergestürzt sein musste, während am anderen Ende die unheilvolle Falltür mit dem kühlen, feuchten Wind lag, die sich unbewacht zu unvorstellbaren Abgründen öffnete.

VIII

Dass mein merkwürdiger innerer Zwang überaus tief greifend und allumfassend war, zeigt die Überwindung meiner Furcht. Kein rationales Motiv hätte mich nach diesem scheußlichen Verdacht, den die Abdrücke und die lauernden Traumerinnerungen in mir ausgelöst hatten, weiter vorantreiben können. Und doch zuckte meine rechte Hand, selbst während sie vor Angst bebte, immer noch rhythmisch, voller Eifer, ein Schloss zu öffnen, das sie zu finden hoffte. Ehe ich wusste, wie mir geschah, hatte ich die jüngst zu Boden gefallenen Kassetten hinter mir gelassen und lief auf Zehenspitzen durch Gänge voll jungfräulichen Staubs – einem Ziel entgegen, das mir auf grauenhafte Weise wohlvertraut schien.

Mein Geist wälzte Fragen, deren Herkunft und Bedeutung ich erst allmählich begriff. Konnte ein Menschenleib überhaupt zu den Regalen hinaufreichen? Vermochte eine Menschenhand, all die urzeitlichen Bewegungen des Riegels zu meistern? War der Riegel noch unbeschädigt und funktionstüchtig? Und was würde ich tun – was würde ich *wagen*, mit dem zu tun – womit denn? –, was ich dort – wie mir nun bewusst wurde – zu finden hoffte und fürchtete? Würde es die wunderbare, den Verstand zersetzende Wahrheit von etwas fernab aller Vorstellungskraft sein oder bloß der Beweis dafür, dass ich träumte?

Ich bemerkte, dass ich aufgehört hatte, auf Zehenspitzen zu laufen, und nun ruhig dastand und auf eine Reihe mir schrecklich vertraut erscheinender, mit Hieroglyphen verzierter Regale starrte. Diese befanden sich in einem bemerkenswert guten, beinahe vollkommenen Zustand, und in dieser Abteilung waren nur drei der Türen aufgesprungen.

Die Gefühle, die ich diesen Regalen entgegenbrachte, können nicht beschrieben werden – so umfassend und beharrlich war die Empfindung, von alters her mit ihnen vertraut zu sein. Ich blickte zu einer Regalreihe am oberen Ende empor, fernab meiner Reichweite, und fragte mich, wie ich wohl hinaufklettern könnte. Eine offene Tür vor den vier untersten Fächern, würde mir dabei vielleicht von Nutzen sein, und die Riegel der verschlossenen Türen konnten als Halt für Hände und Füße dienen. Ich würde die Taschenlampe im Mund tragen, wie schon zuvor, wenn ich beide Hände benötigt hatte. Und vor allem anderen durfte ich keinen Laut dabei erzeugen.

Das, was ich zu entnehmen wünschte, mit nach unten zu bringen, würde schwierig sein, aber vielleicht konnte ich den beweglichen Verschluss an meinem Mantelkragen befestigen und es wie einen Rucksack tragen. Erneut stellte ich mir die Frage, ob der Riegel unbeschädigt war. Ich hatte nicht den geringsten Zweifel daran, dass ich jede der mir vertrauten Bewegungen würde wiederholen können. Ich hoffte jedoch, dass das Ding nicht quietschen oder kratzen würde – und dass meine Hand es angemessen würde bedienen können.

Noch hatte ich diesen Gedanken nicht zu Ende gedacht, da hielt ich die Taschenlampe schon zwischen den Zähnen und machte mich an den Aufstieg. Die hervorstehenden Riegel gaben armselige Sprossen ab, aber das offene Regal war mir, wie ich es erwartet hatte, eine große Hilfe. Ich benutzte sowohl die aufschwingende Tür als auch den Rand der Öffnung beim Hinaufsteigen, und es gelang mir, laute Geräusche dabei zu vermeiden.

Wenn ich auf dem oberen Rand der Tür balancierte und mich weit nach rechts neigte, konnte ich den gesuchten Riegel gerade eben erreichen. Meine vom Klettern halb tauben Finger stellten sich erst sehr ungeschickt an; bald aber merkte ich, dass ihre Anatomie der Aufgabe gewachsen war. Und der Rhythmus der Erinnerung pulsierte sehr kraftvoll in ihnen.

Aus unergründlichen Tiefen der Zeit hatten die komplizierten, geheimen Bewegungen auf irgendeine Weise bis ins kleinste Detail korrekt mein Gehirn erreicht – denn nach weniger als fünf Minuten ertönte ein Klicken, dessen Vertrautheit mich umso mehr erschreckte, als ich es nicht bewusst erwartet hatte. Ein Augenblick später, und die Metalltür öffnete sich langsam mit einem überaus leisen Knirschen.

Benommen überblickte ich die Reihe grauer Kassetten, die sich mir nun darboten, und verspürte ein gänzlich unerklärliches Gefühl mit enormer Macht in mir aufsteigen. Gerade eben in Reichweite meiner rechten Hand befand sich eine Kassette, deren gekrümmte Hieroglyphen mir einen Stich versetzten, mich heftiger zittern ließen und mich auf tief greifendere Weise aufwühlten als bloße Angst. Mit bebender Hand gelang es mir, die Kassette hervorzuziehen und in einer Wolke von Staubflocken so gut wie lautlos in meine Richtung zu schieben.

Wie die andere Kassette, die ich untersucht hatte, maß auch diese knapp fünfzig mal vierzig Zentimeter und war mit gewundenen mathematischen Mustern in Flachrelief verziert. Sie war ungefähr acht Zentimeter dick.

Unbeholfen zwängte ich sie zwischen mich und die Regalfläche, auf der ich stand, machte mich am Riegel zu schaffen und konnte endlich den Haken lösen. Ich hob den Deckel an, schob den schweren Gegenstand hinter meinen Rücken und befestigte den Haken an meinem Mantelkragen. Mit freien Händen kletterte ich nun umständlich zurück auf den staubigen Boden und bereitete mich darauf vor, meine Beute zu inspizieren.

Ich kniete in den Staubflocken, nahm die Kassette von meinem Rücken und legte sie vor mir ab. Meine Hände zitterten, ich hatte ebenso Angst davor wie ein – zwanghaftes – Verlangen danach, das Buch aus der Kassette herauszunehmen. Nach und nach war mir klar geworden, was ich darin finden würde, und diese Erkenntnis raubte mir beinahe alle Sinne.

Wenn es so wäre, wie ich glaubte – falls ich nicht träumte –, dann würden die daraus entstehenden Schlussfolgerungen menschliches Fassungsvermögen übersteigen. Am meisten quälte mich, dass es mir momentan unmöglich war, meine Umgebung als Traum wahrzunehmen. Das Gefühl der Wirklichkeit war entsetzlich – und ist es auch jetzt wieder, da ich mich an die Szene erinnere.

Endlich zog ich das Buch zitternd aus seinem Behältnis und starrte gebannt auf die mir wohlbekannten Hieroglyphen des Deckblattes. Das Buch schien sich in vorzüglichem Zustand zu befinden, und die krummlinigen Lettern des Titels hypnotisierten mich fast, so als könnte ich sie lesen. Tatsächlich kann ich nicht beschwören, dass ich sie *nicht* dank irgendeines flüchtigen und schrecklichen Zugangs zu abnormer Erinnerung hatte lesen können.

Ich weiß nicht mehr, wie lange es dauerte, bis ich es endlich wagte, das Deckblatt aus dünnem Metall umzuschlagen. Ich schwankte und suchte Ausflüchte. Ich nahm die Taschenlampe aus dem Mund und schaltete sie ab, um die Batterie zu schonen. In der Dunkelheit nahm ich dann meinen Mut zusammen – ich schlug das Deckblatt endlich um, ohne dabei Licht zu machen. Als Letztes richtete ich dann doch die Taschenlampe auf die aufgeschlagene Seite – und ich wappnete mich, um jedes Geräusch unterdrücken zu können, egal, welcher Anblick sich mir nun bieten würde.

Ich warf einen Blick darauf und brach zusammen. Ich biss jedoch die Zähne aufeinander, um stumm zu bleiben. Ich sank auf dem Boden in mich zusammen und schlug mir inmitten der alles verschlingenden Finsternis die Hand vor die Stirn. Was ich befürchtet und erwartet hatte – es war da. Entweder träumte ich, oder aber Raum und Zeit waren zur bloßen Travestie verkommen.

Ich musste träumen – aber ich würde das Grauen auf die Probe stellen und dieses Ding mitnehmen und meinem Sohn zeigen, sollte es wirklich vorhanden sein. In meinem Kopf wütete ein furchtbares Chaos, auch wenn ich in der ungebrochenen Dunkelheit um mich her keine sichtbaren Objekte wirbeln sah. Ideen und Abbilder des äußersten Grauens, ausgelöst von den Perspektiven, die mein kurzer Blick mir eröffnet hatte, stürzten auf mich ein und benebelten mir die Sinne.

Ich dachte an die Spuren im Staub und zitterte indessen beim Geräusch meiner eigenen Atmung. Erneut schaltete ich die Taschenlampe ein und sah mir die Seite an, so wie das Opfer einer Schlange die Augen und Zähne seiner Mörderin anstarren mochte.

Dann schloss ich im Dunkeln mit unbeholfenen Fingern das Buch, steckte es in die Kassette, schloss den Deckel und den eigenartigen, mit einem Haken versehenen Riegel. Ich musste dieses Ding mit hinaus in die Außenwelt nehmen, so es denn wirklich existierte – so denn der ganze Abgrund oder ich und die Welt tatsächlich existierten.

Wann genau ich schwankend aufstand und mich auf den Rückweg begab, kann ich nicht mit Sicherheit sagen. Es erscheint mir seltsam, dass ich während der scheußlichen Stunden unter der Erde kein einziges Mal auf meine Uhr sah – ein Zeichen für meine Loslösung von der normalen Welt.

Mit der Taschenlampe in der Hand und der unheilvollen Kassette unterm Arm lief ich auf Zehenspitzen und in stiller Panik an dem zugigen Abgrund und den schrecklichen Andeutungen von Spuren vorüber. Ich verhielt mich weniger vorsichtig, als ich die endlosen Schrägebenen hinauflief, konnte aber eine dunkle Ahnung nicht abschütteln, die ich auf dem Weg nach unten nicht verspürt hatte.

Ich hatte Angst davor, wieder die schwarze Basaltkrypta durchqueren zu müssen, die älter war als die Stadt selbst und wo kalte Winde aus unbewachten Tiefen aufstiegen. Ich dachte an das, wovor die Große Rasse sich gefürchtet hatte und was dort unten – obschon schwach und sterbend – immer noch lauern mochte. Ich dachte an die aus fünf Kreisen bestehenden Abdrücke und daran, was meine Träume mir über derartige Spuren erzählt hatten – und über die seltsamen Winde und Pfeifgeräusche, die man mit ihnen in Verbindung brachte. Und ich dachte an die Sagen der heutigen Eingeborenen, die sich um das Grauen der stürmischen Winde und namenlosen Ruinen drehten.

Ich wusste anhand eines in die Wand geritzten Symbols, welche Etage ich betreten musste, und gelangte endlich, nachdem ich das zuerst untersuchte Buch hinter mir gelassen hatte, in den großen kreisförmigen Raum, von dem die Bogengänge ausgingen. Zu meiner Rechten lag, sofort erkennbar, der Torbogen, durch den ich gekommen war. Diesen durchschritt ich nun im Bewusstsein, dass der Rest des Weges sich wegen des eingestürzten Mauerwerks außerhalb des Archivgebäudes schwieriger gestalten würde. Meine neue metallgeschützte Bürde belastete mich, und ich fand es zunehmend schwieriger, mich ruhig zu verhalten, während ich über Schutt und Fragmente aller Art stolperte.

Dann kam ich zu dem bis zur Decke reichenden Geröllberg, durch den ich mir einen kleinen Durchgang gebahnt hatte. Ich hatte unendliche Angst davor, mich erneut dort hindurchzuwinden, da meine erste Durchquerung nicht ohne Lärm verlaufen war, und nachdem ich nun die Spuren gesehen hatte, fürchtete ich nichts so sehr, als Geräusche zu verursachen. Zudem verdoppelte die Kassette die Schwierigkeit, den schmalen Spalt zu bewältigen.

Aber ich kletterte so gut ich konnte auf den Hügel und schob die Kassette durch die Öffnung vor mir. Mit der Taschenlampe im Mund schlängelte ich mich dann selbst hindurch – wie zuvor wurde mein Rücken von den hervorstehenden Steinen aufgerissen.

Als ich versuchte, wieder nach der Kassette zu greifen, fiel sie ein Stück weit den Geröllhang hinab und erzeugte dabei ein erschreckendes Scheppern mitsamt Echo, das mich in kalten Schweiß ausbrechen ließ. Ich sprang ihr sofort hinterher und hob sie auf, ohne weiteren Lärm zu machen – doch einen Augenblick später erzeugten sich lösende Geröllstücke unter meinen Füßen ein plötzliches und alles übertreffendes Getöse.

Dieses Getöse besiegelte mein Schicksal. Denn – ob ich mich irrte oder nicht – ich glaubte, eine grauenhafte Antwort darauf aus den hinter mir liegenden Räumen zu vernehmen. Ich glaubte, einen schrillen, pfeifenden Laut zu hören, der nicht von dieser Welt war und in Worten nicht zutreffend beschrieben werden kann. Falls es so war, dann birgt das Folgende eine grausige Ironie – denn ohne meine Panik in dieser Situation wäre es zu der zweiten Sache nie gekommen.

Meine Panik jedoch war absolut und ungeschmälert. Ich nahm die Taschenlampe zur Hand, griff ungeschickt nach der Kassette und sprang und rannte wild vorwärts, von nichts anderem getrieben als dem irrsinnigen Verlangen, schnellstens aus diesen albtraumhaften Ruinen zu fliehen, hinaus in die wirkliche Welt aus Wüste und Mondschein, die so hoch über mir lag.

Ich bemerkte kaum, dass ich den Schuttberg erreichte, der sich in die gewaltige Schwärze jenseits des eingestürzten Daches erhob, und ich stieß und schnitt mich wiederholt dabei, als ich den Steilhang aus scharfkantigen Blöcken und Bruchstücken erklomm.

Dann kam die große Katastrophe. Gerade als ich blindlings den Gipfel überquerte, unvorbereitet auf den steilen Abhang dahinter, glitt ich aus und stürzte in einer Schuttlawine hinab, deren kanonenartiges Donnern die schwarzen Höhlen mit ohrenbetäubenden Echos erfüllte.

Ich kann mich nicht daran erinnern, wie ich diesem Chaos entfloh, aber eine Momentaufnahme wachen Bewusstseins zeigt mir, wie ich inmitten des Getöses den Korridor entlangstürze und taumele und krieche – noch immer im Besitz der Kassette und der Taschenlampe.

Als ich mich dann jener urzeitlichen Basaltkrypta näherte, die ich so fürchtete, brach endgültig der Wahnsinn aus. Denn als das Echo der Lawine erstarb, hörte ich wiederum das fürchterlich fremdartige Pfeifen, das ich zuvor schon zu vernehmen geglaubt hatte. Dieses Mal konnte ich nicht mehr daran zweifeln – und schlimmer noch, diesmal hörte ich es nicht in meinem Rücken, sondern aus einem Raum *vor* mir.

Vermutlich habe ich laut aufgeschrien. Ich sehe ein unklares Bild vor mir, wie ich durch das teuflische Basaltgewölbe der Älteren Wesen raste und wie ich diesen verfluchten, unirdischen Laut aus dem offenen, unbewachten Tor unendlicher Finsternis hörte. Auch spürte ich Wind – nicht mehr bloß eine kühle, feuchte Zugluft, sondern einen heftigen, zielgerichteten Stoß, der wild und eisig aus der abscheulichen Schlucht heraufblies, aus der auch das obszöne Pfeifen drang.

Dann folgen Erinnerungen daran, wie ich über Hindernisse aller Art hüpfte und sprang, und der Windstoß und das kreischende Geräusch wurden mit jedem Augenblick stärker und schienen mich mit voller Absicht zu umschlingen, während sie voller Bosheit aus den Räumen hinter mir und vor mir hervorjagten.

Obwohl ich den Wind im Rücken hatte, behinderte er merkwürdigerweise mein Vorankommen, anstatt es zu beschleunigen: als wäre er ein Fangseil, ein Lasso, das jemand um mich geworfen hatte. Ich achtete nicht mehr auf den Krach, den ich machte, kletterte über die große Hürde der Blöcke und befand mich wieder in dem Bauwerk, das hinaus an die Oberfläche führte.

Ich weiß noch, dass ich den Torbogen sah, der sich in den

Maschinenraum öffnete, und dass ich fast laut aufgeschrien hätte, als ich die Schrägebene erblickte, die zwei Stockwerke tief zu einer der blasphemischen offenen Falltüren hinabführen musste. Doch ich schrie nicht, murmelte nur wieder und wieder vor mich hin, dass dies alles ein Traum sei, aus dem ich bald erwachen müsse. Vielleicht befand ich mich im Lager – vielleicht auch zu Hause in Arkham. Während diese Hoffnungen meinen gesunden Menschenverstand ein wenig abschirmten, begann ich mit dem Ersteigen der Schrägebene in die höhere Etage.

Ich wusste natürlich, dass ich noch den über einen Meter breiten Spalt zu überwinden hatte, doch war ich zu sehr von anderen Ängsten geplagt, sodass ich das volle Ausmaß des Grauens erst erkannte, als ich fast dort war. Bei meinem Abstieg war der Sprung über die Kluft einfach gewesen – aber würde er mir auch jetzt noch so leicht fallen, wo es aufwärts ging und ich belastet war von Furcht, Erschöpfung, dem Gewicht der Metallkassette und dem abnormalen Zerren des dämonischen Windes? Im letzten Moment dachte ich an diese Dinge – und auch an die namenlosen Wesenheiten, die in den schwarzen Abgründen unter dem Spalt lauern mochten.

Meine flackernde Taschenlampe wurde immer schwächer, aber irgendeine obskure Erinnerung sagte mir, wann ich mich der Kluft näherte. Die eisigen Windböen und die widerwärtigen Pfeiflaute hinter mir erschienen mir im Moment wie ein barmherziges Betäubungsmittel, das meine Vorstellungskraft für das Grauen des klaffenden Spalts vor mir trübte. Und dann bemerkte ich die zusätzlichen Windstöße und Pfeifgeräusche vor mir – scheußliche Wellen, die aus dem Bodenriss selbst aufbrandeten, aus unbekannten und unvorstellbaren Tiefen.

Jetzt ergriff mich in der Tat die Essenz des reinen Albtraums. Der Verstand verabschiedete sich – ich vergaß alles außer dem tierischen Fluchtinstinkt und sprang und rannte über den Schutt der Neigung, als gäbe es gar keine Kluft. Dann sah ich den Rand des Spalts, nahm mit meiner ganzen verbleibenden Kraft Anlauf und sprang panisch, und sogleich war ich in einen pandämonischen Wirbel aus widerlichen Klängen und äußerster stofflich fassbarer Schwärze gehüllt.

Das ist, was meine Erinnerungen angeht, das Ende meines

Erlebnisses. Alle weiteren Eindrücke gehören gänzlich dem Reich der Phantasmagorie und der Fieberträume an. Traum, Wahnsinn und Erinnerung vermengten sich hemmungslos in einer Reihe fantastischer bruchstückhafter Halluzinationen, die zu nichts Wirklichem in irgendeiner Beziehung stehen können.

Es folgte ein entsetzlicher Sturz durch unzählige Meilen zähflüssiger, belebter Finsternis und ein babylonisches Wirrwarr von Geräuschen, die allem, was wir von der Erde und dem organischen Leben darauf wissen, völlig fremd waren. Schlummernde, rudimentär vorhandene Sinne schienen in mir zu erwachen, erzählten mir von Gruben und Schluchten, die von schwebenden Schrecknissen bevölkert waren, von sonnenlosen Felsklippen und Meeren und von Städten voll wimmelnden Lebens mit Basalttürmen ohne Fenster, die kein Lichtstrahl je berührte.

Geheimnisse des urzeitlichen Planeten und seiner unermesslichen Äonen zuckten blitzartig durch mein Hirn, ohne dass ich etwas gesehen oder gehört hätte, und Dinge wurden mir offenbart, die nicht einmal in den wildesten meiner früheren Träume auch nur angedeutet worden waren. Und die ganze Zeit über griffen und zerrten kalte Finger feuchten Dunstes an mir, und das grässliche, gotteslästerliche Pfeifen gellte dämonisch über das Wechselspiel von babylonischem Chaos und Stille in den Wirbeln der Finsternis hinweg.

Danach folgten Visionen der zyklopischen Stadt aus meinen Träumen – nicht in Form von Ruinen, sondern so, wie ich sie in den Träumen gesehen hatte. Ich befand mich wieder in meinem kegelförmigen nicht menschlichen Leib und mischte mich unter die Scharen der Großen Rasse und der gefangenen Geister, die in den hohen Korridoren und auf den gewaltigen Schrägebenen Bücher hin und her trugen.

Über diese Bilder legten sich dann furchtbare Momentaufnahmen eines nicht visuellen Bewusstseins: verzweifelte Kämpfe, ein Sich-Entwinden aus den klammernden Tentakeln des pfeifenden Windes, ein irrer fledermausartiger Flug durch halb feste Luft, ein fieberhaftes Graben durch die von Zyklonen gepeitschte Finsternis und ein wildes Stolpern und Klettern über eingestürztes Mauerwerk.

Auf einmal war da ein merkwürdiges halb sichtbares Aufblitzen – die schwache, diffuse Andeutung eines blauen Leuchtens hoch über mir. Dann folgte ein Traum, in dem ich, vom Wind verfolgt, kletterte und kroch, mich durch einen Schutthaufen – der gleich darauf bei einem bösartigen Wirbelsturm ganz in sich zusammenbrach – schlängelte und mich dann im Lodern des sardonischen Mondlichts wiederfand. Es war das boshafte, gleichförmige Strahlen des irremachenden Mondes, das mir schließlich meine Rückkehr dorthin zu Bewusstsein brachte, was mir einstmals als die objektive, wache Welt bekannt gewesen war.

Ich kroch auf allen vieren durch den Sand der australischen Wüste, und rings um mich her schrie ein solcher tumultartiger Wind, wie ich ihn noch nie zuvor auf dieser Erde erlebt hatte. Meine Kleider hingen in Fetzen an mir herunter und mein Körper war über und über mit Quetschungen und Schrammen bedeckt.

Erst allmählich erlangte ich wieder mein volles Bewusstsein, und zu keinem Zeitpunkt konnte ich sagen, wo der fieberhafte Traum endete und die wirkliche Erinnerung einsetzte. Anscheinend hatte ich Folgendes erlebt: einen Haufen titanischer Steinblöcke, einen darunterliegenden Abgrund, eine ungeheuerliche Offenbarung aus der Vergangenheit und ein albtraumhaftes Grauen zum Schluss – doch wie viel davon war wirklich geschehen?

Meine Taschenlampe war mir ebenso abhanden gekommen wie die Metallkassette, die ich vielleicht entdeckt hatte. Hatte es diese Kassette – oder diesen Abgrund, oder diesen Steinhaufen – denn wirklich gegeben? Ich hob den Kopf, sah zurück und erblickte nichts als die unfruchtbaren Sandwogen der Wüste.

Der dämonische Wind erstarb und der aufgeblähte, pilzartige Mond versank rötlich im Westen. Ich kämpfte mich auf die Beine und taumelte langsam gen Südwesten, in Richtung des Lagers. Was war bloß in Wirklichkeit mit mir passiert? War ich lediglich in der Wüste zusammengebrochen und hatte einen von Träumen geplagten Leib über Kilometer voller Sand und begrabener Steinblöcke geschleppt? Und falls nicht, wie könnte ich dann noch weiterleben?

Denn in diesem teuflischen neuen Zweifel löste sich mein Glaube an die mythengeborene Unwirklichkeit meiner Visionen erneut auf. Sollte dieser Abgrund tatsächlich existieren, dann war auch die Große Rasse Realität und ihre gotteslästerlichen

Vorgriffe und Einschnitte im kosmischen Strudel der Zeit keine Mythen oder Albträume, sondern schreckliche, die Seele zerstörende Wirklichkeit.

War ich in den dunklen, rätselhaften Tagen meines Gedächtnisverlustes wirklich und unabänderlich in die vormenschliche Welt von vor 150 Millionen Jahren zurückgeschleudert worden? War mein eigener Körper wirklich das Gefäß für ein fürchterliches außerirdisches Bewusstsein aus dem unermesslichen Zeitenschlund geworden?

Hatte ich als gefangener Geist dieser watschelnden Schrecknisse tatsächlich die verfluchte Stadt aus Stein zu ihren längst vergangenen Glanzzeiten gekannt, hatte ich mich wirklich in der widerlichen Gestalt dessen, der mich gefangen genommen hatte, diese vertrauten Korridore entlanggewunden? Waren die quälenden Träume der letzten zwanzig Jahre tatsächlich die Frucht von grausigen, monströsen Erinnerungen?

Hatte ich dereinst wirklich mit Geistern aus undenkbar fernen Winkeln von Raum und Zeit gesprochen, die vergangenen und zukünftigen Geheimnisse des Universums erfahren und die Annalen meiner eigenen Welt für die Metallkassetten jener titanischen Archive niedergeschrieben? Und handelte es sich bei jenen anderen, jenen schockierenden Älteren Wesen in den irren Winden und dämonischen Pfeiflauten in Wirklichkeit um eine noch vorhandene, lauernde Bedrohung, die in den schwarzen Abgründen nur allmählich schwächer wurde, während unterschiedliche Lebensformen ihre vieltausendjährigen Entwicklungsspannen auf der altersgegerbten Oberfläche der Erde verbrachten?

Ich weiß es nicht. Falls dieser Abgrund und das, was sich darin befand, der Wirklichkeit entspricht, dann gibt es keine Hoffnung. Dann liegt über der Welt der Menschen wahrhaftig ein unglaublicher, ein höhnischer Schatten aus der Zeit. Es ist jedoch eine Gnade, dass es keinen Beweis gibt, dass diese Dinge mehr sind als eine neue Phase meiner mythengeborenen Träume. Ich hatte die Metallkassette, die einen Beweis dargestellt hätte, nicht mit zurückgebracht, und bislang wurden auch die unterirdischen Korridore nicht entdeckt.

Falls das Universum von gütigen Gesetzen gelenkt wird, dann werden sie auch niemals entdeckt. Aber ich muss meinem Sohn berichten, was ich gesehen habe – oder was ich zu sehen glaubte; er soll dann seine Erfahrung als Psychologe dazu verwenden, den Wirklichkeitsgehalt meiner Erlebnisse abzuwägen und zu entscheiden, ob er diesen Bericht anderen zugänglich macht.

Ich habe gesagt, dass die fürchterliche Wahrheit hinter meinen Jahren der qualvollen Träume vollständig von der Wirklichkeit dessen abhängt, was ich in den zyklopischen versunkenen Ruinen zu sehen meinte. Es fällt mir äußerst schwer, diese wesentliche Offenbarung in Worte zu fassen, obgleich kaum einem Leser entgangen sein wird, worum es sich handelt. Natürlich hat diese Offenbarung mit dem Buch zu tun, das die Metallkassette enthielt – die Kassette, die ich ihrem Platz im Staube von Millionen Jahrhunderten entrissen hatte.

Seit dem Erscheinen des Menschen auf diesem Planeten hatte kein Auge dieses Buch gesehen, keine Hand es berührt. Und doch – als ich in diesem entsetzlichen Abgrund meine Taschenlampe darauf richtete, sah ich, dass die eigentümlich pigmentierten Buchstaben auf den zerbrechlichen, seit Äonen vergilbten Zellstoffseiten gewiss keinen der namenlosen Schriftzeichen aus der Frühzeit der Erde entsprachen. Vielmehr handelte es sich um die Lettern des uns vertrauten Alphabets, und die englischen Worte waren in meiner eigenen Handschrift geschrieben.

Jäger der Finsternis

The Haunter of the Dark

Wir begegnen nun Lovecrafts letzter unter eigenem Namen erschienenen Erzählung. Es war dies allerdings nicht der letzte literarische Text, an dem der Autor intensiv gearbeitet hat: Dieses Prädikat kommt Robert Barlows ›The Night Ocean‹ zu. Die Gedichtzeile, die der Erzählung voransteht, stammt aus Lovecrafts Gedicht ›Nemesis‹, das er (wie er in einem Brief schreibt) »in den sinistren Stunden nach Mitternacht Allerheiligen« 1917 geschrieben hatte und das zuerst in der Zeitschrift *Vagrant* (Juni 1918) erschienen war.

›The Haunter of the Dark‹ hat eine bemerkenswerte Vorgeschichte. Im September 1935 erschien in *Weird Tales* eine Erzählung des jungen Robert Bloch, ›The Shambler from the Stars‹, in der ein (namentlich nicht genannter) Protagonist, in dem jeder Leser H. P. Lovecraft wiedererkennen musste, ein grausiges Ende findet. Natürlich hatte der junge Autor den älteren Kollegen um seine Einwilligung für diese besondere Art eines literarischen Komplimentes gebeten – und Lovecraft hatte ihm diese bereitwillig in einem Brief vom 30. April 1935 erteilt – in einem vergnüglichen formalen Schreiben, welches neben Lovecraft als Zeugen auch Abdul Alhazred, Gaspard du Nord (eine Gestalt aus den Erzählungen von C. A. Smith), Friedrich von Junzt und der Tcho-Tcho Lama von Leng unterschrieben haben. In der folgenden Erzählung reagiert Lovecraft auf Blochs schmeichelhaften literarischen Mord: und lässt nun seinerseits Bloch (Robert Blake) durch das mythische Wesen Nyarlathothep zu Tode kommen.

Interessanterweise hat Lovecraft niemals mit Bloch (1917–1994) förmlich zusammengearbeitet (obwohl das Bloch natürlich gerne gehabt hätte): Am ehesten kann man davon noch in Blochs ›Satan's Servants‹ (Februar 1935) sprechen. Später wurde Bloch natürlich weltberühmt, nicht zuletzt durch seinen bemerkenswerten Roman *Psycho* (1959), den Alfred Hitchcock dann 1960 verfilmte. Bloch und Lovecraft standen seit April 1933 in regelmäßigem Briefverkehr, wobei Lovecraft dem angehenden Autor allerlei Ratschläge gab (vor allem den, seine historischen Recherchen sehr viel ernster zu nehmen). Das Manuskript von ›The Haunter of the Dark‹ ist meines Wissens nicht erhalten. Die Erzählung erschien zuerst in *Weird Tales* im Dezember 1936. Sie stellt Lovecrafts geistreiche und in manchem ironische Entgegnung auf ›The Shambler from the Stars‹ dar.

Viele Leserinnen und Leser wundern sich vielleicht über die Intensität von Lovecrafts Briefkontakten (hier mit Robert Bloch), während ihm der persönliche Umgang nicht so wichtig war. »Heute habe ich natürlich nicht mehr so viele Gelegenheiten zum Gespräch über Literatur wie damals«, schreibt Lovecraft in einem Brief an Donald Wandrei vom 10. Februar 1927 im Rückblick auf seine New Yorker Zeit. »Aber das ist schließlich nur ein Teil des Lebens. Es ist wichtiger, selbst zu leben – zu träumen und zu schreiben – als Gespräche zu führen, und in New York konnte ich nicht leben«. Lovecraft spricht hier von der ästhetischen Notwendigkeit, in Providence zu wohnen, und beiläufig erfahren wir, was ihm das Wichtigste im Leben war: Schreiben und Träumen. Darin ähnelt er seinem Protagonisten Robert Blake. Dieser Name erinnert natürlich in bewusster Anspielung an Robert Bloch (der wie Blake nicht nur Autor, sondern auch ein passabler Zeichner war), aber Blakes Charakter hat mehr von Lovecraft selbst als von Bloch. Vor allem ist das Haus, in dem Blake wohnt, Lovecrafts eigener letzter Wohnsitz – präzise beschrieben und bis ins Detail identisch mit 66 College Street, wo er seit Mai 1933 mit einer Tante in lockerer Wohngemeinschaft lebte. Das schiere Ausmaß spielerischer autobiografischer Elemente in ›The Haunter of the Dark‹ kann den Lesenden zuerst verblüffen. Es erweist sich dann aber als eine bewusste Literarisierung des Tagtraums: Und gerade diese ungeschützte Integration ganz persönlicher Erfahrungen und Perspektiven mag einen Schlüssel für die Intensität und Frische von Lovecrafts Erzählung darstellen.

Neben Lovecrafts geliebtem College Hill ist es nun – sozusagen im Kontrast – Federal Hill, auf dem die Erzählung spielt. Dieses erhöht gelegene Stadtviertel hat bis heute ein ganz eigenes Gepräge, das in der Tat vor allem durch italienische Einwanderer geprägt ist. Der in solchen Fragen bekanntlich erzkonservative Neuengländer fand die Gegenwart so vieler »Fremder« in seiner Stadt irritierend. Anders als noch in Lovecrafts New-York-Novelle ›The Horror at Red Hook‹ (1925) ist die Haltung diesen Fremden gegenüber hier aber nicht mehr Hass und Verachtung, sondern längst eine gesunde Neugier. Lovecraft war auch in diesem – seinem problematischsten – Persönlichkeitsanteil allmählich erwachsen geworden. 1850 hatten nur etwa fünfundzwanzig Italiener auf Federal Hill gelebt, in den von Lovecraft bewusst miterlebten Jahren 1898–1932 sind dann allein über den Hafen von Providence 54 973 Einwanderer aus Italien nach Providence gekommen. 1940 lebten auf Federal Hill über 40 000 italienisch-stämmige Amerikaner. (In den 1950er-Jahren gab es dann noch eine letzte große Einwandererwelle). »Coletto« (den »kleinen Hügel«) nennen die Italo-Amerikaner »ihren«

Hügel, und in der Tat entspricht das Straßenbild bis heute vielfach jenem, das der Europäer aus Italien gewohnt ist. Es geht laut und lebhaft zu, wenn auch heute die vielen Straßenkarren und Verkaufsbuden keine so große Rolle mehr spielen wie zu Lovecrafts Zeiten. Dabei muss man sich auch deutlich machen, dass Providence im Sommer ein extrem heißes Klima hat und die Temperatur Grade wie in Süditalien erreicht (die Winter dagegen sind sehr kalt und schneereich). Die italienischen Straßennamen, die Geschäfte mit italienischen Waren, das temperamentvolle Reden und Gestikulieren der Italiener waren für Lovecraft wie ein Stück Südeuropa, das in seine Heimatstadt verpflanzt worden war.

Sehr befremdlich für den Neuengländer waren auch die zahlreichen Heiligenfeste mit ihren pompösen Straßenumzügen und nächtlichen Feuerwerken (beides wird in ›The Haunter of the Dark‹ erwähnt). Hinzu kommt, dass der stabile Katholizismus der Italiener in Neuengland nach wie vor großes Misstrauen auslöste; Katholiken traute man nahezu alles an abergläubischen Dummheiten zu. (Dieses Misstrauen brodelte ein weiteres Mal in den USA hoch, als J. F. Kennedy Präsident werden wollte, der erste Katholik, dem dies dann tatsächlich gelang). Das bunte Leben auf der Straße war für Lovecraft trotz seines weiten Horizontes verwirrend: nur das vorzügliche Eis der Italiener konnte er rundherum schätzen. Wer einen Eindruck von Federal Hill in Lovecrafts Tagen gewinnen will, sei auf Joe Fuoco, *Federal Hill – Images of America,* Dover, NH 1996 verwiesen, eine kommentierte Sammlung von etwa 200 Fotografien des alten Federal Hill und seiner Menschen meist gerade aus jenen Jahren, zu denen ›The Haunter of the Dark‹ spielt. Unheimlich ist hier allerdings nichts, und dem Europäer, der Italien und andere südeuropäische Länder zumindest als Tourist kennt, will es nicht gelingen, Lovecrafts Gefühle wirklich zu verstehen. Federal Hill und College Hill stehen sich in unserer Erzählung als zwei Gesichter der gleichen Stadt gegenüber: ihr respektabel-vornehmes, aber auch ihr irrational-leidenschaftlich-dämonisches. Wie immer bei Lovecraft wird die reale Landschaft zu einer »Seelenlandschaft«, einem Ort tiefer symbolischer Bezüge, die zusammengenommen eine Seelenmetapher sind.

Die katholischen Kirchen auf Federal Hill wirken auf den dezenten und um Zurückhaltung bemühten Neuengländer ungeheuer protzig, überladen mit Bildern und insgesamt deplaziert. Es existieren eine ganze Reihe solcher Kirchen, einschließlich der großen Kathedrale von Providence, die um 1880 von Thomas F. Hendricken erbaut wurde (der 1872–1886 der erste katholische Bischof von Providence war). Manchmal konnte so ein großes steinernes Gebäude aber auch andere Gefühle wecken: Davon handelt nun ›The Haunter of the Dark‹. Das

Gebäude ist hier Manifestationsort eines unheimlichen, letztlich sogar außerirdischen Schreckens.

Die Kirche, die Lovecraft primär im Blick hat, ist St. John's Church (Atwell Avenue), die 1871–1875 erbaut wurde und in der Tat ein Gebäude von beträchtlicher Ausstrahlung war. Leider wurde St. John's Church Anfang der 1990er Jahre in mehreren Etappen vollständig abgerissen, weil das Gebäude als nicht mehr sicher galt. Heute befindet sind an der Stelle der ehemaligen Kirche ein kleiner, etwas erhöht gelegener Park (St. John's Park). Nur das eiserne Gitter erinnert noch an die Kirche, die Lovecraft uns vor Augen malt (dieses ist aber jüngeren Datums). Die architektonischen Details stimmten nicht völlig überein: Lovecraft hat hier wie immer Fantasie und Wirklichkeit gemischt und vor allem den Kirchturm seiner Kirche nach einem anderen Vorbild gestaltet, welches man heute noch in Providence besichtigen kann: St. John's Episcopal Church in der North Main Street, etwas näher an Lovecrafts Wohnung gelegen. Leider haben die gewaltigen Parkplätze, die neuen Durchgangsstraßen, die Betonierung des alten Hafenviertels (das heute zum Teil durch einen Park ersetzt ist) und ein riesiges Kraftwerk, das weithin zu sehen ist, viel von dem alten Charme zerstört. Von College Hill (dem Zentrum einer jeden Entdeckungstour durch Lovecrafts Providence) läuft man etwa eine knappe Stunde nach Federal Hill. Den ehemaligen Blick aus Lovecrafts Fenster kann man weithin noch von dem kleinen Park Prospect Terrace aus einfangen, der vielleicht die schönste Ecke in Providence ist. Im Juni 1935 (Lovecraft war gerade zu Besuch bei Barlow in Florida) schlug ein Blitz in den Turm von St. John's Church ein und hinterließ einige Zerstörungen: Das mag ein Auslöser für die Funktion der Gewitter in Lovecrafts Geschichte gewesen sein (vgl. aber auch schon ›The Lurking Fear‹ von 1922).

Ein letzter inhaltlicher Punkt soll hier kurz angesprochen werden, ohne dass eine Interpretation der Erzählung hier angegangen werden kann. Was geschieht eigentlich am Ende von ›The Haunter of the Dark‹? Natürlich, möchte man sagen, der Protagonist wird von einem dämonischen Wesen getötet, das er unabsichtlich durch seinen Blick in einen magischen Stein heraufbeschworen hatte. Das ist aber nur die Oberfläche. Durch die ganze Erzählung hindurch ziehen sich die Textsignale einer eigentümlichen Affinität, einer wechselseitigen Anziehung zwischen Blake und Nyarlathotep. Das beginnt schon mit den Titeln von Blakes Kurzgeschichten, die er schreibt, bevor er je auf Federal Hill war. Die (ganz beiläufig niedergeschriebene und leicht überlesene) Kernaussage steht dann auf dem letzten Blatt von Blakes Tagebucheintragungen: »Ich bin Es und Es ist Ich«. Zwischen Blake und Nyarlathotep kommt es zu einer mystischen Identität. Blake stirbt nicht durch Nyarlathotep, sondern als Nyarlathotep. Todesursache Blakes ist das Licht eines Blitzes, welches ja gerade Nyarlathotep nicht verträgt. (Schließlich hätte Nyarlathotep Blake schon leicht töten können, als dieser schlafwandelnd den verschlossenen Turm aufgesucht hatte und dort Visionen vom schwarzen Zentrum des Alls hat). Diese interpretatorische Erkenntnis kann hier nicht entfaltet werden; wie immer bei Lovecraft, sind Identitätssuche und Identitätsdiffusion von außerordentlicher Komplexität.

Die Atmosphäre von Lovecrafts Geschichten, sein sprachlicher Einfallsreichtum, aber auch seine üppige, verspielte Manieriertheit, seine Evokation des Fremden im Nahen, des Monströsen vor der Haustür, dürfte kaum je so überzeugend eingefangen worden sein wie in der folgenden Erzählung. Auch hier erweist sich Lovecraft als ein kosmischer Regionalschriftsteller von bleibender Faszination.

Jäger der Finsternis
(Robert Bloch gewidmet)

Ich sah das finstre Weltenall gähnen,
Wo die schwarzen Planeten ziellos kreisen –
Wo sie kreisen in unbeachtetem Schrecken,
Ohne Wissen oder Namen, sie zu preisen.
– Nemesis

Vorsichtige Ermittler werden nur unter Vorbehalt die allgemeine Ansicht in Zweifel ziehen, Robert Blake sei von einem Blitzschlag oder einem schweren Nervenschock, der auf eine elektrische Entladung folgte, getötet worden. Es stimmt, dass das Fenster, dem er gegenübersaß, nicht zerbrochen war, doch hat sich die Natur schon vieler abwegiger Darbietungen fähig erwiesen. Der Ausdruck seines Gesichtes hätte auch von einem ungewöhnlichen Muskelreflex herrühren können, der nicht mit etwas, das er sah, in Zusammenhang stand, während die Einträge in seinem Tagebuch eindeutig das Erzeugnis einer überspannten Vorstellungskraft sind, die von dem lokalen Aberglauben und gewissen von Blake aufgedeckten alten Vorfällen erregt wurde. Was die unnormalen Zustände in der verlassenen Kirche von Federal Hill betrifft – der scharfsinnige Analyst zögert nicht, diese einer bewussten oder unbewussten Scharlatanerie zuzuschreiben, mit der Blake wenigstens teilweise in geheimer Verbindung stand.

Denn schließlich war das Opfer ein Schriftsteller und Maler, der sich gänzlich dem Bereich des Mythischen, des Traums, des Entsetzens und Aberglaubens verschrieben hatte, und er war stets eifrig auf der Suche nach Szenerien und Effekten bizarrer und gespenstischer Art. Sein früherer Aufenthalt in der Stadt – ein Besuch bei einem sonderbaren alten Mann, der eine ebenso tiefe Neigung zu okkulten und verbotenen Lehren hegte wie er – endete inmitten von Feuer und Tod, und es musste wohl ein morbider Instinkt gewesen sein, der ihn aus seiner Heimat in Milwaukee hierhin zurückführte. Er könnte von den alten Geschichten gewusst haben, wenngleich er in seinem Tagebuch das Gegenteil behauptet, und sein Tod mag einen erstaunlichen

Schabernack im Keime erstickt haben, der für eine literarische Umsetzung bestimmt war.

Zu jenen, die all diese Punkte untersucht und miteinander in Beziehung gebracht haben, zählen indes mehrere Personen, die an weniger rationalen und gewöhnlichen Theorien festhalten. Sie sind geneigt, einen Großteil von Blakes Tagebuch beim Wort zu nehmen, und vor allem weisen sie auf gewisse Tatsachen hin wie etwa die außer Zweifel stehende Echtheit der alten Kirchenchronik, die erwiesene Existenz der unbeliebten und unorthodoxen Sekte ›Weisheit der Sterne‹ vor 1877, den im Jahre 1893 amtlich belegten Vermisstenfall eines wissbegierigen Reporters namens Edwin M. Lillibridge und – vor allem – den ungeheuerlichen, angstverzerrten Gesichtsausdruck des jungen Schriftstellers im Augenblick seines Todes. Es war einer jener von diesen Dingen Überzeugten, der sich in seinem fanatischen Extremismus dazu hinreißen ließ, in der Bucht den merkwürdig gewinkelten Stein und die dazugehörige sonderbar verzierte Metallkiste zu versenken, die man im Glockenturm der alten Kirche entdeckt hatte – in der schwarzen fensterlosen Turmspitze, und nicht in der Turmstube, wo sich laut Blakes Tagebuch jene Gegenstände ursprünglich befunden hatten. Obgleich er offiziell und inoffiziell weithin dafür getadelt wurde, behauptete dieser Mann – ein achtbarer Arzt mit einer Neigung zu seltsamem Volksbrauchtum –, er habe die Welt von etwas befreit, das zu gefährlich sei, um hier zu verbleiben.

Zwischen diesen beiden Positionen muss der Leser selbst eine Entscheidung treffen. Die Zeitungen haben die fassbaren Einzelheiten aus einem skeptischen Blickwinkel dargestellt und es anderen überlassen, das Bild so zu zeichnen, wie Robert Blake es sah – oder es zu sehen glaubte – oder es zu sehen vorgab. Nun, da wir das Tagebuch genau, kühl und mit Muße studiert haben, wollen wir die dunkle Abfolge der Ereignisse ausdrücklich aus der Sichtweise des Protagonisten zusammenfassen.

Der junge Blake kehrte im Winter 1934/35 nach Providence zurück und mietete das obere Geschoss eines respektablen Wohnhauses in einem grasbewachsenen Hof hinter der College Street – auf dem großen nach Osten gelegenen Hügel in der Nähe des Campus der Brown-Universität und der nach John Hay benannten Bibliothek. Dies war ein gemütlicher und faszinierender Ort in einer kleinen Gartenoase von dorfähnlicher Altertümlichkeit, wo große freundliche Katzen sich auf einem bequemen Schuppen sonnten. Das rechteckige georgianische Haus besaß ein Giebeldach, ein mit kunstvollen Schnitzereien verziertes klassisches Portal, Fenster mit kleinen Scheiben und all die andern Merkmale der Baukunst des frühen 19. Jahrhunderts. Im Innern gab es Paneeltüren, weiße Dielen, eine geschwungene Treppe im Kolonialstil und weiße Kaminverkleidungen aus der Adam-Epoche; im hinteren Teil des Hauses befand sich eine Reihe von Zimmern, die drei Stufen unterhalb des allgemeinen Fußbodenniveaus lagen.

Blakes Arbeitszimmer, eine große südwestlich gelegene Kammer, überblickte nach einer Seite den Vordergarten, während die westlichen Fenster – vor einem davon stand sein Schreibtisch – dem Hang des Hügels abgewandt lagen und einen prachtvollen Blick auf die sich ausbreitenden Dächer der Unterstadt und den dahinter aufflammenden mystischen Sonnenuntergang boten. Am fernen Horizont waren die violetten Hänge des offenen Landes zu sehen; vor diesen erhob sich in ungefähr drei Kilometern Entfernung der gespenstische Buckel des Federal Hill, strotzend von zusammengedrängten Dächern und Türmen, deren ferne Umrisse geheimnisvoll schwankten und fantastische Formen annahmen, wenn der Rauch der Stadt zu ihnen aufwirbelte und sie umstrickte. Blake hatte dabei die eigenartige Empfindung, er blicke auf eine unbekannte ätherische Welt, die sich vielleicht wie ein Traum auflösen würde, sollte er je versuchen, sie persönlich aufzusuchen.

Nachdem er nach seinen Büchern geschickt hatte, erwarb Blake einige antike Möbel, die seiner Unterkunft angemessen waren, und ließ sich zum Schreiben und Malen nieder – er lebte allein und kümmerte sich selbst um die einfache Hausarbeit. Sein Atelier befand sich in einer nördlich gelegenen Dachkammer, wo die Fensterscheiben im Giebeldach ein bemerkenswertes Licht bewirkten. Im Laufe jenes ersten Winters brachte er fünf seiner bekanntesten Kurzgeschichten hervor – *Der Gräber tief unten, Die Stufen in der Gruft, Shaggai, Im Tale von Pnath* und *Der Fresser von den Sternen* – und bemalte sieben Leinwände: Studien namenloser, unmenschlicher Monstren und zutiefst fremdartiger, unirdischer Landschaften.

Bei Sonnenuntergang saß er oftmals an seinem Schreibtisch und blickte verträumt auf das westliche Panorama – sah die dunklen Türme der Memorial Hall direkt unterhalb des Hügels, den Glockenturm des georgianischen Gerichtsgebäudes, die hohen Spitztürme der Innenstadt und jenen schimmernden, spitzengekrönten Hügel in der Ferne, dessen unbekannte Straßen und labyrinthische Giebel seine Fantasie so machtvoll herausforderten. Von seinen wenigen Bekannten hier erfuhr er, dass sich auf dem entlegenen Abhang ein großes italienisches Viertel befinde, obwohl die meisten Häuser Überbleibsel aus den alten Tagen der Yankees und Iren seien. Dann und wann erprobte er seinen Feldstecher an jener gespenstischen, unerreichbaren Welt jenseits des sich kräuselnden Rauchs; er pickte sich einzelne Dächer, Schornsteine und Kirchtürme heraus und stellte Mutmaßungen über die bizarren und eigenartigen Geheimnisse an, die sie beherbergen mochten. Selbst mit optischen Hilfsmitteln betrachtet, schien der Federal Hill irgendwie fremdartig, halb sagenhaft und verbunden mit den unwirklichen, unfassbaren Wundern von Blakes Erzählungen und Bildern. Diese Empfindung hielt noch lange vor, nachdem der Hügel im violetten, von Laternen besternten Zwielicht versunken war und das Flutlicht des Gerichtsgebäudes und das rote Werbezeichen des Industrial Trust aufgeflammt waren und die Nacht grotesk erscheinen ließen.

Von allen fernen Objekten auf dem Federal Hill faszinierte eine große dunkle Kirche Blake am meisten. Sie hob sich zu gewissen Tageszeiten besonders deutlich ab, und im Sonnenuntergang ragte der große Turm mit seiner auffälligen Spitze schwarz und drohend in den flammenden Himmel. Die Kirche schien besonders hoch zu liegen; denn die rußige Fassade und die aus der Schräge gesehene Nordseite mit dem geneigten Dach und den oberen Enden der großen Spitzfenster erhob sich kühn über dem Gewirr der sie umgebenden Firstbalken und Schornsteinaufsätze. Sie war eigenartig düster und streng und schien aus Stein erbaut zu sein, befleckt und verwittert vom Rauch und von den Stürmen eines Jahrhunderts oder mehr. Vom Stil her war sie, soweit das Fernglas erkennen ließ, in jener frühesten experimentellen Form der Neugotik gehalten, die der pompösen Upjohn-Periode voranging und einige der

Formen und Proportionen des georgianischen Zeitalters beibehielt. Vielleicht war sie um 1810 oder 1815 errichtet worden.

Während die Monate dahingingen, betrachtete Blake das entlegene, irgendwie bedrohliche Bauwerk mit merkwürdig steigendem Interesse. Da in den gewaltigen Fenstern nie Licht zu sehen war, nahm er an, dass die Kirche leer stand. Je länger er sie betrachtete, desto stärker arbeitete seine Vorstellungskraft, bis er sich schließlich merkwürdige Dinge einzubilden begann. Er glaubte, eine vage einzigartige Aura der Verlassenheit schwebe über dem Ort, sodass selbst die Tauben und Schwalben das rauchgeschwärzte Dachgesims mieden. Um alle anderen Türme und Glockentürme enthüllte ihm sein Fernglas große Scharen von Vögeln, doch hier rasteten sie nie. Zumindest glaubte er das und hielt es auch in seinem Tagebuch fest. Er wies mehrere Freunde auf diesen Ort hin, aber keiner von ihnen war jemals auf dem Federal Hill gewesen oder hatte auch nur die leiseste Ahnung, was es mit der Kirche jetzt oder früher auf sich hatte.

Im Frühjahr wurde Blake von einer tiefen Rastlosigkeit ergriffen. Er hatte die Arbeit an seinem lange geplanten Roman begonnen – das Werk sollte von dem vermeintlichen Überleben des Hexenwesens in Maine handeln –, kam aber sonderbarerweise dabei nicht weiter. Immer häufiger saß er an seinem nach Westen blickenden Fenster und spähte auf den fernen Hügel und den schwarzen bedrohlichen Kirchturm, der von den Vögeln gemieden wurde. Als in den Gärten zarte Blätter an den Ästen zum Vorschein kamen, wurde die Welt von neuer Schönheit erfüllt, doch Blakes Rastlosigkeit wuchs nur noch weiter an. Da überlegte er zum ersten Mal, die Stadt zu durchqueren und jenen sagenumwobenen Hügel in die rauchumkränzte Welt der Träume hinaufzusteigen.

Ende April, kurz vor der äonenalten Walpurgisnacht, ging Blake auf seine erste Reise ins Unbekannte. Er trottete durch die endlosen Straßen der Innenstadt und über die kahlen, verfallenen Plätze dahinter, und endlich gelangte er auf jene ansteigende Allee mit ihren jahrhundertealten Stufen, windschiefen dorischen Portalen und Kuppeln mit trüben Fenstern, die, so fühlte er, hinauf in die ihm lang bekannte unerreichbare Welt jenseits der Nebel führen musste. Da gab es schmutzige blau-weiße Straßenschilder, die ihm nichts sagten, und alsbald bemerkte er die fremden dunklen Gesichter in der vorüberziehenden Menge und die ausländischen Schriftzeichen über merkwürdigen Läden in braunen, seit Jahrzehnten verwitterten Gebäuden. Nirgends konnte er eines der Objekte finden, die er von Weitem gesehen hatte, sodass er sich erneut halb einbildete, der ferne Federal Hill sei eine Traumwelt, die der Fuß eines lebenden Menschen nie betreten dürfe.

Dann und wann zeigte sich eine mitgenommene Kirchenfassade oder ein baufälliger Turm, aber nie das geschwärzte Bauwerk, nach dem er suchte. Als er einen Ladenbesitzer nach einer großen steinernen Kirche fragte, lächelte der Mann und schüttelte den Kopf, obwohl er gut Englisch sprach. Als Blake höherstieg, schien die Gegend immer fremdartiger zu werden, und verwirrende Irrgärten düsterer brauner Gassen führten ewig weit gen Süden. Er überquerte zwei oder drei breite Straßen und glaubte einmal, einen vertrauten Turm zu erblicken. Wiederum fragte er einen Händler nach der massigen Steinkirche, und dieses Mal hätte er schwören können, dass die an den Tag gelegte Unkenntnis nur vorgetäuscht war. Das Gesicht des dunkelhäutigen Mannes zeigte einen Ausdruck der Furcht, die er zu verbergen suchte, und Blake sah, wie er mit der rechten Hand ein eigenartiges Zeichen machte.

Dann erhob sich mit einem Mal zu seiner Linken ein schwarzer Spitzturm über den Reihen brauner Dächer, die die verworrenen südwärts führenden Gassen säumten. Blake wusste sogleich, worum es sich handelte, und stürzte über die verwahrlosten, ungepflasterten Gehwege, die von der Allee abzweigten, darauf zu. Zweimal verlief er sich, doch aus irgendeinem Grunde wagte er es nicht, die Patriarchen oder Hausfrauen zu fragen, die vor ihren Häusern saßen, oder eines der Kinder, die im Schlamm der schattigen Wege schrien und spielten.

Endlich sah er den Turm deutlich im Südwesten; ein gewaltiger Steinhaufen erhob sich dunkel am Ende einer Gasse. Alsbald stand er auf einem windgepeitschten offenen Platz mit altmodischen Pflastersteinen und einer hohen Mauer auf der gegenüberliegenden Seite. Dies war das Ende seiner Suche; denn auf dem breiten, von einem Eisenzaun umgebenen, unkrautüberwucherten Plateau, das von der Mauer gestützt wurde – eine eigene kleine Welt, die sich fast zwei Meter über die umliegenden Straßen erhob –, stand ein düsterer riesenhafter Bau, über dessen Identität keinerlei Zweifel bestanden, obwohl ihn Blake nun aus einem neuen Blickwinkel sah.

Die leer stehende Kirche war stark baufällig. Manche der hohen Steinbögen waren herabgestürzt, und mehrere fein gearbeitete Zierpfeiler lagen wie verloren inmitten des wuchernden braunen Unkrauts. Die vom Ruß geschwärzten gotischen Fenster waren größtenteils unversehrt, obwohl viele der steinernen Mittelpfosten fehlten. Blake fragte sich, warum die obskur bemalten Fensterscheiben so gut erhalten geblieben waren angesichts der bekannten Gewohnheiten kleiner Jungen überall in der Welt. Die massiven Türen waren intakt und fest verschlossen. Oben auf der Mauer, die das Gelände zur Gänze umschloss, verlief ein rostiger Eisenzaun, dessen Pforte – die sich am oberen Ende einer Treppenflucht befand, die vom Platz emporführte – sichtbar mit einem Vorhängeschloss gesichert war. Der Weg von der Pforte zum Gebäude war völlig zugewachsen. Verlassenheit und Verfall hingen wie ein Leichentuch über dem Ort, und angesichts der Simse, auf denen keine Vögel rasteten, und der schwarzen Mauern, an denen kein Efeu rankte, verspürte Blake einen vagen Hauch des Unheimlichen, den er nicht zu bestimmen vermochte.

Es befanden sich nur wenige Menschen auf dem Platz, aber Blake sah einen Polizisten am nördlichen Ende und näherte sich ihm, um dem Mann wegen der Kirche zu befragen. Es handelte sich um einen groß gewachsenen, kräftigen Iren, und es kam Blake sonderbar vor, dass er sich nur bekreuzigte und murmelte, dass die Leute nie über dieses Gebäude sprächen. Als Blake ihm zusetzte, sagte er sehr eilig, dass die italienischen Priester alle davor warnten und schworen, etwas ungeheuer Böses habe einstmals dort gehaust und sein Zeichen hinterlassen. Sein eigener Vater, der sich gewisser Geräusche und Gerüchte aus seiner Kindheit entsinne, habe ihm gegenüber düstere Andeutungen gemacht.

In der alten Zeit habe eine üble Sekte dort geherrscht – eine verbrecherische Sekte, die scheußliche Wesen aus unbekannten Abgründen der Nacht heraufbeschworen hatte. Man habe einen guten Priester gebraucht, um das zu exorzieren, was gekommen sei, obwohl manche Menschen glaubten, dass nur das Licht diese Macht besitze. Wäre Pater O'Malley noch am Leben, so gäbe es noch vieles zu erzählen. Doch nun bliebe nichts mehr zu tun, als es in Frieden zu lassen. Es schade jetzt niemandem mehr, und jene, die es beherrscht hatten, seien tot oder weit fort. Sie seien fortgelaufen wie die Ratten nach dem bedrohlichen Gerede im Jahre 1877, als den Leuten aufzufallen begann, dass in der Nachbarschaft dann und wann Menschen verschwanden. Eines Tages würde die Stadt einschreiten und das Grundstück wegen fehlender Erben für sich beanspruchen, doch käme wenig Gutes dabei heraus, wenn irgendjemand daran rührte. Besser sei es, die Kirche so lange in Frieden zu lassen, bis sie einstürze, auf dass man keine Wesen reize, die für immer im schwarzen Abgrund ruhen sollten.

Als der Polizist gegangen war, blieb Blake stehen und starrte das düstere Gebäude mit dem Turm an. Es erregte ihn, dass andere dieses Bauwerk genauso finster zu finden schienen wie er, und er fragte sich, welches Körnchen Wahrheit wohl in den alten Geschichten stecken mochte, von denen der alte Blaurock erzählt hatte. Vermutlich handelte es sich um bloße Legenden, die von der bösen Ausstrahlung des Ortes heraufbeschworen wurden, doch selbst dann schien es wie ein sonderbares Lebendigwerden einer seiner eigenen Erzählungen.

Die Nachmittagssonne trat hinter den sich zerstreuenden Wolken hervor, schien aber unfähig, die befleckten, vom Ruß geschwärzten Mauern des alten Tempels zu erhellen, die sich auf dem hohen Plateau erhoben. Eigenartig war, dass das Grün des Frühlings das braune, welke Kraut in dem erhöhten, vom Eisenzaun umgebenen Hof nicht berührt hatte. Blake schlich immer näher an die Anhöhe heran und untersuchte die Mauer und den rostigen Zaun nach einem Schlupfloch. Der geschwärzte Tempel war schrecklich verlockend, und Blake vermochte dem nicht zu widerstehen. In der Nähe der Treppe hatte der Zaun keine Lücke, doch zur nördlichen Seite hin fehlten einige Streben. Er könnte die Stufen hinaufsteigen und auf der schmalen Mauerkrone vor dem Zaun entlanggehen, bis er an die Lücke gelangte. Wenn die Menschen diesen Ort so sehr fürchteten, würde er mit keiner Störung rechnen müssen.

Er war auf der Mauer und schon fast jenseits des Zaunes, ehe jemand sein Tun bemerkte. Als er dann hinabspähte, sah er, wie einige wenige Leute auf dem Platz sich davonschlichen und mit der rechten Hand dasselbe Zeichen machten wie der Ladenbesitzer in der Allee. Mehrere Fenster wurden zugeschlagen, und eine fettleibige Frau stürzte auf die Straße und zerrte einige kleine Kinder in ein klappriges, ungestrichenes Haus. Die Lücke im Zaun war sehr leicht zu durchdringen, und es dauerte nicht lange, da stapfte Blake durch die faulenden, ineinander verschlungenen Gewächse des verlassenen Hofes. Die verwitterten Stümpfe von Grabsteinen hie und da sagten ihm, dass hier einst Begräbnisse stattgefunden hatten; doch musste das, wie er feststellte, sehr lange her sein. Die schiere Masse der Kirche wirkte auf ihn bedrückend, da er ihr nun nahe war, aber er überwand seine Laune und schritt näher, um es an den drei großen Türen der Vorderseite zu versuchen. Alle waren fest verschlossen, weshalb er einen Rundgang um das zyklopische Gebäude machte, um einen kleineren und benutzbaren Eingang zu finden. Aber selbst für diesen Fall war er unschlüssig, ob er diesen verlassenen und schattigen Schlupfwinkel überhaupt zu betreten wünschte, doch der Sog der Fremdartigkeit zog ihn wie von selbst weiter.

Ein gähnendes, unverschaltes Kellerfenster auf der Rückseite bot den gesuchten Zugang. Als Blake hineinspähte, sah er einen unterirdischen Abgrund voller Spinnweben und Staub, der von den gedämpften Strahlen der Sonne im Westen schwach beleuchtet wurde. Schutt, alte Fässer und zertrümmerte Kisten und Möbelstücke verschiedenster Art traten in sein Blickfeld, wenn auch über allem ein Leichentuch von Staub lag, das alle kantigen Umrisse abdämpfte. Die verrosteten Überreste eines Heißluftofens bewiesen, dass das Gebäude bis in die Mitte der viktorianischen Epoche genutzt und instand gehalten worden war.

Fast ohne eigenständiges Zutun kletterte Blake durchs Fenster und ließ sich auf den mit Staub und Schutt bedeckten Betonboden hinab. Der Gewölbekeller war sehr groß und wies keine Trennwände auf; in einem Winkel weit zur Rechten sah er inmitten dichter Schatten einen schwarzen Torbogen, der offenkundig nach oben führte. Er verspürte ein eigenartiges Gefühl der Beklemmung, sich tatsächlich im Innern des großen gespenstischen Gebäudes zu befinden, unterdrückte es aber, als er sich vorsichtig umblickte – er fand ein noch heiles Fass im

Staub, das er an das offene Fenster rollte, damit es ihm später beim Ausstieg behilflich sei. Dann fasste er sich ein Herz und durchquerte den weiten mit Spinnwebgirlanden geschmückten Raum in Richtung Torbogen. Halb erstickt vom allgegenwärtigen Staub und bedeckt mit gespenstischen Spinnfäden erreichte er die abgenutzten Steinstufen, die in die Finsternis emporführten, und begann mit dem Aufstieg. Er hatte kein Licht, sondern tastete sich behutsam mit den Händen voran. Nach einer scharfen Biegung fühlte er vor sich eine verschlossene Tür, und nach etwas Herumtasten entdeckte er die altertümliche Klinke. Die Tür öffnete sich nach innen, und dahinter sah er einen trüb erleuchteten Korridor mit wurmstichiger Holzvertäfelung an den Wänden.

Als er sich im Erdgeschoss befand, begann Blake mit einer raschen Untersuchung des Gebäudes. Alle Türen im Innern waren unverriegelt, sodass er ungehindert von einem Raum zum andern gelangte. Das kolossale Mittelschiff war ein geradezu grauenhafter Ort mit seinen Bergen von Staub auf den Bänken, dem Altar, der stundenglasförmigen Kanzel und dem Podium, sowie den dicken Strängen an Spinnennetzen, die zwischen den Spitzbögen der Empore hingen und sich um die gedrängten gotischen Säulen schlangen. Über all dieser totenstillen Verlassenheit spielte ein scheußlich bleiernes Licht, als die niedrig stehende Nachmittagssonne ihre Strahlen durch die merkwürdigen halb geschwärzten Scheiben der großen Apsisfenster sandte.

Die Bilder auf jenen Fenstern waren so verdunkelt vom Ruß, dass Blake das Dargestellte kaum erkennen konnte, doch das wenige, das er sah, gefiel ihm nicht. Die Dekorationen waren größtenteils herkömmlicher Art, und seine Kenntnis obskurer Symbolik verriet ihm viel über die altertümlichen Motive. Die wenigen dargestellten Heiligen wiesen Gesichtszüge auf, die überaus bedenklich waren, während eines der Fenster lediglich eine dunkle Fläche mit darüber verstreuten eigenartig leuchtenden Spiralen zu zeigen schien. Als er sich von den Fenstern abwandte, bemerkte Blake, dass das von Spinnweben verhangene Kreuz über dem Altar nicht von gewöhnlicher Art war, sondern dem urtümlichen Anch oder *crux ansata* des finsteren Ägypten glich.

In einer hinteren Sakristei neben der Apsis entdeckte Blake ein vermodertes Schreibpult und bis an die Decke reichende Regale voller schimmelnder, zerfallender Bücher. Hier überkam ihn zum ersten Male eine spürbare Erschütterung objektiven Grauens, denn die Titel jener Bücher verrieten ihm viel. Es handelte sich um die schwarzen, verbotenen Schriften, von denen die meisten vernünftigen Menschen nie gehört haben, oder wenn, dann nur verstohlen und furchtsam flüsternd; die verbannten und gefürchteten Quellen fragwürdiger Geheimnisse und unerdenklicher Formeln, die aus den Frühtagen der Menschheit mit dem Zeitenfluss herabgesickert sind, und sogar aus jenen dunklen, sagenhaften Tagen, bevor ein Mensch die Welt betrat. Er hatte selbst viele der Werke gelesen – eine lateinische Ausgabe des verabscheuten *Necronomicon,* das finstere *Liber Ivonis,* das berüchtigte *Cultes des Goules* des Comte d'Erlette, von Junzts *Unaussprechliche Kulte* und das höllische *De Vermis Mysteriis* des alten Ludvig Prinn. Doch waren da noch andere, die er nur dem Namen nach oder überhaupt nicht kannte – die *Pnakotischen Manuskripte,* das *Buch Dzyan* und ein zerfallener Band in gänzlich unleserlichen Schriftzeichen, aber mit gewissen Sinnbildern und Diagrammen, die dem Erforscher des Okkulten auf schauerliche Weise vertraut waren. Die langlebigen Gerüchte in diesem Viertel hatten eindeutig nicht gelogen. Dieser Ort war einst der Sitz von etwas Bösem gewesen, das älter war als die Menschheit und größer als das uns bekannte Weltall.

In dem modrigen Schreibpult befand sich eine kleine in Leder gebundene Chronik mit Einträgen in einer sonderbaren Geheimschrift. Das Manuskript bestand aus den üblichen traditionellen Symbolen, die man heutzutage in der Astronomie verwendet und im Altertum in der Alchemie, der Astrologie und anderen zweifelhaften Künsten gebrauchte – die Sinnbilder für Sonne, Mond, Planeten, Himmelsrichtungen und Sternzeichen –, hier häuften sie sich auf eng beschriebenen Seiten in Gliederungen und Unterteilungen, die darauf hinwiesen, dass jedes Symbol einem Buchstaben des Alphabetes entsprach.

In der Hoffnung, die Geheimschrift später enträtseln zu können, nahm Blake diesen Band an sich und verstaute ihn in der Manteltasche. Viele der großen Bände auf den Regalen übten eine unaussprechliche Faszination auf ihn aus, und er fühlte sich versucht, sie zu einem späteren Zeitpunkt auszuborgen. Er fragte sich, wie sie so lange ungestört hatten hier verbleiben können. War er denn der Erste, der die erstickende, allgegenwärtige Furcht überwunden hatte, die mehr als sechzig Jahre lang diesen verlassenen Ort vor Besuchern geschützt hatte?

Da er nun das Erdgeschoss gründlich erforscht hatte, bahnte Blake sich wieder seinen Weg durch den Staub des gespenstischen Mittelschiffes hin zum Vestibül, wo er eine Tür und eine Treppe gesehen hatte, die vermutlich hinauf in den schwarzen Glockenturm führte – ein Ort, der ihm aus der Entfernung seit Langem schon vertraut war. Der Aufstieg war eine erstickende Angelegenheit, denn der Staub lag dick auf den Stufen, während die Spinnen an diesem beengten Ort am schlimmsten gewütet hatten. Es handelte sich um eine Wendeltreppe mit hohen und schmalen Holzstufen, und dann und wann kam Blake an einem trüben Fenster vorüber, das in schwindelnder Höhe die Stadt überblickte. Obgleich er unten keine Seile gesehen hatte, erwartete er, eine Glocke oder ein Glockenspiel im Turm zu finden, dessen enge überdachte Spitzbogenfenster er mit dem Feldstecher so oft betrachtet hatte. Doch es erwartete ihn eine Enttäuschung, denn als er das Ende der Treppe erreichte, fand er in der Turmstube keine Glocke vor, da dieser Raum eindeutig anderen Zwecken gedient hatte.

Sein Durchmesser betrug ungefähr viereinhalb Meter, und er wurde durch vier verglaste Spitzbogenfenster schwach beleuchtet, von denen sich auf jeder Seite eins befand. Die Fenster verdeckten wurmstichige Fensterläden, die zudem mit undurchsichtigen, mittlerweile jedoch größtenteils zerfallenen Leinwänden versehen worden waren. In der Mitte des staubbedeckten Bodens erhob sich ein merkwürdig gewinkelter Steinpfeiler von etwas mehr als einem Meter Höhe und einer durchschnittlichen Breite von sechzig Zentimetern, der auf jeder Seite mit bizarren, grob eingemeißelten und völlig unleserlichen Hieroglyphen bedeckt war. Auf diesem Pfeiler ruhte eine metallene Kiste von sonderbar asymmetrischer Form, deren Deckel aufgeklappt war. Im Innern befand sich etwas, das unter dem Staub von Jahrzehnten wie ein eiförmiger oder unregelmäßig kugelförmiger Gegenstand von ungefähr zehn Zentimetern Durchmesser aussah. Um den Pfeiler herum standen in einem angedeuteten Kreis sieben gotische Stühle mit hohen Rückenlehnen, die größtenteils noch heil waren, während sich hinter ihnen, an die dunkel vertäfelten Wände gelehnt, sieben gewaltige Standbilder aus bröckligem, schwarz bemalten Gips befanden, die sehr stark den rätselhaften Megalithen der geheimnisvollen Osterinseln ähnelten. In einem Winkel der spinnwebverhangenen Kammer war eine Leiter in die Mauer eingelassen, über die man eine verschlossene Falltür erreichen konnte, die zu der fensterlosen Turmspitze darüber führte.

Als Blake sich allmählich an das schwache Licht gewöhnt hatte, bemerkte er seltsame Flachreliefs auf der merkwürdigen offen stehenden Kiste aus gelblichem Metall. Er ging näher heran und versuchte, den Staub mit den Händen und einem Taschentuch zu entfernen, und er sah, dass die Darstellungen von monströser und gänzlich fremder Art waren; sie stellten Wesen dar, die, obschon sie lebendig zu sein schienen, keiner bekannten Lebensform glichen, die sich auf diesem Planeten je entwickelt hatte. Die vermeintliche Kugel von zehn Zentimetern Durchmesser stellte sich als fast schwarzes, rot gestreiftes Polyeder mit vielen unregelmäßig flachen Oberflächen heraus; entweder war es ein äußerst bemerkenswerter Kristall oder ein künstliches Objekt aus einem zugeschnittenen und auf Hochglanz geschliffenen Mineral. Es berührte den Boden der Kiste nicht, sondern wurde durch ein metallenes Band um seine Mitte in der Schwebe gehalten, von dem sieben eigenartig gestaltete Stützstreben horizontal zu Halterungen im oberen Innenraum der Kiste ausgingen. Dieser Stein übte auf Blake gleich nach seiner Entdeckung eine fast erschreckende Faszination aus. Er vermochte kaum, den Blick davon abzuwenden, und als er seine schimmernden Oberflächen betrachtete, glaubte er fast, der Stein sei durchsichtig und enthielte halb geformte Welten voller Wunder. In seinen Geist strömten Bilder fremder Planeten mit großen steinernen Türmen, und von weiteren Planeten mit titanischen Bergen ohne jede Spur von Leben, und Bilder noch entlegenerer Orte, wo nur eine Regung in der undeutlichen Schwärze die Gegenwart von Bewusstsein und Willen verriet.

Als er dann doch den Blick abwandte, bemerkte er einen recht eigenartigen Staubhügel in der entlegenen Ecke neben der Leiter zur Turmspitze. Weshalb dies seine Aufmerksamkeit fesselte, vermochte er nicht zu sagen, doch etwas an den Konturen übermittelte seinem Unterbewussten eine Botschaft. Nachdem er sich seinen Weg dorthin gebahnt und dabei die herabhängenden Spinnweben beiseitegewischt hatte, spürte er, dass es sich um etwas Grausiges handeln musste. Hand und Taschentuch enthüllten bald die Wahrheit, und Blake stockte vor Verblüffung der Atem. Es war ein menschliches Gerippe, und es musste sich dort schon seit sehr langer Zeit befinden. Die Kleidung bestand nur noch aus Fetzen, doch ein paar Knöpfe und Stofffetzen verrieten den grauen Anzug eines Mannes. Es gab noch andere Beweisstücke – Schuhe, Metallspangen, Manschettenknöpfe, eine altmodische Anstecknadel, ein Presseausweis des alten *Providence Telegram* und ein zerfallenes Notizbuch aus Leder. Blake untersuchte Letzteres sorgfältig und fand darin mehrere antiquierte Geldscheine, einen Werbekalender aus Zelluloid für das Jahr 1893, einige Visitenkarten mit dem Namen ›Edwin M. Lillibridge‹ und ein Papier, das mit Bleistiftnotizen bedeckt war.

Dieses Papier war von sehr verwirrender Natur, und Blake las es aufmerksam vor dem trüben nach Westen gelegenen Fenster. Der zusammenhanglose Text enthielt Sätze wie die folgenden:

»Prof. Enoch Bowen Mai 1844 zurück aus Ägypten – kauft im Juli die alte Free-Will-Kirche – seine archäologischen Arbeiten & okkulten Studien sind weithin bekannt.«

»Dr. Drowne von der 4. Baptistenkirche warnt in Predigt vom 29. Dez. 1844 vor ›Weisheit der Sterne‹.«

»Ende '45 Zusammenkunft 97.«

»1846: 3 Vermisstenfälle – erste Erwähnung des Leuchtenden Trapezoeders.«

»1848: 7 Vermisstenfälle – erste Gerüchte über Blutopfer.«

»Ermittlungen 1853 führen zu nichts – Geschichten über Geräusche.«

»Pater O'Malley erzählt von Teufelsanbetung mit Kiste, die in großer ägyptischer Ruine gefunden wurde – sagen, sie rufen etwas herbei, das im Licht nicht existieren kann. Flieht vor wenig Licht und wird von starkem Licht gebannt. Muss dann erneut beschworen werden. Weiß das vermutlich aus der Sterbebeichte von Francis X. Feeney, der '49 der ›Weisheit der Sterne‹ beitrat. Diese Leute behaupten, das Leuchtende Trapezoeder zeige ihnen den Himmel & andere Welten, & dass der Jäger der Finsternis ihnen auf irgendeine Weise Geheimnisse verrät.«

»Geschichte von Orrin B. Eddy, 1857. Sie rufen es herbei, indem sie in den Kristall blicken, & verfügen über eigene Geheimsprache.«

»1863 sind 200 oder mehr in der Gemeinde, die Männer an der Front nicht mitgezählt.«

»Irische Jungens stürmen 1869 Kirche, nachdem Patrick Regan verschwand.«

»Verschleierter Artikel im J. vom 14. März '72, aber Leute sprechen nicht darüber.«

»1876: 6 Vermisstenfälle – geheimes Komitee wendet sich an Bürgermeister Doyle.«

»Maßnahmen angekündigt im Feb. 1877 – Kirche schließt im April.«

»Bande – Burschen vom Federal Hill – bedroht Dr. ... und Gemeindevertreter im Mai.«

»181 Personen verlassen Stadt vor Ende '77 – keine Namen erwähnt.«

»Spukgeschichten beginnen um 1880 – versuche, Berichte zu bestätigen, dass kein menschliches Wesen seit 1877 Kirche betreten hat.«

»Lanigan nach der Fotografie des Ortes fragen, die 1851 aufgenommen wurde ...«

Blake legte das Papier in das Notizbuch zurück und verstaute Letzteres in seinem Mantel, ehe er sich dem im Staub liegenden Gerippe zuwandte. Die Bedeutung der Notizen war klar, und es konnte keinen Zweifel daran geben, dass dieser Mann vor zweiundvierzig Jahren in das verlassene Gebäude gekommen war, um nach einer Sensationsmeldung für die Zeitung zu suchen, was sich vor ihm keiner gewagt hatte. Vielleicht hatte niemand sonst von seinem Vorhaben gewusst – wer vermochte das zu sagen? Doch war er nie zu seiner Zeitung zurückgekehrt. War eine tapfer unterdrückte Furcht in ihm rege geworden, um ihn zu überwältigen und ein unerwartetes Herzversagen auszulösen? Blake beugte sich über die schimmernden Gebeine und bemerkte ihren eigenartigen Zustand. Manche der Knochen waren regelrecht verstreut, und einige wenige schienen an den Enden sonderbar *zersetzt* zu sein. Andere waren seltsam gelblich, mit vagen Spuren von Verkohlungen. Diese Verkohlungen betrafen auch einige der Kleidungsüberreste. Der Schädel befand sich in einem überaus eigenartigen Zustand – er war gelb gebeizt und wies oben eine verkohlte Öffnung auf, als habe eine starke Säure sich durch das feste Gebein geätzt. Was im Laufe der vier Jahrzehnte stiller Ruhe hier mit dem Gerippe geschehen war, vermochte Blake sich nicht vorzustellen.

Noch ehe er es merkte, betrachtete er wieder den Stein und ließ dessen sonderbaren Einfluss einen nebelhaften Festzug in seinem Geist heraufbeschwören. Er sah Prozessionen verhüllter Gestalten, deren Umrisse nicht menschlich waren, und schaute endlose Meilen von Wüstensand, umsäumt von behauenen, in den Himmel ragenden Monolithen. Er erblickte Türme und Mauern in nächtlichen Tiefen unterm Meer und Wirbel im Weltraum, wo Fetzen schwarzen Nebels vor dem dünnen Schimmer kalt violetter Dunstschleier schwebten. Und jenseits all dessen sah er einen unendlichen Abgrund der Finsternis, wo feste und halbfeste Formen sich nur durch ihre windähnlichen Regungen bemerkbar machten und wolkengleiche Kraftfelder dem Chaos Ordnung folgen ließen und einen Schlüssel zu allen Paradoxien und Rätseln der uns bekannten Welten zu enthalten schienen.

Dann wurde der Bann mit einem Schlag durch das Eintreten einer nagenden, unbestimmten, panischen Furcht gebrochen. Blakes Kehle schnürte sich zu, und er wandte sich von dem Stein ab, da er sich einer gestaltlosen fremdartigen Anwesenheit in seiner Nähe bewusst wurde, die ihn mit grausiger Aufmerksamkeit beobachtete. Er fühlte sich in etwas verstrickt – etwas, das sich nicht im Stein befand, sondern ihn durch diesen betrachtet hatte – etwas, das ihm unablässig folgen würde mit einer Wahrnehmung, bei der es sich nicht um körperliches Sehen handelte. Eindeutig zehrte dieser Ort an seinen Nerven – was angesichts seines schauerlichen Fundes nicht verwunderte. Auch das Licht schwand, und da er kein Mittel zur Beleuchtung bei sich trug, würde er diesen Ort bald verlassen müssen.

Im wachsenden Zwielicht glaubte er, ein von dem verrücktwinkligen Stein ausgehendes schwaches Leuchten auszumachen. Er hatte seinen Blick davon abzuwenden versucht, doch ein dunkler Zwang zog ihn wieder an. Ging eine schwache radioaktive Strahlung von dem Ding aus? Was hatten die Notizen des Toten über ein *Leuchtendes Trapezoeder* besagt? Was war überhaupt die verlassene Brutstätte des kosmischen Bösen? Was war hier getan worden und was mochte in den Schatten, die selbst die Vögel mieden, noch lauern? Es schien nun, als sei ein trügerischer Hauch von Fäulnis irgendwo in der Nähe aufgekommen, obwohl sein Ursprung nicht sichtbar war. Blake ergriff den Deckel der seit Langem geöffneten Kiste und schlug ihn zu. Dieser bewegte sich ohne Weiteres in den fremdartigen Angeln und verdeckte den zweifellos glühenden Stein völlig.

Beim scharfen Klicken des Verschlusses schien ein schwaches Geräusch sich in der ewigen Schwärze der Turmspitze jenseits der Falltür über ihm zu regen. Ratten, ohne Zweifel – die einzigen Lebewesen, die in diesem verfluchten Bauwerk ihre Gegenwart verraten hatten, seit er es betreten hatte. Und doch jagte diese Regung in der Turmspitze ihm eine schreckliche Angst ein, sodass er fast panisch die Wendeltreppe hinabstürzte, durch das gespenstische Mittelschiff, in den Gewölbekeller, hinaus in die anbrechende Abenddämmerung auf den verlassenen Platz und durch die wimmelnden, von Furcht erfüllten Gassen und Wege von Federal Hill hin zu den normalen Straßen der Stadtmitte und den heimatlichen gepflasterten Gehsteigen im Universitätsviertel.

In den darauffolgenden Tagen erzählte Blake niemandem von seinem Erkundungsausflug. Stattdessen las er viel in gewissen Büchern, untersuchte viele Zeitungsjahrgänge im Archiv in der Innenstadt und arbeitete fieberhaft an dem Kryptogramm in jenem Lederband aus der spinnwebverhangenen Sakristei. Bei der Geheimschrift handelte es sich, wie er bald erkannte, um keine einfache Verschlüsselung; und nachdem er sich lange daran versucht hatte, war er sicher, dass es sich bei der Sprache weder um Englisch, Latein, Griechisch, Französisch, Spanisch, Italienisch noch um Deutsch handelte. Offenkundig würde er aus den tiefsten Quellen seiner sonderbaren Gelehrsamkeit schöpfen müssen.

Jeden Abend kehrte der alte Drang wieder, nach Westen zu blicken, und er sah den schwarzen Kirchturm wie einst inmitten der unzähligen Dächer einer entlegenen und halb sagenhaften

Welt. Doch enthielt dieser Anblick nun einen neuen Beiklang von Grauen für ihn. Er wusste um das Erbe unheilvollen Wissens, das der Turm barg, und mit diesem Wissen ging die Fantasie auf merkwürdigen neuen Wegen mit ihm durch. Im Frühling kehrten die Zugvögel zurück, und als er ihren Flug im Licht der untergehenden Sonne beobachtete, glaubte er zu sehen, wie sie den schlanken einsamen Kirchturm so stark wie nie zuvor mieden. Näherte sich ein Schwarm dem Turm, so glaubte er, ihn in panischer Verwirrung auseinanderstieben und sich zerstreuen zu sehen – und er konnte das wilde Gezwitscher erahnen, das ihn über die dazwischen liegenden Kilometer nicht zu erreichen vermochte.

Im Juni berichtete Blakes Tagebuch von seinem Sieg über die Geheimschrift. Der Text war, wie er entdeckte, in der geheimnisvollen Aklo-Sprache abgefasst, die gewisse Kulte aus böser Vorzeit benutzt hatten und die ihm von früheren Nachforschungen her einigermaßen bekannt war. Das Tagebuch ist merkwürdig zurückhaltend hinsichtlich dessen, was Blake entzifferte, doch offenkundig erstaunten und beunruhigten seine Ergebnisse ihn. Es gibt Anspielungen auf einen Jäger in der Finsternis, der durch einen Blick in das Leuchtende Trapezoeder erweckt wird, und irrsinnige Mutmaßungen über die schwarzen Abgründe des Chaos, aus denen er gerufen wurde. Das Wesen wird als Bewahrer allen Wissens bezeichnet, das ungeheuerliche Opfer fordert. Manche von Blakes Einträgen zeugen von seiner Angst, das Wesen, das er heraufbeschworen glaubte, möge losziehen, wenngleich er hinzufügt, dass die Straßenlaternen ein Bollwerk bildeten, das nicht überschritten werden könne.

Vom Leuchtenden Trapezoeder spricht er häufig, bezeichnet es als Fenster der Gesamtheit von Zeit und Raum und verfolgt seine Geschichte zurück bis zu den Tagen seiner Anfertigung auf dem finstren Yuggoth, lange bevor die Alten es zur Erde brachten. Es wurde von den Krinoiden der Antarktis als Schatz betrachtet und in die sonderbare Kiste gelegt, von den Schlangenmenschen Valusiens aus den Ruinen gerettet und Äonen darauf von den ersten menschlichen Wesen in Lemurien betrachtet. Es durchquerte sonderbare Lande und sonderbarere Meere und versank mit Atlantis, ehe ein minoischer Fischer es in seinen Netzen fing und es dunkelhäutigen Kaufleuten aus dem finsteren

Khêm verkaufte. Der Pharao Nephren-Ka erbaute einen Tempel mit einer fensterlosen Gruft um es herum und tat etwas, wofür sein Name von allen Denkmälern entfernt und aus allen Chroniken gestrichen wurde. Dann schlief es in den Ruinen jenes üblen Tempels, den die Priester und der neue Pharao zerstört hatten, bis der Spaten des Forschers es erneut zutage förderte, um den Fluch noch einmal über die Menschheit zu bringen.

Anfang Juli ergänzten Zeitungsberichte auf eigenartige Weise Blakes Einträge, wenngleich auf so kurze und beiläufige Art, dass erst das Tagebuch die allgemeine Aufmerksamkeit auf den Zusammenhang gelenkt hat. Es scheint, dass eine neue Welle der Angst auf dem Federal Hill umging, seitdem ein Fremder in die gefürchtete Kirche eingedrungen war. Die Italiener tuschelten von ungewöhnlichen Bewegungen und heftigen Stößen und Kratzgeräuschen in der dunklen fensterlosen Kirchturmspitze und baten ihre Priester, ein Wesen zu bannen, das sie in den Träumen heimsuchte. Etwas, so sagten sie, hielte beständig Wacht an der Tür, um zu sehen, ob es draußen finster genug sei, um sich hervorzuwagen. Presseberichte erwähnten die Langlebigkeit des örtlichen Aberglaubens, konnten indes kein Licht auf die früheren Hintergründe des Grauens werfen. Es war offensichtlich, dass die jungen Reporter von heute keine Altertumsforscher sind. Als er von diesen Dingen in seinem Tagebuch schreibt, bringt Blake eine sonderbare Art von Reue zum Ausdruck und redet von der Pflicht, das Leuchtende Trapezoeder zu begraben und das zu bannen, was er heraufbeschworen hatte, indem er Tageslicht in die grässliche aufragende Turmspitze dringen ließ. Zur gleichen Zeit offenbart er jedoch das gefährliche Ausmaß seiner Faszination und bekennt ein morbides Verlangen – das sogar in seine Träume sickert –, den verfluchten Turm aufzusuchen und erneut in die kosmischen Geheimnisse des glühenden Steines zu spähen.

Dann versetzte etwas in der Morgenausgabe des *Journal* vom 17. Juli den Tagebuchschreiber in ein wahrhaftiges Schreckensfieber. Es war dies nur eine Variante der üblichen halb humoristischen Berichte über die Unruhe auf dem Federal Hill, doch für Blake war es auf irgendeine Weise überaus furchtbar. In der Nacht hatte ein Gewitter das Beleuchtungssystem der Stadt für eine ganze Stunde außer Betrieb gesetzt, und in dieser Phase der

Dunkelheit waren die Italiener fast wahnsinnig vor Angst geworden. Jene, die nahe der gefürchteten Kirche wohnten, hatten geschworen, dass das Wesen im Turm das Verlöschen der Straßenlaternen zu seinen Gunsten genutzt hätte und hinab in das Kirchenschiff gestiegen sei, wo es in einer bösartigen, gänzlich furchtbaren Art und Weise Krach schlug. Schließlich sei es mit viel Gelärme den Turm wieder hinaufgestiegen, wo man das Bersten von Glas gehört habe. Es konnte überallhin, soweit die Dunkelheit reichte, doch das Licht schlug es stets in die Flucht.

Als der Strom wieder eingeschaltet wurde, hatte es einen erschütternden Aufruhr im Turm gegeben, denn selbst das schwächste Licht, das durch die rußigen überdachten Fenster drang, war dem Wesen bereits zu viel. Es war gerade noch rechtzeitig mit Lärm und Getöse in die nachtschwarze Turmspitze geglitten – denn eine zu lange Einwirkung von Licht hätte es zurück in den Abgrund gesandt, aus dem der verrückte Fremde es heraufbeschworen hatte. Während der dunklen Stunde hatten sich um die Kirche Scharen betender Menschen mit Kerzen und Laternen versammelt, die sie mit gefaltetem Zeitungen und Schirmen irgendwie vor dem Regen zu schützen versuchten – eine Lichterwacht, um die Stadt vor dem Nachtmahr zu erretten, der im Finstern umgeht. Einmal habe, so erklärten diejenigen, die der Kirche am nächsten gestanden hatten, das Tor auf grässliche Weise gerasselt.

Doch dies war nicht einmal das Schlimmste. An jenem Abend las Blake im *Bulletin* darüber, was die Reporter entdeckt hatten. Endlich auf den absonderlichen Nachrichtenwert der Panikwelle aufmerksam geworden, hatten zwei von ihnen den hysterischen Massen von Italienern getrotzt und waren durch das Kellerfenster in die Kirche geklettert, nachdem sie es umsonst an der Tür versucht hatten. Sie fanden den Staub im Vestibül und im gespenstischen Mittelschiff in eigenartiger Weise aufgerührt, und Haufen vermoderter Kissen und das Satinfutter der Kirchenbänke waren ringsumher merkwürdig verstreut. Überall hing ein übler Geruch, und hie und da waren gelbe Flecken und wie verkohlt wirkende Spuren zu sehen. Als sie die Tür zum Turm öffneten und einen Moment lang innehielten, da sie oben ein schabendes Geräusch zu hören glaubten, fanden sie die enge Wendeltreppe grob sauber gefegt vor.

Der Turm selbst präsentierte sich in einem ähnlichen halb gefegten Zustand. Die Reporter berichteten von dem siebeneckigen Steinpfeiler, den umgeworfenen gotischen Stühlen und den bizarren Gipsbildern, wenngleich sie sonderbarerweise die Metallkiste und das alte verstümmelte Gerippe nicht erwähnten. Was Blake mit Ausnahme der Hinweise auf Flecken und Verkohlungen und üble Gerüche am meisten verstörte, war das letzte Detail, das das berstende Glas erklärte. Jedes einzelne der Spitzbogenfenster im Turm war zerschmettert worden, und zwei davon waren auf grobe und überstürzte Weise mit der Füllung des Kirchenbankfutters und der Kissen verdunkelt worden, indem das Material zwischen die Lamellen der Fensterläden gestopft wurde. Weitere Satinfetzen und Knäuel von Pferdehaaren lagen über den frisch gefegten Boden verstreut, als sei jemand bei dem Versuch unterbrochen worden, im Turm wieder vollkommene Finsternis herzustellen.

Gelbliche Flecken und verkohlte Stellen fanden sich auf der Leiter zur fensterlosen Turmspitze, doch als einer der Reporter hinaufstieg, die Falltür öffnete und seine schwache Taschenlampe in den pechschwarzen und sonderbar übel riechenden Raum richtete, sah er nichts als Dunkelheit und formlose Trümmer nahe der Öffnung. Sie hielten das Ganze natürlich für Scharlatanerie. Jemand habe den abergläubischen Bewohnern des Hügels einen Streich gespielt, oder aber ein Fanatiker habe versucht, zu ihrem vermeintlichen Besten ihre Ängste künstlich aufrechtzuerhalten. Vielleicht aber hatte auch einer der jüngeren und weltgewandteren Anwohner der Außenwelt einen kunstvollen Schabernack gespielt. Es gab noch ein amüsantes Nachspiel, als die Polizei einen Beamten schickte, um den Bericht zu überprüfen. Drei Männer hintereinander fanden Ausflüchte, um den Auftrag zu umgehen, und der vierte ging nur sehr widerstrebend hin und kehrte schon bald zurück, ohne der Darstellung der Reporter etwas hinzuzufügen.

Von diesem Zeitpunkt an zeigt Blakes Tagebuch eine wachsende Welle heimtückischen Grauens und nervlicher Anspannung. Er rügt sich selbst, nichts zu tun, und stellt wilde Spekulationen über die möglichen Folgen eines weiteren Stromausfalls an. Es wurde bestätigt, dass er zu drei Gelegenheiten – immer während eines Gewitters – bei den Elektrizitätswerken anrief und hysterisch flehte, man möge unbedingt Vorsichtsmaßnahmen gegen einen Stromausfall treffen. Dann und wann drücken seine Einträge Sorge darüber aus, dass die Reporter bei ihrer Untersuchung des dunklen Turmzimmers weder die Metallkiste und den Stein noch das merkwürdig beschädigte Gerippe gefunden hatten. Er nahm an, dass diese Dinge entfernt worden waren – wohin und von wem oder was, das konnte er nur vermuten. Doch seine schlimmsten Ängste betrafen ihn selbst und die Art von unheiliger Beziehung, die er zwischen seinem Geist und jenem lauernden Grauen in der fernen Kirchturmspitze verspürte – jenem ungeheuerlichen Wesen der Nacht, das seine Unbesonnenheit aus tiefsten schwarzen Räumen herbeigerufen hatte. Er schien ein beständiges Zerren an seiner Willenskraft zu spüren, und die Besucher, die er zu jener Zeit empfing, erinnern sich, wie er geistesabwesend an seinem Schreibtisch saß und aus dem westlichen Fenster auf den entlegenen, von Türmen wimmelnden Hügel jenseits der Rauchwirbel der Stadt starrte. Seine Einträge verweilen eintönig bei gewissen schrecklichen Träumen und einer Verstärkung der unheiligen Beziehung, die im Schlaf erfolge. Er erwähnt eine Nacht, in der er erwachte und entdeckte, dass er sich völlig angekleidet auf der Straße befand, wie mechanisch den College Hill hinab in westlicher Richtung gehend. Wieder und wieder grübelt er über der Tatsache, dass das Wesen in der Kirchturmspitze weiß, wo es ihn finden kann.

Der auf den 30. Juli folgenden Woche erinnert man sich als den Zeitpunkt von Blakes teilweisem Zusammenbruch. Er kleidete sich nicht an und bestellte alle Mahlzeiten telefonisch. Besucher bemerkten die Seile neben seinem Bett, und er sagte, dass das Schlafwandeln ihn dazu gezwungen habe, jede Nacht seine Hand- und Fußgelenke festzubinden, was ihn vermutlich zurückhalten oder wenigstens wecken würde, sollte er versuchen, die Knoten zu lösen.

In seinem Tagebuch berichtet er von dem grauenhaften Erlebnis, das den Zusammenbruch herbeigeführt hatte. Nachdem er sich in der Nacht des 30. zu Bett gelegt hatte, fand er sich plötzlich herumtastend in einem fast schwarzen Raum wieder. Sehen konnte er nur kurze, fahle, waagerechte Streifen bläulichen Lichtes, doch roch er eine überwältigende Fäulnis und hörte ein sonderbares Durcheinander sanfter, verstohlener Geräusche um sich her. Sobald er sich bewegte, stolperte er über etwas, und bei jedem Laut drang wie zur Antwort von oben ein Geräusch herab – eine undeutliche Regung, vermischt mit dem behutsamen Gleiten von Holz auf Holz.

Einmal ertastete er mit den Händen einen Pfeiler aus Stein mit glatter Oberfläche, während er später die Sprossen einer Leiter in der Wand ergriff und sich unsicher seinen Weg nach oben ertastete, wo der Gestank noch heftiger war und wo ein brennend heißer Luftstoß auf ihn niederging. Vor seinen Augen tanzte ein kaleidoskopischer Reigen fantastischer Bilder, die sich in regelmäßigen Abständen in den Anblick eines gewaltigen, unergründlichen Abgrundes der Nacht auflösten, worin Sonnen und Welten von noch tieferer Finsternis wirbelten. Er dachte an die uralten Legenden vom Urchaos, in dessen Mitte sich der blinde Idiotengott Azathoth, der Herr Aller Dinge, ausbreitet und von einer hüpfenden Meute geistloser und unförmiger Tänzer umkreist wird, eingelullt vom dünnen, eintönigen Spiel einer von namenlosen Klauen gehaltenen dämonischen Flöte.

Dann beendete ein heftiger Knall aus der Außenwelt Blakes Dämmerzustand und erweckte ihn zu dem unaussprechlichen Grauen seiner Lage. Was ihn bewirkt hatte, sollte er nie erfahren – vielleicht war es ein verspäteter Nachhall eines der Feuerwerke, die man den ganzen Sommer über auf dem Federal Hill hört, wenn die Einwohner ihre verschiedenen Schutzheiligen oder die Heiligen ihrer Heimatdörfer in Italien feiern. Auf jeden Fall schrie er laut auf, ließ sich hysterisch von der Leiter fallen und stolperte blindlings über den mit Hindernissen bedeckten Boden der fast lichtlosen Kammer, die ihn umgab.

Er wusste sogleich, wo er sich befand, und stürzte verwegen die schmale Wendeltreppe hinab, wobei er bei jeder Biegung strauchelte und sich blaue Flecken schlug. Es folgte eine albtraumhafte Flucht durch ein gewaltiges Mittelschiff voller Spinnweben, dessen gespenstische Bögen in Welten lauernder Schatten hinaufreichten, das blinde Klettern durch den schuttgefüllten Keller, der Aufstieg in die Außenwelt mit ihrer frischen Luft und den Straßenlaternen und ein irres Rennen den unheimlichen Hügel hinab, durch eine düstere, schweigende Stadt hoher schwarzer Türme und den steilen, ostwärts gelegenen Hang hinauf zu seiner eigenen altertümlichen Haustüre.

Als er am Morgen das Bewusstsein wiedererlangt hatte, lag er angekleidet auf dem Boden des Arbeitszimmers. Schmutz und Spinnweben bedeckten ihn und jeder Zoll seines Körpers schien wund und gequetscht. Beim Blick in den Spiegel sah er, dass sein Haar übel versengt war, während ein Hauch eines sonderbaren bösartigen Geruchs seiner Oberbekleidung anzuhaften schien. Da erlitt er einen Nervenzusammenbruch. Danach lungerte er erschöpft in einem Hausmantel herum und tat wenig anderes, als aus dem westlichen Fenster zu starren, bei der Andeutung eines Gewitters zu erschaudern und wilde Einträge in sein Tagebuch zu schreiben.

Der große Sturm brach kurz vor Mitternacht am 8. August los. Blitze schlugen mehrmals in allen Teilen der Stadt ein, und zwei bemerkenswerte Kugelblitze wurden gemeldet. Es regnete in Sturzbächen, während eine nicht enden wollende Donnersalve Tausenden eine schlaflose Nacht bereitete. Blake war außer sich vor Angst um das Beleuchtungssystem und versuchte gegen ein Uhr, das Elektrizitätswerk anzurufen, obgleich zu diesem Zeitpunkt die Telefonverbindungen im Interesse der Sicherheit kurzfristig unterbrochen worden waren. Er zeichnete in seinem Tagebuch alles auf – die großen, nervösen und oftmals unleserlichen Hieroglyphen der Einträge, die im Dunkeln blindlings gekritzelt wurden, sind selbst ein beredtes Zeichen seiner wachsenden Panik und Verzweiflung.

Er musste das Licht im Haus ausgeschaltet lassen, um aus dem Fenster sehen zu können, und es scheint, dass er die meiste Zeit am Schreibtisch zubrachte, wo er ängstlich durch den Regen über die nass glänzenden Kilometer der Dächer der Innenstadt auf die Konstellation ferner Lichter spähte, die Federal Hill kennzeichnete. Dann und wann machte er einen ungeschickten Eintrag in sein Tagebuch, sodass man vereinzelte Sätze wie: »Die Lichter dürfen nicht ausgehen«; »Es weiß, wo ich bin«; »Ich muss es vernichten« und »Es ruft mich, aber vielleicht will es mir diesmal keinen Schaden zufügen« über zwei Seiten hinweg verstreut findet.

Dann gingen in der ganzen Stadt die Lichter aus. Dies geschah laut den Aufzeichnungen des Elektrizitätswerkes um 2.12 Uhr,

Blakes Tagebuch liefert indes keine Zeitangabe. Der Eintrag lautet lediglich: »Lichter aus – Gott steh mir bei.« Auf dem Federal Hill gab es ebenso ängstliche Beobachter wie ihn, und regendurchtränkte Menschenketten umstanden den Platz und die Gassen um die böse Kirche mit schirmgeschützten Kerzen, elektrischen Taschenlampen, Öllampen, Kruzifixen und obskuren Talismanen verschiedenster Art, wie sie in Süditalien üblich sind. Sie segneten jeden aufzuckenden Blitz und machten vor Angst rätselhafte Zeichen, als die Blitze nachließen und schließlich ganz aufhörten. Ein stärkerer Wind blies die meisten der Kerzen aus, sodass der Ort bedrohlich dunkel wurde. Jemand weckte Pater Merluzzo von der Kirche Santo Spirito, und er eilte auf den trostlosen Platz, um jede hilfreiche Silbe zu rezitieren, die er kannte. Bezüglich der ruhelosen und eigenartigen Geräusche im schwarzen Turm konnte es keinerlei Zweifel geben.

Für das, was sich um 2.35 Uhr zutrug, haben wir das Zeugnis des Priesters, eines jungen, intelligenten und gebildeten Mannes; des Streifenpolizisten William J. Monohan von der Hauptwache, eines höchst zuverlässigen Beamten, der an diesem Ort seine Streife unterbrochen hatte, um die Menge zu inspizieren; und von den meisten der achtundsiebzig Männer, die sich um die hohe Mauer der Kirche versammelt hatten – insbesondere jener auf dem Platz, von wo aus ihre ostwärts gelegene Fassade sichtbar war. Selbstverständlich geschah nichts, was erwiesenermaßen außerhalb der Naturgesetze gestanden hätte. Mögliche Ursachen für solch ein Ereignis gibt es viele. Niemand vermag, eine sichere Aussage über die obskuren chemischen Vorgänge in einem großen, uralten, schlecht belüfteten und lange verlassenen Gebäude zu treffen. Mephitische Dünste – Selbstentzündungen – Druck von Verwesungsgasen – jedes einzelne von unzähligen Phänomenen mochte die Verantwortung dafür tragen. Außerdem kann natürlich der Faktor einer bewussten Täuschung keineswegs ausgeschlossen werden. Die Sache an sich war wirklich recht einfach und dauerte weniger als drei Minuten. Pater Merluzzo, stets ein Mann von Genauigkeit, blickte wiederholt auf die Uhr.

Es begann mit einem deutlichen Anschwellen der dumpfen Tastgeräusche im schwarzen Turm. Seit einiger Zeit war aus der Kirche ein undeutlicher, merkwürdiger übler Geruch gedrungen, und dieser war nun sehr stark und ekelerregend geworden. Dann erfolgte schließlich ein Geräusch splitternden Holzes und ein großer, schwerer Gegenstand schlug unter der finsteren östlichen Fassade im Hof auf. Der Turm war nun unsichtbar, da die Kerzen nicht mehr brannten, doch als das Objekt zu Boden fiel, wussten die Menschen, dass es sich um den rauchgeschwärzten Fensterladen des östlichen Turmfensters handelte.

Unmittelbar darauf strömte ein gänzlich unerträglicher Gestank aus den unsichtbaren Höhen herab, der den zitternden Beobachtern vor Ekel die Kehlen zuschnürte und jene auf dem Platz fast niederstreckte. Zur selben Zeit bebte die Luft wie von den Schlägen flatternder Flügel, und ein plötzlich aus Osten wehender Wind, der heftiger als alle vorigen Böen war, riss der Menge die Hüte von den Köpfen und verbog die tropfenden Schirme. Nichts Bestimmtes war in der lichtlosen Nacht sichtbar, wenngleich einige der emporspähenden Zuschauer glaubten, vor dem pechschwarzen Himmel einen großen, sich ausbreitenden Fleck noch tieferer Finsternis zu sehen – etwa wie eine formlose Rauchwolke, die mit kometenhafter Geschwindigkeit gen Osten raste.

Das war alles. Die Zuschauer waren halb betäubt vor Furcht, Verblüffung und Unbehagen und wussten kaum, was sie tun oder ob sie überhaupt etwas tun sollten. Da sie nicht wussten, was geschah, gaben sie ihre Wacht nicht auf; und einen Augenblick später sprachen sie ein Gebet, als ein heftiger verspäteter Blitz, gefolgt von einem ohrenbetäubenden Donnern, den bewölkten Himmel zerriss. Eine halbe Stunde später hörte der Regen auf, und nach weiteren fünfzehn Minuten erstrahlten die Straßenlaternen wieder und schickten die erschöpften, durchnässten Beobachter erleichtert nach Hause.

Am nächsten Tag fanden diese Geschehnisse in den Zeitungen nur beiläufig Erwähnung in Zusammenhang mit den allgemeinen Berichten über den Sturm. Es scheint, als wären der heftige Blitz und die betäubende Explosion nach dem Vorfall auf dem Federal Hill weiter östlich noch gewaltiger gewesen, wo man gleichfalls eine Welle des einzigartigen Fäulnisgeruchs wahrgenommen hatte. Das Phänomen war über dem College Hill am ausgeprägtesten gewesen, wo der Knall alle Anwohner aus dem Schlaf gerissen und zu erstaunten Spekulationen geführt hatte.

Von jenen, die bereits wach gewesen waren, sahen nur wenige den absonderlichen Lichtblitz nahe der Hügelspitze und bemerkten den unerklärlichen, nach oben gerichteten Luftstrom, der die Bäume fast des Laubes beraubt und die Pflanzen in den Gärten entwurzelt hatte. Man war sich darin einig, dass der einzelne plötzliche Blitz irgendwo in der Nachbarschaft eingeschlagen haben musste, obwohl man später keinerlei Hinweis darauf fand. Ein Student im Haus der Tau-Omega-Burschenschaft glaubte, im selben Moment, als der Blitz einschlug, eine groteske und scheußliche Rauchmasse in der Luft gesehen zu haben, doch wurde seine Beobachtung von niemandem sonst bestätigt. Von den wenigen Beobachtern waren sich jedoch alle über den heftigen Luftstoß aus dem Westen und die Welle unerträglichen Gestanks einig, die dem Rauch vorangingen; Aussagen hinsichtlich des zeitweise auftretenden Brandgeruches nach dem Einschlag stimmen ebenfalls überein.

Diese Aspekte wurden mit großer Aufmerksamkeit diskutiert, da sie vermutlich mit dem Tode Robert Blakes in Verbindung stehen. Studenten im Psi-Delta-Haus, aus dessen oberen, nach hinten weisenden Fenstern man in Blakes Arbeitszimmer blicken konnte, hatten am Morgen des 9. das verschwommene weiße Gesicht am westlichen Fenster bemerkt und sich gefragt, was mit dem Gesichtsausdruck nicht stimmen mochte. Als sie an jenem Abend dasselbe Gesicht in derselben Position gesehen hatten, waren sie besorgt und beobachteten, ob das Licht in Blakes Wohnung eingeschaltet wurde. Später klingelten sie an der Tür des finsteren Hauses und ließen schließlich von einem Polizisten die Tür mit Gewalt öffnen.

Der starre Leichnam saß aufrecht am Schreibtisch vor dem Fenster, und als die Eindringlinge die schimmernden, hervorgetretenen Augen und die Spuren blanker, krampfhafter Angst auf dem verzerrten Gesicht sahen, wandten sie sich angewidert und entsetzt ab. Bald darauf führte der Leichenbeschauer seine Untersuchung durch und erklärte ungeachtet des unbeschädigten Fensters einen elektrischen Schlag oder einen durch elektrische Entladung ausgelösten Nervenschock zur Todesursache. Den grausigen Gesichtsausdruck ließ er gänzlich außer Acht und hielt ihn für eine nicht unwahrscheinliche Folge des tiefen Schocks, den eine Person von solch abnormer Fantasie und unausgewogenem Gefühlsleben erlitten haben musste. Diese letztgenannten Eigenschaften leitete er aus den Büchern, Gemälden und Manuskripten ab, die man in der Wohnung fand, und aus den blindlings hingekritzelten Einträgen in dem Tagebuch, das auf dem Schreibtisch lag. Blake hatte seine hysterischen Notizen bis zuletzt fortgesetzt, und in seiner verkrampften Rechten fand man einen Bleistift mit abgebrochener Spitze.

Die Einträge nach dem Stromausfall waren überaus unzusammenhängend und nur zum Teil lesbar. Aus ihnen haben gewisse Ermittler Schlussfolgerungen abgeleitet, die stark von dem materialistischen offiziellen Befund abweichen, doch finden solche Spekulationen bei konservativ Gesinnten wenig Glauben. Der Sache dieser einfallsreichen Theoretiker wurde durch die Tat des abergläubischen Dr. Dexter nicht gerade geholfen, der die sonderbare Kiste und den winkeligen Stein – ein fraglos von selbst leuchtendes Objekt, wie man in dem finsteren, fensterlosen Turm gesehen hatte, wo es gefunden worden war – in die tiefste Stelle der Narragansett Bay warf. Überbordende Fantasie und neurotische Unausgeglichenheit auf Blakes Seite, gesteigert durch das Wissen um die unheilvolle einstmalige Sekte, deren verwirrende Spuren er aufgedeckt hatte, stellen angesichts jener letzten hysterischen Notizen die allgemeine Diagnose dar. Dieses sind die Einträge – oder das, was man davon entziffern kann:

> »Lichter noch aus – müssen schon fünf Minuten sein. Alles hängt von den Blitzen ab. Gebe Yaddith, dass es weiter gewittert! ... Irgendein Einfluss scheint sich durchzusetzen ... Regen, Donner und Wind betäuben ... Das Ding übernimmt meinen Verstand ...
>
> Probleme mit Gedächtnis. Ich sehe Dinge, die ich nie kannte. Andere Welten und andere Galaxien ... Dunkel ... Das Licht scheint dunkel, und das Dunkel scheint licht ... Das können nicht der wahre Hügel und die wahre Kirche sein, die ich in der pechschwarzen Finsternis sehe. Müssen Blitze auf der Netzhaut sein. Gebe Gott, dass die Italiener mit ihren Kerzen draußen sind, wenn das Gewitter aufhört!
>
> Wovor habe ich Angst? Ist es denn nicht ein Avatar des Nyarlathotep, der im uralten und düsteren Khêm gar die

Gestalt eines Menschen annahm? Ich erinnere mich an Yuggoth und das entlegenere Shaggai und die äußerste Leere der schwarzen Planeten …
Der lange beflügelte Flug durch die Leere … kann das Universum des Lichtes nicht durchqueren … wiedererschaffen von den Gedanken, eingefangen im Leuchtenden Trapezoeder … schickt es durch die grauenhaften, strahlenden Abgründe …
Mein Name ist Blake – Robert Harrison Blake aus der East Knapp Street 620 in Milwaukee, Wisconsin … Ich bin auf diesem Planeten …
Azathoth sei mir gnädig! – Es gibt keine Blitze mehr – entsetzlich – ich kann alles mit einem ungeheuerlichen Sinn sehen, der nicht die Gabe des Sehens ist – Licht ist dunkel, und dunkel ist licht … jene Menschen auf dem Hügel … wachen … Kerzen und Talismane … ihre Priester …
Empfindung der Entfernung nun fort – fern ist nah, und nah ist fern. Kein Licht – kein Glas – sehe diesen Turm – diesen Turm – Fenster – kann hören – Roderick Usher – bin wahnsinnig oder werde es – das Ding regt sich und tastet im Turm umher – ich bin es, und es ist ich – ich will raus … muss raus und die Kräfte vereinen … Es weiß, wo ich bin …
Ich bin Robert Blake, aber ich sehe den Turm in der Dunkelheit. Da ist ein monströser Geruch … Sinne verwandelt … Bretter an diesem Turm bersten und geben nach … Iä … ngai … ygg …
Ich sehe es – herkommen – Höllenwind – titanischer Fleck – schwarze Schwingen – Yog-Sothoth errette mich – das dreigelappte brennende Auge …«

Originaltitel- und Copyrightangaben

FESTA
H. P. LOVECRAFT
CHRONIK DES
CTHULHU-MYTHOS I
Stephen King: Der größte Horrorautor des 20. Jahrhunderts ist
H. P. Lovecraft – daran gibt es keinen Zweifel.

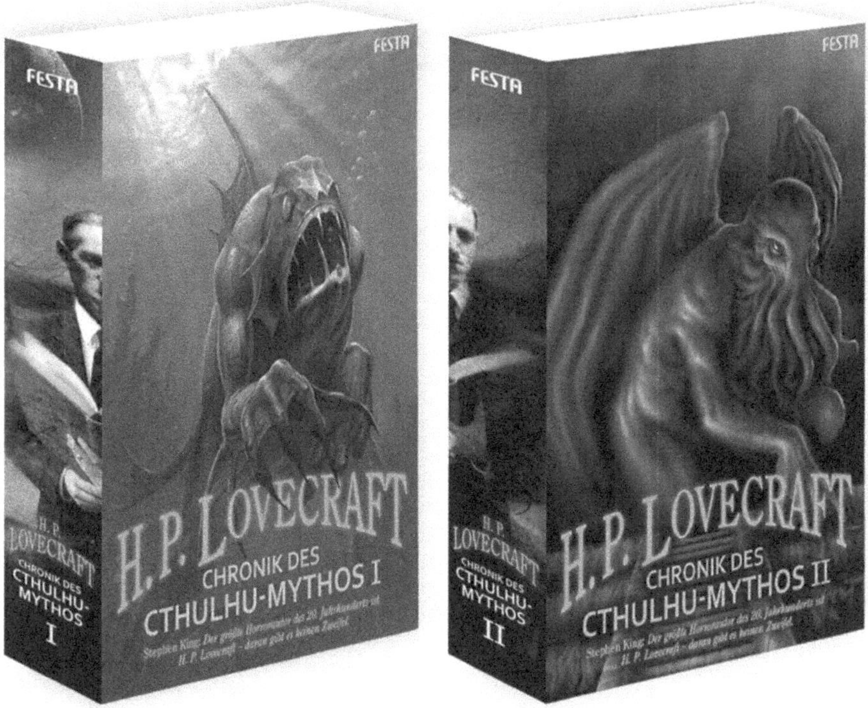

INHALT Band 1

Vorwort
Dagon
Nyarlathotep
Stadt ohne Namen
Die Musik des Erich Zann
Das Fest
Der Ruf des Cthulhu
Die Farbe aus dem All
Geschichte des Necronomicon
Der Fall Charles Dexter Ward
Das Grauen von Dunwich
Der Flüsterer im Dunkeln

CLIVE BARKER: Lovecrafts Werk bildet die Grundlage des modernen Horrors.

Eine Festa Originalausgabe
Umschlag in Lederoptik, 512 Seiten
ISBN: 978-3-86552-144-6